KB186019

✳toeic®

LC 토익 정기시험 기출종합서

정답 및 해설

Am 미국 발음 Br 영국 발음 Au 호주 발음 Cn 캐나다 발음

CHAPTER 01   사진 유형별 전략

❶ 1인 등장 사진

ETS CHECK-UP   본책 p. 22

1 (A)   **2** (B)

1

▶ W-Am

(A) He is sitting alone by the water.
(B) He is leaving a park.
(C) He is hiking near the trees.
(D) He is leading a group around a lake.

(A) 남자가 물가에 혼자 앉아 있다.
(B) 남자가 공원을 떠나고 있다.
(C) 남자가 나무들 근처에서 하이킹을 하고 있다.
(D) 남자가 호수 근처에서 단체를 이끌고 있다.

어휘 **leave** 떠나다, 출발하다 **lead** 이끌다, 안내하다

해설 **1인 등장 사진**
(A) **정답:** 남자가 물가에(by the water) 혼자 앉아 있는 모습(sitting alone)을 적절히 묘사하고 있으므로 정답이다.
(B) **동작 오답:** 남자가 공원을 떠나는(leaving) 모습이 아니므로 오답이다.
(C) **동작 오답/위치 오답:** 남자가 나무들 근처에서(near the tree) 하이킹하고 있는(hiking) 모습이 아니므로 오답이다.
(D) **사진에 없는 사람 언급 오답/동작 오답:** 사진에 단체(a group)가 보이지 않으며, 남자가 이끄는(leading) 동작도 하지 않으므로 오답이다.

2

▶ M-Au

(A) A cabinet is being repaired.
(B) A clipboard is hanging on a post.
(C) A woman is writing at a desk.
(D) A woman is climbing a ladder.

(A) 캐비닛이 수리되고 있다.
(B) 클립보드가 기둥에 걸려 있다.
(C) 여자가 책상에서 글을 쓰고 있다.
(D) 여자가 사다리를 오르고 있다.

어휘 **repair** 수리하다 **post** 기둥 **ladder** 사다리

해설 **1인 등장 사진**
(A) **동작 오답:** 캐비닛(A cabinet)이 수리되고 있는(being repaired) 모습이 아니므로 오답이다.
(B) **정답:** 클립보드(A clipboard)가 기둥에 걸려 있는(hanging on a post) 상태를 적절히 묘사하고 있으므로 정답이다.
(C) **사진에 없는 사물 언급 오답/위치 오답:** 사진에 책상(a desk)이 보이지 않으며, 여자는 기둥 옆에서 글을 쓰고 있으므로 오답이다.
(D) **사진에 없는 사물 언급 오답/동작 오답:** 사진에 사다리(a ladder)가 보이지 않으며, 오르고 있는(climbing) 모습도 아니므로 오답이다.

❷ 2인 이상 등장 사진

ETS CHECK-UP   본책 p. 23

1 (D)   **2** (D)

1

▶ M-Cn

(A) A man is putting together a shelf.
(B) A man is watering some hanging plants.
(C) Some people are placing flowers in a cart.
(D) Some people are looking at a piece of paper.

(A) 남자가 선반을 조립하고 있다.
(B) 남자가 공중 식물들에 물을 주고 있다.
(C) 사람들이 수레에 꽃을 담고 있다.
(D) 사람들이 종이 한 장을 보고 있다.

어휘 put together 조립하다   water 물을 주다
hanging 매달린, 걸려 있는   plant 식물   place
놓다, 두다

해설 2인 이상 등장 사진
(A) 개별 동작 오답: 남자가 선반을 조립하고 있는(putting together a shelf) 모습이 아니므로 오답이다.
(B) 개별 동작 오답: 사진에 식물이 보이지만 남자가 공중 식물들에 물을 주는(watering some hanging plants) 모습이 아니므로 오답이다.
(C) 공통 동작 오답: 사람들이 수레에 꽃을 담고 있는(placing flowers in a cart) 모습이 아니므로 오답이다.
(D) 정답: 사람들이 종이 한 장을 보고 있는(looking at a piece of paper) 모습을 적절히 묘사하고 있으므로 정답이다.

2

▶ W-Br

(A) Workers are painting lines on a tennis court.
(B) A food vendor is walking up the stands.
(C) Fans are getting autographs from athletes.
(D) Some of the spectators are wearing hats.

(A) 인부들이 테니스장에서 선을 그리고 있다.
(B) 식품 판매상이 관중석 위쪽으로 올라가고 있다.
(C) 팬들이 운동선수들에게 사인을 받고 있다.
(D) 관중 몇 명이 모자를 썼다.

어휘 vendor 판매상   walk up 걸어 올라가다   stand
관중석   autograph 사인   athlete 운동선수
spectator 관중   wear 착용하다

해설 2인 이상 등장 사진
(A) 공통 동작 오답: 인부들이 테니스장에서 선을 그리는(painting lines on a tennis court) 모습이 아니므로 오답이다.
(B) 사진에 없는 사람 언급 오답: 사진에 식품 판매상(A food vendor)이 보이지 않으므로 오답이다.

(C) 공통 동작 오답: 팬들이 운동선수들에게 사인을 받고 있는(getting autographs from athletes) 모습이 아니므로 오답이다.
(D) 정답: 관중 몇 사람이 모자를 쓴(wearing hats) 모습을 적절히 묘사하고 있으므로 정답이다.

LISTENING PRACTICE   본책 p. 25

1 (B)   **2** (C)   **3** (A)   **4** (D)

1

▶ M-Cn

(A) She's hanging up a sign.
(B) She's using some office equipment.
(C) She's opening up some boxes.
(D) She's placing a folder on the shelf.

(A) 여자가 표지판을 걸고 있다.
(B) 여자가 사무기기를 사용하고 있다.
(C) 여자가 상자들을 열고 있다.
(D) 여자가 선반에 폴더를 놓고 있다.

어휘 hang 걸다, 매달다   equipment 장비   shelf 선반

해설 1인 등장 사진
(A) 동작 오답: 여자가 표지판을 걸고 있는(hanging up) 모습이 아니므로 오답이다.
(B) 정답: 여자가 사무기기를 사용하고 있는(using some office equipment) 모습을 적절히 묘사하고 있으므로 정답이다.
(C) 동작 오답: 여자가 상자들을 열고 있는(opening up some boxes) 모습이 아니므로 오답이다.
(D) 사진에 없는 사물 언급 오답 / 동작 오답: 사진에 폴더(a folder)가 보이지 않으며, 여자가 선반에 무언가를 놓고 있는(placing ~ on the shelf) 모습도 아니므로 오답이다.

Possible Answers

A woman is putting paper into a printer.
여자가 프린터에 종이를 넣고 있다.
Some boxes have been arranged on shelves.
상자들이 선반에 정리되어 있다.

2

▶ M-Br

(A) The man is filling a spray bottle.
(B) The man is cleaning the floor.
(C) There are cabinets under the counter.
(D) The drawers are open.

(A) 남자가 분무기를 채우고 있다.
(B) 남자가 바닥을 청소하고 있다.
(C) 조리대 밑에 수납장이 있다.
(D) 서랍들이 열려 있다.

어휘 fill 채우다 spray bottle 분무기 counter 조리대, 판매대 drawer 서랍

해설 1인 등장 사진
(A) 동작 오답: 남자가 분무기(a spray bottle)를 들고 있지만 그 안에 무언가를 채우는(filling) 모습이 아니므로 오답이다.
(B) 위치 오답: 남자는 바닥(floor)이 아니라 조리대(counter)를 닦고 있으므로 오답이다.
(C) 정답: 주방 조리대 밑에(under the counter) 수납장(cabinets)이 있는 모습을 적절히 묘사하고 있으므로 정답이다.
(D) 상태 오답: 조리대 밑의 서랍들(drawers)이 열려 있는(open) 모습이 아니므로 오답이다.

Possible Answers

He is **wiping off the countertop**.
남자가 조리대를 닦고 있다.
Some appliances have **been placed on the counter**.
조리대 위에 가전제품이 놓여 있다.

3

▶ W-Am

(A) The spokes on a wheel are being inspected.
(B) A bicycle is being secured on a rack.
(C) One of the men is cycling on a narrow pathway.
(D) One of the men is buckling his helmet straps.

(A) 바퀴살이 점검을 받고 있다.
(B) 자전거가 보관대에 고정되고 있다.
(C) 남자들 중 한 명이 좁은 길에서 자전거를 타고 있다.
(D) 남자들 중 한 명이 헬멧의 끈을 버클로 잠그고 있다.

어휘 spoke 바퀴살 wheel 바퀴 inspect 점검하다
secure 단단히 잡아매다, 고정시키다 narrow 좁은
pathway 좁은 길, 오솔길 buckle 버클로 잠그다
strap 끈

해설 2인 이상 등장 사진
(A) 정답: 자전거의 바퀴살(The spokes on a wheel)이 점검되고 있는(being inspected) 모습을 적절히 묘사하고 있으므로 정답이다.
(B) 동작 오답: 자전거(A bicycle)가 보관대에 고정되는(being secured on a rack) 모습이 아니므로 오답이다.
(C) 개별 동작 오답: 남자들 중 누구도 자전거를 타고 있는 (cycling) 모습이 아니므로 오답이다.
(D) 개별 동작 오답: 남자들 중 누구도 헬멧의 끈을 버클로 잠그고 있는(buckling his helmet straps) 모습이 아니므로 오답이다.

Possible Answers

They are **looking at a bicycle**.
사람들이 자전거를 살펴보고 있다.
One of the men is **kneeling down**.
남자들 중 한 명이 무릎을 꿇고 있다.

4

▶ M-Cn

(A) They're waiting in line at a checkout counter.
(B) A man is typing on a laptop.
(C) Some beverages are being poured.
(D) Some of the people are examining a document.

(A) 사람들이 계산대에 줄을 서서 기다리고 있다.
(B) 남자가 노트북 컴퓨터로 타자를 치고 있다.
(C) 음료수들이 따라지고 있다.
(D) 사람들이 문서를 검토하고 있다.

어휘 checkout counter 계산대 laptop 노트북
beverage 음료 pour 따르다 examine 검토하다
document 서류

해설 **2인 이상 등장 사진**

(A) **공통 동작 오답/사진에 없는 사물 언급 오답:** 사람들이 줄을 서서 기다리고 있는(waiting in line) 모습이 아니고, 사진에 계산대(a checkout counter)도 보이지 않으므로 오답이다.

(B) **개별 동작 오답:** 사진에 노트북 컴퓨터가 보이지만 남자가 노트북 컴퓨터로 타자를 치고 있는(typing on a laptop) 모습이 아니므로 오답이다.

(C) **동작 오답:** 음료수가 따라지고 있는(being poured) 모습이 아니므로 오답이다.

(D) **정답:** 사람들이 문서를 검토하고 있는(examining a document) 모습을 적절히 묘사하고 있으므로 정답이다.

Possible Answers

One of the women is **drinking from a cup**.
여자들 중 한 명이 컵으로 음료를 마시고 있다.
Some of the people are **sitting at a desk**.
사람들이 책상에 앉아 있다.

ETS **TEST**
본책 p. 26

| **1** (B) | **2** (D) | **3** (C) | **4** (C) | **5** (A) | **6** (D) |
| **7** (D) | **8** (A) | **9** (A) | **10** (B) | **11** (D) | **12** (B) |

1

▶ W-Am

(A) She's reaching into a cabinet.
(B) She's adjusting a window shade.
(C) She's holding a poster.
(D) She's looking through a doorway.

(A) 여자가 캐비닛 안에 손을 넣고 있다.
(B) **여자가 블라인드를 조정하고 있다.**
(C) 여자가 포스터를 들고 있다.
(D) 여자가 출입구 너머로 보고 있다.

어휘 **reach into** ~에 손을 뻗다 **adjust** 조정하다
shade 가림막 **doorway** 출입구

해설 **1인 등장 사진**

(A) **사진에 없는 사물 언급 오답:** 사진에 캐비닛(a cabinet)이 보이지 않으므로 오답이다.

(B) **정답:** 여자가 블라인드를 조정하고 있는(adjusting a window shade) 모습을 적절히 묘사하고 있으므로 정답이다.

(C) **사진에 없는 사물 언급 오답/동작 오답:** 사진에 포스터(a poster)가 보이지 않으며 잡고 있는(holding) 모습도 아니므로 오답이다.

(D) **사진에 없는 사물 언급 오답:** 사진에 출입구(a doorway)가 보이지 않으므로 오답이다.

2

▶ M-Cn

(A) A bike is leaning against a column.
(B) A helmet is suspended from a bike's handlebars.
(C) The people are having a conversation.
(D) The people are seated facing in the same direction.

(A) 자전거가 기둥에 기대어져 있다.
(B) 헬멧이 자전거 핸들 손잡이에 걸려 있다.
(C) 사람들이 대화를 나누고 있다.
(D) **사람들이 같은 방향으로 앉아 있다.**

어휘 **lean against** ~에 기대다 **column** 기둥
suspend 매달다, 걸다 **handlebar** 손잡이 **face**
바라보다 **direction** 방향

해설 **2인 이상 등장 사진**

(A) **위치 오답:** 자전거(A bike)가 기둥(a column)이 아니라 의자 옆에 서 있으므로 오답이다.

(B) **상태 오답:** 헬멧(A helmet)이 핸들 손잡이에 걸려 있는(suspended from a bike's handlebars) 상태가 아니라 사람이 착용한 상태이므로 오답이다.

(C) **공통 동작 오답:** 사람들이 대화를 나누고 있는(having a conversation) 모습이 아니므로 오답이다.

(D) **정답:** 사람들이 같은 방향으로 앉아 있는(seated facing in the same direction) 모습을 적절히 묘사하고 있으므로 정답이다.

3

▶ W-Br

(A) The people are paying for some books.
(B) The man is looking at a computer screen.
(C) One of the women is taking some notes.
(D) The women are facing each other.

(A) 사람들이 책 값을 치르고 있다.
(B) 남자가 컴퓨터 스크린을 보고 있다.
(C) **여자들 중 한 명이 메모를 하고 있다.**
(D) 여자들이 서로 마주보고 있다.

어휘 **take a note** 메모를 하다   **face each other** 서로 마주보다

해설 **2인 이상 등장 사진**
(A) **공통 동작 오답:** 사람들이 책 값을 치르고 있는(paying for some books) 모습이 아니므로 오답이다.
(B) **사진에 없는 사물 언급 오답:** 사진에 컴퓨터 스크린(a computer screen)이 보이지 않으므로 오답이다.
(C) **정답:** 여자들 중 한 명이 메모를 하고 있는(taking some notes) 모습을 적절히 묘사하고 있으므로 정답이다.
(D) **공통 상태 오답:** 여자들이 서로 마주보고 있는(facing each other) 상태가 아니므로 오답이다.

4

▶ M-Au

(A) A freezer is being stocked by a store employee.
(B) Groceries are being placed into plastic bags.
(C) A cart is being pulled down an aisle by a shopper.
(D) A man and a woman are next to a check-out counter.

(A) 상점 직원에 의해 냉동고가 채워지고 있다.
(B) 식료품들이 비닐봉투에 넣어지고 있다.
(C) **카트가 통로를 따라 쇼핑객에 의해 끌리고 있다.**
(D) 남자와 여자가 계산대 옆에 있다.

어휘 **freezer** 냉동고   **stock** 채우다   **grocery** 식료품   **place** 놓다, 두다   **aisle** 통로   **check-out counter** 계산대

해설 **2인 이상 등장 사진**
(A) **사진에 없는 사람 언급 오답/동작 오답:** 사진에 냉동고를 채우고 있는 상점 직원(a store employee)이 보이지 않으므로 오답이다.
(B) **동작 오답:** 식료품들(Groceries)이 비닐 봉지에 넣어지고 있는(being placed into plastic bags) 모습이 아니므로 오답이다.
(C) **정답:** 쇼핑객 중 한 명에 의해 카트(A cart)가 끌리고 있는(being pulled down an aisle) 모습을 적절히 묘사하고 있으므로 정답이다.
(D) **사진에 없는 사물 언급 오답:** 사진에 계산대(a check-out counter)가 보이지 않으므로 오답이다.

5

▶ W-Am

(A) A man is loading a cart with laundry.
(B) A man is closing a machine door.
(C) A man is buying some towels.
(D) A man is folding some clothing.

(A) 남자가 수레에 세탁물을 싣고 있다.
(B) 남자가 기계의 문을 닫고 있다.
(C) 남자가 수건 몇 장을 사고 있다.
(D) 남자가 옷을 개고 있다.

어휘 **load A with B** A에 B를 싣다   **laundry** 세탁물, 빨래   **fold** 접다, 개다   **clothing** 의복, 옷

해설 **1인 등장 사진**
(A) **정답:** 남자가 수레에 세탁물을 싣는(loading a cart with laundry) 모습을 적절히 묘사하고 있으므로 정답이다.
(B) **동작 오답:** 남자가 기계의 문을 닫는(closing a machine door) 모습이 아니므로 오답이다.
(C) **동작 오답:** 남자가 수건 몇 장을 사는(buying some towels) 모습이 아니므로 오답이다.
(D) **동작 오답:** 남자가 옷을 개는(folding some clothing) 모습이 아니므로 오답이다.

6

▶ W-Br

(A) They're working on computers.
(B) They're hanging up posters.
(C) They're putting on coats.
(D) They're gathered at a counter.

(A) 사람들이 컴퓨터로 일하고 있다.
(B) 사람들이 포스터를 걸고 있다.
(C) 사람들이 코트를 입어 보고 있다.
(D) **사람들이 카운터에 모여 있다.**

어휘 **hang up** ~을 걸다   **put on** ~을 입다   **gather** 모여 있다

해설 **2인 이상 등장 사진**
(A) **공통 동작 오답:** 사람들이 컴퓨터로 일하는(working on computers) 모습이 아니므로 오답이다.

(B) **공통 동작 오답:** 사람들이 포스터를 거는(hanging up posters) 모습이 아니므로 오답이다.

(C) **공통 동작 오답:** 사람들이 코트를 입어 보는(putting on coats) 모습이 아니므로 오답이다.

(D) **정답:** 사람들이 카운터 주변에 모여 있는(gathered at a counter) 모습을 적절히 묘사하고 있으므로 정답이다.

7

▶ W-Am

(A) She is cleaning off a counter top.
(B) She is closing a kitchen drawer.
(C) She is plugging in a microwave oven.
(D) She is pushing a button on an appliance.

(A) 여자가 조리대를 닦아내고 있다.
(B) 여자가 주방 서랍을 닫고 있다.
(C) 여자가 전자레인지 플러그를 꽂고 있다.
(D) **여자가 가전제품의 버튼을 누르고 있다.**

어휘 **counter top** 조리대 **plug in** 플러그를 꽂다
microwave oven 전자레인지 **appliance** 가전제품

해설 1인 등장 사진

(A) **동작 오답:** 여자가 조리대를 닦아내고 있는(cleaning off a counter top) 모습이 아니므로 오답이다.

(B) **동작 오답:** 주방 서랍(a kitchen drawer)은 이미 닫혀 있는 상태로 여자가 닫고 있는(closing) 모습이 아니므로 오답이다.

(C) **동작 오답:** 여자가 전자레인지 플러그를 꽂고 있는(plugging in a microwave oven) 모습이 아니므로 오답이다.

(D) **정답:** 여자가 가전제품의 버튼을 누르고 있는(pushing a button on an appliance) 모습을 적절히 묘사하고 있으므로 정답이다.

8

▶ M-Au

(A) One of the women is searching for an item on a rack.
(B) One of the women is removing clothing from a cart.
(C) One of the women is putting on a sweater.
(D) One of the women is placing some bags under a chair.

(A) **여자들 중 한 명이 걸이에서 물건을 찾고 있다.**
(B) 여자들 중 한 명이 카트에서 옷을 치우고 있다.
(C) 여자들 중 한 명이 스웨터를 입어 보고 있다.
(D) 여자들 중 한 명이 가방들을 의자 아래 두고 있다.

어휘 **search** 찾아보다 **rack** 선반, (옷, 모자 등의) 걸이
remove 치우다, 제거하다 **place** 놓다, 두다

해설 2인 이상 등장 사진

(A) **정답:** 여자들 중 한 명이 걸이에서 물건을 찾고 있는 (searching for an item on a rack) 모습을 적절히 묘사하고 있으므로 정답이다.

(B) **개별 동작 오답:** 여자들 중 누구도 카트에서 옷을 치우고 있는(removing clothing from a cart) 모습이 아니므로 오답이다.

(C) **개별 동작 오답:** 여자들은 모두 옷을 착용한(wearing) 상태로 누구도 스웨터를 입어 보는(putting on a sweater) 동작을 하지 않으므로 오답이다.

(D) **사진에 없는 사물 언급 오답/개별 동작 오답:** 사진에 가방 (some bags)과 의자(a chair)가 보이지 않으며 놓고 있는(placing) 동작도 하고 있지 않으므로 오답이다.

9

▶ W-Am

(A) Some women are approaching an entrance.
(B) Some women are lifting a bench.
(C) The patio is being swept.
(D) Tables are being shaded by umbrellas.

(A) **여자들이 입구로 다가가고 있다.**
(B) 여자들이 벤치를 들어올리고 있다.
(C) 테라스가 빗자루로 쓸리고 있다.
(D) 파라솔로 인해 탁자에 그늘이 드리워 지고 있다.

어휘 **approach** 다가가다 **entrance** 입구 **sweep** (빗자루 등으로) 쓸다 **shade** 그늘지게 하다

해설 2인 이상 등장 사진

(A) 정답: 여자들이 입구로 다가가고 있는(approaching an entrance) 모습을 적절히 묘사하고 있으므로 정답이다.

(B) 동작 오답: 여자들이 벤치를 들어올리고 있는(lifting a bench) 모습이 아니므로 오답이다.

(C) 동작 오답: 테라스가 빗자루로 쓸리고(being swept) 있는 모습이 아니므로 오답이다.

(D) 사진에 없는 사물 언급 오답: 사진에 탁자(Tables)가 보이지 않으므로 오답이다.

10

▶ M-Au

(A) Folders are being delivered to an office.
(B) A folder is being selected from a drawer.
(C) A woman is locking a file cabinet.
(D) A woman is reaching for a clock.

(A) 서류철이 사무실로 배달되고 있다.
(B) 서류철이 서랍에서 선택되고 있다.
(C) 여자가 서류함을 잠그고 있다.
(D) 여자가 시계를 향해 손을 뻗고 있다.

어휘 deliver 배달하다 select 선택하다 drawer 서랍 lock 잠그다

해설 1인 등장 사진

(A) 동작 오답: 서류철이 배달되고 있는(being delivered) 모습이 아니므로 오답이다.

(B) 정답: 서랍에서 서류철(A folder)이 선택되고 있는(being selected) 모습을 적절히 묘사하고 있으므로 정답이다.

(C) 동작 오답: 여자가 서류함을 잠그는(locking a file cabinet) 모습이 아니므로 오답이다.

(D) 동작 오답: 여자가 시계를 향해 손을 뻗는(reaching for a clock) 모습이 아니므로 오답이다.

11

▶ W-Br

(A) A worker is mowing a lawn.
(B) A man is kneeling to fix the tire of a truck.
(C) A driver is climbing into his vehicle.
(D) A man is securing a car for towing.

(A) 인부가 잔디를 깎고 있다.
(B) 남자가 트럭 타이어를 수리하려고 무릎을 꿇고 있다.
(C) 운전수가 자신의 차량에 타고 있다.
(D) 남자가 견인하려고 차량을 고정시키고 있다.

어휘 mow 깎다, 베다 lawn 잔디 kneel 무릎을 꿇다 climb into (차 등에) 타다 secure 단단히 잡아매다, 고정시키다 towing 끌기, 견인

해설 2인 이상 등장 사진

(A) 개별 동작 오답: 인부가 잔디를 깎고 있는(mowing a lawn) 모습이 아니므로 오답이다.

(B) 개별 동작 오답: 한 남자가 타이어를 수리하려고(to fix the tire of a truck) 무릎을 꿇고 있는(kneeling) 모습이 아니므로 오답이다.

(C) 개별 동작 오답: 운전수가 차량에 올라타고 있는(climbing into his vehicle) 모습이 아니므로 오답이다.

(D) 정답: 남자들 중 한 명이 견인하려고 차량을 고정시키고 있는(securing a car for towing) 모습을 적절히 묘사하고 있으므로 정답이다.

12

▶ W-Am

(A) A group of workers is repaving the street.
(B) Some vendors are standing outside their stalls.
(C) Merchandise is being loaded into crates.
(D) A man is opening the door to a shop.

(A) 한 무리의 인부들이 도로를 재포장하고 있다.
(B) 노점상들이 좌판 바깥쪽에 서 있다.
(C) 상품이 상자에 실리고 있다.
(D) 남자가 상점 문을 열고 있다.

어휘 repave 다시 포장하다 vendor 노점상, 판매자 stall 가판대, 좌판 merchandise 물품, 상품 load 싣다, 적재하다 crate 상자

해설 2인 이상 등장 사진

(A) 사진에 없는 사람 언급 오답: 사진에 도로를 재포장하고 있는(repaving the street) 인부들(A group of workers)이 보이지 않으므로 오답이다.

(B) 정답: 일부 노점상들이 좌판 바깥쪽에 서 있는(standing outside their stalls) 상태를 적절히 묘사하고 있으므로 정답이다.

(C) 동작 오답: 상품(Merchandise)이 상자에 실리는(being loaded into crates) 모습이 아니므로 오답이다.

(D) 개별 동작 오답: 남자가 가게 문을 열고 있는(opening the door to a shop) 모습이 아니므로 오답이다.

❸ 사물 사진

ETS CHECK-UP   본책 p. 28

1 (B)   **2** (D)

1

▶ M-Cn

(A) A crowd has gathered in the entryway.
(B) There's a door beneath a staircase.
(C) Carpeting is being installed on the stairs.
(D) Some pictures are propped against a railing.

(A) 군중이 입구 통로에 모였다.
(B) 계단 밑에 문이 있다.
(C) 계단에 카펫이 깔리고 있다.
(D) 그림 몇 점이 난간에 기대어져 있다.

어휘 crowd 군중 gather 모이다 entryway
입구의 통로 beneath ~ 밑에 staircase 계단
carpeting 카펫류 install 설치하다 stairs 계단
prop 받치다 railing 난간

해설 사물 사진
(A) 사진에 없는 사람·사물 언급 오답: 사진에 군중(A crowd)
과 입구 통로(entryway)가 보이지 않으므로 오답이다.
(B) 정답: 계단 밑에 문이 있는(door beneath a staircase)
모습을 적절히 묘사하고 있으므로 정답이다.
(C) 동작 오답: 카펫이 사람에 의해 설치되고 있는(being
installed on the stairs) 모습이 아니므로 오답이다.
(D) 상태 오답: 그림 몇 점이 벽에 걸려 있지만 난간에 기대어
져 있는(propped against a railing) 모습이 아니므로
오답이다.

2

▶ M-Au

(A) A ladder is leaning against a fence.
(B) There's a pile of clothing in the corner.
(C) Some pictures are hanging on a wall.
(D) Some boxes are stacked on the floor.

(A) 사다리가 울타리에 기대어져 있다.
(B) 구석에 옷이 쌓여 있다.
(C) 벽에 그림들이 걸려 있다.
(D) 상자들이 바닥에 쌓여 있다.

어휘 ladder 사다리 lean against ~에 기대다 pile
더미 stack 쌓다

해설 사물 사진
(A) 상태 오답/사진에 없는 사물 언급 오답: 사진에 울타리(a
fence)가 보이지 않으며, 사다리(A ladder)가 기대어져
(leaning against) 있지 않고 벽에 걸려 있는 모습이므로
오답이다.
(B) 사진에 없는 사물 언급 오답: 사진에 옷(clothing)이 보이
지 않으므로 오답이다.
(C) 사진에 없는 사물 언급 오답: 사진에 그림(Some pictures)
이 보이지 않으므로 오답이다.
(D) 정답: 상자들(Some boxes)이 바닥에 쌓여 있는
(stacked on the floor) 상태를 적절히 묘사하고 있으므
로 정답이다.

❹ 풍경 사진

ETS CHECK-UP   본책 p. 29

1 (B)   **2** (C)

1

▶ W-Br

(A) A ladder is lying on the ground.
(B) Columns are supporting a porch roof.
(C) Porch steps are being repaired.
(D) The door to a house is wide open.

(A) 사다리가 바닥에 놓여 있다.
(B) 기둥들이 현관 지붕을 받치고 있다.
(C) 현관 계단이 수리되고 있다.
(D) 집으로 들어가는 문이 활짝 열려 있다.

어휘 **lie** 놓여 있다(lying) **column** 기둥 **support** 지지하다, 받치다 **porch** 현관 **wide open** 활짝 열린

해설 **풍경 사진**
(A) **상태 오답:** 사다리(A ladder)가 바닥에 놓여 있는(lying on the ground) 상태가 아니므로 오답이다.
(B) **정답:** 기둥들(Columns)이 현관 지붕을 받치고 있는(supporting a porch roof) 상태를 적절히 묘사하고 있으므로 정답이다.
(C) **동작 오답:** 현관 계단(Porch steps)이 사람에 의해 수리되고 있는(being repaired) 모습이 아니므로 오답이다.
(D) **상태 오답:** 현관문(door)이 활짝 열려 있는(wide open) 상태가 아니므로 오답이다.

▶ M-Cn

(A) Fields are being plowed alongside a road.
(B) Bouquets of flowers have been placed by a statue.
(C) A public monument overlooks a walkway.
(D) A busy street winds through a garden.

(A) 길을 따라 밭이 경작되고 있다.
(B) 꽃다발들이 동상 옆에 놓여 있다.
(C) 공공 기념물이 보도를 내려다보고 있다.
(D) 분주한 거리가 정원을 구불구불 통과한다.

어휘 **plow** 쟁기로 갈다; 쟁기 **alongside** ~을 따라 **bouquet** 꽃다발 **statue** 동상 **monument** 기념물 **overlook** (건물 등이) 내려다보다 **walkway** 보도 **wind** (길, 강 등이) 구불구불하다

해설 **풍경 사진**
(A) **동작 오답:** 밭이 사람에 의해 경작되는(being plowed) 모습이 아니므로 오답이다.
(B) **사진에 없는 사물 언급 오답:** 사진에 꽃이 보이지만 꽃다발(Bouquets of flowers)은 보이지 않으므로 오답이다.
(C) **정답:** 공공 기념물이 보도를 내려다보고 있는(overlooks a walkway) 모습을 적절히 묘사하고 있으므로 정답이다.
(D) **상태 오답:** 사진에 길이 보이지만 분주하지(busy) 않고 구불구불하지도(winds) 않으므로 오답이다.

LISTENING PRACTICE   본책 p. 31

1 (B)   **2** (C)   **3** (D)   **4** (A)

1

▶ M-Au

(A) Clocks have been hung in a straight line.
(B) The clocks are showing different times.
(C) Clocks are being repaired in a shop.
(D) The clocks have identical shapes.

(A) 시계들이 일직선으로 걸려 있다.
(B) 시계들이 각기 다른 시간을 보여 주고 있다.
(C) 시계들을 상점에서 수리되고 있다.
(D) 시계들의 모양이 모두 같다.

어휘 **hang** 걸다, 매달다(-hung-hung) **in a straight line** 일직선으로 **repair** 수리하다 **identical** 똑같은, 동일한 **shape** 모양

해설 **사물 사진**
(A) **상태 오답:** 시계들이 벽에 일직선(a straight line)으로 걸려 있는 모습이 아니므로 오답이다.
(B) **정답:** 시계들이 각각 다른 시간을 보여 주고 있는(showing different times) 모습을 적절히 묘사하고 있으므로 정답이다.
(C) **동작 오답:** 시계들이 사람에 의해 수리되고 있는(being repaired) 모습이 아니므로 오답이다.
(D) **상태 오답:** 시계들의 모양이 전부 똑같지는(identical shapes) 않으므로 오답이다.

Possible Answers

The clocks are **hanging on a wall**.
시계들이 벽에 걸려 있다.
Clocks have **been mounted on the wall**.
벽에 시계들이 설치되어 있다.

10

2

▶ W-Br

(A) Some people are painting a house.
(B) Some workers are repairing a balcony.
(C) Some vehicles have been parked in a row.
(D) Some banners have been hung on a building.

(A) 몇 사람이 집에 페인트를 칠하고 있다.
(B) 일꾼 몇 명이 발코니를 수리하고 있다.
(C) 자동차 몇 대가 한 줄로 주차되어 있다.
(D) 건물에 현수막이 몇 개 걸려 있다.

어휘   vehicle 탈것, 자동차   in a row 한 줄로   banner 현수막

해설   풍경 사진

(A) **사진에 없는 사람 언급 오답:** 사진에 사람들(people)이 보이지 않으므로 오답이다.
(B) **사진에 없는 사람 언급 오답:** 사진에 일꾼들(workers)이 보이지 않으므로 오답이다.
(C) **정답:** 자동차 몇 대가 한 줄로 주차되어 있는(have been parked in a row) 모습을 적절히 묘사하고 있으므로 정답이다.
(D) **사진에 없는 사물 언급 오답:** 사진에 현수막(banners)이 보이지 않으므로 오답이다.

Possible Answers

A building **overlooks a parking area**.
건물이 주차 공간을 내려다보고 있다.
Some vehicles are **parked in front of a building**.
차량들이 건물 앞에 주차되어 있다.

3

▶ M-Au

(A) An instrument case is lying on the floor.
(B) A bookcase is between two benches.
(C) Some shoes are being placed into boxes.
(D) A rug is laid out in front of a window.

(A) 악기 케이스가 바닥에 놓여 있다.
(B) 책꽂이가 두 벤치 사이에 있다.
(C) 신발들이 상자 안에 넣어지고 있다.
(D) 창문 앞에 양탄자가 놓여 있다.

어휘   instrument 악기   bookcase 책꽂이   place 넣다, 놓다   rug 양탄자   lay 놓다, 두다(-laid-laid)

해설   사물 사진

(A) **위치 오답:** 사진에 악기 케이스가 보이지만 바닥(on the floor)에 있는 것이 아니라 간이 테이블 위에 있으므로 오답이다.
(B) **위치 오답:** 책꽂이는 두 벤치 사이(between two benches)가 아니라 창문 사이에 있으므로 오답이다.
(C) **동작 오답:** 사진에 신발들은 보이지만 사람에 의해 상자에 넣어지고 있는(being placed) 모습이 아니므로 오답이다.
(D) **정답:** 양탄자가 창문 앞에 깔려 있는(laid out in front of a window) 모습을 적절히 묘사하고 있으므로 정답이다.

Possible Answers

A picture is **hanging on the wall**.
사진이 벽에 걸려 있다.
Some books are **arranged on shelves**.
책들이 선반 위에 진열되어 있다.

4

▶ M-Cn

(A) Some boats are fastened to a pier.
(B) Some people are fishing from a dock.
(C) One of the boats is being launched from the shore.
(D) A sail has been raised above a ship.

(A) 보트 몇 척이 부두에 묶여 있다.
(B) 몇 사람이 부두에서 낚시를 하고 있다.
(C) 보트들 중 한 척이 해안에서 출항하고 있다.
(D) 한 선박 위로 돛이 올려져 있다.

어휘   fasten 묶다, 고정하다   pier 부두   dock 부두   launch 시작하다, 출항시키다   sail 돛

해설 **풍경 사진**

(A) **정답:** 보트 여러 척이 부두에 묶여 있는(fastened to a pier) 모습을 적절히 묘사하고 있으므로 정답이다.

(B) **사진에 없는 사람 언급 오답:** 사진에 사람들(Some people)은 보이지 않으므로 오답이다.

(C) **동작 오답:** 사진에 배들이 보이지만 사람에 의해 출항되는(being launched) 모습이 아니므로 오답이다.

(D) **사진에 없는 사물 언급 오답:** 사진에 돛(A sail)이 보이지 않으므로 오답이다.

Possible Answers

Some boats have **been docked at a pier**.
배 몇 척이 부두에 정박해 있다.

There are **some boats tied to a dock**.
부두에 배 몇 척이 묶여 있다.

ETS TEST

본책 p. 32

1 (A)	2 (B)	3 (C)	4 (D)	5 (A)	6 (C)
7 (A)	8 (B)	9 (D)	10 (D)	11 (C)	12 (A)

1

▶ W-Am

(A) Some plants are behind the sofa.
(B) Some people are cleaning the room.
(C) Some magazines are on the floor.
(D) Some people are moving the furniture.

(A) 식물들이 소파 뒤에 있다.
(B) 사람들이 방을 청소하고 있다.
(C) 잡지들이 바닥에 있다.
(D) 사람들이 가구를 옮기고 있다.

어휘 **plant** 식물 **behind** ~의 뒤에 **magazine** 잡지 **move** 옮기다 **furniture** 가구

해설 **사물 사진**

(A) **정답:** 식물들(plants)이 소파 뒤에(behind the sofa) 위치한 모습을 적절히 묘사하고 있으므로 정답이다.

(B) **사진에 없는 사람 언급 오답/동작 오답:** 사진에 방을 청소하고 있는(cleaning the room) 사람들(people)이 보이지 않으므로 오답이다.

(C) **위치 오답:** 사진의 왼쪽에 잡지(magazines)가 보이지만, 바닥에(on the floor) 놓여 있는 상태가 아니므로 오답이다.

(D) **사진에 없는 사람 언급 오답/동작 오답:** 사진에 가구를 옮기고 있는(moving the furniture) 사람들(people)이 보이지 않으므로 오답이다.

2

▶ M-Au

(A) A storage closet has been left open.
(B) Some tables have been arranged in the middle of a room.
(C) Folded chairs are leaning against a wall.
(D) Wooden boards are being installed on the floor.

(A) 수납장이 열려 있다.
(B) **탁자들이 방 한가운데 배열되어 있다.**
(C) 접힌 의자들이 벽에 기대어 있다.
(D) 목판이 바닥에 설치되고 있다.

어휘 **storage closet** 수납장 **arrange** 정리하다, 배열하다 **lean against** ~에 기대다 **install** 설치하다

해설 **사물 사진**

(A) **상태 오답:** 사진에 수납장(A storage closet)이 보이지만 열려 있는(left open) 상태가 아니므로 오답이다.

(B) **정답:** 탁자들(Some tables)이 방 한가운데 배열되어 있는(arranged in the middle of a room) 상태를 적절히 묘사하고 있으므로 정답이다.

(C) **상태 오답/위치 오답:** 사진에 의자(chairs)가 보이지만 접혀서(Folded) 벽에 기대어 있는(leaning against a wall) 상태가 아니므로 오답이다.

(D) **동작 오답:** 목판(Wooden boards)이 설치되고 있는(being installed) 것이 아니라 이미 설치가 완료된 상태이므로 오답이다.

3

▶ M-Cn

(A) There is a fence enclosing a lawn.
(B) Some pillars are being painted.
(C) There are trees along a roadway.
(D) A vehicle is parked in a garage.

(A) 잔디를 둘러싼 울타리가 있다.
(B) 기둥 몇 개에 페인트가 칠해지고 있다.
(C) **도로를 따라 나무들이 있다.**
(D) 자동차가 차고에 주차되어 있다.

어휘 fence 울타리 enclose 둘러싸다 lawn 잔디
pillar 기둥 roadway 도로 vehicle 탈것, 자동차
garage 차고

해설 풍경 사진
(A) 위치 오답: 울타리가 보이긴 하지만 잔디 주위를 둘러싸고
있는(a fence enclosing a lawn) 모습이 아니므로 오
답이다.
(B) 동작 오답: 기둥에 페인트가 칠해지는(being painted)
모습이 아니므로 오답이다.
(C) 정답: 도로를 따라 나무들이 있는(trees along a
roadway) 모습을 적절히 묘사하고 있으므로 정답이다.
(D) 위치 오답: 자동차가 도로에 서 있으며 차고에 주차된
(parked in a garage) 모습이 아니므로 오답이다.

4

▶ W-Br

(A) Some stools have been placed beside a
door.
(B) Some chairs are pushed against the wall.
(C) The windows are being washed.
(D) The drawers of the filing cabinets are
closed.

(A) 등받이가 없는 의자들이 문 옆에 놓여 있다.
(B) 의자들이 벽에 밀쳐져 있다.
(C) 창문들이 세척되고 있다.
(D) 서류 보관함의 서랍들이 닫혀 있다.

어휘 stool (팔걸이와 등받이가 없는) 의자 place 놓다
beside ~ 옆에 push 밀다 drawer 서랍 filing
cabinet 서류 보관함

해설 사물 사진
(A) 위치 오답: 등받이가 없는 의자들(stools)이 문 옆(beside
a door)이 아니라 캐비닛 앞에 놓여 있으므로 오답이다.
(B) 위치 오답: 의자들(chairs)이 탁자 주위에 있으며 벽에 밀
쳐져 있는(pushed against the wall) 모습이 아니므로
오답이다.
(C) 동작 오답: 사진에 창문이 보이지만 사람에 의해 세척되고
있는(being washed) 모습이 아니므로 오답이다.
(D) 정답: 서류 보관함의 서랍들이 닫혀 있는(closed) 모습을
적절히 묘사하고 있으므로 정답이다.

5

▶ W-Am

(A) Two chairs have been situated on the
lawn.
(B) The roof is being renovated by several
workers.
(C) A crowd has assembled on the hillside.
(D) There is a path leading up to the barn.

(A) 의자 두 개가 잔디에 놓여 있다.
(B) 지붕이 인부 여러 명에 의해 보수되고 있다.
(C) 사람들이 산비탈에 모였다.
(D) 헛간에 이르는 길이 있다.

어휘 situated 놓여 있는 renovate 개조하다, 보수하다
assemble 모이다 hillside 산비탈 path 길
lead up to ~에 이르다 barn 헛간

해설 풍경 사진
(A) 정답: 의자 두 개(Two chairs)가 잔디에 놓여 있는
(situated on the lawn) 상태를 적절히 묘사하고 있으
므로 정답이다.
(B) 사진에 없는 사람 언급 오답/동작 오답: 사진에 지붕(The
roof)을 보수하고 있는 인부들(workers)이 보이지 않으
므로 오답이다.
(C) 사진에 없는 사람 언급 오답: 사진에 모여 있는 사람들의
무리(A crowd)가 보이지 않으므로 오답이다.
(D) 사진에 없는 사물 언급 오답: 사진에 헛간으로 이어지는 길
(a path)이 보이지 않으므로 오답이다.

6

▶ M-Au

(A) Trees are growing under an archway.
(B) Passengers are waiting to board a train.
(C) A high wall runs alongside the train tracks.
(D) A train is about to go over a bridge.

(A) 아치 길 아래 나무가 자라고 있다.
(B) 승객들이 기차를 타려고 기다리고 있다.
(C) 높은 벽이 기차 선로를 따라 뻗어 있다.
(D) 기차가 막 다리를 건너려고 한다.

어휘 **grow** 자라다 **archway** 아치 길, 아치형 입구
passenger 승객 **board** 타다 **alongside** ~을
따라 **track** 선로 **be about to** 막 ~하려고 하다

해설 **풍경 사진**

(A) **위치 오답:** 사진에 나무들이 보이지만 아치 길 아래(under
an archway)가 아니라 위쪽에 있으므로 오답이다.

(B) **사진에 없는 사람 언급 오답:** 사진에 승객들(Passengers)
이 보이지 않으므로 오답이다.

(C) **정답:** 높은 벽이 기차 선로를 따라 뻗어 있으므로(runs
alongside the train tracks) 정답이다.

(D) **위치 오답:** 사진에 기차(A train)가 보이지만 다리를 건너
려는(is about to go over a bridge) 모습이 아니고 다
리 밑을 지나고 있으므로 오답이다.

7

▶ W-Am

(A) A table has been set for a meal.
(B) Food has been placed on some plates.
(C) Guests have been shown to their seats.
(D) Some candles have been lit by a waiter.

(A) 식사를 위해 식탁이 차려져 있다.
(B) 접시들에 음식이 놓여 있다.
(C) 손님들이 좌석으로 안내되었다.
(D) 웨이터가 촛불들을 켰다.

어휘 **meal** 식사 **place** 놓다, 두다 **plate** 접시 **candle**
촛불 **light** 불을 키다(-lit-lit)

해설 **사물 사진**

(A) **정답:** 식탁(A table)이 식사를 위해 차려져 있는(set for
a meal) 모습을 적절히 묘사하고 있으므로 정답이다.

(B) **위치 오답:** 음식이 접시(plates)가 아니라 그릇(a bowl)
에 담겨 있으므로 오답이다.

(C) **사진에 없는 사람 언급 오답/동작 오답:** 사진에 손님
(Guests)이 보이지 않으므로 오답이다.

(D) **사진에 없는 사물·사람 언급 오답:** 사진에 촛불(candles)
과 웨이터(a waiter)가 보이지 않으므로 오답이다.

8

▶ W-Br

(A) Some fishing nets are being dried on the
shore.
(B) Some boats are docked in a harbor.
(C) Some houses are being built next to a
pier.
(D) A flag has been raised on a pole.

(A) 해안에서 그물이 건조되고 있다.
(B) 배 몇 척이 항구에 정박되어 있다.
(C) 부두 옆에 집 몇 채가 지어지고 있다.
(D) 기둥에 깃발이 게양되어 있다.

어휘 **fishing net** 그물 **shore** 해안 **dock** 정박하다
harbor 항구 **pier** 부두 **flag** 깃발 **raise** 올리다
pole 기둥

해설 **풍경 사진**

(A) **사진에 없는 사물 언급 오답:** 사진에 그물(fishing nets)
이 보이지 않으므로 오답이다.

(B) **정답:** 보트들이 항구에 정박되어 있는(docked in a
harbor) 모습을 적절히 묘사하고 있으므로 정답이다.

(C) **동작 오답:** 멀리 집들이 보이지만 사람들에 의해 지어지고
있는(being built) 모습이 아니므로 오답이다.

(D) **사진에 없는 사물 언급 오답:** 기둥에 깃발(A flag)이 보이
지 않으므로 오답이다.

9

▶ M-Cn

(A) Some pedestrians are crossing a bridge.
(B) Some buses are entering a parking area.
(C) The streetlights are being replaced.
(D) The vehicles are traveling in the same
direction.

(A) 행인들이 다리를 건너고 있다.
(B) 버스들이 주차장에 진입하고 있다.
(C) 가로등이 교체되고 있다.
(D) 차들이 같은 방향으로 가고 있다.

어휘 **pedestrian** 보행자, 행인 **streetlight** 가로등
replace 교체하다 **vehicle** 탈것, 자동차 **travel**
이동하다, 여행하다 **in the same direction** 같은
방향으로

해설 **풍경 사진**

(A) **사진에 없는 사람 언급 오답:** 사진에 행인들(pedestrians)
이 보이지 않으므로 오답이다.

(B) **사진에 없는 사물 언급 오답:** 사진에 주차 공간(parking
area)이 보이지 않으므로 오답이다.

(C) **동작 오답:** 사진에 가로등이 보이지만 사람에 의해 교체되
는(being replaced) 모습이 아니므로 오답이다.

(D) **정답:** 차들이 같은 방향으로 가고 있는(traveling in the same direction) 모습을 적절히 묘사하고 있으므로 정답이다.

10

▶ W-Br

(A) Some shelves are being emptied.
(B) Some cabinets are being polished.
(C) Some furniture is being loaded onto a truck.
(D) Some chairs are being displayed side by side.

(A) 선반이 비워지고 있다.
(B) 캐비닛이 닦이고 있다.
(C) 가구가 트럭에 실리고 있다.
(D) **의자가 나란히 진열되어 있다.**

어휘 **shelf** 선반 **empty** 비우다 **polish** 닦다, 윤을 내다 **load onto** ~에 싣다 **display** 진열하다 **side by side** 나란히

해설 **사물 사진**
(A) **동작 오답:** 선반이 비워지고 있는(being emptied) 모습이 아니므로 오답이다.
(B) **동작 오답:** 캐비닛이 닦이고 있는(being polished) 모습이 아니므로 오답이다.
(C) **동작 오답:** 가구가 트럭에 실리고 있는(being loaded onto a truck) 모습이 아니므로 오답이다.
(D) **정답:** 의자가 탁자 위에 나란히 진열되어 있는(being displayed side by side) 상태를 적절히 묘사하고 있으므로 정답이다. 참고로, being p.p. 구문은 주로 사람의 동작이 가해질 때 쓰이지만, display, store와 같은 일부 동사는 being p.p. 형태로 상태를 나타내기도 한다.

11

▶ W-Am

(A) There is a gate behind a tree.
(B) Some plants are being pruned.
(C) A sign is mounted on a wall.
(D) Some flowers are on display in a shop window.

(A) 나무 뒤에 문이 있다.
(B) 식물들이 다듬어지고 있다.
(C) **간판이 벽에 고정되어 있다.**
(D) 쇼윈도에 꽃들이 진열되어 있다.

어휘 **prune** 가지치기하다, 다듬다 **mounted** 붙어 있는, 고정시킨 **on display** 진열 중인, 전시 중인

해설 **풍경 사진**
(A) **사진에 없는 사물 언급 오답:** 사진에 나무(a tree)가 보이지 않으므로 오답이다.
(B) **동작 오답:** 식물들(Some plants)이 다듬어지고 있는(being pruned) 모습이 아니므로 오답이다.
(C) **정답:** 간판(A sign)이 벽에 고정되어 있는(mounted on a wall) 상태를 적절히 묘사하고 있으므로 정답이다.
(D) **사진에 없는 사물 언급 오답:** 사진에 쇼윈도(a shop window)가 보이지 않으므로 오답이다.

12

▶ W-Br

(A) The path leads to the building.
(B) Flowers are being planted.
(C) The grass is being cut.
(D) Benches line the walkway.

(A) **길이 건물로 이어져 있다.**
(B) 꽃들이 심어지고 있다.
(C) 잔디가 깎이고 있다.
(D) 벤치들이 보도를 따라 늘어서 있다.

어휘 **path** 길 **plant** 심다; 식물 **line** ~을 따라 늘어서다

해설 **풍경 사진**
(A) **정답:** 길이 건물로 이어져 있는(leads to the building) 모습을 적절히 묘사하고 있으므로 정답이다.
(B) **동작 오답:** 꽃들이 사람에 의해 심어지고 있는(being planted) 모습이 아니므로 오답이다.
(C) **동작 오답:** 사진에 잔디(grass)가 보이지만 잔디가 사람에 의해 깎이는(being cut) 모습이 아니므로 오답이다.
(D) **사진에 없는 사물 언급 오답:** 벤치들(Benches)이 보이지 않으므로 오답이다.

❺ 실내 업무 장소 빈출 상황

ETS CHECK-UP 본책 p. 34

1 (C)   **2** (A)

1

▶ W-Br

(A) He's cleaning a desk.
(B) He's turning on a computer.
(C) He's looking at a document.
(D) He's talking on the telephone.

(A) 남자가 책상을 청소하고 있다.
(B) 남자가 컴퓨터를 켜고 있다.
(C) 남자가 문서를 보고 있다.
(D) 남자가 전화로 통화하고 있다.

어휘 clean 청소하다 turn on ~을 켜다 look at ~을
보다 document 문서, 서류

해설 사무실
(A) **동작 오답:** 남자가 책상을 청소하는(cleaning a desk)
   모습이 아니므로 오답이다.
(B) **동작 오답:** 사진에 컴퓨터 화면이 보이지만 남자가 컴퓨터
   를 켜는(turning on a computer) 모습이 아니므로 오
   답이다.
(C) **정답:** 남자가 문서를 보는(looking at a document) 모
   습을 적절히 묘사하고 있으므로 정답이다.
(D) **동작 오답:** 사진에 전화가 보이지만 남자가 전화로 통화하
   는(talking on the telephone) 모습이 아니므로 오답
   이다.

2

▶ M-Au

(A) A woman is seated on a cleaning
   machine.
(B) A floor is covered with carpeting.
(C) A window is being installed near a building
   entrance.
(D) A woman is standing next to some chairs.

(A) 여자가 청소 기계에 앉아 있다.
(B) 바닥이 카펫으로 덮여 있다.
(C) 빌딩 입구 근처에 창문이 설치되고 있다.
(D) 여자가 의자 몇 개 옆에 서 있다.

어휘 be seated on ~ 위에 앉아 있다 cleaning
   machine 청소 기계 be covered with ~로 덮여
   있다 install 설치하다 entrance 입구 next to
   ~ 옆에

해설 대합실
(A) **정답:** 여자가 청소 기계에 앉아 있는(seated on a
   cleaning machine) 모습을 적절히 묘사하고 있으므로
   정답이다.
(B) **사진에 없는 사물 언급 오답:** 사진에 카펫(carpeting)이
   보이지 않으므로 오답이다.
(C) **동작 오답:** 창문이 설치되고(being installed) 있는 모습
   이 아니므로 오답이다.
(D) **상태 오답:** 여자가 의자 옆에 서 있는(standing next to
   some chairs) 모습이 아니므로 오답이다.

LISTENING PRACTICE 본책 p. 36

1 (A)   **2** (B)   **3** (B)   **4** (A)

1

▶ W-Am

(A) They're using laptop computers.
(B) They're exchanging business cards.
(C) One of the men is putting on a sweater.
(D) One of the men is moving a chair.

(A) 사람들이 노트북 컴퓨터를 사용하고 있다.
(B) 사람들이 명함을 교환하고 있다.
(C) 남자들 중 한 명이 스웨터를 입는 중이다.
(D) 남자들 중 한 명이 의자를 옮기고 있다.

어휘 exchange 교환하다 business card 명함 put
   on ~을 입다

해설 **회의실**

(A) **정답:** 사람들이 노트북 컴퓨터를 사용하고 있는(using laptop computers) 모습을 적절히 묘사하고 있으므로 정답이다.

(B) **사진에 없는 사물 언급 오답:** 사진에 명함(business cards)이 보이지 않으므로 오답이다.

(C) **개별 동작 오답:** 스웨터를 입어 보는 동작을 하는(putting on a sweater) 사람이 없으므로 오답이다.

(D) **개별 동작 오답:** 의자를 옮기는(moving a chair) 사람이 없으므로 오답이다.

Possible Answers

They're **seated around a table.**
사람들이 탁자에 둘러 앉아 있다.

Some people are **working at laptop computers.**
사람들이 노트북 컴퓨터로 일을 하고 있다.

2

▶ M-Au

(A) The position of a microphone is being adjusted.
(B) The woman's concentrating on a task.
(C) A pair of headphones has been left on a desk.
(D) The woman's walking by a row of windows.

(A) 마이크 위치가 조정되고 있다.
(B) 여자가 업무에 집중하고 있다.
(C) 헤드폰이 책상에 놓여 있다.
(D) 여자가 줄지어 있는 창문들 옆을 걷고 있다.

어휘 **position** 위치, 자리 **adjust** 조정하다
concentrate on ~에 집중하다 **task** 일, 과업
a row of ~ 줄지어 있는

해설 **사무실**

(A) **동작 오답:** 마이크 위치(The position of a microphone)가 조정되는(being adjusted) 모습이 아니므로 오답이다.

(B) **정답:** 여자가 업무에 집중하고 있는(concentrating on a task) 모습을 적절히 묘사하고 있으므로 정답이다.

(C) **위치 오답:** 헤드폰(A pair of headphones)은 책상에 (on a desk) 놓여 있는 상태가 아니라 여자가 착용하고 있으므로 오답이다.

(D) **사진에 없는 사물 언급 오답/동작 오답:** 사진에 창문 (windows)이 보이지 않으며, 여자가 걷고 있는(walking) 모습도 아니므로 오답이다.

Possible Answers

The woman is **wearing a headset.**
여자가 헤드셋을 착용하고 있다.

A woman is **speaking into the microphone.**
여자가 마이크에 대고 말하고 있다.

3

▶ W-Am

(A) A man is placing a basket on a shelf.
(B) Labels have been attached to shelving units.
(C) A man is opening the door of a cabinet.
(D) Some newspapers have been piled on the floor.

(A) 남자가 선반 위에 바구니를 놓고 있다.
(B) 라벨이 선반에 부착되어 있다.
(C) 남자가 캐비닛 문을 열고 있다.
(D) 신문들이 바닥에 쌓여 있다.

어휘 **shelf** 선반 **attach** 부착하다 **shelving unit** 선반
pile 쌓다

해설 **분류실**

(A) **사진에 없는 사물 언급 오답:** 남자가 선반에 물건을 놓고 있는(placing) 동작은 맞지만, 그 물건이 바구니(a basket)가 아니므로 오답이다.

(B) **정답:** 남자가 물건을 넣고 있는 선반(shelving units)에 라벨이 붙어 있는(Labels have been attached) 모습을 적절히 묘사하고 있으므로 정답이다.

(C) **동작 오답:** 남자가 캐비닛 문을 여는(opening the door of a cabinet) 모습이 아니므로 오답이다.

(D) **사진에 없는 사물 언급 오답:** 바닥에 쌓여 있는 신문(Some newspapers)이 보이지 않으므로 오답이다.

Possible Answers

Some items have **been placed in a cart.**
물품 몇 개가 카트에 담겨 있다.

He's **standing next to a cart.**
남자가 카트 옆에 서 있다.

4

▶ M-Au

(A) She's copying a document.
(B) She's putting paper on some shelves.
(C) She's opening some boxes.
(D) She's hanging up a painting.

(A) 여자가 문서를 복사하고 있다.
(B) 여자가 선반에 종이를 놓고 있다.
(C) 여자가 상자들을 개봉하고 있다.
(D) 여자가 그림을 걸고 있다.

어휘 copy 복사하다 shelf 선반 hang up 걸다
painting 그림

해설 사무실

(A) 정답: 여자가 문서를 복사하는(copying a document) 모습을 적절히 묘사하고 있으므로 정답이다.
(B) 위치 오답: 여자가 종이를 선반(some shelves)이 아닌 복사기 위에 놓고 있으므로 오답이다.
(C) 동작 오답: 여자가 상자들을 개봉하는(opening some boxes) 모습이 아니므로 오답이다.
(D) 동작 오답: 벽에 그림이 걸려 있는 상태로, 여자가 그림을 걸고 있는(hanging up a painting) 모습이 아니므로 오답이다.

Possible Answers

A woman is **using some office equipment**.
여자가 사무 기기를 사용하고 있다.
Some shelves are **filled with paper**.
선반이 종이로 채워져 있다.

ETS TEST 본책 p. 37

1 (B) **2** (A) **3** (B) **4** (D) **5** (D) **6** (B)

1

▶ W-Br

(A) He's working at a reception desk.
(B) He's consulting a manual.
(C) He's lifting a computer monitor.
(D) He's plugging in a power cord.

(A) 남자가 안내 데스크에서 일하고 있다.
(B) 남자가 사용 설명서를 찾아보고 있다.
(C) 남자가 컴퓨터 모니터를 들어올리고 있다.
(D) 남자가 플러그를 꽂고 있다.

어휘 reception desk 접수처, 안내 데스크 consult
참고하다, 살펴보다 lift 들어올리다 plug in
플러그를 꽂다, 전원을 연결하다 power cord 플러그

해설 사무실

(A) 장소 묘사 오답: 사진 속 남자가 일하는 장소는 안내 데스크 (reception desk)가 아니므로 오답이다.
(B) 정답: 남자가 사용 설명서(a manual)를 살펴보고 (consulting) 있는 모습을 적절히 묘사하고 있으므로 정답이다.
(C) 동작 묘사 오답: 남자가 컴퓨터 모니터(a computer monitor)를 들어올리는(lifting) 모습이 아니므로 오답이다.
(D) 동작 묘사 오답: 남자가 플러그를 꽂는(plugging in) 모습이 아니므로 오답이다.

2

▶ M-Au

(A) Some people are attending a presentation.
(B) Some people are arranging some furniture.
(C) Some beverages are being served.
(D) Some documents are being distributed.

(A) 사람들이 발표에 참석하고 있다.
(B) 사람들이 가구를 배열하고 있다.
(C) 음료가 제공되고 있다.
(D) 서류가 배포되고 있다.

어휘 attend 참석하다 presentation 발표 arrange
정리하다, 배열하다 beverage 음료 distribute
분배하다, 나눠주다, 배포하다

해설 세미나실

(A) 정답: 사람들이 발표에 참석하고 있는(attending a presentation) 모습을 적절히 묘사하고 있으므로 정답이다.
(B) 개별 동작 오답: 사람들 중 누구도 가구를 배열하고 있는 (arranging some furniture) 모습이 아니므로 오답이다.
(C) 사진에 없는 사물 언급 오답: 사진에 음료(beverages)가 보이지 않으므로 오답이다.
(D) 동작 오답: 서류(Some documents)가 누군가에 의해 배포되는(being distributed) 모습이 아니므로 오답이다.

3

▶ M-Cn

(A) A woman is drying a counter with a towel.
(B) Some equipment is laid out on a work surface.
(C) A woman is putting some dishes in a sink.
(D) The shelf above the rack is empty.

(A) 여자가 수건으로 조리대의 물기를 닦고 있다.
(B) 장비가 작업대 위에 배열되어 있다.
(C) 여자가 싱크대에 접시들을 넣고 있다.
(D) 받침대 위에 있는 선반이 비어 있다.

어휘 **dry** 말리다, 닦다 **counter** 조리대, 카운터
equipment 장비 **lay out** 배열[배치]하다 **work surface** 작업대 **rack** 시렁, 받침대 **empty** 텅 빈

해설 **실험실**
(A) **동작 오답:** 여자가 수건으로 조리대의 물기를 닦는(drying a counter) 모습이 아니므로 오답이다.
(B) **정답:** 장비가 작업대 위에 배열되어 있는(laid out on a work surface) 모습을 적절히 묘사하고 있으므로 정답이다.
(C) **동작 오답:** 사진에 싱크대가 보이지만 여자가 싱크대에 접시들을 넣는(putting some dishes in a sink) 모습이 아니므로 오답이다.
(D) **상태 오답:** 받침대 위에 선반이 있지만 비어 있지(empty) 않으므로 오답이다.

4

▶ W-Am

(A) They're photocopying some papers.
(B) They're packing supplies into boxes.
(C) They're arranging files in a desk drawer.
(D) They're placing documents in compartments.

(A) 사람들이 서류를 복사하고 있다.
(B) 사람들이 물품을 상자에 포장하고 있다.
(C) 사람들이 책상 서랍에 있는 파일을 정리하고 있다.
(D) 사람들이 서류를 칸에 넣고 있다.

어휘 **photocopy** 복사하다 **pack** 싸다, 포장하다
supplies 물자, 보급품 **compartment** 칸

해설 **분류실**
(A) **공통 동작 오답:** 사람들이 서류를 복사하고 있는 (photocopying some papers) 모습이 아니므로 오답이다.
(B) **공통 동작 오답:** 사람들이 물품을 상자에 포장하고 있는 (packing supplies into boxes) 모습이 아니므로 오답이다.
(C) **사진에 없는 사물 언급 오답/위치 오답:** 사진에 책상 서랍 (a desk drawer)이 보이지 않으며, 사람들은 책상 서랍이 아니라 선반 칸(compartments)에 서류를 정리하고 있으므로(arranging files) 오답이다.
(D) **정답:** 사람들이 서류를 칸에 넣고 있는(placing documents in compartments) 모습을 적절히 묘사하고 있으므로 정답이다.

5

▶ M-Au

(A) The woman is mailing a package.
(B) The woman is dusting the top of a rack.
(C) Some pots have been stacked in a corner.
(D) Some boxes have been stored on shelves.

(A) 여자가 소포를 부치고 있다.
(B) 여자가 선반 위의 먼지를 털고 있다.
(C) 냄비들이 구석에 쌓여 있다.
(D) 상자들이 선반에 보관되어 있다.

어휘 **mail** 우편으로 보내다 **package** 소포 **dust** 먼지를 털다; 먼지 **rack** 걸이, 선반 **pot** 냄비, 항아리
stack 쌓다

해설 **창고**
(A) **동작 오답:** 여자가 소포를 부치는(mailing a package) 모습이 아니므로 오답이다.
(B) **동작 오답:** 여자가 선반의 먼지를 터는(dusting) 모습이 아니므로 오답이다.
(C) **사진에 없는 사물 언급 오답:** 사진에 냄비(pots)가 보이지 않으므로 오답이다.
(D) **정답:** 여러 선반에 상자들이 보관되어 있는(have been stored on shelves) 모습을 적절히 묘사하고 있으므로 정답이다.

6

▶ W-Am

(A) One of the men is distributing programs.
(B) A woman is addressing meeting participants.
(C) Glasses are being cleared from a conference table.
(D) Camera equipment is being removed from the room.

(A) 남자들 중 한 명이 프로그램을 나눠주고 있다.
(B) **여자가 회의 참가자들에게 말하고 있다.**
(C) 유리컵들이 회의 탁자에서 치워지고 있다.
(D) 카메라 장비가 방에서 치워지고 있다.

어휘 **distribute** 나눠주다, 배포하다 **address** (~에게 직접) 말을 하다 **participant** 참가자 **conference** 회의 **equipment** 장비 **remove** 치우다

해설 **회의실**
(A) **개별 동작 오답:** 남자들 중 누구도 프로그램을 나눠주고 있는(distributing programs) 모습이 아니므로 오답이다.
(B) **정답:** 여자가 참가자들에게 연설하고 있는(addressing meeting participants) 모습을 적절히 묘사하고 있으므로 정답이다.
(C) **동작 오답:** 유리컵(Glasses)이 사람들에 의해 치워지는 (being cleared) 모습이 아니므로 오답이다.
(D) **동작 오답:** 카메라 장비(Camera equipment)가 사람들에 의해 치워지는(being removed) 모습이 아니므로 오답이다.

❻ 실외 작업 / 교통 관련 장소 빈출 상황

ETS CHECK-UP   본책 p. 38

1 (B)   **2** (D)

1

▶ M-Cn

(A) A luggage cart is being unloaded.
(B) A woman is stepping down from a train.
(C) A light fixture is being repaired.
(D) A train is leaving the station.

(A) 수화물 수레에서 짐을 내려지고 있다.
(B) **여자가 기차에서 내리고 있다.**
(C) 조명 장치가 수리되고 있다.
(D) 기차가 역을 떠나고 있다.

어휘 **luggage** 수화물 **cart** 수레 **unload** 짐을 내리다 **light fixture** 조명 장치 **repair** 수리하다

해설 **기차역**
(A) **동작 오답:** 수화물 수레에서 짐이 내려지는(being unloaded) 모습이 아니므로 오답이다.
(B) **정답:** 여자가 기차에서 내리는(stepping down from a train) 모습을 적절히 묘사하고 있으므로 정답이다.
(C) **동작 오답:** 사진에 조명 장치가 보이지만 사람에 의해 수리되는(being repaired) 모습이 아니므로 오답이다.
(D) **동작 오답:** 사진에 기차가 보이지만 역을 떠나고 있는 (leaving the station) 모습이 아니라 정차해 있으므로 오답이다.

2

▶ W-Br

(A) A wooden fence is being painted.
(B) Grass is being cut in a park.
(C) One of the men is repairing a cart.
(D) One of the men is transporting some logs.

(A) 나무로 된 울타리가 칠해지고 있다.
(B) 공원에서 풀이 베이고 있다.
(C) 남자들 중 한 명이 수레를 고치고 있다.
(D) **남자들 중 한 명이 통나무를 실어 나르고 있다.**

어휘 **fence** 울타리 **transport** 실어 나르다, 이동시키다 **log** 통나무

해설 **벌목장**
(A) **사진에 없는 사물 언급 오답:** 사진에 나무로 된 펜스(A wooden fence)가 보이지 않으므로 오답이다.
(B) **동작 오답:** 풀(Grass)이 베어지고(being cut) 있지 않으므로 오답이다.
(C) **개별 동작 오답:** 남자들 중 누구도 카트를 수리하고 있는 (repairing a cart) 모습이 아니므로 오답이다.
(D) **정답:** 남자들 중 한 명이 통나무를 실어 나르고 있는 (transporting some logs) 모습을 적절히 묘사하고 있으므로 정답이다.

LISTENING **PRACTICE**   본책 p. 40

1 (B)   **2** (A)   **3** (B)   **4** (A)

1

▶ M-Cn

(A) The men are resting on a wooden bench.
(B) The men are working at a construction site.
(C) The men are lifting some rocks off the ground.
(D) The men are stepping over a stone wall.

(A) 남자들이 나무 벤치에서 쉬고 있다.
(B) **남자들이 공사 현장에서 일하고 있다.**
(C) 남자들이 바위를 땅에서 들어 올리고 있다.
(D) 남자들이 돌담을 넘고 있다.

어휘 rest 휴식을 취하다   construction site 공사 현장
lift 들어 올리다   step over (장애물을) 넘다

해설 **공사 현장**
(A) **상태 오답:** 남자들이 벤치에 앉아 쉬는(resting) 모습이 아니라 서서 일하고 있으므로 오답이다.
(B) **정답:** 남자들이 공사 현장에서 일하고(working at a construction site) 있는 모습을 적절히 묘사하고 있으므로 정답이다.
(C) **동작 오답:** 남자들이 바위(some rocks)를 들어 올리는 (lifting) 모습이 아니므로 오답이다.
(D) **동작 오답:** 남자들이 돌담을 넘는(stepping over) 모습이 아니므로 오답이다.

Possible Answers

A man is **wearing a safety helmet.**
한 남자가 안전모를 썼다.
A building is **being constructed.**
건물이 지어지고 있다.

2

▶ W-Am

(A) Some people are waiting at a counter.
(B) Some people are mounting televisions on the wall.
(C) One of the men is unpacking his suitcase.
(D) One of the women is taking off a hat.

(A) **사람들이 카운터에서 기다리고 있다.**
(B) 사람들이 벽에 텔레비전을 설치하고 있다.
(C) 남자들 중 한 명이 여행가방을 풀고 있다.
(D) 여자들 중 한 명이 모자를 벗고 있다.

어휘 counter 카운터, 조리대   mount 설치하다, 탑재하다
unpack (짐을) 풀다   suitcase 여행가방   take off
~을 벗다

해설 **공항 카운터**
(A) **정답:** 사람들이 카운터에서 기다리고 있는(waiting at a counter) 모습을 적절히 묘사하고 있으므로 정답이다.
(B) **공통 동작 오답:** 사람들이 벽에 텔레비전을 설치하고 있는 (mounting televisions on the wall) 모습이 아니므로 오답이다.
(C) **개별 동작 오답:** 남자들 중 여행가방을 풀고 있는 (unpacking his suitcase) 사람은 없으므로 오답이다.
(D) **개별 동작 오답:** 여자들이 모자를 쓰고 있으며, 모자를 벗고 있는(taking off a hat) 사람은 없으므로 오답이다.

Possible Answers

Some people are **waiting to be served.**
사람들이 응대를 기다리고 있다.
One of the men is **holding the handle of his suitcase.**
남자들 중 한 명이 여행 가방 손잡이를 잡고 있다.

3

▶ M-Cn

(A) Some women are loading groceries into a car.
(B) Some women are getting into a vehicle.
(C) A woman is adjusting a rearview mirror.
(D) A woman is driving through a parking area.

(A) 여자들이 차 안에 식료품을 싣고 있다.
(B) **여자들이 차에 타려고 한다.**
(C) 한 여자가 백미러를 조정하고 있다.
(D) 한 여자가 차를 몰고 주차장을 가로지르고 있다.

어휘 load (물건을) 싣다   grocery 식료품, 잡화   adjust
조정하다   rearview mirror (자동차의) 백미러

해설 **주차장**

(A) **사진에 없는 사물 언급 오답:** 사진에 식료품(groceries)
이 보이지 않으므로 오답이다.

(B) **정답:** 두 여자가 차에 타려고 하는(getting into a
vehicle) 모습을 적절히 묘사하고 있으므로 정답이다.

(C) **개별 동작 오답:** 두 여자 중 누구도 백미러(a rearview
mirror)를 조정하고 있지(adjusting) 않으므로 오답이다.

(D) **개별 동작 오답:** 두 여자가 자동차에 타려고 하는 모습이지
그중 한명이 자동차를 몰고 있는(driving) 모습이 아니므
로 오답이다.

Possible Answers

A car door has **been opened**.
자동차 문이 열려 있다.
One of the women is **wearing a scarf**.
여자들 중 한 명이 스카프를 두르고 있다.

4

▶ W-Am

(A) He's **cleaning up some debris**.
(B) He's **installing some patio tiles**.
(C) A brick chimney is **being painted**.
(D) A broom has **been propped against a
windowsill**.

(A) 남자가 쓰레기를 치우고 있다.
(B) 남자가 테라스 타일을 설치하고 있다.
(C) 벽돌 굴뚝이 칠해지고 있다.
(D) 빗자루가 창턱에 기대어 세워져 있다.

어휘 **debris** 잔해, 쓰레기 **install** 설치하다 **patio** (뒤뜰)
테라스 **chimney** 굴뚝 **broom** 빗자루 **prop** 기대
세우다, 받치다 **windowsill** 창턱

해설 **건물 외부**

(A) **정답:** 남자가 쓰레기를 치우고 있는(cleaning up some
debris) 모습을 적절히 묘사하고 있으므로 정답이다.

(B) **동작 오답:** 남자가 테라스 타일을 설치하고 있는(installing
some patio tiles) 모습이 아니므로 오답이다.

(C) **사진에 없는 사물 언급 오답:** 사진에 벽돌 굴뚝(A brick
chimney)이 보이지 않으므로 오답이다.

(D) **상태 오답:** 빗자루(A broom)가 기대 세워져 있는(been
propped) 상태가 아니라 남자가 사용하고 있는 모습이
므로 오답이다.

Possible Answers

A man is **sweeping with a broom**.
남자가 빗자루로 쓸고 있다.
The man is **holding a broom with both hands**.
남자가 양 손으로 빗자루를 잡고 있다.

ETS TEST   본책 p. 41

1 (C)	2 (A)	3 (A)	4 (D)	5 (D)	6 (B)

1

▶ W-Br

(A) Some people are watching a performance.
(B) Some people are repairing the pavement.
(C) A man's trimming some bushes.
(D) A man's watering some flowers.

(A) 사람들이 공연을 보고 있다.
(B) 사람들이 인도를 보수하고 있다.
(C) **남자가 관목들을 다듬고 있다.**
(D) 남자가 꽃에 물을 주고 있다.

어휘 **performance** 공연 **pavement** 인도, 보도 **trim**
다듬다, 손질하다 **bush** 관목

해설 **거리**

(A) **공통 동작 오답:** 사람들이 공연을 보고 있는(watching a
performance) 모습이 아니므로 오답이다.

(B) **공통 동작 오답:** 사람들이 인도를 보수하고 있는(repairing
the pavement) 모습이 아니므로 오답이다.

(C) **정답:** 남자가 관목들을 다듬고 있는(trimming some
bushes) 모습을 적절히 묘사하고 있으므로 정답이다.

(D) **사진에 없는 사물 언급 오답/동작 오답:** 사진에 꽃(some
flowers)이 보이지 않으며, 사람이 물을 주고 있는
(watering) 모습도 아니므로 오답이다.

2

▶ W-Am

(A) Some construction work is being done.
(B) Some people are getting into a truck.
(C) Some street lamps are being repaired.
(D) Some cars are driving down a hill.

(A) 공사가 진행되고 있다.
(B) 몇 사람이 트럭에 타고 있다.
(C) 가로등 몇 개가 수리되고 있다.
(D) 자동차 몇 대가 언덕을 내려가고 있다.

어휘 construction work (건설) 공사 get into ~을
타다 street lamp 가로등 hill 언덕

해설 공사 현장
(A) 정답: 공사가 진행되고 있는(construction work is being done) 모습을 적절히 묘사하고 있으므로 정답이다.
(B) 사진에 없는 사람 언급 오답: 사람이 여러 명(Some people)이 아니므로 오답이다.
(C) 동작 오답: 사진에 가로등이 보이지만 사람에 의해 수리되고 있는(being repaired) 모습이 아니므로 오답이다.
(D) 동작 오답: 자동차들이 언덕을 내려가는(driving down a hill) 모습이 아니므로 오답이다.

3

▶ M-Au

(A) Some men are working with shovels.
(B) Some men are resting under a tree.
(C) Some men are painting a line on a road.
(D) Some men are cutting the grass.

(A) 남자들이 삽을 가지고 일하고 있다.
(B) 남자들이 나무 아래서 쉬고 있다.
(C) 남자들이 도로에 선을 그리고 있다.
(D) 남자들이 풀을 베고 있다.

어휘 shovel 삽 rest 쉬다

해설 작업 현장
(A) 정답: 남자들이 삽을 가지고 일하고 있는(working with shovels) 모습을 적절히 묘사하고 있으므로 정답이다.
(B) 상태 오답: 남자들이 나무 아래서 쉬고 있는(resting under a tree) 모습이 아니므로 오답이다.
(C) 사물에 없는 사진 언급 오답/공통 동작 오답: 사진에 도로(a road)가 보이지 않으며, 남자들이 선을 그리고 있는(painting a line) 모습도 아니므로 오답이다.
(D) 공통 동작 오답: 남자들이 풀을 베고 있는(cutting the grass) 모습이 아니므로 오답이다.

4

▶ W-Br

(A) Some people are closing a gate.
(B) Some people are crossing the street.
(C) Some banners are being removed from the side of a building.
(D) Some vehicles are stopped at an intersection.

(A) 사람들이 문을 닫고 있다.
(B) 사람들이 길을 건너고 있다.
(C) 건물 측면에서 현수막이 치워지고 있다.
(D) **차량들이 교차로에 멈춰 있다.**

어휘 banner 현수막 remove 치우다, 제거하다
vehicle 차량 intersection 교차로

해설 도로
(A) 공통 동작 오답: 사람들이 문을 닫고 있는(closing a gate) 모습이 아니므로 오답이다.
(B) 공통 동작 오답: 사람들이 길을 건너고 있는(crossing the street) 모습이 아니므로 오답이다.
(C) 동작 오답: 현수막(Some banners)이 사람들에 의해 치워지고(being removed) 있는 모습이 아니므로 오답이다.
(D) 정답: 차량들(vehicles)이 교차로에 멈춰 있는(stopped at an intersection) 상태를 적절히 묘사하고 있으므로 정답이다.

5

▶ W-Am

(A) Some people are waiting in a line.
(B) Some people are putting up a tent.
(C) All of the boats are filled with passengers.
(D) Some of the boats are floating next to a dock.

(A) 사람들이 줄을 서서 기다리고 있다.
(B) 사람들이 텐트를 치고 있다.
(C) 모든 배들이 승객으로 가득차 있다.
(D) **배 몇 척이 부두 옆에 떠 있다.**

어휘 **put up** 세우다 **be filled with** ~로 가득차다
passenger 승객 **float** 떠 있다 **dock** 부두, 선창

해설 **부두**
(A) **개별 동작 오답:** 사람들이 줄을 서서 기다리고 있는(waiting in a line) 모습이 아니므로 오답이다.
(B) **개별 동작 오답:** 사람들이 텐트를 치고 있는(putting up a tent) 모습이 아니므로 오답이다.
(C) **공통 상태 오답:** 모든 배들(All of the boats)이 승객들로 가득 채워진(filled with passengers) 상태가 아니라 거의 비어 있으므로 오답이다.
(D) **정답:** 배 몇 척이 부두 옆에 떠 있는(floating next to a dock) 모습을 적절히 묘사하고 있으므로 정답이다.

6

▶ W-Br

(A) A truck is being driven on a highway.
(B) Some people are boarding an airplane.
(C) Some people are unpacking their suitcases.
(D) An airplane has taken off.

(A) 고속도로에서 트럭이 주행하고 있다.
(B) **사람들이 비행기에 탑승하고 있다.**
(C) 사람들이 여행가방을 풀고 있다.
(D) 비행기 한 대가 이륙했다.

어휘 **board** 탑승하다 **unpack** 짐을 풀다 **suitcase** 여행가방 **take off** 이륙하다, 날아오르다

해설 **공항**
(A) **사진에 없는 장소 언급 오답:** 사진에 고속도로(a highway)가 보이지 않으므로 오답이다.
(B) **정답:** 사람들이 비행기에 탑승하고 있는(boarding an airplane) 모습을 적절히 묘사하고 있으므로 정답이다.
(C) **공통 동작 오답:** 사람들이 여행가방을 들고 트랩을 오르는 모습이지 가방을 푸는(unpacking their suitcases) 모습이 아니므로 오답이다.
(D) **상태 오답:** 사진에 비행기가 보이지만 정지한 상태이지 이륙한(has taken off) 모습이 아니므로 오답이다.

❼ 쇼핑 / 여가 관련 장소 빈출 상황

ETS **CHECK-UP** 본책 p. 42

1 (C)   **2** (D)

1

▶ W-Br

(A) A man is walking toward the women.
(B) The women are paying for a purchase.
(C) Customers are shopping for clothing.
(D) A salesperson is putting a shirt in a bag.

(A) 남자가 여자들을 향해 걷고 있다.
(B) 여자들이 구입한 물건 값을 치르고 있다.
(C) **손님들이 옷 쇼핑을 하고 있다.**
(D) 판매원이 셔츠를 가방에 넣고 있다.

어휘 **toward** ~를 향해 **purchase** 구입한 것 **salesperson** 판매원

해설 **옷 가게**
(A) **개별 동작 오답:** 남자가 여자들을 향해(toward the women) 걸어가고 있는(walking) 모습이 아니라 등을 지고 있으므로 오답이다.
(B) **공통 동작 오답:** 여자들이 구입한 물건 값을 치르고 있는(paying for a purchase) 모습이 아니므로 오답이다.
(C) **정답:** 손님들이 옷 쇼핑을 하고 있는(shopping for clothing) 모습을 적절히 묘사하고 있으므로 정답이다.
(D) **사진에 없는 사람 언급 오답:** 사진에 판매원(A salesperson)이 보이지 않으므로 오답이다.

2

▶ M-Cn

(A) An audience is watching a concert.
(B) A man is holding a cup.
(C) A piano is being moved.
(D) A man is playing a musical instrument.

(A) 청중이 음악회를 보고 있다.
(B) 남자가 컵을 들고 있다.
(C) 피아노가 옮겨지고 있다.
(D) **남자가 악기를 연주하고 있다.**

어휘 audience 청중 musical instrument 악기

해설 **피아노실**

(A) **사진에 없는 사람 언급 오답 / 동작 오답:** 사진에 음악회를 보고 있는(watching a concert) 청중(An audience)이 보이지 않으므로 오답이다.

(B) **동작 오답:** 사진에 컵(a cup)이 보이지만, 남자가 들고 있는(holding) 모습은 아니므로 오답이다.

(C) **동작 오답:** 피아노(A piano)가 남자에 의해 옮겨지는(being moved) 모습이 아니므로 오답이다.

(D) **정답:** 남자가 악기를 연주하고 있는(playing a musical instrument) 모습을 적절히 묘사하고 있으므로 정답이다.

LISTENING PRACTICE
본책 p. 44

1 (A) **2** (C) **3** (A) **4** (D)

1

![1번 사진](M-Am 여자가 그림을 그리는 사진)

▶ M-Am

(A) The woman is working on a painting.
(B) The woman is viewing art in a museum.
(C) The woman is buying a picture.
(D) The woman and man are discussing some artwork.

(A) 여자가 그림을 그리고 있다.
(B) 여자가 박물관에서 미술품을 관람하고 있다.
(C) 여자가 그림을 사고 있다.
(D) 여자와 남자가 미술품에 대해 이야기하고 있다.

어휘 view 보다, 관람하다 art 미술품 museum 박물관, 미술관 discuss 논의하다, 이야기하다 artwork 미술품

해설 **화실**

(A) **정답:** 여자가 그림을 그리는(working on a painting) 모습을 적절히 묘사하고 있으므로 정답이다.

(B) **장소 오답 및 동작 오답:** 박물관(museum)으로 보이지 않으며, 여자가 미술품을 관람하고 있는(viewing art) 모습도 아니므로 오답이다.

(C) **동작 오답:** 여자가 그림을 사고 있는(buying a picture) 모습이 아니므로 오답이다.

(D) **사진에 없는 사람 언급 오답:** 사진에 남자가 보이지 않으므로 오답이다.

Possible Answers

She's **using a paintbrush**.
여자가 화필을 사용하고 있다.
The woman is **painting a picture**.
여자가 그림을 그리고 있다.

2

▶ W-Am

(A) The women are holding a scarf.
(B) The women are hanging a mirror.
(C) One woman is trying on hats.
(D) One woman is looking at her reflection.

(A) 여자들이 스카프를 들고 있다.
(B) 여자들이 거울을 걸고 있다.
(C) 한 여자가 모자를 써 보고 있다.
(D) 한 여자가 거울에 비친 자신의 모습을 보고 있다.

어휘 hang 걸다 try on ~을 (시험 삼아) 착용해 보다 reflection (거울 등에) 비친 모습

해설 **상점**

(A) **사진에 없는 사물 언급 오답:** 여자들이 손에 들고 있는 것은 스카프(a scarf)가 아니라 모자이므로 오답이다.

(B) **동작 오답:** 사진에 거울이 보이지만 여자들이 거울을 거는(hanging a mirror) 모습이 아니므로 오답이다.

(C) **정답:** 한 여자가 모자를 써 보고 있는(trying on hats) 모습을 적절히 묘사하고 있으므로 정답이다.

(D) **동작 오답:** 한 여자가 거울에 비친 자신의 모습(her reflection)을 보는 것이 아니라 다른 여자가 건네는 모자를 보고 있으므로 오답이다.

Possible Answers

A woman is **reflected in the mirror**.
한 여자가 거울에 비치고 있다.
One woman is **handing a hat to the other woman**.
한 여자가 다른 여자에게 모자를 건네고 있다.

3

▶ M-Cn

(A) A customer is purchasing a beverage.
(B) The cashier is opening a cash register.
(C) A customer is sipping from a coffee mug.
(D) The cashier is bagging some items.

(A) 손님이 음료를 사고 있다.
(B) 계산원이 금전 등록기를 열고 있다.
(C) 손님이 커피잔으로 마시고 있다.
(D) 계산원이 물건들을 봉지에 넣고 있다.

어휘 customer 손님 purchase 구입하다 beverage
음료 cashier 계산원 cash register 금전 등록기
sip 마시다 bag (봉지에 넣어) 포장하다

해설 커피숍
(A) 정답: 손님이 음료를 사는(purchasing a beverage) 모
습을 적절히 묘사하고 있으므로 정답이다.
(B) 개별 동작 오답: 사진에 금전 등록기(cash register)가
보이지만 계산원이 이를 열고 있지(opening a cash
register)는 않으므로 오답이다.
(C) 개별 동작 오답: 커피잔으로 음료를 마시는(sipping from
a coffee mug) 손님은 없으므로 오답이다.
(D) 개별 동작 오답: 계산원이 물건들을 포장하는(bagging
some items) 모습이 아니므로 오답이다.

Possible Answers

There is a cash register on the counter.
카운터에 금전 등록기가 있다.
A customer is standing by a checkout
counter.
손님이 계산대 옆에 서 있다.

4

▶ M-Au

(A) Some women are viewing some statues.
(B) Some women are waiting in a bank lobby.
(C) Some women are paying for some
paintings.
(D) Some women are attending an art
exhibit.

(A) 몇 명의 여자들이 조각상들을 보고 있다.
(B) 몇 명의 여자들이 은행 로비에서 기다리고 있다.
(C) 몇 명의 여자들이 그림 값을 지불하고 있다.
(D) 몇 명의 여자들이 그림 전시회를 관람하고 있다.

어휘 statue 조각상 attend 참석하다, 관람하다
exhibit 전시회

해설 전시회
(A) 사진에 없는 사물 언급 오답: 사진에 조각상(statues)은
보이지 않으므로 오답이다.
(B) 장소 오답: 사진 속 장소는 은행 로비(bank lobby)가 아
니라 전시실이므로 오답이다.
(C) 공통 동작 오답: 여자들이 값을 지불하고 있는(paying
for) 모습이 아니므로 오답이다.
(D) 정답: 여자들이 그림 전시회에 참석하고 있는(attending
an art exhibit) 모습을 적절히 묘사하고 있으므로 정답
이다.

Possible Answers

One of the women is looking into a display
case.
여자들 중 한 명이 진열대 안을 들여다 보고 있다.
Some artwork has been hung on a wall.
예술 작품이 벽에 걸려 있다.

ETS TEST   본책 p. 45

1 (C)   2 (D)   3 (C)   4 (B)   5 (D)   6 (C)

1

▶ M-Au

(A) A florist is dusting a vase.
(B) A woman is looking in a shop window.
(C) A customer is being waited on.
(D) A woman is smelling a bouquet.

(A) 꽃집 주인이 꽃병의 먼지를 털고 있다.
(B) 여자가 쇼윈도 안을 들여다보고 있다.
(C) 손님이 응대를 받고 있다.
(D) 여자가 꽃다발 향기를 맡고 있다.

어휘 dust 먼지를 털다 vase 꽃병 wait on ~를
시중들다 bouquet 꽃다발

해설 꽃집
(A) 개별 동작 오답: 선반 위에 꽃병(a vase)이 보이지만, 꽃
집 주인이 먼지를 털고 있는(dusting) 모습이 아니므로
오답이다.
(B) 사진에 없는 사물 언급 오답: 사진에 쇼윈도(a shop
window)가 보이지 않으므로 오답이다.
(C) 정답: 손님(A customer)이 꽃집 카운터에서 응대를 받
는(being waited on) 모습을 적절히 묘사하고 있으므로
정답이다.
(D) 개별 동작 오답: 여자들 중 누구도 꽃다발 향기를 맡고 있
는(smelling a bouquet) 모습이 아니므로 오답이다.

2

▶ W-Br

(A) A man is swimming in a lake.
(B) A woman is standing by the water.
(C) A man is crossing a bridge.
(D) Some people are taking a boat ride.

(A) 한 남자가 호수에서 수영을 하고 있다.
(B) 한 여자가 물가에 서 있다.
(C) 한 남자가 다리를 건너고 있다.
(D) **사람들이 보트를 타고 있다.**

어휘 lake 호수   stand by ~ 옆에 서다   cross 건너다
take a boat ride 보트를 타다

해설 호수

(A) **동작 오답:** 보트를 타고 있는 두 사람이 보이지만 수영을 하고 있는(swimming) 남자는 없으므로 오답이다.
(B) **상태 오답:** 물가에 서 있는(standing by the water) 여자가 없으므로 오답이다.
(C) **동작 오답:** 사진에 다리를 건너고 있는(crossing a bridge) 남자가 없으므로 오답이다.
(D) **정답:** 두 사람이 보트를 타고 있는(taking a boat ride) 모습을 적절히 묘사하고 있으므로 정답이다.

3

▶ M-Au

(A) Pizzas have been put in boxes.
(B) The woman is tying her apron.
(C) Shelves have been stocked with bread.
(D) Customers are being served at a food counter.

(A) 피자가 상자에 담겨 있다.
(B) 여자가 앞치마를 매고 있다.
(C) **선반이 빵으로 채워져 있다.**
(D) 손님들이 식품 판매대에서 서비스를 받고 있다.

어휘 tie 묶다, 매다   apron 앞치마   shelf 선반   stock
A with B A를 B로 채우다   customer 손님   serve
봉사하다, 음식을 대접하다   counter 판매대, 조리대

해설 빵집

(A) **사진에 없는 사물 언급 오답:** 사진에 상자들(boxes)이 보이지 않으므로 오답이다.
(B) **동작 오답:** 여자가 앞치마를 매고 있는(tying her apron) 모습이 아니므로 오답이다.
(C) **정답:** 선반이 빵으로 채워진(have been stocked with bread) 모습을 적절히 묘사하고 있으므로 정답이다.
(D) **사진에 없는 사람 언급 오답:** 사진에 사람이 한 명으로 응대를 받는 손님들(Customers)이 없으므로 오답이다.

4

▶ M-Cn

(A) Some workers are clearing a mountain path.
(B) Some people are hiking through a rocky area.
(C) Some tourists have gathered near a statue.
(D) Some hikers are resting at the edge of a forest.

(A) 인부들이 산길을 청소하고 있다.
(B) **사람들이 바위로 된 지역에서 하이킹을 하고 있다.**
(C) 관광객들이 조각상 근처에 모였다.
(D) 도보 여행자들이 숲 가장자리에서 쉬고 있다.

어휘 path 길   gather 모으다, 모이다   at the edge of
~의 끝에서, 가장자리에서

해설 산길

(A) **사진에 없는 사람 언급 오답/동작 오답:** 사진에 산길을 청소하고 있는(clearing a mountain path) 인부들(Some workers)이 보이지 않으므로 오답이다.
(B) **정답:** 사람들이 바위로 된 지역에서 하이킹을 하고 있는(hiking through a rocky area) 모습을 적절히 묘사하고 있으므로 정답이다.
(C) **사진에 없는 사물 언급 오답/상태 오답:** 사진에 조각상(a statue)이 보이지 않으며, 관광객들이 모여 있는(gathered) 모습도 아니므로 오답이다.
(D) **장소 오답/상태 오답:** 사진에 숲(a forest)이 보이지 않으며, 도보 여행자들이 쉬고 있는(resting) 모습도 아니므로 오답이다.

5

▶ W-Br

(A) The women are leaving a shop.
(B) The women are preparing some dessert.
(C) One of the women is signing a receipt.
(D) One of the women is paying for a purchase.

(A) 여자들이 상점을 떠나고 있다.
(B) 여자들이 후식을 준비하고 있다.
(C) 여자들 중 한 명이 영수증에 서명하고 있다.
(D) 여자들 중 한 명이 구입한 물건 값을 치르고 있다.

어휘 leave 떠나다 prepare 준비하다 receipt 영수증 purchase 구입한 물건

해설 카페
(A) 공통 동작 오답: 여자들이 상점을 떠나고 있는(leaving a shop) 모습이 아니므로 오답이다.
(B) 공통 동작 오답: 여자들이 후식을 준비하고 있는(preparing some dessert) 모습이 아니므로 오답이다.
(C) 사진에 없는 사물 언급 오답/개별 동작 오답: 사진에 영수증(a receipt)이 보이지 않으며, 여자들 중 누구도 서명하고 있는(signing) 모습이 아니므로 오답이다.
(D) 정답: 여자들 중 한 명이 구입한 물건 값을 치르고 있는(paying for a purchase) 모습을 적절히 묘사하고 있으므로 정답이다.

6

▶ M-Au

(A) Some musicians are walking onto a stage.
(B) Some chairs are being set up in an auditorium.
(C) Some performers are entertaining an audience.
(D) Some audience members are dancing.

(A) 음악가들이 무대로 걸어 올라가고 있다.
(B) 의자들이 강당에 설치되고 있다.
(C) 연주자들이 청중을 즐겁게 해 주고 있다.
(D) 몇몇 청중들이 춤을 추고 있다.

어휘 stage 무대 auditorium 강당 performer 연주자, 연기자 entertain 즐겁게 하다 audience 청중

해설 공연장
(A) 개별 동작 오답: 음악가들이 무대(a stage)에 걸어 올라가고 있는(walking onto) 모습이 아니라 이미 올라가 있는 상태이므로 오답이다.
(B) 동작 오답: 의자(Some chairs)가 사람들에 의해 설치되는(being set up) 모습이 아니므로 오답이다.
(C) 정답: 연주자들이 공연으로 청중을 즐겁게 해 주고 있는(entertaining an audience) 모습을 적절히 묘사하고 있으므로 정답이다.
(D) 개별 동작 오답: 청중들 중 누구도 춤을 추고 있는(dancing) 모습이 아니므로 오답이다.

❽ 식사 / 가사 관련 장소 빈출 상황

ETS CHECK-UP   본책 p. 46

1 (D)   **2** (C)

1

▶ M-Au

(A) He's serving food on plates.
(B) He's wiping a counter.
(C) He's mixing food in a bowl.
(D) He's holding a container.

(A) 남자가 접시에 음식을 덜어 주고 있다.
(B) 남자가 조리대를 닦고 있다.
(C) 남자가 사발에 담긴 음식을 섞고 있다.
(D) 남자가 용기를 들고 있다.

어휘 serve (음식을) 내다, 제공하다 plate 접시 wipe 닦다 mix 섞다 bowl 사발 container 용기, 그릇

해설 주방
(A) 동작 오답: 남자가 접시에 음식을 덜어 주는(serving food on plates) 모습이 아니므로 오답이다.
(B) 동작 오답: 남자가 조리대를 닦는(wiping a counter) 모습이 아니므로 오답이다.
(C) 동작 오답: 남자가 사발에 담긴 음식을 섞는(mixing food in a bowl) 모습이 아니므로 오답이다.

(D) 정답: 남자가 용기를 들고 있는(is holding a container) 모습을 적절히 묘사하고 있으므로 정답이다.

2

▶ W-Am

(A) She's cooking some food.
(B) She's examining the menu.
(C) She's eating a meal.
(D) She's gazing out the window.

(A) 여자가 음식을 요리하고 있다.
(B) 여자가 메뉴를 살펴보고 있다.
(C) 여자가 식사를 하고 있다.
(D) 여자가 창밖을 응시하고 있다.

어휘 cook 요리하다   examine 살펴보다   meal 식사
gaze 응시하다

해설 **식당**
(A) 동작 오답: 여자가 음식을 요리하는(cooking some food) 모습이 아니므로 오답이다.
(B) 사진에 없는 사물 언급 오답: 사진에 메뉴(menu)가 보이지 않으므로 오답이다.
(C) 정답: 여자가 식사를 하고 있는(eating a meal) 모습을 적절히 묘사하고 있으므로 정답이다.
(D) 동작 오답: 여자가 창밖을 응시하는(gazing out the window) 모습이 아니므로 오답이다.

LISTENING PRACTICE
본책 p. 48

1 (C)   **2** (B)   **3** (C)   **4** (D)

1

▶ M-Cn

(A) They're stretching their arms out to the side.
(B) They're moving some pictures above a chair.
(C) They're lifting a chair off the floor.
(D) They're showing some people to their seats.

(A) 사람들이 양팔을 옆으로 뻗고 있다.
(B) 사람들이 의자 위 그림들을 옮기고 있다.
(C) 사람들이 바닥에서 의자를 들어올리고 있다.
(D) 사람들이 몇몇 사람들에게 좌석을 안내하고 있다.

어휘 stretch out (팔, 다리 등을) 뻗다   lift 들어올리다

해설 **집안**
(A) 공통 동작 오답: 사람들이 양팔을 옆으로 뻗고 있는(stretching their arms out to the side) 모습이 아니므로 오답이다.
(B) 잘못된 사물 언급 오답: 사람들이 그림(pictures)을 옮기고 있는 모습이 아니므로 오답이다.
(C) 정답: 사람들이 바닥에서 의자를 들어올리고 있는(lifting a chair off the floor) 모습을 적절히 묘사하고 있으므로 정답이다.
(D) 사진에 없는 사람 언급 오답/공통 동작 오답: 사진에 두 사람 외 다른 사람들(some people)이 보이지 않으며, 좌석으로 안내하고 있는(showing ~ to their seats) 모습도 아니므로 오답이다.

Possible Answers

They're **carrying a chair**.
사람들이 의자를 옮기고 있다.
Some pictures have **been hung on the wall**.
그림 몇 점이 벽에 걸려 있다.

2

▶ W-Br

(A) The man is placing flowers in a vase.
(B) The man is wiping off the table.
(C) One of the women is picking up a glass.
(D) One of the women is pouring some water.

(A) 남자가 꽃병에 꽃을 꽂고 있다.
(B) 남자가 탁자를 닦고 있다.
(C) 여자들 중 한 명이 유리잔을 집어 들고 있다.
(D) 여자들 중 한 명이 물을 따르고 있다.

어휘 place 배치하다   wipe off ~을 닦다   pick up ~을 집어 들다   pour 붓다, 따르다

해설 식당

(A) 개별 동작 오답: 사진에 꽃병이 보이지만 남자가 꽃을 꽂는 (placing flowers) 모습이 아니므로 오답이다.

(B) 정답: 남자가 행주로 탁자를 닦고 있는(wiping off the table) 모습을 적절히 묘사하고 있으므로 정답이다.

(C) 사진에 없는 사물 언급 오답: 사진에 유리잔(a glass)이 보이지 않으므로 오답이다.

(D) 개별 동작 오답: 사진에 물병이 보이지만 물을 따르는 (pouring some water) 여자는 없으므로 오답이다.

Possible Answers

The women are **seated at a table.**
여자들이 테이블에 앉아 있다.

There are **some bottles on the table.**
테이블에 병들이 있다.

3

▶ W-Am

(A) She's hanging up curtains.
(B) She's putting on a hat.
(C) She's filling up a cup.
(D) She's looking at a picture.

(A) 여자가 커튼을 달고 있다.
(B) 여자가 모자를 쓰는 중이다.
(C) 여자가 컵을 채우고 있다.
(D) 여자가 그림을 보고 있다.

어휘   hang up ~을 걸다, 매달다   fill up ~을 가득 채우다

해설 식당

(A) 동작 오답: 커튼은 이미 달려 있는 상태이며, 여자가 커튼을 달고 있는(hanging up) 모습이 아니므로 오답이다.

(B) 동작 오답: 여자가 이미 모자를 쓰고 있는 상태로, 모자를 써 보는 동작(putting on)을 하는 것이 아니므로 오답이다.

(C) 정답: 여자가 컵에 음료를 채우고 있는(filling up a cup) 모습을 적절히 묘사하고 있으므로 정답이다.

(D) 동작 오답: 벽에 그림(a picture)이 걸려 있지만 여자가 그림을 보고 있지(looking at)는 않으므로 오답이다.

Possible Answers

Coffee is **being poured into a cup.**
커피가 컵에 따라지고 있다.

Tables have **been covered with table cloths.**
테이블에 테이블보가 덮여 있다.

4

▶ M-Au

(A) A bucket is hanging from a ladder.
(B) The man is signaling with a pen.
(C) A door frame is being measured.
(D) Paint is being applied to a wall.

(A) 양동이가 사다리에 걸려 있다.
(B) 남자가 펜으로 신호를 보내고 있다.
(C) 문틀의 치수가 측정되고 있다.
(D) 벽에 페인트가 칠해지고 있다.

어휘   bucket 양동이   ladder 사다리   signal 신호를 보내다   frame 틀   measure 치수를 재다   apply 바르다

해설 집안

(A) 상태 오답 / 위치 오답: 양동이가 사다리에 걸려 있는 상태 (hanging from a ladder)가 아니라 남자가 잡고 있으므로 오답이다.

(B) 사진에 없는 사물 언급 오답 / 동작 오답: 사진에 펜(a pen)이 보이지 않으며, 남자가 신호를 보내고 있는(signaling) 모습도 아니므로 오답이다.

(C) 동작 오답: 문틀(A door frame)의 치수가 측정되는 (being measured) 모습이 아니므로 오답이다.

(D) 정답: 페인트가 벽에 칠해지고 있는(being applied to a wall) 모습을 적절히 묘사하고 있으므로 정답이다.

Possible Answers

The wall is **being painted.**
벽에 페인트 칠이 되고 있다.

A man is **holding a can of paint.**
남자가 페인트 캔을 들고 있다.

ETS TEST 본책 p. 49

1 (A)	2 (B)	3 (B)	4 (B)	5 (A)	6 (D)

1

▶ M-Cn

(A) Food is being served to some customers.
(B) A woman is handing money to a cashier.
(C) Trays are being carried to a sink.
(D) A man is putting on an apron.

(A) 손님들에게 음식이 제공되고 있다.
(B) 한 여자가 계산원에게 돈을 건네고 있다.
(C) 쟁반들이 싱크대로 옮겨지고 있다.
(D) 한 남자가 앞치마를 두르고 있다.

어휘 **hand** 건네다, 주다 **cashier** 계산원 **tray** 쟁반
put on ~을 착용하다

해설 **식당**
(A) **정답:** 손님들에게 음식이 제공되는(being served) 모습을 적절히 묘사하고 있으므로 정답이다.
(B) **사진에 없는 사물·사람 언급 오답:** 사진에 돈(money)과 계산원(cashier)이 보이지 않으므로 오답이다.
(C) **동작 오답:** 사진에 접시들(Trays)이 보이지만 사람에 의해 옮겨지는(being carried) 모습이 아니므로 오답이다.
(D) **동작 오답:** 남자가 앞치마를 두르는 동작(putting on)을 하는 것이 아니라, 이미 앞치마를 입고 있는 상태이므로 오답이다. wearing an apron이라고 하면 정답이 될 수 있다.

2

▶ M-Br

(A) The woman's hands are in her pockets.
(B) The woman is kneeling in the garden.
(C) The woman's hat is on the ground.
(D) The woman is surrounded by flowers.

(A) 여자의 두 손이 호주머니에 들어가 있다.
(B) 여자가 정원에서 무릎을 꿇고 있다.
(C) 여자의 모자가 땅바닥에 놓여 있다.
(D) 여자가 꽃에 둘러싸여 있다.

어휘 **kneel** 무릎을 꿇다 **be surrounded by** ~에 둘러싸이다

해설 **정원**
(A) **위치 오답:** 여자의 손이 주머니에(in her pockets) 있는 것이 아니므로 오답이다.
(B) **정답:** 여자가 정원에서 무릎을 꿇고(kneeling) 있는 모습을 적절히 묘사하고 있으므로 정답이다.
(C) **위치 오답:** 모자가 바닥에(on the ground) 있지 않고 여자가 쓰고 있는 상태이므로 오답이다.
(D) **상태 오답:** 여자의 주변에 나뭇잎과 풀이 보이지만 꽃으로 둘러싸여(surrounded by flowers) 있지는 않으므로 오답이다.

3

▶ M-Cn

(A) One of the men is taking a food order.
(B) One of the men is dining alone.
(C) One of the men is cooking a meal.
(D) One of the men is standing in a doorway.

(A) 남자들 중 한 명이 음식 주문을 받고 있다.
(B) 남자들 중 한 명이 혼자 식사를 하고 있다.
(C) 남자들 중 한 명이 요리를 하고 있다.
(D) 남자들 중 한 명이 출입구에 서 있다.

어휘 **dine** 식사하다

해설 **식당**
(A) **개별 동작 오답:** 남자 중 한 명이 음식 주문을 받고 있는(taking a food order) 모습이 아니므로 오답이다.
(B) **정답:** 한 남자가 혼자 식사를 하고 있는(dining alone) 모습을 적절히 묘사하고 있으므로 정답이다.
(C) **개별 동작 오답:** 남자 중 한 명이 요리를 하고 있는(cooking a meal) 모습이 아니므로 오답이다.
(D) **위치 오답:** 남자 중 한 명이 출입구(a doorway)가 아닌 테이블(a table)에 서 있으므로 오답이다.

4

▶ M-Au

(A) One woman is filling a pitcher with water.
(B) One woman is passing a cup to the other woman.
(C) The women are chopping vegetables on the counter.
(D) The women are reaching for some plates.

(A) 한 여자가 주전자에 물을 채우고 있다.
(B) 한 여자가 다른 여자에게 컵을 건네고 있다.
(C) 여자들이 조리대에서 채소를 썰고 있다.
(D) 여자들이 접시들을 향해 손을 뻗고 있다.

어휘 **fill** 채우다 **pitcher** 주전자 **chop** 썰다
vegetable 채소 **counter** 조리대 **reach for** ~를 향해 손을 뻗다

해설 **주방**

(A) **사진에 없는 사물 언급 오답:** 사진에 주전자(pitcher)가 보이지 않으므로 오답이다.
(B) **정답:** 한 여자가 다른 여자에게 컵을 건네는(passing a cup to the other woman) 모습을 적절히 묘사하고 있으므로 정답이다.
(C) **사진에 없는 사물 언급 오답:** 사진에 채소(vegetables)가 보이지 않으므로 오답이다.
(D) **공통 동작 오답:** 여자들이 접시들을 향해 손을 뻗는 (reaching for some plates) 모습이 아니므로 오답이다.

5

▶ W-Am

(A) Some candy is being displayed in a glass case.
(B) One of the women is reaching into a refrigerator.
(C) Some bags have been set on a counter.
(D) One of the women is leaning against a door.

(A) 사탕이 유리 진열장 안에 진열되어 있다.
(B) 여자들 중 한 명이 냉장고에 손을 넣고 있다.
(C) 가방들이 카운터에 놓여 있다.
(D) 여자들 중 한 명이 문에 기대고 있다.

어휘 **reach into** ~에 손을 넣다 **refrigerator** 냉장고

해설 **카페**

(A) **정답:** 사탕(Some candy)이 유리 진열장 안에 진열되어 있는(being displayed in a glass case) 상태를 적절히 묘사하고 있으므로 정답이다.
(B) **개별 동작 오답:** 여자가 냉장고 안에 손을 넣고 있는 (reaching into a refrigerator) 모습이 아니므로 오답이다.
(C) **위치 오답:** 사진에 여자가 메고 있는 가방(a bag)이 보이지만 카운터에 놓여 있는(on a counter) 상태가 아니므로 오답이다.
(D) **개별 위치 오답:** 여자가 문(a door)이 아니라 카운터(a counter)에 기대고 서 있으므로 오답이다.

6

▶ W-Br

(A) A jacket is hanging from a hook on the wall.
(B) The ceiling fan is being repaired.
(C) Magazines have been organized in a rack.
(D) There are some baskets under the table.

(A) 재킷이 벽에 있는 고리에 걸려 있다.
(B) 천장 선풍기가 수리되고 있다.
(C) 잡지들이 선반에 정돈되어 있다.
(D) 테이블 밑에 바구니가 몇 개 있다.

어휘 **hang** 걸리다, 매달리다 **hook** 고리 **ceiling fan** 천장 선풍기 **repair** 수리[수선]하다 **magazine** 잡지 **organize** 정리하다 **rack** 선반

해설 **집안**

(A) **사진에 없는 사물 언급 오답:** 사진에 자켓(A jacket)과 고리(a hook)가 보이지 않으므로 오답이다.
(B) **동작 오답:** 사진에 천장 선풍기(ceiling fan)는 보이지만 사람에 의해 수리되는(being repaired) 모습이 아니므로 오답이다.
(C) **사진에 없는 사물 언급 오답:** 사진에 잡지들(magazines)이 보이지 않으므로 오답이다.
(D) **정답:** 테이블 밑에 바구니가 몇 개 있는(some baskets under the table) 모습을 적절히 묘사하고 있으므로 정답이다.

ETS ACTUAL TEST 본책 p. 50

1 (A)	2 (C)	3 (D)	4 (B)	5 (C)	6 (D)

1

▶ W-Br

(A) She's caring for a plant.
(B) She's polishing a large vase.
(C) She's standing in a corner.
(D) She's lifting a flower pot.

(A) 여자가 식물을 돌보고 있다.
(B) 여자가 큰 화병을 닦고 있다.
(C) 여자가 구석에 서 있다.
(D) 여자가 화분을 들어 올리고 있다.

어휘 care for ~를 돌보다, 보살피다 polish 닦다, 윤을 내다 lift 들어 올리다

해설 1인 등장 사진 – 거실
(A) 정답: 여자가 식물을 돌보고 있는(caring for a plant) 모습을 적절히 묘사하고 있으므로 정답이다.
(B) 동작 오답: 여자가 화병을 닦고 있는(polishing a large vase) 모습이 아니므로 오답이다.
(C) 위치 오답: 여자가 구석(a corner)이 아니라 화병(a vase) 앞에 서 있으므로 오답이다.
(D) 동작 오답: 여자가 화분을 들어 올리고 있는(lifting a flower pot) 모습이 아니므로 오답이다.

2

▶ M-Cn

(A) The man is reaching for a tray of food.
(B) The man is opening some curtains.
(C) One of the women is sipping from a cup.
(D) One of the women is pouring a drink.

(A) 남자가 음식 쟁반으로 손을 뻗고 있다.
(B) 남자가 커튼을 열고 있다.
(C) 여자들 중 한 명이 컵에서 음료를 마시고 있다.
(D) 여자들 중 한 명이 음료를 따르고 있다.

어휘 reach for ~으로 손을 뻗다 sip (음료를) 홀짝거리다, 조금씩 마시다 pour 따르다, 붓다

해설 2인 이상 등장 사진 – 식당
(A) 개별 동작 오답: 남자가 음식 쟁반에 손을 뻗고 있는(reaching for a tray of food) 모습이 아니므로 오답이다.
(B) 개별 동작 오답: 남자가 커튼을 열고 있는(opening some curtains) 모습이 아니므로 오답이다.
(C) 정답: 여자들 중 한 명이 컵에서 음료를 마시고 있는(sipping from a cup) 모습을 적절히 묘사하고 있으므로 정답이다.
(D) 개별 동작 오답: 여자들 중 누구도 음료를 따르는(pouring a drink) 동작을 하지 않으므로 오답이다.

3

▶ W-Am

(A) The musician is unpacking a guitar from a case.
(B) The musician is talking to some audience members.
(C) The musician is picking up some sheet music.
(D) The musician is performing outdoors.

(A) 음악가가 케이스에서 기타를 꺼내고 있다.
(B) 음악가가 청중들에게 이야기하고 있다.
(C) 음악가가 악보를 집어 들고 있다.
(D) 음악가가 야외에서 공연하고 있다.

어휘 unpack 꺼내다, 풀다 audience 청중 sheet music 악보 perform 공연하다

해설 2인 이상 등장 사진 – 쉼터
(A) 개별 동작 오답: 바닥에 케이스가 있지만, 음악가가 케이스에서 기타를 꺼내고 있는(unpacking a guitar from a case) 모습이 아니므로 오답이다.
(B) 개별 동작 오답: 음악가가 청중들에게 이야기하고 있는(talking to some audience members) 모습이 아니므로 오답이다.
(C) 개별 동작 오답: 바닥에 악보가 있지만, 음악가가 악보를 집어 들고 있는(picking up some sheet music) 모습이 아니므로 오답이다.
(D) 정답: 음악가가 실외에서 공연하고 있는(performing outdoors) 모습을 적절히 묘사하고 있으므로 정답이다.

4

▶ M-Au

(A) A suitcase is being placed on a rack.
(B) A suitcase pocket has been unzipped.
(C) The woman is leaning over to touch the ground.
(D) The woman is holding onto a railing.

(A) 여행 가방이 선반에 놓이고 있다.
(B) 여행 가방 주머니의 지퍼가 열려 있다.
(C) 여자가 바닥을 짚으려고 몸을 구부리고 있다.
(D) 여자가 난간을 꼭 잡고 있다.

어휘 **place** 놓다, 두다 **rack** 선반 **unzip** 지퍼가 열리다
lean over 몸을 구부리다 **hold onto** ~를 꼭 잡다
railing 난간

해설 **1인 등장 사진 – 객차**
(A) **사진에 없는 사물 언급 오답/동작 오답:** 사진에 선반(a rack)이 보이지 않으며, 여행 가방(A suitcase)이 놓여지는(being placed on) 모습도 아니므로 오답이다.
(B) **정답:** 여행 가방 주머니(A suitcase pocket)의 지퍼가 열려 있는(unzipped) 상태를 적절히 묘사하고 있으므로 정답이다.
(C) **위치 오답:** 여자가 바닥(ground)이 아니라 여행 가방 주머니에 손을 넣으려고 몸을 구부리고 있는(leaning over) 모습이므로 오답이다.
(D) **사진에 없는 사물 언급 오답/위치 오답:** 사진에 난간(a railing)이 보이지 않으며, 여자는 난간이 아니라 여행가방 손잡이를 잡고 있으므로 오답이다.

5

▶ W-Am

(A) One of the women is reorganizing some binders.
(B) Coats have been hung on hooks.
(C) Dividers separate some work spaces.
(D) One of the women is looking out a window.

(A) 여자들 중 한 명이 바인더들을 다시 정리하고 있다.
(B) 외투들이 걸이에 걸려 있다.
(C) 칸막이들이 업무 공간을 분리하고 있다.
(D) 여자들 중 한 명이 창문 밖을 보고 있다.

어휘 **reorganize** 재정리하다, 재정비하다 **divider** 칸막이, 나누는 것 **separate** 분리하다, 나누다

해설 **2인 이상 등장 사진 – 사무실**
(A) **개별 동작 오답:** 여자들 중 누구도 바인더를 정리하는 (reorganizing some binders) 동작을 하지 않으므로 오답이다.
(B) **사진에 없는 사물 언급 오답/위치 오답:** 사진에 걸이 (hooks)가 보이지 않으며, 외투들(Coats)이 의자 (chairs)에 걸려 있으므로 오답이다.

(C) **정답:** 칸막이들(Dividers)이 업무 공간을 분리하고 있는 (separate some work spaces) 상태를 적절히 묘사하고 있으므로 정답이다.
(D) **사진에 없는 사물 언급 오답/개별 동작 오답:** 사진에 창문 (a window)이 보이지 않으며, 여자들 중 누구도 밖을 보고 있는(looking out) 동작을 하지 않으므로 오답이다.

6

▶ M-Cn

(A) Cars are parked at a construction site.
(B) A road is being resurfaced.
(C) Some vehicles are stopped at an intersection.
(D) Skyscrapers overlook a highway.

(A) 차들이 공사장에 주차되어 있다.
(B) 도로가 재포장되고 있다.
(C) 차량들이 교차로에 멈춰 있다.
(D) 고층 건물들이 고속도로를 내려다보고 있다.

어휘 **construction site** 공사장 **resurface** 재포장하다
intersection 교차로 **skyscraper** 마천루, 고층 건물 **overlook** 내려다보다

해설 **풍경 사진 – 고속도로**
(A) **상태 오답:** 사진에 공사장(a construction site)이 보이지만, 차들(Cars)이 공사장에 주차되어 있는(parked) 상태가 아니므로 오답이다.
(B) **동작 오답:** 도로(A road)는 이미 포장되어 있는 상태로 사람에 의해 재포장되고 있는(being resurfaced) 모습이 아니므로 오답이다.
(C) **사진에 없는 사물 언급 오답/상태 오답:** 사진에 교차로 (an intersection)가 보이지 않으며, 차량들은 멈춰 있는 (stopped) 상태가 아니라 움직이고 있으므로 오답이다.
(D) **정답:** 고층 건물들(Skyscrapers)이 고속도로를 내려다보고 있는(overlook a highway) 상태를 적절히 묘사하고 있으므로 정답이다.

PART 2   질의 & 응답

CHAPTER 01   의문사 의문문

❶ Who 의문문

ETS CHECK-UP   본책 p. 58

1 (B)   **2** (B)   **3** (A)   **4** (A)   **5** (A)   **6** (B)

---

1 M-Au Who's giving the keynote speech?
   W-Br (A) At five thirty.
       (B) Here's the event program.
       (C) Oh, is the door locked?

   누가 기조 연설을 하나요?
   (A) 5시 30분이에요.
   (B) 여기 행사 프로그램이 있어요.
   (C) 아, 문은 잠겼나요?

어휘 keynote speech 기조 연설 locked 잠긴

해설 **기조 연설자를 묻는 Who 의문문**
(A) **관련 없는 오답:** 시간을 묻는 When 의문문에 적합한 대답이다.
(B) **정답:** 기조 연설자를 묻는 질문에 여기 행사 프로그램이 있다(Here's the event program)며 관련 정보를 얻는 방법을 제공하고 있으므로 가장 적절한 응답이다.
(C) **연상 어휘 오답:** 질문의 key에서 연상 가능한 상황(door locked)을 이용한 오답이다.

---

2 W-Am Who is our contact at the investment firm?
   M-Au (A) Stock prices have risen a lot.
       (B) Our supervisor will know.
       (C) You have an impressive résumé.

   투자 회사의 누구한테 연락하면 되죠?
   (A) 주가가 많이 올랐어요.
   (B) 관리자가 알 겁니다.
   (C) 이력서가 인상적이군요.

어휘 contact 연락 담당자 investment 투자 stock price 주가 supervisor 관리자 impressive 인상적인

해설 **연락할 대상을 묻는 Who 의문문**
(A) **연상 어휘 오답:** 질문의 investment에서 연상 가능한 Stock prices를 이용한 오답이다.
(B) **정답:** 투자 회사의 누구에게 연락해야 할지 묻는 질문에 관리자가 알 것(Our supervisor will know)이라며 우회적으로 자신은 모른다는 것을 나타내고 있으므로 가장 적

절한 응답이다.
(C) **연상 어휘 오답:** 질문의 firm에서 연상 가능한 résumé를 이용한 오답이다.

---

3 M-Cn Who can open the office library?
   M-Au (A) I have the key.
       (B) I report to Mr. Hendricks.
       (C) Five new books.

   사무실 문고를 누가 열 수 있나요?
   (A) 제게 열쇠가 있어요.
   (B) 저는 헨드릭스 씨에게 보고합니다.
   (C) 새 책 다섯 권이요.

어휘 office library 사무실 문고[도서관] report to ~에게 보고하다

해설 **문을 열 사람을 묻는 Who 의문문**
(A) **정답:** 사무실 문고를 열 수 있는 사람을 묻는 질문에 자신에게 열쇠가 있다(I have the key)고 대답하고 있으므로 가장 적절한 응답이다.
(B) **연상 어휘 오답:** 질문의 Who에서 연상 가능한 사람 이름 Mr. Hendricks를 이용한 오답이다.
(C) **관련 없는 오답:** 개수를 묻는 How many 의문문에 적합한 대답이다.

---

4 W-Br Who would be good at leading the project?
   M-Au (A) Let's ask Jean if she has time.
       (B) I followed the signs here.
       (C) The projector is brand new.

   누가 그 프로젝트를 잘 이끌까요?
   (A) 진에게 시간이 있는지 물어 봅시다.
   (B) 여기 있는 표지들을 따라왔어요.
   (C) 그 프로젝터는 새 것이에요.

어휘 be good at ~을 잘하다 follow 따르다 brand new 완전히 새 것인, 신품인

해설 **적임자를 묻는 Who 의문문**
(A) **정답:** 프로젝트를 잘 이끌 것 같은 사람을 묻는 질문에 진에게 시간이 있는지 물어보자(Let's ask Jean if she has time)며 구체적인 인물을 제시하고 있으므로 정답이다.
(B) **관련 없는 오답:** 방법을 묻는 How 의문문에 적합한 대답이다.
(C) **파생어 오답:** 질문에 언급된 project와 파생어 관계인 projector를 이용한 오답이다.

---

5 M-Au Who was appointed director at Kleinfield Marketing?
   W-Am (A) That position's still open.
       (B) The market on Fourth Street.
       (C) Yes, a direct flight.

누가 클라인필드 마케팅 임원으로 임명됐나요?
(A) 그 자리는 아직 공석이에요.
(B) 4번가에 있는 시장이에요.
(C) 네, 직항편이에요.

어휘 be appointed (as) 직위 ~로 임명되다   director 부장, 이사   position 직위   direct flight 직항편

해설 임명자를 묻는 Who 의문문
(A) **정답:** 마케팅 임원으로 임명된 사람을 묻는 질문에 그 자리가 아직 공석(That position's still open)이라는 말로 아직 결정되지 않았음을 우회적으로 나타내고 있으므로 가장 적절한 응답이다.
(B) **파생어 오답:** 질문에 언급된 Marketing과 파생어 관계인 market을 이용한 오답이다.
(C) **Yes/No 대답 불가 오답:** 정보를 묻는 의문사 의문문에는 Yes/No로 대답할 수 없다.

6 W-Br Who chose the restaurant for the company banquet?
M-Au (A) Maybe once last year.
(B) Someone from Human Resources.
(C) Next Friday evening.

회사 연회를 개최할 레스토랑은 누가 선정했나요?
(A) 아마 작년에 한 번이요.
(B) 인사부의 누군가요.
(C) 다음 주 금요일 저녁이에요.

어휘 banquet 연회   Human Resources 인사부

해설 행위자를 묻는 Who 의문문
(A) **관련 없는 오답:** 횟수나 경험을 묻는 질문에 적합한 대답이다.
(B) **정답:** 레스토랑을 선정한 사람을 묻는 질문에 인사부 누군가(Someone from Human Resources)라고 특정 소속을 언급하고 있으므로 가장 적절한 응답이다.
(C) **관련 없는 오답:** 시점을 묻는 When 의문문에 적합한 대답이다.

❷ What / Which 의문문

ETS CHECK-UP   본책 p. 59

1 (B)	2 (B)	3 (C)	4 (B)	5 (C)	6 (B)

1 W-Am What kind of television shows did you watch growing up?
M-Cn (A) That's very kind of you!
(B) Comedies, mostly.
(C) No, put it downstairs.

자라면서 어떤 종류의 TV 프로그램을 시청했나요?
(A) 정말 친절하시군요!
(B) 주로 코미디요.
(C) 아니요. 아래층에 두세요.

어휘 grow up 자라다   mostly 주로   downstairs 아래층으로

해설 시청한 TV 프로그램 종류를 묻는 What 의문문
(A) **다의어 오답:** 질문의 kind를 반복 사용한 오답으로, 질문에서 kind는 '종류'라는 의미의 명사이지만 여기서는 '친절한'이라는 의미의 형용사이다.
(B) **정답:** 자라면서 시청한 TV 프로그램의 종류를 묻는 질문에 코미디(Comedies)라며 구체적인 장르를 제시하고 있으므로 정답이다.
(C) **Yes/No 대답 불가 오답:** 정보를 묻는 의문사 의문문에는 Yes/No로 대답할 수 없다.

2 M-Cn What time is your presentation tomorrow?
W-Br (A) Sure, I'd love to.
(B) It's right after lunch.
(C) I think it went well.

내일 발표가 몇 시죠?
(A) 그럼요, 좋아요.
(B) 점심 시간 끝나고 바로요.
(C) 잘 된 것 같아요.

어휘 presentation 발표

해설 발표 시간을 묻는 What 의문문
(A) **Yes/No 대답 불가 오답:** 정보를 묻는 의문사 의문문에는 Yes의 대체 표현인 Sure로 대답할 수 없으며, 발표에 참석해 달라는 제안에 적합한 답변이므로 오답이다.
(B) **정답:** 내일 발표 시간을 묻는 질문에 점심 시간 끝나고 바로(It's right after lunch)라며 대략적인 시간을 제시하고 있으므로 정답이다.
(C) **관련 없는 오답:** 발표 결과를 묻는 How 의문문에 적합한 대답이다.

3 M-Au Which committees are meeting today?
W-Br (A) He's very committed to his work.
(B) No, I'll take care of it tomorrow.
(C) Only the finance committee.

오늘 어떤 위원회들이 모이나요?
(A) 그는 업무에 전념하고 있어요.
(B) 아뇨, 제가 내일 처리할게요.
(C) 재무위원회만 모입니다.

어휘 committee 위원회   be committed to ~에 헌신하다[전념하다]   take care of ~을 처리하다, 돌보다   finance 재무, 금융

해설 소집되는 위원회를 묻는 Which 의문문
(A) **유사 발음 오답 및 인칭 오류 오답:** 질문의 committees와 부분적으로 발음이 유사한 committed를 이용한 오답이다. 또한 질문에 He가 가리킬 만한 대상이 없다.
(B) **Yes/No 대답 불가 오답:** 정보를 묻는 의문사 의문문에는 Yes/No로 대답할 수 없다.
(C) **정답:** 소집되는 위원회를 묻는 질문에 재무위원회만(Only the finance committee)이라고 구체적으로 대답하고 있으므로 정답이다.

4 M-Cn What do you think about the last job applicant?

W-Br (A) I like this job.
(B) She seems like a good fit.
(C) During the first quarter.

마지막 구직자를 어떻게 생각하세요?
(A) 저는 이 일이 좋아요.
(B) 그녀가 적임자인 것 같아요.
(C) 1분기 동안에요.

어휘 job applicant 구직자 a good fit 적임자, 잘 맞는 사람 quarter 4분의 1, 분기

해설 **의견을 묻는 What 의문문**
(A) 단어 반복 오답: 질문에 나온 job을 반복 이용한 오답이다.
(B) 정답: 마지막 구직자에 대한 의견을 묻는 질문에 적임자인 것 같다(She seems like a good fit)고 구체적인 생각을 밝히고 있으므로 정답이다.
(C) 연상 어휘 오답: 질문의 last에서 연상 가능한 first를 이용한 오답이다.

5 W-Am What should I do if I'm running late?

M-Cn (A) I think he's leaving early.
(B) No, I'm taking the day off.
(C) Please call to let me know.

만약 제가 늦으면 어떻게 해야 할까요?
(A) 그는 일찍 출발할 것 같아요.
(B) 아니요. 저는 휴가입니다.
(C) 전화해서 알려 주세요.

어휘 run late 늦어지다 take a day off 휴가를 내다

해설 **해야 할 일을 묻는 What 의문문**
(A) 연상 어휘 오답 및 인칭 오류 오답: 질문의 late에서 연상 가능한 early를 이용한 오답이다. 또한 질문에 he가 가리킬 만한 대상이 없다.
(B) Yes/No 대답 불가 오답: 정보를 묻는 의문사 의문문에는 Yes/No로 대답할 수 없다.
(C) 정답: 늦어지면 해야 할 일을 묻는 질문에 전화해서 알려달라(Please call to let me know)며 구체적인 행위를 지시하고 있으므로 정답이다.

6 W-Am Which of these computers needs to be repaired?

M-Au (A) I'd like a pair.
(B) The one on the left.
(C) A technical support representative.

이 컴퓨터들 중 어떤 것이 수리가 필요한가요?
(A) 한 쌍 주세요.
(B) 왼쪽에 있는 거요.
(C) 기술 지원 담당자요.

어휘 repair 수리하다 pair 한 쌍 technical 기술의 support 지원 representative 직원, 담당자

해설 **수리해야 하는 컴퓨터를 묻는 Which 의문문**
(A) 유사 발음 오답: 질문의 repair와 부분적으로 발음이 유사한 pair를 이용한 오답이다.

(B) 정답: 수리해야 할 컴퓨터를 묻는 질문에 왼쪽에 있는 것 (The one on the left)이라며 구체적인 대상을 제시하고 있으므로 정답이다.
(C) 연상 어휘 오답: 질문의 computers 및 repaired에서 연상 가능한 technical support를 이용한 오답이다.

LISTENING **PRACTICE**　　본책 p. 61

1 (B)	2 (C)	3 (B)	4 (A)	5 (A)	6 (B)

1 M-Cn Who should I see about updating the Langdon account?

M-Au (A) It's due by next Monday.
(B) Mr. Travis is in charge of that.
(C) For my laptop.

랭던 거래 계약 갱신 관련하여 누구를 만나야 할까요?
(A) 다음 주 월요일까지예요.
(B) 트래비스 씨가 그것을 담당하고 있어요.
(C) 제 노트북요.

어휘 account 거래 계약, 거래처 due 마감의, 기한의 in charge of ~을 담당하는

해설 **만날 사람을 묻는 Who 의문문**
(A) 관련 없는 오답: 기한을 묻는 When 의문문에 적합한 대답이다.
(B) 정답: 계약 갱신 시 만날 사람을 묻는 질문에 트래비스 씨가 담당하고 있다(Mr. Travis is in charge of that)며 만날 대상을 구체적으로 제시하고 있으므로 정답이다.
(C) 연상 어휘 오답: 질문의 updating에서 연상 가능한 laptop을 이용한 오답이다.

Possible Answers

Talk to Ms. Taylor.
테일러 씨에게 물어보세요.
The director of the sales department.
영업부 이사입니다.

2 M-Cn Which region reported the highest number of car sales this quarter?

W-Am (A) Many more than we expected.
(B) We just hired a new executive.
(C) The northwest sales team sold the most.

이번 분기에 어느 지역의 자동차 매출이 가장 높다고 보고 되었나요?
(A) 우리가 예상했던 것보다 훨씬 더 많습니다.
(B) 이제 막 중역 한 분을 새로 채용했어요.
(C) 북서부 지역 판매팀이 가장 많이 팔았습니다.

어휘 region 지역 more than ~보다 많은 executive 중역

해설 **지역을 묻는 Which 의문문**
(A) 연상 어휘 오답: 질문의 the highest number에서 연상 가능한 Many more than을 이용한 오답이다.

(B) **유사 발음 오답:** 질문의 highest와 부분적으로 발음이 유사한 hired를 이용한 오답이다.

(C) **정답:** 매출이 가장 높은 지역을 묻는 질문에 특정 지역 (The northwest)의 팀을 구체적으로 언급하고 있으므로 정답이다.

Possible Answers

I **was Mr. Freeman**. 프리먼 씨였어요.
I'll do it later this afternoon.
제가 이따 오후에 할 거예요.

Possible Answers

I **haven't been informed** yet.
아직 통지 받지 못했습니다.
Mr. Robbins **might know**.
로빈스 씨가 알지도 몰라요.

3 **M-Cn** What was Mr. Kim's group asked to work on this month?
M-Au (A) Sure, I'll ask him to do it.
(B) The report on alternative energy.
(C) Earlier in the month.
김 씨의 그룹이 이번 달에 작업하라고 요청 받은 게 무엇이었죠?
(A) 물론이죠, 제가 그에게 그걸 하라고 요청할게요.
(B) 대체 에너지 관련 보고서요.
(C) 이번 달 중이었어요.

어휘 **alternative** 대체의, 대안의

해설 **작업 프로젝트를 묻는 What 의문문**
(A) **Yes / No 대답 불가 오답:** 정보를 묻는 의문사 의문문에는 Yes의 대체 표현인 Sure로 대답할 수 없다.
(B) **정답:** 요청 받은 작업이 대체 에너지 관련 보고서(report)라고 구체적으로 답하고 있으므로 정답이다.
(C) **단어 반복 오답:** 질문의 month를 반복 이용한 오답이다.

Possible Answers

The **new research project**. 새 연구 프로젝트요.
I heard, **but I forgot**. 들었는데 잊어버렸어요.

4 **W-Am** Who notified the interns of assignment changes?
M-Cn (A) The program coordinator.
(B) Just a few minor changes.
(C) With the assigned interns.
누가 인턴들에게 과제 관련 변동 사항을 알려주었나요?
(A) 프로그램 담당자요.
(B) 사소한 변동 사항이 몇 개 있을 뿐이에요.
(C) 배정된 인턴들과 함께요.

어휘 **notify** 알리다, 통지하다 **assignment** 과제, 과업 **coordinator** 담당자, 진행자 **assign** 배정하다

해설 **통지한 담당자를 묻는 Who 의문문**
(A) **정답:** 인턴들에게 과제 관련 변동 사항을 알려준 사람의 직책(program coordinator)을 구체적으로 언급하고 있으므로 정답이다.
(B) **단어 반복 오답:** 질문의 changes를 반복 이용한 오답이다.
(C) **파생어 오답 및 단어 반복 오답:** 질문의 명사(assignment)를 과거분사(assigned)로 변형하여 사용한 오답이다. 또한 질문의 interns를 반복 이용한 오답이기도 하다.

---

5 **W-Am** What location was chosen for the photo shoot?
M-Cn (A) Riverside Park.
(B) In the camera bag.
(C) I'm coming, too.
사진 촬영을 위해 어떤 장소가 선택됐나요?
(A) 리버사이드 공원이요.
(B) 카메라 가방 안에요.
(C) 저도 갑니다.

어휘 **be chosen** 선택되다

해설 **선택된 장소를 묻는 What 의문문**
(A) **정답:** 사진 촬영을 위해 선택된 장소를 묻는 질문에 리버사이드 공원(Riverside Park)이라며 구체적인 장소를 제시하고 있으므로 정답이다.
(B) **연상 어휘 오답:** 질문의 photo shoot에서 연상 가능한 camera를 이용한 오답이다.
(C) **관련 없는 오답:** 참석 의사를 전달하는 평서문에 적합한 대답이다.

Possible Answers

It **hasn't been decided**. 아직 결정되지 않았어요.
The **same place as last time**.
지난번이랑 같은 장소요.

6 **M-Cn** Which conference speaker did you like the best?
W-Br (A) I'll meet you in the lobby.
(B) The woman who spoke right after lunch.
(C) There were a lot of attendees.
어떤 회의 발표자가 가장 좋았나요?
(A) 로비에서 뵙겠습니다.
(B) 점심 시간 직후에 발표했던 여자분이요.
(C) 참석자가 많았어요.

어휘 **conference** 회의, 학회 **attendee** 참석자

해설 **가장 좋았던 발표자를 묻는 Which 의문문**
(A) **관련 없는 오답:** 만날 장소(in the lobby)를 언급하고 있으므로 부적절한 응답이다.
(B) **정답:** 가장 좋았던 발표자를 묻는 질문에 점심 직후에 발표했던 여자(woman)라고 구체적으로 대상을 제시하고 있으므로 정답이다.
(C) **연상 어휘 오답:** 회의(conference)와 연관된 참석자(attendee)라는 단어를 이용한 오답이다.

Possible Answers

All of them were great. 모두 좋았습니다.
Actually, **I only attended one session**.
사실 저는 한 세션만 참가했어요.

ETS TEST
본책 p. 62

1 (B)	**2** (C)	**3** (B)	**4** (B)	**5** (C)
6 (B)	**7** (C)	**8** (C)	**9** (A)	**10** (B)
11 (B)	**12** (B)	**13** (A)	**14** (B)	**15** (A)
16 (C)	**17** (B)	**18** (C)	**19** (A)	**20** (C)
21 (A)	**22** (B)	**23** (A)	**24** (A)	**25** (B)

1 M-Cn Who extended the deadline for this
project?
W-Br (A) By the end of today.
(B) One of the vice presidents.
(C) The design of our Web site.

이 프로젝트의 마감시한을 누가 연장했나요?
(A) 오늘 안으로요.
(B) 부사장 한 분이 하셨어요.
(C) 우리 웹사이트의 디자인이에요.

어휘 extend 연장하다, 늘리다 deadline 마감시한 by
the end of today 오늘 안으로 vice president
부사장, 부서장

해설 행위자를 묻는 Who 의문문
(A) 연상 어휘 오답: 질문의 deadline에서 연상 가능한 표현
인 By the end of today를 이용한 오답이다.
(B) 정답: 프로젝트의 마감시한을 연장한 사람을 묻는 질문에
구체적인 직책(One of the vice presidents)으로 대답
하고 있으므로 정답이다.
(C) 연상 어휘 오답: 질문의 project에서 연상 가능한
design을 이용한 오답이다.

2 W-Am Which spaces are designated for visitor
parking?
M-Au (A) Only for two hours.
(B) It's alright, I'll take the bus.
(C) The ones with yellow signs.

방문자 주차장으로 지정된 곳은 어느 쪽인가요?
(A) 두 시간만요.
(B) 괜찮아요, 버스 탈게요.
(C) 노란 표지판이 있는 곳이요.

어휘 designate 지정하다 parking 주차 공간

해설 주차 장소를 묻는 Which 의문문
(A) 관련 없는 오답: 기간을 묻는 How long 의문문에 적절한
대답이다.
(B) 연상 어휘 오답: 질문의 parking에서 연상 가능한 교통수
단인 bus를 이용한 오답이다.
(C) 정답: 방문자 주차장으로 지정된 장소를 묻는 질문에 노란
표지판이 있는 곳(The ones with yellow signs)이라는
구체적인 장소를 언급하고 있으므로 정답이다.

3 W-Am What date is Ms. Kumar scheduled to
leave on her business trip?
M-Cn (A) The updated schedule.
(B) I think July eleventh.

(C) She left it at home.

쿠마르 씨는 며칠에 출장을 떠날 예정인가요?
(A) 변경된 일정이에요.
(B) 7월 11일인 것 같아요.
(C) 그녀가 집에 놓고 왔어요.

어휘 be scheduled to부정사 ~할 예정이다 business
trip 출장 updated 갱신된, 최신의 leave 두고
오다

해설 출장 날짜를 묻는 What 의문문
(A) 파생어 오답: 질문의 과거분사(scheduled)를 명사
(schedule)로 변형하여 사용한 오답이다.
(B) 정답: 쿠마르 씨가 출장을 떠나는 날짜를 묻는 질문에 구체
적인 날짜(July eleventh)를 제시하고 있으므로 정답이다.
(C) 과거형으로 반복한 오답: 질문에 언급된 leave의 과거형
인 left를 이용한 오답이다.

4 W-Am Who will you work on the assignment
with?
W-Br (A) Take the elevator to the third floor.
(B) I'll be working with Andrew.
(C) Sign here, please.

누구와 함께 과제에 착수할 건가요?
(A) 엘리베이터를 타고 3층으로 오세요.
(B) 앤드류와 함께 작업할 예정입니다.
(C) 여기에 서명해 주세요.

어휘 assignment 과제, 임무

해설 과제를 함께 할 사람을 묻는 Who 의문문
(A) 관련 없는 오답: 방법을 묻는 How 의문문에 적합한 대답
이다.
(B) 정답: 과제를 함께 할 사람을 묻는 질문에 앤드류와 함께
할 예정(I'll be working with Andrew)이라며 특정 인
물을 언급하고 있으므로 정답이다.
(C) 유사 발음 오답: 질문의 assignment와 부분적으로 발음
이 유사한 Sign을 이용한 오답이다.

5 M-Cn What time will you be back from the
concert?
W-Br (A) I really like those songs, too.
(B) No, but here are my presentation
notes.
(C) The band sometimes plays longer
than scheduled.

음악회에서 몇 시에 돌아올 예정이에요?
(A) 저는 그 노래들이 정말 좋았어요.
(B) 아니요, 하지만 제 발표 노트가 여기 있어요.
(C) 그 밴드는 가끔 예정보다 더 오래 연주해요.

어휘 presentation 발표 scheduled 예정된

해설 돌아오는 시점을 묻는 What 의문문
(A) 연상 어휘 오답: 질문의 concert에서 연상 가능한
songs를 이용한 오답이다.
(B) Yes/No 대답 불가 오답: 정보를 묻는 의문사 의문문에
는 Yes/No로 대답할 수 없다.

(C) **정답:** 음악회에서 돌아오는 시점을 묻는 질문에 밴드가 가끔 예정보다 더 오래 연주한다(The band sometimes plays longer than scheduled)며 정확한 시간을 말해 줄 수 없음을 드러내고 있으므로 가장 적절한 응답이다.

6 M-Cn Who's going to meet our colleagues at the airport?
W-Br (A) Oh, did he?
(B) Their flight was canceled.
(C) At Gate seventeen, I think.

누가 공항에서 우리 동료들을 만날 예정인가요?
(A) 오, 그가 그랬어요?
(B) 그들이 탈 항공편이 취소됐어요.
(C) 17번 탑승구 같아요.

어휘 **colleague** 동료 **airport** 공항 **flight** 비행기, 항공편 **cancel** 취소하다

해설 **동료들을 만날 사람을 묻는 Who 의문문**
(A) **시제 불일치 오답 및 인칭 오류 오답:** 질문의 미래 시제(Who's going to)와 일치하지 않는 과거 시제의 질문이며, he가 가리킬 만한 대상도 없으므로 오답이다.
(B) **정답:** 누가 공항에서 동료들을 만날지 묻는 질문에 비행기가 취소돼서(Their flight was canceled) 아무도 만나지 않는다는 사실을 우회적으로 나타내고 있으므로 가장 적절한 응답이다.
(C) **연상 어휘 오답:** 질문의 airport에서 연상 가능한 Gate를 이용한 오답으로, 장소를 묻는 Where 의문문에 적합하다.

7 W-Br Which part of the factory am I working in today?
M-Cn (A) The times are listed in the handbook.
(B) I wish I'd thought of that.
(C) Didn't your supervisor tell you?

제가 오늘 공장의 어느 구역에서 작업하게 되나요?
(A) 안내서에 시간들이 나와 있어요.
(B) 그 생각을 미처 못했네요.
(C) 상사가 얘기해 주지 않았어요?

어휘 **factory** 공장 **list** 기재하다, 열거하다 **handbook** 안내서 **supervisor** 관리자, 상사

해설 **작업 구역을 묻는 Which 의문문**
(A) **관련 없는 오답:** 공장의 어느 구역에서 작업하게 될지 묻는 질문에 안내서에 시간들이 나와 있다(The times are listed)는 대답은 맥락에 맞지 않다.
(B) **관련 없는 오답:** 정보를 묻는 질문에 그 생각을 미처 못했다(I wish I'd thought of that)며 유감을 표하는 것은 맥락에 맞지 않다.
(C) **정답:** 공장에서 작업할 구역을 묻는 질문에 상사가 얘기해 주지 않았는지(Didn't your supervisor tell you?) 되물으며 의아함을 드러내고 있으므로 가장 적절한 응답이다.

8 M-Au What's the weather supposed to be like over the weekend?
W-Am (A) Do you know whether he's back yet?
(B) The film had an interesting ending.

(C) It's going to be hot and humid.

주말 동안 날씨가 어떨까요?
(A) 그가 돌아왔는지 아세요?
(B) 그 영화는 결말이 흥미로웠어요.
(C) 덥고 습할 겁니다.

어휘 **be supposed to** ~하기로 되어 있다 **humid** 습한

해설 **날씨를 묻는 What 의문문**
(A) **유사 발음 오답:** 질문의 weather와 발음이 유사한 whether를 이용한 오답이다.
(B) **관련 없는 오답:** 영화에 대한 의견을 묻는 질문에 적합한 대답이다.
(C) **정답:** 주말 동안 날씨가 어떨지 묻는 질문에 덥고 습할 것(It's going to be hot and humid)이라며 구체적인 정보를 제공하고 있으므로 정답이다.

9 W-Br Who wrote the editorial in last week's issue of the magazine?
W-Am (A) I think it was someone from Germany.
(B) Just a few special features.
(C) Yes, Carla's on the editing team.

지난주 발간 호 잡지의 사설은 누가 썼죠?
(A) 독일 출신 사람이었던 것 같아요.
(B) 특별 기사 몇 개만요.
(C) 네, 칼라는 편집팀에 있어요.

어휘 **editorial** 사설; 편집의 **issue** 호 **special feature** 특집 기사 **editing** 편집

해설 **작성자를 묻는 Who 의문문**
(A) **정답:** 잡지의 사설 작성자를 묻는 질문에 독일 출신 사람이었던 것 같다(I think it was someone from Germany)며 작성자를 특정하고 있으므로 정답이다.
(B) **연상 어휘 오답:** 질문의 last week's issue of the magazine에서 연상 가능한 special features를 이용한 오답이다.
(C) **Yes/No 대답 불가 오답 및 파생어 오답:** 정보를 묻는 의문사 의문문에는 Yes/No로 대답할 수 없다. 질문의 editorial과 파생어 관계인 editing을 이용한 오답이다.

10 M-Cn Which film should we see?
W-Br (A) Three firms are interested.
(B) It doesn't matter to me.
(C) You're right, it was easy.

어떤 영화를 보는 게 좋을까요?
(A) 회사 세 군데에서 관심을 보이고 있어요.
(B) 저는 상관없습니다.
(C) 당신 말이 맞아요. 그건 쉬웠어요.

어휘 **matter** 중요하다

해설 **어떤 영화를 볼지 묻는 Which 의문문**
(A) **유사 발음 오답:** 질문의 film과 발음이 비슷한 firm을 이용한 오답이다.
(B) **정답:** 어떤 영화를 볼지 묻는 질문에 어느 영화든 상관없다(it doesn't matter)고 말하고 있으므로 가장 적절한 응답이다.

(C) **관련 없는 오답:** 'How was ~', 'What did you think ~' 등 의견을 묻는 질문에 적절한 대답이다.

11 W-Am What street is the convention center on?

M-Au (A) To prepare for the meeting.
(B) Nikolay's been there before.
(C) A road construction project.

컨벤션 센터는 어떤 거리에 있죠?
(A) 회의를 준비하려고요.
(B) 니콜레이가 거기 가 본 적이 있어요.
(C) 도로 공사 프로젝트요.

어휘 convention center 컨벤션 센터, 대회의 장소
prepare 준비하다 construction 공사

해설 **위치를 묻는 What 의문문**
(A) **연상 어휘 오답:** 질문의 convention center에서 연상 가능한 meeting을 이용한 오답이다.
(B) **정답:** 컨벤션 센터의 위치를 묻는 질문에 니콜레이가 거기 가 본 적이 있다(Nikolay's been there)며 우회적으로 위치를 알 수 있는 방법을 제시하고 있으므로 가장 적절한 응답이다.
(C) **연상 어휘 오답:** 질문의 street에서 연상 가능한 road를 이용한 오답이다.

12 W-Br Who sent out the schedule for the seminar?

M-Cn (A) From three to six.
(B) Didn't you get one?
(C) Just a brief announcement.

누가 세미나 일정표를 발송했죠?
(A) 3시에서 6시까지요.
(B) 못 받으셨어요?
(C) 간단한 발표예요.

어휘 brief 간단한 announcement 발표

해설 **일정표를 발송한 담당자를 묻는 Who 의문문**
(A) **관련 없는 오답:** 세미나 시간을 묻는 질문에 적합한 대답이다.
(B) **정답:** 일정표를 보낸 사람을 묻는 질문에 못 받았는지(Didn't you get one?) 되물으며 질문의 의도를 확인하고 있으므로 가장 적절한 응답이다.
(C) **연상 어휘 오답:** 질문의 seminar에서 연상 가능한 a brief announcement을 이용한 오답이다.

13 M-Cn Which applicant did Mr. Jimenez hire?

W-Br (A) I think he's still conducting interviews.
(B) A bit higher than that.
(C) Several excellent programs.

히메네스 씨가 어떤 지원자를 채용했나요?
(A) 아직 면접을 진행하고 있는 것 같은데요.
(B) 그것보다 조금 더 높아요.
(C) 훌륭한 프로그램이 몇 개 있어요.

어휘 applicant 지원자 hire 채용하다 several 몇몇의
excellent 탁월한, 훌륭한

해설 **채용자를 묻는 Which 의문문**
(A) **정답:** 어떤 지원자를 채용했는지 묻는 질문에 면접을 진행하고 있다(he's still conducting interviews)고 말함으로써 아직 결정되지 않았다는 것을 우회적으로 나타내고 있으므로 가장 적절한 응답이다.
(B) **유사 발음 오답:** 질문의 hire와 발음이 유사한 higher를 이용한 오답이다.
(C) **연상 어휘 오답:** 질문의 Which applicant에서 연상 가능한 excellent를 이용한 오답이다.

14 M-Au What's your store's return policy?

W-Am (A) I have a shopping cart.
(B) Merchandise can be returned within 90 days.
(C) A large selection of polishes.

상점의 환불 정책이 어떻게 되나요?
(A) 저는 쇼핑 카트가 있어요.
(B) 상품은 90일 이내에 반품할 수 있습니다.
(C) 다양한 종류의 광택제입니다.

어휘 return policy 반품 정책 merchandise 상품
polish 광택제

해설 **환불 정책을 묻는 What 의문문**
(A) **연상 어휘 오답:** 질문의 store에서 연상 가능한 shopping cart를 이용한 오답이다.
(B) **정답:** 상점의 환불 정책을 묻는 질문에 90일 이내에 반품할 수 있다(Merchandise can be returned within 90 days)며 환불 기간 관련 정보를 안내하고 있으므로 정답이다.
(C) **연상 어휘 오답 및 유사 발음 오답:** 질문의 store에서 연상 가능한 A large selection과 policy와 발음이 유사한 polishes를 이용한 오답이다.

15 M-Au Who was promoted in the sales department?

W-Am (A) I heard it was Adam Kim.
(B) The sale goes until Tuesday.
(C) Thank you very much.

영업부에서 누가 승진했나요?
(A) 애덤 킴 씨라고 들었어요.
(B) 할인 판매는 화요일까지 계속됩니다.
(C) 대단히 감사합니다.

어휘 promote 승진시키다 sales department 영업부

해설 **승진자를 묻는 Who 의문문**
(A) **정답:** 영업부 승진자를 묻는 질문에 구체적인 이름(Adam Kim)으로 대답하고 있으므로 정답이다.
(B) **단어 반복 오답:** 질문의 sale을 반복 이용한 오답으로, 종료 시점이나 진행 기간을 묻는 의문문에 적합한 대답이다.
(C) **관련 없는 오답:** 승진자를 묻는 질문에 감사하다(Thank you)는 대답은 맥락에 맞지 않다.

16 M-Cn Which color do you like better for our logo?

W-Am (A) That's not like him.
(B) At the design studio.
(C) I prefer the blue.

우리 로고로 어떤 색이 더 마음에 드세요?
(A) 그 사람답지 않아요.
(B) 디자인 작업실에서요.
(C) 저는 **파란색이 더 좋아요.**

어휘 like 좋아하다; ~와 비슷한 prefer 더 좋아하다

해설 **마음에 드는 색을 묻는 Which 의문문**
(A) **다의어 오답:** 질문의 like를 반복 이용한 오답이다. 질문에서 like는 '좋아하다'는 의미의 동사이고, 여기에서는 '~와 비슷한'이라는 의미의 전치사이다.
(B) **연상 어휘 오답:** 질문의 logo에서 연상 가능한 design을 이용한 오답이다.
(C) **정답:** 더 마음에 드는 색을 묻는 질문에 파란색(the blue)이라고 구체적으로 대답하고 있으므로 정답이다.

17 W-Br What do you think of this month's budget?

M-Am (A) Yes, this month.
(B) Looks like we need money.
(C) Thanks, it was a gift.

이번 달 예산에 대해 어떻게 생각하십니까?
(A) 네, 이번 달이요.
(B) **돈이 필요할 것 같아요.**
(C) 고마워요, 받은 거예요.

어휘 budget 예산

해설 **의견을 묻는 What 의문문**
(A) **Yes/No 대답 불가 오답:** 정보를 묻는 의문사 의문문에는 Yes/No로 대답할 수 없다.
(B) **정답:** 예산에 대한 의견을 묻는 질문에, 돈이 필요할 것 같다(Looks like we need money)며 예산이 부족하다는 것을 우회적으로 표현하고 있으므로 가장 적절한 응답이다.
(C) **관련 없는 오답:** 칭찬을 하는 평서문에 적합한 대답이다.

18 M-Cn Who do I contact about accessing my e-mail account?

M-Au (A) At the bank on Western Avenue.
(B) That's my password.
(C) Try the technology department.

제 이메일 계정 접속 관련해서 누구에게 연락하나요?
(A) 웨스턴 가에 있는 은행에서요.
(B) 그게 제 비밀번호예요.
(C) **기술 부서에 해보세요.**

어휘 contact 연락하다 access 접속하다, 이용하다 account 계정

해설 **연락할 사람을 묻는 Who 의문문**
(A) **연상 어휘 오답:** 질문의 account을 계좌로 잘못 이해했을 시 연상 가능한 bank를 이용한 오답이다.

(B) **연상 어휘 오답:** 질문의 accessing에서 연상 가능한 password를 이용한 오답이다.
(C) **정답:** 이메일 계정 접속에 대해 문의할 사람을 묻는 질문에 기술 부서(technology department)에 해보라며 담당 부서를 알려주고 있으므로 가장 적절한 응답이다.

19 W-Br Which contract are we discussing at today's board meeting?

M-Cn (A) The one for Dagwood Incorporated.
(B) The bulletin board by the kitchen.
(C) Just a couple of days ago.

오늘 이사회에서는 어떤 계약에 대해 논의할 건가요?
(A) **대그우드 주식회사 것이요.**
(B) 주방 옆 게시판이요.
(C) 이틀 전에요.

어휘 contract 계약 board meeting 이사회 bulletin board 게시판

해설 **논의할 계약을 묻는 Which 의문문**
(A) **정답:** 오늘 이사회에서 논의할 계약을 묻는 질문에 대그우드 주식회사 것(The one for Dagwood Incorporated)이라며 구체적으로 답하고 있으므로 정답이다.
(B) **다의어 오답:** 질문의 board를 반복 사용한 오답으로, 질문에서 board는 '이사회'라는 의미이지만 여기서는 '-판, 판자'라는 의미이다.
(C) **유사 발음 오답:** 질문의 today's와 부분적으로 발음이 유사한 days를 이용한 오답으로, 시점을 묻는 When 의문문에 적합한 대답이다.

20 W-Am What's the topic of your next class lecture?

M-Au (A) No, I liked the other one.
(B) Around nine A.M.
(C) The school term ended yesterday.

다음 번 수업 강의 주제가 뭔가요?
(A) 아뇨, 저는 다른 게 좋았어요.
(B) 오전 9시쯤에요.
(C) **학기는 어제 끝났어요.**

어휘 lecture 강의 school term 학기 end 끝나다

해설 **강의 주제를 묻는 What 의문문**
(A) **Yes/No 대답 불가 오답:** 정보를 묻는 의문사 의문문에는 Yes/No로 대답할 수 없다.
(B) **관련 없는 오답:** 시점을 묻는 When 의문문에 적합한 대답이다.
(C) **정답:** 다음 번 강의 주제를 묻는 질문에 학기가 끝났다(school term ended)는 말로 다음 수업이 없음을 우회적으로 나타내고 있으므로 가장 적절한 응답이다.

21 W-Am Who's going to train the cashiers we just hired?

M-Cn (A) I haven't made the schedule yet.
(B) Credit cards only, please.
(C) It departs from platform A.

갓 채용한 출납원들을 누가 교육할 예정인가요?

(A) 아직 일정표를 짜지 않았어요.

(B) 신용카드만 됩니다.

(C) A 플랫폼에서 출발합니다.

어휘 train 교육하다 cashier 출납원 depart 출발하다

해설 교육 담당자를 묻는 Who 의문문

(A) 정답: 교육 담당자를 묻는 질문에 아직 일정표를 짜지 않았다(I haven't made the schedule yet)며 결정되지 않았음을 우회적으로 밝히고 있으므로 가장 적절한 응답이다.

(B) 연상 어휘 오답: 질문의 cashiers에서 연상 가능한 지불 수단 credit cards를 이용한 오답이다.

(C) 연상 어휘 오답: 질문의 train을 '교육하다'가 아니라 '기차'로 잘못 이해할 경우 연상 가능한 platform을 이용한 오답이다.

22 W-Br What are the best vegetarian restaurants in this area?

W-Am (A) We open in an hour.

(B) I'm not the best person to ask.

(C) Outside seating is available.

이 지역에서 가장 좋은 채식 식당이 어디죠?

(A) 저희는 한 시간 후에 문을 엽니다.

(B) 저는 잘 모릅니다.

(C) 야외에도 좌석이 있습니다.

어휘 vegetarian 채식의, 채식주의자를 위한 outside seating 야외 좌석 available 이용 가능한

해설 최고의 식당을 묻는 What 의문문

(A) 관련 없는 오답: 시점을 묻는 질문에 적합한 대답이다.

(B) 정답: 가장 좋은 채식 식당을 묻는 질문에 그 정보를 물어보기에 최적의 사람이 아니라고(I'm not the best person to ask)하며 잘 모른다는 것을 우회적으로 표현하고 있으므로 가장 적절한 응답이다.

(C) 연상 어휘 오답: 질문의 restaurants에서 연상 가능한 outside seating을 이용한 오답이다.

23 M-Au Who's responsible for maintaining the company Web site?

W-Am (A) Do you need something changed on it?

(B) Ten people are coming.

(C) Don't worry, I have a monitor.

회사 웹사이트 관리는 누가 담당하고 있죠?

(A) 뭔가를 바꿔야 해요?

(B) 10명이 올 겁니다.

(C) 걱정 마세요. 저에게 모니터가 있어요.

어휘 responsible for ~에 책임이 있는, 담당하고 있는 maintain 관리하다, 유지하다

해설 책임자를 묻는 Who 의문문

(A) 정답: 회사 웹사이트 관리 책임자를 묻는 질문에 웹사이트 상에서 뭔가를 바꿔야 하는지(Do you need something changed on it?) 되물으며 질문의 의도를 확인하고 있으므로 가장 적절한 응답이다.

(B) 관련 없는 오답: 참석자 수를 묻는 How many 질문에 적합한 대답이다.

(C) 연상 어휘 오답: 질문의 Web site에서 연상 가능한 monitor를 이용한 오답이다.

24 M-Cn Which bus can I take to the airport?

W-Br (A) The train will get you there faster.

(B) A six dollar fare.

(C) Three quarters of an hour.

공항에 가려면 어떤 버스를 타야 하나요?

(A) 기차를 타면 거기 더 빨리 갈 거예요.

(B) 요금이 6달러예요.

(C) 45분이요.

어휘 fare 교통 요금, 운임 quarter 4분의 1, 15분

해설 탑승 버스를 묻는 Which 의문문

(A) 정답: 공항행 버스를 묻는 질문에 기차가 더 빠를 것이라며 다른 교통 수단을 권하고 있으므로 가장 적절한 응답이다.

(B) 연상 어휘 오답: 질문의 bus에서 연상 가능한 fare를 이용한 오답이다.

(C) 관련 없는 오답: 소요 시간을 묻는 How long 의문문에 적절한 답변이다.

25 W-Am Who called the shipping company?

M-Au (A) Did they go shopping already?

(B) Rita e-mailed them.

(C) Every Monday morning.

택배회사에 누가 전화했나요?

(A) 그들이 벌써 쇼핑하러 갔어요?

(B) 리타가 이메일을 보냈어요.

(C) 매주 월요일 오전에요.

어휘 shipping company 택배회사 already 벌써

해설 전화한 사람을 묻는 Who 의문문

(A) 유사 발음 오답: 질문의 shipping과 부분적으로 발음이 유사한 shopping을 이용한 오답이다.

(B) 정답: 택배회사에 전화한 사람을 묻는 질문에 리타가 이메일을 보냈다(Rita e-mailed them)며 구체적 인물과 연락 수단을 밝히고 있으므로 정답이다.

(C) 관련 없는 오답: 시간이나 빈도를 묻는 질문에 적합한 대답이다.

❸ When 의문문

ETS CHECK-UP				본책 p. 64	
1 (B)	**2** (A)	**3** (A)	**4** (B)	**5** (C)	**6** (A)

1 M-Cn When is Marlon coming to the meeting?

W-Br (A) There's more in the conference room.

(B) He'll be here in five minutes.

(C) Yes, they arrived yesterday.

말론은 언제 회의에 올 예정인가요?
(A) 회의실에 더 있습니다.
(B) 5분 후에 여기 도착할 겁니다.
(C) 네, 그들은 어제 도착했어요.

어휘 conference room 회의실 arrive 도착하다

해설 회의에 오는 시점을 묻는 When 의문문
(A) 연상 어휘 오답: 질문의 meeting에서 연상 가능한 conference room을 이용한 오답이다.
(B) 정답: 말론이 언제 회의에 오는지 묻는 질문에 5분 후에(in five minutes)에 도착한다며 구체적인 시점을 밝히고 있으므로 정답이다.
(C) Yes/No 대답 불가 오답 및 인칭 오류 오답: 정보를 묻는 의문사 의문문에는 Yes/No로 대답할 수 없으며, 질문에 they가 가리킬만한 대상도 없다.

2 W-Br When did Harriet clean out the supply room?
M-Cn (A) After we left.
(B) Some new supplies.
(C) She cleaned the floor.

해리엇이 언제 비품실을 싹 치웠죠?
(A) 우리가 퇴근한 다음에요.
(B) 새로운 물품들이에요.
(C) 그녀는 바닥을 청소했어요.

어휘 supply room 비품실 leave 떠나다, 퇴근하다 supplies 물품[비품], 공급품 floor 바닥

해설 정리 시점을 묻는 When 의문문
(A) 정답: 비품실을 치운 시점을 묻는 질문에 퇴근한 다음(After we left)이라고 알려주고 있으므로 정답이다.
(B) 단어 반복 오답: 질문에 언급된 supply를 반복 이용한 오답이다.
(C) 단어 반복 오답: 질문에 언급된 clean의 과거형인 cleaned를 이용한 오답이다.

3 W-Am When does the hardware store open on Saturdays?
M-Au (A) Ten o'clock—same as the other days.
(B) He's installing a ceiling fan.
(C) It's not very expensive.

토요일에는 철물점이 언제 문을 열죠?
(A) 10시에요. 다른 요일과 똑같아요.
(B) 그는 천장 선풍기를 설치하고 있어요.
(C) 그다지 비싸지 않아요.

어휘 hardware store 철물점 install 설치하다 ceiling fan 천장 선풍기 expensive 비싼

해설 개점 시간을 묻는 When 의문문
(A) 정답: 토요일에 철물점이 문을 여는 시점을 묻는 질문에 10시(Ten o'clock)라고 구체적인 시각으로 답하고 있으므로 정답이다.
(B) 연상 어휘 오답 및 인칭 오류 오답: 질문의 hardware store에서 연상 가능한 ceiling fan을 이용한 오답으로, 질문에 He가 가리킬 만한 대상도 없다.

(C) 연상 어휘 오답: 질문의 store에서 연상 가능한 not very expensive를 이용한 오답이다.

4 W-Br When is the move to the new office?
M-Cn (A) The architect is from Vienna.
(B) Mary has the schedule.
(C) Into the business district.

새 사무실로 언제 이사하나요?
(A) 그 건축가는 비엔나 출신이에요.
(B) 메리에게 일정표가 있어요.
(C) 업무 지구로 들어가요.

어휘 move 이사 architect 건축가 business district 업무 지구

해설 이사 시기를 묻는 When 의문문
(A) 연상 어휘 오답: 질문의 move에서 연상 가능한 도시 이름(Vienna)을 이용한 오답이다.
(B) 정답: 새 사무실로 이사하는 시기를 묻는 질문에 메리에게 일정표가 있다(Mary has the schedule)는 말로 모른다는 것을 우회적으로 나타내고 있으므로 가장 적절한 응답이다.
(C) 연상 어휘 오답: 질문의 new office에서 연상 가능한 business district를 이용한 오답이다.

5 W-Am When are the employee health screenings scheduled?
M-Cn (A) Two hundred and fifty employees.
(B) How big is that screen?
(C) Everyone should make an appointment online.

직원 건강검진이 언제로 예정되어 있나요?
(A) 직원이 250명이에요.
(B) 저 화면은 얼마나 큰가요?
(C) 모두 온라인으로 진료 예약을 잡아야 해요.

어휘 employee 직원 health screening 건강검진 be scheduled 일정이 잡혀 있다 make an appointment (진료) 약속을 잡다

해설 건강검진 시기를 묻는 When 의문문
(A) 단어 반복 오답: 질문에 나온 employee를 반복 이용한 오답으로, 수를 묻는 How many 의문문에 적합한 대답이다.
(B) 파생어 오답: 질문의 screenings와 파생어 관계인 screen을 이용한 오답이다.
(C) 정답: 직원 건강검진 시기를 묻는 질문에 모두 온라인으로 진료 예약을 잡아야 한다(Everyone should make an appointment online)고 말함으로써 사람마다 다르다는 것을 우회적으로 나타내고 있으므로 가장 적절한 응답이다.

6 M-Cn When will the farmers market open for the season?
W-Br (A) In April.
(B) Just past Birch Road.
(C) Until five o'clock.

이번 시즌에는 농산물 직거래 장터가 언제 열리나요?
(A) 4월에요.
(B) 버치 로드를 지나자마자요.
(C) 5시까지요.

해설 개장 시점을 묻는 When 의문문
(A) **정답:** 농산물 직거래 장터가 열리는 시점을 묻는 질문에 4월(April)이라는 구체적인 달을 제시하고 있으므로 정답이다.
(B) **관련 없는 오답:** 위치를 묻는 Where 의문문에 적합한 대답이다.
(C) **연상 어휘 오답:** 의문사 When에서 연상 가능한 five o'clock을 사용한 오답으로, Until은 특정 시점까지 지속됨을 나타내므로 개장 시기를 묻는 질문에는 적합하지 않다.

❹ Where 의문문

| ETS **CHECK-UP** | | | | | 본책 p. 65 |

1 (C)	**2** (C)	**3** (B)	**4** (A)	**5** (A)	**6** (B)

1 M-Cn Where will our new office be located?
W-Am (A) Yes, the old one.
(B) Boxes and tape.
(C) Closer to the city.
우리의 새로운 사무실이 어디에 자리 잡게 될까요?
(A) 네, 예전 것이에요.
(B) 상자들과 테이프요.
(C) 도시에 더 가까운 곳에요.

어휘 be located 위치하다, 자리 잡다   closer to ~에 더 가까운

해설 새 사무실 위치를 묻는 Where 의문문
(A) **Yes/No 대답 불가 오답 및 연상 어휘 오답:** 정보를 묻는 의문사 의문문에는 Yes/No로 대답할 수 없으며, 질문의 new에서 연상 가능한 old를 이용한 오답이다.
(B) **연상 어휘 오답:** new office로 이사를 가는 상황에서 연상 가능한 Boxes and tape을 이용한 오답이다.
(C) **정답:** 새로운 사무실 위치를 묻는 질문에 도시에 더 가까운 곳(Closer to the city)이라고 답하고 있으므로 정답이다.

2 W-Am Where's last year's quality-control report?
M-Au (A) Not very often.
(B) Yes, they were high-quality items.
(C) You can find it on the company's Web site.
작년 품질관리 보고서가 어디에 있나요?
(A) 아주 잦지는 않아요.
(B) 네, 품질이 좋은 물품들이었어요.
(C) 회사 웹사이트에서 찾을 수 있어요.

어휘 quality-control 품질관리   high-quality 고품질의   item 물품, 품목

해설 보고서가 있는 곳을 묻는 Where 의문문
(A) **관련 없는 오답:** 빈도를 묻는 How often 의문문에 적합한 대답이다.
(B) **Yes/No 대답 불가 오답:** 정보를 묻는 의문사 의문문에는 Yes/No로 대답할 수 없다.
(C) **정답:** 품질관리 보고서가 있는 곳을 묻는 질문에 구체적인 확인처(on the company's Web site)로 대답하고 있으므로 정답이다.

3 W-Am Where are the cleaning supplies kept?
M-Cn (A) A Friday delivery.
(B) I don't work in this department.
(C) That'll be 1,000 yen, please.
청소용품이 어디에 보관되어 있나요?
(A) 금요일 배송이에요.
(B) 저는 이 부서에 근무하지 않아요.
(C) 1000엔입니다.

어휘 cleaning supplies 청소용품   delivery 배송, 배달   department 부서

해설 청소용품 위치를 묻는 Where 의문문
(A) **연상 어휘 오답:** 질문의 supplies에서 연상 가능한 delivery를 이용한 오답이다.
(B) **정답:** 청소용품이 어디에 보관되어 있는지 묻는 질문에 이 부서에 근무하지 않는다(I don't work in this department)며 우회적으로 모른다는 것을 드러내고 있으므로 가장 적절한 응답이다.
(C) **관련 없는 오답:** 얼마인지를 묻는 How much 의문문에 적합한 대답이다.

4 M-Au Where should I put these spreadsheets?
W-Br (A) In the folder on my desk.
(B) We saved one hundred dollars.
(C) By Tuesday at noon.
이 정산표를 어디에 둬야 하나요?
(A) 내 책상 위 서류철 안에요.
(B) 우리가 100달러를 아꼈어요.
(C) 화요일 정오까지요.

어휘 spreadsheet 스프레드시트, 정산표   save 아끼다, 절약하다   at noon 정오에

해설 정산표를 둘 곳을 묻는 Where 의문문
(A) **정답:** 정산표를 둘 곳을 묻는 질문에 책상 위 서류철(In the folder on my desk)이라는 구체적인 장소로 대답하고 있으므로 정답이다.
(B) **관련 없는 오답:** 액수를 묻는 How much 의문문에 적합한 대답이다.
(C) **관련 없는 오답:** 시점을 묻는 When 의문문에 적합한 대답이다.

5 W-Br Where can I get an identification card?
M-Au (A) You need to talk to your supervisor.
(B) Yes, she sent you a birthday card.
(C) You can park your car in the garage.

신분증은 어디서 받을 수 있나요?
(A) 관리자에게 얘기해야 합니다.
(B) 네, 그녀가 당신에게 생일 카드를 보냈어요.
(C) 주차장에 주차하시면 됩니다.

어휘 **identification** 신원 확인, 신분 증명 **supervisor**
관리자 **garage** 차고, 주차장

해설 **신분증 받는 곳을 묻는 Where 의문문**
(A) **정답:** 신분증을 받는 장소를 묻는 질문에 관리자에게 얘기해야 한다(You need to talk to your supervisor)며 관련 정보를 제공할 수 있는 인물을 언급하고 있으므로 가장 적절한 응답이다.
(B) **Yes/No 대답 불가 오답:** 정보를 묻는 의문사 의문문에는 Yes/No로 대답할 수 없다.
(C) **단어 반복 오답 및 유사 발음 오답:** 질문의 can을 반복하고 card와 발음이 유사한 car를 이용한 오답이다. 그럴듯하게 들리는 장소 표현(in the garage)에 유의해야 한다.

6 W-Br Where did you buy this lamp?
  W-Am (A) No, it's next to the desk.
    (B) It was a gift.
    (C) There's the electrical outlet.

이 램프는 어디에서 샀어요?
(A) 아니요. 책상 옆에 있어요.
(B) **선물 받았어요.**
(C) 콘센트가 있어요.

어휘 **electrical outlet** 콘센트

해설 **램프의 구매 장소를 묻는 Where 의문문**
(A) **Yes/No 대답 불가 오답:** 정보를 묻는 의문사 의문문에는 Yes/No로 대답할 수 없다.
(B) **정답:** 램프의 구매 장소를 묻는 질문에 선물로 받았다(It was a gift)며 우회적으로 자신도 잘 모른다는 것을 나타내고 있으므로 가장 적절한 응답이다.
(C) **연상 어휘 오답:** 질문의 lamp에서 연상 가능한 electrical outlet을 이용한 오답이다.

LISTENING PRACTICE   본책 p. 67

1 (B)   **2** (C)   **3** (A)   **4** (B)   **5** (A)   **6** (B)

---

1 M-Cn Where should I send the revised version of the contract?
  W-Am (A) He's probably from the United States.
    (B) I think my home address would be best.
    (C) Yes, the last page has five mistakes.

수정된 계약서를 어디로 보내면 되나요?
(A) 그는 아마도 미국 사람인 것 같아요.
(B) **저희 집으로 보내시는 게 제일 좋을 것 같아요.**
(C) 네, 마지막 페이지에 오류가 다섯 개 있어요.

어휘 **revised** 수정된, 개정된   **version** (책의) ~판
  contract 계약(서)   **mistake** 오류, 착오

해설 **송달 장소를 묻는 Where 의문문**
(A) **연상 어휘 오답:** Where에서 연상 가능한 나라 이름(the United States)을 이용한 오답이다.
(B) **정답:** 계약서를 보낼 장소를 묻는 질문에 집 주소(my home address)로 보내는 게 좋겠다며 구체적인 장소로 대답하고 있으므로 정답이다.
(C) **Yes/No 대답 불가 오답:** 정보를 묻는 의문사 의문문에는 Yes/No로 대답할 수 없다.

Possible Answers

I'll find out **where the office is located**.
사무실 위치가 어디인지 알아볼게요.
I'd **like to double-check** it.
제가 다시 한 번 검토하고 싶습니다.

2 W-Br When will the current tenants vacate the apartment?
  M-Cn (A) I'll sign the lease.
    (B) At least two bedrooms.
    (C) By the end of the month.

현 세입자들이 언제 아파트를 비워줄 건가요?
(A) 제가 임대 계약서에 서명할게요.
(B) 적어도 침실 두 개요.
(C) **이번 달 말이요.**

어휘 **current** 현재의   **tenant** 세입자   **vacate** 비우다, 퇴거하다   **lease** 임대 계약(서)

해설 **퇴거 시점을 묻는 When 의문문**
(A) **연상 어휘 오답:** 질문의 tenants에서 연상 가능한 lease를 이용한 오답이다.
(B) **연상 어휘 오답:** 질문의 apartment에서 연상 가능한 bedrooms를 이용한 오답이다.
(C) **정답:** 세입자의 퇴거 시점을 묻는 질문에 이번 달 말(the end of the month)이라는 구체적 시기로 답하고 있으므로 정답이다.

Possible Answers

After they **find a place to move to**.
이사 갈 곳을 찾은 후예요.
It's probably **written in the contract**.
아마 계약서에 적혀있을 거예요.

3 M-Au Where can we hold the new-employee orientation?
  W-Am (A) The same place as last year.
    (B) In the employee handbook.
    (C) A two-hour session.

신입 사원 오리엔테이션을 어디에서 개최할까요?
(A) **지난해와 같은 장소요.**
(B) 직원 안내서예요.
(C) 2시간짜리 과정이에요.

어휘 **employee** 직원, 사원   **session** 세션, 기간, 과정

해설 **개최 장소를 묻는 Where 의문문**

(A) 정답: 오리엔테이션 개최 장소를 묻는 질문에 지난해와 같은 장소(same place)라고 답하고 있으므로 정답이다.

(B) 단어 반복 오답: 질문의 employee를 반복한 오답이다.

(C) 연상 어휘 오답: 질문의 orientation에서 연상될 수 있는 session을 활용한 오답이다.

Possible Answers

It **depends on how many people** will attend.
얼마나 많은 사람이 참석할 지에 따라 달라요.

Let's **choose a date first.**
날짜 먼저 정합시다.

4 W-Am When can I pick up my medicine?
  W-Br (A) He went to medical school.
     (B) Anytime before six o'clock.
     (C) At the local pharmacy.

   제 약을 언제 찾을 수 있나요?
   (A) 그는 의과 대학에 다녔어요.
   (B) 6시 전이면 아무 때나요.
   (C) 동네 약국에서요.

어휘 **pick up** ~을 찾다, 가져가다 **medical** 의료의
   local 지역의, 현지의 **pharmacy** 약국

해설 **약을 찾는 시점을 묻는 When 의문문**

(A) 연상 어휘 오답 및 인칭 오류 오답: 질문의 medicine에서 연상 가능한 medical school을 이용한 오답으로, 질문에 He가 가리킬만한 대상도 없다.

(B) 정답: 약을 찾는 시점을 묻는 질문에 6시 전이면 아무 때나(Anytime before six o'clock)라며 가능한 시간대를 제시하고 있으므로 정답이다.

(C) 연상 어휘 오답: 질문의 medicine에서 연상 가능한 pharmacy를 이용한 오답으로, 장소를 묻는 Where 의문문에 적합한 대답이다.

Possible Answers

It **should be ready soon.**
곧 준비될 겁니다.

We'll **call you when it's ready.**
준비되면 전화 드리겠습니다.

5 W-Br Where will the company manufacture the new cookware?
  W-Am (A) We're considering a couple of locations.
     (B) It's selling well so far.
     (C) Check aisle number five.

   회사는 새로운 조리 도구들을 어디에서 제조할 건가요?
   (A) 두어 군데 고려하고 있습니다.
   (B) 지금까지 잘 팔리고 있습니다.
   (C) 5번 통로를 확인하세요.

어휘 **manufacture** 제조하다 **cookware** 조리 도구
   consider 고려하다 **aisle** 통로

해설 **제조 장소를 묻는 Where 의문문**

(A) 정답: 조리 도구 제조 장소를 묻는 질문에 두어 군데를 고려하고 있다(We're considering a couple of locations)는 말을 통해 아직 결정되지 않았음을 우회적으로 나타내고 있으므로 가장 적절한 응답이다.

(B) 관련 없는 오답: 새로 출시된 제품의 반응을 묻는 질문에 적합한 대답이다.

(C) 연상 어휘 오답: 질문의 Where와 cookware에서 연상 가능한 위치(aisle number five)를 이용한 오답이다.

Possible Answers

The board of directors is still deciding.
이사진이 아직도 결정 중이에요.

Our Chinese **plant will take care of it.**
우리 중국 공장이 맡을 겁니다.

6 W-Br When will the next issue of the magazine be published?
  M-Au (A) In the headlines.
     (B) Unfortunately, it's been discontinued.
     (C) Just on the Internet.

   다음 호 잡지는 언제 나오나요?
   (A) 헤드라인에요.
   (B) 안타깝게도 그건 폐간되었어요.
   (C) 인터넷에서만요.

어휘 **publish** 출판하다, 발행하다 **headline** (신문 머리기사의) 표제 **discontinue** 중단하다, 중지하다

해설 **발행 시점을 묻는 When 의문문**

(A) 연상 어휘 오답: 질문의 magazine에서 연상 가능한 headlines를 이용한 오답이다.

(B) 정답: 잡지의 다음 호 발행 시점을 묻는 질문에 폐간되었다(it's been discontinued)며 잡지가 더 이상 발행되지 않음을 밝히고 있으므로 가장 적절한 응답이다.

(C) 관련 없는 오답: Where 의문문에 적합한 대답이다.

Possible Answers

On the first day of next month.
다음 달 1일요.

Not for another two weeks.
2주는 더 있어야 해요.

ETS TEST   본책 p. 68

1 (B)	2 (C)	3 (B)	4 (A)	5 (C)
6 (C)	7 (B)	8 (C)	9 (A)	10 (B)
11 (C)	12 (A)	13 (A)	14 (C)	15 (C)
16 (A)	17 (C)	18 (C)	19 (C)	20 (A)
21 (A)	22 (A)	23 (B)	24 (A)	25 (C)

1 W-Br Where should we hang the doctor's professional certification?
M-Cn (A) Next Thursday.
(B) Maybe above the desk?
(C) For Dr. Rossi.

의사 면허증을 어디에 걸어야 할까요?
(A) 다음 주 목요일예요.
(B) 책상 위쪽 어떨까요?
(C) 로시 박사를 위해서요.

어휘 hang 걸다 professional certificate 전문 자격증[면허증] above ~ 위쪽에

해설 자격증을 걸 장소를 묻는 Where 의문문
(A) 관련 없는 오답: 시점을 묻는 When 의문문에 적합한 대답이다.
(B) 정답: 의사 자격증을 걸 장소를 묻는 질문에 책상 위쪽 (above the desk)은 어떤지 제안하고 있으므로 가장 적절한 응답이다.
(C) 단어 반복 오답: 질문의 doctor를 반복 이용한 오답이다.

2 M-Au When are we flying back to London?
W-Am (A) From the international airport.
(B) I'll bring it right back.
(C) Not for a few weeks.

우리는 언제 다시 런던으로 돌아가나요?
(A) 국제 공항에서요.
(B) 바로 다시 가져올게요.
(C) 몇 주 동안은 아닙니다.

어휘 international 국제적인

해설 돌아가는 시점을 묻는 When 의문문
(A) 연상 어휘 오답: 질문의 flying에서 연상 가능한 international airport를 이용한 오답으로, 출발 장소를 묻는 Where 의문문에 적합한 대답이다.
(B) 단어 반복 오답: 질문의 back을 반복 사용한 오답이다.
(C) 정답: 런던으로 돌아가는 시점을 묻는 질문에 몇 주 동안은 아니(Not for a few weeks)라며 대략적인 시점(몇 주 후)을 제시하고 있으므로 정답이다.

3 W-Br Where can we get a taxi?
M-Au (A) Yes, that's correct.
(B) Our hotel isn't that far.
(C) Nice to meet you, too.

어디서 택시를 탈 수 있죠?
(A) 네, 맞아요.
(B) 우리 호텔은 그리 멀지 않은데요.
(C) 저도 만나서 반갑습니다.

어휘 correct 맞는, 정확한

해설 장소를 묻는 Where 의문문
(A) Yes/No 대답 불가 오답: 정보를 묻는 의문사 의문문에는 Yes/No로 대답할 수 없다.
(B) 정답: 택시를 탈 수 있는 장소를 묻는 질문에 우리 호텔이 그리 멀지 않다(Our hotel isn't that far)며 우회적으로 택시를 탈 필요가 없음을 나타내고 있으므로 가장 적절한 응답이다.

(C) 관련 없는 오답: 만나서 반갑다는 상대방의 인사에 적절한 응답이다.

4 M-Au When does the warranty on your computer expire?
W-Br (A) I lost all that paperwork when I moved.
(B) The recent software update.
(C) I met with them on Tuesday.

컴퓨터의 품질 보증이 언제 끝나죠?
(A) 이사할 때 서류를 모두 잃어버렸어요.
(B) 최근의 소프트웨어 업데이트예요.
(C) 제가 화요일에 그들과 만났어요.

어휘 warranty 품질 보증서 expire 만료되다 lose 분실하다 paperwork 서류, 문서 작업 recent 최근의

해설 만료 시점을 묻는 When 의문문
(A) 정답: 컴퓨터 품질 보증이 만료되는 시점을 묻는 질문에 이사할 때 서류를 모두 잃어버려(I lost all that paperwork) 모른다고 대답하고 있으므로 가장 적절한 응답이다.
(B) 연상 어휘 오답: 질문의 computer에서 연상 가능한 software를 이용한 오답이다.
(C) 연상 어휘 오답 및 인칭 오류 오답: 질문의 When에서 연상 가능한 on Tuesday를 이용했지만 내용상 만료 시점이라고 보기 어렵고, 질문에 them이 가리킬 만한 대상도 없다.

5 W-Am Where do I pick up my attendance certificate?
M-Cn (A) No, I'm certain.
(B) Yes, I attended that one.
(C) We e-mail them.

제 출석 증명서를 어디서 가져가는 건가요?
(A) 아니요, 확실해요.
(B) 네, 제가 거기 참석했어요.
(C) 저희가 이메일로 보내 드립니다.

어휘 attendance 출석, 참석 certificate 증명서

해설 출석 증명서를 찾는 장소를 묻는 Where 의문문
(A) Yes/No 대답 불가 오답: 정보를 묻는 Where 의문문에는 Yes/No로 대답할 수 없다.
(B) Yes/No 대답 불가 오답 및 파생어 오답: 정보를 묻는 Where 의문문에는 Yes/No로 대답할 수 없다. 질문의 명사 attendance와 파생어 관계인 동사 attended를 이용한 오답이다.
(C) 정답: 출석 증명서를 찾는 장소를 묻는 질문에 이메일로 보낸다(We e-mail them)며 우회적으로 수령 방법을 안내하고 있으므로 가장 적절한 응답이다.

6 W-Am When will the next ferry to the Sydney Zoo be departing?
M-Au (A) Several times a day.
(B) Approximately five kilometers.
(C) At three-fifteen.

시드니 동물원으로 가는 다음 페리호는 언제 출발할 예정이죠?
(A) 하루에 몇 번요.
(B) 대략 5킬로미터요.
(C) 3시 15분에요.

어휘 depart 출발하다　approximately 거의, 대략

해설 출발 시점을 묻는 When 의문문
(A) 관련 없는 오답: 운행 빈도를 묻는 How often 의문문에 적합한 대답이다.
(B) 관련 없는 오답: 길이 / 거리를 묻는 How long / far 의문문에 적합한 대답이다.
(C) 정답: 다음 페리호의 출발 시점을 묻는 질문에 3시 15분 (At three-fifteen)이라며 구체적인 시간을 안내하고 있으므로 정답이다.

7 W-Am　Where should I submit my registration form?
M-Au　(A) On June third.
　　　(B) That's written on the first page.
　　　(C) A monthly subscription.

등록 신청서를 어디에 제출해야 하나요?
(A) 6월 3일에요.
(B) 그건 첫 페이지에 적혀 있어요.
(C) 월정 구독이에요.

어휘 submit 제출하다　registration form 등록 신청서　monthly 월간의　subscription 구독

해설 제출 장소를 묻는 Where 의문문
(A) 관련 없는 오답: 시점을 묻는 When 의문문에 적합한 대답이다.
(B) 정답: 등록 신청서 제출 장소를 묻는 질문에 신청서 첫 페이지에 적혀 있다(That's written on the first page)며 해당 정보가 있는 곳을 안내하고 있으므로 가장 적절한 응답이다.
(C) 유사 발음 오답: 질문의 submit과 부분적으로 발음이 유사한 subscription을 이용한 오답이다.

8 W-Br　When did the managers submit the request for funding?
W-Am　(A) Because we're hiring a new staff member.
　　　(B) Yes, we had a lot of fun.
　　　(C) Early April, I think.

관리자들이 자금 요청서를 언제 제출했나요?
(A) 우리가 신입 직원을 채용하고 있어서요.
(B) 네, 무척 재미있었어요.
(C) 4월 초인 것 같아요.

어휘 submit 제출하다　request 요청(서)　funding 자금, 자금 제공　hire 채용하다

해설 제출 시점을 묻는 When 의문문
(A) 관련 없는 오답: 자금 요청서를 제출한 이유를 묻는 Why 의문문에 적합한 대답이다.
(B) Yes / No 대답 불가 오답: 정보를 묻는 의문사 의문문에는 Yes / No로 대답할 수 없다.

(C) 정답: 자금 요청의 제출 시점을 묻는 질문에 4월 초인 것 같다(Early April, I think)며 구체적인 시점을 제시하고 있으므로 정답이다.

9 M-Au　Where is the entrance to the exhibit?
M-Cn　(A) To the right of the escalator.
　　　(B) Tickets cost eight euros.
　　　(C) Yes, just a little bit.

전시장 입구가 어디인가요?
(A) 에스컬레이터 오른쪽에 있어요.
(B) 입장권 가격은 8유로입니다.
(C) 네, 아주 조금만요.

어휘 entrance 입구　exhibit 전시회　to the right of ~의 오른쪽에　cost 가격이 ~이다

해설 위치를 묻는 Where 의문문
(A) 정답: 전시장 입구가 어디인지 묻는 질문에 에스컬레이터 오른쪽(right of the escalator)이라는 구체적인 위치를 제시하고 있으므로 정답이다.
(B) 연상 어휘 오답: 질문의 exhibit에서 연상 가능한 Tickets를 이용한 오답이다.
(C) Yes / No 대답 불가 오답: 정보를 묻는 의문사 의문문에는 Yes / No로 대답할 수 없다.

10 W-Br　Where should I send the short story I wrote?
M-Cn　(A) No, it's the tall one.
　　　(B) I can suggest a few literary magazines.
　　　(C) By express mail, please.

제가 쓴 단편 소설을 어디로 보내야 할까요?
(A) 아니요, 길쭉한 거 예요.
(B) 제가 문예지 몇 개를 추천해 드릴 수 있어요.
(C) 특급 우편으로요.

어휘 suggest 제안하다　literary magazine 문예지　express mail 특급 우편

해설 단편 소설을 보낼 곳을 묻는 Where 의문문
(A) Yes / No 대답 불가 오답 및 연상 어휘 오답: 정보를 묻는 의문사 의문문에는 Yes / No로 대답할 수 없다. 질문의 short에서 연상 가능한 tall을 이용한 오답이다.
(B) 정답: 단편 소설을 보낼 곳을 묻는 질문에 문예지 몇 개를 추천해 주겠다(I can suggest a few literary magazines)며 우회적으로 제출처를 알려주겠다고 말하고 있으므로 가장 적절한 응답이다.
(C) 관련 없는 오답: 보내는 방법을 묻는 How 의문문에 적합한 대답이다.

11 M-Cn　When will the labeling machine be repaired?
W-Am　(A) Yes, you should work in pairs.
　　　(B) The list of ingredients is on the label.
　　　(C) They still don't know what's wrong with it.

상표 부착기가 언제 수리될까요?

(A) 네, 둘씩 짝을 지어 근무해야 합니다.

(B) 재료 목록이 라벨에 있어요.

(C) 그들은 아직 무엇이 문제인지 모릅니다.

어휘 **labeling machine** 상표 부착기 **repair** 수리하다
in pairs 둘씩 짝을 지어 **ingredient** 성분, 재료

해설 **수리 완료 시점을 묻는 When 의문문**

(A) **Yes/No 대답 불가 오답 및 유사 발음 오답:** 정보를 묻는 의문사 의문문에는 Yes/No로 대답할 수 없다. 질문의 repair와 부분적으로 발음이 유사한 pairs를 이용한 오답이다.

(B) **파생어 오답:** 질문에 쓰인 labeling의 원형인 label을 이용한 오답이다.

(C) **정답:** 상표 부착기의 수리 완료 시점을 묻는 질문에 아직 무엇이 문제인지 모른다며 언제 완료될지 확답할 수 없음을 나타내고 있으므로 가장 적절한 응답이다.

12 M-Cn Where are you taking the clients to dinner?

W-Am (A) Somewhere in the city center.

(B) No, tonight.

(C) Just a salad, please.

고객들을 어떤 저녁식사 장소로 데려가실 건가요?

(A) 도심 어딘가로요.

(B) 아니요, 오늘밤요.

(C) 그냥 샐러드 하나 주세요.

어휘 **client** 고객, 의뢰인

해설 **저녁식사 장소를 묻는 Where 의문문**

(A) **정답:** 고객을 데려갈 저녁식사 장소를 묻는 질문에 도심 어딘가(Somewhere in the city center)라며 장소의 대략적인 위치를 언급하고 있으므로 정답이다.

(B) **Yes/No 대답 불가 오답:** 정보를 묻는 의문사 의문문에는 Yes/No로 대답할 수 없으며, 시점을 확인하는 질문에 적합한 응답이다.

(C) **연상 어휘 오답:** 질문의 dinner에서 연상 가능한 salad를 이용한 오답이다.

13 W-Br When do you expect to finish the quarterly sales report?

M-Cn (A) I just got the final figures.

(B) Please print out a few more.

(C) That's what we expected.

분기 판매 보고서는 언제 마무리될까요?

(A) 방금 최종 수치를 받았어요.

(B) 몇 부 더 출력해 주세요.

(C) 우리가 기대했던 거예요.

어휘 **expect to부정사** ~하리라 기대하다[예상하다]
figures 수치 **print out** ~을 출력하다

해설 **마무리 시점을 묻는 When 의문문**

(A) **정답:** 분기 판매 보고서 마무리 시점을 묻는 질문에 방금 최종 판매 수치를 받았다(just got the final figures)며 우회적으로 시간이 좀 걸린다는 사실을 표현하고 있으므로

가장 적절한 응답이다.

(B) **연상 어휘 오답:** 질문의 report에서 연상 가능한 표현인 print out을 이용한 오답이다.

(C) **단어 반복 오답:** 질문에 언급된 expect의 과거형인 expected를 이용한 오답이다.

14 M-Au Where can I renew my electrician's certificate?

M-Cn (A) Sure, go ahead.

(B) Every four years.

(C) A link was just sent out.

제 전기기사 자격증을 어디서 갱신하면 되나요?

(A) 물론이죠, 어서 하세요.

(B) 매 4년마다요.

(C) 링크가 막 발송됐어요.

어휘 **renew** 갱신하다 **electrician** 전기기사
certificate 자격증, 면허증

해설 **자격증의 갱신 장소를 묻는 Where 의문문**

(A) **Yes/No 대답 불가 오답:** 정보를 묻는 의문사 의문문에는 Yes의 대체 표현인 Sure로 대답할 수 없다.

(B) **관련 없는 오답:** 자격증의 갱신 주기를 묻는 How often 의문문에 적합한 대답이다.

(C) **정답:** 자격증의 갱신 장소를 묻는 질문에 링크가 막 발송됐다(A link was just sent out)며 온라인으로 갱신 가능함을 알리고 있으므로 가장 적절한 응답이다.

15 M-Au When did you call the repair person to come over?

M-Cn (A) The refrigerator is over there.

(B) No, it wasn't working.

(C) I just called him.

수리 기사에게 들러 달라고 언제 전화했나요?

(A) 냉장고는 저쪽에 있어요.

(B) 아니요, 작동하지 않았어요.

(C) 방금 전화했습니다.

어휘 **repair person** 수리 기사 **refrigerator** 냉장고
work 작동하다

해설 **연락 시점을 묻는 When 의문문**

(A) **연상 어휘 오답:** 질문의 repair person에서 연상 가능한 수리 대상(refrigerator)을 이용한 오답이다.

(B) **Yes/No 대답 불가 오답 및 연상 어휘 오답:** 정보를 묻는 의문사 의문문에는 Yes/No로 대답할 수 없다. 질문의 repair에서 연상가능한 상황(wasn't working)을 이용한 오답이다.

(C) **정답:** 수리 기사에게 언제 전화했는지 묻는 질문에 방금 전화했다(I just called him)며 구체적인 연락 시점을 밝히고 있으므로 정답이다.

16 W-Am Where should the new file cabinets be placed?

M-Cn (A) Ms. Kim has a floor plan.

(B) Just the client files, please.

(C) I ordered more a month ago.

새 서류 캐비닛을 어디에 놓을까요?
(A) 김 씨에게 배치도가 있어요.
(B) 고객 파일만 부탁해요.
(C) 한 달 전에 더 주문했어요.

어휘 file cabinet 서류 캐비닛[보관함] place 놓다,
배치하다, (주문 등을) 하다 floor plan 배치도, 평면도
client 고객 order 주문하다

해설 가구 놓을 위치를 묻는 Where 의문문
(A) 정답: 새 서류 캐비닛을 놓을 곳을 묻는 질문에 김 씨에게
배치도가 있다(Ms. Kim has a floor plan)며 우회적으
로 위치를 알 수 있는 방법을 제시하고 있으므로 가장 적절
한 응답이다.
(B) 단어 반복 오답: 질문의 file을 반복 이용한 오답이다.
(C) 연상 어휘 오답: 질문의 placed에서 연상 가능한 ordered
를 이용한 오답이다.

17 M-Cn Where can I find an application for the
open manager position?
W-Br (A) That kitchenware store offers
several discounts.
(B) She moved here a few years ago.
(C) Look on the receptionist's desk.

공석인 관리직 지원서는 어디서 찾을 수 있나요?
(A) 그 주방용품점은 여러 가지 할인 혜택을 제공해요.
(B) 그녀는 몇 년 전 이곳으로 이사했어요.
(C) 안내직원 책상을 보세요.

어휘 application 지원, 지원서 position 일자리, 직위
kitchenware 주방용품 offer 제공하다 discount
할인

해설 지원서가 있는 장소를 묻는 Where 의문문
(A) 연상 어휘 오답: 질문의 Where 및 manager에서 연상
가능한 store를 이용한 오답이다.
(B) 연상 어휘 오답 및 인칭 오류 오답: 질문의 Where에서 연
상 가능한 moved를 이용한 오답으로, 질문에 she가 가
리킬 만한 대상도 없다.
(C) 정답: 공석인 관리직 지원서를 찾을 수 있는 장소를 묻는 질
문에 안내직원 책상을 보라(Look on the receptionist's
desk)며 구체적인 장소를 언급하고 있으므로 정답이다.

18 W-Am When will my travel expenses be
reimbursed?
W-Br (A) The trip was great.
(B) It took me four hours to get there.
(C) In about two weeks.

제 출장비는 언제 환급되나요?
(A) 여행은 정말 즐거웠어요.
(B) 거기 가는 데 4시간 걸렸어요.
(C) 약 2주 후에요.

어휘 expense 경비 reimburse 환급하다, 상환하다

해설 환급 시점을 묻는 When 의문문
(A) 연상 어휘 오답: 질문의 travel에서 연상 가능한 trip을 이
용한 오답이다.

(B) 관련 없는 오답: 소요 시간을 묻는 How long 의문에
적합한 대답이다.
(C) 정답: 출장비 환급 시점을 묻는 질문에 약 2주 후(In
about two weeks)라는 구체적인 시점을 제시하고 있
으므로 정답이다.

19 W-Br When did the owner decide to look for a
new assistant manager?
M-Cn (A) Yes, they plan to.
(B) At the State Street store.
(C) After business increased.

사장님이 언제 새로운 부점장을 찾기로 결정했나요?
(A) 네, 그럴 계획이에요.
(B) 스테이트 가 점포에서요.
(C) 장사가 잘 되면서부터요.

어휘 owner 사장, 소유주 decide 결정하다 look for
~을 찾다 assistant manager 부점장 business
거래, 장사 increase 증가하다

해설 구인 결정 시점을 묻는 When 의문문
(A) Yes/No 대답 불가 오답 및 인칭 오류 오답: 정보를 묻
는 의문사 의문문에는 Yes/No로 대답할 수 없고, 질문에
they가 가리킬 만한 대상도 없다.
(B) 관련 없는 오답: 장소를 묻는 Where 의문문에 적합한 대
답이다.
(C) 정답: 새 부점장을 구하기로 한 시점을 묻는 질문에 장사가
잘 된 이후(After business increased)라고 알려주고
있으므로 정답이다.

20 M-Au When are we going to replace these old
computers?
W-Br (A) I think they work fine.
(B) That's a nice place to visit.
(C) Because it was in the
announcement.

이 낡은 컴퓨터들을 언제 교체할 예정인가요?
(A) 제 생각엔 잘 작동하는 것 같은데요.
(B) 거긴 방문해 볼 만한 좋은 곳이에요.
(C) 공지에 발표되었기 때문이에요.

어휘 replace 교체하다 work fine 잘 작동하다
announcement 공지, 공고

해설 시점을 묻는 When 의문문
(A) 정답: 낡은 컴퓨터들을 교체할 시점을 묻는 질문에 잘 작동
한다(they work fine)며 우회적으로 교체할 필요가 없다
고 대답하고 있으므로 가장 적절한 응답이다.
(B) 유사 발음 오답: 질문의 replace와 부분적으로 발음이 유
사한 place를 이용한 오답이다.
(C) 관련 없는 오답: 이유를 물어보는 Why 의문문에 적합한
대답이다.

21 M-Cn Where is the visitor information center
located?
W-Am (A) On Piedmont Avenue.
(B) After July eighth.
(C) Yes, it's convenient.

방문자 정보 센터는 어디에 있나요?
(A) 피드먼트 가예요.
(B) 7월 8일 이후요.
(C) 네, 편리해요.

어휘 be located ~에 위치하다 convenient 편리한

해설 위치를 묻는 Where 의문문
(A) 정답: 방문자 정보 센터의 위치를 묻는 질문에 피드먼트 가 (On Piedmont Avenue)라며 구체적인 장소를 제시하고 있으므로 정답이다.
(B) 관련 없는 오답: 시점을 묻는 When 의문문에 적합한 대답이다.
(C) Yes/No 대답 불가 오답 및 연상 어휘 오답: 정보를 묻는 의문사 의문문에는 Yes/No로 대답할 수 없다. 질문의 the visitor information center에서 연상 가능한 convenient를 이용한 오답이다.

22 M-Cn Where should I set up the equipment for the photo shoot?
W-Br (A) That's scheduled for next week.
(B) It was taken in Amsterdam.
(C) I got it from the electronics store.

사진 촬영 장비를 어디에 설치해야 할까요?
(A) 그건 다음 주로 예정돼 있는데요.
(B) 암스테르담에서 촬영했어요.
(C) 전자제품 매장에서 구입했어요.

어휘 equipment 장비 photo shoot 사진 촬영 scheduled for ~로 예정된 electronics store 전자제품 매장

해설 설치 장소를 묻는 Where 의문문
(A) 정답: 장비 설치 장소를 묻는 질문에 촬영이 다음 주로 예정되어 있다(That's scheduled for next week)며 아직 설치할 필요가 없다는 것을 우회적으로 표현하고 있으므로 가장 적절한 응답이다.
(B) 연상 어휘 오답: 질문의 photo shoot에서 연상 가능한 was taken을 이용한 오답이다.
(C) 관련 없는 오답: 장비 구입 장소를 묻는 Where 의문문에 적합한 대답이다.

23 W-Br Where was the conference held last year?
M-Cn (A) It was great, thanks.
(B) In Nairobi.
(C) No, I haven't yet.

작년에는 대회가 어디에서 열렸나요?
(A) 아주 훌륭했어요. 고맙습니다.
(B) 나이로비에서요.
(C) 아뇨, 저는 아직 안 했어요.

어휘 conference (주로 대규모) 회의, 대회 hold 개최하다

해설 개최 장소를 묻는 Where 의문문
(A) 관련 없는 오답: 상태를 묻는 How 의문문에 적합한 대답이다.

(B) 정답: 작년에 대회가 열린 장소를 묻는 질문에 나이로비(In Nairobi)라는 구체적인 도시 이름을 제시하고 있으므로 정답이다.
(C) Yes/No 대답 불가 오답: 정보를 묻는 의문사 의문문에는 Yes/No로 대답할 수 없다.

24 W-Am When are the billing statements sent out?
M-Cn (A) The first Friday of every month.
(B) To my department.
(C) No, but I'll check again.

대금 청구서는 언제 발송되나요?
(A) 매월 첫 번째 금요일이요.
(B) 저희 부서로요.
(C) 아니요. 제가 다시 확인해 볼게요.

어휘 billing statement 대금 청구서 department 부서

해설 발송 시점을 묻는 When 의문문
(A) 정답: 대금 청구서 발송 시점을 묻는 질문에 매월 첫 번째 금요일(The first Friday of every month)이라며 구체적인 일정을 안내하고 있으므로 정답이다.
(B) 관련 없는 오답: 수신처를 묻는 Where 의문문에 적합한 대답이다.
(C) Yes/No 대답 불가 오답 및 연상 어휘 오답: 정보를 묻는 의문사 의문문에는 Yes/No로 대답할 수 없다. 질문의 billing statements에서 연상 가능한 check을 이용한 오답이다.

25 M-Au Where can I donate some old office equipment?
W-Br (A) Because it starts at nine o'clock.
(B) No, don't eat in here.
(C) What kind of equipment is it?

오래된 사무 장비는 어디에 기부할 수 있나요?
(A) 9시에 시작해서요.
(B) 아니요, 여기서 드시면 안 돼요.
(C) 어떤 장비인가요?

어휘 donate 기부하다 office equipment 사무 장비

해설 기부 장소를 묻는 Where 의문문
(A) 관련 없는 오답: 이유를 묻는 Why 의문문에 적합한 대답이다.
(B) Yes/No 대답 불가 오답: 정보를 묻는 의문사 의문문에는 Yes/No로 대답할 수 없다.
(C) 정답: 사무 장비를 기부할 곳을 묻는 질문에 어떤 종류의 장비인지(What kind of equipment ~) 되물어 관련 정보를 구하고 있으므로 가장 적절한 응답이다.

❺ How 의문문

ETS CHECK-UP					본책 p. 70
1 (A)	2 (B)	3 (C)	4 (C)	5 (C)	6 (C)

1 M-Cn How long is the flight to Vietnam?

　　　W-Br (A) There'll be enough time to read this whole book!

　　　　　 (B) In the international terminal.

　　　　　 (C) It's a good day for flying.

베트남까지 비행기로 얼마나 걸리나요?

(A) 이 책을 다 읽을 수 있을 만큼이요!

(B) 국제선 터미널에서요.

(C) 비행하기 좋은 날이군요.

어휘 flight 비행기, 항공편 enough 충분한 whole 전체의

해설 비행 시간을 묻는 How long 의문문

(A) 정답: 베트남까지 비행 시간을 묻는 질문에 책을 다 읽을 수 있을 만큼(enough time to read this whole book)이라고 비유적으로 표현하고 있으므로 가장 적절한 응답이다.

(B) 연상 어휘 오답: 질문의 flight에서 연상 가능한 international terminal을 이용한 오답이다.

(C) 파생어 오답: 질문에 언급된 flight와 파생어 관계인 flying을 이용한 오답이다.

2 W-Am How often do you hold staff development training?

　　　M-Cn (A) Pass me the envelope.

　　　　　 (B) About once a quarter.

　　　　　 (C) All the employees.

얼마나 자주 직원 역량 개발 교육을 실시하나요?

(A) 저에게 봉투를 건네주세요.

(B) 분기별로 한번 정도요.

(C) 전 사원이요.

어휘 development 개발, 발달 envelope 봉투 quarter 분기 employee 직원, 사원

해설 교육 실시 빈도를 묻는 How often 의문문

(A) 유사 발음 오답: 질문의 development와 부분적으로 발음이 유사한 envelope을 이용한 오답이다.

(B) 정답: 교육 실시 빈도를 묻는 질문에 분기별로 한번 정도(About once a quarter)라며 구체적인 횟수를 말해주고 있으므로 정답이다.

(C) 연상 어휘 오답: 질문의 staff에서 연상 가능한 employees를 이용한 오답이다.

3 W-Am How did your job interview go today?

　　　M-Cn (A) I'll have the lunch special.

　　　　　 (B) Sorry, I can't go later.

　　　　　 (C) Very well, thanks.

오늘 면접은 어땠어요?

(A) 저는 점심 특선을 먹을게요.

(B) 죄송하지만, 전 나중에 갈 수 없어요.

(C) 아주 좋았어요, 고마워요.

어휘 job interview 면접

해설 결과를 묻는 How 의문문

(A) 관련 없는 오답: 면접의 결과를 묻는 질문에 점심 특선을

먹겠다(I'll have the lunch special)는 대답은 맥락에 맞지 않다.

(B) 단어 반복 오답 및 다의어 오답: 질문의 go를 반복 사용한 오답으로, 질문에서 go는 '진행되다'라는 의미이지만 여기서는 '가다'라는 의미이다.

(C) 정답: 면접이 어땠는지 묻는 질문에 아주 좋았다(Very well)며 구체적으로 결과를 밝히고 있으므로 정답이다.

4 W-Am How many copies of the project timeline would you like?

　　　M-Au (A) Black and white is fine.

　　　　　 (B) At the budget meeting.

　　　　　 (C) I thought Victor was making those.

프로젝트 일정표를 몇 부나 원하세요?

(A) 흑백이면 돼요.

(B) 예산 회의에서요.

(C) 저는 빅터가 하고 있는 줄 알았어요.

어휘 timeline 일정표 budget 예산

해설 원하는 부수를 묻는 How many 의문문

(A) 연상 어휘 오답: 질문의 copies에서 연상 가능한 Black and white를 이용한 오답이다.

(B) 관련 없는 오답: 장소나 때를 묻는 질문에 적합한 대답이다.

(C) 정답: 원하는 프로젝트 일정표 부수를 묻는 질문에 상대방이 아닌 빅터가 하는 줄 알았다(I thought Victor was making those)며 의아함을 나타내고 있으므로 가장 적절한 응답이다.

5 M-Cn How do I register for the employee nutrition seminar?

　　　W-Br (A) Several weekly lectures.

　　　　　 (B) A variety of healthy foods.

　　　　　 (C) Jenny has the sign-up sheet.

직원 영양 세미나는 어떻게 등록하나요?

(A) 몇 개의 주간 강좌요.

(B) 다양한 건강 식품이요.

(C) 제니가 참가 신청서를 갖고 있어요.

어휘 register 등록하다 nutrition 영양 a variety of 다양한 sign-up sheet 참가 신청서

해설 등록 방법을 묻는 How 의문문

(A) 연상 어휘 오답: 질문의 seminar에서 연상 가능한 lectures를 이용한 오답이다.

(B) 연상 어휘 오답: 질문의 nutrition에서 연상 가능한 healthy foods를 이용한 오답이다.

(C) 정답: 직원 영양 세미나에 등록하는 방법을 묻는 질문에 제니가 참가 신청서를 갖고 있다(Jenny has the sign-up sheet)며 우회적으로 방법을 알려 주고 있으므로 가장 적절한 응답이다.

6 W-Br How much does it cost to enlarge a photograph?

　　　W-Am (A) Thanks for the camera.

　　　　　 (B) Just a few days.

　　　　　 (C) Between ten and twenty dollars.

사진을 확대하는 데 비용이 얼마나 들죠?
(A) 카메라 고마워요.
(B) 며칠요.
(C) 10~20달러 사이요.

어휘 enlarge 확대하다

해설 **가격을 묻는 How much 의문문**
(A) **연상 어휘 오답:** 질문의 photograph에서 연상 가능한 camera를 이용한 오답이다.
(B) **관련 없는 오답:** 기간을 묻는 How long 질문에 적합한 대답이므로 오답이다.
(C) **정답:** 사진을 확대하는 비용을 묻는 질문에 10~20달러 사이(Between ten and twenty dollars)라며 대략적인 가격을 제시하고 있으므로 정답이다.

❻ Why 의문문

| ETS CHECK-UP | | | | | 본책 p. 71 |

| 1 (B) | 2 (C) | 3 (A) | 4 (B) | 5 (C) | 6 (C) |

1 M-Cn Why is the supply closet still locked?
M-Au (A) Yes, I think it is.
(B) Because we can't find the key.
(C) Not yet.

비품 창고가 왜 아직 잠겨 있죠?
(A) 네. 그런 것 같아요.
(B) 열쇠를 찾지 못해서요.
(C) 아직요.

어휘 supply closet 비품 창고 not yet 아직도 (~않다)

해설 **비품 창고가 잠겨 있는 이유를 묻는 Why 의문문**
(A) **Yes/No 대답 불가 오답:** 정보를 묻는 의문사 의문문에는 Yes/No로 대답할 수 없다.
(B) **정답:** 비품 창고가 아직 잠겨 있는 이유를 묻는 질문에 열쇠를 찾지 못했기 때문(Because we can't find the key)이라며 구체적인 이유를 밝히고 있으므로 정답이다.
(C) **관련 없는 오답:** 완료된 상태를 확인하는 질문에 적합한 응답이다.

2 W-Am Why do you need the Anderson file?
W-Br (A) Jonathan filed these yesterday.
(B) In the folder on my desk.
(C) I meant the Albertson file.

앤더슨 파일이 왜 필요하죠?
(A) 조너선이 어제 이것들을 정리했어요.
(B) 제 책상 위에 있는 서류철에 있어요.
(C) 앨버트슨 파일 말한 거였어요.

어휘 mean 뜻하다, 의미하다

해설 **파일이 필요한 이유를 묻는 Why 의문문**
(A) **파생어 오답:** 질문에 언급된 file의 동사형인 filed를 이용한 오답이다.

(B) **연상 어휘 오답:** 질문의 file에서 연상 가능한 folder를 이용한 오답이다.
(C) **정답:** 앤더슨 파일이 필요한 이유를 묻는 질문에 앨버트슨 파일을 말했던 것(I meant the Albertson file)이라며 상대방이 혼동한 부분을 바로 잡고 있으므로 가장 적절한 응답이다.

3 M-Cn Why is the legal department having a party?
W-Br (A) To welcome some new employees.
(B) Yes, I finished that part.
(C) I'm sorry, but I can't make it.

법무팀이 왜 파티를 열고 있나요?
(A) 신입 사원 몇 명을 환영하기 위해서요.
(B) 네, 그 부분을 마무리했어요.
(C) 죄송하지만 못 가겠어요.

어휘 legal 법의 employee 직원 make it 시간 맞춰 가다

해설 **파티 개최 이유를 묻는 Why 의문문**
(A) **정답:** 파티 개최 이유를 묻는 질문에 신입 사원 환영(To welcome some new employees)이라는 구체적인 목적을 제시하고 있으므로 정답이다.
(B) **Yes/No 대답 불가 오답 및 유사 발음 오답:** 정보를 묻는 의문사 의문문에는 Yes/No로 대답할 수 없다. 질문의 party와 발음이 유사한 part를 이용한 오답이다.
(C) **연상 어휘 오답:** 질문의 party에서 연상 가능한 can't make it을 이용한 오답이다.

4 M-Cn Why has the software release been postponed?
W-Br (A) A round-trip ticket.
(B) There are still a few issues to resolve.
(C) During the last two weeks.

소프트웨어 출시가 왜 연기되었나요?
(A) 왕복 티켓이에요.
(B) 아직 해결할 문제가 몇 가지 있어서요.
(C) 지난 두 주 동안에요.

어휘 release 출시, 발매 postpone 지연시키다, 연기하다 round-trip 왕복의 issue 문제 resolve 해결하다

해설 **출시 연기 이유를 묻는 Why 의문문**
(A) **관련 없는 오답:** 소프트웨어 출시가 연기된 이유를 묻는 질문에 왕복 티켓(round-trip ticket)이라는 대답은 논리에 맞지 않다.
(B) **정답:** 소프트웨어 출시가 연기된 이유를 묻는 질문에 해결할 문제가 아직 몇 가지 있다(a few issues to resolve)며 관련 상황을 설명하고 있으므로 정답이다.
(C) **관련 없는 오답:** 기간을 묻는 How long 의문문에 적합한 대답이다.

5 W-Am Why is the train so late?
   M-Cn (A) For about an hour.
      (B) A ride to the station.
      (C) Should we take a bus instead?

열차가 왜 이렇게 늦을까요?
(A) 약 1시간 동안이에요.
(B) 역까지 타고 가요.
(C) 대신 버스를 타야 할까요?

어휘 ride (탈것에) 타고 가기, 타기 take a bus 버스를 타다 instead 대신에

해설 **열차 지연 이유를 묻는 Why 의문문**
(A) **관련 없는 오답:** 기간을 묻는 How long 의문문에 적합한 대답이므로 오답이다.
(B) **연상 어휘 오답:** 질문의 train에서 연상 가능한 station을 이용한 오답이다.
(C) **정답:** 열차가 늦는 이유를 묻는 질문을 불평으로 받아들여 기차 대신 버스를 탈 지(Should we take a bus instead?) 대안을 제시하고 있으므로 가장 적절한 응답이다.

6 W-Br Why isn't Ms. Smith in her office?
   W-Am (A) Take the stairs to your left.
      (B) I think it was changed to three o'clock.
      (C) All the managers are at a staff meeting.

왜 스미스 씨가 사무실에 없지요?
(A) 왼쪽에 있는 계단을 이용하세요.
(B) 제 생각엔 3시로 변경된 것 같아요.
(C) 관리자들이 모두 직원회의에 참석하고 있어요.

어휘 take the stairs 계단을 이용하다 staff meeting 직원회의

해설 **사무실에 없는 이유를 묻는 Why 의문문**
(A) **연상 어휘 오답:** 질문의 office에서 연상 가능한 Take the stairs를 이용한 오답이다.
(B) **관련 없는 오답:** 시점을 묻는 When 의문문에 적합한 대답이므로 오답이다.
(C) **정답:** 스미스 씨가 사무실에 없는 이유를 묻는 질문에 모든 관리자들이 직원 회의에 참석하고 있다(All the managers are at a staff meeting)며 우회적으로 이유를 설명하고 있으므로 정답이다.

LISTENING PRACTICE   본책 p. 73

1 (A)	2 (C)	3 (B)	4 (C)	5 (B)	6 (C)

1 W-Am Why did they book the large conference room?
   M-Au (A) They weren't sure how many people were coming.
      (B) The books have already been ordered.
      (C) Sure, I'll reschedule it right away.

그 사람들은 왜 넓은 회의실을 예약했지요?
(A) 얼마나 많은 사람들이 올지 몰랐거든요.
(B) 그 책들은 이미 주문되었어요.
(C) 물론이죠, 일정을 바로 조정할게요.

어휘 book 예약하다 conference room 회의실 reschedule 일정을 다시 잡다 right away 당장, 바로

해설 **예약 이유를 묻는 Why 의문문**
(A) **정답:** 넓은 회의실을 예약한 이유를 묻는 질문에 얼마나 올지 몰랐다(They weren't sure how many people were coming)는 구체적인 이유를 제시하고 있으므로 정답이다.
(B) **다의어 오답:** 질문에서 book은 '예약하다'라는 의미의 동사이고, 여기에서 book은 '책'이라는 의미의 명사이다.
(C) **Yes/No 대답 불가 오답:** 이유를 묻는 Why 의문문에는 Yes의 대체 표현인 Sure로 대답할 수 없다. Why don't you ~?(~하는 게 어때요?)로 시작하는 제안을 수락할 때만 Sure로 대답할 수 있다.

Possible Answers

More people **registered for it than expected**.
예상보다 더 많은 사람들이 등록했대요.
That was **the only place available**.
이용할 수 있는 장소가 그곳밖에 없었대요.

2 M-Au How did you like the new French restaurant?
   W-Am (A) Take a right at this corner.
      (B) About three times a month.
      (C) I'll be going next weekend, actually.

새로 생긴 프랑스 식당 어땠어요?
(A) 이번 모퉁이에서 우회전하세요.
(B) 한 달에 세 번 정도요.
(C) 실은 다음 주말에 가요.

어휘 take a right 우회전하다 actually 실은

해설 **의견을 묻는 How 의문문**
(A) **관련 없는 오답:** 가는 방법을 묻는 How 의문문에 적합한 대답이다.
(B) **관련 없는 오답:** 빈도를 묻는 How often 의문문에 적합한 대답이다.
(C) **정답:** 새로 생긴 식당에 대한 의견을 묻는 질문에 다음 주에 갈 예정(I'll be going next weekend)이라고 대답해 지금은 의견을 말할 수 없는 이유를 밝히고 있으므로 가장 적절한 응답이다.

Possible Answers

I **loved their food**. 음식이 너무 마음에 들었어요.
It **was too crowded**. 너무 붐볐어요.

3 M-Cn Why is the restaurant closing early tonight?
   W-Am (A) No, thanks. I already ate.
      (B) There's a private event.
      (C) At ten o'clock on weekdays.

왜 식당이 오늘 일찍 문을 닫나요?
(A) 고맙지만 됐어요. 이미 먹었습니다.
(B) 비공개 행사가 있어요.
(C) 주중에는 10시에요.

어휘 **private** 비공개의, 사적인 **weekday** 주중

해설 **일찍 닫는 이유를 묻는 Why 의문문**
(A) **Yes/No 대답 불가 오답:** 정보를 묻는 의문사 의문문에는 Yes/No로 대답할 수 없다.
(B) **정답:** 식당이 일찍 문 닫는 이유를 묻는 질문에 비공개 행사(private event)가 있다며 그 이유를 설명해주고 있으므로 정답이다.
(C) **연상 어휘 오답:** 질문의 시간 관련 표현(early, tonight)에서 연상될 수 있는 ten o'clock을 사용한 오답이다.

Possible Answers
Because **we've run out of ingredients**.
재료가 소진되었기 때문이에요.
To **allow the staff to clean up** the kitchen.
직원들이 주방을 청소할 수 있게 하려고요.

4 W-Am How many people are coming to the awards banquet?
W-Br (A) Many delicious dishes.
(B) No, I haven't seen them.
(C) About a hundred.

시상식 연회에 몇 명이 올 예정인가요?
(A) 수많은 맛있는 요리들이요.
(B) 아니요, 저는 그들을 본 적이 없어요.
(C) 약 100명이요.

어휘 **award** 상 **banquet** 연회 **dish** 요리

해설 **참석 인원수를 묻는 How many 의문문**
(A) **단어 반복 오답:** 질문의 형용사 many를 그대로 사용한 오답이다.
(B) **Yes/No 대답 불가 오답:** 정보를 묻는 의문사 의문문에는 Yes/No로 대답할 수 없다.
(C) **정답:** 연회 참석 인원수를 묻는 질문에 약 100명(a hundred)이라며 숫자로 답하고 있으므로 정답이다.

Possible Answers
Oliver **might know the exact number**.
올리버가 정확한 숫자를 알 거예요.
Here's **the list of attendees**.
여기 참석자 명단 보세요.

5 M-Cn Why's the showroom floor being rearranged?
W-Am (A) I'll arrange transportation.
(B) To display the new merchandise.
(C) It's on the sixth floor.

왜 전시장이 재배열되고 있습니까?
(A) 제가 교통편을 준비할게요.
(B) **신상품을 진열하려고요.**
(C) 그것은 6층에 있어요.

어휘 **showroom floor** 전시장 **rearrange** 재배열하다

해설 **변경 이유를 묻는 Why 의문문**
(A) **유사 발음 오답:** 질문의 rearrange와 부분적으로 발음이 동일한 arrange를 이용한 오답이다.
(B) **정답:** 전시실이 재배열되는 이유를 묻는 질문에 신상품을 진열하기 위해서(To display the new merchandise)라는 구체적인 목적을 제시하고 있으므로 정답이다.
(C) **단어 반복 오답:** 질문의 floor를 반복 이용한 오답이다.

Possible Answers
To **make room for** the new products.
신제품 둘 공간을 마련하기 위해서요.
Didn't the manager **tell you about it**?
점장님이 말씀해 주시지 않았나요?

6 M-Cn How often does this store have a sale?
M-Au (A) The bus comes every ten minutes.
(B) I learned to sail during the summer.
(C) Generally, once a month.

이 상점은 얼마나 자주 할인 행사를 하나요?
(A) 그 버스는 10분마다 와요.
(B) 여름 동안 항해술을 익혔어요.
(C) **보통 한 달에 한 번 해요.**

어휘 **every ~ minutes** ~분마다 **sail** 항해하다 **generally** 보통, 대개 **once** 한 번

해설 **행사 빈도를 묻는 How often 의문문**
(A) **연상 어휘 오답:** 질문의 How often에서 연상 가능한 표현인 every 10 minutes를 이용한 오답이다.
(B) **유사 발음 오답:** 질문의 sale과 발음이 유사한 sail을 이용한 오답이다.
(C) **정답:** 상점의 할인 행사 빈도를 묻는 질문에 한 달에 한 번(once a month)이라고 구체적인 횟수를 제시하고 있으므로 정답이다.

Possible Answers
I **don't work here**. 저 여기서 근무하지 않는데요.
Let me ask the manager. 점장님께 여쭤볼게요.

ETS TEST 본책 p. 74

1 (A)	2 (C)	3 (C)	4 (C)	5 (B)
6 (A)	7 (C)	8 (A)	9 (C)	10 (C)
11 (A)	12 (C)	13 (A)	14 (C)	15 (B)
16 (C)	17 (A)	18 (B)	19 (C)	20 (A)
21 (A)	22 (C)	23 (A)	24 (B)	25 (C)

1 M-Cn How has the building design been modified?
W-Br (A) Just as you suggested.
(B) She's an excellent designer.
(C) I will notify them on Tuesday.

건물 설계가 어떻게 수정됐나요?

(A) 제안하신 대로요.

(B) 그녀는 훌륭한 디자이너예요.

(C) 화요일에 그들에게 알릴게요.

어휘 modify 수정하다, 변경하다 suggest 제안하다 notify 알리다

해설 **수정 방식을 묻는 How 의문문**

(A) **정답:** 건물 설계가 어떻게 수정됐는지 묻는 질문에 상대방이 제안한 대로(Just as you suggested) 되었다고 답하고 있으므로 가장 적절한 응답이다.

(B) **파생어 오답 및 인칭 오류 오답:** 질문의 design과 파생어 관계인 designer을 이용한 오답으로, 질문에 She가 가리킬만한 대상도 없다.

(C) **유사 발음 오답 및 인칭 오류 오답:** 질문의 modified와 부분적으로 발음이 유사한 notify를 이용한 오답으로, 질문에 them이 가리킬만한 대상도 없다.

2 M-Cn Why am I getting two copies of this document?

M-Au (A) No, this is enough coffee for me.

(B) By tomorrow morning.

(C) Because you need one for your files.

이 문서 사본을 왜 2부 주시는 건가요?

(A) 아니요. 이 커피면 저에게 충분해요.

(B) 내일 아침까지요.

(C) **파일용으로 한 부 필요할 테니까요.**

어휘 document 서류, 문서

해설 **사본이 2부인 이유를 묻는 Why 의문문**

(A) **Yes/No 대답 불가 오답 및 유사 발음 오답:** 정보를 묻는 의문사 의문문에는 Yes/No로 대답할 수 없다. 질문의 copies와 발음이 유사한 coffee를 이용한 오답이다.

(B) **관련 없는 오답:** 시점을 묻는 When 의문문에 적합한 대답이다.

(C) **정답:** 사본을 2부 주는 이유를 묻는 질문에 파일용으로 한 부 필요하기 때문(Because you need one for your files)이라며 구체적인 이유를 밝히고 있으므로 정답이다.

3 M-Cn How do you like your new office, Sheila?

W-Br (A) About a thousand dollars a month.

(B) That bookshelf right there.

(C) It's too close to the break room.

새 사무실은 어때요, 쉴라?

(A) 한 달에 천 달러 정도요.

(B) 바로 저기 있는 책장이요.

(C) **휴게실과 너무 가까워요.**

어휘 bookshelf 책장 break room 휴게실

해설 **의견을 묻는 How 의문문**

(A) **관련 없는 오답:** 사무실의 임대료를 묻는 How much 의문문에 적합한 대답이다.

(B) **연상 어휘 오답:** 질문의 office에서 연상 가능한 bookshelf를 이용한 오답이다.

(C) **정답:** 새 사무실에 대한 의견을 묻는 질문에 휴게실과 너무 가깝다(It's too close to the break room)며 우회적으로 부정적인 의견을 밝히고 있으므로 가장 적절한 응답이다.

4 W-Br Why are all these photographs stored in plastic containers?

W-Am (A) Probably not.

(B) That's a good picture.

(C) To protect them.

왜 이 사진들이 전부 플라스틱 용기에 보관되어 있나요?

(A) 아마 아닐 거예요.

(B) 좋은 사진이네요.

(C) **그것들을 보호하려고요.**

어휘 store 저장하다, 보관하다 container 용기 protect 보호하다

해설 **사진이 용기에 들어 있는 이유를 묻는 Why 의문문**

(A) **관련 없는 오답:** 이유를 묻는 질문에 아닌 것 같다(Probably not)라고 답하는 것은 어색하다.

(B) **연상 어휘 오답:** 질문의 photographs에서 연상 가능한 picture를 이용한 오답이다.

(C) **정답:** 사진들이 용기에 들어 있는 이유를 묻는 질문에 보호하기 위해서(To protect them)라는 구체적인 목적을 제시하고 있으므로 정답이다.

5 W-Am How often do you upgrade our computer software?

M-Cn (A) At a much larger warehouse.

(B) Whenever another version is released.

(C) The technology division.

컴퓨터 소프트웨어를 얼마나 자주 업그레이드하세요?

(A) 훨씬 더 큰 창고에서요.

(B) **다른 버전이 출시될 때마다요.**

(C) 기술 분과요.

어휘 warehouse 창고 release 출시하다, 발표하다 division 분과, 국

해설 **업그레이드 빈도를 묻는 How often 의문문**

(A) **유사 발음 오답:** 질문의 software와 부분적으로 발음이 유사한 warehouse를 이용한 오답으로, 장소를 묻는 Where 의문문에 적합한 대답이다.

(B) **정답:** 컴퓨터 소프트웨어의 업그레이드 빈도를 묻는 질문에 다른 버전이 출시될 때마다(Whenever another version is released)라며 구체적인 기준을 제시하고 있으므로 정답이다.

(C) **연상 어휘 오답:** 질문의 computer software에서 연상 가능한 technology를 이용한 오답이다.

6 W-Br Why did you come to the office early today?

M-Au (A) Because I had to finish a report.

(B) Usually at eight-thirty in the morning.

(C) I'm sorry, but I can't.

오늘 왜 일찍 사무실에 나오셨나요?
(A) 보고서를 마무리해야 했어요.
(B) 보통 아침 8시 30분예요.
(C) 죄송하지만 못하겠어요.

어휘 finish 완성하다 usually 보통

해설 일찍 출근한 이유를 묻는 Why 의문문
(A) 정답: 일찍 출근한 이유를 묻는 질문에 보고서를 마무리해야 했다(Because I had to finish a report)는 구체적인 이유를 제시하고 있으므로 정답이다.
(B) 관련 없는 오답: 평상시의 출근 시간을 묻는 When 의문문에 적합한 대답이므로 오답이다.
(C) 관련 없는 오답: 부탁·요청문에 적합한 대답이다.

7 W-Br How did you come up with the idea for the poster?
M-Au (A) On my ID card.
(B) No problem, I'll do it.
(C) It was a group effort.

그 포스터에 관한 아이디어는 어떻게 떠올린 건가요?
(A) 제 신분증에서요.
(B) 문제 없죠, 제가 할게요.
(C) 단체로 같이 한 결과예요.

어휘 come up with an idea 생각이 떠오르다 effort 노력, (노력의) 결과, 결실

해설 아이디어를 어떻게 떠올렸는지 묻는 How 의문문 (칭찬)
(A) 유사 발음 오답: 질문의 idea와 발음이 유사한 ID를 이용한 오답이다.
(B) 관련 없는 오답: 부탁·요청문에 적합한 대답이다.
(C) 정답: 포스터에 관한 아이디어를 어떻게 떠올린 건지 묻는 질문에 단체로 한 결과(It was a group effort)라고 겸손을 표하며 혼자 한 일이 아니라는 것을 드러내고 있으므로 가장 적절한 응답이다.

8 M-Cn Why is the contractor coming in tomorrow?
W-Br (A) I thought you asked him to come.
(B) You have to initial every page.
(C) At least three weeks.

내일 도급업자가 왜 오는 건가요?
(A) 당신이 그에게 오라고 부탁한 줄 알았어요.
(B) 모든 페이지에 성함의 첫 글자를 쓰셔야 해요.
(C) 적어도 3주요.

어휘 contractor 도급업자, 계약자 initial ~에 성명의 첫 글자를 쓰다 at least 적어도

해설 계약자가 오는 이유를 묻는 Why 의문문
(A) 정답: 내일 도급업자가 오는 이유를 묻는 질문에 상대방이 오라고 부탁한 줄 알았다며 자신이 오해했던 부분을 드러내고 있으므로 가장 적절한 응답이다.
(B) 연상 어휘 오답: 질문의 contractor를 contract(계약서)로 잘못 들었을 경우 서명하는 상황에서 연상 가능한 initial every page를 이용한 오답이다.

(C) 관련 없는 오답: 기간을 묻는 How long 의문문에 적합한 대답이다.

9 M-Au How long will it take to process my vacation request form?
W-Br (A) The reservation is under my name.
(B) It started raining before noon.
(C) About a week.

제 휴가 요청서를 처리하는 데 얼마나 걸릴까요?
(A) 제 이름으로 예약되어 있어요.
(B) 정오 전에 비가 오기 시작했어요.
(C) 대략 일주일이요.

어휘 process 처리하다 request 요청 reservation 예약

해설 처리 기간을 묻는 How long 의문문
(A) 연상 어휘 오답: 질문의 vacation에서 연상 가능한 reservation을 이용한 오답이다.
(B) 관련 없는 오답: 비가 오기 시작한 시점을 묻는 When 의문문에 적합한 대답이다.
(C) 정답: 휴가 요청서 처리 기간을 묻는 질문에 대략 일주일(About a week)이라며 구체적인 기간을 제시하고 있으므로 정답이다.

10 W-Br Why isn't the vegetable soup on your lunch menu today?
M-Au (A) It suits you well.
(B) The same amount of water.
(C) We're offering French onion soup.

오늘은 왜 채소 수프가 점심 메뉴에 없나요?
(A) 잘 어울려요.
(B) 같은 양의 물요.
(C) 프랑스식 양파 수프를 제공하고 있어요.

어휘 vegetable soup 채소 수프 suit 어울리다 amount 양

해설 메뉴에 없는 이유를 묻는 Why 의문문
(A) 유사 발음 오답: 질문의 soup과 부분적으로 발음이 유사한 suits를 이용한 오답이다.
(B) 연상 어휘 오답: 질문의 vegetable soup에서 연상 가능한 water를 이용한 오답이다.
(C) 정답: 채소 수프가 메뉴에 없는 이유를 묻는 질문에 프랑스식 양파 수프(French onion soup)가 제공되고 있음을 알리며 상대방의 오해를 정정하고 있으므로 가장 적절한 응답이다.

11 W-Br How many employees are working on the production line?
M-Cn (A) You'll have to ask the manager.
(B) There's a long wait.
(C) Several different products.

생산 라인에는 직원이 몇 명이나 근무하고 있나요?
(A) 관리자에게 물어보셔야 할 겁니다.
(B) 대기가 길어요.
(C) 몇 가지 다양한 제품이요.

어휘 **employee** 직원 **production** 생산 **several** 여러 가지의 **different** 다양한

해설 **직원 수를 묻는 How many 의문문**
(A) **정답:** 생산 라인에 근무하는 직원의 수를 묻는 질문에 관리자에게 물어봐야 한다(You'll have to ask the manager)며 우회적으로 자신은 잘 모른다는 것을 나타내고 있으므로 가장 적절한 응답이다.
(B) **연상 어휘 오답:** 질문의 line에서 연상 가능한 long을 이용한 오답이다.
(C) **파생어 오답:** 질문의 production과 파생어 관계인 products를 이용한 오답이다.

12 M-Au Why hasn't the performance started yet?
M-Cn (A) I just left it there.
(B) In thirty minutes.
(C) An actor is late.

왜 아직 공연이 시작되지 않았죠?
(A) 저는 그냥 그곳에 두었는데요.
(B) 30분 후에요.
(C) 배우가 늦네요.

어휘 **performance** 공연 **leave** 두다 **actor** 배우

해설 **공연이 시작되지 않은 이유를 묻는 Why 의문문**
(A) **관련 없는 오답:** 물건의 행방을 묻는 질문에 적합한 대답이다.
(B) **관련 없는 오답:** 시점을 묻는 When 의문문에 적합한 대답이다.
(C) **정답:** 공연이 시작되지 않은 이유를 묻는 질문에 배우 한 명이 늦는다(An actor is late)는 구체적인 이유를 제시하고 있으므로 정답이다.

13 M-Cn How much food should I buy for the company picnic?
W-Br (A) Enough for a dozen people.
(B) By the company storage room.
(C) The park on Maplewood Avenue.

회사 야유회를 위해 음식을 얼마나 사야 할까요?
(A) 12인분으로 충분할 만큼요.
(B) 회사 창고 옆이요.
(C) 메이플우드 가에 있는 공원요.

어휘 **dozen** 12명의 **storage** 저장, 보관 **avenue** 가, 거리

해설 **음식 구매량을 묻는 How much 의문문**
(A) **정답:** 음식 구매량을 묻는 질문에 12인분으로 충분할 만큼(Enough for a dozen people)이라며 구매 시 참고할 인원수를 제시하고 있으므로 가장 적절한 응답이다.
(B) **단어 반복 오답:** 질문의 company를 반복 이용한 오답으로, 위치를 묻는 Where 의문문에 적합한 대답이다.
(C) **연상 어휘 오답:** 질문의 picnic에서 연상 가능한 park를 이용한 오답으로, 회사 야유회 장소를 묻는 Where 의문문에 적합한 대답이다.

14 W-Br Why are we changing the vendor for our office supplies?
W-Am (A) No, put that in the other cabinet.
(B) Here, let me print that for you.
(C) Mr. Park is in charge of that.

왜 우리 사무용품 판매업자를 바꾸려는 건가요?
(A) 아뇨, 다른 캐비닛에 넣어 두세요.
(B) 자, 제가 출력해 드릴게요.
(C) 그 일은 박 씨가 담당이에요.

어휘 **vendor** 판매업자 **office supplies** 사무용품 **in charge of** ~을 담당하는, 책임을 맡은

해설 **변경 이유를 묻는 Why 의문문**
(A) **Yes/No 대답 불가 오답 및 연상 어휘 오답:** 정보를 묻는 의문사 의문문에는 Yes/No로 대답할 수 없다. 질문의 office supplies에서 연상 가능한 cabinet을 이용한 오답이다.
(B) **관련 없는 오답:** 부탁·요청문에 적합한 대답이다.
(C) **정답:** 판매업자를 바꾸는 이유를 묻는 질문에 그 일은 박 씨 담당(Mr. Park is in charge of that)이라며 본인이 대답해 줄 수 없음을 나타내고 있으므로 가장 적절한 응답이다.

15 M-Au How are we going to finish the project on time?
M-Cn (A) At three o'clock.
(B) Don't worry — we're almost done.
(C) Yes, I like fish a lot.

어떻게 프로젝트를 제시간에 끝낼 수 있을까요?
(A) 3시 정각에요.
(B) 걱정 마세요. 거의 다 됐어요.
(C) 네, 저는 생선을 아주 좋아해요.

어휘 **on time** 시간을 어기지 않고

해설 **어떻게 제시간에 끝낼지 묻는 How 의문문 (걱정)**
(A) **연상 어휘 오답:** 질문의 time에서 연상 가능한 At three o'clock을 이용한 오답으로, 시간을 묻는 What time 의문문에 적합한 대답이다.
(B) **정답:** 어떻게 프로젝트를 제시간에 끝낼 수 있을지 묻는 질문에 걱정 말라(Don't worry)며 거의 다 됐다(we're almost done)고 안심시키고 있으므로 가장 적절한 응답이다.
(C) **Yes/No 대답 불가 오답:** 정보를 묻는 의문사 의문문에는 Yes/No로 대답할 수 없다.

16 W-Am Why are they looking for a new human resources manager?
M-Au (A) It's down the hall to the left.
(B) Under new management.
(C) Ms. Schultz is retiring.

그들은 왜 새 인사 관리자를 찾고 있는 거죠?
(A) 복도를 따라 왼편에 있습니다.
(B) 새 경영진 하에서요.
(C) 슐츠 씨가 퇴직해요.

어휘 look for ~를 찾다 human resources 인사과 management 경영, 경영진 retire 은퇴하다, 퇴직하다

해설 새 인사 관리자를 찾고 있는 이유
(A) 관련 없는 오답: 인사부(human resources)의 위치를 묻는 Where 의문문에 적합한 대답이다.
(B) 단어 반복 오답 및 파생어 오답: 질문의 new를 반복 사용하고, manager와 파생어 관계인 management를 이용한 오답이다. 참고로, 여기서 management는 '경영진'이라는 의미이다.
(C) 정답: 새 인사 관리자를 찾고 있는 이유를 묻는 질문에 슐츠 씨가 퇴직한다(Ms. Schultz is retiring)며 구체적인 이유를 제시하고 있으므로 정답이다.

17 M-Cn How will the construction workers get into the building?
W-Am (A) The security guard can let them in.
(B) They're renovating the fifth floor.
(C) The work will be done by Wednesday.

건설 인부들이 건물에 어떻게 들어가게 되나요?
(A) 경비원이 들여보낼 수 있어요.
(B) 그들은 5층을 개조하고 있어요.
(C) 수요일까지 작업이 끝날 거예요.

어휘 construction worker 건설 인부 security guard 경비원 let ~ in ~을 들여보내다 renovate 개조하다

해설 건물에 들어갈 방법을 묻는 How 의문문
(A) 정답: 건설 인부들이 건물에 들어갈 방법을 묻는 질문에 경비원이 들여보낼 수 있다(The security guard can let them in)며 방식을 말해주고 있으므로 정답이다.
(B) 연상 어휘 오답: 질문의 construction에서 연상 가능한 renovating을 이용한 오답이다.
(C) 연상 어휘 오답: 질문의 construction에서 연상 가능한 work will be done을 이용한 오답이다.

18 M-Cn Why aren't the party invitations ready yet?
M-Au (A) Yes, I had a great time, too!
(B) Do you want me to call the printshop?
(C) At the Rosendale Hotel.

어째서 파티 초대장이 아직 준비되지 않았죠?
(A) 네, 저도 즐거웠어요!
(B) 제가 인쇄소에 전화해 볼까요?
(C) 로젠데일 호텔에서요.

어휘 invitation 초대장 printshop 인쇄소

해설 초대장이 준비되지 않은 이유를 묻는 Why 의문문
(A) 연상 어휘 오답: 질문의 party에서 연상 가능한 great time을 이용한 오답이다.

(B) 정답: 파티 초대장이 준비되지 않은 이유를 묻는 질문에 자신이 인쇄소에 전화했으면 하는지(Do you want me to call the printshop?) 되물으며 상황을 파악하겠다고 제안하고 있으므로 가장 적절한 응답이다.
(C) 연상 어휘 오답: 질문의 party에서 연상 가능한 Hotel을 이용한 오답으로, 장소를 묻는 Where 의문문에 적합한 대답이다.

19 M-Au How much does this sweater cost?
W-Br (A) It also comes in black.
(B) Cash only.
(C) It should say on the tag.

이 스웨터는 얼마인가요?
(A) 검정색도 있어요.
(B) 현금만 돼요.
(C) 가격표에 적혀 있을 거예요.

어휘 cost 비용이 들다 cash 현금

해설 가격을 묻는 How much 의문문
(A) 연상 어휘 오답: 질문의 sweater에서 연상 가능한 색상(black)을 이용한 오답이다.
(B) 관련 없는 오답: 상점이나 음식점에서 지불 방법을 묻는 How 의문문에 적합한 대답이다.
(C) 정답: 가격을 묻는 질문에 가격표에 적혀 있다(It should say on the tag)는 말로 정보가 있는 위치를 알려주고 있으므로 가장 적절한 응답이다.

20 M-Au Why is the light on the coffeemaker blinking?
W-Am (A) Maybe it needs to be cleaned.
(B) Thank you, but I've had enough.
(C) It is a bit dark in here.

커피메이커 불이 왜 깜빡이는 거죠?
(A) 세척되어야 하나 봐요.
(B) 감사합니다만 충분히 먹었어요.
(C) 여기는 좀 어둡네요.

어휘 blink 깜빡이다

해설 불이 깜빡이는 이유를 묻는 Why 의문문
(A) 정답: 커피메이커 불이 깜빡이는 이유를 묻는 질문에 세척되어야 할 것 같다(Maybe it needs to be cleaned)며 자신이 추측하는 문제의 원인을 밝히고 있으므로 가장 적절한 응답이다.
(B) 연상 어휘 오답: 질문의 coffeemaker에서 연상 가능한 I've had enough를 이용한 오답으로, 제안문에 적합한 대답이다.
(C) 연상 어휘 오답: 질문의 light와 blinking에서 연상 가능한 dark를 이용한 오답이다.

21 M-Au How should I pay the deposit on the rental car?
M-Cn (A) Do you have a credit card?
(B) It's less expensive than that.
(C) Yes, there's plenty of space.

렌터카 보증금은 어떻게 내야 하나요?
(A) 신용카드 있으세요?
(B) 저것보다는 싸요.
(C) 네, 충분한 공간이 있어요.

어휘 deposit 보증금 plenty of 많은, 충분한

해설 **지불 방법을 묻는 How 의문문**
(A) **정답:** 보증금 지불 방법을 묻는 질문에 신용카드가 있는지 (Do you have a credit card?) 되물어 지불 방법을 우회적으로 언급하고 있으므로 가장 적절한 응답이다.
(B) **연상 어휘 오답:** 질문의 pay에서 연상 가능한 less expensive를 이용한 오답이다.
(C) **Yes/No 대답 불가 오답:** 정보를 묻는 의문사 의문문에는 Yes/No로 대답할 수 없다.

22 W-Am Why was this afternoon's training session postponed?
M-Cn (A) About safety equipment.
(B) Earlier this morning.
(C) The instructor is sick.

오늘 오후 교육 시간이 왜 연기됐나요?
(A) 안전 장비에 대해서요.
(B) 아까 아침에요.
(C) 강사가 아파요.

어휘 postpone 미루다, 연기하다 equipment 장비
instructor 강사

해설 **연기 이유를 묻는 Why 의문문**
(A) **관련 없는 오답:** 교육의 주제를 묻는 What 의문문에 적합한 대답이다.
(B) **연상 어휘 오답:** 질문의 this afternoon에서 연상 가능한 this morning을 이용한 오답으로, 시점을 묻는 When 의문문에 적합한 대답이다.
(C) **정답:** 오늘 오후 교육 수업이 연기된 이유를 묻는 질문에 강사가 아프다(The instructor is sick)며 구체적인 이유를 밝히고 있으므로 정답이다.

23 M-Au How can I reserve one of the library's meeting rooms?
W-Am (A) Let me get the librarian to help you with that.
(B) They usually meet from three to four P.M.
(C) That book's already checked out.

도서관 회의실 중 한 곳을 어떻게 예약할 수 있죠?
(A) 제가 사서한테 그 일을 도와 주라고 할게요.
(B) 그들은 보통 3시에서 4시까지 모입니다.
(C) 그 책은 벌써 대출이 되었습니다.

어휘 reserve 예약하다 meeting room 회의실
librarian 사서 check out (도서관에서 책을) 빌리다

해설 **예약 방법을 묻는 How 의문문**
(A) **정답:** 도서관 회의실 예약 방법을 묻는 질문에 사서가 도와주도록 하겠다(get the librarian to help you with that)며 해결책을 제시했으므로 정답이다.
(B) **파생어 오답:** 질문의 meeting과 파생어 관계에 있는 meet를 이용한 오답이다.
(C) **연상 작용 오답:** 질문의 library에서 연상 가능한 book과 checked out을 이용한 오답이다.

24 M-Cn Why are you working the night shift at the hospital?
M-Au (A) Twenty nurses and five doctors.
(B) Didn't you hear about the schedule change?
(C) Yes, in the patient-admissions unit.

왜 병원 야간 근무를 하고 계세요?
(A) 간호사 20명과 의사 5명요.
(B) 시간표 변경에 대해 못 들으셨어요?
(C) 네, 환자 입원과에서요.

어휘 night shift 야간 근무 admission (승인을 받고) 들어감, 입원

해설 **야간 근무를 하는 이유를 묻는 Why 의문문**
(A) **연상 어휘 오답:** 질문의 hospital에서 연상 가능한 nurses와 doctors를 이용한 오답이다.
(B) **정답:** 야간 근무를 하는 이유를 묻는 질문에 시간표 변경에 대해 못 들었는지(Didn't you hear about the schedule change?) 반문하며 근무 시간이 변경되었음을 밝히고 있으므로 가장 적절한 응답이다.
(C) **Yes/No 대답 불가 오답 및 연상 어휘 오답:** 정보를 묻는 의문사 의문문에는 Yes/No로 대답할 수 없다. 질문의 hospital에서 연상 가능한 patient-admissions unit을 이용한 오답이다.

25 W-Am How soon will I receive a response regarding my job application?
M-Cn (A) No, it's earlier in the day.
(B) Your log-in information.
(C) We'll call you next week.

입사지원서에 관한 답변을 언제쯤 받게 될까요?
(A) 아뇨, 그날 더 이른 시간에요.
(B) 당신의 로그인 정보예요.
(C) 저희가 다음 주에 전화할 겁니다.

어휘 receive a response 응답을 받다 regarding ~에 관해 job application 입사지원서

해설 **답변 시점을 묻는 How soon 의문문**
(A) **Yes/No 대답 불가 오답:** 정보를 묻는 의문사 의문문에는 Yes/No로 대답할 수 없다.
(B) **관련 없는 오답:** What 의문문에 적합한 대답이다.
(C) **정답:** 입사지원서에 답변 받을 시점을 묻는 질문에 다음 주 (next week)라며 알려주고 있으므로 정답이다.

비의문사 의문문

❼ Be동사 의문문

ETS CHECK-UP
본책 p. 76

1 (C) **2** (B) **3** (B) **4** (C) **5** (B) **6** (A)

1 W-Br Is this the latest copy of your newsletter?
M-Au (A) Every two months.
(B) No, they were on time.
(C) Yes, it is.

이것이 귀사의 최신 소식지인가요?
(A) 두 달에 한 번이에요.
(B) 아뇨, 그들은 제시간에 왔어요.
(C) 네, 맞습니다.

어휘 latest 최신의, 최근의 on time 제시간에, 정각에

해설 **사실을 확인하는 Be동사 의문문**
(A) **관련 없는 오답:** 소식지의 발간 빈도를 묻는 How often 의문문에 적합한 대답이다.
(B) **인칭 오류 오답:** 질문에 they가 가리킬만한 대상이 없다.
(C) **정답:** 최신 소식지가 맞는지 확인하는 질문에 그렇다(Yes, it is)며 긍정하고 있으므로 정답이다.

2 M-Am Are there any tickets available for today's show?
W-Br (A) Careful—it's very valuable.
(B) Sorry, they're all sold out.
(C) May I see your ticket, sir?

오늘 공연 티켓이 남아 있나요?
(A) 조심해요, 그거 아주 값비싼 거예요.
(B) 죄송하지만 전부 매진됐습니다.
(C) 고객님, 티켓 좀 보여 주시겠습니까?

어휘 available 구할 수 있는 valuable 귀중한, 값비싼
sold out 매진된

해설 **존재 유무를 확인하는 Be동사 의문문**
(A) **유사 발음 오답:** 질문의 available과 부분적으로 발음이 유사한 valuable을 이용한 오답이다.
(B) **정답:** 공연 티켓이 남아 있는지 묻는 질문에 매진되었다(they're all sold out)고 대답하고 있으므로 정답이다.
(C) **단어 반복 오답:** 질문의 ticket을 반복 이용한 오답이다.

3 M-Cn Are you ready to go to lunch?
W-Br (A) I baked it for about fifteen minutes.
(B) I just found out I have a conference call.
(C) The special is six ninety-five.

점심 먹으러 가실 준비가 됐나요?
(A) 약 15분 동안 구웠어요.
(B) 전화회의가 있다는 걸 방금 알았어요.
(C) 특별 메뉴가 6달러 95센트예요.

어휘 bake 굽다 find out ~을 발견하다 conference call 전화회의 special 특별 메뉴

해설 **상황을 확인하는 Be동사 의문문**
(A) **관련 없는 오답:** 기간이나 방법을 묻는 질문에 적합한 대답이다.
(B) **정답:** 점심 먹으러 나갈 준비가 됐는지 묻는 질문에 전화회의가 있다(I have a conference call)는 걸 방금 알았다고 대답하여 우회적으로 나갈 상황이 아님을 밝히고 있으므로 정답이다.
(C) **연상 어휘 오답:** 질문의 lunch에서 연상 가능한 special을 이용한 오답이다.

4 W-Br Are you still working on the final budget?
M-Au (A) The decision was final.
(B) I usually start work at nine.
(C) I'm not, but Janet is.

아직 최종 예산안 작업을 하고 계신가요?
(A) 최종 결정이었어요.
(B) 보통 9시에 일을 시작해요.
(C) 저는 아니고 재닛 씨가 하고 있어요.

어휘 budget 예산 decision 결정, 결심

해설 **행위를 확인하는 Be동사 의문문**
(A) **단어 반복 오답:** 질문의 final을 반복 이용한 오답이다.
(B) **다의어 오답:** 질문의 work는 '작업하다'라는 뜻의 동사지만 여기서는 '업무'라는 의미의 명사이다.
(C) **정답:** 아직도 작업 중인지 확인하는 질문에 본인은 아니지만 다른 사람이 하고 있다(Janet is)며 진행 상황을 알려주고 있으므로 가장 적절한 응답이다.

5 W-Am Is the new computer software as hard to use as it looks?
W-Br (A) I don't know when we got it.
(B) It's similar to the previous version.
(C) Your report looked fine to me.

새로 나온 컴퓨터 소프트웨어가 보기만큼 사용하기 힘든가요?
(A) 언제 구입했는지 나도 몰라요.
(B) 이전 버전과 비슷해요.
(C) 당신의 보고서는 훌륭해 보였어요.

어휘 similar to ~와 비슷한 previous 예전의 report 보고서 look fine 좋아[훌륭해] 보이다

해설 **사실을 확인하는 Be동사 의문문**
(A) **관련 없는 오답:** 소프트웨어가 사용하기 어려운지 확인하는 질문에 구입 시기를 모른다(I don't know when we got it)고 답하는 것은 맥락에 맞지 않다.
(B) **정답:** 새로 나온 컴퓨터 소프트웨어가 사용하기 어려운지 묻는 질문에 이전 버전과 비슷하다(similar to the previous version)며 비교 대상을 제시하고 있으므로 가장 적절한 응답이다.

(C) **단어 반복 오답:** 질문에 언급된 looks의 과거형인 looked를 이용한 오답이다.

6 W-Am Are you going to apply for the research position?
   W-Br (A) I thought the deadline passed.
   (B) It's on the top shelf.
   (C) No, I'm going there later.

그 연구직에 지원할 건가요?
   (A) 마감일이 지났다고 생각했어요.
   (B) 그것은 꼭대기 선반에 있어요.
   (C) 아뇨, 나중에 그리로 갈 거예요.

어휘 apply for ~에 지원하다   research position 연구직   deadline 마감시한   top shelf 꼭대기에 있는 선반

해설 **계획을 확인하는 Be동사 의문문**
(A) **정답:** 연구직에 지원할 예정인지를 묻는 질문에 마감일이 지난 줄 알았다(I thought the deadline passed)며 지원이 불가능한 줄 알고 계획을 세우지 않았다는 것을 드러내고 있으므로 가장 적절한 응답이다.
(B) **연상 어휘 오답:** 질문의 position을 위치로 이해했을 경우 연상 가능한 top shelf를 이용한 오답이다.
(C) **단어 반복 오답:** 질문에 언급된 going을 반복 이용한 오답이다.

❽ 부정 의문문

ETS CHECK-UP   본책 p. 77

1 (C)	2 (A)	3 (B)	4 (C)	5 (B)	6 (B)

1 M-Au Aren't you transferring to our Vancouver branch?
   W-Am (A) It's a guided tour.
   (B) A bank account transfer.
   (C) No, I'm staying at this location.

밴쿠버 지사로 전근 가시지 않나요?
   (A) 가이드가 동행하는 투어입니다.
   (B) 계좌 이체요.
   (C) 아니요. 이 지점에 계속 머무르는데요.

어휘 transfer 이동하다, 전근 가다   account transfer 계좌 이체   location 장소, 곳, 지점

해설 **사실을 확인하는 부정 의문문**
(A) **연상 어휘 오답:** 질문의 Vancouver에서 연상 가능한 guided tour를 이용한 오답이다.
(B) **파생어 오답 및 다의어 오답:** 질문의 transferring과 파생어 관계인 transfer를 이용한 오답으로, 질문에서 transferring은 '전근 가는'이라는 의미의 현재분사이지만 보기의 transfer는 '이체'라는 의미의 명사이다.
(C) **정답:** 밴쿠버 지사로 전근 가는지 여부를 확인하는 질문에 No라고 부정한 후, 이곳에 계속 있을 것(I'm staying at this location)이라고 덧붙이고 있으므로 정답이다.

2 W-Br Don't you offer free shipping for online purchases?
   W-Am (A) Yes, but only on orders over thirty dollars.
   (B) An address and phone number too.
   (C) Yes, please do.

온라인 구매 시 무료 배송을 제공하지 않나요?
   (A) 네. 단, 30달러 이상 주문 건만요.
   (B) 주소와 전화번호도요.
   (C) 네, 그러세요.

어휘 offer 제공하다   purchase 구매   order 주문

해설 **사실을 확인하는 부정 의문문**
(A) **정답:** 온라인 구매 시 무료 배송 제공 여부를 확인하는 질문에 Yes라고 긍정한 후, 30달러 이상 주문 건만(only on orders over thirty dollars) 해당된다며 조건을 덧붙이고 있으므로 정답이다.
(B) **연상 어휘 오답:** 질문의 shipping에서 연상 가능한 An address and phone number를 이용한 오답이다.
(C) **인칭 오류 오답:** 무료 배송 제공 여부를 확인하는 질문에 그렇게 하라(please do)며 상대방(you)에게 지시하는 응답은 맥락에 맞지 않다. Yes/No로 시작하는 보기는 끝까지 주의깊게 들어야 한다.

3 W-Am Won't the show be over by the time we get there?
   W-Br (A) Yes, they're there.
   (B) It doesn't start till three.
   (C) Anything under fifty dollars.

우리가 도착할 때쯤이면 쇼는 끝나지 않을까요?
   (A) 네, 그들은 거기 있어요.
   (B) 3시가 되어야 시작해요.
   (C) 50달러 이하면 아무거나 좋습니다.

어휘 over 끝나서, 지나서   get 도착하다

해설 **상황을 추측하는 부정 의문문 (걱정)**
(A) **단어 반복 오답:** 질문에 언급된 there를 반복 이용한 오답이다.
(B) **정답:** 도착할 때쯤 쇼가 끝날 것 같다는 추측성 질문에 3시가 되어야 시작한다(It doesn't start till three)고 말함으로써 그렇지 않을 테니 걱정 말라는 의도를 나타내고 있으므로 가장 적절한 응답이다.
(C) **연상 어휘 오답:** 질문의 over에서 연상 가능한 under를 이용한 오답이다.

4 M-Cn Haven't we received the architect's plan yet?
   W-Am (A) Ship it today.
   (B) We definitely are.
   (C) I'll check with Mary.

건축가의 설계도를 아직 받지 못했나요?
   (A) 오늘 발송하세요.
   (B) 우린 분명히 그래요.
   (C) 메리에게 확인해 볼게요.

어휘 receive 받다 architect 건축가 plan 설계도
ship 발송하다 definitely 분명히

해설 **완료 상태를 확인하는 부정 의문문**
(A) **연상 어휘 오답:** 질문의 receive에서 연상 가능한 ship을 이용한 오답이다.
(B) **단어 반복 오답:** 질문의 we를 반복 이용한 오답이다. 완료 상태를 확인하는 질문이므로 be동사(are)로 답할 수 없다.
(C) **정답:** 설계도 수령 여부를 묻는 질문에 메리에게 확인해 보겠다(I'll check with Mary)며 본인은 모른다는 것을 드러내고 있으므로 가장 적절한 응답이다.

5 M-Au Shouldn't we put safety goggles on now?
　　 M-Cn (A) I think we're going next week.
　　　　　 (B) That's a good idea.
　　　　　 (C) Please put it in the safe.

　　　　 지금 보호 안경을 껴야 하지 않나요?
　　　　 (A) 우리는 다음 주에 갈 것 같아요.
　　　　 (B) 좋은 생각이네요.
　　　　 (C) 그건 금고에 넣어 두세요.

어휘 safety goggles 보호 안경 safe 금고

해설 **제안·권유의 부정 의문문**
(A) **연상 어휘 오답:** 질문의 now에서 연상 가능한 next week를 이용한 오답으로, 시점을 묻는 When 의문문에 적합한 대답이다.
(B) **정답:** 보호 안경을 껴야 하지 않냐는 제안에 좋은 생각(That's a good idea)이라며 수락하고 있으므로 정답이다.
(C) **단어 반복 오답 및 파생어 오답:** 질문의 put을 반복 사용하고, safety와 파생어 관계인 safe를 이용한 오답이다. 참고로, 보기의 safe는 '안전한'이라는 의미의 형용사가 아니라 '금고'라는 의미의 명사이다.

6 W-Am Can't you take a later flight?
　　 M-Cn (A) No thanks, it's pretty light.
　　　　　 (B) I'd miss a meeting if I did.
　　　　　 (C) It's not that long.

　　　　 좀 더 늦은 항공편을 타면 안될까요?
　　　　 (A) 아뇨, 괜찮아요. 꽤 가벼워요.
　　　　 (B) 만약 그러면 저는 회의에 참석하지 못할 거예요.
　　　　 (C) 그렇게 멀지 않아요.

어휘 flight 항공편, 비행 light 가벼운 miss 놓치다

해설 **가능성을 확인하는 부정 의문문 (제안)**
(A) **유사 발음 오답:** 질문의 flight와 부분적으로 발음이 유사한 light를 이용한 오답이다.
(B) **정답:** 항공편을 변경하면 안되냐는 제안에 그렇게 하면 회의에 참석하지 못한다(I'd miss a meeting if I did)며 우회적으로 거절을 표하고 있으므로 가장 적절한 응답이다.
(C) **연상 어휘 오답:** 질문의 flight를 '비행'으로 이해했을 경우 연상 가능한 long을 이용한 오답이다.

┌───┐
│ LISTENING **PRACTICE**   본책 p. 79 │
├───┤
│ **1** (A) **2** (C) **3** (A) **4** (C) **5** (A) **6** (C) │
└───┘

1 M-Cn Are you free to meet the new staff members today?
　　 M-Au (A) Sure, bring them by after lunch.
　　　　　 (B) A new membership card.
　　　　　 (C) It's free to the public.

　　　　 오늘 신입 사원들 만나실 시간 있으세요?
　　　　 (A) 물론이죠, 점심 후에 데리고 오세요.
　　　　 (B) 새 회원 카드요.
　　　　 (C) 대중에게 무료예요.

어휘 the public 대중, 일반인

해설 **상황을 확인하는 Be동사 의문문**
(A) **정답:** Yes의 대체 표현인 Sure로 답한 후, 점심 후에 (after lunch) 데려오라고 덧붙이고 있으므로 정답이다.
(B) **단어 반복 오답 및 파생어 오답:** 질문의 new를 반복 사용하고, member와 파생어 관계인 membership을 이용한 오답이다.
(C) **단어 반복 오답 및 다의어 오답:** 질문의 free를 다른 의미로 사용한 오답이다. 질문의 free는 '시간 여유가 있는'이라는 뜻이고 보기의 free는 '무료의'라는 뜻이다.

Possible Answers

Yes, I'll be in my office until 5 P.M.
네, 5시까지 제 사무실에 있을 거예요.
I'm afraid not—I've got a full schedule.
아니요. 일정이 꽉 찼어요.

2 M-Au Isn't the catering company supposed to start setting up at ten?
　　 W-Am (A) Approximately sixty guests.
　　　　　 (B) The retirement party was very nice.
　　　　　 (C) Yes, they'll be arriving shortly.

　　　　 출장 음식 서비스 업체가 10시에 준비를 시작하기로 되어있지 않나요?
　　　　 (A) 약 60명의 손님이요.
　　　　 (B) 그 은퇴 기념 파티는 정말 좋았어요.
　　　　 (C) 네, 곧 도착할 거예요.

어휘 catering 출장 음식 (서비스) be supposed to ~하기로 되어 있다 set up 준비하다 approximately 대략 retirement 은퇴 shortly 곧

해설 **사실을 확인하는 부정 의문문**
(A) **연상 어휘 오답:** 질문의 catering에서 연상 가능한 guests를 이용한 오답이다.
(B) **연사 어휘 오답:** 질문의 catering에서 연상 가능한 party를 이용한 오답이다.
(C) **정답:** 출장 음식 서비스 업체의 준비 시작 시간을 확인하는 질문에 그렇다(Yes)고 한 후 곧 도착할 것이라고 덧붙이고 있으므로 정답이다.

Possible Answers

No, **they're coming at 10:30**.
아니요. 그들은 10시 30분에 올 거예요.
I **don't have the schedule**.
저한테 일정표가 없어요.

3 M-Cn Are there **any seats left** in the **reserved section**?

W-Br (A) **Not for Saturday's performance**.
(B) We **provide excellent service**.
(C) He **arranged the seats** in a row.

예약석에 남은 좌석이 있나요?
(A) 토요일 공연은 없어요.
(B) 저희는 훌륭한 서비스를 제공합니다.
(C) 그는 자리를 일렬로 정리했어요.

어휘 reserved 예약된 section 구역 performance 공연 arrange 정리하다, 배열하다 row 열[줄]

해설 **존재 유무를 확인하는 Be동사 의문문**
(A) **정답:** 남은 좌석 유무를 묻는 질문에 토요일 공연은 없다 (Not for Saturday's performance)고 하며 다른 요일 공연에만 좌석이 있다는 것을 우회적으로 표현하고 있으므로 가장 적절한 응답이다.
(B) **관련 없는 오답:** 좌석 유무를 묻는 질문에 훌륭한 서비스를 제공한다는 대답은 맥락에 맞지 않는다.
(C) **단어 반복 오답:** 질문에 언급된 seats를 반복 이용한 오답이다.

Possible Answers

Yes, **there are about 10 seats available**.
네, 10석 정도 남아 있어요.
Sorry, those tickets are sold out.
죄송하지만, 표가 매진되었어요.

4 M-Cn Weren't the **office lights turned off** last night?

W-Br (A) It's **in Room 232**.
(B) Yes, I **can do that**.
(C) I'm **not sure**.

어젯밤에 사무실 전등이 꺼지지 않았나요?
(A) 232호에 있습니다.
(B) 네, 제가 할 수 있어요.
(C) 잘 모르겠어요.

어휘 turn off 끄다

해설 **사실을 확인하는 부정 의문문**
(A) **연상 어휘 오답:** 질문의 office에서 연상 가능한 Room 232를 이용한 오답이다.
(B) **관련 없는 오답:** 부탁·요청문에 적합한 대답이다.
(C) **정답:** 사무실 전등이 꺼졌는지 확인하는 질문에 잘 모르겠다(I'm not sure)고 대답하고 있으므로 가장 적절한 응답이다.

Possible Answers

Yes, I **turned them off when I left**.
네, 제가 퇴근할 때 소등했어요.

You'll **have to ask the security guard**.
경비원에게 물어봐야 할 것 같은데요.

5 M-Cn Haven't the **computer monitors arrived** yet?

M-Au (A) They're **in the storeroom**.
(B) No, I **wouldn't**.
(C) The **guests will arrive** soon.

컴퓨터 모니터가 아직 도착하지 않았나요?
(A) 창고에 있어요.
(B) 아니요, 하지 않겠습니다.
(C) 손님들이 곧 도착할 거예요.

어휘 storeroom 저장실, 창고

해설 **완료 상태를 확인하는 부정 의문문**
(A) **정답:** 모니터 도착 여부를 확인하는 질문에 창고에 있다 (They're in the storeroom)며 도착했다는 것을 우회적으로 표현하고 있으므로 가장 적절한 응답이다.
(B) **관련 없는 오답:** 그렇게 하지 않을 것(I wouldn't)이라고 가정하는 대답은 완료 상태를 확인하는 질문에 적합하지 않다.
(C) **단어 반복 오답:** 질문에 쓰인 arrived의 원형인 arrive를 이용한 오답이다.

Possible Answers

They **will be delivered later in the afternoon**.
이따가 오후에 배달될 거예요.
Let me check.
제가 확인해 볼게요.

6 M-Cn Didn't you **order some office supplies** online last week?

M-Au (A) **Sign here**, please.
(B) This **quarter's budget surplus**.
(C) The **Web site was down**.

지난주에 온라인으로 사무용품을 주문하지 않았나요?
(A) 여기에 서명해 주세요.
(B) 이번 분기의 예산 흑자요.
(C) **웹사이트가 먹통이었어요.**

어휘 order 주문하다 office supplies 사무용품 quarter 분기 budget surplus 예산 흑자

해설 **사실을 확인하는 부정 의문문**
(A) **관련 없는 오답:** 과거의 사실을 확인하는 질문에 서명해 달라는 요청은 어울리지 않는다.
(B) **유사 발음 오답:** 질문의 supplies와 부분적으로 발음이 유사한 surplus를 이용한 오답이다.
(C) **정답:** 온라인 주문 여부를 묻는 질문에 웹사이트가 먹통이었다(Web site was down)며 주문하지 못했음을 우회적으로 밝히고 있으므로 가장 적절한 응답이다.

Possible Answers

Yes, **just some stationery items**.
네, 문구류만요.
They are **in the supply cabinet**.
비품 캐비닛에 있어요.

1 (C)	2 (C)	3 (C)	4 (A)	5 (A)
6 (B)	7 (A)	8 (B)	9 (A)	10 (A)
11 (C)	12 (B)	13 (B)	14 (A)	15 (B)
16 (C)	17 (A)	18 (A)	19 (C)	20 (C)
21 (A)	22 (A)	23 (B)	24 (B)	25 (A)

1 W-Am Are you attending the grant-writing workshop in Boston?

M-Cn (A) It was well attended.
(B) He works in the shop next door.
(C) No, I went to the last one.

보스턴에서 열릴 기금 이용 신청서 작성 워크숍에 참석하세요?
(A) 출석률이 높았어요.
(B) 그는 옆 가게에서 일해요.
(C) 아니요, 지난번 거에 갔어요.

어휘 **attend** 참석하다 **grant-writing** 기금 이용 신청서 작성 **well attended** 출석률이 좋은

해설 **계획을 확인하는 Be동사 의문문**
(A) **파생어 오답:** 질문의 attending과 파생어 관계인 attended를 이용한 오답으로, 행사가 어땠냐고 묻는 질문에 적합한 대답이다.
(B) **유사 발음 오답 및 인칭 오류 오답:** 질문의 workshop과 발음이 부분적으로 유사한 works와 shop을 이용한 오답으로, 질문에 He가 가리킬 만한 대상도 없다.
(C) **정답:** 기금 이용 신청서 작성 워크숍 참석 계획을 확인하는 질문에 No라고 부정한 후, 지난번 워크숍에 갔다(I went to the last one)며 불참 예정인 이유를 덧붙이고 있으므로 정답이다.

2 W-Am Is technical support available twenty-four hours a day?

M-Au (A) To buy a new watch.
(B) I don't have questions right now.
(C) Yes, through our Web site.

하루 24시간 내내 기술 지원이 가능한가요?
(A) 시계를 새로 사려고요.
(B) 지금 당장은 질문이 없는데요.
(C) 네, 웹사이트에서요.

어휘 **technical support** 기술 지원 **available** 이용 가능한 **through** ~을 통해

해설 **사실을 확인하는 Be동사 의문문**
(A) **연상 어휘 오답:** 질문의 hours에서 연상 가능한 watch를 이용한 오답이다.
(B) **연상 어휘 오답:** 질문의 hours에서 연상 가능한 right now를 이용한 오답이다.
(C) **정답:** 24시간 기술 지원이 가능한지를 묻는 질문에 Yes라고 긍정한 뒤, 웹사이트를 통해서(through our Web site)라는 구체적인 방법을 제시하고 있으므로 정답이다.

3 M-Cn Wouldn't you rather meet in a conference room?

W-Br (A) It usually doesn't.
(B) A three o'clock meeting.
(C) It would be quieter.

회의실에서 만나지 않을래요?
(A) 보통은 그렇지 않죠.
(B) 3시 회의예요.
(C) 그게 더 조용할 거예요.

어휘 **would rather** ~하고 싶다 **conference room** 회의실 **usually** 보통 **quiet** 조용한

해설 **제안·권유의 부정 의문문**
(A) **관련 없는 오답:** 일반적인 상황을 설명하는 표현으로, It이 가리키는 대상과 doesn't가 대신하는 행위가 불분명하다.
(B) **파생어 오답:** 질문에 언급된 meet과 파생어 관계인 meeting을 이용한 오답이다.
(C) **정답:** 회의실에서 만나자는 제안에 그게 더 조용할 것 같다(It would be quieter)며 우회적으로 동의를 표하고 있으므로 가장 적절한 응답이다.

4 M-Au Don't we need to set another place at the table?

M-Cn (A) Sylvia won't be coming.
(B) I've never been to that place.
(C) Yes, it's a beautiful restaurant.

식탁에 자리를 하나 더 마련해야 하지 않아요?
(A) 실비아는 오지 않을 거예요.
(B) 저는 그곳에 가본 적이 없어요.
(C) 네, 멋진 식당이군요.

어휘 **set another place** 자리를 하나 더 마련하다

해설 **제안·권유의 부정 의문문**
(A) **정답:** 식탁에 자리를 하나 더 마련하자는 제안에 실비아가 오지 않는다(Sylvia won't be coming)며 우회적으로 그럴 필요가 없음을 나타내고 있으므로 가장 적절한 응답이다.
(B) **단어 반복 오답:** 질문의 place를 반복 이용한 오답이다.
(C) **연상 어휘 오답:** 질문의 table에서 연상 가능한 restaurant을 이용한 오답이다.

5 M-Cn Are there laundry facilities in this apartment building?

M-Au (A) Yes, on the ground floor.
(B) Would you like one or two bedrooms?
(C) That's already been washed.

이 아파트 건물에 세탁 시설이 있나요?
(A) 네, 1층에 있어요.
(B) 침실 하나를 원하세요, 아니면 두 개를 원하세요?
(C) 벌써 세탁했어요.

어휘 **laundry** 세탁(물) **facility** 시설 **ground floor** 1층

해설 **존재 유무를 확인하는 Be동사 의문문**

(A) **정답:** 세탁 시설 유무를 묻는 질문에 Yes라고 긍정한 뒤, 위치를 알려 주고 있으므로 정답이다.

(B) **연상 어휘 오답:** 질문의 apartment에서 연상 가능한 one or two bedrooms를 이용한 오답이다.

(C) **연상 어휘 오답:** 질문의 laundry에서 연상 가능한 washed를 이용한 오답이다.

6 M-Au Isn't it supposed to rain all day today?
W-Br (A) Mario was supposed to do that.
　　　(B) Then we'd better cancel the picnic.
　　　(C) Where did you get that umbrella?

오늘 하루 종일 비가 내릴 예정 아닌가요?
(A) 마리오가 하기로 되어 있었어요.
(B) 그럼 소풍을 취소하는 게 좋겠어요.
(C) 저 우산 어디서 났어요?

어휘 **be supposed to** ~하기로 되어 있다

해설 **사실을 확인하는 부정 의문문**

(A) **단어 반복 오답:** 질문의 supposed to를 반복 사용한 오답이다.

(B) **정답:** 오늘 하루 종일 비가 올 예정이 아닌지 확인하는 질문에 그럼 소풍을 취소하는 게 좋겠다(Then we'd better cancel the picnic)며 그럴 경우를 대비한 제안을 하고 있으므로 가장 적절한 응답이다.

(C) **연상 어휘 오답:** 질문의 rain에서 연상 가능한 umbrella를 이용한 오답이다.

7 M-Au Didn't you just go to the eye doctor last week?
W-Br (A) My appointment was rescheduled.
　　　(B) Certainly, go ahead.
　　　(C) We have a lost and found section.

지난주에 안과에 가지 않았나요?
(A) 제 예약 일정이 변경됐어요.
(B) 그럼요, 하세요.
(C) 분실물 보관 구역이 있습니다.

어휘 **appointment** 약속 **reschedule** 일정을 변경하다 **lost and found** 분실물 취급소

해설 **사실을 확인하는 부정 의문문**

(A) **정답:** 지난주에 안과에 가지 않았는지 확인하는 질문에 예약 일정이 변경됐다(My appointment was rescheduled)며 우회적으로 가지 않았음을 밝히고 있으므로 정답이다.

(B) **단어 반복 오답:** 질문의 go를 반복 사용한 오답이다.

(C) **관련 없는 오답:** 안과에 갔는지 확인하는 질문에 분실물 보관 구역이 있다(We have a lost and found section)는 대답은 맥락에 맞지 않는다.

8 M-Cn Hasn't the outgoing mail been picked up yet?
W-Br (A) I can give you a ride.
　　　(B) Not that I know of.
　　　(C) Usually by express mail.

발신 우편물이 아직 수거되지 않았나요?
(A) 제가 태워다 드릴게요.
(B) 제가 아는 바로는 아닙니다.
(C) 보통 빠른 우편으로 보내요.

어휘 **outgoing mail** 발신 우편물 **pick up** ~을 수거하다, 자동차로 마중 나가다 **give a ride** 태워 주다

해설 **완료 상태를 확인하는 부정 의문문**

(A) **연상 어휘 오답:** 질문의 pick up을 '자동차로 마중 나가다'로 이해했을 경우 연상 가능한 give you a ride를 이용한 오답이다.

(B) **정답:** 우편물 수거 여부를 묻는 질문에 자신이 아는 한은 아니라고 답하고 있으므로 정답이다.

(C) **단어 반복 오답:** 질문에 언급된 mail을 반복 이용한 오답이다.

9 W-Br Doesn't the movie begin at eight o'clock?
M-Cn (A) We have plenty of time to get there.
　　　(B) Yes, they moved to Singapore last year.
　　　(C) I think it was a great advertisement.

영화가 8시 정각에 시작되지 않나요?
(A) 거기 갈 시간은 넉넉해요.
(B) 네, 그들은 작년에 싱가폴로 옮겼어요.
(C) 멋진 광고였던 것 같아요.

어휘 **plenty of** 많은, 넉넉한 **advertisement** 광고

해설 **사실을 확인하는 부정 의문문 (걱정)**

(A) **정답:** 영화가 8시 정각에 시작하지 않는지 확인하는 질문에 거기 갈 시간이 넉넉하다(We have plenty of time to get there)고 말함으로써 영화에 늦지 않을테니 걱정 말라는 의도를 나타내고 있으므로 가장 적절한 응답이다.

(B) **유사 발음 오답:** 질문의 movie와 부분적으로 발음이 유사한 moved를 이용한 오답이다.

(C) **관련 없는 오답:** 영화가 8시 정각에 시작하는지 확인하는 질문에 멋진 광고였다(it was a great advertisement)는 대답은 맥락에 맞지 않으므로 오답이다.

10 W-Br Couldn't we postpone the conference until February?
M-Au (A) The hotel charges cancellation fees.
　　　(B) To the nearest post office.
　　　(C) Yes, that was a great conference.

회의를 2월까지 미룰 수 없을까요?
(A) 그 호텔은 해약금을 물려요.
(B) 가장 가까운 우체국으로요.
(C) 네, 훌륭한 회의였어요.

어휘 **postpone** 연기하다 **conference** (대규모) 회의, 대회 **charge** (요금을) 부과하다 **cancellation fees** 해약금, 취소 수수료 **post office** 우체국

해설 **가능성을 확인하는 부정 의문문 (제안)**

(A) **정답:** 회의를 2월까지 미룰 수 없는지 묻는 질문에 호텔이 해약금을 부과한다(hotel charges cancellation fees)며 우회적으로 반대하고 있으므로 정답이다.

(B) **유사 발음 오답**: 질문의 postpone과 부분적으로 발음이 유사한 post office를 이용한 오답이다.

(C) **단어 반복 오답**: 질문에 나온 conference를 반복 이용한 오답이다.

11 M-Cn   Is the auditorium on this floor?
W-Am   (A) She sent a bouquet of flowers.
　　　(B) No, I was on vacation last week.
　　　(C) The presentation is in the conference room.

강당이 이 층에 있나요?
(A) 그녀가 꽃다발을 보냈어요.
(B) 아뇨, 전 지난주에 휴가였어요.
(C) 발표는 회의실에서 해요.

어휘   auditorium 강당   bouquet 부케, 꽃다발   on vacation 휴가 중인   conference room 회의실

해설   **사실을 확인하는 Be동사 의문문**

(A) **유사 발음 오답 및 인칭 오류 오답**: 질문의 floor와 발음이 유사한 flowers를 이용한 오답으로, 질문에 She가 가리킬만한 대상도 없다.

(B) **관련 없는 오답**: 강당이 이 층에 있는지 확인하는 질문에 자신이 지난주에 휴가였다(I was on vacation last week)는 대답은 맥락에 맞지 않다. Be동사 의문문의 보기가 Yes/No로 시작할 때는 반드시 뒤에 오는 내용까지 제대로 확인하도록 한다.

(C) **정답**: 강당이 이 층에 있는지 확인하는 질문에 발표는 회의실에서 한다(The presentation is in the conference room)며 상대방이 잘못 알고 있다고 가정하고 관련 정보를 알려주고 있으므로 가장 적절한 응답이다.

12 W-Am   Don't you want to hire someone to fix this broken door?
M-Cn   (A) This car has new brakes.
　　　(B) Fortunately, I have the right tools.
　　　(C) Under the exit sign.

사람을 써서 이 고장 난 문을 고쳐야 하지 않을까요?
(A) 이 차는 브레이크가 새 거예요.
(B) 다행히 제게 알맞은 연장이 있어요.
(C) 비상구 표지 아래에요.

어휘   hire 고용하다, 사람을 쓰다   fix 고치다   broken 고장 난   fortunately 다행히   tool 연장, 도구   exit 비상구

해설   **의사를 확인하는 부정 의문문 (제안)**

(A) **유사 발음 오답**: 질문의 broken의 원형인 break와 부분적으로 발음이 유사한 brakes를 이용한 오답이다.

(B) **정답**: 사람을 써서 고장 난 문을 고칠지 묻는 질문에 자신에게 알맞은 연장이 있다(I have the right tools)며 우회적으로 본인이 직접 고치겠다고 답하고 있으므로 가장 적절한 응답이다.

(C) **관련 없는 오답**: 위치를 묻는 Where의문문에 적합한 대답이다.

13 W-Br   Haven't you started using the new sewing machine?
M-Cn   (A) Three spools of blue thread, please.
　　　(B) I'm still cutting all the fabric.
　　　(C) An old outfit, I think.

새 재봉틀을 사용하기 시작하지 않았나요?
(A) 파란색 실 꾸러미 3개 주세요.
(B) 아직 천을 전부 재단하는 중입니다.
(C) 낡은 옷 같아요.

어휘   sewing machine 재봉틀   a spool of thread 실 꾸러미   fabric 직물, 천   outfit 옷

해설   **상황을 확인하는 부정 의문문**

(A) **연상 어휘 오답**: 질문의 sewing machine에서 연상 가능한 spools of blue thread를 이용한 오답이다.

(B) **정답**: 새 재봉틀을 사용하기 시작했는지 확인하는 질문에 아직 천을 재단하는 중(I'm still cutting all the fabric)이라며 우회적으로 부정하고 있으므로 가장 적절한 응답이다.

(C) **연상 어휘 오답**: 질문의 new sewing machine에서 연상 가능한 old outfit을 이용한 오답이다.

14 W-Am   Didn't you submit an article to the business journal last month?
M-Au   (A) Why? Has it been published?
　　　(B) Can I renew it?
　　　(C) It's always been that way.

지난달 경제지에 기사를 제출하지 않았나요?
(A) 왜요? 그게 실렸나요?
(B) 갱신할 수 있어요?
(C) 늘 그런 식이에요.

어휘   submit 제출하다   business journal 경제지   publish 출판하다, (기사를) 싣다   renew 연장하다, 갱신하다

해설   **사실을 확인하는 부정 의문문**

(A) **정답**: 기사 제출 여부를 묻는 질문에 실렸는지(Has it been published?) 되물어 우회적으로 제출했음을 드러내고 있으므로 가장 적절한 응답이다.

(B) **연상 어휘 오답**: 질문의 journal을 구독하는 상황에서 연상 가능한 동사 renew를 이용한 오답이다.

(C) **관련 없는 오답**: 기사 제출 여부를 묻는 질문에 늘 그런 식(It's always been that way)이라는 대답은 맥락에 맞지 않는다.

15 M-Au   Are you riding your bike to work today?
W-Am   (A) Alfonso's writing the book.
　　　(B) Only if the weather's nice.
　　　(C) Yes, I'd like to work there.

오늘 자전거로 출근하실 거예요?
(A) 알폰소가 책을 쓰고 있어요.
(B) 날씨만 좋으면요.
(C) 네, 거기서 일하고 싶어요.

어휘   ride a bike 자전거를 타다   weather 날씨

해설 계획을 확인하는 Be동사 의문문

(A) 유사 발음 오답: 질문의 riding과 발음이 유사한 writing 을 이용한 오답이다.

(B) 정답: 자전거로 출근할 계획인지 묻는 질문에 날씨만 좋으 면(Only if the weather's nice) 그렇게 하겠다며 조건 부로 긍정하고 있으므로 가장 적절한 응답이다.

(C) 단어 반복 오답: 질문의 work를 반복 이용한 오답이다.

16 W-Am Shouldn't we update our window display for the fall?

M-Au (A) The storage closet.
(B) An aisle seat is better.
(C) No, let's wait a few weeks.

가을을 맞아 윈도우 진열을 새롭게 해야 하지 않을까요?
(A) 수납장이요.
(B) 통로 좌석이 더 좋아요.
(C) 아니요. 몇 주 더 기다립시다.

어휘 storage closet 수납장 **aisle** 통로

해설 제안·권유의 부정 의문문

(A) 연상 어휘 오답: 질문의 window display에서 연상 가능 한 storage closet를 이용한 오답이다.

(B) 연상 어휘 오답: 질문의 window를 window seat로 잘 못 이해할 경우 연상 가능한 aisle seat를 이용한 오답 이다.

(C) 정답: 가을을 맞아 윈도우 진열을 새롭게 하자는 제안에 No 로 거절한 후, 몇 주 더 기다리자(let's wait a few weeks) 고 덧붙이고 있으므로 정답이다.

17 M-Cn Are there more pens in the cabinet?

W-Am (A) Yes, I just got some.
(B) No, the pants are too long.
(C) Our friends took a taxi.

캐비닛에 펜이 더 있나요?
(A) 네, 저도 방금 몇 개 가져왔어요.
(B) 아니요, 그 바지는 너무 길어요.
(C) 우리 친구들은 택시를 탔어요.

해설 존재 유무를 붙는 Be동사 의문문

(A) 정답: 펜이 더 있는지 묻는 질문에 그렇다(Yes)고 한 후 자 신도 몇 개 가져왔다며 덧붙이고 있으므로 정답이다.

(B) 유사 발음 오답: 질문의 pens와 부분적으로 발음이 유사 한 pants를 이용한 오답이다.

(C) 관련 없는 오답: 교통 수단과 관련된 질문에 적합한 대답 이다.

18 M-Au Didn't you use to work at the London branch?

W-Br (A) Yes, for fourteen years.
(B) No, I can't move it.
(C) I'm not sure what brand it is.

런던 지사에서 일하시지 않았나요?
(A) 네. 14년간요.
(B) 아니요. 저는 그것을 옮길 수 없어요.
(C) 어떤 브랜드인지 잘 모르겠네요.

어휘 branch 지점, 지사

해설 경험을 확인하는 부정 의문문

(A) 정답: 런던 지사에서 일했는지 여부를 확인하는 질문에 그 렇다(Yes)고 한 후, 14년간(for fourteen years)이라며 구체적인 기간을 덧붙이고 있으므로 정답이다.

(B) 관련 없는 오답: 부탁·요청문에 적합한 대답이다.

(C) 유사 발음 오답: 질문의 branch와 부분적으로 발음이 유 사한 brand를 이용한 오답이다.

19 W-Am Weren't the interns supposed to be working on this project?

M-Au (A) He's with another patient.
(B) I try to go walking every day.
(C) They still need additional training.

인턴들이 이 프로젝트를 맡기로 한 게 아니었나요?
(A) 그는 다른 환자와 있어요.
(B) 전 매일 산책하려고 노력해요.
(C) 그들은 아직 추가 교육이 필요해요.

어휘 be supposed to ~하기로 되어 있다 **patient** 환자 **additional** 추가의

해설 사실을 확인하는 부정 의문문

(A) 인칭 오류 오답: 질문에 He가 가리킬 만한 대상이 없으며, 의사의 상황을 물어보는 질문에 적합한 대답이다.

(B) 유사 발음 오답: 질문의 working과 발음이 유사한 walking을 이용한 오답이다.

(C) 정답: 인턴들이 프로젝트를 맡기로 하지 않았는지 확인하 는 질문에 그들에게 아직 추가 교육이 필요하다(They still need additional training)며 아직 프로젝트를 맡길 단 계가 아님을 암시하고 있으므로 가장 적절한 응답이다.

20 W-Br Are you happy with your new car?

M-Au (A) They're mostly up to date.
(B) Sorry, I can't.
(C) Yes, it runs well.

새 차에 만족하시나요?
(A) 그것들은 대부분 최신이에요.
(B) 죄송한데, 전 할 수 없어요.
(C) 네, 잘 가네요.

어휘 mostly 대부분 **up to date** 최신인

해설 상태를 확인하는 Be동사 의문문

(A) 연상 어휘 오답: 질문의 new에서 연상 가능한 up to date를 이용한 오답이다.

(B) 관련 없는 오답: 부탁·요청문에 적합한 대답이다.

(C) 정답: 새 차에 만족하는지 묻는 질문에 그렇다(Yes)고 한 후 잘 간다고 덧붙이고 있으므로 정답이다.

21 M-Au Don't you like our company's new marketing strategy?

M-Cn (A) I can't believe we didn't think of it before.
(B) The market closes at eight.
(C) Actually, he was just promoted last week.

우리 회사의 새 마케팅 전략 좋지 않으세요?
(A) 우리가 전에 그런 생각을 못 했다는 게 믿어지지 않아요.
(B) 시장은 8시에 닫아요.
(C) 사실 그는 지난주에 승진했어요.

어휘 **strategy** 전략 **actually** 사실, 실은 **promote** 승진시키다

해설 **의견을 확인하는 부정 의문문 (동의 구하기)**
(A) **정답:** 새 마케팅 전략이 좋지 않은지 묻는 질문에 전에 그런 생각을 못 했다는 게 믿어지지 않는다(I can't believe we didn't think of it before)며 우회적으로 마음에 든다는 의사를 표현하고 있으므로 가장 적절한 응답이다.
(B) **파생어 오답:** 질문의 marketing과 파생어 관계인 market을 이용한 오답이다. 참고로, 여기에서 market은 '시장'이라는 의미의 명사이다.
(C) **인칭 오류 오답:** 질문에 he가 가리킬 만한 대상이 없으며, 특정 인물의 승진과 관련된 내용과 어울리는 응답이다. 참고로, promote는 '승진하다' 외에 '판매를 촉진하다'라는 뜻도 있으므로 marketing에서 연상하여 혼동하지 않도록 유의한다.

22 W-Am Is there any money left in our office supply account?
M-Au (A) Let me look and see.
(B) There's one nearby.
(C) I'd like that.

사무용품 계좌에 남아 있는 돈이 있나요?
(A) 제가 한번 살펴볼게요.
(B) 근처에 하나 있어요.
(C) 좋지요.

어휘 **office supply** 사무용품 **account** 계좌, 계정 **nearby** 인근에

해설 **존재 유무를 확인하는 Be동사 의문문**
(A) **정답:** 사무용품 계좌(office supply account)에 남은 돈이 있는지 묻는 질문에 살펴보겠다(Let me look and see)고 함으로써 당장은 답변해 줄 수 없음을 나타내고 있으므로 가장 적절한 응답이다.
(B) **단어 반복 오답:** 질문에 언급된 Is there의 평서문 형태인 There's를 이용한 오답이다.
(C) **관련 없는 오답:** I'd like that은 무언가를 원한다는 의사 표시이므로 정보 확인을 요청하는 질문의 대답으로는 적합하지 않다.

23 W-Br Doesn't the computer come with that program already installed?
W-Am (A) I don't have a television.
(B) No, you have to download it from the Internet.
(C) He usually comes on Mondays.

컴퓨터에 그 프로그램이 이미 설치되어 나오지 않나요?
(A) 저는 텔레비전이 없어요.
(B) 그렇지 않아요, 인터넷에서 다운받아야 해요.
(C) 그는 보통 월요일에 와요.

어휘 **come** (제품 등이) 나오다, 출시되다 **install** 설치하다

해설 **설치 여부를 묻는 부정 의문문**
(A) **연상 어휘 오답:** 질문의 program을 TV 프로그램으로 이해했을 경우 연상 가능한 television을 이용한 오답이다.
(B) **정답:** 컴퓨터에 프로그램이 설치되어 나오지 않냐는 질문에 No라고 부정한 후 인터넷에서 다운받아야 한다(download it from the Internet)며 덧붙이고 있으므로 정답이다.
(C) **단어 반복 오답 및 인칭 오류 오답:** 질문의 come을 반복 이용한 오답으로, 질문에 He가 가리킬 만한 대상도 없다.

24 M-Au Aren't you certified to drive a forklift?
M-Cn (A) Thanks, but I can walk.
(B) No, but I'm taking the course soon.
(C) I'm certain they'll arrive in time.

지게차 운전 면허가 있지 않으세요?
(A) 감사하지만 걸을 수 있어요.
(B) 아니요. 하지만 곧 강좌를 들을 겁니다.
(C) 그들이 제시간에 도착할 거라고 확신해요.

어휘 **certified** 증명된, 면허증이 있는 **forklift** 지게차 **certain** 확신하는 **in time** 시간 맞춰, 늦지 않게

해설 **사실을 확인하는 부정 의문문**
(A) **연상 어휘 오답:** 질문의 drive에서 연상 가능한 walk를 이용한 오답이다.
(B) **정답:** 지게차 운전 면허가 있는지 확인하는 질문에 No라고 부정한 후, 곧 강좌를 들을 것(I'm taking the course soon)이라며 향후 계획을 덧붙이고 있으므로 정답이다.
(C) **유사 발음 오답 및 인칭 오류 오답:** 질문의 certified와 발음이 유사한 certain을 이용한 오답으로, 질문에 they가 가리킬 만한 대상도 없다.

25 M-Au Won't Ravello Construction be hired to remodel our building?
W-Br (A) It's up to the directors to decide.
(B) That's a new model.
(C) It's on a higher floor.

우리 건물을 개축하는 데 라벨로 건설이 고용되지 않을까요?
(A) 결정은 이사진에게 달렸어요.
(B) 그건 새로운 모델이에요.
(C) 그건 더 높은 층에 있어요.

어휘 **construction** 건설 **hire** 고용하다 **remodel** 개조하다 **be up to** ~에게 달려 있다 **directors** 이사진 **decide** 결정[결심]하다 **floor** 층

해설 **사실을 확인하는 부정 의문문**
(A) **정답:** 라벨로 건설이 고용될 여부를 묻는 질문에 결정은 이사진에게 달려 있다(It's up to the directors)며 자신이 대답해 줄 수 없음을 드러내고 있으므로 가장 적절한 응답이다.
(B) **유사 발음 오답:** 질문의 remodel과 부분적으로 발음이 유사한 model을 이용한 오답이다.
(C) **연상 어휘 오답:** 질문의 building에서 연상 가능한 higher floor를 이용한 오답이다.

❾ 조동사 의문문

본책 p. 82

ETS **CHECK-UP**

1 (B)	**2** (B)	**3** (C)	**4** (A)	**5** (A)	**6** (A)

1 W-Am Do you sell season passes to the amusement park?

M-Cn (A) I've already seen one.
(B) Yes, they're 130 dollars.
(C) There are several parking areas.

놀이공원 시즌 입장권을 판매하시나요?
(A) 저는 이미 보았어요.
(B) 네. 130달러입니다.
(C) 주차장이 몇 곳 있습니다.

어휘 amusement park 놀이공원 several 몇몇의

해설 **사실을 확인하는 조동사 의문문 (Do)**
(A) **관련 없는 오답:** 입장권 판매 여부를 묻는 질문에 이미 보았다(I've already seen one)고 하는 것은 맥락에 맞지 않다. 제안·권유를 거절하는 상황에 적합한 대답이다.
(B) **정답:** 시즌 입장권을 판매하는지 확인하는 질문에 그렇다(Yes)고 한 후, 130달러(they're 130 dollars)라며 가격을 안내하고 있으므로 정답이다.
(C) **다의어 오답 및 파생어 오답:** 질문의 park와는 다른 뜻을 지닌 동사 park(주차하다)의 파생어 parking을 이용한 오답이다.

2 W-Am Have you finished reviewing Dr. Messina's proposal?

M-Cn (A) The downtown clinic.
(B) It's longer than I thought.
(C) Thanks, that'll help!

메시나 박사의 제안서 검토를 마치셨나요?
(A) 시내 병원이요.
(B) 생각했던 것보다 기네요.
(C) 고마워요. 도움이 되겠어요!

어휘 review 검토하다 proposal 제안, 제안서

해설 **완료 상태를 확인하는 조동사 의문문 (Have)**
(A) **연상 어휘 오답:** 질문의 Dr.에서 연상 가능한 clinic을 이용한 오답이다.
(B) **정답:** 제안서 검토를 마쳤는지 확인하는 질문에 생각했던 것보다 길다(It's longer than I thought)며 우회적으로 아직 끝내지 못했음을 밝히고 있으므로 가장 적절한 응답이다.
(C) **관련 없는 오답:** 도움을 주겠다고 제안하는 의문문이나 평서문에 적합한 대답이다.

3 M-Au Will this year's architectural design seminar be in Toronto?

W-Br (A) He's a renowned architect.
(B) I'd rather leave sooner.
(C) No, it's been moved to Montreal.

올해 건축 설계 세미나가 토론토에서 열리나요?
(A) 그는 저명한 건축가예요.
(B) 저는 차라리 더 일찍 출발하겠어요.
(C) 아뇨, 몬트리올로 옮겨졌어요.

어휘 architectural design 건축 설계 renowned 저명한, 유명한 architect 건축가 sooner 더 일찍

해설 **미래 사실을 확인하는 조동사 의문문 (Will)**
(A) **파생어 오답 및 인칭 오류 오답:** 질문에 언급된 architectural과 파생어 관계인 architect를 이용한 오답으로, 질문에 He가 가리킬 만한 대상도 없다.
(B) **연상 어휘 오답:** 질문의 design seminar에서 연상 가능한 leave sooner를 이용한 오답이다.
(C) **정답:** 세미나가 토론토에서 열리는지 묻는 질문에 아니(No)라고 한 뒤, 몬트리올로 옮겨졌다(it's been moved to Montreal)며 개최 장소에 대한 정보를 제공하고 있으므로 정답이다.

4 M-Cn Can we enlarge the phone number printed on the poster?

W-Am (A) I think it's big enough.
(B) He just called in.
(C) A colorful image.

포스터에 찍힌 전화번호를 확대할 수 있을까요?
(A) 제 생각엔 충분히 큰 것 같은데요.
(B) 그가 방금 전화했어요.
(C) 다채로운 이미지군요.

어휘 enlarge 확대하다 enough 충분히, 넉넉히 call in (직장에) 전화하다, 방문하다 colorful 다채로운, 화려한

해설 **우회적으로 제안하는 조동사 의문문 (Can)**
(A) **정답:** 포스터의 전화번호를 확대할 수 있는지 묻는 질문에 충분히 큰 것 같다(I think it's big enough)며 우회적으로 반대 의견을 제시하고 있으므로 가장 적절한 응답이다.
(B) **연상 어휘 오답 및 인칭 오류 오답:** 질문의 phone에서 연상 가능한 called in을 이용한 오답으로, 질문에 He가 가리킬 만한 대상도 없다.
(C) **연상 어휘 오답:** 질문의 printed에서 연상 가능한 colorful image를 이용한 오답이다.

5 M-Au Should I start working on the Danielson project now?

W-Am (A) It depends on your other deadlines.
(B) I drive to work.
(C) He's a good manager for this division.

대니얼슨 프로젝트의 작업을 지금 시작해야 할까요?
(A) 당신의 다른 마감 시한에 달렸어요.
(B) 저는 자동차로 출근해요.
(C) 그는 이 부서에 적합한 관리자예요.

어휘 depend on ~에 달려 있다 deadline 마감일 drive to work 자동차로 출근하다 division 부서

해설 조언을 구하는 조동사 의문문 (Should)

(A) **정답:** 작업을 지금 시작해야 할지 묻는 질문에 상대방의 다른 프로젝트의 마감 시한에 달려 있다(It depends on your other deadlines)며 자신이 즉답해 줄 수 없음을 우회적으로 표현하고 있으므로 가장 적절한 응답이다.

(B) **다의어 오답:** 질문의 work는 '작업하다'라는 뜻의 동사이지만 여기에서는 '직장'이라는 의미의 명사이다.

(C) **연상 어휘 오답 및 인칭 오류 오답:** 질문의 project에서 연상 가능한 mamager를 이용한 오답으로, 질문에 He가 가리킬만한 대상도 없다.

6 W-Br May I borrow your bicycle?
M-Cn (A) Sure, but I'll need it back by noon.
(B) A steep path up a hill.
(C) The loan I applied for.

자전거 좀 빌릴 수 있을까요?
(A) 그럼요. 하지만 정오까지는 되돌려 주셔야 해요.
(B) 언덕으로 가는 가파른 길이요.
(C) 제가 신청한 대출이요.

어휘 borrow 빌리다 steep 가파른 loan 대출 apply for ~를 신청하다

해설 허락을 구하는 조동사 의문문 (May)

(A) **정답:** 자전거를 빌릴 수 있을지 허락을 구하는 질문에 Sure라고 수락한 후, 정오까지는 되돌려 주어야 한다(I'll need it back by noon)며 반환 시점을 덧붙이고 있으므로 정답이다.

(B) **연상 어휘 오답:** 질문의 bicycle에서 연상 가능한 path를 이용한 오답이다.

(C) **연상 어휘 오답:** 질문의 borrow에서 연상 가능한 loan을 이용한 오답이다.

⑩ 제안 / 요청문

ETS **CHECK-UP**					본책 p. 83
1 (B)	**2** (A)	**3** (A)	**4** (B)	**5** (A)	**6** (A)

1 W-Br Please put the receipt in the bag with my purchase.
W-Am (A) I tried a new recipe.
(B) Yes, I'd be happy to.
(C) Those items are on sale.

영수증은 제가 구입한 물건과 함께 쇼핑백에 넣어 주세요.
(A) 새로운 조리법을 시도해 봤어요.
(B) 네, 그러죠.
(C) 저 물품들은 할인 중이에요.

어휘 receipt 영수증 purchase 구매(품) recipe 조리법 item 물품, 품목 on sale 할인 중인

해설 요청문

(A) **유사 발음 오답:** 요청문의 receipt와 부분적으로 발음이 유사한 recipe를 이용한 오답이다.

(B) **정답:** 영수증을 쇼핑백에 넣어 달라는 요청에 알았다(Yes)고 수락한 뒤, 기꺼이 그러겠다(I'd be happy to)고 덧붙이고 있으므로 정답이다.

(C) **연상 어휘 오답:** 질문의 purchase에서 연상 가능한 items를 이용한 오답이다.

2 M-Au Would you like to schedule your next eye exam?
W-Am (A) I don't know my plans yet.
(B) I'll just have a coffee, please.
(C) Almost four o'clock.

다음 번 시력 검사 일정을 잡고 싶으세요?
(A) 아직 제 계획을 모르겠어요.
(B) 저는 커피 주세요.
(C) 거의 4시 정각이요.

어휘 schedule 일정을 잡다 almost 거의

해설 제안·권유 의문문

(A) **정답:** 다음 시력 검사 일정을 잡고 싶은지 묻는 질문에 아직 자신의 계획을 모르겠다(I don't know my plans yet)며 결정을 보류하고 있으므로 가장 적절한 응답이다.

(B) **연상 어휘 오답:** 질문의 Would you like를 음식을 권하는 표현으로 잘못 이해할 경우 연상 가능한 I'll just have a coffee를 이용한 오답이다.

(C) **연상 어휘 오답:** 질문의 schedule에서 연상 가능한 four o'clock을 이용한 오답으로, 시간을 묻는 What time 질문에 적합한 대답이다.

3 W-Br Can you finalize the contract by July twenty-fourth?
M-Cn (A) That's my first day back from vacation.
(B) Actually, I'd like to try the soup.
(C) The finalists of the contest.

7월 24일까지 계약을 마무리해 줄 수 있나요?
(A) 그날은 제가 휴가에서 돌아온 첫날인데요.
(B) 사실 저는 그 수프를 먹어보고 싶어요.
(C) 대회 결승 진출자들이요.

어휘 finalize 마무리짓다 contract 계약 actually 사실 finalist 결승전 진출자

해설 부탁·요청 의문문

(A) **정답:** 7월 24일까지 계약을 마무리해 줄 수 있는지 묻는 질문에 그 날이 휴가에서 돌아온 첫날(That's my first day back from vacation)이라며 우회적으로 거절하고 있으므로 가장 적절한 응답이다.

(B) **관련 없는 오답:** 특정 음식을 먹자고 권유하는 말에 어울리는 대답이다.

(C) **파생어 오답:** 질문의 finalize와 파생어 관계인 finalists를 이용한 오답이다.

4 M-Cn Let's publish this article in next month's issue of the magazine.
W-Am (A) A ten-month subscription.
(B) Yes, it's very timely.
(C) Our customer base.

잡지 다음 달 호에 이 기사를 게재합시다.
(A) 10개월 구독이요.
(B) 네, 아주 시기적절하네요.
(C) 우리 고객층이요.

어휘 publish 게재하다, 출판하다 article 기사 issue 호 subscription 구독 timely 시기적절한, 때맞춘

해설 제안문
(A) 단어 반복 오답 및 연상 어휘 오답: 제안문의 month를 반복하고, magazine에서 연상 가능한 subscription을 이용한 오답이다.
(B) 정답: 다음 달 호에 특정 기사를 게재하자는 제안에 Yes라고 동의한 후, 시기적절하다(it's very timely)며 자신의 의견을 덧붙이고 있으므로 정답이다.
(C) 관련 없는 오답: 기사를 게재하자는 제안에 우리 고객층(Our customer base)이라는 대답은 맥락에 맞지 않다.

5 W-Am Would you type up the minutes from today's staff meeting?
M-Au (A) Sure, I'll have them ready by three o'clock.
(B) There are a few other types, too.
(C) Almost everyone in the office.

오늘 직원 회의 때 나온 회의록을 타이핑해 주실래요?
(A) 물론이죠, 3시까지 준비할게요.
(B) 몇 가지 다른 종류도 있습니다.
(C) 거의 모든 사무실 직원요.

어휘 type up ~을 타이핑하다 minutes 회의록 staff meeting 직원 회의 have ~ ready ~을 준비하다

해설 부탁·요청 의문문
(A) 정답: 타이핑을 해달라는 부탁에 Sure로 수락한 후, 3시까지 준비해 놓겠다(have them ready by three o'clock)며 덧붙이고 있으므로 정답이다.
(B) 다의어 오답: 질문의 type과 품사 및 의미가 다른 명사(종류)를 이용한 오답이다.
(C) 연상 어휘 오답: 질문의 staff meeting에서 연상 가능한 everyone in the office를 이용한 오답이다.

6 W-Am Why don't you take a short break?
M-Au (A) I've nearly finished.
(B) We can fix anything.
(C) Over two meters long.

잠깐 쉬지 그러세요?
(A) 거의 다 끝났어요.
(B) 저희는 뭐든지 고칠 수 있어요.
(C) 길이가 2미터가 넘어요.

어휘 take a short break 잠깐 쉬다 nearly 거의 fix 고치다

해설 제안·권유 의문문
(A) 정답: 잠깐 쉬라는 권유에 거의 다 끝났다(I've nearly finished)며 우회적으로 거절하고 있으므로 정답이다.
(B) 연상 어휘 오답: 질문의 break를 '고장 내다'의 뜻으로 이해했을 경우 연상 가능한 fix를 이용한 오답이다.

(C) 연상 어휘 오답: 질문의 short에서 연상 가능한 long을 이용한 오답이다.

| LISTENING **PRACTICE** | 본책 p. 85 |

| **1** (B) | **2** (B) | **3** (B) | **4** (C) | **5** (B) | **6** (B) |

1 W-Am Have any bids come in for the construction contract yet?
M-Au (A) It was constructed 50 years ago.
(B) Yes, and we're ready to accept one.
(C) I'll have a little bit.

공사 계약 건에 대한 입찰이 들어왔나요?
(A) 그것은 50년 전에 건설됐어요.
(B) 네, 한 곳을 수락하려고 합니다.
(C) 저는 조금만 먹을 거예요.

어휘 bid 입찰(서) contract 계약(서) construction 공사, 건설 construct 건설하다 accept 수락하다

해설 완료 상태를 확인하는 조동사 의문문 (Have)
(A) 파생어 오답: 질문의 construction과 파생어 관계인 constructed를 이용한 오답이다.
(B) 정답: 입찰이 들어왔는지 묻는 질문에 대해 Yes라고 긍정한 뒤, 한 곳을 수락할 예정이라고 덧붙이고 있으므로 정답이다.
(C) 유사 발음 오답: 질문의 Have any bids와 발음이 유사한 have a little bit을 이용한 오답이다.

Possible Answers

Two so far, but **they were rejected.**
지금까지 두 군데 있었는데, 거절했어요.
We're still waiting.
아직도 기다리는 중이에요.

2 M-Au Did you find the replacement parts for the printer?
M-Cn (A) Under fifty dollars.
(B) They're being installed now.
(C) Twenty-five pages a minute.

프린터용 교체 부품을 찾았나요?
(A) 50달러 미만이에요.
(B) 지금 설치되고 있어요.
(C) 1분에 25페이지요.

어휘 replacement 교체 part 부품 install 설치하다

해설 사실을 확인하는 조동사 의문문 (Did)
(A) 관련 없는 오답: 가격을 묻는 How much 의문문에 적합한 대답이다.
(B) 정답: 교체 부품을 찾았냐는 질문에 지금 설치되고 있는 중(being installed)이라고 말함으로써 찾았다는 것을 우회적으로 나타내고 있으므로 정답이다.
(C) 연상 어휘 오답: 질문의 printer에서 연상 가능한 pages를 이용한 오답이다.

Possible Answers

Yes, **Daniel helped me out**.
네, 다니엘이 도와주었어요.
I'm **still looking for** them.
여전히 찾고 있는 중이에요.

3 M-Cn Will I get reimbursed for yesterday's travel expenses?
W-Am (A) I appreciate it.
(B) Only up to one hundred fifty dollars.
(C) Nonstop to Tokyo.

어제 출장비를 환급받게 될까요?
(A) 감사합니다.
(B) 150달러까지만요.
(C) 도쿄 직항요.

어휘 get reimbursed for ~을 환급받다 travel expenses 출장비 appreciate 고맙게 생각하다 up to 최고 ~까지

해설 미래 사실을 확인하는 조동사 의문문 (Will)
(A) 관련 없는 오답: I appreciate it은 감사의 표현으로 도움을 제안하는 말에 적합한 대답이다.
(B) 정답: 출장비 환급 가능 여부를 묻는 질문에 150달러까지만 된다는 것을 알려 주고 있으므로 가장 적절한 응답이다.
(C) 연상 어휘 오답: 질문의 travel에서 연상 가능한 Nonstop to Tokyo를 이용한 오답이다.

Possible Answers

Did you **submit all the receipts**?
영수증은 모두 제출하셨나요?
Sure, you will **get paid on your next pay day**.
물론이죠, 다음 급여일에 지급될 겁니다.

4 W-Am Could you help me take these chairs up to the third floor?
M-Cn (A) Around the conference table.
(B) She's the committee chairperson.
(C) I'll be with you in a minute.

이 의자들을 3층으로 옮기는 걸 도와주시겠어요?
(A) 회의용 탁자 주변에서요.
(B) 그녀가 위원회 의장이에요.
(C) 금방 갈게요.

어휘 conference 회의 committee 위원회 chairperson 회장, 의장 in a minute 잠시 후에

해설 부탁·요청 의문문
(A) 연상 어휘 오답: 질문의 chairs에서 연상 가능한 table을 이용한 오답이다.
(B) 단어 반복 오답: 질문의 chair를 포함하는 단어 chairperson을 사용한 오답이다. 참고로, chair도 '의장'이라는 의미로 쓰일 수 있다.
(C) 정답: 의자 옮기는 것을 도와달라는 요청에 금방 가겠다(I'll be with you in a minute)며 우회적으로 수락하고 있으므로 정답이다.

Possible Answers

Sorry, but **I have a client coming in** soon.
미안하지만, 곧 고객 한 분이 오기로 해서요.
Why don't we use the cart over there?
저기 있는 수레를 사용하는 게 어떨까요?

5 W-Am Would you like to come to our fifteenth anniversary gala?
M-Cn (A) The annual sales report.
(B) I would love to.
(C) Take the next exit.

저희 15주년 경축 행사에 오시겠어요?
(A) 연간 매출 보고서요.
(B) 가고 싶어요.
(C) 다음 출구로 나가세요.

어휘 anniversary 기념일 gala 경축 행사 annual 연례의

해설 제안·권유 의문문
(A) 연상 어휘 오답: 질문의 anniversary에서 연상 가능한 annual을 이용한 오답이다.
(B) 정답: 경축 행사에 오기 원하는지 묻는 질문에 가고 싶다(I would love to)며 긍정의 의사를 밝히므로 정답이다.
(C) 관련 없는 오답: 장소를 찾아가는 법을 묻는 How 의문문에 적합한 대답이다.

Possible Answers

When is it? 그게 언제인데요?
Sure, **thanks for the invitation**.
물론이죠, 초대해 주셔서 감사해요.

6 W-Br Mr. Tan, would you mind printing the results of the survey?
M-Au (A) I'll lend you a catalog.
(B) Is it alright if I do it after lunch?
(C) Across from the copy room.

탠 씨, 조사 결과를 출력해 주시겠어요?
(A) 카탈로그를 빌려 드릴게요.
(B) 점심 식사 후에 해도 될까요?
(C) 복사실 맞은편이에요.

어휘 survey 조사; 조사하다 across from ~의 건너편에 copy room 복사실

해설 부탁·요청 의문문
(A) 관련 없는 오답: 조사 결과를 출력해 달라는 요청에 카탈로그를 빌려 주겠다는 제안은 어울리지 않는다.
(B) 정답: 조사 결과를 출력해 달라는 요청에 점심 식사 후에 출력해도 되는지(Is it alright if I do it after lunch?) 상황을 되물어 우회적으로 수락하고 있으므로 정답이다.
(C) 연상 어휘 오답: 질문의 printing에서 연상 가능한 copy room을 이용한 오답으로, 장소나 위치를 묻는 Where 의문문에 적합한 대답이다.

Possible Answers

Sure, **I'm available** now. 물론이죠, 지금 시간 됩니다.

I wish I could, but I'm handling an urgent matter.
도와드리고 싶지만 제가 지금 급한 일을 처리하고 있습니다.

ETS TEST   본책 p. 86

1 (A)	**2** (A)	**3** (A)	**4** (B)	**5** (C)
6 (B)	**7** (C)	**8** (A)	**9** (B)	**10** (C)
11 (A)	**12** (A)	**13** (C)	**14** (B)	**15** (B)
16 (B)	**17** (A)	**18** (C)	**19** (A)	**20** (C)
21 (C)	**22** (B)	**23** (B)	**24** (C)	**25** (B)

---

1 M-Cn Did you talk to someone at the post office about the missing package?
  W-Am (A) No, I forgot to.
      (B) That's quite a while.
      (C) Some packing supplies.

우체국에 있는 누군가에게 분실된 소포에 대해 이야기했나요?
(A) 아니요, 깜빡했어요.
(B) 꽤 오래 걸리네요.
(C) 포장용품이요.

어휘 missing 없어진 package 소포 quite a while 꽤 오랫동안 packing 포장 supply 물자, 보급품

해설 **사실을 확인하는 조동사 의문문 (Did)**
(A) **정답:** 분실된 소포에 대해 우체국에 이야기했는지 확인하는 질문에 No라고 부정한 후, 깜빡했다(I forgot to)고 덧붙이고 있으므로 정답이다.
(B) **관련 없는 오답:** 특정 시간이 소요되었다는 말에 적합한 응답이다.
(C) **연상 어휘 오답:** 질문의 package에서 연상 가능한 packing supplies를 이용한 오답이다.

2 M-Cn Have you thought about taking some business classes after work?
  W-Am (A) Yes, but I'm too tired at the end of the day.
      (B) They thought so.
      (C) She is always busy.

퇴근 후 경영학 수업을 들으려고 생각해 본 적 있어요?
(A) 네, 하지만 퇴근 무렵이면 너무 피곤해요.
(B) 그들은 그렇게 생각했어요.
(C) 그녀는 늘 바빠요.

어휘 business class 경영학 수업 after work 퇴근 후 tired 피곤한

해설 **경험을 확인하는 조동사 의문문 (Have)**
(A) **정답:** 경영학 수업 수강을 고려해 본 적이 있는지 묻는 질문에 Yes라고 긍정한 뒤, 그렇지만 퇴근 무렵이면 너무 피곤하다(too tired at the end of the day)며 수강하지 않는 이유를 설명하고 있으므로 정답이다.
(B) **단어 반복 오답:** 질문의 thought를 반복 이용한 오답이다.

(C) **파생어 오답 및 인칭 오류 오답:** 질문의 business와 파생어 관계인 busy를 이용한 오답으로 질문에 She가 가리키는 대상도 없다.

3 M-Cn Would you like to see the revised brochure?
  M-Au (A) I've got a meeting in five minutes.
      (B) He cleaned it yesterday.
      (C) We already ate.

수정된 안내책자를 보시겠어요?
(A) 저는 5분 후에 회의가 있어요.
(B) 그는 어제 그것을 치웠어요.
(C) 우리는 이미 먹었어요.

어휘 revise 변경하다, 개정하다 brochure 책자

해설 **제안·권유 의문문**
(A) **정답:** 수정된 안내책자를 보기 원하는지 묻는 질문에 5분 후에 회의가 있다(I've got a meeting in five minutes)며 우회적으로 거절 의사를 밝히고 있으므로 정답이다.
(B) **인칭 오류 오답:** 질문에 He가 가리킬 만한 대상이 없으며, 그가 그것을 어제 치웠다(He cleaned it yesterday)는 대답은 맥락에도 맞지 않다.
(C) **연상 어휘 오답:** 질문의 Would you like을 음식을 권하는 표현으로 잘못 이해할 경우 연상 가능한 We already ate를 이용한 오답이다.

4 W-Am Please turn off the lights before you leave tonight.
  W-Br (A) We just ordered new lightbulbs.
      (B) John already asked me.
      (C) Do you have their phone number?

오늘밤 퇴근하기 전에 전등을 꺼 주세요.
(A) 방금 새 전구를 주문했어요.
(B) 존이 벌써 제게 요청했어요.
(C) 그들의 전화번호를 가지고 있나요?

어휘 turn off ~을 끄다 leave 떠나다, 퇴근하다 order 주문하다 lightbulb 전구

해설 **요청문**
(A) **유사 발음 오답:** 요청문의 lights와 부분적으로 발음이 유사한 lightbulbs를 이용한 오답이다.
(B) **정답:** 퇴근 전에 전등을 꺼 달라는 요청에 존이 벌써 요청했다(John already asked me)며 이미 할 계획임을 우회적으로 표현하고 있으므로 가장 적절한 응답이다.
(C) **인칭 오류 오답:** 질문에 their가 가리킬 만한 대상이 없으며, 소등해 달라는 요청에 전화번호를 묻는 것은 맥락에 맞지 않다.

5 W-Am Will you contact me if you have any more technical difficulties?
  W-Br (A) The restaurant is called Buddy's Café.
      (B) Press the start button.
      (C) I have your business card.

기술적인 문제가 더 있으면 저에게 연락 주시겠어요?
(A) 그 식당 이름은 버디스 카페예요.
(B) 시작 버튼을 누르세요.
(C) 당신의 명함을 갖고 있어요.

어휘 **contact** 연락하다 **technical** 기술적인 **difficulty** 문제 **press** 누르다 **business card** 명함

해설 **부탁·요청 의문문**

(A) **연상 어휘 오답:** 질문의 contact에서 연상 가능한 called를 이용한 오답이다. 참고로, 보기의 called는 '~라고 불리는'이라는 의미이다.

(B) **연상 어휘 오답:** 질문의 technical difficulties에서 연상 가능한 해결 방법(Press the start button)을 이용한 오답이다.

(C) **정답:** 기술적인 문제가 더 있으면 연락하겠냐는 질문에 명함을 가지고 있다(I have your business card)며 우회적으로 그렇게 하겠다는 의사를 밝히고 있으므로 가장 적절한 응답이다.

6 W-Br Shall we brainstorm a list of ideas for the music festival?
M-Cn (A) It was mainly classical music.
(B) Yes, I have a lot of suggestions.
(C) We had a great time, thanks.

음악 축제 아이디어를 브레인스토밍 해 볼까요?
(A) 주로 고전음악이었어요.
(B) 네, 제가 제안할 게 많아요.
(C) 아주 즐거웠어요. 고마워요.

어휘 **brainstorm** 브레인스토밍 하다 **mainly** 주로 **a lot of** 많은 **suggestion** 제안

해설 **제안·권유 의문문**

(A) **단어 반복 오답:** 질문의 music을 반복 이용한 오답이다.

(B) **정답:** 음악 축제 아이디어를 브레인스토밍 해보자는 제안에 Yes라고 동의한 뒤, 제안할 게 많다(have a lot of suggestions)고 덧붙이고 있으므로 정답이다.

(C) **연상 어휘 오답:** 질문의 music festival에서 연상 가능한 had a great time을 이용한 오답으로, 감상을 묻는 질문에 적절한 대답이다.

7 M-Cn Excuse me, may I see your staff ID badge?
M-Au (A) It may not be.
(B) That's a good excuse.
(C) I'm just visiting.

실례합니다. 사원증을 볼 수 있을까요?
(A) 아닐지도 몰라요.
(B) 핑계가 좋군요.
(C) 저는 그냥 방문객이에요.

어휘 **staff ID badge** 사원증 **excuse** 핑계, 변명

해설 **허락을 구하는 조동사 의문문 (May)**

(A) **단어 반복 오답:** 질문의 may를 반복 이용한 오답이다.

(B) **다의어 오답:** 질문의 Excuse를 반복한 오답으로, 질문에서 excuse는 '용납하다'라는 뜻의 동사, 보기에서는 '핑계'라는 뜻의 명사로 쓰였다.

(C) **정답:** 사원증을 보여 달라는 요청에 그냥 방문객(I'm just visiting)이라고 대답해 직원이 아님을 밝히고 있으므로 가장 적절한 응답이다.

8 W-Am Does the bus stop at Baker Street?
M-Cn (A) Here's the schedule.
(B) A one-way ticket.
(C) No, I don't have any.

그 버스는 베이커 가에서 정차하나요?
(A) 여기 시간표가 있습니다.
(B) 편도 차표입니다.
(C) 아니요, 하나도 없어요.

어휘 **one-way** 편도

해설 **사실을 확인하는 조동사 의문문 (Does)**

(A) **정답:** 버스가 베이커 가에 정차하는지 묻는 질문에 여기 시간표가 있다(Here's the schedule)며 정보 확인처를 제공하고 있으므로 가장 적절한 응답이다.

(B) **연상 어휘 오답:** 질문의 bus에서 연상 가능한 one-way ticket을 이용한 오답이다.

(C) **관련 없는 오답:** 소유 여부를 묻는 질문에 적합한 대답이다.

9 M-Au Have you ever managed a development team?
W-Br (A) Her name is Anna.
(B) Yes, I have lots of leadership experience.
(C) It's being developed.

개발팀 관리를 해 보셨나요?
(A) 그녀의 이름은 안나입니다.
(B) 네, 저는 지도자 경력이 많습니다.
(C) 그것은 개발되는 중입니다.

어휘 **manage** 관리하다 **development** 개발 **experience** 경험, 경력

해설 **경험을 확인하는 조동사 의문문 (Have)**

(A) **인칭 오류 오답:** 질문에 Her가 가리킬 만한 대상이 없으며, 특정인의 이름을 묻는 질문에 적합한 대답이다.

(B) **정답:** 개발팀 관리 경험을 확인하는 질문에 Yes라고 긍정한 후, 경력이 많다(I have lots of leadership experience)며 재차 강조하고 있으므로 정답이다.

(C) **파생어 오답:** 질문의 development와 파생어 관계인 developed를 이용한 오답이다.

10 W-Am Please return these books to the library by June second.
M-Cn (A) The online catalog.
(B) Those records are at city hall.
(C) I'll put that date on my calendar.

이 책들을 6월 2일까지 도서관에 반납해 주세요.
(A) 온라인 목록이에요.
(B) 그 기록들은 시청에 있어요.
(C) 달력에 그 날짜를 표시해 둘게요.

어휘 **return** 반환하다, 돌려주다 **library** 도서관 **records** 기록물 **put ~ on one's calendar** ~을 달력에 표시하다

해설 **요청문**

(A) **연상 어휘 오답:** 요청문의 library에서 연상 가능한 online catalog를 이용한 오답이다.

(B) **연상 어휘 오답:** 요청문의 library에서 연상 가능한 records를 이용한 오답이다.

(C) **정답:** 책들을 6월 2일까지 도서관에 반납해 달라는 요청에 달력에 날짜를 표시해 두겠다(put that date on my calendar)며 우회적으로 수락하고 있으므로 가장 적절한 응답이다.

11 M-Au Should I attach the price tags to the back of the items?

M-Cn (A) Yes, that would be great, thanks.
(B) Sorry, all our sales are final.
(C) It's near the discount table.

제가 가격표를 물건 뒤쪽에 붙일까요?
(A) 네, 그렇게 해 주면 좋죠, 고마워요.
(B) 미안해요, 환불이나 교환이 안됩니다.
(C) 그건 할인표 근처에 있어요.

어휘 **attach A to B** A를 B에 부착하다 **price tag** 가격표 **All sales are final** 교환 및 환불이 불가능하다

해설 **도움을 제안하는 Should 의문문**

(A) **정답:** 자신이 가격표를 물건 뒤쪽에 붙일지 묻는 질문에 Yes로 긍정한 후 그렇게 해 주면 좋다(that would be great)며 도움 제안을 수락하고 있으므로 정답이다.

(B) **연상 어휘 오답:** 질문의 price에서 연상 가능한 sales를 이용한 오답으로, 교환이나 환불이 가능한지 묻는 질문에 적합한 대답이다.

(C) **연상 어휘 오답:** 질문의 price에서 연상 가능한 discount를 이용한 오답이다.

12 M-Au Can you give me the details for the bridge project?

W-Am (A) We're still in the early planning stage.
(B) I'll buy a can of tomato soup.
(C) For about six months.

교량 프로젝트에 관한 세부사항을 알려 주시겠어요?
(A) 아직 초기 기획 단계입니다.
(B) 저는 토마토 수프 통조림을 하나 살 거예요.
(C) 약 6개월 동안이요.

어휘 **detail** 세부사항 **planning** 기획 **stage** 단계, 시기

해설 **부탁·요청 의문문**

(A) **정답:** 교량 프로젝트에 관한 세부사항을 알려 달라는 요청에 아직 초기 기획 단계(We're still in the early planning stage)라며 우회적으로 알려줄 내용이 많지 않음을 암시하고 있으므로 가장 적절한 응답이다.

(B) **다의어 오답:** 질문의 Can을 반복 사용한 오답으로, 질문에서 can은 조동사이지만 보기에서는 '통조림'이라는 의미의 명사이다.

(C) **관련 없는 오답:** 프로젝트의 기간을 묻는 How long 의문문에 적합한 대답이다.

13 W-Br Why don't we design new shirts for the spring collection?

M-Au (A) Did you turn on the air conditioner?
(B) Yes, the building design is great.
(C) Our current collection is a little outdated.

봄 컬렉션을 위한 새 셔츠를 디자인하면 어떨까요?
(A) 에어컨을 켰나요?
(B) 네, 건물 디자인이 훌륭하네요.
(C) 현재 컬렉션이 약간 구식이긴 하죠.

어휘 **current** 현재의 **outdated** 날짜가 지난, 구식의

해설 **제안·권유 의문문**

(A) **관련 없는 오답:** 새 셔츠를 디자인하자는 제안에 에어컨을 켰는지(Did you turn on the air conditioner?) 반문하는 것은 맥락에 맞지 않다.

(B) **단어 반복 오답 및 다의어 오답:** 질문의 design을 반복 사용한 오답으로, 질문에서는 동사지만 보기에서는 명사이다.

(C) **정답:** 봄 컬렉션을 위해 새 셔츠를 디자인하자는 제안에 현재 컬렉션이 구식이긴 하다(Our current collection is a little outdated)며 우회적으로 제안에 대해 동의하고 있으므로 정답이다.

14 M-Au Do you have a key to the main conference room?

W-Br (A) There's a room directory right over here.
(B) It's not usually locked.
(C) Our meeting was very productive.

대회의실 열쇠를 갖고 있나요?
(A) 여기에 객실 사용 안내책자가 있어요.
(B) 그곳은 대개 잠겨 있지 않아요.
(C) 우리 회의는 매우 생산적이었어요.

어휘 **main** 주요한 **conference room** 회의실 **room directory** 객실 사용 안내책자 **lock** 잠그다 **productive** 생산적인

해설 **사실을 확인하는 조동사 의문문 (Do)**

(A) **단어 반복 오답:** 질문에 나온 room을 반복 이용한 오답이다.

(B) **정답:** 대회의실 열쇠 보유 여부를 묻는 질문에 그곳은 대개 잠겨 있지 않다(It's not usually locked)며 열쇠가 필요 없다는 것을 우회적으로 알리고 있으므로 가장 적절한 응답이다.

(C) **연상 어휘 오답:** 질문의 conference room에서 연상 가능한 단어인 meeting을 이용한 오답이다.

15 W-Am Would you mind fixing the air conditioner this weekend?

M-Au (A) About twenty-two degrees.
(B) I'll see what I can do.
(C) It was a good addition.

이번 주말에 에어컨을 고쳐 주실 수 있어요?
(A) 22도 정도요.
(B) 제가 뭘 할 수 있는지 볼게요.
(C) 더해져서 좋았어요.

어휘 **fix** 고치다 **degree** 도 **addition** 추가(된 것)

해설 **부탁·요청 의문문**
(A) **연상 어휘 오답**: 질문의 air conditioner에서 연상 가능한 twenty-two degrees를 이용한 오답이다.
(B) **정답**: 이번 주말에 에어컨을 고쳐 달라는 요청에 뭘 할 수 있는지 알아 보겠다(I'll see what I can do)며 수락 여부를 보류하고 있으므로 가장 적절한 응답이다.
(C) **유사 발음 오답**: 질문의 air conditioner와 부분적으로 발음이 유사한 addition을 이용한 오답으로, 에어컨을 고쳐 달라는 요청에 더해져서 좋았다(It was a good addition)는 대답은 맥락에도 맞지 않다.

16 W-Br Can I write an article on the festival for Tuesday's newspaper?
M-Cn (A) You're right; it's too long.
(B) The deadline has passed.
(C) He's at the museum now.
화요일 신문에 실을 축제 기사를 제가 써도 될까요?
(A) 맞아요, 너무 길어요.
(B) 마감일이 지났는데요.
(C) 그는 지금 박물관에 있어요.

어휘 **article** 기사 **deadline** 마감일

해설 **허락을 구하는 조동사 의문문 (Can)**
(A) **연상 어휘 오답**: 질문에 나온 article의 길이 측면에서 연상 가능한 too long을 이용한 오답이다.
(B) **정답**: 기사를 써도 되는지 묻는 질문에 마감일이 지났다(The deadline has passed)는 말로 불가능함을 알려주고 있으므로 가장 적절한 응답이다.
(C) **인칭 오류 오답**: 질문에 He를 가리킬 만한 대상이 없으며, 행방을 묻는 Where 의문문에 적합한 대답이다.

17 W-Am Will the fund-raiser be held at the art museum again?
M-Cn (A) Yes, it's there every year.
(B) Luis is getting a raise.
(C) I studied art in college.
모금 행사가 또 그 미술관에서 열릴까요?
(A) 네, 해마다 거기에서 해요.
(B) 루이스의 봉급이 인상될 거예요.
(C) 저는 대학에서 미술을 공부했어요.

어휘 **fund-raiser** 모금 행사, 기금 모금자 **art museum** 미술관 **get a raise** 봉급이 오르다

해설 **사실을 확인하는 조동사 의문문 (Will)**
(A) **정답**: 모금 행사가 그 미술관에서 다시 열릴지 묻는 질문에 Yes라고 한 뒤 해마다 거기에서 한다(it's there every year)고 관련 정보를 덧붙이고 있으므로 정답이다.
(B) **파생어 오답**: 질문의 raiser와 파생어 관계인 raise를 이용한 오답이다.
(C) **단어 반복 오답**: 질문에 나온 art를 반복 이용한 오답이다.

18 M-Au Let's schedule the training session for when you get back.
W-Am (A) It stopped raining.

(B) Actually, in front of the building.
(C) Mornings are best for me.
당신이 돌아오는 때로 교육 시간을 잡읍시다.
(A) 비가 그쳤어요.
(B) 실은, 건물 앞에요.
(C) 오전 시간이 제게는 제일 좋아요.

어휘 **schedule A for B** B로 A의 일정을 잡다 **training session** 교육 시간

해설 **제안문**
(A) **유사 발음 오답**: 제안문의 training과 부분적으로 발음이 유사한 raining을 이용한 오답이다.
(B) **연상 작용 오답**: 제안문의 back에서 연상 가능한 in front of를 이용한 오답이다.
(C) **정답**: 돌아오면 교육 시간을 잡자는 제안에 자신은 오전 시간이 좋다(Mornings are best for me)며 우회적으로 수락 의사를 밝혔으므로 정답이다.

19 W-Br Has Maria finished updating the employee directory?
M-Au (A) She's been out all week.
(B) It's my new e-mail address.
(C) On the interview committee.
마리아가 직원 명부 갱신 작업을 마쳤나요?
(A) 그녀는 일주일 내내 자리에 없었어요.
(B) 저의 새 이메일 주소예요.
(C) 면접위원회 소속이에요.

어휘 **employee directory** 직원 명부 **be out** 자리를 비우다 **all week** 일주일 내내 **committee** 위원회

해설 **완료 상태를 확인하는 조동사 의문문 (Has)**
(A) **정답**: 마리아가 직원 명부 갱신 작업을 마쳤는지 묻는 질문에 그녀가 일주일 내내 자리에 없었다(She's been out all week)고 말함으로써 작업이 끝나지 않았다는 것을 드러내고 있으므로 가장 적절한 응답이다.
(B) **연상 어휘 오답**: 질문의 employee directory에서 연상 가능한 표현인 new e-mail address를 이용한 오답이다.
(C) **관련 없는 오답**: 명부 작업을 완료했는지 묻는 질문에 면접위원회 소속(On the interview committee)이라는 대답은 맥락에 맞지 않다.

20 W-Am How about stopping at that new coffee shop on our way to work tomorrow?
W-Br (A) A pound of coffee, please.
(B) By five o'clock, I think.
(C) OK, I've heard good things about it.
내일 출근하는 길에 새로 생긴 커피숍에 들르는 게 어때요?
(A) 커피 1파운드 주세요.
(B) 제 생각엔 5시까지예요.
(C) 좋아요, 거기 괜찮다는 이야기 많이 들었어요.

어휘 **on one's way to** ~로 가는 도중에

해설 **제안·권유 의문문**
(A) **단어 반복 오답**: 질문의 coffee를 반복 이용한 오답이다.

(B) **연상 어휘 오답:** 질문의 tomorrow에서 연상 가능한 시간 표현(five o'clock)을 이용한 오답이다.

(C) **정답:** 새로 생긴 커피숍에 들르자는 제안에 OK로 동의한 후, 그곳이 괜찮다는 이야기를 들었다(I've heard good things about it)며 덧붙이고 있으므로 정답이다.

21 W-Br Could you e-mail me next month's sales projections?

W-Am (A) Yes, I bought it on sale.
(B) Thank you for the invitation.
(C) Noriko sent it to you this morning.

다음 달 판매 추정치를 이메일로 보내주실 수 있나요?
(A) 네, 할인해서 샀어요.
(B) 초대해 주셔서 감사합니다.
(C) 노리코가 오늘 아침에 보내드렸어요.

어휘 projection 예상, 추정(치) invitation 초대

해설 부탁·요청 의문문
(A) **다의어 오답:** 질문의 sales의 단수형인 sale을 다른 의미로 이용한 오답이다. 질문에서는 '판매', 보기에서는 '할인'이라는 뜻으로 쓰였다.
(B) **연상 어휘 오답:** 질문의 e-mail에서 연상 가능한 invitation을 이용한 오답이다.
(C) **정답:** 다음 달 판매 추정치를 이메일로 보내 달라는 요청에 노리코가 오늘 아침에 보냈다(Noriko sent it to you this morning)며 자신이 이메일을 보낼 필요가 없음을 나타내고 있으므로 가장 적절한 응답이다.

22 W-Am Should we change the deadline for completing the sales report?

M-Au (A) They're not for sale.
(B) No, it's almost finished.
(C) Yes, she's a reporter.

판매 보고서 완료 마감시한을 변경해야 할까요?
(A) 그것들은 비매품이에요.
(B) 아뇨, 거의 다 끝났어요.
(C) 네, 그녀는 기자예요.

어휘 complete 완성하다 sales report 판매 보고서 not for sale 비매품인 reporter 기자

해설 조언을 구하는 조동사 의문문 (Should)
(A) **단어 반복 오답:** 질문에 나온 sales의 단수형인 sale을 이용한 오답이다.
(B) **정답:** 판매 보고서 마감시한을 변경할 지 묻는 질문에 No라고 부정한 뒤, 거의 다 끝났다(it's almost finished)며 구체적인 이유를 설명하고 있으므로 정답이다.
(C) **파생어 오답:** 질문에 언급된 report의 파생어인 reporter를 이용한 오답으로, 특정인의 신분을 확인하는 질문에 적합한 대답이다.

23 M-Cn Did you have a chance to read my comments?

W-Br (A) It's made from cotton.
(B) I've been in a meeting all morning.
(C) That's in the fiction section.

제 논평을 읽을 기회가 있었나요?
(A) 그것은 면으로 제조되었어요.
(B) 오전 내내 회의를 하고 있었어요.
(C) 그것은 소설 코너에 있어요.

어휘 comment 논평, 의견 be made from ~로 만들어지다 cotton 면, 목화 fiction 허구, 소설

해설 사실을 확인하는 조동사 의문문 (Did)
(A) **관련 없는 오답:** 제품의 소재를 묻는 질문에 적합한 대답이다.
(B) **정답:** 논평을 읽을 기회가 있었는지 묻는 질문에 오전 내내 회의에 참석했다(I've been in a meeting all morning)며 읽지 못했음을 드러내고 있으므로 가장 적절한 응답이다.
(C) **연상 어휘 오답:** 질문의 read에서 연상 가능한 fiction을 이용한 오답이다.

24 W-Am Remember to leave your locker key at the front desk.

M-Cn (A) The ten A.M. exercise class.
(B) A pair of gym shoes.
(C) Don't worry, I will.

사물함 열쇠를 잊지 말고 안내 데스크에 두고 가세요.
(A) 오전 10시 운동 수업이에요.
(B) 운동화 한 켤레요.
(C) 걱정 마세요. 그럴게요.

어휘 leave 남겨 두다 front desk 안내 데스크 exercise class 운동 수업 a pair of 한 쌍의, 한 켤레의 gym shoes (고무 밑창이 달린) 운동화

해설 요청문
(A) **연상 어휘 오답:** 요청문의 locker에서 연상 가능한 exercise를 이용한 오답이다.
(B) **연상 어휘 오답:** 요청문의 locker에서 연상 가능한 gym을 이용한 오답이다.
(C) **정답:** 사물함 열쇠를 안내 데스크에 두고 가라는 요청에 걱정 말라(Don't worry)며 그러겠다(I will)고 수락하고 있으므로 정답이다.

25 W-Am Would you like me to look over your résumé before you send it?

W-Br (A) He's a good candidate.
(B) Oh, I'd appreciate that!
(C) Look in the directory.

이력서를 보내기 전에 제가 검토해 줄까요?
(A) 그는 훌륭한 지원자예요.
(B) 아, 그래 주시면 감사하겠습니다!
(C) 안내 책자를 보세요.

어휘 résumé 이력서 candidate 지원자, 후보자 appreciate 감사하다 directory 안내 책자

해설 제안·권유 의문문
(A) **연상 어휘 오답:** 질문의 résumé에서 연상 가능한 candidate를 이용한 오답이다.
(B) **정답:** 이력서를 보내기 전에 검토해 주겠다는 제안에 그래 주면 감사하겠다(I'd appreciate that)며 도움을 받아들

이고 있으므로 정답이다.

(C) **단어 반복 오답:** 질문의 look을 반복 사용한 오답이다.

⑪ 평서문

ETS CHECK-UP   본책 p. 88

1 (C)   **2** (A)   **3** (B)   **4** (C)   **5** (B)   **6** (C)

1 W-Am   We've added a lot of new employees lately.

M-Cn   (A) She didn't arrive until last week.
(B) Move it up a little more, please.
(C) I'm glad management finally approved the budget.

우리가 최근에 신입사원을 많이 충원했어요.
(A) 그녀는 지난주까지 도착하지 않았어요.
(B) 그걸 조금 더 당겨 주세요.
(C) 경영진이 마침내 예산을 승인해서 기뻐요.

어휘   add 추가하다   a lot of 많은   employee 직원   lately 최근에

해설   **정보 전달의 평서문**

(A) **연상 어휘 오답 및 인칭 오류 오답:** 평서문의 lately에서 연상 가능한 last week을 이용한 오답으로, 평서문에 She가 가리킬 만한 대상이 없다.
(B) **관련 없는 오답:** 회사의 충원 관련 소식에 그걸 조금 더 당겨 달라(Move it up a little more)는 요청은 맥락에 맞지 않다.
(C) **정답:** 최근에 신입사원을 많이 충원했다는 말에 경영진이 마침내 예산을 승인해서(management finally approved the budget) 기쁘다며 관련 의견을 제시하고 있으므로 가장 적절한 응답이다.

2 M-Cn   We've been having problems with the bottling machine today.

W-Br   (A) I'll come and take a look at it.
(B) On the manufacturer's Web site.
(C) Six bottles in a case.

오늘 병을 채우는 기계에 문제가 있어요.
(A) 제가 가서 한번 볼게요.
(B) 제조업체의 웹사이트예요.
(C) 한 상자에 여섯 병이요.

어휘   bottling 병에 채워넣기   manufacturer 제조업자

해설   **상황(문제점) 설명의 평서문**

(A) **정답:** 병을 채우는 기계에 문제가 있다는 말에 가서 한번 보겠다(I'll come and take a look at it)며 도움을 제안하고 있으므로 가장 적절한 응답이다.
(B) **연상 어휘 오답:** 질문의 machine에서 연상 가능한 manufacturer를 이용한 오답이다.
(C) **파생어 오답:** 질문의 bottling과 파생어 관계인 bottles를 이용한 오답이다.

3 W-Br   I would like some information about your upcoming tours.

M-Au   (A) Last November with three colleagues.
(B) Sure, here are a few brochures.
(C) Eight round-trip tickets.

다가오는 여행에 관한 정보를 좀 얻고 싶어요.
(A) 지난 11월에 동료 세 명과 갔어요.
(B) 그래요. 여기 안내책자가 몇 권 있어요.
(C) 왕복 티켓 여덟 장이요.

어휘   upcoming 다가오는, 곧 있을   colleague 동료   brochure 안내책자   round-trip ticket 왕복 티켓

해설   **부탁·요청의 평서문**

(A) **관련 없는 오답:** 시점을 묻는 When 의문문에 적합한 대답이다.
(B) **정답:** 다가오는 여행에 관한 정보를 원한다(I would like some information)는 말에 Sure라고 요청을 수락한 뒤, 정보가 있는 안내책자를 제공(here are a few brochures)하고 있으므로 정답이다.
(C) **연상 어휘 오답:** 평서문의 tours에서 연상 가능한 round-trip tickets를 이용한 오답이다.

4 M-Au   I think we should have Ken make the presentation.

M-Cn   (A) Conference room B.
(B) Everyone was present.
(C) But Carmen knows the material better.

제 생각엔 켄에게 발표를 시켜야 할 것 같아요.
(A) B 회의실에서요.
(B) 모두 참석했어요.
(C) 하지만 그 자료는 카르멘이 더 잘 알잖아요.

어휘   make a presentation 발표하다   conference room 회의실   present 참석한, 출석한   material 자료

해설   **제안·권유의 평서문**

(A) **연상 어휘 오답:** 평서문의 presentation에서 연상 가능한 Conference room을 이용한 오답으로, 장소를 묻는 Where 의문문에 적합한 대답이다.
(B) **파생어 오답 및 다의어 오답:** 평서문의 presentation과 파생어 관계인 present를 이용한 오답이다. 참고로, present는 동사로서 '제시하다, 발표하다', 형용사로서는 '참석한, 출석한'이라는 뜻을 나타낸다.
(C) **정답:** 켄에게 발표를 시켜야 할 것 같다는 제안에 카르멘이 자료에 대해 더 잘 안다(Carmen knows the material better)며 우회적으로 반대 의견을 제시하고 있으므로 가장 적절한 응답이다.

5 W-Am   This restaurant has the best view in town.

W-Br   (A) Three locations.
(B) You haven't been to Clover's Restaurant, have you?
(C) My server gave me the bill.

이 식당이 시내에서 전망이 가장 좋아요.
(A) 세 곳이에요.
(B) 클로버 레스토랑에 안 가 보셨군요, 그렇죠?
(C) 종업원이 제게 계산서를 줬어요.

어휘 view 전망, 경치   location 지점, 장소   server 시중
드는 사람

해설 **감상·평가의 평서문**
(A) **연상 어휘 오답:** 평서문의 restaurant에서 연상 가능한
locations를 이용한 오답으로, 수를 묻는 How many
의문문에 적합한 대답이다.
(B) **정답:** 이 식당이 시내에서 전망이 가장 좋다는 개인적인 의
견에 클로버 레스토랑에 가 본 적이 없지 않냐(haven't
been to Clover's Restaurant)고 되물어 더 나은 곳이
있다는 사실을 우회적으로 밝히고 있으므로 가장 적절한
응답이다.
(C) **연상 어휘 오답:** 평서문의 restaurant에서 연상 가능한
server를 이용한 오답이다.

6 M-Au I haven't seen Ms. Kim in three months.
W-Am (A) The head of the marketing
department.
(B) Oh, let me show it to you.
(C) She's been away on business.

김 씨를 석 달간 못 봤어요.
(A) 마케팅 부서장입니다.
(B) 아, 제가 보여드리겠습니다.
(C) 출장 가서 안 계세요.

어휘 be away on business 출장으로 자리를 비우다

해설 **상황 설명의 평서문**
(A) **관련 없는 오답:** 김 씨의 직업이나 직책을 묻는 Who 의문
문에 적합한 대답이다.
(B) **연상 어휘 오답 및 인칭 오류 오답:** 평서문의 seen에서 연
상 가능한 show를 이용한 오답으로, 평서문에 it이 가리
킬 만한 대상도 없다.
(C) **정답:** 김 씨를 석 달간 못 봤다는 말에 그녀가 출장을 갔다
(She's been away on business)며 안 보이는 이유를
설명하고 있으므로 가장 적절한 응답이다.

⑫ 부가 의문문

ETS **CHECK-UP**				본책 p. 89
1 (B)	**2** (C)	**3** (A)	**4** (C)	**5** (A)	**6** (A)

1 M-Au You're working until the store closes
tomorrow, aren't you?
W-Am (A) It always opens that early.
(B) I do every Thursday.
(C) Those are stored on the top shelf.

내일 점포 문을 닫을 때까지 근무하실 거죠, 그렇지 않
나요?
(A) 항상 그렇게 일찍 문을 열어요.
(B) 목요일마다 그렇게 근무해요.
(C) 그것들은 꼭대기 선반에 있어요.

어휘 store 점포; 보관[저장]하다   top shelf 꼭대기 선반

해설 **사실을 확인하는 부가 의문문**
(A) **연상 어휘 오답:** 질문의 closes에서 연상 가능한 opens
를 이용한 오답이다.
(B) **정답:** 내일 점포 문을 닫을 때까지 근무하는지 묻는 질문에
목요일마다 그렇게 근무한다(I do every Thursday)며
관련 정보를 알려주고 있으므로 가장 적절한 응답이다.
(C) **파생어 오답 및 다의어 오답:** 질문에 언급된 store와 파생
어 관계인 stored를 이용한 오답이다. 질문의 store는 명
사로 '점포'라는 의미이지만 보기에서는 '보관하다'라는
동사로 쓰였다.

2 W-Am Salua tested the program, didn't she?
W-Br (A) My new laptop.
(B) After the test.
(C) I'll ask her.

살루아가 프로그램을 테스트했죠, 그렇지 않나요?
(A) 저의 새 노트북 컴퓨터예요.
(B) 테스트하고 나서요.
(C) 제가 물어볼게요.

어휘 laptop 노트북 컴퓨터

해설 **사실을 확인하는 부가 의문문**
(A) **연상 어휘 오답:** 질문의 program에서 연상 가능한
laptop을 이용한 오답이다.
(B) **파생어 오답:** 질문에 나온 tested의 명사형인 test를 이
용한 오답이다.
(C) **정답:** 살루아의 프로그램 테스트 여부를 묻는 질문에 그녀
에게 물어보겠다(I'll ask her)고 말함으로써 자신이 대답
해 줄 수 없음을 나타내고 있으므로 가장 적절한 응답이다.

3 M-Cn You've already signed the contract,
haven't you?
W-Br (A) I'll do it right now.
(B) Yes, I turned it off.
(C) What does the sign say?

계약서에 벌써 서명하셨죠, 그렇지 않나요?
(A) 지금 바로 할게요.
(B) 네, 제가 껐어요.
(C) 표지판에 뭐라고 쓰여 있나요?

어휘 sign 서명하다; 표지판, 간판   contract 계약(서)

해설 **사실을 확인하는 부가 의문문**
(A) **정답:** 계약서에 서명했는지 묻는 질문에 지금 바로 하겠다
(I'll do it right now)는 표현으로 아직 서명하지 않았음
을 우회적으로 밝히고 있으므로 정답이다.
(B) **관련 없는 오답:** 등이나 기기를 껐는지 확인하는 질문에 적
합한 대답이다.

(C) **다의어 오답:** 질문의 sign을 반복 이용한 오답으로, 질문에서는 '서명하다', 보기에서는 '표지판'이라는 의미로 쓰였다.

4 M-Au This smartphone has a two-year warranty, right?
W-Am (A) I don't have his number.
(B) It has a long battery life.
(C) No, it's only for one year.

이 스마트폰은 2년간의 품질 보증서가 있죠, 그렇죠?
(A) 저는 그의 번호를 몰라요.
(B) 그건 배터리 수명이 길어요.
(C) 아니요. 1년간만요.

어휘 warranty 품질 보증서

해설 사실을 확인하는 부가 의문문
(A) **연상 어휘 오답 및 인칭 오류 오답:** 질문의 smartphone에서 연상 가능한 number를 이용한 오답으로, 질문에 his가 가리킬 만한 대상도 없다.
(B) **연상 어휘 오답:** 질문의 smartphone에서 연상 가능한 long battery life를 이용한 오답이다.
(C) **정답:** 스마트폰에 2년간의 품질 보증서가 있는지 확인하는 질문에 No라고 부정한 후, 1년간만(it's only for one year)이라며 상대방이 잘못 알고 있는 정보를 수정하고 있으므로 정답이다.

5 M-Au The computer system is really slow today, isn't it?
M-Cn (A) I haven't noticed.
(B) Maybe later, thanks.
(C) No, it's on the table.

오늘은 컴퓨터 시스템이 정말 느리네요, 그렇지 않아요?
(A) 저는 눈치채지 못했어요.
(B) 나중에요. 고마워요.
(C) 아뇨, 탁자 위에 있어요.

어휘 notice 눈치채다, 알아차리다 **Maybe later.** (거절할 때) 나중에요.

해설 동의를 구하는 부가 의문문
(A) **정답:** 오늘 컴퓨터 시스템이 느리다는 말에, 눈치채지 못했다(I haven't noticed)며 우회적으로 반대 의견을 제시하고 있으므로 정답이다.
(B) **관련 없는 오답:** 제안·권유의 의문문에 적합한 대답이다.
(C) **연상 어휘 오답:** 질문의 computer에서 연상 가능한 on the table을 이용한 오답으로, 행방을 확인하는 질문에 적합한 대답이다.

6 W-Am You'll have the purchase order finalized by tomorrow, won't you?
M-Cn (A) Yes, it's almost done.
(B) Usually at the shopping center.
(C) He arrived yesterday.

구매 주문서를 내일까지 마무리할 거죠, 그렇지 않아요?
(A) 네, 거의 다 됐어요.
(B) 대개 쇼핑센터에서요.
(C) 그는 어제 도착했어요.

어휘 purchase 구매 finalize 완결하다, 마무리하다 arrive 도착하다

해설 사실을 확인하는 부가 의문문
(A) **정답:** 구매 주문서를 내일까지 마무리할 계획인지 확인하는 질문에 그렇다(Yes)고 한 후, 거의 다 됐다(it's almost done)고 덧붙이고 있으므로 정답이다.
(B) **연상 어휘 오답:** 질문의 purchase order에서 연상 가능한 shopping center를 이용한 오답으로, 장소를 묻는 Where 의문문에 적합한 대답이다.
(C) **연상 어휘 오답 및 인칭 오류 오답:** 질문의 tomorrow에서 연상 가능한 yesterday를 이용한 오답으로, 질문에 He가 가리킬 만한 대상도 없다.

LISTENING PRACTICE 본책 p. 91

1 (C) **2** (C) **3** (B) **4** (B) **5** (C) **6** (C)

1 M-Cn I can't reach that box on the top shelf.
W-Am (A) Maybe it's in the mail room.
(B) No, I don't have enough space.
(C) There's a ladder in the closet.

맨 위 선반에 있는 저 상자에 손이 닿질 않네요.
(A) 아마 그건 우편물실에 있을 거예요.
(B) 아니요, 저한테는 충분한 공간이 없어요.
(C) 벽장에 사다리가 있어요.

어휘 reach 닿다, 뻗다 shelf 선반 ladder 사다리 closet 벽장

해설 상황(문제점)을 설명하는 평서문
(A) **연상 어휘 오답:** 평서문의 box에서 연상 가능한 장소(mail room)를 이용한 오답이다.
(B) **연상 어휘 오답:** 평서문의 box에서 연상 가능한 space를 이용한 오답이다.
(C) **정답:** 상자에 손이 닿지 않는다는 문제를 언급하자 벽장에 사다리가 있다(There's a ladder)며 우회적으로 해결책을 제시하고 있으므로 가장 적절한 응답이다.

Possible Answers
Let me **get that for you**. 제가 꺼내드릴게요.
What's in it? 그 안에 뭐가 있나요?

2 M-Au We already processed Ms. Jackson's order, correct?
W-Am (A) A store in Riverdale.
(B) I've read this book before.
(C) Yes, it shipped this morning.

잭슨 씨의 주문 건은 이미 처리했죠, 그렇죠?
(A) 리버데일에 있는 상점요.
(B) 전에 이 책을 읽어봤어요.
(C) 네, 오늘 아침에 발송됐습니다.

어휘 process 처리하다 order 주문 ship 배송하다, 발송되다

해설 사실을 확인하는 부가 의문문

(A) **연상 어휘 오답:** 질문의 order에서 연상 가능한 store를 이용한 오답이다.

(B) **유사 발음 오답:** 질문의 already와 부분적으로 발음이 유사한 read를 이용한 오답으로, 특정 도서를 읽어보라는 제안에 적합한 대답이다.

(C) **정답:** 주문을 처리했는지 확인하는 질문에 그렇다(Yes)고 한 후, 오늘 아침에 발송됐다(it shipped this morning)며 관련 정보를 덧붙이고 있으므로 정답이다.

Possible Answers

No, **I'll do it later**.
아니요, 제가 이따가 할 거예요.

She canceled her order at the last minute.
그녀가 막판에 주문을 취소했어요.

3 M-Cn I suggest that the employee orientation start after the holiday.

W-Br (A) The holiday party was a success.

(B) Let's see when the trainer's available.

(C) I think we hired seven interns.

직원 오리엔테이션을 휴가 이후에 시작할 것을 제안합니다.

(A) 휴가 파티는 성공적이었어요.

(B) 교육 담당자가 언제 시간이 되는지 봅시다.

(C) 우리가 인턴 7명을 채용했던 것 같아요.

어휘 suggest 제안하다 employee 직원 available 시간이 되는

해설 제안·권유의 평서문

(A) **단어 반복 오답:** 평서문의 holiday를 반복한 오답이다.

(B) **정답:** 직원 오리엔테이션을 휴가 이후에 시작하자는 제안에 트레이너가 언제 시간이 되는지 알아보자(Let's see when the trainer's available)며 대답을 보류하고 있으므로 가장 적절한 응답이다.

(C) **연상 어휘 오답:** 평서문의 employee orientation에서 연상 가능한 hired seven interns를 이용한 오답이다.

Possible Answers

I agree. 동의해요.

But we've **already made the arrangements**.
하지만 이미 준비를 다 마쳤잖아요.

4 M-Au You've been having trouble with your e-mail recently, haven't you?

W-Am (A) I sent it earlier.

(B) It's been fixed.

(C) We can do that.

요즘 이메일에 문제가 있으시죠, 그렇지 않나요?

(A) 제가 일찍 보냈어요.

(B) 고쳐졌어요.

(C) 그거 우리가 할 수 있어요.

어휘 recently 최근, 요즘 fix 수리하다, 고치다

해설 사실을 확인하는 부가 의문문

(A) **연상 어휘 오답:** 질문의 e-mail에서 연상 가능한 sent를 이용한 오답이다.

(B) **정답:** 최근 이메일에 문제가 있지 않았느냐는 질문에 이미 고쳤다(It's been fixed)며 문제가 해결되었음을 밝히고 있으므로 정답이다.

(C) **관련 없는 오답:** 문제 여부를 확인하는 질문에 할 수 있다는 대답은 맥락에 맞지 않다.

Possible Answers

Yes, I hope **it will be fixed soon**.
네, 어서 고쳐지면 좋겠어요.

Do you **have the same problem**, too?
당신도 같은 문제를 겪고 계세요?

5 M-Cn This is the most challenging job I've ever had.

M-Au (A) It's the most likely solution.

(B) Whenever you're ready.

(C) Where did you work before this?

이 일은 이제껏 제가 해본 것 중에 가장 힘든 일이에요.

(A) 가장 그럴듯한 해결책이군요.

(B) 당신이 준비되면 언제든지요.

(C) 이전에는 어디서 일했나요?

어휘 challenging 도전적인, 힘든 solution 해결책

해설 감상·평가의 평서문

(A) **단어 반복 오답:** 평서문에 언급된 the most를 반복 이용한 오답이다.

(B) **관련 없는 오답:** 시점을 묻는 When 의문문에 적합한 대답이다.

(C) **정답:** 이제껏 해 본 일 중에 가장 어렵다는 말에 이전 근무처 정보를 물어보는 것으로 대화를 이어가고 있으므로 가장 적절한 응답이다.

Possible Answers

I'm sure **you'll get used to it** soon.
곧 익숙해질 겁니다.

If you **need any help**, just let me know.
도움이 필요하면 알려주세요.

6 W-Am Dr. Chen is seeing patients tomorrow, isn't she?

M-Au (A) That's the new medical center.

(B) She's very patient.

(C) No, not until Monday.

첸 박사님이 내일 진료를 볼 예정이죠, 그렇지 않나요?

(A) 저게 새로운 의료센터예요.

(B) 그녀는 인내심이 강해요.

(C) 아니요, 월요일은 되어야 해요.

어휘 patient 환자; 인내심이 강한 medical 의료의

해설 사실을 확인하는 부가 의문문

(A) **연상 어휘 오답:** 질문의 Dr.(의사)와 patients에서 연상 가능한 장소(medical center)를 이용한 오답이다.

(B) **다의어 오답:** 질문의 patient를 다른 의미로 반복 이용한 오답으로, 질문에서는 '환자', 보기에서는 '인내심이 강한'이라는 뜻으로 썼다.

(C) **정답:** 첸 박사가 내일 진료하는지 확인하는 질문에 No라고 부정한 뒤 월요일은 되어야 한다고 덧붙이고 있으므로 정답이다.

Possible Answers

She's **away on vacation** until May 20.
그녀는 5월 20일까지 휴가예요.

Let me **check her schedule**.
제가 그녀의 일정표를 확인해볼게요.

ETS TEST
본책 p. 92

1 (A)	2 (C)	3 (A)	4 (A)	5 (C)
6 (C)	7 (B)	8 (B)	9 (A)	10 (C)
11 (B)	12 (B)	13 (B)	14 (A)	15 (C)
16 (A)	17 (B)	18 (C)	19 (C)	20 (C)
21 (B)	22 (B)	23 (A)	24 (B)	25 (C)

1 **W-Am** A lot of people are reading mystery novels this summer.
M-Cn (A) Yes, they seem to be popular.
(B) Ending in July.
(C) I had a great vacation.

올 여름 많은 사람들이 추리소설을 읽고 있네요.
(A) 네, 인기 있는 것 같아요.
(B) 7월에 끝나요.
(C) 멋진 휴가를 보냈어요.

어휘 seem 보이다 popular 인기 있는

해설 정보 전달의 평서문

(A) **정답:** 올 여름 많은 사람들이 추리소설을 읽고 있다는 말에 Yes라고 동조한 후, 인기 있는 것 같다(they seem to be popular)며 자신의 생각을 덧붙이고 있으므로 정답이다.

(B) **연상 어휘 오답:** 평서문의 summer에서 연상 가능한 July와 novels에서 연상 가능한 Ending을 이용한 오답이다.

(C) **연상 어휘 오답:** 평서문의 summer에서 연상 가능한 vacation을 이용한 오답이다.

2 **M-Au** The marketing group's computers are being updated today, aren't they?
W-Am (A) About two years old.
(B) We don't sell electronics at this store.
(C) Mine was updated yesterday.

마케팅 그룹의 컴퓨터들이 오늘 업데이트되고 있죠, 그렇지 않나요?
(A) 2년 정도 됐어요.
(B) 이 매장에서는 전자제품을 판매하지 않습니다.
(C) 제 것은 어제 업데이트됐어요.

어휘 electronics 전자 제품

해설 사실을 확인하는 부가 의문문

(A) **관련 없는 오답:** 기간을 묻는 How long 의문문에 적합한 대답이다.

(B) **연상 어휘 오답:** 질문의 computers에서 연상 가능한 electronics를 이용한 오답이다.

(C) **정답:** 마케팅 그룹의 컴퓨터들이 오늘 업데이트되고 있는지 확인하는 질문에 자신의 것은 어제 업데이트됐다(Mine was updated yesterday)며 오늘만 해당되는 것이 아님을 드러내고 있으므로 가장 적절한 응답이다.

3 **W-Br** We still haven't received our paper shipment this week.
M-Cn (A) I have some extra paper.
(B) Accounts receivable.
(C) No, that's my stapler.

이번 주 용지 배송을 아직 받지 못했어요.
(A) 제게 여분의 종이가 좀 있어요.
(B) 미수금이에요.
(C) 아뇨, 그건 제 스테이플러예요.

어휘 receive 받다 shipment 선적, 배송(품) extra 여분의 accounts receivable 미수금, 외상

해설 상황(문제점) 설명의 평서문

(A) **정답:** 이번 주 용지 배송을 아직 받지 못했다는 말에 여분의 종이가 있다(have some extra paper)며 본인의 종이를 써도 된다는 것을 암시하고 있으므로 가장 적절한 응답이다.

(B) **파생어 오답:** 평서문에 언급된 received와 파생어 관계인 receivable을 이용한 오답이다.

(C) **연상 어휘 오답:** 평서문의 paper에서 연상 가능한 stapler를 이용한 오답이다.

4 **W-Am** You approved the renovations to the break room, didn't you?
M-Cn (A) Yes—construction will begin next week.
(B) His office is on the second floor.
(C) I already took a break this morning.

휴게실 수리 승인하셨죠?
(A) 네—공사는 다음 주에 시작돼요.
(B) 그의 사무실은 2층에 있어요.
(C) 전 오늘 아침에 벌써 잠깐 쉬었어요.

어휘 approve 승인하다 renovation 수리, 보수 break 휴식 (시간) construction 공사

해설 사실을 확인하는 부가 의문문

(A) **정답:** 휴게실 수리를 승인했는지를 확인하는 질문에 그렇다(Yes)고 한 후, 공사는 다음 주에 시작된다(construction will begin next week)며 구체적인 일정을 덧붙이고 있으므로 정답이다.

(B) **연상 어휘 오답 및 인칭 오류 오답:** 질문의 break room에서 연상 가능한 office를 이용한 오답으로, 질문에 His가 가리킬 만한 대상도 없다.

(C) **단어 반복 오답:** 질문의 break를 반복 사용한 오답이다.

5 M-Cn I'd like your help with this new software.

M-Au (A) I think it's on the second floor.

(B) Some computers and keyboards.

(C) When's a good time for me to stop by?

이 새 소프트웨어와 관련해 도와 주셨으면 합니다.

(A) 제 생각엔 2층에 있는 것 같아요.

(B) 컴퓨터와 키보드 몇 개요.

(C) 제가 언제 들르면 좋을까요?

어휘 stop by 들르다

해설 부탁·요청의 평서문

(A) 관련 없는 오답: 위치를 묻는 Where 의문문에 적합한 대답이다.

(B) 연상 어휘 오답: 평서문의 software에서 연상 가능한 computers를 이용한 오답이다.

(C) 정답: 소프트웨어와 관련해 도움을 요청하는 말에 언제 들르면 좋을지(When's a good time) 물어서 도와줄 시간에 대한 정보를 구하고 있으므로 가장 적절한 응답이다.

6 W-Am That first speaker was great, wasn't he?

M-Au (A) Yes, it's at eight o'clock.

(B) It's in the meeting room.

(C) I just got here.

저 첫 번째 연사 훌륭했죠, 그렇지 않나요?

(A) 네, 8시였어요.

(B) 그건 회의실에 있어요.

(C) 저는 방금 도착했어요.

어휘 speaker 연사

해설 동의를 구하는 부가 의문문

(A) 관련 없는 오답: 특정 행사의 시간을 확인하는 질문에 적합한 대답이다.

(B) 연상 어휘 오답: 질문의 speaker에서 연상 가능한 meeting room을 이용한 오답이다.

(C) 정답: 첫 번째 연사가 훌륭하지 않았냐는 질문에 방금 도착했다(I just got here)고 말함으로써 연설을 듣지 못해 동의할 수 없음을 나타내고 있으므로 가장 적절한 응답이다.

7 W-Am The company should provide more room to park our cars.

M-Cn (A) Thanks, I just bought it.

(B) There are some spaces behind the building.

(C) A monthly parking pass.

회사가 주차 공간을 더 제공해야만 해요.

(A) 고마워요. 방금 구입했어요.

(B) 건물 뒤편에 공간이 좀 있어요.

(C) 한 달 주차권이에요.

어휘 provide 제공하다 room 공간 monthly 매월의, 한 달에 한 번의 parking pass 주차권

해설 제안·권유의 평서문

(A) 관련 없는 오답: 칭찬에 적절한 응답으로, 의견을 제안하는 평서문과는 어울리지 않는다.

(B) 정답: 회사가 주차 공간을 더 제공해야 한다는 의견에, 건물 뒤편에 공간이 있다(There are some spaces)며 그럴 필요가 없음을 나타내고 있으므로 가장 적절한 응답이다.

(C) 파생어 오답 및 연상 어휘 오답: park의 파생어인 parking과 park our cars에서 연상 가능한 parking pass를 이용한 오답이다.

8 W-Br You've already chosen a menu for the banquet, haven't you?

M-Au (A) The water glasses are on the tray.

(B) Yes, haven't you seen it?

(C) Only five or six guests.

연회에 제공할 메뉴를 이미 골랐죠, 그렇지 않나요?

(A) 물컵은 쟁반 위에 있어요.

(B) 네, 못 보셨어요?

(C) 손님이 대여섯 명뿐이에요.

어휘 choose 고르다 banquet 연회 tray 쟁반

해설 사실을 확인하는 부가 의문문

(A) 연상 어휘 오답: 질문의 menu 및 banquet에서 연상 가능한 water glasses를 이용한 오답이다.

(B) 정답: 연회에 제공할 메뉴를 골랐는지 묻는 질문에 그렇다(Yes)고 한 뒤, 못봤는지(haven't you seen it?) 되묻고 있으므로 정답이다.

(C) 연상 어휘 오답: 질문의 banquet에서 연상 가능한 five or six guests를 이용한 오답이다.

9 M-Au I'd rather not eat at the Italian restaurant.

W-Am (A) But they have a new chef there now.

(B) A dinner meeting with some executives.

(C) Oh, I'll go get another one.

그 이탈리아 식당에서 먹지 않으면 좋겠어요.

(A) 하지만 지금은 그곳에 새 요리사가 왔어요.

(B) 중역 몇 명과 모이는 만찬 회동이에요.

(C) 아, 제가 가서 하나 더 가져올게요.

어휘 would rather not ~하고 싶지 않다 chef 요리사 dinner meeting 만찬 회동

해설 의사 표현의 평서문

(A) 정답: 그 이탈리아 식당에서 먹고 싶지 않다는 의사를 표현하자 그곳에 새 요리사가 왔다(they have a new chef there now)며 설득하려 하고 있으므로 가정 적절한 응답이다. 참고로, they는 식당을 가리킨다.

(B) 연상 어휘 오답: 평서문의 restaurant에서 연상 가능한 dinner를 이용한 오답이다.

(C) 관련 없는 오답: 식당에 대한 의견에 가서 하나 더 가져오겠다(I'll go get another one)는 말은 맥락에 맞지 않다.

10 W-Am The uniforms will be delivered on Friday, right?

M-Au (A) Actually, my office is on the left.

(B) This shirt is too tight.

(C) No, there's a shipping delay.

유니폼은 금요일에 배송될 예정이죠, 그렇죠?

    (A) 사실 제 사무실은 왼편에 있어요.

    (B) 이 셔츠는 너무 꽉 조여요.

    (C) 아니요, 배송 지연이 되고 있어요.

어휘 **deliver** 배송하다 **actually** 사실, 실제로 **delay** 지연, 지체

해설 **사실을 확인하는 부가 의문문**

(A) **연상 어휘 오답:** 질문의 right을 '오른쪽'이라고 잘못 이해할 경우 연상 가능한 left를 이용한 오답이다.

(B) **연상 어휘 오답:** 질문의 uniforms에서 연상 가능한 상황 (This shirt is too tight)을 이용한 오답이다.

(C) **정답:** 유니폼이 금요일에 배송되는지 확인하는 질문에 No라고 부정한 후, 배송이 지연되고 있다(there's a shipping delay)며 그 이유를 덧붙이고 있으므로 정답이다.

11 W-Br Leo and Noriko will be transferring to this branch office.

    M-Cn (A) Several unread e-mails.

    (B) OK, when will they start here?

    (C) I prefer the express train.

레오와 노리코가 이 지점으로 전근 올 겁니다.

    (A) 여러 통의 읽지 않은 이메일이요.

    (B) 알겠어요. 언제 여기서 시작할 예정이죠?

    (C) 저는 급행열차를 선호해요.

어휘 **transfer** 옮기다, 이동하다, 전근 가다 **branch office** 지사, 지점 **prefer** 선호하다

해설 **정보 전달의 평서문**

(A) **연상 어휘 오답:** 질문의 transferring을 '(데이터를) 전환하다, 옮기다'라는 의미로 잘못 이해할 경우 연상 가능한 e-mails를 이용한 오답이다.

(B) **정답:** 레오와 노리코가 이 지점으로 전근 올 예정이라는 소식을 수용한 후, 언제 여기서 시작할 예정인지(when will they start here?) 관련 정보를 되묻고 있으므로 가장 적절한 응답이다.

(C) **연상 어휘 오답:** 질문의 transferring을 '갈아타다, 환승하다'라는 의미로 잘못 이해할 경우 연상 가능한 the express train을 이용한 오답이다.

12 M-Am We really need to buy a new copy machine, don't you think?

    W-Br (A) Fifty cents a cup.

    (B) No, this one works fine.

    (C) There's a copy on my desk.

새 복사기를 정말 사야 해요, 그렇게 생각하지 않아요?

    (A) 한 컵에 50센트예요.

    (B) 아니요, 이것도 잘 작동하잖아요.

    (C) 제 책상 위에 한 부 있어요.

해설 **동의를 구하는 부가 의문문**

(A) **관련 없는 오답:** 가격을 묻는 How much 의문문에 적합한 대답이므로 오답이다.

(B) **정답:** 복사기 구매 필요성에 대해 동의를 구하는 질문에 No라고 부정한 뒤, 아직 잘 작동한다며 반대하는 이유를

제시하고 있으므로 정답이다.

(C) **단어 반복 오답:** 질문의 copy를 반복 이용한 오답이다.

13 M-Au I'm afraid we'll have to reschedule today's meeting.

    W-Am (A) Did you find it yet?

    (B) That's the third time in a row.

    (C) At seven in the morning.

유감이지만 오늘 회의 일정을 다시 잡아야 할 것 같아요.

    (A) 그것을 찾았나요?

    (B) 연달아 세 번째로군요.

    (C) 오전 7시예요.

어휘 **I'm afraid** 유감이지만 **reschedule** 일정을 변경하다 **in a row** 연달아, 연속으로

해설 **상황을 설명하는 평서문**

(A) **관련 없는 오답:** 회의 일정과 관련된 상황을 설명하는데 찾았냐(Did you find it yet?)고 되묻는 응답은 맥락에 맞지 않다.

(B) **정답:** 회의 일정을 변경해야 한다는 말에 연달아 세 번째(That's the third time in a row)라고 대답해 우회적으로 불만을 나타나고 있으므로 가장 적절한 응답이다.

(C) **연상 어휘 오답:** 평서문의 reschedule에서 연상 가능한 At seven을 이용한 오답이다.

14 W-Am Dr. Lee gave you instructions for your medication, didn't she?

    M-Cn (A) She said to take it twice a day.

    (B) To the Parkvale Clinic.

    (C) I feel rather tired.

이 박사님께서 약에 대해 설명하셨죠, 그렇지 않나요?

    (A) 하루에 두 번 복용하라고 하셨어요.

    (B) 파크베일 병원으로요.

    (C) 좀 피곤해요.

어휘 **instructions** 지시, 설명 **medication** 약 **take** (약을) 복용하다

해설 **사실을 확인하는 부가 의문문**

(A) **정답:** 약에 대한 설명을 들었는지 묻는 질문에 하루에 두 번 복용하라(take it twice a day)는 지시사항을 들었다고 밝히고 있으므로 정답이다.

(B) **연상 어휘 오답:** 질문의 Dr.(doctor) 및 medication에서 연상 가능한 Clinic을 이용한 오답이다.

(C) **관련 없는 오답:** 좀 피곤하다는 말은 무언가를 하자는 제안을 거절할 때 적합한 대답이다.

15 M-Au You can set down the delivery boxes in that corner.

    W-Am (A) Yes, we can download it for you.

    (B) Make a right turn at the intersection.

    (C) OK, I'll put them there.

배송 상자는 저 구석에 내려놓으시면 됩니다.

    (A) 네, 저희가 다운로드해 드릴 수 있어요.

    (B) 교차로에서 우회전하세요.

    (C) 알겠습니다. 거기 둘게요.

어휘 delivery 배달 intersection 교차로

해설 지시/허가의 평서문
(A) 유사 발음 오답: 평서문의 can set down과 부분적으로 발음이 유사한 can download를 이용한 오답이다.
(B) 연상 어휘 오답: 평서문의 corner에서 연상 가능한 길 안내 표현(Make a right turn at the intersection)을 이용한 오답이다.
(C) 정답: 배송 상자는 구석에 내려놓으면 된다는 말에 알겠다(OK)고 한 후, 거기 두겠다(I'll put them there)고 덧붙이고 있으므로 정답이다.

16 M-Cn You'll be leaving for Milan tomorrow, won't you?
M-Au (A) No, my conference was rescheduled.
(B) Could I borrow those for a moment?
(C) Yes, she called to confirm her arrival.

내일 밀라노로 떠나시죠, 그렇지 않나요?
(A) **아니요, 제 회의 일정이 변경되었어요.**
(B) 그것들 제가 잠깐 빌릴 수 있을까요?
(C) 네, 그녀가 도착했다고 확인해 주려고 전화했어요.

어휘 conference 회의, 학회 reschedule 일정을 변경[조정]하다

해설 사실을 확인하는 부가 의문문
(A) 정답: 내일 밀라노로 떠나는지를 확인하는 질문에 No라고 부정한 후, 회의 일정이 변경되었다(my conference was rescheduled)며 구체적인 이유를 덧붙이고 있으므로 정답이다.
(B) 유사 발음 오답 및 인칭 오류 오답: 질문의 tomorrow와 부분적으로 발음이 유사한 borrow를 이용한 오답으로, 질문에 those가 가리킬 만한 대상도 없다.
(C) 연상 어휘 오답 및 인칭 오류 오답: 질문의 leaving for에서 연상 가능한 arrival을 이용한 오답으로, 질문에 she가 가리킬 만한 대상도 없다.

17 M-Cn The new plastic cups in the cafeteria are made from recycled materials.
W-Br (A) Thanks, that should be enough.
(B) Yes, I noticed that.
(C) Several menu options.

구내 식당의 새 플라스틱 컵은 재활용 소재로 만들어졌어요.
(A) 감사합니다. 그걸로 충분하겠어요.
(B) **네, 저도 알아챘어요.**
(C) 여러 가지 메뉴 종류요.

어휘 recycled 재활용된 material 재료, 소재 notice 알아차리다

해설 정보 전달의 평서문
(A) 연상 어휘 오답: 평서문의 cafeteria에서 연상 가능한 표현 that should be enough를 이용한 오답으로, 제안·권유 의문문에 적합한 대답이다.

(B) 정답: 구내 식당의 새 플라스틱 컵이 재활용 소재로 만들어졌다는 정보를 수용한 후, 자신도 알아챘다(I noticed that)며 덧붙이고 있으므로 정답이다.
(C) 연상 어휘 오답: 평서문의 cafeteria에서 연상 가능한 menu options를 이용한 오답이다.

18 W-Br The cutting machine isn't working, is it?
M-Au (A) By the loading dock.
(B) He came in early today.
(C) They're looking at it now.

절단기가 작동이 안 되죠, 그렇죠?
(A) 하역장 옆이요.
(B) 그는 오늘 일찍 왔어요.
(C) **그들이 지금 살펴보고 있어요.**

어휘 loading dock 하역장

해설 사실을 확인하는 부가 의문문
(A) 관련 없는 오답: 위치를 묻는 Where 의문문에 적합한 대답이다.
(B) 인칭 오류 오답: 질문에 He가 가리킬 만한 대상이 없다.
(C) 정답: 절단기가 작동이 되는지 확인하는 질문에 그들이 지금 살펴보고 있다(They're looking at it now)며 우회적으로 절단기가 작동하지 않음을 밝히고 있으므로 정답이다. 참고로, 여기서 They는 기계 관리 담당자나 수리공들을 가리킨다.

19 M-Au I need to get my suit cleaned before the conference.
W-Br (A) How long did the conference call last?
(B) On four different financial topics.
(C) There's a shop downtown that can do it quickly.

회의 전에 제 정장을 세탁해야 해요.
(A) 화상 회의는 얼마나 오래 계속될까요?
(B) 각기 다른 네 가지 금융 주제요.
(C) **시내에 빠르게 할 수 있는 곳이 있어요.**

어휘 conference 회의 conference call 화상 회의 financial 금융의, 재무의

해설 의사 표현의 평서문
(A) 단어 반복 오답: 질문의 conference를 반복 사용한 오답이다.
(B) 연상 어휘 오답: 질문의 conference에서 연상 가능한 회의 주제(financial topics)를 이용한 오답이다.
(C) 정답: 회의 전에 정장을 세탁해야 한다는 말에 시내에 빠르게 할 수 있는 곳이 있다(There's a shop downtown that can do it quickly)며 관련 정보를 제공하고 있으므로 가장 적절한 응답이다.

20 M-Au That restaurant on Longview Street serves breakfast, doesn't it?
W-Br (A) Let's pay our bill now.
(B) A table for two, please.
(C) Only on the weekend.

롱뷰 가에 있는 음식점에서 아침 식사를 제공하죠, 그렇지 않나요?
(A) 지금 계산합시다.
(B) 두 명 자리 주세요.
(C) 주말에만요.

어휘 **pay a bill** 계산서를 지불하다

해설 **사실을 확인하는 부가 의문문**
(A) **연상 어휘 오답:** 질문의 restaurant에서 연상 가능한 지불 관련 표현(pay our bill)을 이용한 오답이다.
(B) **연상 어휘 오답:** 질문의 restaurant에서 연상 가능한 A table for two를 이용한 오답이다.
(C) **정답:** 음식점에서 아침 식사를 제공하는지 확인하는 질문에 주말만(Only on the weekend)이라며 관련 정보를 제공하고 있으므로 가장 적절한 응답이다.

21 M-Cn We could come and do the repair on Thursday.
W-Am (A) The tools were purchased at a discount.
(B) What other days do you have open?
(C) Your crew did an excellent job.

저희가 목요일에 가서 수리할 수 있을 거예요.
(A) 공구들을 할인가에 구입했어요.
(B) **비어 있는 다른 요일들은 언제인가요?**
(C) 작업반이 일을 아주 잘해 주셨어요.

어휘 **repair** 수리 **tool** 도구, 공구 **purchase** 구입하다 **at a discount** 할인가로 **crew** 작업반

해설 **제안의 평서문**
(A) **연상 어휘 오답:** 평서문의 repair에서 연상 가능한 tools를 이용한 오답이다.
(B) **정답:** 목요일에 가서 수리하겠다는 제안에 비어 있는 다른 요일들은 언제인지(What other days do you have open?) 물어 우회적으로 목요일은 어렵다고 밝히고 있으므로 가장 적절한 응답이다.
(C) **연상 어휘 오답:** 평서문의 repair에서 연상 가능한 crew를 이용한 오답이다.

22 M-Au You haven't seen my mobile phone anywhere, have you?
W-Am (A) I've been there before.
(B) I'd check in the break room.
(C) I don't know her number.

제 휴대전화를 어디에서도 못 보셨죠, 그렇죠?
(A) 전에 거기 다녀온 적이 있어요.
(B) **저라면 휴게실에 가서 확인해 보겠어요.**
(C) 그녀 전화번호를 몰라요.

어휘 **anywhere** 어디든, 어디에서도 **break room** 휴게실

해설 **사실을 확인하는 부가 의문문**
(A) **연상 어휘 오답:** 질문의 anywhere에서 연상 가능한 there를 이용한 오답이다.

(B) **정답:** 휴대전화를 보았는지 묻는 질문에 자신이면 휴게실에 가서 확인해 보겠다(I'd check in the break room)고 조언하고 있으므로 가장 적절한 응답이다.
(C) **연상 어휘 오답 및 인칭 오류 오답:** mobile phone에서 연상 가능한 number를 이용한 오답으로, 질문에 her가 가리킬 만한 대상도 없다.

23 W-Am I'd like to have a look at the sun hat in the window display.
M-Cn (A) Let me get it for you.
(B) I'll see her this afternoon.
(C) Yes, it's chilly today.

진열창에 있는 햇빛 차단 모자를 좀 보고 싶어요.
(A) **제가 가져다 드리겠습니다.**
(B) 오늘 오후에 그녀를 만날 거예요.
(C) 네, 오늘은 날씨가 쌀쌀하네요.

어휘 **have a look at** ~을 보다[살펴보다] **chilly** 추운, 쌀쌀한

해설 **부탁·요청의 평서문**
(A) **정답:** 진열창에 있는 모자를 보고 싶다는 요청에 갖다 주겠다(Let me get it for you)며 수락한 것이므로 정답이다.
(B) **인칭 오류 오답:** 평서문에 her가 가리킬 만한 대상이 없다.
(C) **연상 어휘 오답:** 평서문의 sun에서 연상 가능한 chilly를 이용한 오답이다.

24 W-Br There isn't Internet available on this bus, is there?
M-Cn (A) About 40 minutes if there's no traffic.
(B) This is one of the company's older buses.
(C) It's one of my favorite programs.

이 버스에서는 사용할 수 있는 인터넷이 없죠, 그렇죠?
(A) 차가 막히지 않으면 40분 정도요.
(B) **이건 회사의 오래된 버스 중 하나예요.**
(C) 제가 좋아하는 프로그램 중 하나입니다.

어휘 **available** 이용 가능한 **traffic** 교통(량) **favorite** 매우 좋아하는, 마음에 드는

해설 **사실을 확인하는 부가 의문문**
(A) **연상 어휘 오답:** 질문의 bus에서 연상 가능한 traffic을 이용한 오답이다.
(B) **정답:** 이 버스에서 이용할 수 있는 인터넷이 있는지 확인하는 질문에 회사의 오래된 버스 중 하나(This is one of the company's older buses)라며 우회적으로 인터넷 사용이 불가능하다는 것을 밝히고 있으므로 가장 적절한 응답이다.
(C) **관련 없는 오답:** 특정 프로그램에 대한 의견을 묻는 질문에 적합한 대답이다.

25 M-Cn I think it's time we replace our audio equipment.
W-Am (A) It starts at two-thirty.
(B) I doubt they'll be available.
(C) Do we have the funds for that?

음향 장비를 교체할 시점인 것 같아요.

(A) 2시 30분에 시작해요.

(B) 그들이 시간이 될지 잘 모르겠어요.

(C) 그럴 만한 자금이 있나요?

어휘 replace 교체하다 equipment 장비 available 시간이 되는, 이용 가능한 fund 자금, 돈

해설 제안·권유의 평서문

(A) 연상 어휘 오답: 평서문의 time에서 연상 가능한 시간 표현(at two-thirty)을 이용한 오답으로, 시점을 묻는 When 또는 What time 의문문에 적합한 대답이다.

(B) 연상 어휘 오답: 평서문의 time에서 연상 가능한 available을 이용한 오답이다.

(C) 정답: 음향 장비를 교체할 시점인 것 같다는 의견에 그럴 만한 자금이 있는지(Do we have the funds for that?) 되물으며 가능성을 파악하고 있으므로 가장 적절한 응답이다.

⑬ 선택 의문문

ETS CHECK-UP
본책 p. 94

1 (B)	2 (A)	3 (C)	4 (C)	5 (A)	6 (A)

1 M-Au Should we have the meeting today or tomorrow?

M-Cn (A) Nice to meet you, too.

(B) Today would be better.

(C) It went on for half an hour.

회의를 오늘 해야 할까요, 아니면 내일 해야 할까요?

(A) 저도 만나서 반갑습니다.

(B) 오늘이 낫겠어요.

(C) 30분 동안 계속됐어요.

어휘 go on 계속되다

해설 상대방의 선택을 묻는 선택 의문문

(A) 파생어 오답: 질문의 meeting과 파생어 관계인 meet를 이용한 오답이다.

(B) 정답: 회의를 오늘 해야 할지 내일 할지 묻는 질문에 오늘이 낫겠다(Today would be better)며 전자를 선택하고 있으므로 정답이다.

(C) 연상 어휘 오답: 질문의 meeting에서 연상 가능한 회의 지속 시간(for half an hour)을 이용한 오답이다.

2 W-Br Are you buying a new car or leasing one?

M-Au (A) My brother sold me his car.

(B) This rental agreement.

(C) The parking area's on Birch Street.

새 차를 살 건가요, 아니면 빌릴 건가요?

(A) 형이 저한테 차를 팔았어요.

(B) 이 임대 계약서예요.

(C) 주차장은 버치 가에 있어요.

어휘 lease 임대하다, 빌리다 rental 임대, 대여 agreement 계약

해설 상대방의 선택을 묻는 선택 의문문

(A) 정답: 차를 살 건지 빌릴 건지 묻는 질문에 형이 자신에게 차를 팔았다(My brother sold me his car)며 차를 빌리거나 살 필요가 없다는 사실을 밝히고 있으므로 가장 적절한 응답이다.

(B) 연상 어휘 오답: 질문의 leasing에서 연상 가능한 rental을 이용한 오답이다.

(C) 연상 어휘 오답: 질문의 car에서 연상 가능한 parking을 이용한 오답이다.

3 W-Br Did Carla Silverman write the play, or direct it?

M-Cn (A) The wrong direction.

(B) Write your name here, please.

(C) She did both.

칼라 실버맨 씨가 각본을 썼습니까, 아니면 감독을 했습니까?

(A) 잘못된 방향입니다.

(B) 여기에 성함을 써 주세요.

(C) 그녀는 두 가지를 다 했어요.

어휘 direct 감독하다 direction 방향

해설 사실을 묻는 선택 의문문

(A) 파생어 오답: 질문에 나온 동사 direct의 파생어인 direction을 이용한 오답이다.

(B) 단어 반복 오답: 질문의 write를 반복 이용한 오답이다.

(C) 정답: 각본을 썼는지 아니면 감독을 했는지 묻는 질문에 둘 다 했다(She did both)고 대답하고 있으므로 정답이다.

4 M-Cn Would you like one or two copies of the financing agreement?

M-Au (A) Yes, I thought he did.

(B) Some repairs are being made.

(C) I'll have to ask Charles about that.

금융 약정서 사본을 한 부 드릴까요, 두 부 드릴까요?

(A) 네, 그가 했다고 생각했어요.

(B) 수리 작업이 진행 중이에요.

(C) 찰스에게 물어봐야겠어요.

어휘 copy 복사본 financing agreement 금융 약정서, 대출 동의서 repair 수리, 수선

해설 상대방의 선택을 묻는 선택 의문문

(A) Yes/No 대답 불가 오답 및 인칭 오류 오답: 일부 경우를 제외하고 단어나 구를 연결해 선택 사항을 묻는 질문에는 Yes/No로 대답할 수 없다. 또한 질문에 he가 가리킬 만한 대상도 없으므로 오답이다.

(B) 관련 없는 오답: 원하는 서류 부수를 묻는 질문에 수리 작업이 진행 중(repairs are being made)이라는 대답은 맥락에 맞지 않는다.

(C) **정답:** 금융 약정서 사본을 한 부 혹은 두 부 원하는지 묻는 질문에 찰스에게 물어봐야 한다(have to ask Charles) 며 다른 사람의 선택 사항임을 밝히고 있으므로 가장 적절한 응답이다.

5 M-Cn Do you want to give your presentation first, or should I?

W-Br (A) Why don't you go first?
(B) Yes, I gave it to her.
(C) That should work.

당신이 먼저 발표하실래요, 아니면 제가 먼저 할까요?
(A) 당신이 먼저 하지 그래요?
(B) 네, 제가 그녀에게 주었어요.
(C) 그러면 되겠군요.

어휘 presentation 발표 go first 먼저 하다 That should work. 그러면[그것이면] 되겠군.

해설 **상대방의 선택을 묻는 선택 의문문**
(A) **정답:** 발표를 누가 먼저 할지 묻는 질문에 상대방이 먼저 하는 게 어떤지 제안하고 있으므로 가장 적절한 응답이다.
(B) **Yes/No 대답 불가 오답 및 인칭 오류 오답:** 일부 경우를 제외하고 단어나 구를 연결해 선택 사항을 묻는 질문에는 Yes/No로 대답할 수 없다. 또한 질문에 her가 가리킬 만한 대상도 없으므로 오답이다.
(C) **관련 없는 오답:** 선택 사항을 묻는 질문에 그러면 되겠다 (That should work)는 대답은 맥락에 맞지 않다. 제안·권유문에 어울리는 응답이다.

6 M-Au Will my travel expenses be covered, or do I have to pay for them myself?

W-Am (A) We'll pay for your transportation and hotel.
(B) I've gone on a few trips.
(C) Not too expensive.

제 출장비가 처리되나요, 아니면 제가 직접 지불해야 하나요?
(A) 교통과 호텔 비용은 저희가 낼 겁니다.
(B) 저는 여행을 몇 번 갔어요.
(C) 그리 비싸지 않아요.

어휘 travel expenses 출장비 cover (~하기에 충분한 돈을) 대다 transportation 운송, 교통

해설 **사실을 묻는 선택 의문문**
(A) **정답:** 출장비가 처리되는지 아니면 자신이 직접 지불해야 하는지 묻는 질문에 교통과 호텔 비용은 내줄 것(We'll pay for your transportation and hotel)이라며 해당되는 항목을 알려주고 있으므로 가장 적절한 응답이다.
(B) **연상 어휘 오답:** 질문의 travel에서 연상 가능한 trips를 이용한 오답이다.
(C) **연상 어휘 오답:** 질문의 expenses와 pay에서 연상 가능한 표현 Not too expensive를 이용한 오답이다.

⑭ 간접 의문문

ETS CHECK-UP   본책 p. 95

1 (A)	**2** (A)	**3** (C)	**4** (A)	**5** (A)	**6** (A)

1 M-Cn Do you know what this week's meeting is about?

W-Am (A) We'll be discussing the cost of the new equipment.
(B) Yes, the meeting is tomorrow afternoon.
(C) Use the projector in the conference room.

이번 주 회의가 무슨 내용인지 아세요?
(A) 신규 장비 비용에 대해서 논의할 겁니다.
(B) 예, 회의는 내일 오후에요.
(C) 회의실에서 프로젝터를 사용하세요.

어휘 cost 비용, 가격 equipment 장비 conference room 회의실

해설 **회의 주제를 묻는 간접 의문문**
(A) **정답:** 이번 주 회의 내용을 아냐는 질문에 신규 장비 비용에 대해 논의할 것(We'll be discussing the cost of the new equipment)이라며 구체적인 주제를 제시하고 있으므로 정답이다.
(B) **단어 반복 오답:** 질문의 meeting을 반복 이용한 오답이다.
(C) **연상 어휘 오답:** 질문의 meeting에서 연상 가능한 conference room을 이용한 오답이다.

2 W-Am Do you know which customer ordered the pasta dish?

W-Br (A) The woman at table three.
(B) I prefer grilled chicken.
(C) In the banquet hall.

어떤 손님이 파스타 요리를 주문했는지 아세요?
(A) 3번 테이블에 있는 여자분이요.
(B) 저는 구운 닭고기가 더 좋아요.
(C) 연회장에서요.

어휘 customer 고객, 손님 grilled 구운 banquet 연회

해설 **요리 주문 고객을 묻는 간접 의문문**
(A) **정답:** 파스타를 주문한 고객이 누군지 아냐는 질문에 3번 테이블에 있는 여자(The woman at table three)라고 구체적으로 답변하고 있으므로 정답이다.
(B) **연상 어휘 오답:** 질문의 pasta dish에서 연상 가능한 grilled chicken을 이용한 오답이다.
(C) **관련 없는 오답:** 장소를 묻는 Where 의문문에 적합한 대답이다.

3 M-Am Did you hear who's going to take over the manager's position?

M-Br (A) Near the window.
(B) It isn't loud enough.
(C) Yes, Mr. Liu, from Hong Kong.

누가 후임 관리자로 오는지 들었어요?
(A) 창문 근처요.
(B) 소리가 충분히 크지 않아요.
(C) 네, 홍콩 지사의 리우 씨요.

어휘 take over ~을 인계 받다, 떠맡다 position 일자리, 직위 loud 소리가 큰, 시끄러운

해설 **후임자를 묻는 간접 의문문**
(A) **관련 없는 오답:** 위치를 묻는 Where 의문문에 적합한 대답이다.
(B) **연상 어휘 오답:** 질문의 hear에서 연상 가능한 loud를 이용한 오답이다.
(C) **정답:** 누가 후임 관리자가 될 지 들었냐는 질문에 그렇다(Yes)고 한 후 해당 인물의 이름(Mr. Liu)을 알려주고 있으므로 정답이다.

4 W-Br Can you tell me how to fix the copy machine?

M-Cn (A) I'm sorry, I don't know.
(B) It makes double-sided copies.
(C) There's coffee in the staff room.

복사기 고치는 법 좀 알려 주시겠어요?
(A) 죄송해요, 저는 몰라요.
(B) 그건 양면 복사를 해요.
(C) 직원실에 커피가 있어요.

어휘 fix 고치다, 수리하다 copy machine 복사기 double-sided 양면의

해설 **방법을 묻는 간접 의문문**
(A) **정답:** 복사기 고치는 법을 알려달라는 요청에 미안하다(I'm sorry)고 한 뒤 모른다(I don't know)고 답하고 있으므로 가장 적절한 응답이다.
(B) **연상 어휘 오답:** 질문의 copy machine에서 연상 가능한 double-sided copies를 이용한 오답이다.
(C) **유사 발음 오답:** 질문의 copy와 발음이 유사한 coffee를 이용한 오답이다.

5 M-Au I have no idea when the design workshop is.

W-Am (A) Check with Mr. Rossi.
(B) It's very attractive.
(C) About this month's sales figures.

디자인 워크숍이 언제인지 모르겠어요.
(A) 로시 씨에게 확인해 보세요.
(B) 아주 매력적이에요.
(C) 이 달의 판매 실적에 관한 거예요.

어휘 have no idea 모르다 check with + 사람 ~에게 확인하다 attractive 매력적인 sales figures 판매 수치, 매출액

해설 **시점을 묻는 간접 의문문**
(A) **정답:** 디자인 워크숍이 언제인지 모르겠다는 말에 로시 씨에게 확인하라(Check with Mr. Rossi)며 시간을 알 수 있는 방법을 제시하고 있으므로 가장 적절한 응답이다.
(B) **연상 어휘 오답:** 질문의 design에서 연상 가능한 attractive를 이용한 오답이다.
(C) **관련 없는 오답:** 주제를 묻는 What 의문문에 적합한 대답이다.

6 M-Cn I wonder why Ms. Geddes hasn't e-mailed us back yet.

M-Au (A) She's out this week.
(B) Yes, I've met her before.
(C) Along the back wall.

게디스 씨가 왜 우리에게 아직 이메일 답장을 안 했는지 궁금해요.
(A) 이번 주에 자리에 없거든요.
(B) 네, 전에 그녀를 만난 적이 있어요.
(C) 뒷벽을 따라서요.

해설 **이유를 묻는 간접 의문문**
(A) **정답:** 게디스 씨가 왜 아직 이메일 답장을 안 했는지 궁금하다는 말에 이번 주에 사무실에 없다(She's out this week)며 답장을 못한 이유를 밝히고 있으므로 정답이다.
(B) **관련 없는 오답:** 게디스 씨를 만나본 적이 있는지 확인하는 조동사(Have) 의문문에 적합한 대답이다.
(C) **다의어 오답:** 질문의 back을 다른 의미로 반복한 오답으로, 질문에서는 '다시, 되돌려'라는 의미의 부사이지만 보기에서는 '뒤쪽의'라는 의미의 형용사이다.

LISTENING PRACTICE 본책 p. 97

1 (C) **2** (C) **3** (B) **4** (B) **5** (C) **6** (A)

---

1 M-Cn Should we go to the five o'clock show or the eight o'clock?

M-Au (A) Yes, it's a comedy.
(B) One train ticket, please.
(C) I'd prefer the five o'clock.

5시 쇼에 가야 할까요, 8시 쇼에 가야 할까요?
(A) 네, 희극이에요.
(B) 열차 승차권 한 장 주세요.
(C) 저는 5시가 더 좋아요.

어휘 prefer 선호하다, 더 좋아하다

해설 **상대방의 선택을 묻는 선택 의문문**
(A) **Yes/No 대답 불가 오답 및 연상 어휘 오답:** 일부 경우를 제외하고 단어나 구를 연결해 선택 사항을 묻는 질문에는 Yes/No로 대답할 수 없다. 또한 질문의 show에서 연상 가능한 comedy를 이용한 오답이다.
(B) **연상 어휘 오답:** 질문의 show에서 연상 가능한 ticket을 이용한 오답이다.
(C) **정답:** 5시 쇼에 갈지 8시 쇼에 갈지 묻는 질문에 전자(prefer the five o'clock)를 선택하고 있으므로 정답이다.

It doesn't matter to me.
전 상관없어요.

The **tickets are sold out** today.
오늘은 표가 매진이에요.

2 W-Am Can I pay by credit card or do I have to pay cash?
M-Am (A) No, it's not on sale.
(B) Yes, that's the right price.
(C) Either is fine.

신용카드로 지불해도 되나요, 아니면 현금으로 지불해야 하나요?
(A) 아니요, 그건 할인 품목이 아니에요.
(B) 네, 맞는 가격이에요.
(C) 아무거나 상관없습니다.

어휘 **on sale** 할인 판매하는 **either** (둘 중) 어느 하나

해설 **사실을 묻는 선택 의문문**
(A) **관련 없는 오답:** 세일 품목인지 확인하는 질문에 적합한 대답이다.
(B) **연상 어휘 오답:** 질문의 credit card와 cash에서 연상 가능한 price를 이용한 오답이다.
(C) **정답:** 신용카드와 현금 중 어느 것으로 지불해야 하는지 묻는 질문에 어느 것이든 상관없다(Either is fine)고 말하고 있으므로 정답이다.

We **accept any of them.**
저희는 둘 다 받습니다.

Whichever is convenient for you.
편하신 대로 하세요.

3 M-Au Do you want to book a direct flight or one that stops in London?
W-Br (A) I've lived there for five years.
(B) It depends on the price.
(C) We stopped by yesterday.

직항편을 예약하시겠어요, 아니면 런던을 경유하는 것으로 하시겠어요?
(A) 저는 거기서 5년째 살고 있어요.
(B) 가격에 달려 있어요.
(C) 우리는 어제 들렀어요.

어휘 **direct flight** 직항 **depend on** ~에 달려 있다 **stop by** 들르다

해설 **상대방의 선택을 묻는 선택 의문문**
(A) **연상 어휘 오답:** 질문의 London에서 연상 가능한 상황(lived there)을 이용한 오답으로, 기간을 묻는 How long 의문문에 적합한 대답이다.
(B) **정답:** 직항과 경유 항공편 중 어느 것을 원하는지 묻는 질문에 가격을 보고(It depends on the price) 결정하겠다며 선택을 보류하고 있으므로 가장 적절한 응답이다.
(C) **단어 반복 오답:** 질문에 나온 stops의 과거형인 stopped를 이용한 오답이다.

A stopover is fine. 경유도 괜찮아요.
How much time is saved with a direct flight?
직항편을 이용하면 시간이 얼마나 단축되죠?

4 W-Br Do you know why the company's decided to use another travel agent?
M-Cn (A) They arrive early next week.
(B) The new one gives us a better rate.
(C) You'll need a travel expense report.

회사에서 왜 다른 여행사를 이용하기로 했는지 아세요?
(A) 그들은 다음 주 초에 도착해요.
(B) 새로운 곳이 더 나은 요율을 제공해요.
(C) 출장 경비 보고서가 필요할 거예요.

어휘 **travel agent** 여행사 직원, 여행사 **rate** 요금, 요율 **travel expense** 출장 경비

해설 **이유를 묻는 간접 의문문**
(A) **연상 어휘 오답:** 질문의 travel에서 연상 가능한 arrive를 이용한 오답이다.
(B) **정답:** 다른 여행사를 이용하기로 한 이유를 묻는 질문에 새로 선택한 곳이 더 나은 요율(a better rate)을 제공한다며 구체적인 이유를 설명하고 있으므로 정답이다.
(C) **단어 반복 오답:** 질문의 travel을 반복 이용한 오답이다.

The existing **contract will soon expire.**
기존 계약이 곧 만료가 되어서요.
We need **one specializing in** business travel.
출장 전문 여행사가 필요해서요.

5 W-Br Would you like the pasta or the chicken?
W-Am (A) A list of ingredients in the recipe.
(B) The tax wasn't included?
(C) I ate before the flight.

파스타를 드시겠어요, 아니면 닭고기를 드시겠어요?
(A) 조리법에 나오는 재료 목록이요.
(B) 세금은 포함되지 않았나요?
(C) 비행기 타기 전에 먹었어요.

어휘 **ingredient** 재료 **recipe** 조리법 **tax** 세금 **include** 포함하다

해설 **상대방의 선택을 묻는 선택 의문문**
(A) **연상 작용 오답:** 질문의 the pasta or the chicken에서 연상 가능한 ingredients를 이용한 오답이다.
(B) **관련 없는 오답:** 선호 사항을 묻는 질문에 세금이 포함되지 않은 거냐고 반문하는 것은 맥락에 맞지 않다.
(C) **정답:** 질문에 제시된 pasta와 chicken 중 어떠한 것도 선택하지 않고, 비행기 타기 전에 먹었다(I ate before the flight)며 우회적으로 거절 의사를 밝혔으므로 가장 적절한 응답이다.

Possible Answers

I'll have the chicken.
저는 닭고기로 할게요.

What's in the pasta?
파스타에는 뭐가 들었나요?

6 M-Au Could you tell me <u>how often</u> the bus leaves for Madrid?

W-Am (A) There's one <u>every hour</u>.
(B) Only <u>two pieces</u>, please.
(C) No, <u>she's</u> the trainer.

마드리드행 버스가 얼마나 자주 있는지 말씀해 주시겠어요?
(A) **매시간마다 한 대씩 있습니다.**
(B) 두 조각만 주세요.
(C) 아니요, 그녀는 교관입니다.

어휘 **leave for** ~을 향해 떠나다   **trainer** 훈련자, 교관

해설 **빈도를 묻는 간접 의문문**
(A) **정답:** 버스 배차 간격을 말해달라는 요청에 매시간마다 한 대씩 있다(There's one every hour)고 알려주고 있으므로 정답이다.
(B) **관련 없는 오답:** 몇 조각을 원하는지 묻는 질문에 적합한 대답이다.
(C) **인칭 오류 오답:** 질문에 she가 가리킬 만한 대상이 없으며, 특정인의 신분을 확인하는 질문에 적합한 대답이다. 간접 의문문에는 Yes / No로 답할 수 있으므로, 뒤따라 오는 내용까지 잘 확인해야 한다.

Possible Answers

Every hour on the hour. 매시 정각에 있어요.
The schedule is **on the electric bulletin board**. 전광판에 시간표가 있습니다.

ETS TEST   본책 p. 98

1 (A)	2 (B)	3 (C)	4 (A)	5 (B)
6 (B)	7 (C)	8 (C)	9 (B)	10 (C)
11 (A)	12 (A)	13 (A)	14 (C)	15 (C)
16 (A)	17 (A)	18 (C)	19 (C)	20 (B)
21 (A)	22 (B)	23 (A)	24 (B)	25 (B)

1 W-Br Was this order placed online or over the phone?

M-Cn (A) It was an online order.
(B) A different client.
(C) Thanks for your help.

이 주문이 온라인으로 왔나요, 전화로 왔나요?
(A) **온라인 주문이었어요.**
(B) 다른 고객이에요.
(C) 도와줘서 고마워요.

어휘 **place an order** 주문하다   **different** 다른   **client** 고객

해설 **사실을 묻는 선택 의문문**
(A) **정답:** 주문이 온라인으로 됐는지, 전화로 됐는지 묻는 질문에 온라인 주문이었다(It was an online order)며 전자를 선택하고 있으므로 정답이다.
(B) **연상 어휘 오답:** 질문의 order에서 연상 가능한 client를 이용한 오답이다.
(C) **관련 없는 오답:** 상대방이 도움을 제공했을 때 적합한 대답이다.

2 W-Am Do you know who this jacket belongs to?

M-Au (A) Yes, very expensive.
(B) No, where did you find it?
(C) It won't take too long.

이 재킷이 누구 것인지 아세요?
(A) 네, 매우 비싸네요.
(B) **아니요, 어디서 찾으셨나요?**
(C) 그렇게 오래 걸리지는 않을 거예요.

어휘 **belong to** ~에 속하다, ~ 소유이다   **expensive** 비싼   **take long** 시간이 오래 걸리다

해설 **인물을 묻는 간접 의문문**
(A) **연상 어휘 오답:** 질문의 jacket에서 연상 가능한 가격 표현인 expensive를 이용한 오답이다.
(B) **정답:** 누구의 재킷인지 아냐는 질문에 No라고 부정한 뒤, 어디서 찾았는지(Where did you find it?) 관련 정보를 묻고 있으므로 가장 적절한 응답이다.
(C) **유사 발음 오답:** 질문의 belongs와 부분적으로 발음이 유사한 long을 이용한 오답이다.

3 M-Au Did you book a hotel or will you drive to the city every day for the conference?

M-Cn (A) That's a great book.
(B) Be sure to keep the receipt.
(C) I found a nice hotel.

회의를 위해 호텔을 예약했나요, 아니면 매일 그 도시까지 운전을 하실 건가요?
(A) 훌륭한 책이네요.
(B) 영수증을 꼭 보관하세요.
(C) **좋은 호텔을 찾았어요.**

어휘 **conference** 회의   **receipt** 영수증

해설 **상대의 선택을 묻는 선택 의문문**
(A) **다의어 오답:** 질문의 book을 다른 의미로 반복 사용한 오답으로, 질문에서 book은 '예약하다'라는 의미의 동사이지만 보기에서는 '책'이라는 의미의 명사이다.
(B) **연상 어휘 오답:** 질문의 book a hotel에서 연상 가능한 표현 keep the receipt를 이용한 오답이다.
(C) **정답:** 회의를 위해 호텔을 예약했는지 아니면 매일 운전해서 갈 것인지 묻는 질문에 좋은 호텔을 찾았다(I found a nice hotel)며 우회적으로 전자를 선택하고 있으므로 정답이다.

4 **M-Cn** I don't know which computer model to buy.

M-Au (A) What features are most important to you?
(B) Because mine stopped working.
(C) No, I won't get it for a while.

어떤 컴퓨터 기종을 사야 할지 모르겠어요.
(A) 어떤 기능이 가장 중요한데요?
(B) 제 것이 작동하지 않아서요.
(C) 아니요, 얼마 동안 받지 못할 거예요.

어휘 **feature** 기능, 특징 **important** 중요한 **work** 작동하다 **for a while** 얼마 동안

해설 **의견을 구하는 간접 의문문**
(A) **정답:** 어떤 컴퓨터를 사야 할지 모르겠다는 말에 무슨 기능이 중요한지(What features are most important to you?)를 되물어 대화를 이어나가고 있으므로 가장 적절한 응답이다.
(B) **관련 없는 오답:** 구매 이유를 묻는 Why 의문문에 적합한 대답이다.
(C) **연상 어휘 오답:** 질문의 buy에서 연상 가능한 get을 이용한 오답이다.

5 **M-Au** Are we serving chicken or fish at the welcome reception?

W-Am (A) See you at Anderson Hall.
(B) The guests will have several options.
(C) I didn't receive a name tag.

환영 연회에서 닭고기를 제공하나요, 아니면 생선을 제공하나요?
(A) 앤더슨 홀에서 봐요.
(B) 손님들에게 여러 가지 선택사항이 주어져요.
(C) 저는 이름표를 받지 못했어요.

어휘 **reception** 환영 연회 **option** 선택, 선택권 **receive** 받다 **name tag** 이름표

해설 **사실을 묻는 선택 의문문**
(A) **연상 어휘 오답:** 질문의 welcome reception에서 연상 가능한 연회 장소(Anderson Hall)를 이용한 오답이다.
(B) **정답:** 연회에서 닭고기를 제공하는지 생선을 제공하는지 묻는 질문에 손님들에게 여러 가지 선택사항이 있다(The guests will have several options)며 두 가지 외에도 다른 선택사항이 있음을 암시하고 있으므로 가장 적절한 응답이다.
(C) **파생어 오답:** 질문의 reception과 파생어 관계인 receive를 이용한 오답이다.

6 **M-Br** Do you know when the next payment is due?

W-Am (A) The same amount as the last one.
(B) On June fifteenth.
(C) It's four hundred dollars.

다음 결제일이 언제인지 아세요?
(A) 지난번과 같은 액수예요.
(B) 6월 15일이요.
(C) 4백 달러예요.

어휘 **payment** 지불 금액 **due** 지불해야 하는 **amount** 양, 금액

해설 **시점을 묻는 간접 의문문**
(A) **연상 어휘 오답:** 질문의 payment에서 연상 가능한 amount를 이용한 오답이다.
(B) **정답:** 다음 결제일을 아냐는 질문에 구체적인 날짜(June fifteenth)로 대답하고 있으므로 정답이다.
(C) **연상 어휘 오답:** 질문의 payment에서 연상 가능한 four hundred dollars를 이용한 오답으로, 가격을 묻는 How much 의문문에 적합한 대답이다.

7 **W-Am** Do you usually use a laptop computer or a desktop computer?

M-Au (A) No, thank you.
(B) You can plug it in here.
(C) Well, I travel a lot for work.

보통 노트북 컴퓨터를 쓰세요, 아니면 데스크톱 컴퓨터를 쓰세요?
(A) 아니요, 괜찮습니다.
(B) 여기에 플러그를 꽂으시면 됩니다.
(C) 음, 저는 출장을 많이 다녀요.

어휘 **plug in** 플러그를 꽂다

해설 **상대방의 선택을 묻는 선택 의문문**
(A) **Yes/No 대답 불가 오답:** 일부 경우를 제외하고 단어나 구를 연결해 선택 사항을 묻는 질문에는 Yes/No로 대답할 수 없다.
(B) **연상 어휘 오답:** 질문의 laptop computer와 desktop computer에서 연상 가능한 plug it in을 이용한 오답이다.
(C) **정답:** 노트북 컴퓨터를 쓰는지 데스크톱 컴퓨터를 쓰는지 묻는 질문에 출장을 많이 다닌다(I travel a lot for work)며 우회적으로 전자(a laptop computer)를 선택하고 있으므로 정답이다.

8 **M-Am** Do you know where I can get a cup of coffee?

W-Am (A) A nice-looking couple.
(B) Yes, thanks. I'd love some.
(C) At the café on the corner.

어디 가면 커피 한 잔 마실 수 있는지 아세요?
(A) 잘 어울리는 커플이에요.
(B) 네, 고마워요. 조금 주세요.
(C) 모퉁이에 있는 카페요.

어휘 **nice-looking** 잘 어울리는

해설 **장소를 묻는 간접 의문문**
(A) **유사 발음 오답:** 질문의 cup of coffee와 부분적으로 발음이 유사한 couple을 이용한 오답이다.

(B) **관련 없는 오답:** Would you like some more coffee? 같은 제안·권유 의문문에 적합한 대답이다.

(C) **정답:** 어디에서 커피를 마실 수 있는지 아냐는 질문에 모퉁이에 있는 카페(At the cafe on the corner)라는 구체적인 장소를 제시하고 있으므로 정답이다.

9 W-Br Should I set up a video conference call or just a phone call?

M-Cn (A) I can't reach the top shelf.
(B) I'd like to have video.
(C) The currency exchange rate.

제가 화상 회의를 잡아야 할까요, 아니면 그냥 전화 회의로 잡아야 할까요?
(A) 맨 위 칸은 닿질 않아요.
(B) 화상으로 하고 싶습니다.
(C) 통화 환율요.

어휘 **set up** (회의 등을) 잡다 **video conference all** 화상 전화 회의 **reach** 닿다, 이르다 **currency** 통화 **exchange rate** 환율

해설 **상대방의 선택을 묻는 선택 의문문**

(A) **연상 어휘 오답:** 질문의 phone call에서 연상 가능한 reach를 이용한 오답이다. 참고로, reach는 '연락이 닿다, (물리적으로) 손이 닿다' 등의 의미로 쓰인다.

(B) **정답:** 화상 회의를 잡을지 전화 회의를 잡을지 묻는 질문에 화상으로 하고 싶다(I'd like to have video)며 전자(a video conference call)를 선택하고 있으므로 정답이다.

(C) **유사 발음 오답:** 질문의 conference와 부분적으로 발음이 유사한 currency를 이용한 오답이다.

10 M-Au I haven't heard who the board chose as a chairperson.

W-Br (A) Tomorrow morning at the latest.
(B) Please take a seat.
(C) I believe it was Mr. Peterson.

이사회가 의장으로 누구를 선출했는지 듣지 못했어요.
(A) 늦어도 내일 아침까지예요.
(B) 앉으세요.
(C) 피터슨 씨일 거예요.

어휘 **board** 이사회 **choose** 선택하다 **chairperson** 의장 **at the latest** 늦어도

해설 **새로운 의장을 묻는 간접 의문문**

(A) **관련 없는 오답:** 시점을 묻는 When 의문문에 적합한 대답이다.

(B) **연상 어휘 오답:** 질문의 chairperson에서 연상 가능한 seat을 이용한 오답이다.

(C) **정답:** 새로운 의장이 누구인지 못 들었다는 말에 피터슨 씨(Mr. Peterson)라고 알려주고 있으므로 정답이다.

11 M-Au Did you buy the coat online or from a shop?

W-Br (A) I never buy clothes without trying them on.
(B) Do you have this in a smaller size?
(C) No, the line isn't very long.

코트를 온라인에서 구입하셨나요, 아니면 상점에서 구입하셨나요?
(A) 저는 옷을 꼭 입어 보고 구입해요.
(B) 이걸로 더 작은 사이즈가 있나요?
(C) 아니요, 줄이 아주 길지는 않아요.

어휘 **try on** ~을 입어 보다, 신어 보다

해설 **사실을 묻는 선택 의문문**

(A) **정답:** 코트를 어디서 구입했는지 묻는 질문에 옷을 꼭 입어 보고 구입한다(I never buy clothes without trying them on)며 상점에서 구입했다는 것을 우회적으로 드러내고 있으므로 정답이다.

(B) **연상 어휘 오답:** 질문의 coat에서 연상 가능한 smaller size를 이용한 오답이다.

(C) **유사 발음 오답:** 질문의 online과 부분적으로 발음이 같은 line을 이용한 오답이다.

12 W-Am Will the new interns start training on Tuesday or Wednesday?

M-Cn (A) The schedule hasn't been finalized.
(B) Take the number ten train.
(C) Your interview's in that building.

신입 인턴들은 교육을 화요일에 시작하나요, 아니면 수요일에 시작하나요?
(A) 일정이 확정되지 않았어요.
(B) 10번 열차를 타세요.
(C) 당신의 면접은 저 건물에서 열립니다.

어휘 **finalize** 마무리하다, 확정하다

해설 **사실을 묻는 선택 의문문**

(A) **정답:** 신입 인턴의 교육이 화요일인지 수요일인지 묻는 질문에 일정이 확정되지 않았다(The schedule hasn't been finalized)며 선택을 보류하고 있으므로 가장 적절한 응답이다.

(B) **유사 발음 오답:** 질문의 training과 부분적으로 발음이 유사한 train을 이용한 오답이다.

(C) **연상 어휘 오답:** 질문의 new interns에서 연상 가능한 interview를 이용한 오답이다.

13 W-Br I don't know how to get to the convention center from the airport.

W-Am (A) Satoshi's printing out the directions.
(B) A complimentary breakfast.
(C) A thousand people attended.

공항에서 컨벤션 센터까지 어떻게 가는지 모르겠어요.
(A) 사토시가 가는 방법을 출력하고 있어요.
(B) 무료 아침이에요.
(C) 천명이 참석했어요.

어휘 convention 대회의   directions 길 안내, 가는 방법
complimentary 무료의   attend 참석하다

해설 **방법을 묻는 간접 의문문**

(A) **정답:** 공항에서 컨벤션 센터까지 어떻게 가는지 모르겠다는 말에 사토시가 가는 방법을 출력하고 있다(Satoshi's printing out the directions)며 곧 알게될 것임을 암시하고 있으므로 가장 적절한 응답이다.

(B) **관련 없는 오답:** 무엇을 제공하는지 묻는 질문에 적합한 대답이다.

(C) **연상 어휘 오답:** 질문의 convention에서 연상 가능한 attended를 이용한 오답이다.

14 M-Au Can you help me install the new software now, or are you busy?
M-Cn (A) I'd like to buy some software, please.
(B) Check the top shelf.
(C) I'll be free in about twenty minutes.

지금 새 소프트웨어 설치를 도와주실 수 있나요, 아니면 바쁘세요?
(A) 소프트웨어를 구입하고 싶습니다.
(B) 꼭대기 선반을 확인해 보세요.
(C) 제가 20분쯤 후에 시간이 될 겁니다.

어휘 install 설치하다   top shelf 꼭대기 선반

해설 **상대방의 선택을 묻는 선택 의문문**

(A) **단어 반복 오답:** 질문의 software를 반복 사용한 오답이다.

(B) **관련 없는 오답:** 위치를 묻는 Where 의문문에 적합한 대답이다.

(C) **정답:** 새 소프트웨어 설치를 지금 도와줄 수 있는지 아니면 바쁜지 묻는 질문에 20분쯤 후에 시간이 된다(I'll be free in about twenty minutes)며 우회적으로 나중에 도와줄 수 있는 있음을 나타내고 있으므로 가장 적절한 응답이다.

15 W-Br Should we hold the workshop in this room, or the room upstairs?
M-Au (A) Fold it into a smaller size.
(B) From the shopping center.
(C) Let's have it in this one.

워크숍을 이 방에서 진행할까요, 위층에 있는 방에서 진행할까요?
(A) 더 작게 접으세요.
(B) 쇼핑 센터에서요.
(C) 이 방에서 합시다.

어휘 hold (행사를) 열다   upstairs 위층의   fold 접다

해설 **상대방의 선택을 묻는 선택 의문문**

(A) **연상 어휘 오답:** 질문의 room에서 연상 가능한 smaller size를 이용한 오답이다.

(B) **연상 어휘 오답:** 질문의 workshop에서 연상 가능한 center를 이용한 오답이다.

(C) **정답:** 워크숍을 이 방에서 할지, 위층에 있는 방에서 할지 묻는 질문에 이 방에서 하자(Let's have it in this one)며 전자를 선택하고 있으므로 정답이다.

16 M-Cn Have you heard when construction on the new store will be completed?
W-Br (A) Yes, by mid-November.
(B) Marcos wrote the instructions.
(C) About ten years old.

새 매장의 공사가 언제 끝나는지 들었어요?
(A) 예, 11월 중순이에요.
(B) 마르코스가 설명서를 썼어요.
(C) 10년쯤 됐어요.

어휘 construction 공사   complete 완료하다
instructions 지시, 설명

해설 **시점을 묻는 간접 의문문**

(A) **정답:** 새 매장의 공사 완료 시점을 들었는지 묻는 질문에 그렇다(Yes)고 한 뒤, 11월 중순(mid-November)이라는 구체적인 시점을 제시하고 있으므로 정답이다.

(B) **유사 발음 오답:** 질문의 construction과 부분적으로 발음이 유사한 instructions를 이용한 오답이다.

(C) **관련 없는 오답:** 기간을 묻는 How long 의문문에 적합한 대답이다.

17 W-Am Would you prefer a seat in the balcony or near the stage?
M-Au (A) The balcony would be fine.
(B) Fifteen dollars.
(C) The theater is on Second Street.

발코니 좌석을 선호하세요, 아니면 무대에 가까운 좌석을 선호하세요?
(A) 발코니가 좋겠어요.
(B) 15달러요.
(C) 그 극장은 2번 가에 있어요.

어휘 prefer 선호하다   stage 무대

해설 **상대방의 선택을 묻는 선택 의문문**

(A) **정답:** 발코니 좌석과 무대에 가까운 좌석 중 어느 것을 선호하는지 묻는 질문에 발코니가 좋겠다(The balcony would be fine)며 전자를 선택하고 있으므로 정답이다.

(B) **관련 없는 오답:** 가격을 묻는 How much 의문문에 적합한 대답이다.

(C) **연상 어휘 오답:** 질문의 stage에서 연상 가능한 theater를 이용한 오답으로, 극장의 위치를 묻는 Where 의문문에 적합한 대답이다.

18 M-Cn Shall we repaint the lobby or the boardroom?
W-Br (A) There's some in the closet.
(B) It has plenty of room.
(C) We can afford to do both.

로비를 다시 칠해야 할까요, 아니면 회의실을 다시 칠해야 할까요?
(A) 벽장에 조금 있어요.
(B) 넓은 공간이 있어요.
(C) 둘 다 다시 칠할 수 있을 거예요.

어휘 **repaint** 다시 칠하다 **boardroom** (중역) 회의실
closet 벽장 **room** 공간, 방 **can afford** ~할
여유가 있다

해설 **상대방의 선택을 묻는 선택 의문문**
(A) **연상 어휘 오답:** lobby와 boardroom에서 연상할 수 있는 closet을 이용한 오답이다.
(B) **유사 발음 오답:** 질문의 boardroom과 부분적으로 발음이 동일한 room을 이용한 오답이다.
(C) **정답:** 로비를 다시 칠할지, 아니면 회의실을 다시 칠할지를 묻는 질문에 둘 다 칠할 수 있다(We can afford to do both)며 모두 선택하고 있으므로 정답이다.

19 M-Br Do you know if all employees need to submit a time sheet?
W-Am (A) We had a really good time.
(B) In the benefits department.
(C) I'll ask Donna.

전 직원이 근무 시간 기록표를 제출해야 하는지 아세요?
(A) 우린 정말 즐거웠어요.
(B) 복리후생부에서요.
(C) 도나에게 물어볼게요.

어휘 **employee** 직원 **submit** 제출하다 **time sheet**
근무 시간 기록표 **benefits** (회사에서 제공하는) 복리후생 **department** 부서

해설 **사실을 확인하는 간접 의문문**
(A) **단어 반복 오답:** 질문에 나온 time을 반복한 오답이다.
(B) **연상 어휘 오답:** 질문에 나온 employees에서 연상 가능한 benefits department를 이용한 오답이다.
(C) **정답:** 근무 시간 기록표를 제출해야 하는지 묻는 질문에 도나에게 물어보겠다(I'll ask Donna)는 말로 본인은 모른다는 것을 표현하고 있으므로 가장 적절한 응답이다.

20 M-Au Does this sweater have to be dry-cleaned, or can it be hand-washed?
W-Br (A) It took an hour to dry.
(B) You'd better check the label.
(C) Near the sink.

이 스웨터는 드라이클리닝해야 하나요, 아니면 손빨래할 수 있나요?
(A) 마르는 데 한 시간 걸렸어요.
(B) **라벨을 확인하시는 편이 좋겠어요.**
(C) 개수대 근처요.

해설 **사실을 묻는 선택 의문문**
(A) **단어 반복 오답:** 질문의 dry를 반복 사용한 오답으로, 건조 시간을 묻는 How long 의문문에 적합한 대답이다.
(B) **정답:** 드라이클리닝과 손빨래 중 어느 것을 해야 하는지 묻는 질문에 라벨을 확인하는 편이 낫겠다(You'd better check the label)고 제안하며 자신도 잘 모른다는 것을 나타내고 있으므로 가장 적절한 응답이다.
(C) **연상 어휘 오답:** 질문의 hand-washed에서 연상 가능한 sink를 이용한 오답이다.

21 M-Cn Will the staff lunch be held at the office or at a restaurant?
W-Am (A) Our conference room is way too small.
(B) Demonstrating good leadership.
(C) Yes, we'll need more staff.

직원 점심식사가 사무실에서 열리나요, 식당에서 열리나요?
(A) 우리 회의실은 너무 작아요.
(B) 우수한 리더십을 발휘하는 것이요.
(C) 네, 우리는 더 많은 직원이 필요할 거예요.

어휘 **conference room** 회의실 **demonstrate**
보여주다, 발휘하다

해설 **사실을 묻는 선택 의문문**
(A) **정답:** 직원 점심식사가 어디서 열릴지 묻는 질문에 사무실 회의실은 너무 작다(Our conference room is way too small)며 우회적으로 식당에서 열린다는 것을 암시하고 있으므로 가장 적절한 응답이다.
(B) **연상 어휘 오답:** 질문의 staff에서 연상 가능한 leadership을 이용한 오답이다.
(C) **Yes/No 대답 불가 오답 및 단어 반복 오답:** 질문의 staff를 반복 이용한 오답으로, 일부 경우를 제외하고 단어나 구를 연결해 선택 사항을 묻는 질문에는 Yes/No로 대답할 수 없다.

22 W-Br Have you chosen the new assistant editor, or are you still deciding?
M-Cn (A) I'll be happy to assist you.
(B) We have two more candidates to interview.
(C) The chief editor's name is Javier Gonzalez.

새 보조 편집자를 선정하셨나요, 아니면 아직 결정하는 중인가요?
(A) 도와드릴 수 있다면 기쁘겠어요.
(B) **면접할 지원자가 두 명 더 있어요.**
(C) 편집장 이름은 하비에르 곤잘레스입니다.

어휘 **editor** 편집자 **decide** 결정하다 **candidate**
지원자, 후보자

해설 **사실을 묻는 선택 의문문**
(A) **파생어 오답:** 질문의 명사 assistant와 파생어 관계인 동사 assist를 이용한 오답이다.
(B) **정답:** 새 보조 편집자를 선정했는지 아니면 아직 결정 중인지를 묻는 질문에 면접할 지원자가 두 명 더 있다(We have two more candidates to interview)고 밝히며 우회적으로 후자를 선택하고 있으므로 가장 적절한 응답이다.
(C) **단어 반복 오답 및 연상 어휘 오답:** 질문의 assistant editor에서 연상 가능한 chief editor를 이용한 오답이다.

23 **M-Au** Can you tell me why there's an additional charge on my account?

W-Br (A) That's our service fee.
(B) Yes, the battery is low.
(C) Up to three times.

제 계좌에 왜 추가 요금이 있는지 말씀해 주시겠어요?
(A) 그건 서비스 수수료입니다.
(B) 예, 배터리가 부족합니다.
(C) 최대 3회까지입니다.

어휘 additional 추가의 charge 요금 account 계좌, 계정 fee 수수료, 요금 up to 최대 ~까지

해설 **이유를 묻는 간접 의문문**
(A) **정답:** 추가 요금 발생 이유를 말해줄 수 있냐는 질문에 서비스 수수료(our service fee)라며 구체적 이유를 제시하고 있으므로 정답이다.
(B) **연상 어휘 오답:** 질문의 charge를 '충전하다'는 의미로 이해했을 때 연상 가능한 battery를 이용한 오답이다.
(C) **관련 없는 오답:** 가능 횟수를 묻는 질문에 적합한 대답이다.

24 **M-Au** Should I work on the report at home tonight, or can I finish it tomorrow?

W-Am (A) We left at three.
(B) Whichever you prefer.
(C) Yes, she can.

오늘밤 집에서 보고서를 작성해야 하나요, 아니면 내일 끝내도 되나요?
(A) 우리는 3시에 떠났어요.
(B) 어느 쪽이든 좋을 대로 하세요.
(C) 예, 그녀는 할 수 있어요.

어휘 whichever 어느 것이든지 prefer 선호하다

해설 **상대방의 선택을 묻는 선택 의문문**
(A) **관련 없는 오답:** 시점을 묻는 When 의문문에 적합한 대답이다.
(B) **정답:** 보고서 작성 시기를 묻는 질문에 어느 쪽이든 좋을 대로 하라(Whichever you prefer)고 질문자에게 선택권을 주었으므로 가장 적절한 응답이다.
(C) **단어 반복 오답 및 인칭 오류 오답:** 질문의 can을 반복 이용한 오답으로, 질문에 she가 가리킬 만한 대상도 없다.

25 **M-Cn** Are you seeing the play on Thursday or Friday?

W-Am (A) The Middle Lake Theater.
(B) It's sold out this week.
(C) Yes, I've played that game.

연극을 목요일에 보세요, 아니면 금요일에 보세요?
(A) 미들 레이크 극장이요.
(B) 이번 주는 매진됐어요.
(C) 네, 저는 그 게임을 해본 적이 있어요.

어휘 theater 극장 sold out 다 팔린, 매진된

해설 **상대방의 선택을 묻는 선택 의문문**
(A) **연상 어휘 오답:** 질문의 play에서 연상 가능한 The Middle Lake Theater를 이용한 오답이다.
(B) **정답:** 연극을 목요일에 보는지 금요일에 보는지 묻는 질문에 이번 주는 매진됐다(It's sold out this week)며 두 날 다 관람이 불가능함을 암시하고 있으므로 가장 적절한 응답이다.
(C) **Yes/No 대답 불가 오답 및 다의어 오답:** 일부 경우를 제외하고 단어나 구를 연결해 선택 사항을 묻는 질문에는 Yes/No로 대답할 수 없다. 또한 질문의 play를 다른 의미로 반복 사용한 오답으로, 질문에서는 '연극'이라는 의미의 명사이지만 여기서 played는 '놀다, 하다'라는 의미의 과거분사이다.

ETS ACTUAL TEST 본책 p. 100

7 (A)	8 (B)	9 (C)	10 (A)	11 (B)
12 (C)	13 (A)	14 (B)	15 (C)	16 (A)
17 (A)	18 (C)	19 (C)	20 (B)	21 (B)
22 (C)	23 (A)	24 (C)	25 (B)	26 (B)
27 (B)	28 (A)	29 (C)	30 (A)	31 (B)

7 **M-Au** What time was the staff meeting moved to?

W-Am (A) Eleven o'clock.
(B) Thanks, I just moved here.
(C) OK, that's fine.

직원 회의가 몇 시로 옮겨졌나요?
(A) 11시요.
(B) 감사합니다. 이제 막 여기로 이사했어요.
(C) 네, 괜찮아요.

어휘 staff meeting 직원 회의 move 옮기다, 이사하다

해설 **변경된 직원 회의 시간을 묻는 What 의문문**
(A) **정답:** 변경된 직원 회의 시간을 묻는 질문에 11시(Eleven o'clock)라며 구체적인 시점을 제시하고 있으므로 정답이다.
(B) **단어 반복 오답:** 질문의 moved를 반복 사용한 오답으로, 질문에서 moved는 '옮겨진'이라는 의미의 과거분사이지만 여기서는 '이사했다'라는 의미의 과거 동사이다.
(C) **Yes/No 대답 불가 오답:** 정보를 묻는 의문사 의문문에는 Yes의 대체 표현인 OK로 대답할 수 없고, 괜찮다(that's fine)는 대답도 맥락에 맞지 않다.

8 **M-Cn** Will you be in Glasgow for the whole conference?

W-Br (A) I returned ten boxes.
(B) No, only the first two days.
(C) Punch two holes in the ticket.

회의 기간 내내 글래스고에 있을 건가요?
(A) 10상자를 반납했어요.
(B) 아니요, 첫 이틀만요.
(C) 표에 두 개의 구멍을 뚫으세요.

어휘 **whole** 전체의, 모든 **conference** 회의 **return** 반납하다, 돌려보내다 **punch** 구멍을 뚫다

해설 미래 사실을 확인하는 조동사 의문문(Will)

(A) **연상 어휘 오답:** 질문의 be in Glasgow에서 연상 가능한 returned를 이용한 오답이다. 참고로, 여기서 returned 는 '반납하다'라는 의미이다.

(B) **정답:** 회의 기간 내내 글래스고에 있을지 묻는 질문에 No 라고 부정한 후, 첫 이틀만(only the first two days)이 라며 구체적인 체류 기간을 덧붙이고 있으므로 정답이다.

(C) **유사 발음 오답:** 질문의 whole과 부분적으로 발음이 유사 한 holes를 이용한 오답이다.

9 W-Am Should the printer go by the door or the window?

M-Cn (A) I replaced the ink last week.
(B) Just twenty copies of the memo.
(C) By the window, I think.

프린터가 문 옆으로 가야 할까요, 아니면 창문 옆으로 가야 할까요?
(A) 제가 지난주에 잉크를 교체했어요.
(B) 그 회람 20부만요.
(C) 창문 옆이어야 할 것 같아요.

어휘 **replace** 교체하다

해설 상대방의 선택을 묻는 선택 의문문

(A) **연상 어휘 오답:** 질문의 printer에서 연상 가능한 replaced the ink를 이용한 오답이다.

(B) **연상 어휘 오답:** 질문의 printer에서 연상 가능한 twenty copies를 이용한 오답이다.

(C) **정답:** 프린터가 문 옆으로 가야 할지 창문 옆으로 가야 할 지 묻는 질문에 창문 옆(By the window)이라며 후자를 선택하고 있으므로 정답이다.

10 W-Am When will the road construction be finished?

W-Br (A) Sometime next year.
(B) I prefer a glossy finish.
(C) To repair the highway.

도로 공사는 언제 끝날까요?
(A) 내년 중에요.
(B) 저는 광택 있는 마감 칠을 선호해요.
(C) 고속도로를 보수하려고요.

어휘 **construction** 공사, 건설 **prefer** 선호하다 **glossy** 윤이 나는 **finish** 마감 칠 **repair** 수리하다, 보수하다

해설 도로 공사의 완료 시점을 묻는 When 의문문

(A) **정답:** 도로 공사의 완료 시점을 묻는 질문에 내년 중 (Sometime next year)이라며 대략적인 시점을 제시하 고 있으므로 정답이다.

(B) **다의어 오답:** 질문의 finish를 다른 의미로 반복 사용한 오 답으로, 질문의 finished는 '끝난'이라는 의미의 과거분사 이고 보기의 finish는 '마감 칠'이라는 의미의 명사이다.

(C) **연상 어휘 오답:** 질문의 road construction에서 연상 가능한 repair the highway를 이용한 오답이다.

11 M-Au Excuse me, where's baggage claim?

W-Br (A) A carry-on bag.
(B) Straight ahead.
(C) I never claimed to.

실례합니다. 수하물 찾는 곳이 어디죠?
(A) 휴대용 가방이요.
(B) 곧장 앞으로 가세요.
(C) 저는 그렇게 주장하지 않았어요.

어휘 **baggage claim** 수하물 찾는 곳 **carry-on bag** 휴대용 가방 **claim** 주장하다, 요구하다

해설 위치를 묻는 Where 의문문

(A) **연상 어휘 오답:** 질문의 baggage claim에서 연상 가능 한 carry-on bag을 이용한 오답이다.

(B) **정답:** 수하물 찾는 곳의 위치를 묻는 질문에 곧장 앞으로 가라(Straight ahead)며 가는 방법을 알려주고 있으므 로 정답이다.

(C) **다의어 오답:** 질문의 claim은 '수취소'라는 뜻의 명사이지 만 여기서 claimed는 '주장했다'라는 의미의 과거 동사이다.

12 W-Am Can you increase the brightness of this monitor?

M-Cn (A) The light in the hallway.
(B) I don't need another one.
(C) Sure, that's easy to change.

이 모니터 밝기를 높여 주시겠어요?
(A) 복도 조명이요.
(B) 하나 더 필요하지 않아요.
(C) 그럼요. 바꾸기 쉬워요.

어휘 **increase** 늘리다, 증가시키다 **hallway** 복도

해설 부탁·요청 의문문

(A) **연상 어휘 오답:** 질문의 brightness에서 연상 가능한 light를 이용한 오답이다.

(B) **관련 없는 오답:** 상대방이 무언가를 추가로 제안할 때 적합한 대답이다.

(C) **정답:** 모니터 밝기를 높여 달라는 요청에 Sure로 수락한 후, 바꾸기 쉽다(that's easy to change)고 덧붙이고 있 으므로 정답이다.

13 M-Au Have you visited the art museum since the renovation?

W-Am (A) Not yet, but I will.
(B) That's my favorite painting.
(C) A museum membership card.

개조한 이후로 미술관을 방문한 적이 있어요?
(A) 아직요. 하지만 갈 거예요.
(B) 제가 가장 좋아하는 그림이에요.
(C) 미술관 회원 카드요.

어휘 renovation 개조, 보수 favorite 매우 좋아하는

해설 경험을 확인하는 조동사 의문문 (Have)
(A) 정답: 개조 이후 미술관을 방문한 적이 있는지 확인하는 질문에 아직 안 갔다(Not yet)고 한 후, 하지만 갈 것(but I will)이라며 향후 계획을 밝히고 있으므로 정답이다.
(B) 연상 어휘 오답: 질문의 art museum에서 연상 가능한 painting을 이용한 오답이다.
(C) 단어 반복 오답: 질문의 museum을 반복 사용한 오답이다.

14 W-Am When will we receive our certificates in the mail?
M-Cn (A) Your receipt is in the bag.
(B) In two to four weeks.
(C) On Perth Avenue.

자격증을 언제 우편으로 받게 될까요?
(A) 당신의 영수증은 가방 안에 있어요.
(B) 2-4주 후요.
(C) 퍼스 가요.

어휘 receive 받다 certificate 증명서, 자격증 receipt 영수증

해설 자격증의 수령 시점을 묻는 When 의문문
(A) 파생어 오답: 질문의 receive와 파생어 관계인 receipt를 이용한 오답이다.
(B) 정답: 자격증을 언제 받게 될 지 묻는 질문에 2-4주 후(In two to four weeks)라며 대략적인 시점을 제시하고 있으므로 정답이다.
(C) 관련 없는 오답: 장소를 묻는 Where 의문문에 적합한 대답이다.

15 M-Au Who has the most experience with this equipment?
W-Am (A) That one is too expensive.
(B) I don't see an expiration date.
(C) John's been here the longest.

누가 이 장비 관련 경험이 가장 많습니까?
(A) 그건 너무 비싸요.
(B) 유효기간이 안 보이는데요.
(C) 존이 여기 가장 오래 있었어요.

어휘 experience 경험 equipment 장비 expiration date 유효기간, 만료 일자

해설 경험이 가장 많은 사람을 묻는 Who 의문문
(A) 연상 어휘 오답: 질문의 this equipment에서 연상 가능한 that one을 이용한 오답이다.
(B) 유사 발음 오답: 질문의 experience와 발음이 유사한 expiration를 이용한 오답이다.

(C) 정답: 장비 관련 경험이 가장 많은 사람을 묻는 질문에 존이 여기 가장 오래 있었다(John's been here the longest)며 우회적으로 그 사람이 존임을 암시하고 있으므로 가장 적절한 응답이다.

16 M-Cn Do you want to paint the office the same color or choose a different one?
W-Am (A) Let's try a new one.
(B) I've shopped there before.
(C) On the third floor.

사무실을 같은 색으로 칠하고 싶어요, 아니면 다른 색을 선택하고 싶어요?
(A) 새걸로 해 보죠.
(B) 전에 거기서 물건을 산 적이 있어요.
(C) 3층에요.

해설 상대방의 선택을 묻는 선택 의문문
(A) 정답: 사무실을 같은 색으로 칠할지 다른 색을 선택할지 묻는 질문에 새걸로 해 보자(Let's try a new one)며 후자를 선택하고 있으므로 정답이다.
(B) 관련 없는 오답: 특정 매장에 대한 질문에 적합한 대답이다.
(C) 관련 없는 오답: 사무실의 위치를 묻는 Where 의문문에 적합한 대답이다.

17 W-Am Is the meal for table five ready yet?
M-Au (A) The fish is still cooking.
(B) There are chairs in the back room.
(C) The daily special.

5번 테이블 식사는 준비됐나요?
(A) 생선이 아직 조리 중이에요.
(B) 안쪽 방에 의자들이 있어요.
(C) 오늘의 특별 요리요.

어휘 meal 식사 cook 요리되다, 준비되다

해설 상황을 확인하는 Be동사 의문문
(A) 정답: 5번 테이블 식사가 준비됐는지 확인하는 질문에 생선이 아직 조리 중(The fish is still cooking)이라며 우회적으로 준비되지 않았음을 나타내고 있으므로 정답이다.
(B) 연상 어휘 오답: 질문의 table에서 연상 가능한 chairs를 이용한 오답이다.
(C) 연상 어휘 오답: 질문의 meal에서 연상 가능한 주문 음식 The daily special을 이용한 오답이다.

18 M-Cn The photography class I signed up for looks really good.
W-Br (A) Would you like a little more?
(B) A couple different cameras.
(C) I heard the instructor is excellent.

제가 신청한 사진 촬영 강좌는 정말 좋아 보여요.
(A) 조금 더 하시겠어요?
(B) 몇 가지 서로 다른 카메라요.
(C) 강사가 훌륭하다고 들었어요.

어휘 sign up for ~을 신청하다 instructor 강사

해설 **감상·평가의 평서문**

(A) **관련 없는 오답:** 신청한 강좌에 대한 느낌을 표현하는 말에 조금 더 원하는지(Would you like a little more?) 권하는 표현은 맥락에 맞지 않는다.

(B) **연상 어휘 오답:** 평서문의 photography에서 연상 가능한 cameras를 이용한 오답이다.

(C) **정답:** 신청한 사진 강좌가 정말 좋아 보인다는 평가에 강사가 훌륭하다고 들었다(I heard the instructor is excellent)며 동조하고 있으므로 가장 적절한 응답이다.

19 M-Au Where's the health clinic?
M-Cn (A) Please complete the patient survey.
　　　 (B) No, not that I'm aware of.
　　　 (C) I'll check the Web site.

진료소가 어디 있나요?
(A) 환자 설문 조사를 작성해 주세요.
(B) 아니요. 제가 알기로는 아니에요.
(C) 웹사이트를 확인해 볼게요.

어휘 **health clinic** 진료소 **complete a survey** 설문을 작성하다 **not that** ~인 것은 아니다 **be aware of** ~를 알다

해설 **위치를 묻는 Where 의문문**

(A) **연상 어휘 오답:** 질문의 health clinic에서 연상 가능한 patient를 이용한 오답이다.

(B) **Yes/No 대답 불가 오답:** 정보를 묻는 의문사 의문문에는 Yes/No로 대답할 수 없다.

(C) **정답:** 진료소의 위치를 묻는 질문에 웹사이트를 확인해 보겠다(I'll check the Web site)고 제안하며 우회적으로 자신도 잘 모른다는 것을 나타내고 있으므로 가장 적절한 응답이다.

20 M-Au How long did you live in Shanghai?
W-Am (A) That's a long flight.
　　　 (B) The entire time I attended university.
　　　 (C) From Shanghai to Beijing.

상하이에 얼마나 오래 사셨나요?
(A) 장거리 비행이죠.
(B) 제가 대학교에 다녔던 전체 기간이요.
(C) 상하이에서 베이징까지요.

어휘 **flight** 비행, 항공편 **entire** 전체의 **attend** 다니다

해설 **거주 기간을 묻는 How long 의문문**

(A) **단어 반복 오답:** 질문의 long을 반복 사용한 오답이다.

(B) **정답:** 상하이 거주 기간을 묻는 질문에 대학교에 다녔던 전체 기간(The entire time I attended university)이라고 답하고 있으므로 정답이다.

(C) **단어 반복 오답:** 질문의 Shanghai를 반복 사용한 오답이다.

21 W-Am Did you remember to turn off your computer?
M-Au (A) The folder's on my desk.
　　　 (B) I haven't used it at all today.
　　　 (C) Sure, we remember him.

컴퓨터 끄는 것을 기억하셨나요?
(A) 폴더는 제 책상 위에 있어요.
(B) 오늘은 전혀 사용하지 않았어요.
(C) 그럼요. 우리는 그를 기억해요.

어휘 **remember** 기억하다

해설 **사실을 확인하는 조동사 의문문 (Did)**

(A) **연상 어휘 오답:** 질문의 computer에서 연상 가능한 folder를 이용한 오답이다.

(B) **정답:** 컴퓨터 끄는 것을 기억했는지 확인하는 질문에 오늘은 전혀 사용하지 않았다(I haven't used it at all today)며 우회적으로 자신이 신경 쓸 필요가 없음을 나타내고 있으므로 가장 적절한 응답이다.

(C) **단어 반복 오답 및 인칭 오류 오답:** 질문의 remember를 반복 사용한 오답으로, 질문에 him이 가리킬 만한 대상도 없다.

22 W-Am You're interested in leasing a tractor, right?
M-Cn (A) At least two payments left.
　　　 (B) She's tracking the results.
　　　 (C) Yes, it's cheaper than buying one.

트랙터를 대여할 의향이 있으시죠, 그렇죠?
(A) 최소 두 번의 결제가 남아 있어요.
(B) 그녀는 결과를 추적하고 있어요.
(C) 네, 구입하는 것보다 싸요.

어휘 **be interested in** ~에 관심이 있다, ~할 의향이 있다 **lease** 임대하다, 대여하다 **payment** 지불, 납입 **track** 추적하다

해설 **의향을 확인하는 부가 의문문**

(A) **연상 어휘 오답:** 질문의 right을 '오른쪽'이라는 의미로 잘못 이해할 경우 연상 가능한 left(왼쪽)를 이용한 오답이다. 참고로, 보기에서 left는 '왼쪽'이 아니라 '남은'이라는 의미이다.

(B) **유사 발음 오답 및 인칭 오류 오답:** 질문의 tractor와 발음이 유사한 tracking을 이용한 오답으로, 질문에 She가 가리킬 만한 대상도 없다.

(C) **정답:** 트랙터를 대여할 의향을 확인하는 질문에 그렇다(Yes)고 한 후, 구입하는 것보다 더 싸다(it's cheaper than buying one)며 대여하는 이유를 덧붙이고 있으므로 정답이다.

23 W-Br Why haven't the employees restocked the shelves?
M-Cn (A) I just got here.
　　　 (B) No, it can go in this bin.
　　　 (C) Sure, I'll have another one.

직원들이 왜 선반의 물건을 다시 채우지 않았죠?

    (A) 저는 막 도착했어요.

    (B) 아니요. 그건 이 통에 넣으면 돼요.

    (C) 물론이죠. 하나 더 할게요.

어휘 employee 직원 restock 다시 채우다, 보충하다
shelf 선반, 칸

해설 이유를 묻는 Why 의문문

(A) 정답: 직원들이 왜 선반의 물건을 다시 채우지 않았는지 묻는 질문에 막 도착했다(I just got here)며 우회적으로 자신도 잘 모른다는 것을 밝히고 있으므로 가장 적절한 응답이다.

(B) Yes/No 대답 불가 오답: 정보를 묻는 의문사 의문문에는 Yes/No로 대답할 수 없다.

(C) Yes/No 대답 불가 오답: 정보를 묻는 의문사 의문문에는 Yes의 대체 표현인 Sure로 대답할 수 없으며, 무언가를 권하는 질문에 적합한 대답이다.

24 W-Am Could you make sure these envelopes are addressed correctly?

W-Br   (A) Stamps are in the desk drawer.

    (B) I prefer the other dress.

    (C) OK, do you need them right away?

이 봉투들에 주소가 정확하게 쓰였는지 확인해 주실 수 있어요?

    (A) 우표는 책상 서랍에 있어요.

    (B) 저는 다른 옷이 더 좋아요.

    (C) 네. 지금 바로 필요하세요?

어휘 envelope 봉투 address 주소를 쓰다 correctly
바르게, 정확하게 drawer 서랍 prefer 선호하다

해설 부탁·요청 의문문

(A) 연상 어휘 오답: 질문의 envelopes에서 연상 가능한 Stamps를 이용한 오답이다.

(B) 유사 발음 오답: 질문의 addressed와 부분적으로 발음이 유사한 other dress를 이용한 오답이다.

(C) 정답: 봉투에 주소가 정확하게 쓰였는지 확인해 달라는 요청에 OK로 수락한 후, 지금 바로 필요한지(do you need them right away?) 되묻고 있으므로 정답이다.

25 W-Br Don't you usually order dessert along with your lunch?

M-Au   (A) She'll meet us at the restaurant.

    (B) I had a big breakfast.

    (C) Some pictures for the menu.

보통 점심 식사와 함께 후식을 주문하지 않으세요?

    (A) 그녀는 우리를 음식점에서 만날 거예요.

    (B) 아침을 많이 먹었어요.

    (C) 메뉴 사진들이요.

어휘 order 주문하다 along with ~와 함께

해설 사실을 확인하는 부정 의문문

(A) 연상 어휘 오답 및 인칭 오류 오답: 질문의 dessert 및 lunch에서 연상 가능한 restaurant을 이용한 오답으로, 질문에 She가 가리킬 만한 대상도 없다.

(B) 정답: 보통 점심 식사와 함께 후식을 주문하지 않는지 확인하는 질문에 아침을 많이 먹었다(I had a big breakfast)며 주문하지 않는 이유를 암시하고 있으므로 가장 적절한 응답이다.

(C) 연상 어휘 오답: 질문의 order dessert에서 연상 가능한 menu를 이용한 오답이다.

26 M-Au I've decided not to renew my subscription to this magazine.

W-Am   (A) Yes, that was an interesting article.

    (B) Oh, why not?

    (C) Several times a year.

이 잡지 구독을 연장하지 않기로 결정했어요.

    (A) 네, 흥미로운 기사였어요.

    (B) 아, 왜 안 하세요?

    (C) 일 년에 여러 번요.

어휘 decide 결정하다 renew 갱신하다, 연장하다
subscription 구독 article 기사

해설 의사 표현의 평서문

(A) 연상 어휘 오답: 평서문의 magazine에서 연상 가능한 article을 이용한 오답이다.

(B) 정답: 잡지 구독을 연장하기 않기로 결정했다는 말에 왜 하지 않는지(why not?) 이유를 되묻고 있으므로 가장 적절한 응답이다.

(C) 관련 없는 오답: 빈도를 묻는 How often 의문문에 적합한 대답이다.

27 W-Br Which one of these mobile phones do you recommend?

M-Au   (A) Please leave it in the suggestion box.

    (B) It depends on your budget.

    (C) I just changed my phone number.

이 휴대전화들 중 어떤 것을 추천하세요?

    (A) 제안함에 남겨두세요.

    (B) 당신의 예산에 달려 있어요.

    (C) 제가 전화번호를 바꿨어요.

어휘 recommend 권장하다, 추천하다 suggestion
box 제안함 depend on ~에 달려 있다 budget
예산

해설 추천 휴대전화를 묻는 Which 의문문

(A) 연상 어휘 오답: 질문의 recommend에서 연상 가능한 suggestion box를 이용한 오답이다.

(B) 정답: 추천하는 휴대전화를 묻는 질문에 상대방의 예산에 달려 있다(It depends on your budget)며 상대방이 판단해야 함을 드러내고 있으므로 가장 적절한 응답이다.

(C) 연상 어휘 오답: 질문의 mobile phones에서 연상 가능한 상황(changed my phone number)를 이용한 오답이다.

28 W-Am I can help you with your marketing presentation if you'd like.

M-Cn (A) I finished a few minutes ago.
(B) You shop at that store too, right?
(C) Try upstairs on the left.

원하시면 제가 마케팅 발표를 도와드릴 수 있어요.
(A) 몇 분 전에 끝냈어요.
(B) 당신도 저 가게에서 물건을 사죠, 그렇죠?
(C) 위층 왼편에 가 보세요.

어휘 presentation 발표

해설 제안의 평서문
(A) 정답: 원하면 마케팅 발표를 도와주겠다는 제안에 몇 분 전에 끝냈다(I finished a few minutes ago)며 도움이 필요하지 않음을 밝히고 있으므로 정답이다.
(B) 연상 어휘 오답: 질문의 marketing에서 연상 가능한 shop을 이용한 오답이다.
(C) 관련 없는 오답: 위치를 묻는 Where 의문문에 적합한 대답이다.

29 W-Br How is testing going for the waterproof jacket?

M-Cn (A) An annual performance review.
(B) The product launch had to be delayed.
(C) I'll call the plumbing company.

방수 재킷 시험은 어떻게 되어가죠?
(A) 연례 인사고과요.
(B) 제품 출시를 연기해야 했어요.
(C) 제가 배관업체에 전화할게요.

어휘 waterproof 방수의 annual 연례의
performance review 인사고과 plumbing 배관

해설 진행 상황을 묻는 How 의문문
(A) 연상 어휘 오답: 질문의 testing에서 연상 가능한 performance review를 이용한 오답이다.
(B) 정답: 방수 재킷 시험의 진행 상황을 묻는 질문에 제품 출시를 연기해야 했다(The product launch had to be delayed)며 더디게 진행되고 있음을 암시하고 있으므로 가장 적절한 응답이다.
(C) 연상 어휘 오답: 질문의 waterproof에서 연상 가능한 plumbing을 이용한 오답이다.

30 M-Au We can use the main conference room, can't we?

W-Br (A) Ms. Weber is meeting with the shareholders there.
(B) About a five-minute drive.
(C) It covers a range of topics.

우리가 주 회의실을 쓸 수 있는 거죠, 그렇지 않나요?
(A) 웨버 씨가 거기서 주주들과 만나고 있어요.
(B) 차를 타고 5분 정도예요.
(C) 그것은 다양한 주제를 다룹니다.

어휘 conference 회의 shareholder 주주 cover 다루다, 포함하다 a range of 다양한

해설 가능성을 확인하는 부가 의문문
(A) 정답: 주 회의실을 쓸 수 있는지 확인하는 질문에 웨버 씨가 거기서 주주들과 만나고 있다(Ms. Weber is meeting with the shareholders there)며 우회적으로 사용이 불가능함을 밝히고 있으므로 정답이다.
(B) 관련 없는 오답: 소요 시간을 묻는 How long 의문문이나 거리를 묻는 How far 질문에 적합한 대답이다.
(C) 연상 어휘 오답: 질문의 conference에서 연상 가능한 topics을 이용한 오답이다.

31 W-Am Should we do our payroll processing in-house or outsource it?

M-Cn (A) Please turn on the ceiling fan.
(B) My field of expertise is customer service.
(C) I'll pay cash for the concert tickets.

급여 지불 처리를 사내에서 해야 할까요, 아니면 외부에 위탁해야 할까요?
(A) 천장 팬을 켜 주세요.
(B) 제 전문 분야는 고객 서비스입니다.
(C) 제가 음악회 입장권을 현금으로 지불할게요.

어휘 payroll 급여 지불 대상 processing 처리
in-house (회사, 조직) 내부의 outsource 외부에 위탁하다 expertise 전문 지식 pay cash 현금으로 지불하다

해설 상대방의 선택을 묻는 선택 의문문
(A) 연상 어휘 오답: 질문의 house에서 연상 가능한 ceiling fan을 이용한 오답이다.
(B) 정답: 급여 지불 처리를 사내에서 할 지 외부에 위탁해야 할 지 묻는 질문에 자신의 전문 분야가 고객 서비스(My field of expertise is customer service)라며 우회적으로 자신이 조언할 수 없음을 나타내고 있으므로 가장 적절한 응답이다.
(C) 유사 발음 오답 및 연상 어휘 오답: 질문의 payroll processing에서 연상 가능한 pay cash를 이용한 오답이다.

CHAPTER 01 문제 유형별 전략

① 주제 / 목적 문제

ETS CHECK-UP	본책 p. 107
1 (D) **2** (D)	

Q 1

> **M-Au** Linda, thanks for coming to discuss the employee satisfaction survey. As a supervisor here, your input about how to increase overall employee satisfaction is especially valuable.
>
> **W-Am** I'm glad an external company conducted this survey. I'm sure our employees felt comfortable voicing their concerns.
>
> **M-Au** As you know, our company's almost doubled in size in the past year, and that's part of the problem—many workers feel disconnected from their colleagues.
>
> **W-Am** I can think of several ways to address this issue. In the short-term, we could encourage more collaboration among the teams by establishing some collective goals.

> **남** 린다, 직원 만족 설문조사에 관해 논의하러 와 주셔서 감사합니다. 이곳 관리자로서, 전체 직원 만족도를 높이는 방법에 관한 당신의 조언은 특히 소중합니다.
>
> **여** 외부 업체가 이 설문 조사를 실시했다니 기쁩니다. 저희 직원들이 우려를 표명하는 데 편안함을 느꼈으리라고 확신해요.
>
> **남** 아시는 대로, 우리 회사는 작년에 규모가 약 두 배가 됐습니다. 그런데 그게 문제점의 한 부분입니다. 많은 직원들이 동료들과 단절됐다고 느끼고 있어요.
>
> **여** 이 문제를 해결할 여러 방법을 생각해 볼 수 있습니다. 단기적으로 공동의 목표를 세움으로써 팀들 간에 더 협력하도록 장려할 수 있겠죠.

어휘 satisfaction 만족 survey 조사 input 조언 overall 전체의 especially 특히 valuable 귀중한 conduct 실시하다 voice concern 우려를 표명하다 disconnected 단절된 colleague 동료 address the issue 문제를

해결하다 in the short-term 단기적으로 encourage 장려하다 collaboration 협력 establish 수립하다 collective 공동의, 공통의

1 대화는 주로 무엇에 관한 것인가?
(A) 직원 늘리기
(B) 소프트웨어 업데이트하기
(C) 회사 정책 변경하기
(D) 직원 만족도 향상시키기

어휘 workforce 노동 인구, 노동력 policy 정책 improve 향상시키다, 개선하다

해설 대화의 주제

남자가 첫 번째 대사에서 전체 직원 만족도를 높이는 방법에 관한 여자의 조언이 특히 소중하다(your input ~ is especially valuable)고 한 후, 직원들이 언급한 문제를 해결할 방법에 대한 대화를 이어가고 있다. 따라서 (D)가 정답이다.

패러프레이징

지문의 **to increase overall employee satisfaction**
➔ 정답의 **Improving employee satisfaction**

Q 2

> **W-Am** Hi, I reserved a book a couple of weeks ago, and I got an e-mail saying it was in. I'm here to pick it up—here's my library card.
>
> **M-Au** Hmm, I don't see a book on the shelf for you, but let me check your account for more information.
>
> **W-Am** OK, thanks.
>
> **M-Au** I see that we had it for you, but you only had three days after you received the e-mail to pick it up.
>
> **W-Am** Oh, dear. I was out of town and couldn't get to the library before today. Can I reserve it again?
>
> **M-Au** Sure. You can do that online from one of our computers.

> **여** 안녕하세요. 제가 2주 전에 책을 한 권 예약했는데, 그게 들어왔다는 이메일을 받았어요. 그 책을 가지러 왔어요. 여기 제 도서대출 카드에요.
>
> **남** 음, 서가에 손님 책이 보이지 않네요. 자세한 정보를 위해 손님의 계정을 확인해 보겠습니다.
>
> **여** 네, 고맙습니다.
>
> **남** 제가 보니 손님께 나갈 책이 있긴 했는데, 수령 가능 기간이 이메일을 받은 후 사흘 동안만이었어요.

여　오, 이런. 제가 다른 지역에 가 있어서 오늘 이전에는 도서관에 올 수 없었어요. 그 책을 다시 예약할 수 있을까요?

남　그럼요. 저희 컴퓨터 중 한 대에서 온라인으로 하시면 됩니다.

어휘　reserve 예약하다 pick up ~을 찾아오다, 수령하다
library card 도서 대출 카드 shelf 서가, 책장
account 계정 out of town 타지에 나가 있는

2　여자는 왜 도서관에 왔는가?
(A) 시설을 견학하려고
(B) 연체료를 내려고
(C) 발표회에 참석하려고
(D) 책을 받으려고

어휘　facility 시설 late fee 연체료 presentation
발표회, 설명회

해설　**여자의 방문 목적**
여자의 첫 번째 대사에서 2주 전에 책을 한 권 예약했다
(I reserved a book a couple of weeks ago)며 그 책을
받으러 왔다(I'm here to pick it up)고 했으므로 (D)가 정답이다.

❷ 장소 / 직업 문제

ETS CHECK-UP   본책 p. 109

1 (C)　　**2** (C)

Q 1

W-Br　Hi, you've reached Markinson Financial Advisors. How can I help you?

M-Au　Hello. I'm responding to your advertisement seeking photographers for an event next month. Are you still looking for someone?

W-Br　Yes, thanks for calling. I'm organizing the leadership workshop for my company this year, and I'd like to have some pictures taken at the event.

M-Au　Sounds great. I can send you some samples from a few of my recent projects.

W-Br　Wonderful. I'll give you a call when I've had a chance to look them over.

여　안녕하세요, 마킨슨 금융 상담 회사입니다. 무엇을 도와드릴까요?

남　안녕하세요. **다음 달에 있을 행사를 위해 사진작가를 찾으신다는 광고를 보고 전화 드렸습니다. 아직 사람을 찾고 계신가요?**

여　네, 전화 주셔서 감사합니다. 제가 올해 저희 회사의 리더십 워크숍을 준비하고 있는데, 그 행사에서 사진을 좀 찍었으면 해서요.

남　그렇군요. **제가 최근에 작업한 프로젝트 몇 건에서 샘플 사진들을 보내드릴 수 있습니다.**

여　좋습니다. 제가 그 사진들을 살펴보고 전화 드리겠습니다.

어휘　reach (연락 등이) 닿다 respond 응답하다,
대응하다 seek 찾다, 구하다 look for ~을 찾다
organize 기획하다, 조직하다 recent 최근의
look over ~을 검토하다, 살펴보다

1　남자는 누구일 것 같은가?
(A) 마케팅 전문가
(B) 실내 장식가
(C) 사진작가
(D) 은행가

해설　**남자의 직업**
남자가 첫 번째 대사에서 사진작가를 찾는다는 광고를 보고
전화를 했다(I'm responding to your advertisement
seeking photographers for an event)며 관심을 보인 후,
최근에 작업한 프로젝트 몇 건에서 샘플 사진들을 보내겠다(I
can send you some samples)고 했다. 따라서 (C)가 정답이다.

Q 2

W-Am　Hello, welcome to Portstown Dental Clinic. How can I help you?

M-Au　Hi, I'm Walter Lee. I have an appointment for a teeth cleaning.

W-Am　Oh, it looks like your appointment was at two o'clock…

M-Au　I know. I'm really sorry I'm late. I had trouble finding the building. It's my first time coming to this dentist's office.

W-Am　OK. Looks like we've had a cancellation and we can still fit you in. Since this is your first time here, could you please fill in this new patient form while you wait?

여　안녕하세요. **포츠타운 치과에 오신 것을 환영합니다. 어떻게 도와드릴까요?**

남　안녕하세요. 저는 월터 리입니다. 스케일링 예약을 했습니다.

여　아, 손님의 예약은 2시였던 것 같은데요…

남　압니다. 늦어서 정말 미안합니다. 건물을 찾는 데 애를 먹었어요. 이 치과에 처음 오거든요.

여　알겠습니다. 취소된 진료가 있어서 손님이 들어갈 자리를 만들 수 있을 것 같습니다. 이번이 처음이시니 기다리시는 동안 이 초진용 서류를 작성해 주시겠습니까?

어휘　dental clinic 치과 have an appointment
진료 예약이 있다 teeth cleaning 스케일링, 치석
제거 have trouble -ing ~하는 데 애를 먹다
cancellation 취소(된 것) fit ~ in ~가 들어갈
자리[공간]를 만들다 fill in ~을 작성하다, 기입하다
new patient form 초진용 서류

2 대화 장소는 어디인가?
(A) 주차장
(B) 백화점
(C) 치과
(D) 지역문화센터

해설 대화 장소

여자의 첫 번째 대사에서 포츠타운 치과에 온 것을 환영한다 (welcome to Portstown Dental Clinic)고 했으므로 (C) 가 정답이다.

패러프레이징

지문의 **Dental Clinic** ➡ 정답의 **dental office**

ETS **X-FILE**				본책 p. 110
1 (A)	**2** (B)	**3** (B)	**4** (A)	**5** (B) **6** (A)

Q 1

> **W-Am** I've just called our warehouse, and it looks like the brand of photo printer paper you wanted is not in stock.
>
> **M-Cn** When do you think it will become available? We really need it to get the best quality photos of our new product for a trade show next week.
>
> 여 제가 조금 전에 창고에 전화했는데요. **원하셨던 상표의 사진 인화지 재고가 없는 것 같아요.**
>
> 남 언제 입고될 것 같으세요? 다음 주에 있을 무역 박람회를 위해 우리 신제품의 최상급 사진이 정말로 필요하거든요.
>
> 어휘 **warehouse** 창고 **be in stock** 재고가 있다 **available** 이용 가능한, 구할 수 있는 **best quality** 최상급(의) **trade show** 무역 박람회

1 대화는 주로 무엇에 관한 것인가?
(A) 재고가 없는 물품
(B) 제자리에 두지 않은 서식

패러프레이징

지문의 **photo printer paper** ➡ 정답의 **item**
지문의 **not in stock** ➡ 정답의 **out-of-stock**

Q 2

> **M-Au** We got a huge bill from the electric company today. It's much higher than usual.
>
> **W-Br** Oh, I guess it's because of the heater we bought last month. The salesperson warned us that that could happen.
>
> 남 오늘 **전기 회사에서 엄청난 고지서**를 받았어요. 평소보다 훨씬 높아요.
>
> 여 아, 지난달에 구입한 난방기 때문인 것 같아요. 그런 일이 생길 수 있다고 판매원이 주의를 줬잖아요.
>
> 어휘 **bill** 청구서, 고지서 **than usual** 평소보다

2 화자들은 무엇에 대해 이야기하는가?
(A) 고장난 가전 제품
(B) 전기요금

패러프레이징

지문의 **bill from the electric company**
➡ 정답의 **An electricity bill**

Q 3

> **W-Am** Hi, I'm calling from Conference Room A. I've been trying to connect to the wireless Internet but it doesn't seem to work.
>
> **M-Au** Yes, the network is down. Sorry about that. We are currently looking into the matter, so it should be fixed very soon.
>
> 여 안녕하세요. **A 회의실에서 전화하는 건데요. 무선 인터넷에 연결하려고 해 봤는데 안 되는 것 같아요.**
>
> 남 네, 네트워크가 다운됐어요. 죄송합니다. 현재 문제를 조사하는 중이니 금세 수리될 겁니다.
>
> 어휘 **conference room** 회의실 **wireless** 무선의 **currently** 현재 **matter** 문제, 사안

3 여자가 전화한 이유는?
(A) 회의를 취소하려고
(B) 문제를 알리려고

패러프레이징

지문의 **it doesn't seem to work** ➡ 정답의 **problem**

Q 4

> **W-Br** I was impressed with your audition and would like you to take the lead role in our upcoming play in June.
>
> **M-Cn** I'd love to. When will the rehearsals begin?
>
> 여 당신의 오디션에 감명 받았어요. **다가오는 6월 연극에서 주연을 맡아 주셨으면 해요.**
>
> 남 좋습니다. 리허설은 언제 시작될까요?
>
> 어휘 **impressed** 감명을 받은, 인상 깊게 생각하는 **lead role** 주연 **upcoming** 다가오는, 곧 있을

4 남자는 누구이겠는가?
(A) 배우
(B) 음악가

패러프레이징

지문의 lead role in ~ play ➲ 정답의 actor

Q 5

> M-Au Amanda, how's the special order of chocolate muffins for Beans Café coming along?
>
> W-Am I'm putting them in the oven now. We're supposed to deliver them by three this afternoon, right?
>
> 남 아만다, 빈스 카페를 위한 초콜릿 머핀 특별 주문 건은 어떻게 되어가죠?
>
> 여 지금 오븐에 넣고 있어요. 오늘 오후 3시까지 배달하기로 되어 있죠, 그렇죠?
>
> 어휘 come along 되어가다 be supposed to ~하기로 되어 있다, ~할 의무가 있다

5 화자들은 어디서 일하겠는가?
(A) 운송업체
(B) 제과점

패러프레이징

지문의 order of chocolate muffins, oven
➲ 정답의 bakery

Q 6

> M-Cn I'm moving to Seoul next month, and I'd like your help finding a one-bedroom apartment.
>
> W-Br We'd be happy to help you. Can you tell me more about what you're looking for?
>
> 남 제가 다음 달에 서울로 이사하는데, 침실 한 개짜리 아파트를 찾는 데 도움을 받고 싶어요.
>
> 여 기꺼이 도와드리겠습니다. 어떤 것을 찾는지 더 자세히 얘기해 주시겠어요?
>
> 어휘 look for ~를 찾다

6 여자는 누구이겠는가?
(A) 부동산 중개인
(B) 인테리어 디자이너

패러프레이징

지문의 one-bedroom apartment
➲ 정답의 real estate

LISTENING PRACTICE				본책 p. 111	
1 (A)	2 (B)	3 (B)	4 (B)	5 (A)	6 (A)

Q 1-2

> W-Am This is Annette Murphy from the Winbridge Restaurant. [1,2]I'm calling because our contract with your laundry service is almost up. We'd like to renew our contract for another year.
>
> M-Cn Certainly, Ms. Murphy. I can send you a new contract with the same terms—unless there are any changes you'd like to make?
>
> W-Am Actually, the restaurant is planning to expand. So we'll be sending you more linens to be cleaned each week. Would it be possible to get a discount for the larger order?
>
> M-Cn Well, that would need to be approved by my manager. I'll check with him this afternoon and let you know.
>
> 여 윈브리지 레스토랑의 아네트 머피입니다. [1,2]귀사와의 세탁 서비스 계약이 거의 끝나서 전화했어요. 1년 더 계약을 연장하고 싶은데요.
>
> 남 물론이죠, 머피 씨. 같은 조건으로 새 계약서를 보내 드릴 수 있습니다. 원하시는 변경사항이 없다면요?
>
> 여 사실 저희 음식점이 확장될 계획이에요. 그래서 매주 세탁해야 할 리넨 제품들을 더 많이 보낼 예정입니다. 주문량이 늘어나면 할인을 받을 수 있을까요?
>
> 남 음… 관리자 승인이 필요할 겁니다. 오늘 오후에 확인해서 알려드리겠습니다.
>
> 어휘 contract 계약 laundry 세탁 renew 갱신하다, 연장하다 terms 조건 expand 확장하다[되다] possible 가능한 order 주문 approve 승인하다

1 전화를 건 목적은?
(A) 계약 연장
(B) 가구 구입

해설 **전화의 목적**
여자가 첫 번째 대사에서 세탁 서비스 계약이 거의 끝나서(our contract with your laundry service is almost up) 전화했다고 한 후, 1년 더 계약을 연장하고 싶다(We'd like to renew our contract for another year)고 했다. 따라서 (A)가 정답이다.

2 남자는 어떤 유형의 업체에서 일하겠는가?
(A) 의류 제조업체
(B) 세탁 서비스 업체

해설 **남자가 근무하는 업체**
여자가 첫 번째 대사에서 남자 회사의 세탁 서비스와 계약이 거의 끝나서 전화했다(I'm calling because our contract with your laundry service is almost up)고 했으므로, 남자가 세탁 서비스 업체에서 일한다고 추론할 수 있다. 따라서 (B)가 정답이다.

Q 3-4

M-Au ³Mitra, have you had time to look at the résumé of the person we're interviewing for the fitness instructor position?

W-Br ⁴The one for Min-Jung Won? Yes, I did. She seems like a strong candidate. I think she'd be great for our gym because she has a lot of experience with the newest fitness equipment.

M-Au I agree. I'll give her a call now to invite her for an interview later this week. I hope she's available.

남 ³미트라, 피트니스 강사 자리에 면접 볼 사람의 이력서를 살펴볼 시간이 있었나요?

여 ⁴원민정 씨 이력서 말이죠? 네, 살펴봤어요. 실력 있는 지원자 같아요. 최신 운동 장비를 다룬 경험이 많기 때문에 우리 체육관에 무척 도움이 될 것 같아요.

남 내 의견도 같아요. 지금 그녀에게 전화해서 이번 주 중에 면접을 보러 오라고 할게요. 그녀가 시간을 낼 수 있으면 좋겠군요.

어휘 **fitness instructor** 피트니스[헬스] 강사 **position** 자리, 직위 **strong candidate** 능력 있는 지원자[후보] **gym** 체육관 **experience** 경험 **fitness equipment** 운동 장비 **invite** 초대[초청] 하다 **available** 시간을 낼 수 있는, 만날 수 있는

3 화자들이 일하는 곳은 어디인가?
(A) 약국
(B) 피트니스 센터

해설 **화자들의 근무지**
남자의 첫 번째 대사에서 피트니스 강사 자리(the fitness instructor position)에 면접 볼 사람의 이력서를 살펴볼 시간이 있었는지 묻는 것으로 보아 화자들이 피트니스 센터에서 근무한다는 것을 알 수 있다. 따라서 (B)가 정답이다.

4 원민정은 누구인가?
(A) 잠재 고객
(B) 구직 지원자

해설 **원민정의 신분**
여자의 첫 번째 대사에서 원민정이 실력 있는 지원자인 것 같다(She seems like a strong candidate)고 했으므로, (B)가 정답이다.

패러프레이징
지문의 **candidate** ➡ 정답의 **applicant**

Q 5-6

M-Cn Nancy, ⁵I heard that you're transferring to our office in Hong Kong. What will you be doing there?

W-Br Oh, it'll be the same thing I've been doing here. The company's ready to start marketing our new speech recognition software in Asia–and ⁶since my team's had a lot of success selling the product here, they've asked me to move to Hong Kong to head up the sales efforts there.

M-Cn That sounds like a great opportunity. You know, my cousin works in Hong Kong for a big retailer. I'll give you her e-mail address in case you want to contact her. I'm sure she'd be happy to help you find an apartment there.

남 낸시, ⁵홍콩 지사로 전근을 간다고 들었는데 거기서 어떤 일을 하게 되시나요?

여 아, 여기서 하는 것과 같은 일이에요. 회사에서 아시아에 새로 출시된 음성 인식 소프트웨어 홍보를 시작하기로 했거든요. ⁶제 팀이 이곳에서 제품 판매에 많은 성과를 거두었기 때문에, 회사에서 제게 홍콩으로 가서 판매 활동을 이끌라고 했어요.

남 좋은 기회인 것 같네요. 제 사촌이 홍콩에서 대형 유통업체에 다니잖아요. 그녀에게 연락하고 싶으시다면 이메일 주소를 알려 드릴게요. 틀림없이 당신이 그곳에서 아파트 구하는 일을 기꺼이 도와줄 거예요.

어휘 **transfer** 옮기다, 전근 가다 **recognition** 인식 **success** 성공 **head up** 이끌다 **effort** 활동, 프로젝트 **opportunity** 기회 **retailer** 유통업체, 소매업체 **contact** 연락하다

5 화자들은 주로 무엇에 대해 이야기하고 있는가?
(A) 일자리 이동
(B) 매장 개장

해설 **대화의 주제**
남자가 첫 번째 대사에서 여자가 홍콩 지사로 전근을 간다는 소식을 들었다(I heard that you're transferring to our office in Hong Kong)며 주제를 언급했으므로, (A)가 정답이다.

패러프레이징
지문의 **transferring to our office in Hong Kong** ➡ 정답의 **A job transfer**

6 여자의 직업은 무엇이겠는가?
(A) 영업 팀장
(B) 컴퓨터 프로그래머

해설 **여자의 직업**
여자가 자신의 팀이 제품 판매에 많은 성과를 올렸다(since my team's had a lot of success selling the product here)고 말하는 것으로 보아 그녀가 영업 팀장이라고 볼 수 있다. 따라서 (A)가 정답이다.

ETS TEST

본책 p. 112

1 (D)	**2** (C)	**3** (D)	**4** (C)	**5** (D)	**6** (B)
7 (B)	**8** (C)	**9** (D)	**10** (D)	**11** (B)	**12** (A)
13 (D)	**14** (C)	**15** (A)	**16** (D)	**17** (A)	**18** (C)
19 (B)	**20** (C)	**21** (A)	**22** (A)	**23** (B)	**24** (B)

Q 1-3

W-Br Hi, **1**this is Joanna at A&M Office Supplies. **2**I'm calling Mr. Yamaguchi about a tablet computer he asked me to order for him. Is he available?

M-Cn No, I'm afraid he's out of the office right now. Can I take a message for you?

W-Br Yes, could you please tell him that the computer is here at the store? I told him it wouldn't be here until next month, but there was one in a shipment that arrived from the warehouse today.

M-Cn OK. **3**He's working at a construction site all day today, but I'll give him the message when he calls in.

여 안녕하세요. **1**A&M 사무용품의 조안나입니다. **2**야마구치 씨가 저에게 주문해 달라고 요청하신 태블릿 컴퓨터에 관해 전화 드렸습니다. 지금 계시나요?

남 아니요. 지금 사무실에 없는데요. 메시지를 전해드릴까요?

여 네. 컴퓨터가 매장에 와 있다고 말씀해 주시겠어요? 다음 달까지는 도착하지 못할 거라고 얘기했는데 오늘 창고에서 도착한 수송품 중에 하나가 있었어요.

남 알겠습니다. **3**그는 오늘 하루 종일 공사장에서 일할 텐데, 그래도 전화가 오면 메시지를 전할게요.

어휘 office supplies 사무용품 shipment 수송, 수송품 arrive 도착하다 warehouse 창고 construction site 공사장

1 여자는 어디서 일하는가?
(A) 제조 공장
(B) 배송 업체
(C) 기계 수리점
(D) 사무용품점

해설 여자의 근무지

여자가 첫 번째 대사에서 A&M 사무용품의 조안나(this is Joanna at A&M Office Supplies)라고 자신을 소개하고 있으므로, (D)가 정답이다.

2 여자가 전화한 이유는?
(A) 제품 품질 보증서를 제공하려고
(B) 시제품 관련 피드백을 요청하려고
(C) 주문에 관한 최신 정보를 제공하려고
(D) 기한이 지난 청구서 비용의 지불을 요청하려고

어휘 offer 제공하다 warranty 품질 보증서 prototype 원형, 시제품 overdue 기한이 지난, 이미 늦은 invoice 청구서, 송장

해설 여자가 전화한 목적

여자가 첫 번째 대사에서 야마구치 씨가 주문해 달라고 요청한 태블릿 컴퓨터에 관해 전화했다(I'm calling Mr. Yamaguchi about a tablet computer he asked me to order for him)며 해당 주문 건에 대한 정보를 제공했으므로, (C)가 정답이다.

3 야마구치 씨가 사무실을 비운 이유는?
(A) 휴가를 떠났다.
(B) 점심 식사 중이다.
(C) 몸이 좋지 않다.
(D) 다른 곳에서 일하고 있다.

어휘 location 위치, 장소

해설 세부 사항 – 야마구치 씨가 사무실을 비운 이유

남자의 마지막 대사에서 야마구치 씨가 오늘 하루 종일 공사장에서 일할 것(He's working at a construction site all day today)이라고 했으므로, (D)가 정답이다.

패러프레이징

지문의 **at a construction site**
➡ 정답의 **at another location**

Q 4-6

W-Am **4**My doctor sent a prescription for some medicine to this pharmacy about an hour ago, and I was hoping the order might be ready for me to pick up. My name is Colleen Bell.

M-Cn I'll just check on that for you... Yes, we received the order for your prescription, but I'm afraid it's not ready yet. **5**We've had a very busy day today, so we're a little behind schedule. If you can wait ten minutes, I'll do it now.

W-Am Great. **6**I have some shopping to do at the clothing store next door, so I'll just do that now and come back in a bit to pick up my prescription.

여 **4**제 주치의가 1시간쯤 전에 약 처방전을 이 약국에 보냈는데, 주문한 약이 준비되어 있으면 가고 싶어요. 제 이름은 콜린 벨이에요.

남 확인해 보겠습니다… 네, 저희가 처방 주문을 받았지만, 아직 준비되지 않은 것 같습니다. **5**저희가 오늘 무척 바빠서 일이 약간 밀리고 있습니다. 10분만 기다리시면 제가 바로 처리하겠습니다.

여 좋아요. **6**제가 옆집 옷 가게에서 살 물건이 있으니 지금 쇼핑을 하고 잠시 후에 다시 와서 처방약을 찾아갈게요.

어휘   prescription 처방(전), 처방한 약   medicine 약
pharmacy 약국   pick up ~을 찾아 가다   behind
schedule 일정에 뒤처진   have some shopping
to do 살[쇼핑할] 것이 있다   next door 옆집

4 화자들은 무엇을 논의하고 있는가?
(A) 제품 가격   (B) 회사 위치
(C) 의사의 처방전   (D) 다가오는 예약

해설 대화의 주제
여자의 첫 번째 대사에서 의사가 약 처방전을 이 약국에 보
냈는데(My doctor sent a prescription ~ to this
pharmacy) 주문한 약이 준비되어 있으면 가져가겠다(I was
hoping the order might be ready ~ to pick up)고 했다.
따라서 (C)가 정답이다.

5 남자가 일이 밀린 이유는?
(A) 직원 한 명이 병가 중이다.
(B) 의사가 아직 도착하지 않았다.
(C) 컴퓨터가 작동하지 않는다.
(D) 약국이 바빴다.

해설 세부 사항 – 남자가 일이 밀린 이유
남자의 첫 번째 대사에서 오늘 무척 바빠서(We've had a
very busy day today) 일이 약간 밀리고 있다(we're a
little behind schedule)고 했으므로 (D)가 정답이다.

패러프레이징
지문의 had a very busy day
➡ 정답의 has been busy

6 여자는 다음에 무엇을 할 것이라고 말하는가?
(A) 영수증에 서명한다.
(B) 근처 가게로 간다.
(C) 전화를 건다.
(D) 양식을 작성한다.

해설 여자가 다음에 할 일
여자의 두 번째 대사에서 옆집 옷 가게에서 살 물건이 있으니
(I have some shopping to do at the clothing store
next door) 지금 쇼핑을 하고(so I'll just do that now) 잠
시 후에 다시 와서 처방약을 찾아가겠다고 했다. 따라서 (B)가
정답이다.

패러프레이징
지문의 clothing store next door
➡ 정답의 nearby store

Q 7-9

M-Au   Thanks, Ms. Sapra, for agreeing to speak
with me today. [7]I'm sure that *Global
Commerce Magazine* readers will be
interested in learning about the new
factory you're opening in Riverside. Tell
me about this new venture.

W-Am   My company, Solar Origins, has been
so successful that we're ready to build a
larger facility and increase production.
[8]We're on schedule to begin construction
in June.

M-Au   And how will this new location benefit the
residents of Riverside?

W-Am   [9]In addition to the construction jobs
that will be created, we'll be hiring about
1,500 permanent staff. We'll be recruiting
through employment agencies there.

남   오늘 저와 말씀을 나누기로 해주셔서 감사합니다, 사프라
씨. [7]〈글로벌 커머스 매거진〉 독자들이 리버사이드에 문
을 여는 신규 공장에 대해 알고 싶을 거라 확신합니다. 이
신규 사업에 관해 말씀해 주십시오.

여   저의 회사 솔라 오리진즈는 크게 성공을 거둬서 더 큰 시
설을 지어 생산을 늘릴 준비가 되었습니다. [8]일정대로 6
월에 공사가 시작됩니다.

남   이 새 공장이 리버사이드 주민들에게 어떤 유익을 줄
까요?

여   [9]창출될 건설 일자리 외에도, 저희가 약 1500명을 정직
원으로 채용할 예정입니다. 그곳의 취업 알선 업체를 통
해 모집하게 됩니다.

어휘   agree ~하기로 동의하다   commerce 상업, 통상
be interested in ~에 흥미가 있다   factory 공장
solar 태양의   facility 시설   increase 늘리다
production 생산   on schedule 일정대로
construction 공사, 건설   location 장소, 지점
benefit 이롭게 하다   resident 주민   in addition
to ~ 외에, ~뿐 아니라   hire 채용하다   permanent
staff 정직원   recruit 모집하다   employment
agency 취업 알선 업체, 직업 소개소

7 남자는 누구이겠는가?
(A) 건설 인부
(B) 잡지 기자
(C) 금융 투자자
(D) 소프트웨어 개발자

해설 남자의 직업
남자가 여자를 인터뷰하며 여자의 회사가 짓는 신규 공장에 대
해 〈글로벌 커머스 매거진〉 독자들이 알고 싶어할 것(*Global
Commerce Magazine* readers will be interested in
~ the new factory)이라고 했으므로, 그가 기자임을 추론할
수 있다. 따라서 (B)가 정답이다.

8 여자는 6월에 무슨 일이 있을 거라고 말하는가?
(A) 잡지 디자인이 바뀐다.
(B) 시설이 점검을 받는다.
(C) 공사가 시작된다.
(D) 신제품을 검증한다.

어휘   redesign 재디자인하다, 디자인을 바꾸다   facility
시설   inspect 점검하다

해설 **6월에 일어날 일**

여자의 첫 번째 대사에서 일정대로 6월에 공사가 시작된다(We're on schedule to begin construction in June)고 했으므로 (C)가 정답이다.

9 여자에 따르면, 리버사이드 주민들은 어떤 혜택을 누리게 되는가?
(A) 전기 요금이 감소한다.
(B) 전자제품이 더 저렴해진다.
(C) 동네가 조용해진다.
(D) 일할 기회가 더 많아진다.

어휘 neighborhood 동네, 이웃　electronics 전자제품

해설 **세부 사항 – 리버사이드 주민들이 누릴 혜택**

여자의 두 번째 대사에서 건설 일자리가 창출되는 것 외에도 약 1500명을 정직원으로 채용할 예정(we'll be hiring about 1,500 permanent staff)이며, 그곳의 취업 알선 업체를 통해 모집하게 될 것(be recruiting through employment agencies there)이라고 했다. 따라서 (D)가 정답이다.

패러프레이징

지문의 construction jobs, hiring ~ staff, recruiting
➡ 정답의 more work opportunities

Q 10-12

W-Br **10**Hi, you've reached Simon's Electronics. How can I help you?

M-Au Good morning. **11**I'm calling to find out whether you sell replacement batteries. The one that came with my laptop no longer holds a charge, but the rest of the computer's still in great shape.

W-Br Sure, what laptop model do you have?

M-Au It's the QM 4-10. I bought it from your store a couple of years ago.

W-Br OK, we do have those batteries in stock. If you have proof that you purchased your computer from our store, we can give you a twenty percent discount.

M-Au Actually, I do. **12**I'll bring the original receipt with me when I stop in this afternoon.

여 안녕하십니까. **10**사이먼즈 일렉트로닉스입니다. 어떻게 도와드릴까요?

남 안녕하세요. **11**교체용 배터리를 판매하는지 알아보려고 전화했습니다. 제 노트북 컴퓨터에 딸려온 배터리가 더 이상 충전되지 않지만, 컴퓨터의 나머지 부분은 여전히 상태가 매우 좋거든요.

여 그렇군요. 어떤 노트북 컴퓨터 모델을 갖고 계신가요?

남 QM 4-10입니다. 2년 전에 여기 매장에서 구입했어요.

여 네, 저희에게 배터리 재고가 있습니다. 컴퓨터를 저희 매장에서 구매했다는 것을 입증할 자료가 있으시면 20퍼센트 할인해 드릴 수 있습니다.

남 실은, 가지고 있어요. **12**오늘 오후에 들를 때 영수증 원본을 가져가겠습니다.

어휘 reach 연락하다　find out ~을 찾아내다, 알아보다
replacement 교체　no longer 더 이상 ~아니다
hold a charge 충전되다　rest 나머지　in great shape 상태가 아주 좋은　a couple of 한 쌍의, 두 개의　in stock 재고가 있는　proof 증거
purchase 구입하다　original 원래의, 원본의
receipt 영수증　stop in 들르다

10 여자는 어떤 업체에서 일하는가?
(A) 공기업
(B) 그래픽 디자인 회사
(C) 배송 업체
(D) 전자제품 판매점

해설 **여자의 근무지**

여자가 첫 번째 대사에서 사이먼즈 일렉트로닉스(you've reached Simon's Electronics)라고 자신의 근무 업체를 밝혔으므로, (D)가 정답이다.

패러프레이징

지문의 Simon's Electronics
➡ 정답의 An electronics store

11 남자가 전화하는 이유는?
(A) 결제 정보를 제공하려고
(B) 교체 부품에 관해 문의하려고
(C) 서비스에 불만을 제기하려고
(D) 사용 설명서를 요청하려고

어휘 inquire 문의하다　part 부품문의하다

해설 **남자가 전화한 목적**

남자의 첫 번째 대사에서 교체용 배터리를 판매하는지 알아보기 위해(to find out whether you sell replacement batteries) 전화했다고 했으므로, (B)가 정답이다.

패러프레이징

지문의 replacement batteries
➡ 정답의 replacement part

12 남자는 무엇을 제공하겠다고 말하는가?
(A) 영수증
(B) 신용카드
(C) 설문지
(D) 유효한 보증서

해설 **세부 사항 – 남자가 제공할 것**

남자의 세 번째 대사에서 오후에 들를 때 영수증 원본을 가져가겠다(I'll bring the original receipt)고 했으므로, (A)가 정답이다.

Q 13-15 3인 대화

W-Br OK, Mr. Kimeta. **13**Your money's been deposited into your savings account—here's your receipt. Is there anything else?

M-Cn Yes. **14**Can you tell me about your new loyal-customer credit cards?

W-Br Sure. My supervisor here can tell you more.

W-Am Hello. I'm Barbara Wilson, the branch manager. Customers who've banked with us for at least three years are eligible for this card. You just fill out a simple application form—we'll let you know within an hour if you've been approved.

M-Cn Sounds good, but my lunch break's almost over.

W-Am That's OK, **15**you can do it online. You'll find the link on the home page of our Web site.

M-Cn **15**Good, I'll do that later.

여1 네, 키메타 씨. **13**돈이 예금 계좌로 입금되었고요, 여기 영수증입니다. 또 다른 용무 있으세요?

남 네, **14**새로 나온 단골 고객 신용카드에 대해 말씀해 주실래요?

여1 알겠습니다. 여기 제 상사가 고객님께 자세히 말씀드릴 겁니다.

여2 안녕하세요, 저는 지점장 바바라 윌슨입니다. 적어도 3년간 저희 은행과 거래한 고객들이 이 카드를 신청할 자격이 있습니다. 간단한 신청서를 작성하시면 저희가 승인 여부를 한 시간 내로 알려 드릴 겁니다.

남 좋은 거 같은데 점심 시간이 거의 다 끝났네요.

여2 괜찮습니다, **15**고객님께서 온라인으로 하실 수 있습니다. 저희 웹사이트 홈페이지에 링크가 있습니다.

남 **15**좋아요, 이따가 할게요.

어휘 be deposited into ~로 입금되다 savings account 예금 계좌 receipt 영수증 loyal-customer 단골 고객의 bank with ~와 은행 거래를 하다 at least 적어도, 최소한 be eligible for ~에 자격이 있다 fill out ~을 작성하다 application form 신청서 approve 승인하다 lunch break 점심 시간

13 이 대화는 어디에서 일어나고 있겠는가?

(A) 사무용품점   (B) 식당
(C) 도서관   **(D) 은행**

해설 대화 장소

여자 1이 첫 번째 대사에서 돈이 예금 계좌로 입금되었다(Your money's been deposited into your savings account)며 남자에게 영수증을 건넸으므로, 대화 장소가 은행이라는 것을 알 수 있다. 따라서 (D)가 정답이다.

---

14 남자는 무엇에 관해 문의하는가?

(A) 상품 가격
(B) 영업 시간
(C) 신용카드
(D) 점심식사 예약

해설 세부 사항 – 남자의 문의 사항

남자의 첫 번째 대사에서 새로 나온 단골 고객 신용카드에 대해 말해달라(Can you tell me about your new loyal-customer credit cards?)고 했으므로 (C)가 정답이다.

15 남자는 나중에 무엇을 하겠다고 말하는가?

(A) 웹사이트 방문하기
(B) 분실물 찾아가기
(C) 매니저 만나기
(D) 전시실에 들르기

해설 남자가 나중에 할 일

대화 후반부에서 여자 2가 은행 웹사이트에서 온라인으로 신용카드 신청을 할 수 있다(you can do it online ~ our web site)고 하자 남자가 이따가 하겠다고 응답했으므로, (A)가 정답이다.

Q 16-18

W-Br Hello. My name's Sheila Zuma. **16**I've recently opened a new restaurant in the area, so I'm visiting local businesses to drop off the menu. We specialize in South African cuisine.

M-Au That sounds interesting. **17**I'm not familiar with South African food. Can you tell me a little more about it?

W-Br Well, we eat a lot of barbecue meats served together with pumpkin and beans and a traditional dish called "pap". And each day we serve a lunch special so you can try different dishes.

M-Au That's sounds great. I'm glad you stopped by—**18**I'd planned to eat out today anyway, so I'll give your restaurant a try and go there.

여 안녕하세요. 제 이름은 쉴라 주마입니다. **16**최근 이 지역에 새 식당을 열었어요. 그래서 메뉴를 가져다 드리려고 지역 업체들을 방문하고 있습니다. 남아프리카 요리를 전문으로 해요.

남 흥미롭네요. **17**남아프리카 음식은 잘 몰라요. 설명을 좀 해 주실 수 있나요?

여 음… 저희는 호박 및 콩을 곁들인 바비큐 고기와 '팝'이라는 전통 음식을 많이 먹어요. 그리고 매일 점심 특선도 제공하니 다양한 음식을 맛보실 수 있을 거예요.

남 그거 좋은데요. 들러 주셔서 기쁩니다. **18**어쨌든 오늘 외식을 할 계획이니 식당에 한번 가 볼게요.

어휘 recently 최근 drop off 갖다 주다 specialize in ~를 전문으로 하다 cuisine 요리 be familiar with ~를 익히 알다 traditional 전통적인 dish 요리 stop by 잠깐 들르다

16 여자가 방문한 목적은?
(A) 여행 준비를 하려고
(B) 계약에 관해 논의하려고
(C) 소포를 가져가려고
(D) 업체를 홍보하려고

어휘 travel arrangements 여행 준비 contract 계약 promote 홍보하다

해설 **여자의 방문 목적**
여자가 첫 번째 대사에서 최근 이 지역에 새 식당을 열었다 (I've recently opened a new restaurant in the area)고 한 후, 메뉴를 전달하려고 지역 업체들을 방문하고 있다(I'm visiting local businesses to drop off the menu)고 했으므로, 새 식당 홍보를 위한 방문임을 알 수 있다. 따라서 (D)가 정답이다.

17 남자는 무엇에 대해 문의하는가?
(A) 한 나라의 요리
(B) 회사의 위치
(C) 결제 방법
(D) 영업 시간

해설 **세부 사항 – 남자의 문의 사항**
남자의 첫 번째 대사에서 남아프리카 음식은 잘 모른다(I'm not familiar with South African food)고 한 후, 좀 더 설명해 달라(Can you tell me a little more about it?)고 요청했으므로, (A)가 정답이다.

패러프레이징
지문의 South African food
➡ 정답의 A country's cuisine

18 남자는 무엇을 하려고 계획하는가?
(A) 고객 후기 읽어보기
(B) 요리 강좌에 등록하기
(C) 새 식당에서 식사하기
(D) 온라인 쿠폰 찾기

어휘 review 후기 register for ~에 등록하다

해설 **세부 사항 – 남자의 계획**
남자가 마지막 대사에서 오늘 외식을 할 계획(I'd planned to eat out today)이라고 한 후, 여자의 새 식당에 한번 가 보겠다(I'll give your restaurant a try and go there)고 했으므로, (C)가 정답이다.

패러프레이징
지문의 give your restaurant a try
➡ 정답의 Eat at a new restaurant

Q 19-21

W-Am **19**Satoshi, the managers of our football club are meeting soon. I'll need to update them on the new agreement with Tucanen Industries. **20**Can we count on their sponsorship for another five years?

M-Cn **20**I think they'll remain our official partner, and that'll stabilize our finances. However, Tucanen wants to use some of our star players in their television ads.

W-Am We've been expecting a request like that. There's a provision in our players' contracts for this sort of thing, **21**but I'll need to know exactly what kind of ads before I can agree to this.

여 **19**사토시, 우리 축구 구단 관리자들이 곧 모일 거예요. 그들에게 투카넨 인더스트리즈와의 새 협약에 관해 최근 상황을 알려야 할 텐데요. **20**앞으로 5년 더 이 회사의 후원을 기대해 볼 수 있을까요?

남 **20**우리 공식 파트너로 남아서 재정을 안정시켜줄 것 같다는 생각이에요. 그런데 투카넨이 자신들의 TV 광고에 우리 유명 선수들을 기용하고 싶어해요.

여 그런 요청을 예상해 왔잖아요. 이런 종류의 일에 관해 선수들의 계약서에 조항이 있어요. **21**하지만 동의하기 전에 어떤 종류의 광고인지 정확히 알아야 할 겁니다.

어휘 agreement 협약, 합의 count on ~을 기대하다 sponsorship 후원, 협찬 official 공식적인 stabilize 안정시키다 finances 재정, 자금 request 요청 provision 조항, 단서 exactly 정확히

19 화자들은 어떤 유형의 단체에서 일하겠는가?
(A) 시의회
(B) 스포츠 구단
(C) 연구소
(D) 극단

해설 **화자들이 근무하는 단체**
여자가 첫 번째 대사에서 자신들이 속한 축구 구단 관리자들이 곧 모일 예정(the managers of our football club are meeting soon)이라고 했으므로, 화자들이 축구 구단에서 일한다고 추론할 수 있다. 따라서 (B)가 정답이다.

패러프레이징
지문의 football club ➡ 정답의 sports club

20 화자들은 주로 무엇에 대해 이야기하는가?
(A) 고객 서비스 정책
(B) 이사회 선출
(C) 기업 후원
(D) 마케팅 비용

어휘 policy 정책 election 선거, 선출 board of directors 이사회 corporate 기업의, 회사의

해설 **대화의 주제**

여자가 첫 번째 대사에서 투카넨 인더스트리즈로부터 앞으로 5년 더 후원을 기대해 볼 수 있을지(Can we count on their sponsorship for another five years?) 물었는데, 이에 대해 남자가 공식 파트너로 남아서(they'll remain our official partner) 재정을 안정시켜줄 것 같다며 기업의 후원에 대한 대화를 이어가고 있다. 따라서 (C)가 정답이다.

21 여자는 제안에 대해 뭐라고 말하는가?
(A) 즉시 동의할 수는 없다.
(B) 비용이 너무 많이 들 거라고 생각한다.
(C) 빨리 승인되기를 바란다.
(D) 갑작스러운 요청에 놀랐다.

어휘 **right away** 곧바로, 즉시 **approve** 승인하다
sudden 갑작스러운

해설 **세부 사항 – 여자가 제안에 대한 말한 것**

여자가 마지막 대사에서 제안에 동의하기 전에(before I can agree to this) 어떤 종류의 광고인지 정확히 알아야 한다(I'll need to know exactly what kind of ads)고 했으므로, (A)가 정답이다.

Q 22-24

M-Au Hello, Ms. Kebede. This is Jung-Hoon Kim. I'm helping to organize the annual publishers' convention.

W-Am Hi. How can I help you?

M-Au Well, **22**I'm calling to ask if you'd consider being our keynote speaker at the event this year. **23**As the president of one of the most successful publishing companies, you've had a major influence on the industry.

W-Am Thank you. I'd be honored to speak at the convention.

M-Au Wonderful! We'll cover your travel and accommodation expenses, of course. **24**I'd recommend making reservations soon, though, to allow time for processing the reimbursement.

남 안녕하세요, 케베데 씨. 김정훈입니다. 저는 출판사 연례 대회 기획을 보조하고 있어요.
여 안녕하세요. 어떻게 도와드릴까요?
남 저, **22**올해 행사에서 저희 기조 연설자가 되어 주시면 어떨지 여쭤보려고 전화했습니다. **23**가장 성공을 거둔 출판사 중 한 곳의 회장님으로서 업계에 큰 영향을 미치고 계시니까요.
여 감사합니다. 대회에서 연설하게 된다면 영광이겠습니다.
남 좋습니다! 물론 출장비와 숙박비는 저희가 대겠습니다. **24**그런데 상환 처리 시간을 참작하여 곧 예약을 하실 것을 권합니다.

어휘 **organize** 조직하다, 준비하다 **annual** 연례의
publisher 출판사 **convention** 대회, 협의회
keynote speaker 기조 연설자 **successful**
성공적인 **influence** 영향 **be honored** 영광스럽다
accommodation 숙소 **expenses** 비용
recommend 권장하다 **make a reservation**
예약하다 **allow** 참작하다, 계산에 넣다 **process**
처리하다 **reimbursement** 상환, 환급

22 남자가 전화한 목적은?
(A) 여자에게 연설을 해 달라고 초청하려고
(B) 인터뷰를 주선하려고
(C) 재무 상담을 요청하려고
(D) 회사 수련회에 대해 논의하려고

어휘 **give a speech** 연설하다 **arrange** 마련하다,
주선하다 **request** 요청하다 **financial** 금융의,
재무의 **consultation** 상담 **retreat** 피정, 수련회

해설 **남자가 전화한 목적**

남자의 두 번째 대사에서 올해 행사의 기조 연설자가 되어 주면 어떨지 물어보기 위해(to ask if you'd consider being our keynote speaker at the event this year) 전화했다고 했으므로, (A)가 정답이다.

패러프레이징

지문의 **being our keynote speaker**
➡ 정답의 **to give a speech**

23 여자는 어떤 업계에서 일하는가?
(A) 서비스업
(B) 출판
(C) 마케팅
(D) 의료 보건

해설 **여자가 종사하는 업계**

남자의 두 번째 대사에서 가장 성공을 거둔 출판사 중 한 곳의 회장으로서(As the president of one of the most successful publishing companies) 업계에 큰 영향을 미치고 있다며 여자를 소개했다. 따라서 (B)가 정답이다.

24 남자가 곧 여행 준비를 하라고 제안한 이유는?
(A) 호텔 이용 가능성이 제한되어 있다.
(B) 상환 처리에 시간이 걸린다.
(C) 요금이 오를 것으로 예상된다.
(D) 기업 할인이 곧 만료될 예정이다.

어휘 **availability** 이용 가능성 **limited** 제한된, 한정된
fare 요금 **be expected to** ~할 것으로 예상되다,
기대되다 **expire** 만료되다

해설 **세부 사항 – 남자가 곧 여행 준비를 하라고 제안한 이유**

남자가 마지막 대사에서 곧 예약할 것을 권한다(I'd recommend making reservations soon)며 상환 처리 시간이 필요하기 때문(to allow time for processing the reimbursement)이라는 이유를 덧붙였다. 따라서 (B)가 정답이다.

패러프레이징

지문의 **to allow time for processing the reimbursement** ➡ 정답의 **The reimbursement process takes time.**

❸ 세부 사항 문제

ETS **CHECK-UP**　　　　　　본책 p. 115

1 (D)　　**2** (D)

Q 1

W-Br Hey, Sanjeev, I looked over the laundry detergent commercial you edited.

M-Au What did you think?

W-Br You're right. The new camera angle works better to show the product. But the audio's not in sync with the video.

M-Au Oh, I'm sorry. I must have accidentally moved an audio track. I'm using some new software.

W-Br No problem, I think that's an easy fix. The rest of the commercial looks great. I especially like the actor you used. The quality of his voice really suits the script.

여　산지브, 편집하신 세탁 세제 광고를 검토했어요.

남　어떻게 보셨나요?

여　당신 말이 맞아요. 제품을 보여주기엔 새 카메라 각도가 더 나아요. 하지만 소리가 영상과 맞지 않더군요.

남　**아, 죄송합니다. 제가 잘못해서 오디오 트랙을 이동시켜 놓은 걸 겁니다. 새로운 소프트웨어를 사용 중이거든요.**

여　괜찮아요. 쉽게 해결할 수 있는 문제니까요. 광고의 나머지 부분은 좋아요. 특히 기용한 배우가 마음에 들었어요. 그의 목소리가 대본과 아주 잘 맞아요.

어휘　**look over** ~을 검토하다　**laundry** 세탁　**detergent** 세제　**commercial** 광고　**edit** 편집하다　**angle** 각도　**be in sync with** ~와 맞다, 동시에 발생하다　**must have p.p.** ~했을 것이다 (강한 추측)　**accidentally** 잘못하여, 뜻하지 않게　**especially** 특히　**quality** 품질　**suit** 딱 맞다　**script** 대본

1 남자가 사과하는 이유는?
(A) 의견에 동의하지 않아서
(B) 뭐라고 했는지 듣지 못해서
(C) 행사에 늦어서
(D) 기술적인 실수를 해서

어휘　**apologize** ~에 대해 사과하다　**disagree** 반대하다, 동의하지 않다　**technical** 기술적인

해설　세부 사항 - 남자가 사과하는 이유

남자가 두 번째 대사에서 사과(I'm sorry)를 한 후, 자신이 잘못해서 오디오 트랙을 이동시켜 놓았을 것(I must have accidentally moved an audio track)이라며 이유를 덧붙였으므로, (D)가 정답이다.

패러프레이징

지문의 **accidentally moved an audio track** ➡ 정답의 **made a technical error**

Q 2 3인 대화

M-Cn We're almost finished with the presentation for tomorrow's shareholders' meeting, but we still have some work left to do.

M-Au Well, since it's already 6:30—we should have dinner delivered here to the office. That way, we can keep working on the presentation until it's done.

W-Am You know Yamamoto's Restaurant has really good food. I ate there for the first time last week.

M-Cn I like that idea—I heard they have the best noodle dishes in the city.

W-Am Let me see if I can download the menu from their Web site so we can decide what to order.

남1　내일 주주총회에서 할 발표 준비는 거의 다 끝났지만, 할 일이 아직 좀 남아 있어요.

남2　그래도 벌써 6시 30분이니, 이곳 사무실로 저녁 식사를 배달시켜야 해요. 그래야 끝날 때까지 계속 발표 작업을 할 수 있어요.

여　**야마모토 식당의 음식이 정말 맛있던데요.** 지난주에 그곳에서 처음으로 식사했거든요.

남1　좋은 생각이에요. 듣자 하니 시내에서 국수 요리를 제일 잘 한대요.

여　우리가 무얼 주문할지 정할 수 있게 식당 웹사이트에서 메뉴를 내려받을 수 있는지 살펴볼게요.

어휘　**shareholder** 주주　**have dinner delivered** 저녁을 배달시키다　**work on** ~을 작업하다

2 여자는 야마모토 식당에 관해 무슨 말을 하는가?
(A) 영업 시간이 편리하다.
(B) 가격이 합리적이다.
(C) 직원들이 친절하다.
(D) 음식 맛이 좋다.

해설　세부 사항 - 여자가 식당에 대해 언급한 사항

여자의 첫 번째 대사에서 야마모토 식당 음식이 정말 맛있다(Yamamoto's Restaurant has really good food)라고 했으므로, (D)가 정답이다.

패러프레이징

지문의 **has really good food** ➡ 정답의 **The food is delicious.**

❹ 문제점 / 걱정거리 문제

1 (C)   **2** (A)

Q 1   3인 대화

> W-Br   Hi, Jae-Min. Thanks for coming to the factory to make a repair on such short notice. This is the floor manager, Haru.
>
> M-Cn   Nice to meet you.
>
> W-Am   You too. We noticed yesterday that one of our fabric cutting machines was malfunctioning.
>
> W-Br   And it's an expensive machine. Hopefully, it won't cost too much to fix.
>
> W-Am   Yes, costs are our biggest concern.
>
> M-Cn   Well, I'm afraid I can't give you an estimate until I know more about the problem. But I have a lot of experience with this type of machine, so the process will be fast.

> 여1   안녕하세요, 재민. 급하게 연락 드렸는데 수리하러 공장에 와 주셔서 감사합니다. 이 분은 현장 감독 하루예요.
>
> 남   만나서 반갑습니다.
>
> 여2   저도요. 저희 직물 절단 기계 중 한 대가 오작동하는 것을 어제 알았어요.
>
> 여1   그런데 그게 비싼 기계예요. 부디 수리 비용이 너무 높지 않았으면 좋겠네요.
>
> 여2   **네, 비용이 가장 큰 걱정이죠.**
>
> 남   음, 문제를 더 파악할 때까지 견적서를 드리지 못할 것 같은데요. 하지만 이런 종류의 기계에는 경험이 많으니 진행이 빨리 될 겁니다.

> 어휘   **on short notice** 갑작스럽게, 급하게   **fabric** 직물   **malfunction** 오작동하다   **concern** 걱정   **estimate** 견적서   **process** 과정, 진행

1   여자들은 무엇에 대한 걱정을 표하는가?
(A) 프로젝트 일정
(B) 배송 지연
(C) **잠재 비용**
(D) 작업자 부족

> 어휘   **potential** 잠재적인, 예상의   **shortage** 부족

> 해설   **여자들의 걱정거리**
> 여자 1이 두 번째 대사에서 수리 비용이 너무 높지 않았으면 좋겠다(Hopefully, it won't cost too much to fix)고 했는데, 이에 대해 여자 2가 동의(Yes)를 표한 후, 비용이 가장 큰 걱정(costs are our biggest concern)이라며 한 번 더 강조했다. 따라서 (C)가 정답이다.

> 패러프레이징
> 지문의 **costs** ➡ 정답의 **potential expense**

Q 2

> W-Am   Hello, is this the office of the community garden project? I'm volunteering this Saturday to help out with the garden, and I wanted to confirm what time I should be there.
>
> M-Au   Oh, thanks for calling. Please be at the garden at eight. Unfortunately, rain is forecast on Saturday, so make sure you wear a rain jacket and boots.
>
> W-Am   Thanks for the reminder. Also, will lunch be provided, or should I pack something to bring along?
>
> M-Au   We should be finished by noon, so you can get some lunch when you're done.

> 여   여보세요. 공동 텃밭 사업 사무실인가요? 제가 이번 주 토요일에 텃밭에서 자원봉사를 하는데, 그곳에 몇 시에 가야 하는지 확인하고 싶어서요.
>
> 남   아, 전화 주셔서 감사합니다. 8시에 텃밭으로 오세요. **유감스럽게도, 토요일에 비가 온다고 하니 반드시 우비와 장화를 착용하세요.**
>
> 여   알려줘서 고마워요. 그리고 점심이 제공되나요, 아니면 제가 무얼 싸 가야 하나요?
>
> 남   정오까지는 끝날 테니, 일을 마치고 점심을 드실 수 있습니다.

> 어휘   **community** 지역 사회, 공동체   **volunteer** 봉사활동 하다   **confirm** 확인하다   **unfortunately** 유감스럽게도, 불행히도   **forecast** 예보[예측]하다   **reminder** 알림, 상기시키는 것   **provide** 제공하다   **pack** 싸다   **bring along** ~을 가져가다

2   남자는 어떤 문제를 언급하는가?
(A) **비가 올 것으로 예상된다.**
(B) 서류가 분실되었다.
(C) 원예 도구가 고장 났다.
(D) 작업자가 시간이 되지 않는다.

> 해설   **남자가 언급하는 문제점**
> 남자가 첫 번째 대사에서 유감스럽지만(Unfortunately) 봉사 활동이 이루어지는 토요일에 비가 예보되어 있다(rain is forecast)고 했으므로, (A)가 정답이다.

> 패러프레이징
> 지문의 **is forecast** ➡ 정답의 **is predicted**

1 (B)   **2** (A)   **3** (B)   **4** (A)   **5** (A)   **6** (B)

Q 1

W-Am Welcome to the Norwich Information Center. How can I help you?

M-Au Hello. I moved to this city last week after accepting a job here. I'd like to get to know the area, and I was wondering if you could help me with that.

여   노리치 정보 센터에 오신 것을 환영합니다. 어떻게 도와드릴까요?

남   안녕하세요. **이 도시에서 일을 맡은 후 지난주에 이사했어요.** 이 지역에 대해 알아보고 싶은데요. 도와 주실 수 있는지 궁금합니다.

어휘   accept a job 일을 맡다

---

1 남자는 최근 무엇을 했는가?
(A) 사업체를 열었다.
(B) 새 일자리를 위해 이사했다.

어휘   relocate 이주하다, 이전하다

패러프레이징

지문의 **moved to this city** ➡ 정답의 **relocated**

Q 2

W-Br I heard from one of my colleagues that conference attendees are eligible for a twenty-percent discount on hotel rooms. Is that correct?

M-Cn Yes—all you have to do is show your ID badge at the front desk when you check in.

여   회의 참석자들에게 호텔 객실 20퍼센트 할인 자격이 주어진다고 동료에게 들었어요. 맞나요?

남   네. **체크인하실 때 프론트 데스크에서 신분증을 보여주시기**만 하면 됩니다.

어휘   colleague 동료   attendee 참석자   be eligible for ~의 자격이 있다   correct 맞는, 올바른   ID badge 신분증

---

2 여자는 어떻게 할인을 받을 수 있는가?
(A) 신분증을 제시해서
(B) 온라인으로 특별 코드를 입력해서

어휘   present 보여주다, 제시하다   a form of identification 신분증

패러프레이징

지문의 **show** ➡ 정답의 **presenting**
지문의 **ID badge** ➡ 정답의 **a form of identification**

Q 3

W-Am Our readers are very interested in learning about how your company has grown so quickly over the past year.

M-Cn Yes, it's amazing to think that I started it with only a few people but now there are over one hundred employees. I'd like to attribute our success to them, because they're the best in the field.

여   우리 독자들은 당신의 회사가 지난 1년간 어떻게 그렇게 빠르게 성장했는지 알아보는 데 매우 관심이 많아요.

남   네. 단지 몇 명과 함께 시작했는데 지금은 100명이 넘는 직원들이 있다는 것을 생각하면 놀랍습니다. **저희의 성공은 그들 덕분이라고 하고 싶어요. 이 분야에서 최고이니까요.**

어휘   employee 직원   attribute A to B A를 B의 덕분으로 돌리다

---

3 남자는 직원들에 대해 뭐라고 말하는가?
(A) 기술 교육이 필요하다.
(B) 매우 유능하다.

어휘   highly 매우, 대단히   competent 유능한, 능숙한

패러프레이징

지문의 **best in the field** ➡ 정답의 **highly competent**

Q 4

W-Br I'm sorry I didn't make it to the staff meeting yesterday. I had to finish an important report that was due today.

M-Au No problem. Here's a copy of the meeting minutes. Just let me know if you have any questions.

여   어제 직원 회의에 가지 못해 죄송합니다. **오늘이 기한인 중요한 보고서를 끝마쳐야 했어요.**

남   괜찮아요. 여기 회의록 사본이 있어요. 질문이 있으면 알려 주세요.

어휘   due 예정된, (~까지) 하게 되어 있는   minutes 회의록

---

4 여자는 왜 회의에 가지 못했는가?
(A) 보고서를 쓰느라 바빴다.
(B) 출장 중이었다.

어휘   business trip 출장

패러프레이징

지문의 **had to finish** ➡ 정답의 **busy with**

Q 5

M-Cn Hello, I placed an order from your store a week ago. The package arrived this morning, but one of the products I ordered was missing—the label maker.

W-Am Oh, I apologize for that. Let me check what happened. Could you tell me your name and order number?

남 안녕하세요. 1주일 전에 당신의 매장에 주문을 넣었어요. 오늘 아침 소포가 도착했는데, **주문한 제품 중 하나가 없네요.** 라벨 제조기요.

여 아, 죄송합니다. 무슨 일인지 확인해 볼게요. 성함과 주문 번호를 말씀해 주시겠어요?

....

어휘 **place an order** 주문을 넣다 **package** 소포
apologize ~에 대해 사과하다

5 남자는 어떤 문제를 언급하는가?
(A) 물품이 배송되지 않았다.
(B) 장비가 고장났다.

어휘 **out of order** 고장난

패러프레이징

지문의 **one of the products** ➡ 정답의 **An item**
지문의 **was missing** ➡ 정답의 **has not been delivered**

Q 6

W-Br I've been waiting for the number nine bus for the last thirty minutes, but it hasn't come. I have an interview in an hour, and I'm worried I might be late.

M-Au I'm sorry, the driver just called and said his bus broke down on Roaster Avenue. But don't worry, the replacement bus is on its way.

여 30분간 9번 버스를 기다리고 있는데 오지 않네요. 한 시간 후에 면접이 있는데 **늦을까 봐 걱정돼요.**

남 죄송합니다. 운전수가 막 전화했는데 버스가 로스터 가에서 고장이 났대요. 하지만 걱정 마세요. 대체 버스가 오는 중입니다.

....

어휘 **break down** 고장나다 **replacement** 대체, 교체

6 여자가 걱정하는 이유는?
(A) 버스에 소지품을 두고 내렸다.
(B) 면접 시간에 맞춰 도착하지 못할 것 같다.

어휘 **belongings** 소지품 **on time** 제시간에

패러프레이징

지문의 **might be late** ➡ 정답의 **might not arrive on time**

LISTENING PRACTICE

1 (B) **2** (A) **3** (A) **4** (B) **5** (A) **6** (B)

Q 1-2

W-Am I'm glad several of our colleagues can join us for the baseball game tomorrow. But I wonder what the best way to get to the stadium is. Should we drive?

M-Cn Well, **1**remember how expensive parking was last time we went to the stadium for a concert?

W-Am Oh yeah… I think it'll actually be cheaper to take a bus. And it should drop us off right at the front gate.

M-Cn OK, **2**let me check which bus we should take.

여 동료 몇 명이 내일 우리와 함께 야구 경기에 가게 되어 기뻐요. 하지만 경기장에 가는 가장 좋은 방법이 무엇인지 궁금하네요. 차를 가져가야 할까요?

남 글쎄요, **1**지난번에 콘서트 보러 그 경기장에 갔을 때 주차 요금이 얼마나 비쌌는지 기억나요?

여 아, 맞아요… 사실 버스를 타는 게 비용이 덜 들 거예요. 게다가 바로 정문 앞에 내려 줄 거고요.

남 그래요. **2**어떤 버스를 타야 하는지 확인해 볼게요.

....

어휘 **several** 몇몇 **colleague** 동료 **join** 합류하다, 함께하다 **baseball** 야구 **drop A off at B** A를 B에 내려주다 **front gate** 정문

1 남자는 여자에게 무엇을 상기시키는가?
(A) 교통이 정체될 것이다.
(B) 주차 요금이 비싸다.

해설 세부 사항 – 남자가 여자에게 상기시키는 것

남자의 첫 번째 대사에서 그 경기장에 갔을 때 주차 요금이 얼마나 비쌌는지 기억나느냐(remember how expensive parking was)고 물었으므로 (B)가 정답이다.

패러프레이징

지문의 **how expensive parking was**
➡ 정답의 **The cost of parking is high.**

2 남자는 어떤 정보를 찾을 것인가?
(A) 버스 노선   (B) 입장료 가격

해설 세부 사항 – 남자가 찾을 정보

남자의 두 번째 대사에서 어떤 버스를 타야 하는지 확인해 보겠다(let me check which bus we should take)고 했으므로 (A)가 정답이다.

패러프레이징

지문의 **which bus we should take**
➡ 정답의 **bus route**

Q 3-4

M-Au Seema, I just finished <u>loading the shipment of glass sculptures we're delivering to</u> Toronto on the truck, **3**but there's a problem.

W-Am What's the matter?

M-Au Well, **3**I don't <u>have enough ropes to secure the boxes</u> in the truck.

W-Am Oh no, those sculptures are very fragile. Can you <u>find some more ropes somewhere</u>?

M-Au You know, I think John <u>carries extra supplies in his truck</u>, so he might have some. And **4**<u>don't worry about the delivery time</u>. We won't get behind schedule.

남 시마, 트럭으로 토론토까지 배달할 유리 조각 수송품을 다 실었는데요. **3**문제가 있어요.

여 어떤 문제인가요?

남 음, **3**트럭의 상자들을 고정시킬 밧줄이 충분치 않아요.

여 저런, 그 조각품들은 굉장히 깨지기 쉬운데요. 어디에선가 밧줄을 좀 더 구하실 수 있을까요?

남 존이 여분의 비품을 자기 트럭에 싣고 다니니 좀 있을지도 몰라요. **4**배송 시간은 걱정하지 마세요. 늦지는 않을 겁니다.

어휘 load 싣다 shipment 수송품, 배달품 sculpture 조각(품) deliver 배달하다 secure 고정하다, 확보하다 fragile 깨지기 쉬운, 연약한 supplies 비품, 물품 behind schedule 일정에 뒤처진

3 남자는 어떤 문제를 언급하는가?
(A) 비품이 충분치 않다.
(B) 교육을 받지 않았다.

해설 **남자가 언급한 문제점**
남자가 두 번째 대사에서 트럭의 상자들을 고정시킬 밧줄이 충분치 않다(I don't have enough ropes to secure the boxes in the truck)고 했으므로, (A)가 정답이다.

패러프레이징
지문의 **ropes** ➡ 정답의 **supplies**

4 남자는 여자에게 어떤 점을 안심시키는가?
(A) 서식이 작성하기 쉽다.
(B) 배송이 제시간에 이뤄질 것이다.

어휘 reassure 안심시키다 complete 완성하다, 작성하다 on time 제시간에

해설 **세부 사항 – 남자가 여자에게 안심시킨 점**
남자가 마지막 대사에서 배송 시간은 걱정하지 말라(don't worry about the delivery time)고 한 후, 늦지는 않을 것(We won't get behind schedule)이라고 한 번 더 안심시켰으므로, (B)가 정답이다.

패러프레이징
지문의 **won't get behind schedule**
➡ 정답의 **will be made on time**

Q 5-6

W-Am Glad you're attending today's training, Felipe. **5**I'm trying to <u>ensure more efficient production</u> at our factory. Having staff <u>able to operate several different types of machines</u> will help with that.

M-Cn I'm looking forward to learning how the rubber-injection molding machine works.

W-Am We'll go step-by-step through the handbook I created. **6**<u>The photos in particular provide detailed information.</u>

M-Cn Great. And after the training, if I don't understand something, should I ask you?

W-Am Actually, Paul's been at the injection molding station for years. <u>He'll be working alongside you.</u>

여 오늘 교육에 참석해 주셔서 기뻐요, 펠리페. **5**저희 공장에서 더 효율적인 생산성을 확보하려고 합니다. 다양한 유형의 기계를 작동시킬 수 있는 직원을 보유하면 도움이 될 거예요.

남 고무 사출 주형기 작동법을 배우는 것이 정말 기다려지네요.

여 제가 제작한 안내서를 통해 단계적으로 진행할 겁니다. **6**특히 사진들은 상세 정보를 제공해 주고요.

남 좋아요. 교육이 끝나고 이해가 안 되면 여쭤봐야 하나요?

여 사실 폴이 수 년간 사출 주형실에서 일했어요. 그가 당신과 함께 일할 겁니다.

어휘 attend 참석하다 ensure 확보하다, 보장하다 efficient 효율적인 look forward to ~를 고대하다 injection 주입, 사출 molding machine 주형기 step-by-step 단계적인, 점진적인 handbook 안내서 in particular 특히 detailed 상세한 station 특정 업무가 이루어지는 장소 alongside ~와 함께

5 여자는 어떻게 효율성을 향상시키려고 하는가?
(A) 근로자들이 더 많은 기계를 작동하게끔 교육해서
(B) 작업 장소를 재조정해서

어휘 rearrange 재조정하다, 재배열하다

해설 **세부 사항 – 여자의 효율성 향상 방안**
여자가 첫 번째 대사에서 공장에서 더 효율적인 생산성을 확보하려(ensure more efficient production at our factory)고 한다고 한 후, 다양한 유형의 기계를 작동시킬 수 있는 직원을 보유하면(Having staff able to operate several different types of machines) 도움이 될 것이라고 덧붙였다. 이는 직원들이 기계를 사용할 수 있게끔 교육시키겠다는 의미이므로, (A)가 정답이다.

6 여자는 사진에 대해 뭐라고 말하는가?

(A) 현장에서 찍었다.

(B) 유용한 정보를 제공할 것이다.

어휘 on-site 현장에서 informative 유용한 정보를 주는, 유익한

해설 세부 사항 – 여자가 사진에 대해 말한 것

여자의 두 번째 대사에서 사진들은 상세 정보를 제공해 준다 (The photos ~ provide detailed information)고 했으므로, (B)가 정답이다.

패러프레이징

지문의 provide detailed information
➡ 정답의 be informative

ETS TEST
본책 p. 120

1 (D)	2 (B)	3 (A)	4 (B)	5 (A)	6 (D)
7 (D)	8 (A)	9 (C)	10 (C)	11 (B)	12 (D)
13 (D)	14 (C)	15 (A)	16 (C)	17 (A)	18 (D)
19 (B)	20 (A)	21 (D)	22 (A)	23 (D)	24 (B)

Q 1-3

W-Am Hi, James. ¹KJA Renovations sent us the final plans for the eating area in the break room.

M-Au ¹Great, let me have a look. I think everyone in the office is excited about the updates we're making.

W-Am Yeah, it's an expensive project, but employees will enjoy having such a nice space for their lunch break.

M-Au ²The only thing that worries me is the noise the renovation work will cause... some of our offices are right next to that area.

W-Am I was worried about it too. ³So I spoke to KJA Renovations, and they agreed to do all of the work on the weekends. That will solve the problem.

여 안녕하세요, 제임스. ¹KJA 리노베이션에서 휴게실 취식 공간의 최종 도면을 보냈어요.

남 ¹좋아요, 한 번 보죠. 회사의 모든 사람들이 이번 개조 작업을 기대하는 것 같아요.

여 네, 돈이 많이 드는 프로젝트지만 직원들은 점심시간을 위한 멋진 공간이 생겨 좋아할 거예요.

남 ²단 한 가지 걱정스러운 점은 개조 공사로 발생하는 소음 이죠… 사무실 일부분이 그 공간 바로 옆이라서요.

여 저도 그 점이 염려스러웠어요. ³그래서 KJA 리노베이션 에 이야기했고, 모든 작업을 주말마다 하는 데 동의했어 요. 그럼 문제가 해결될 겁니다.

어휘 plan 도면, 설계도 break room 휴게실 have a look 보다 expensive 비싼 renovation 개조, 보수 cause 야기하다 agree 동의하다

1 대화는 주로 무엇에 관한 것인가?

(A) 회사 기념 행사

(B) 요리 경연대회

(C) 식당 개업

(D) 개조 프로젝트

어휘 celebration 기념 행사 competition 경쟁, 시합

해설 대화의 주제

여자가 첫 번째 대사에서 KJA 리노베이션이 휴게실 취식 공 간의 최종 도면을 보냈다(KJA Renovations sent us the final plans for the eating area in the break room)고 했는데, 이에 대해 남자가 검토하겠다(let me have a look) 며 휴게실 개조 작업과 관련된 대화를 이어가고 있다. 따라서 (D)가 정답이다.

2 남자는 왜 걱정스럽다고 말하는가?

(A) 일부 자재가 비쌀 것이다.

(B) 일부 공사가 시끄러울 것이다.

(C) 주차장이 너무 작다.

(D) 수송품이 도착하지 않았다.

어휘 material 자재, 재료 shipment 수송품

해설 남자의 걱정거리

남자가 두 번째 대사에서 단 한 가지 걱정스러운 점(The only thing that worries me)이 개조 공사로 발생하는 소음(the noise the renovation work will cause)이라고 했으므로, (B)가 정답이다.

패러프레이징

지문의 the noise the renovation work will cause
➡ 정답의 Some work will be noisy

3 여자는 남자에게 무엇에 대해 알리는가?

(A) 특별 일정이 잡혔다.

(B) 부분 결제가 이뤄졌다.

(C) 직원이 승진했다.

(D) 행사가 촬영됐다.

어휘 arrange 마련하다, 주선하다 partial 부분적인 payment 지불, 결제 promote 승진시키다

해설 세부 사항 – 여자가 알린 것

여자가 마지막 대사에서 KJA 리노베이션이 모든 작업을 주말 마다 하는 데 동의했다(they agreed to do all of the work on the weekends)며 특별히 조정된 작업 일정을 알렸으므 로, (A)가 정답이다.

패러프레이징

지문의 agreed to do all of the work on the weekends ➡ 정답의 A special schedule has been arranged

Q 4-6

M-Cn Thank you for calling the Movie Pro Video Streaming Service. How can I help you?

W-Br Hello, I'm calling to follow up on an order. [4]I just purchased a documentary, but when I tried to stream it, I got an error message, and I couldn't watch it.

M-Cn Oh, I'm so sorry to hear that. [5]We had a technical issue earlier today, but it's fixed now. Would you mind trying again, please?

W-Br Well actually, I'd rather just get my money back, if that's OK.

M-Cn Sure. [6]I'll process the refund and send you a confirmation e-mail.

남 무비 프로 비디오 스트리밍 서비스에 전화해 주셔서 감사합니다. 어떻게 도와드릴까요?

여 안녕하세요. 주문 관련해서 후속 조치를 취하려고 전화했어요. **[4]방금 다큐멘터리를 구입했는데, 재생하려고 하니까 오류 메시지가 떠서 시청할 수가 없어요.**

남 저런, 그러시다니 매우 죄송합니다. **[5]저희 쪽에 오늘 아까 기술적인 문제가 있었지만** 지금은 해결했습니다. 다시 시도해 보시겠습니까?

여 실은, 괜찮다면 그냥 환불을 받고 싶어요.

남 알겠습니다. **[6]환불 처리하고 확인 이메일을 보내드리겠습니다.**

어휘 follow up on ~에 대해 후속 조치를 취하다, ~을 더 알아보다 order 주문 purchase 구입하다, 사다 documentary 다큐멘터리 stream (동영상을) 재생하다, 스트리밍하다 technical issue 기술적인 문제 fix 해결하다, 고치다 process 처리하다 refund 환불 confirmation 확인, 확정

4 여자는 무엇을 하려고 했는가?
(A) 청구서 확인 (B) 동영상 시청
(C) 노래 다운로드 (D) 장치 수리

해설 세부 사항 – 여자가 하려고 했던 일
여자의 첫 번째 대사에서 방금 다큐멘터리를 구입했는데 재생하려고 하니까 오류 메시지가 떠서(when I tried to stream it, I got an error message) 시청할 수가 없다고 했으므로, (B)가 정답이다.

패러프레이징
지문의 tried to stream it ➡ 정답의 Watch a video

5 남자에 따르면, 여자가 애를 먹은 이유는 무엇인가?
(A) 기술적인 문제가 발생했다.
(B) 대금을 받지 못했다.
(C) 주문이 정확하지 않았다.
(D) 비밀번호가 만료됐다.

어휘 occur 발생하다 expired 만료된

해설 세부 사항 – 여자가 애 먹은 이유
남자의 두 번째 대사에서 오늘 아까 기술적인 문제가 있었다(We had a technical issue earlier today)고 했으므로, (A)가 정답이다.

패러프레이징
지문의 had a technical issue
➡ 정답의 technical problem occurred

6 남자는 여자에게 무엇을 보내겠는가?
(A) 사과 편지 (B) 교체 부품
(C) 접속 비밀번호 (D) 확인 알림

해설 세부 사항 – 남자가 여자에게 보낼 것
남자의 마지막 대사에서 환불 처리하고 확인 이메일을 보내겠다(I'll process the refund and send you a confirmation e-mail)고 했으므로, (D)가 정답이다.

패러프레이징
지문의 confirmation e-mail
➡ 정답의 confirmation notice

Q 7-9 3인 대화

M-Au Nice to meet you, Margot, and [7]thanks for coming in to our office. My colleague Luke and I will be handling your advertising campaign.

W-Am Thanks for meeting with me. [8]Sales for my clothing brand have been going down recently, so I think I need to advertise my business.

M-Cn Well, first, we need to know your budget. How much money is your company willing to spend on this ad campaign?

W-Am [9]I brought a spreadsheet with that information. Here's a copy for each of you.

남1 만나서 반갑습니다, 마고. 그리고 **[7]저희 사무실에 방문해 주셔서 감사합니다.** 제 동료 루크와 함께 귀사의 광고 캠페인을 담당하게 되었습니다.

여 만나 주셔서 고마워요. **[8]제 의류 브랜드 매출이 최근에 감소하고 있어서** 회사를 광고할 필요가 있다는 생각이 듭니다.

남2 그럼 먼저 저희가 귀사의 예산을 알아야 합니다. 이번 광고 캠페인에 얼마를 쓰실 의향이신가요?

여 **[9]제가 그 정보가 담긴 스프레드시트를 가져왔어요. 여기 각자 한 부씩 보세요.**

어휘 colleague 동료 handle 다루다, 처리하다 advertising[ad] campaign 광고 캠페인 go down 감소하다, 줄다 recently 최근에 budget 예산 be willing to부정사 ~할 의향이 있다, 기꺼이 ~하다 spend (돈이나 시간을) 쓰다 copy 사본

7 대화는 어디에서 이루어지겠는가?
(A) 건축 회사
(B) 보관 시설
(C) 회계 회사
(D) 광고 회사

해설 대화 장소

남자 1의 첫 번째 대사에서 여자에게 사무실에 방문해 주어 고맙다(thanks for coming into our office)며 자신이 동료 루크와 함께 광고 캠페인을 담당할 예정이라고 했으므로, (D)가 정답이다.

8 여자는 어떤 문제를 언급하는가?
(A) 회사 매출이 감소했다.
(B) 투자자가 충분하지 않다.
(C) 공장이 문을 닫았다.
(D) 회사 위치가 불편하다.

어휘 investor 투자자 decrease 감소하다

해설 여자가 언급하는 문제점

여자의 첫 번째 대사에서 자신의 의류 브랜드 매출이 최근에 감소하고 있어서(Sales for my clothing brand have been going down recently) 회사를 광고할 필요가 있다고 했으므로, (A)가 정답이다.

패러프레이징

지문의 **Sales ~ have been going down**
➡ 정답의 **sales have decreased**

9 여자는 남자들에게 무엇을 주는가?
(A) 주차권
(B) 사무실 열쇠
(C) 예산 정보
(D) 제품 디자인

해설 세부 사항 – 여자가 남자들에게 주는 것

남자 2의 대사에서 예산을 알아야 한다고 하자 여자가 그 정보가 담긴 스프레드시트를 가져왔다(I brought a spreadsheet with that information)며 건넸으므로 (C)가 정답이다.

Q 10-12

W-Am Hi, Jang-Hoon. **10**Are you going to sign up for the new company wellness program?

M-Au **11**You know, recently I've had so much to do at work that I haven't had time to do anything else—let alone read the memo. What's the program about?

W-Am Every week, participants have to complete a few hours of activities that promote healthy living. Doing some exercise, for example.

M-Au How do we document the activities we complete?

W-Am It's simple. You log them on a spreadsheet that you download.

M-Au Ohh... Does it take a long time to input the information?

W-Am Not at all. **12**Let me show you how it works.

여　안녕하세요, 장훈. **10**회사의 신규 건강 프로그램에 신청하실 건가요?

남　**11**저기, 제가 최근에 일이 너무 많아서 회람 읽기는 고사하고 다른 걸 할 시간이 없었어요. 무엇에 관한 프로그램이에요?

여　참가자들은 매주 건강한 생활을 고취하는 몇 시간의 활동을 완료해야 해요. 예를 들면 운동을 한다든지요.

남　완료한 활동은 어떻게 기록해요?

여　간단해요. 다운로드한 스프레드시트에 기록하면 돼요.

남　아… 정보를 입력하는 데 시간이 오래 걸리나요?

여　전혀요. **12**어떻게 하는지 보여 드릴게요.

어휘 sign up for ~을 신청하다 wellness 건강
recently 최근 let alone ~는 고사하고
participant 참가자 complete 완료하다
activity 활동 promote 촉진하다, 고취하다 log
일지를 기록하다 input 입력하다

10 여자는 어떤 주제를 꺼내는가?
(A) 최근 휴가
(B) 제품 출시
(C) 건강 프로그램
(D) 직원 오찬

어휘 bring up (화제를) 꺼내다 employee 직원
luncheon 오찬

해설 대화의 주제

여자가 첫 번째 대사에서 회사의 신규 건강 프로그램에 신청할 건지(Are you going to sign up for the new company wellness program?) 물으며 건강 프로그램에 대한 대화를 시작하고 있으므로, (C)가 정답이다.

패러프레이징

지문의 **wellness program** ➡ 정답의 **health program**

11 남자는 자신의 일에 대해 뭐라고 말하는가?
(A) 새로운 팀에 합류했다.
(B) 굉장히 바빴다.
(C) 프로젝트에 기금이 더 필요하다.
(D) 출장이 취소됐다.

어휘 fund 기금 business trip 출장 cancel 취소하다

해설 세부 사항 – 남자가 일에 대해 말한 것

남자가 첫 번째 대사에서 자신이 최근에 일이 너무 많아서(recently I've had so much to do at work) 다른 걸 할 시간이 없었다고 했으므로, (B)가 정답이다.

패러프레이징

지문의 **had so much to do at work**
➡ 정답의 **been very busy**

12 여자는 다음으로 무엇을 하겠는가?

(A) 정책 확인하기
(B) 병원 방문하기
(C) 명단 제공하기
(D) 시연하기

어휘 policy 정책 provide 제공하다 demonstration
시연, 설명

해설 **여자가 다음에 할 일**

여자가 마지막 대사에서 스프레드시트에 기록을 어떻게 하는
건지 보여주겠다(Let me show you how it works)고 했으
므로, (D)가 정답이다.

패러프레이징

지문의 show ~ how it works
➡ 정답의 Give a demonstration

Q 13-15 3인 대화

M-Au **13**Welcome Ibrahim and Natalie. I'm glad
you decided to come take a look at the
house. As I mentioned, the seller just
lowered the price.

W-Am Yes, we really like the property, but we
have some concerns.

M-Cn **14**We're worried about the cost of major
renovations. Like the roof: Do you know if
it's been replaced?

M-Au Yes, two years ago. And so was the
furnace. Everything is in good shape.

M-Cn After doing so much work on the house,
I'm surprised the owner decided to move.

M-Au **15**Well, she just accepted a job overseas,
so she really had no choice.

남1 **13**어서 오세요, 이브라힘과 나탈리. 이 집을 보러 오시기
로 하셔서 기쁩니다. 제가 말씀드렸던 대로, 매도인이 방
금 가격을 낮췄어요.

여 네, 저희는 이 집이 정말 마음에 들지만 몇 가지 우려가
있어요.

남2 **14**저희는 주요 보수 비용을 염려하고 있어요. 가령 지붕
처럼 말이죠. 교체했는지 알고 계신가요?

남1 네, 2년 전에 교체했어요. 보일러도요. 모두 상태가 좋습
니다.

남2 주인이 집을 이렇게 많이 손보고 이사하기로 했다니 놀랍
군요.

남1 **15**음, 그녀가 해외에서 근무를 하게 되어 사실 선택의 여
지가 없었죠.

어휘 mention 언급하다 seller 매도인 lower 낮추다
property 부동산, 재산 renovation 보수, 개조
replace 교체하다 furnace 화로, 보일러 in good
shape 상태가 좋은 accept 수락하다, 받아들이다
overseas 해외에서, 해외로 have no choice
선택의 여지가 없다, 어쩔 수 없다

13 이브라힘과 나탈리는 누구이겠는가?

(A) 아파트 관리인
(B) 보수반원
(C) 안전 검사관
(D) 주택 잠재 구매자

해설 **이브라힘과 나탈리의 신분**

남자 1의 첫 번째 대사에서 이브라힘과 나탈리에게 이 집을 보
러 와주어 기쁘다(I'm glad you decided to come take a
look at the house)고 한 후, 매도인이 가격을 낮췄다고 했
다. 따라서 이브라힘과 나탈리가 집을 보러온 잠재 구매자임을
알 수 있으므로, (D)가 정답이다.

14 이브라힘과 나탈리가 걱정하는 것은?

(A) 화재감지기의 배치
(B) 주택 크기
(C) 주요 수리 비용
(D) 세입자의 수

해설 **이브라힘과 나탈리의 걱정거리**

남자 2의 첫 번째 대사에서 보수 비용을 염려하고 있다(worried
about the cost of major renovations)고 했으므로 (C)
가 정답이다.

패러프레이징

지문의 renovations ➡ 정답의 repairs

15 주인에 관해 언급된 것은?

(A) 새로운 일을 시작할 것이다.
(B) 부동산이 몇 개 더 있다.
(C) 자격 있는 작업자들을 추천해 줄 수 있다.
(D) 오후에 시간을 낼 수 있다.

해설 **세부 사항 – 주인에 관해 언급된 사항**

마지막 대사에서 주인이 해외 근무를 하게 되어(she just
accepted a job overseas) 집을 매도할 수 밖에 없었다고
했으므로, (A)가 정답이다.

패러프레이징

지문의 accepted a job overseas
➡ 정답의 starting a new job

Q 16-18

M-Au **16**For today's talk show, I'm interviewing
actress Marisol Soto. She's in town to
perform in the play *Consequences* at the
Vaden Theater. Ms. Soto, thank you for
coming into the studio today.

W-Br It's my pleasure. **17**You know, my career
started at the Vaden.

M-Au Really? I know you performed there when
you were eighteen, but I didn't realize
that was your first show!

W-Br Yes, it was a great experience. Actually, the thing that I remember the most is that there was an excellent Cuban restaurant near the theater.

M-Au **18**Oh, you mean Miguel's Diner? That place is still open—it just moved to Front Street.

W-Br Really? **18**I can't believe that. What great news!

남 **16**오늘 토크쇼에서는 여배우 마리솔 소토를 인터뷰합니다. 베이든 극장에서 연극 〈컨시퀀스〉를 공연하기 위해 이곳에 와 계시죠. 소토 씨, 오늘 스튜디오에 나와 주셔서 감사합니다.

여 별말씀을요. **17**제가 베이든에서 연기 생활을 시작했거든요.

남 그래요? 열여덟 살에 거기서 공연하신 줄은 알았지만 그게 첫 공연인 줄은 몰랐네요!

여 네, 멋진 경험이었어요. 사실 가장 기억에 남는 건 극장 근처에 훌륭한 쿠바 식당이 있었다는 사실이에요.

남 **18**미구엘스 다이너를 말씀하시나요? 아직도 영업하고 있어요. 불과 얼마 전에 프론트 가로 이전했죠.

여 정말요? **18**믿을 수가 없네요. 굉장한 소식이에요!

어휘 **perform** 공연하다 **theater** 극장 **career** 커리어, (특정 업계의) 생활 **realize** 깨닫다, 알아차리다 **actually** 사실은

16 남자는 누구이겠는가?
(A) 무대감독
(B) 보조 요리사
(C) 토크쇼 진행자
(D) 시 공무원

해설 **남자의 직업**
남자가 첫 번째 대사에서 자신이 오늘 토크쇼에서 여배우 마리솔 소토를 인터뷰한다(For today's talk show, I'm interviewing actress Marisol Soto)고 했으므로, 남자가 토크쇼 진행자라고 추론할 수 있다. 따라서 (C)가 정답이다.

17 여자는 베이든 극장에 대해 뭐라고 말하는가?
(A) 자신이 연기생활을 시작한 곳이다.
(B) 이곳에서 공연하는 것을 매우 좋아한다.
(C) 훌륭한 음향 시스템을 갖췄다.
(D) 독특한 건축 양식이다.

어휘 **unique** 독특한 **architecture** 건축학, 건축 양식

해설 **세부 사항 – 여자가 베이든 극장에 대해 말한 것**
여자의 첫 번째 대사에서 베이든에서 연기 생활을 시작했다(my career started at the Vaden)고 했으므로, (A)가 정답이다.

18 여자는 무엇을 알고 놀랐는가?
(A) 공연이 수상 후보에 올랐다.
(B) 건물이 개조될 예정이다.
(C) 친한 친구가 은퇴한다.
(D) 식당이 아직도 영업하고 있다.

어휘 **nominate A for** ~의 후보로 A를 지명하다 **award** 상 **renovate** 개조하다, 보수하다 **retire** 은퇴하다

해설 **세부 사항 – 여자가 놀란 일**
남자의 마지막 대사에서 여자가 언급한 훌륭한 쿠바 식당이 미구엘스 다이너인지 확인한 후 그 식당이 아직도 영업하고 있다(That place is still open)고 했는데, 이에 대해 여자가 놀라움(I can't believe that)을 표현한 것이다. 따라서 (D)가 정답이다.

Q 19-21

M-Cn Olivia, I'm reviewing the financial statement you prepared for this quarter and **19**I think there's an accounting error. The figures for the company's assets don't add up.

W-Br Oh, really? Hmm... you know, I did make some late changes to that section of the report, but I must not have put the most recent version of the file on the shared computer drive. When I get back to my desk, **20**I'll make sure to upload the correct version of the document and delete the older version.

M-Cn OK, thanks. Please do that right away so I can finish reviewing the report today. **21**Remember I have the product launch tomorrow. I'll be introducing the new line of shampoos to our clients all day, and I won't have time for anything else.

남 올리비아, 준비해 주신 이번 분기 재무제표를 검토하고 있는데요. **19**회계상의 오류가 있는 것 같아요. 회사 자산 수치 합이 맞지 않네요.

여 아, 정말요? 음… 보고서 해당 부분을 뒤늦게 변경하긴 했는데, 공유 컴퓨터 드라이브에 최신 버전 파일을 넣지 않은 게 분명하네요. 자리로 돌아가면 **20**문서의 맞는 버전을 업로드하고 이전 버전을 삭제할게요.

남 네, 감사합니다. 제가 오늘 보고서 검토를 마칠 수 있도록 곧바로 해 주세요. **21**제품 출시가 내일이라는 걸 기억해 주세요. 제가 하루 종일 고객들에게 새 샴푸 제품을 소개할 예정이라 다른 일을 할 시간이 없을 겁니다.

어휘 **review** 검토하다 **financial statement** 재무제표 **prepare for** ~를 준비하다 **quarter** 분기 **accounting** 회계 **figure** 수치 **asset** 자산 **not add up** (합 등이) 맞지 않는다 **correct** 올바른, 맞는 **launch** 출시, 개시 **client** 고객

19 남자는 어떤 문제를 언급하는가?
(A) 문서를 제때 받지 못했다.
(B) 보고서에 부정확한 데이터가 있다.
(C) 회의가 취소됐다.
(D) 계좌가 해지됐다.

어휘 on time 제시간에 account 계좌, 계정

해설 남자가 언급한 문제

남자가 첫 번째 대사에서 재무제표에 회계상 오류가 있는 것 같다고 한 후, 회사 자산 수치의 합이 맞지 않다(The figures for the company's assets don't add up)고 했다. 따라서 (B)가 정답이다.

패러프레이징

지문의 an accounting error
➡ 정답의 incorrect data

20 여자는 무엇을 하겠다고 말하는가?
(A) 파일 교체
(B) 소프트웨어 다운로드
(C) 일정 확인
(D) 책상 주문

어휘 replace 교체하다

해설 여자가 할 일

여자의 첫 번째 대사에서 문서의 맞는 버전을 업로드하고 이전 버전을 삭제하겠다(upload the correct version of the document and delete the older version)고 했으므로, (A)가 정답이다.

패러프레이징

지문의 upload the correct version of the document and delete the older version
➡ 정답의 Replace a file

21 남자는 내일 무엇을 할 예정인가?
(A) 예산 수정하기
(B) 인터뷰 실시하기
(C) 특별 주문 배송하기
(D) 고객 만나기

어휘 revise 수정하다, 변경하다 budget 예산 conduct 실시하다

해설 남자가 내일 할 일

남자가 마지막 대사에서 제품 출시가 내일이라는 걸 기억해 달라(Remember I have the product launch tomorrow)며 상기시킨 후, 자신이 하루 종일 고객들에게 새 샴푸 제품을 소개할 예정(I'll be introducing the new line of shampoos to our clients all day)이라고 했다. 따라서 (D)가 정답이다.

패러프레이징

지문의 introducing ~ to our clients
➡ 정답의 Meeting with clients

Q 22-24

M-Cn Hi, Rita. Do you have a minute to talk about our Web site?

W-Am **22**Is there a problem with the book preview feature again?

M-Cn No, **22, 23**but when customers are shopping for books on the Web site, it would be great if it could generate recommendations for similar books. I know other stores' sites do this, and it could really help increase our sales. Could you work on that?

W-Am **24**That requires a specialized algorithm, which is outside my expertise. I really only manage the content of the Web site.

M-Cn I suppose we could look into hiring someone temporarily for this project.

남 안녕하세요, 리타. 우리 웹사이트에 대해 이야기할 시간이 있어요?

여 **22**도서 미리보기 기능에 다시 문제가 생겼나요?

남 아니요. **22, 23**하지만 고객들이 웹사이트에서 책을 구입할 때 유사 도서 추천 목록이 생성될 수 있으면 좋겠어요. 다른 매장 사이트는 그렇게 하고 있는 걸로 알고 있어요. 우리 매출 상승에 무척 도움이 될 수 있습니다. 작업해 줄 수 있나요?

여 **24**그러려면 전문화된 알고리즘이 필요한데, 이는 제 전문 분야가 아닙니다. 저는 웹사이트 콘텐츠만 관리하거든요.

남 이 프로젝트를 위해 누군가를 임시 채용하는 걸 검토해야겠네요.

어휘 feature 특색, 기능 generate 만들어 내다, 생성시키다 recommendation 추천 (사항) similar 유사한 increase 증가시키다, 늘리다 require 요구하다 specialized 전문화된 expertise 전문성, 전문 지식 manage 관리하다 content 내용 temporarily 임시로

22 화자들의 회사는 무엇을 판매하는가?
(A) 도서
(B) 옷
(C) 비디오 게임
(D) 주방 기기

해설 세부 사항 – 판매 상품

여자의 첫 번째 대사에서 도서 미리보기 기능(book preview feature)을 언급했고, 남자의 두 번째 대사에서 고객들이 웹사이트에서 책을 구입하는 상황(when customers are shopping for books on the Web site)을 제시했으므로, 화자들의 회사가 도서를 판매한다는 것을 알 수 있다. 따라서 (A)가 정답이다.

23 남자는 웹사이트에서 고객들에게 무엇을 해 주기를 바라는가?
(A) 제품 3D 이미지 보여주기
(B) 제품이 품절됐을 때 명시해 주기
(C) 구매 내역 저장하기
(D) 추천 제공하기

어휘 indicate 나타내다, 명시하다 sold out 품절된, 매진된 purchasing 구매 history 내역

<table><tr><td>

해설 세부 사항 – 웹사이트가 하기를 바라는 것

남자의 두 번째 대사에서 고객들이 웹사이트에서 책을 구입할 때 유사 도서 추천 목록이 생성(generate recommendations for similar books)될 수 있으면 좋겠다고 했으므로, (D)가 정답이다.

패러프레이징

지문의 generate recommendations
➡ 정답의 Provide recommendations

24 여자가 도울 수 없는 이유는?
(A) 사무실에 있지 않을 것이다.
(B) 필요한 기술을 갖추고 있지 않다.
(C) 장비가 동작하지 않는다.
(D) 관리자가 승인하지 않았다.

어휘 equipment 장비 supervisor 관리자 approval 승인

해설 세부 사항 – 여자가 도울 수 없는 이유

여자의 두 번째 대사에서 웹사이트의 유사 도서 추천 기능은 전문화된 알고리즘이 필요한데 이는 자신의 전문 분야 밖(outside my expertise)이라고 했다. 따라서 (B)가 정답이다.

패러프레이징

지문의 outside my expertise
➡ 정답의 does not have the necessary skill

❺ 다음에 할 일 / 일어날 일 문제

ETS CHECK-UP	본책 p. 123
1 (A) **2** (A)	

Q 1 3인 대화

M-Cn Samantha, did you see the updated statistics for our online news magazine? We doubled our online subscriptions this month.

W-Am I just saw the e-mail! That's amazing! How did we get so many new readers in such a short time?

M-Cn I don't know. We haven't even launched our advertising campaign yet. Do you know why, Pilar?

W-Br A really popular blogger recently reviewed the magazine. She gave us a great rating. Our subscriptions immediately increased.

M-Cn Fantastic. I'm going now to speak with our director. He's excited about our growth and wants to discuss more promotional ideas.

</td><td>

남 사만사, 우리 온라인 뉴스 매거진의 최신 통계를 봤어요? 이번 달에 온라인 구독이 두 배가 됐어요.

여1 방금 이메일을 봤어요! 놀라운 일이에요! 어떻게 그렇게 단기간에 그토록 많은 독자가 생긴 거죠?

남 모르겠어요. 아직 광고 활동도 시작하지 않았는데 말이죠. 당신은 이유를 알고 있어요, 필라?

여2 정말 인기 있는 블로거가 최근에 잡지평을 올렸어요. 우리에게 아주 후한 점수를 줬어요. 우리 구독 수가 즉시 증가했죠.

남 대단하네요. **저는 이제 이사님과 이야기 나누러 가요.** 이사님이 우리 잡지의 성장에 고무되어 더 많은 판촉 아이디어를 논의하고 싶어 하세요.

어휘 statistics 통계 magazine 잡지 subscription 구독 launch 시작하다, 출범하다 popular 인기 있는 review 비평하다, 평가하다 rating 등급, 평점 immediately 즉시 growth 성장, 증가 promotional 판촉의, 홍보의

1 남자는 다음에 무엇을 할 것인가?
(A) 상사와 만난다.
(B) 잠재적 광고주들에게 전화한다.
(C) 성명을 발표한다.
(D) 기사를 작성한다.

해설 남자가 다음에 할 일

남자의 마지막 대사에서 이사님과 이야기를 나누러 간다(I'm going now to speak with our director)고 했으므로 (A)가 정답이다.

패러프레이징

지문의 speak with our director
➡ 정답의 Meet with his boss

Q 2

M-Au Hi, my name is Alberto Ramírez. I'm calling because I saw the advertisement online for an opening in your graphic design department. Are you still accepting applications?

W-Am Yes, we are. There's been a lot of interest in the position already though, so we're only considering applicants that have experience using several different kinds of design software.

M-Au Well, I've worked with all the major design software packages at my previous jobs, so that's not a problem. I've also worked as a freelance artist, so I have a lot of experience with drawing and painting.

W-Am Then you sound like an excellent candidate. Can you send your résumé in right away? We're starting interviews next week.

</td></tr></table>

남 안녕하세요. 저는 알베르토 라미레즈입니다. 온라인에서 귀사의 그래픽 디자인 부서 공석에 관한 광고를 보고 전화 드립니다. 아직 지원을 받으시나요?

여 네, 맞아요. 그런데 이미 해당 직책에 많은 관심이 쏠렸어요. 그래서 여러 가지 다양한 디자인 소프트웨어 활용 경력이 있는 지원자만을 고려하고 있습니다.

남 이전 직장에서 모든 주요 디자인 소프트웨어 패키지로 작업해서 그 부분은 괜찮습니다. 프리랜서 화가로도 일해서 소묘와 색칠에도 경력이 많고요.

여 **훌륭한 지원자이시네요. 이력서를 바로 보내주실 수 있나요? 다음 주에 면접을 시작할 예정입니다.**

어휘 advertisement 광고 opening 공석, 결원 department 부서 application 지원(서) applicant 지원자 experience 경험, 경력 previous 이전의 candidate 지원자, 후보자 résumé 이력서

2 여자는 다음 주에 무슨 일이 있을 것이라고 말하는가?
(A) 자격을 갖춘 지원자들이 면접을 치를 것이다.
(B) 컴퓨터 시스템이 업그레이드될 것이다.
(C) 새 지점이 문을 열 것이다.
(D) 채용 관리자가 설명회를 진행할 것이다.

어휘 qualified 자격이 있는 hiring 채용 information session 설명회

해설 **다음 주에 일어날 일**
여자가 마지막 대사에서 남자에게 이력서를 보내달라며 다음 주에 면접을 시작할 예정(We're starting interviews next week)이라고 했으므로, (A)가 정답이다.

❻ 요청 / 제안 사항 문제

ETS CHECK-UP   본책 p. 125

1 (A)   **2** (A)

Q 1

M-Au Hello, this is Tim Channing, from Reliant Appliances. I'm calling because you've purchased from us before and we'd like to let you know about our special promotion this month. We're offering a twenty percent discount on all refrigerators.

W-Am Actually, my refrigerator is still in good condition. But I am planning to replace my dishwasher in the near future.

M-Au Well, if you'd like me to, I could put your name on our e-mail list. That way you'll be informed right away about any future promotions.

남 안녕하세요. 저는 릴라이언트 어플라이언스의 팀 채닝입니다. 고객님께서 전에 저희 물건을 구입하신 적이 있어서, 이번 달 특별 판촉행사에 관해 알려드리려고 전화 드렸습니다. 저희가 냉장고 전 제품을 20퍼센트 할인해 드리고 있습니다.

여 실은, 제 냉장고가 아직 상태가 좋아요. 하지만 가까운 시일에 식기세척기를 바꿀 계획이에요.

남 **그럼, 고객님께서 원하신다면 저희 이메일 명단에 성함을 올려 드릴 수 있습니다.** 그러면 앞으로 판촉행사가 있을 때 즉시 정보를 받으실 겁니다.

어휘 reliant 믿을 수 있는, 신뢰가 가는 appliances 가전제품 purchase 구입하다 promotion 판촉(행사) refrigerator 냉장고 in good condition 상태가 좋은, 쓸 만한 replace 교체하다, 바꾸다 dishwasher 식기세척기 in the near future 가까운 미래에 put ~ on one's e-mail list ~를 이메일 명단에 올리다 inform 알리다

1 남자는 여자를 위해 무엇을 하겠다고 제안하는가?
(A) 여자의 이름을 명단에 추가한다.
(B) 여자에게 견적을 내준다.
(C) 수수료를 면제해 준다.
(D) 청구서를 우편으로 보낸다.

어휘 estimate 견적(서)

해설 **남자의 제안 사항**
남자의 두 번째 대사에서 여자가 원한다면 이메일 명단에 이름을 올려 줄 수 있다(I could put your name on our e-mail list)고 했으므로, (A)가 정답이다.

패러프레이징
지문의 put your name on our e-mail list
➡ 정답의 Add her name to a list

Q 2

W-Am Thanks for agreeing to create the advertisements for my office-supply store, David.

M-Cn My pleasure. Is there anything in particular you'd like to feature in the ad?

W-Am Most of the merchandise is selling well, but I'd like to feature our office furniture.

M-Cn OK. Is there anything special that we could highlight?

W-Am Well, I do stock only ChairMaker Pro office furniture. The chairs get especially good reviews—they're designed to provide great support. They're really comfortable.

M-Cn OK, I can emphasize comfort in the ad. Could you send me a picture and description of the chairs?

127

여	제 사무용품점을 위한 광고를 제작하기로 해 주셔서 감사합니다, 데이비드.
남	별말씀을요. 광고에 특별히 부각시키고 싶은 것이 있으세요?
여	대부분의 상품이 잘 팔리긴 하지만 저는 사무용 가구를 부각시키고 싶어요.
남	알겠습니다. 저희가 강조할 만한 특별한 것이 있나요?
여	음, 저희는 체어메이커 프로 사무용 가구만 취급합니다. 그 의자들이 특히나 좋은 평가를 받는데 튼튼하게 받쳐줄 수 있도록 설계되어 있거든요. 의자가 정말 편해요.
남	좋아요, 광고에 안락함을 강조하면 되겠네요. **제게 의자 사진과 설명을 보내 주시겠어요?**

어휘 **agree** 동의하다 **office-supply** 사무용품 **in particular** 특별히 **feature** 부각시키다, 특집으로 싣다 **ad** 광고 (= advertisement) **merchandise** 상품 **highlight** 강조하다 **stock** 비축하다, (상품을) 갖추다 **emphasize** 강조하다 **description** 설명

2 남자는 여자에게 무엇을 해 달라고 요청하는가?
(A) 정보 제공
(B) 무료 견본 제공
(C) 영업시간 연장
(D) 행사 주최

해설 **남자의 요청 사항**
남자가 마지막 대사에서 여자에게 의자 사진과 설명을 보내달라(send me a picture and description of the chairs)고 요청했으므로, (A)가 정답이다.

패러프레이징
지문의 **a picture and description of the chairs**
➡ 정답의 **some information**

ETS X-FILE
본책 p. 126

1 (A) **2** (B) **3** (A) **4** (A) **5** (B) **6** (A)

Q 1

M-Cn	As you know, Stephen is transferring to the Jaipur branch office soon. Our team is planning to throw him a party next Tuesday, and I thought you might want to come since you've worked with him before.
W-Am	Sure, I'd love to! Actually, I've already bought a gift for him. Maybe I can give it to him at the party.
남	알다시피 **스티븐이 곧 자이푸르 지사로 전근을 가요. 우리 팀에서 다음 주 화요일에 파티를 열 계획인데요.** 당신이 전에 그와 일한 적이 있으니 오고 싶어 할 것 같았어요.
여	그럼요. 가고 싶어요! 사실 이미 그를 위한 선물을 사 뒀어요. 아마 파티에서 줄 수 있겠네요.

어휘 **transfer** 옮기다, 전근 가다 **branch office** 지사 **throw a party** 파티를 열다 **actually** 사실

1 다음 주 화요일에 무슨 일이 있을 것인가?
(A) 송별회
(B) 부서 회의

패러프레이징
지문의 **Stephen is transferring** ➡ 정답의 **farewell**

Q 2

W-Br	Before we show the house to potential buyers, we should have some work done on the garden. I think the flowerbeds need to be rearranged.
M-Au	Yes, I agree. I'll call Carlson Landscaping right now and ask how much they charge for that kind of work.
여	잠재 고객들에게 집을 보여주기 전, 정원 작업을 마쳐야 해요. 화단이 재배치되어야 할 것 같은데요.
남	네, 맞아요. **지금 칼슨 조경에 전화해서 그런 종류의 작업에 얼마나 청구하는지 물어볼게요.**

어휘 **potential** 잠재적인 **rearrange** 재배치하다, 재배열하다 **charge** 청구하다

2 남자는 다음으로 무엇을 하겠는가?
(A) 꽃 심기
(B) 비용 견적서 요청하기

패러프레이징
지문의 **how much they charge**
➡ 정답의 **a cost estimate**

Q 3

M-Cn	Is the advertising campaign proposal for Ashton Company ready yet? It has to be done as soon as possible so that we have enough time to review it.
W-Br	It's nearly done. I'll e-mail it to you by the end of the day.
남	애쉬턴 컴퍼니의 **광고 캠페인 제안서**는 준비됐나요? 검토할 시간을 충분히 가질 수 있도록 최대한 빨리 완료해야 해요.
여	거의 끝났습니다. **오늘 퇴근 전까지 이메일로 보내드릴게요.**

어휘 **proposal** 제안서 **review** 검토하다

3 여자는 이따가 무엇을 하겠다고 말하는가?
(A) 문서 보내기
(B) 공급업체에 전화하기

패러프레이징

지문의 e-mail ➔ 정답의 send

지문의 proposal ➔ 정답의 document

Q 4

> W-Am Excuse me. I want to buy some lemons for meringue pies, but I can't seem to find them. Where exactly are they in the produce section?
>
> M-Au Oh, they're completely sold out, actually. But we've just got some nice oranges in. Why don't you try them for your recipe?
>
> 여 실례합니다. 머랭 파이에 쓸 **레몬을 사고 싶은데** 찾을 수가 없네요. 정확히 농산물 코너 어디에 있나요?
>
> 남 아, 사실 완전히 다 팔렸습니다. **하지만 좋은 오렌지가 막 들어왔어요. 조리법에 오렌지를 써 보시면 어때요?**
>
> ---
> 어휘 exactly 정확히 produce 농작물, 생산물 completely 완전히

4 남자는 무엇을 하라고 제안하는가?

(A) 다른 제품 구입하기

(B) 다른 매장 방문하기

패러프레이징

지문의 oranges ➔ 정답의 a different product

Q 5

> M-Cn Ms. Howard, Mario just texted me that his train has been delayed so he might not get here in time to meet with the potential clients. Should we postpone the meeting?
>
> W-Br Well, I guess we have no choice. Can you call them and reschedule it for sometime next week?
>
> 남 하워드 씨, 마리오가 방금 문자 메시지를 보냈는데요. 기차가 연착돼서 잠재 고객들과 만나는 데 제시간에 도착하지 못할 것 같다고 해요. 회의를 미뤄야 할까요?
>
> 여 음, 선택의 여지가 없을 것 같네요. **그들에게 전화해 다음 주 중으로 일정을 변경할 수 있을까요?**
>
> ---
> 어휘 delay 지연시키다 postpone 미루다, 연기하다 reschedule 일정을 변경하다

5 여자는 남자에게 무엇을 하라고 요청하는가?

(A) 업무 세미나 참석하기

(B) 회의 날짜 변경하기

패러프레이징

지문의 reschedule ➔ 정답의 Change the date

Q 6

> M-Au I should probably bring these brochures home with me and go to the conference venue directly from my place tomorrow.
>
> W-Am Are you sure you can carry them all by yourself? I'll drive you home if you want.
>
> 남 이 안내책자들을 집으로 가져가서 내일 저희 집에서 회의 장소로 바로 가야 할 것 같아요.
>
> 여 전부 혼자 가지고 갈 수 있어요? **원하시면 집까지 태워 드릴게요.**
>
> ---
> 어휘 probably 아마 conference 회의 venue 장소 directly 곧장, 바로

6 여자는 무엇을 해주겠다고 제안하는가?

(A) 남자를 차에 태워 주기

(B) 예약하기

패러프레이징

지문의 drive ~ home ➔ 정답의 give ~ a ride

LISTENING **PRACTICE**	본책 p. 127

1 (B) **2** (B) **3** (B) **4** (B) **5** (A) **6** (A)

Q 1-2

> M-Au [1]Fatima, our storewide shoe sale starts in two weeks. We've got lots of merchandise left from last season, so it's important we get the word out about this sale.
>
> W-Br [2]I think we should put an advertisement in the local newspaper. I know we've done that for sales in the past.
>
> M-Au That's a great idea. But before you submit anything, ask how much they charge for both half-page and quarter-page advertisements. That way we can choose which size fits our budget.
>
> 남 [1]파티마, 2주 후면 우리 점포에서 신발 전품목 세일이 시작돼요. 지난 시즌 때 남은 제품이 많으니 이번 세일을 홍보하는 게 중요해요.
>
> 여 [2]제 생각엔 지역 신문에 광고를 실어야 해요. 제가 알기로 과거에는 세일 때 그렇게 했어요.
>
> 남 좋은 생각이에요. 하지만 뭐가를 보내기 전에 반쪽 짜리 광고와 4분의 1쪽짜리 광고의 가격을 모두 물어보세요. 그러면 어떤 크기가 우리 예산에 맞는지 택할 수 있잖아요.
>
> ---
> 어휘 storewide 점포 전체의 get the word out 소문 내다, 홍보하다 local 지역의 submit 제출하다, 투고하다 charge 요금을 물리다 choose 고르다 fit 적합하다 budget 예산

1 남자에 따르면, 2주 후에 무슨 일이 있는가?
(A) 점포가 수리된다.
(B) 할인 행사가 시작된다.

해설 2주 후에 발생할 일
남자의 첫 번째 대사에서 2주 후 점포에서 신발 전품목 세일이 시작된다(our storewide shoe sale starts in two weeks)고 했으므로 (B)가 정답이다.

패러프레이징
지문의 shoe sale starts ➲ 정답의 sale will begin

2 여자는 무엇을 추천하는가?
(A) 설문지 배포
(B) 신문 광고

어휘 distribute 배포하다

해설 여자의 추천 사항
여자의 대사에서 지역 신문에 광고를 실어야 한다(we should put an advertisement in the local newspaper)고 했으므로 (B)가 정답이다.

패러프레이징
지문의 put an advertisement
➲ 정답의 Placing an advertisement

Q 3-4

> M-Cn This is Shinji calling from the marketing department. I know today's the deadline for submitting travel reimbursement requests, but ³I was wondering if I could get an extension.
>
> W-Am We don't usually allow that, unless there are special circumstances.
>
> M-Cn Well, to be honest, I'm not sure where I put a few of my receipts and I need to find them before I fill out the request form.
>
> W-Am ⁴I'll have to check with my supervisor on that. But in the meantime, fill out as much of the form as you can so we can at least get started processing your reimbursement.
>
> 남 마케팅부의 신지입니다. 오늘이 출장비 환급 요청 마감일인 것으로 알고 있는데, ³기한을 연장할 수 있는지 궁금해서요.
>
> 여 특별한 상황이 아니라면 보통은 그렇게 하지 않아요.
>
> 남 저, 사실은 제가 영수증 몇 장을 어디에 뒀는지 몰라서 그것들을 찾은 다음에 신청서를 작성해야 하거든요.
>
> 여 ⁴상사에게 그 문제를 확인해 볼게요. 하지만 그 사이에 양식을 가능한 한 많이 작성해 주셔야 저희가 적어도 환급 처리를 시작할 수 있어요.

어휘 deadline 마감일, 기한 travel reimbursement request 출장비 환급 요청 extension 연장 allow 허용[허락]하다 special circumstances 특별[특수]한 상황 receipt 영수증 fill out ~을 작성하다 supervisor 상사, 관리자, 감독관 in the meantime 그동안[사이]에 process 처리하다

3 남자가 여자에게 요청하는 것은?
(A) 운전 길 안내
(B) 마감 시한 연장

해설 남자의 요청 사항
남자의 첫 번째 대사에서 오늘이 출장비 환급 요청 마감일인 것으로 알고 있는데, 기한을 연장할 수 있는지 궁금하다(wondering if I could get an extension)고 했으므로, (B)가 정답이다.

4 여자는 무엇을 하겠다고 말하는가?
(A) 사본을 몇 장 만든다.
(B) 상사에게 말한다.

해설 여자가 할 일
여자의 두 번째 대사에서 상사에게 확인해 봐야 한다(I'll have to check with my supervisor)고 했으므로, (B)가 정답이다.

패러프레이징
지문의 check with ➲ 정답의 Speak with

Q 5-6

> W-Br Hello, ⁵I bought this novel at this bookstore a few days ago as a gift for a friend, but I just found out that she already has it. Is it possible to return it?
>
> M-Cn Yes, of course, but we don't give cash refunds. You can exchange it for another item, though.
>
> W-Br That's fine. I thought of another book my friend might like. It's called *The Dog's Trail* by Kavi Mittal. Could you check and see if you carry it?
>
> M-Cn Sure... It looks like the book is currently out of stock, but a new shipment is on the way. ⁶I'd be happy to call you when it arrives.
>
> 여 안녕하세요. ⁵제가 며칠 전에 친구 선물로 이 서점에서 이 소설을 구입했는데, 친구가 이미 가지고 있다지 뭐예요. 반품이 가능한가요?
>
> 남 네, 물론이죠. 하지만 현금 환불은 안 됩니다. 또 다른 품목으로 교환하실 수는 있습니다.
>
> 여 괜찮아요. 친구가 좋아할지도 모르는 또 다른 책을 생각해 두었거든요. 카비 미탈이 쓴 〈개의 자취〉라는 제목이에요. 그 책이 있는지 확인해 주시겠어요?

남 물론이죠… 현재 재고가 없는 것 같은데, 새로 배송되어 오는 중입니다. **6도착하면 연락 드리겠습니다.**

어휘 **novel** 소설 **already** 이미, 벌써 **possible** 가능한 **return** 반품[반납]하다 **cash refunds** 현금 환불 **exchange** 교환하다 **item** 품목, 물품 **though** 하지만 **trail** 자취, 흔적 **carry** 취급하다, 팔다 **currently** 현재 **out of stock** 재고가 없는 **shipment** 배송(품) **be on the way** 오는[가는] 중이다

5 여자가 서점에 온 이유는?
(A) 물건을 반품하려고
(B) 독서회에 참석하려고

해설 **세부 사항 – 여자가 서점에 온 이유**
여자의 첫 번째 대사에서 친구 선물로 서점에서 소설을 구입했는데 반품이 가능한지(Is it possible to return it) 물었으므로, (A)가 정답이다.

패러프레이징
지문의 **novel** ➡ 정답의 **item**

6 남자는 무엇을 해 주겠다고 제안하는가?
(A) 물품이 도착하면 여자에게 연락한다.
(B) 저자를 소개한다.

해설 **남자의 제안 사항**
남자의 두 번째 대사에서 여자가 교환하려는 책이 새로 배송되어 오는 중이니 도착하면 연락하겠다(I'd be happy to call you when it arrives)고 했으므로, (A)가 정답이다.

패러프레이징
지문의 **I'd be happy to call you**
➡ 정답의 **Contact the woman**

ETS TEST

1 (A)	2 (C)	3 (A)	4 (A)	5 (C)	6 (D)
7 (C)	8 (B)	9 (C)	10 (A)	11 (B)	12 (C)
13 (B)	14 (A)	15 (D)	16 (A)	17 (D)	18 (B)
19 (A)	20 (D)	21 (B)	22 (B)	23 (A)	24 (C)

Q 1-3

M-Cn Hi. **1This is Mark Jenkins, the photographer for your office party this Friday.**
W-Br Hi, Mark.
M-Cn Unfortunately, I'm not going to be able to make it to the party.
W-Br Oh, that's too bad. I hope everything is OK.

M-Cn Thanks, I just have some family business that's come up. But don't worry— **2I have a colleague who takes great photos— and she's available Friday. I highly recommend her.** Would you like her contact information?
W-Br Yes, that would be great! Oh, and **3will you reimburse me for my deposit?**
M-Cn Of course. I'll return your money today.

남 안녕하세요, **1마크 젠킨스입니다. 이번 주 금요일 회사 파티에서 일할 사진작가예요.**
여 안녕하세요, 마크.
남 안타깝게도 파티에 가지 못할 것 같아요.
여 아, 유감이군요. 별일 없기를 바라요.
남 감사합니다. 집안일이 좀 생겨서요. 하지만 걱정 마세요. **2사진을 아주 잘 찍는 동료가 있는데 금요일에 시간이 됩니다. 적극 추천해요.** 연락처를 드릴까요?
여 네, 그럼 좋겠네요! 아, **3제가 낸 착수금을 반환해 주시겠어요?**
남 그럼요. 오늘 돌려드리겠습니다.

어휘 **make it to** ~에 참석하다 **come up** 일어나다, 생기다 **colleague** 동료 **available** 시간이 되는 **recommend** 추천하다 **reimburse** 변제하다, 반환하다 **deposit** 착수금, 보증금

1 남자는 누구인가?
(A) 사진작가
(B) 음식 공급자
(C) 호텔 관리자
(D) 회의 주최자

해설 **남자의 직업**
남자가 첫 번째 대사에서 자신을 사진작가(the photographer for your office party)라고 소개하고 있으므로, (A)가 정답이다.

2 남자는 여자에게 무엇을 하라고 제안하는가?
(A) 교통편 마련하기
(B) 신용카드로 결제하기
(C) 자신의 동료 고용하기
(D) 예약 변경하기

어휘 **arrange** 마련하다, 주선하다 **transportation** 차편 **reservation** 예약

해설 **남자의 제안 사항**
남자의 세 번째 대사에서 본인 대신 동료(a colleague who takes great photos)를 고용하라고 추천(I highly recommend her)하고 있으므로, (C)가 정답이다.

3 여자는 남자에게 무엇을 요청하는가?
(A) 환불
(B) 업그레이드
(C) 행사 프로그램
(D) 견본

PART 3 | CHAPTER 01

여자가 마지막 대사에서 자신의 착수금을 반환해달라(will you reimburse me for my deposit)고 요청하고 있으므로, (A)가 정답이다.

패러프레이징

지문의 reimburse me for my deposit
➡ 정답의 refund

Q 4-6

> **M-Cn** 4I was wondering if you could give me the name of the catering company you hired for last month's transit meeting. The food was fantastic.
>
> **W-Am** Sure! I actually looked at several catering companies, but decided to go with P.J.'s for that meeting. 5P.J.'s had a much more extensive menu than the other caterers— so I knew they could provide something for everyone.
>
> **M-Cn** Wonderful. I'm organizing the board of directors' dinner next week, and I want to make sure I stay within the budget. Do you remember how much they charged you?
>
> **W-Am** No, I don't. 6But I have a copy of the contract agreement they signed. I can look for it if you'd like me to.
>
> ----
>
> 남 4지난달 교통 회의를 위해 고용했던 케이터링 업체 이름을 알려주실 수 있는지 궁금해요. 음식이 훌륭했거든요.
>
> 여 물론이죠! 사실 여러 케이터링 업체를 살펴봤는데 그 회의를 위해 P.J.'s를 쓰기로 결정했어요. 5다른 케이터링 업체들보다 메뉴 폭이 훨씬 넓어서 모두에게 무언가를 제공할 수 있다고 생각했죠.
>
> 남 좋네요. 다음 주 이사회 저녁 식사를 준비하고 있는데, 예산 범위 내에서 할 수 있는지 확인해야겠어요. 비용을 얼마나 청구했는지 기억하세요?
>
> 여 아니요. 6하지만 그들이 서명한 계약서 사본이 있어요. 원하시면 찾아볼 수 있어요.
>
> ----
>
> 어휘 **catering** 케이터링, 음식 공급(업) **transit** 교통 (체계) **actually** 사실 **extensive** 폭넓은, 광범위한 **provide** 제공하다 **organize** 준비하다, 조직하다 **board of directors** 이사회 **stay within the budget** 예산 범위 내에서 하다 **charge** 청구하다 **contract agreement** 계약서, 약정서

4 남자는 어떤 유형의 업체에 대해 물어보는가?
(A) 케이터링 업체
(B) 광고 대행사
(C) 법률사무소
(D) 인쇄소

해설 **세부 사항 – 남자가 문의하는 업종**

남자가 첫 번째 대사에서 지난달 교통 회의를 위해 고용한 케이터링 업체 이름을 알려줄 수 있는지(if you could give me the name of the catering company) 궁금하다고 했으므로, (A)가 정답이다.

5 여자는 P.J.'s에 대해 뭐라고 말하는가?
(A) 주문이 빨리 배달된다.
(B) 긍정적인 온라인 후기들이 있다.
(C) 다양한 선택사항이 있다.
(D) 적정한 가격이다.

어휘 **positive** 긍정적인 **a variety of** 다양한 **reasonable** (가격이) 적정한, 너무 비싸지 않은

해설 **세부 사항 – 여자가 P.J.'s에 대해 말한 것**

여자의 첫 번째 대사에서 다른 케이터링 업체들보다 P.J.'s의 메뉴 폭이 훨씬 넓었다(P.J.'s had a much more extensive menu than the other caterers)고 했으므로, (C)가 정답이다.

패러프레이징

지문의 a much more extensive menu
➡ 정답의 a large variety of options

6 여자는 무엇을 하겠다고 제안하는가?
(A) 전화번호 찾아보기
(B) 웹사이트 주소 전달하기
(C) 추천서 써 주기
(D) 서류 찾아보기

어휘 **forward** 전달하다, 보내다 **recommendation** 추천, 추천서

해설 **여자의 제안 사항**

여자가 마지막 대사에서 계약서 사본이 있다(I have a copy of the contract agreement)며 남자가 원하면 찾아보겠다(I can look for it if you'd like me to)고 제안했으므로, (D)가 정답이다.

패러프레이징

지문의 look for it (= a copy of the contract agreement) ➡ 정답의 Find some paperwork

Q 7-9

> **W-Br** Hi, I've just unloaded the last box of bathroom tiles. The whole delivery's in your warehouse now. 7Would you be able to sign for them? I need a signature.
>
> **M-Cn** I'm sorry; this is my first day on the job. 8I'd better check with the warehouse manager to see if I'm allowed to do that.
>
> **W-Br** Should I wait here while you check?
>
> **M-Cn** 9Actually, if you wouldn't mind moving your truck, that'd be great, since we're expecting some other deliveries shortly.

여　안녕하세요, 제가 방금 욕실 타일 마지막 상자까지 다 내렸습니다. 이제 배달된 물건은 모두 창고에 있습니다. **7수령 사인 좀 해주시겠어요? 제가 사인을 받아야 해서요.**

남　죄송하지만 제가 오늘이 근무 첫날입니다. **8제가 서명을 해도 되는지 창고 관리자에게 확인하는 게 좋겠어요.**

여　확인하시는 동안 여기에서 기다릴까요?

남　사실 저희가 곧 들어올 다른 배달물도 있어서 **9트럭을 좀 옮겨주시면 좋겠습니다.**

어휘　unload (짐을) 내리다　delivery 배달, 배달되는 물건　warehouse 창고　signature 서명　had better ~하는 게 낫다　if you wouldn't mind -ing ~하는 것이 괜찮으시면　shortly 곧

---

7 여자는 무엇을 요청하는가?
(A) 송장
(B) 지도
(C) 서명
(D) 교체 부품

해설　여자의 요청 사항

여자가 첫 번째 대사에서 남자에게 수령 사인을 해 줄 수 있는지(Would you be able to sign for them?) 물었으므로, (C)가 정답이다.

8 남자는 무엇을 해야 한다고 하는가?
(A) 보안 출입증 찾기
(B) 관리자와 의논
(C) 문 열기
(D) 재고목록 확인

어휘　security 보안　unlock 열다　inventory 재고(품), 재고 목록

해설　세부 사항 – 남자가 해야 할 일

남자의 첫 번째 대사에서 자신이 서명을 해도 되는지 창고 관리자에게 확인하는 게 좋겠다(I'd better check with the warehouse manager)고 했으므로 (B)가 정답이다.

패러프레이징

지문의 check with the warehouse manager
➡ 정답의 Talk with a supervisor

9 남자가 여자에게 요청하는 것은 무엇인가?
(A) 나중에 다시 올 것
(B) 가격 인하
(C) 차량 이동
(D) 상자 몇 개 치우기

해설　남자의 요청 사항

남자가 마지막 대사에서 여자에게 곧 들어올 다른 배달물도 있어서 트럭을 옮겨 주면 좋겠다(if you wouldn't mind moving your truck, that'd be great)고 했으므로, (C)가 정답이다.

패러프레이징

지문의 truck ➡ 정답의 vehicle

Q 10-12　3인 대화

W-Am　Hi, Sanjay. The city harvest festival's coming up! **10**Nina and I think we should sell our new line of jellies and jams there, like other farms do.

W-Br　Our farm's known for our fruit orchards, but since we just started making fruit preserves... that could help promote them.

M-Au　I agree. There'll be a lot of competition at the festival... **11**Maybe we could offer a coupon for free apple picking with each purchase?

W-Am　Great idea... that will get more customers out to our orchards.

M-Au　Exactly! **12**OK, now I'm going to put up a new sign by the entrance to the farm. That should make it easier for customers to find us.

여1　안녕하세요, 산제이. 시의 추수감사제가 곧 다가옵니다! **10니나와 저는 우리도 다른 농장들처럼 거기서 젤리와 잼 신상품을 팔아야 한다고 생각해요.**

여2　우리 농장은 과수원으로 잘 알려져 있지만, 과일잼 제조를 막 시작했으니… 그것들을 홍보하는 데 도움이 되겠죠.

남　동의해요. 축제 때 경쟁이 심할 텐데요… **11우리 제품 구입 시 무료 사과 따기 쿠폰을 제공하면 어떨까요?**

여1　좋은 생각이에요… 그러면 더 많은 고객들이 과수원으로 오게 될 테니까요.

남　그렇죠! **12좋아요, 농장 입구 옆에 새 표지판을 세울게요.** 고객들이 찾기가 더 쉬워질 겁니다.

어휘　harvest festival 추수감사제, 수확제　orchard 과수원　preserve 잼, 저장 식품　promote 홍보하다　competition 경쟁, 경쟁사　purchase 구매, 구입　put up a sign 간판을 내걸다, 팻말을 세우다　entrance 입구

---

10 여자들은 무엇을 하자고 제안하는가?
(A) 지역 축제 참가하기
(B) 광고대행사 고용하기
(C) 농사에 쓸 땅을 확장하기
(D) 행사 자원봉사자 모집하기

어휘　participate in ~에 참가하다　expand 확대하다, 확장하다　recruit 모집하다

해설　여자들의 제안 사항

여자 1이 첫 번째 대사에서 자신과 니나는 다른 농장처럼 추수감사제에서 젤리와 잼 신상품을 팔아야 한다(we should sell our new line of jellies and jams there, like other farms do)고 생각한다며 우회적으로 지역 행사 참가를 제안했다. 따라서 (A)가 정답이다.

11 남자는 자신들의 업체가 무엇을 해야 한다고 생각하는가?
(A) 다른 참가자들보다 일찍 도착하기
(B) 과일 따기 쿠폰 제공하기
(C) 무료 견본 제공하기
(D) 예산 검토하기

해설 남자의 제안 사항

남자의 첫 번째 대사에서 농장 제품 구입 시 무료 사과 따기 쿠폰을 제공(we could offer a coupon for free apple picking)하는 방안을 제안했으므로, (B)가 정답이다.

12 남자는 다음으로 무엇을 하겠는가?
(A) 고객에게 전화하기
(B) 행사 등록하기
(C) 표지판 설치하기
(D) 공사 프로젝트 일정 짜기

어휘 register 등록하다 install 설치하다 construction 공사, 건설

해설 남자가 다음에 할 일

남자가 마지막 대사에서 농장 입구 옆에 새 표지판을 세우겠다(now I'm going to put up a new sign by the entrance to the farm)고 했으므로, (C)가 정답이다.

패러프레이징

지문의 put up a new sign ➡ 정답의 Install a sign

Q 13-15

M-Cn Hi, ¹³I'm interested in buying some high-quality work boots for the employees at the delivery company I manage.

W-Am We have a variety of boots to choose from—what exactly do your employees do? That'll help me figure out which ones will work best.

M-Cn Well, they move a lot of packages and boxes when they're out making deliveries, so ¹⁴I'm looking for some boots that are durable.

W-Am In that case, ¹⁴I recommend TMK boots. They're made of leather so they'll last for years. Plus, they're really comfortable. ¹⁵Why don't you put on a pair and see what you think?

남 안녕하세요. ¹³제가 관리하는 택배회사 직원들이 신을 품질 좋은 작업용 부츠를 몇 켤레 구입할까 하는데요.

여 저희는 선택하실 수 있는 다양한 부츠를 구비하고 있습니다. 직원들이 정확히 어떤 일을 하시나요? 그걸 알면 어떤 부츠가 가장 좋을지 파악하는 데 도움이 되겠습니다.

남 음, 직원들이 나가서 배달할 때 소포와 상자를 많이 옮기니까 ¹⁴튼튼한 부츠를 찾고 있어요.

여 그렇다면 ¹⁴TMK 부츠를 추천해 드립니다. 가죽으로 만들어져 몇 년은 갈 거예요. 게다가 정말 편합니다. ¹⁵한 켤레 신어 보시고 어떤지 한번 보시는 건 어떨까요?

13 남자는 어떤 업체에서 일하는가?
(A) 건설회사
(B) 택배 서비스
(C) 자동차 정비소
(D) 운동용품점

해설 남자의 근무지

남자의 첫 번째 대사에서 자신이 운영하는 택배회사의 직원들(the employees at the delivery company I manage)이 신을 작업용 부츠를 구입하고 싶다고 했으므로, (B)가 정답이다.

14 여자가 TMK 부츠를 추천하는 이유는?
(A) 오래 가서
(B) 비싸지 않아서
(C) 색상이 다양해서
(D) 크기가 다양해서

해설 세부 사항 – 여자가 추천하는 이유

남자의 두 번째 대사에서 튼튼한 부츠를 찾고 있다고 하자 여자가 TMK 부츠를 추천하며 가죽으로 만들어져 몇 년은 갈 것(they'll last for years)이라고 했다. 따라서 (A)가 정답이다.

패러프레이징

지문의 last for years ➡ 정답의 last a long time

15 여자는 남자에게 무엇을 하라고 권장하는가?
(A) 보증서 구입
(B) 할인 프로그램 가입
(C) 주문량 늘리기
(D) 물품 착용

해설 여자의 권유 사항

여자의 두 번째 대사에서 자신이 추천하는 부츠를 한 켤레 신어 보고(Why don't you put on a pair) 어떤지 한번 보라고 권유하므로 (D)가 정답이다.

패러프레이징

지문의 put on a pair ➡ 정답의 Try on an item

Q 16-18

W-Br Hello, ¹⁶I'm calling about the Green Excel software program—I heard that it can help my business save on our energy costs.

M-Au Absolutely. It records all energy usage, from your business's technological equipment to your heating and cooling systems.

W-Br Hmm, I've seen other software programs on the market that do that—¹⁷what makes Green Excel different?

M-Au ¹⁷What sets Green Excel apart is that it provides personalized tips for how you can reduce specific costs. Other programs will only give you a report of your energy usage.

W-Br That sounds great. I'd like to get some pricing information on installing the software in our three office locations.

M-Au Sure—¹⁸let me pull up our current pricing structure.

여 안녕하세요. ¹⁶그린 엑셀 소프트웨어 프로그램에 관해서 전화드려요. 제 회사 에너지 비용을 절약하는 데 도움이 될 수 있다고 들어서요.

남 물론입니다. 그 프로그램은 귀사의 기술 장비부터 냉난방 시스템에 이르기까지 모든 에너지 사용량을 기록합니다.

여 음, 시중에 그런 일을 하는 다른 소프트웨어들을 본 적이 있는데, ¹⁷그린 엑셀은 무엇이 다른가요?

남 ¹⁷그린 엑셀의 차별점은 어떻게 하면 특정 비용을 절감할 수 있는지 개인의 필요에 맞춘 조언을 제공한다는 것입니다. 다른 프로그램들은 에너지 사용 기록만 제공할 겁니다.

여 그거 좋은데요. 우리 영업점 세 곳에 소프트웨어를 설치하는 데 드는 가격 정보를 얻고 싶습니다.

남 네, ¹⁸제가 현재 가격 정보를 뽑아 보겠습니다.

어휘 Absolutely. 물론이죠. 그럼요. usage 사용량 technological equipment 기술 장비 on the market 시중에 나와 있는, 시판 중인 set ~ apart ~을 돋보이게 하다, 차별화하다 personalized 개인 맞춤형의, 개별화된 specific 특정한 install 설치하다 office location 영업점, 지점 pull up (자료를) 뽑다, 검색하다

16 여자는 어떤 종류의 제품을 전화로 문의하는가?
(A) 소프트웨어 프로그램
(B) 디지털 프로젝터
(C) 경보 시스템
(D) 에어컨

해설 **세부 사항 – 여자가 문의하는 제품**
여자의 첫 번째 대사에서 그린 엑셀 소프트웨어 프로그램에 관해 문의하려고 전화한다(I'm calling about the Green Excel software program)고 했으므로, (A)가 정답이다.

17 남자에 따르면, 이 제품의 특별한 점은 무엇인가?
(A) 휴대할 수 있다.
(B) 비싸지 않다.
(C) 배터리 수명이 길다.
(D) 맞춤형 제안을 제공한다.

어휘 portable 휴대 가능한 customized 맞춤형의

해설 **상품의 특별한 점**
남자의 두 번째 대사에서 그린 엑셀의 차별점은 어떻게 특정 비용을 절감할 수 있는지 개인의 필요에 맞춘 조언을 제공하는 것(it provides personalized tips for how you can reduce specific costs)이라고 했으므로 (D)가 정답이다.

패러프레이징
지문의 personalized tips
➡ 정답의 customized suggestions

18 남자는 다음에 무엇을 하겠는가?
(A) 정비 점검 일정 수립
(B) 가격 정보 공유
(C) 고객 설문지 이메일 발송
(D) 사용자 설명서 참조

해설 **남자가 다음에 할 일**
남자가 마지막 대사에서 현재 가격 정보를 뽑아보겠다(let me pull up our current pricing structure)고 했으므로, 여자가 요청한 가격 정보를 제공할 것이라고 추론할 수 있다. 따라서 (B)가 정답이다.

Q 19-21 3인 대화

W-Am ¹⁹Hi, Akiko and Henry. Have you heard the complaints we've been getting from library patrons? People are checking out popular books and movies and aren't returning them on time.

W-Br Yes, but I don't know what else we can do about it. Patrons already have to pay a fee when they keep library materials past their due dates.

M-Au Well, yes—but it isn't much money. ²⁰Maybe we should increase the fees. If patrons are charged higher late fees, it might encourage them to return items on time.

W-Am That's a good solution, but we can't implement it without the support of our board members. ²¹Let's bring it up at next week's board meeting.

여1 ¹⁹안녕하세요, 아키코, 헨리. 도서관 이용자들에게 받고 있는 불만 사항에 대해 들어 봤나요? 사람들이 인기 도서와 영화를 대출해 가서 제때에 반납하지 않고 있어요.

여2 네, 하지만 달리 어찌할 방도가 없는 것 같아요. 이용자들이 반납 기한을 넘겨 도서관 자료를 갖고 있으면 그렇잖아도 수수료를 물어야 하잖아요.

남 음, 그렇죠. 하지만 많은 돈은 아니에요. **20수수료를 올려야 할지도 모르겠네요. 이용자들에게 연체료를 더 많이 물리면 물품을 제때에 반납하도록 유도할 수도 있겠죠.**

여1 좋은 해결 방안이긴 한데, 이사회가 지지하지 않으면 시행할 수가 없어요. **21다음 주 이사회 회의에서 안건으로 올려 봅시다.**

어휘 complaint 불만, 불평 patron 이용자, 손님 check out ~을 대출하다 on time 제시간에, 정각에 pay a fee 수수료를 내다 material 자료 due date 만기일, 마감일 increase 늘리다, 인상하다 charge 요금을 물리다 late fee 연체료 encourage 장려하다 support 지지, 지원 board of members 이사회, 이사진 bring up (의제로) 꺼내다 board meeting 이사회 회의

19 화자들은 어디에서 일하겠는가?
(A) 도서관
(B) 은행
(C) 영화관
(D) 헬스장

해설 **화자들의 근무지**
여자 1이 첫 번째 대사에서 도서관 이용자들에게 받고 있는 불만 사항에 대해 들어 보았는지(Have you heard the complaints we've been getting from library patrons) 물어보며 업무 관련 대화를 이어가고 있으므로, (A)가 정답이다.

20 남자는 무엇을 하자고 제안하는가?
(A) 대출 기간 축소
(B) 더 많은 품목 주문
(C) 가입신청서 게시
(D) 더 높은 수수료 부과

해설 **남자의 제안 사항**
남자의 첫 번째 대사에서 수수료를 인상해야 한다(Maybe we should increase the fees)고 했으므로, (D)가 정답이다.

패러프레이징
지문의 increase the fees
➡ 정답의 Charging higher fees

21 다음 주에 어떤 행사가 있을 예정인가?
(A) 모금 행사
(B) 이사회 회의
(C) 연수 교육
(D) 면접

해설 **다음 주에 일어날 일**
여자 1이 마지막 대사에서 연체료 인상을 다음 주 이사회 회의 안건으로 올려 보자(Let's bring it up at next week's board meeting)고 했으므로, (B)가 정답이다.

Q 22-24

M-Au Good morning, Yvonne. **23Welcome to Waterson Pharmaceuticals! 22I'm Bernard, from Human Resources.** I think we spoke briefly over the phone.

W-Am Nice to meet you in person. **23I've never worked for such a large company before.** My last job was at a very small lab—we had a staff of five.

M-Au Well, even though Waterson Pharmaceuticals has hundreds of employees, we try to make it feel smaller by communicating regularly with staff.

W-Am That's great to hear.

M-Au Now, since it's your first day, you have a lot on your schedule. **24Let's get started by having you log on to your computer to watch a training module.** It should take about an hour to complete.

남 안녕하세요, 이본. **23워터슨 제약에 오신 걸 환영합니다! 22전 인사부 버나드예요.** 전화로 잠깐 얘기했던 것 같은데요.

여 직접 만나 봬서 반가워요. **23전에 이렇게 큰 회사에서 일해 본 적이 없어요.** 마지막 직장은 아주 작은 연구실이었어요—직원이 다섯 명이었죠.

남 음, 워터슨 제약은 직원 수백 명을 두고 있지만, 직원들과 자주 소통해서 더 작게 느끼도록 노력해요.

여 다행이네요.

남 자, 첫날이라 일정이 많이 잡혀 있어요. **24컴퓨터에 로그온해서 교육 모듈을 시청하는 것부터 시작합시다.** 끝내는 데 한 시간 정도 걸릴 거예요.

어휘 pharmaceuticals 제약(회사) human resources 인사부 employee 직원 communicate 소통하다 regularly 주기적으로, 정기적으로 module 모듈, (과목, 프로그램의) 단위 complete 완료하다, 끝내다

22 남자는 어느 부서에서 일하는가?
(A) 그래픽 디자인
(B) 인사
(C) 제품 개발
(D) 정보 기술

해설 **남자의 근무 부서**
남자가 첫 번째 대사에서 자신을 인사부 소속(from Human Resources)이라고 소개하고 있으므로, (B)가 정답이다.

23 여자가 워터슨 제약에 대해 언급한 것은?
(A) 규모가 큰 회사이다.
(B) 평판이 좋다.
(C) 뉴스 프로그램에 나왔다.
(D) 대도시에 있다.

어휘 reputation 평판, 명성

해설 **세부 사항 – 여자가 워터슨 제약에 대해 말한 것**

남자의 첫 번째 대사에서 여자가 입사한 곳이 워터슨 제약 (Welcome to Waterson Pharmaceuticals)임을 알 수 있고, 그 다음 대사에서 여자가 전에 이렇게 큰 회사에서 일해 본 적이 없다(I've never worked for such a large company before)고 말했으므로, (A)가 정답이다.

24 여자는 다음에 무엇을 하겠는가?
(A) 사진이 있는 신분증 제공
(B) 네트워킹 회의의 참석
(C) **교육 모듈 완료**
(D) 회사 직원회의 참여

어휘 identification 신분(증) attend 참석하다

해설 **여자가 다음에 할 일**

남자가 마지막 대사에서 컴퓨터에 로그온해서 교육 모듈을 시청하는 것부터 시작하자(Let's get started by having you log on to your computer to watch a training module)고 제안한 후, 끝내는 데 한 시간 정도 걸린다고 덧붙였다. 따라서 여자가 남자의 안내에 따라 교육 모듈 시청을 완료할 것이라고 추론할 수 있으므로, (C)가 정답이다.

❼ 화자의 의도 파악 문제

ETS CHECK-UP　　　　본책 p. 131

1 (C)　　**2** (D)

Q 1

W-Br	Hello, Mr. Kobayashi. I'm Yan Li from Frenton Incorporated. We're interested in upgrading all of our employees' computers and wanted to see if we could discuss corporate pricing. We'll be placing a large order.
M-Cn	Hello, Ms. Li. Yes, I can definitely work with you on that.
W-Br	Are you available for a video conference next week to discuss the details?
M-Cn	Yes, I'm free any time on Monday.
W-Br	Excellent. Also, could you send me your product list today?
M-Cn	Well, you'll want to see our latest offerings, right? Our new catalog is coming out next week.
W-Br	OK, that's not a problem.

여 안녕하세요, 고바야시 씨. 프렌튼 주식회사의 안 리입니다. 저희 직원들의 컴퓨터 전체를 업그레이드하고 기업 가격에 대해 논의할 수 있는지 알고 싶습니다. 대량 주문을 할 예정입니다.

남 안녕하세요, 리 씨. 제가 확실히 해당 작업을 함께 할 수 있습니다.

여 세부사항 논의를 위해 다음 주 화상 회의를 할 시간이 있으세요?

남 네. 월요일에 아무 때나 시간이 있어요.

여 좋습니다. 그리고 오늘 제품 목록을 보내주실 수 있나요?

남 자, 저희 최근 제공 물품을 보고 싶으신 거죠, 그렇죠? 저희 새 카탈로그가 다음 주에 나옵니다.

여 좋아요. 문제없어요.

어휘 be interested in ~에 관심이 있다, 의향이 있다 employee 직원 corporate 회사의, 기업의 pricing 가격 책정 place a large order 대량 주문을 넣다 definitely 확실히, 분명히 available 시간이 되는 video conference 화상 회의 latest 최근의 offering 제공물, 제공되는 것

1 남자가 "저희 새 카탈로그가 다음 주에 나옵니다"라고 말한 이유는?
(A) 여자를 안심시키기 위해
(B) 업무량에 대해 불평하기 위해
(C) **여자에게 기다리라고 제안하기 위해**
(D) 놀람을 표현하기 위해

어휘 offer 제공하다 reassurance 안심시키는 말, 행동 complain 불평하다 suggest 제안하다 express 표현하다

해설 **화자의 의도 – 새 카탈로그가 다음 주에 나온다는 말의 의미**

여자의 세 번째 대사에서 오늘 제품 목록을 보내 달라(could you send me your product list today?)고 요청했는데, 이에 대해 남자가 최근 제공 물품을 보길 원하는지 확인(you'll want to see our latest offerings, right?)한 후, 새 카탈로그가 다음 주에 나온다고 덧붙였다. 즉, 신제품을 보려면 조금 더 기다리라고 제안한 것이므로, (C)가 정답이다.

Q 2

M-Au	Julia! Why are you still at your desk? Aren't you volunteering at our company's fundraising event today?
W-Am	Well, I volunteered last year, and I have to deal with some delays we had with some of our translation projects this month.
M-Au	Oh, that's too bad. What happened?
W-Am	Some customers are upset that they didn't receive their translations on time, and I'm actually nervous because I'm not sure how to make up for the inconvenience.
M-Au	I see. Well, I'm sure you'll do fine. You've dealt with these types of issues before. I need to get to the fund-raiser now, but I'll bring this problem up at our staff meeting tomorrow so that it doesn't happen again.

남 줄리아! 왜 아직도 일하고 있어요? **오늘 우리 회사의 모금 행사에서 자원 봉사하는 거 아니었어요?**

여 그게요, **저는 작년에 했어요.** 그리고 **이달에 우리 번역 프로젝트 일부가 지연되어 제가 처리해야 해요.**

남 저런, 안됐네요. 무슨 일인데요?

여 몇몇 고객이 번역물을 제시간에 받지 못해 화가 났어요. 폐를 끼친 걸 어떻게 보상해야 할지 몰라 정말 신경이 쓰여요.

남 알았어요. 그래도 당신은 분명히 잘해낼 거예요. 전에도 이런 문제들을 해결한 적이 있잖아요. 저는 이제 모금 행사에 가야 해요. 하지만 이런 문제가 다시 발생하지 않도록 내일 직원회의에서 제가 거론할게요.

어휘 **be at one's desk** 업무 중이다 **volunteer** 자원 봉사하다 **fund-raising event** 모금 행사(= fund-raiser) **deal with** ~을 처리하다, 해결하다 **delay** 지연 **translation** 번역 **customer** 고객 **upset** 화 난 **on time** 제시간에 **nervous** 신경이 곤두선, 초조한 **make up for** ~을 보상[보충]하다 **issue** 문제 **bring up** (안건으로) 꺼내다, 거론하다

2 여자가 "저는 작년에 했어요"라고 말한 의도는 무엇인가?
(A) 다른 자원봉사자 교육을 도울 수 있다.
(B) 자원봉사 일이 자랑스럽다.
(C) 작년 행사는 즐겁지 않았다.
(D) 행사에 참석할 계획이 없다.

해설 화자의 의도 파악 – 작년에 했다는 말의 의미
남자가 첫 번째 대사에서 회사의 모금 행사에서 자원 봉사하는 거 아니었는지(Aren't you volunteering at our company's fund-raising event today?) 질문하자, 여자가 작년에 했다고 한 후, 번역 프로젝트 일부가 지연되어 처리해야 한다(I have to deal with some delays)고 덧붙였다. 즉, 이미 해본 적이 있고 올해엔 바쁘기도 해서 행사에 참석하지 않는다는 의미이므로, (D)가 정답이다.

ETS X-FILE   본책 p. 132

1 (B) **2** (B) **3** (A) **4** (A) **5** (B) **6** (A)

Q 1

W-Br Is there anything I can help you with? I'm done with my sales report, so I have some time till tomorrow afternoon.

M-Cn Oh, really? I'm working on the Warren Footwear presentation. Here is the data for the graphics. It needs to be turned into charts and tables.

여 **제가 도와드릴 일이 있나요?** 저는 영업 보고서를 다 끝내서 내일 오후까지 시간이 좀 있거든요.

남 아, 그래요? 워렌 풋웨어 발표 작업 중인데요. **여기 그래픽용 데이터가 있어요.** **도표와 표로 바꿔야 해요.**

어휘 **work on** ~을 작업하다, 작성하다 **presentation** 발표 **turn A into B** A를 B로 바꾸다

1 남자가 "여기 그래픽용 데이터가 있어요"라고 말한 이유는?
(A) 요청을 들어주려고
(B) 제안을 수락하려고

어휘 **fulfill** (요청, 약속 등을) 이행하다

해설 화자의 의도 파악 – 그래픽용 데이터가 있다는 말의 의미
여자가 도와줄 일이 없냐고 묻자 그래픽용 데이터를 전달하며 이를 도표와 표로 바꿔야 한다(It needs to be turned into charts and tables)고 한 것이므로, 여자의 도움 제안을 수락한 것이라고 볼 수 있다. 따라서 (B)가 정답이다.

Q 2

M-Au Hi, Luisa. I was in a meeting with important clients, and so I missed the marketing workshop earlier. Can I borrow your notes for a couple of hours?

W-Am Actually, the workshop was canceled. I was told that it would be rescheduled next month.

남 안녕하세요, 루이자. 중요한 고객과의 회의에 들어가 있어서 아까 있던 마케팅 워크숍을 놓쳤어요. **당신이 필기한 것을 두어 시간 동안 빌릴 수 있을까요?**

여 사실 워크숍은 **취소됐어요.** **다음 달에 일정이 다시 잡힐 거라고 들었어요.**

어휘 **cancel** 취소하다 **reschedule** 일정을 변경하다

2 여자가 "워크숍은 취소됐어요"라고 말할 때, 그 의도는 무엇인가?
(A) 남자를 도울 시간이 있다.
(B) 자료를 제공해 주지 못한다.

어휘 **material** 자료

해설 화자의 의도 파악 – 워크숍이 취소됐다는 말의 의미
남자가 마케팅 워크숍 필기본을 빌려달라(Can I borrow your notes)고 하자 워크숍이 취소되어 요청한 자료를 주지 못한다는 의도로 답한 것이다. 따라서 (B)가 정답이다.

Q 3

W-Br Oh, I forgot to bring the discount coupon that came with the advertisement for your store. I'll go back to my office and get it. Could you hold my items until I come back?

M-Cn Sure, but is your office nearby? We close at six. But if you don't make it, I can extend the hold through tomorrow.

여	아, 당신의 매장 광고와 함께 온 할인 쿠폰을 가져오는 걸 깜빡했어요. **사무실에 다시 가서 가져올게요. 제가 돌아올 때까지 물건을 맡아 두실 수 있나요?**
남	그럼요. 그런데 사무실이 근처인가요? **저희는 6시에 문을 닫습니다. 오실 수 없다면 내일까지 더 맡아 둘 수 있습니다.**

어휘 **advertisement** 광고 **hold** 맡아주다, 보관하다; 확보, 맡아두기 **nearby** 인근에, 가까운 곳에 **extend** 연장하다

3 남자가 "저희는 6시에 문을 닫습니다"라고 말할 때, 그 의도는 무엇인가?
(A) 여자의 계획대로 되지 않을 수도 있다.
(B) 여자가 일정에 대해 잘못 알고 있다.

어휘 **work** (계획 등이) 원하는 대로 되다 **mistaken** 잘못 알고 있는

해설 **화자의 의도 파악 – 6시에 문을 닫는다는 말의 의미**
여자가 사무실에 가서 할인 쿠폰을 가져올 테니 물건을 맡아달라고 요청하자, 폐점 시간을 알려주며 그때까지 올 수 없다면(But if you don't make it) 내일까지 맡아주겠다고 덧붙였다. 즉, 여자가 오늘 쿠폰을 가져와서 사려는 계획이 성공하지 않을 수도 있다는 의미이므로, (A)가 정답이다.

Q 4

M-Au	I don't know where to stay during my holiday in Barcelona. There are so many hotels in the area and I just can't make a decision!
W-Am	Well, Regis Inn was renovated and redecorated recently. I'll send you the link to its Web site.
남	바르셀로나에서 휴가를 보내는 동안 어디에 머물러야 할지 모르겠어요. **지역 내 호텔이 아주 많아서 결정을 내릴 수가 없네요!**
여	음… 리지스 인이 최근 개조하고 다시 꾸몄어요. **웹사이트 링크를 보내드릴게요.**

어휘 **make a decision** 결정하다 **renovate** 개조하다 **redecorate** 다시 꾸미다

4 여자가 "리지스 인이 최근 개조하고 다시 꾸몄어요"라고 말한 이유는?
(A) 추천하려고
(B) 오해를 바로잡으려고

어휘 **recommendation** 추천 **correct** 바로잡다

해설 **화자의 의도 파악 – 호텔이 최근 개조했다는 말의 의미**
남자가 호텔이 너무 많아 휴가 때 어디서 머물지 결정을 내리지 못하겠다(I just can't make a decision)고 하자 리지스 인이 최근 새단장을 했다며 링크를 보내주겠다고 제안했다. 즉, 리지스 인을 추천한 것이므로, (A)가 정답이다.

Q 5

W-Br	Hi, Paul. Can you cover my shift this Saturday from five to nine? There's a big jazz concert that night, and I really want to go.
M-Au	Uh… I'm planning a weekend getaway with friends. Why don't you ask Jason?
여	안녕하세요, 폴. 이번 주 토요일 5시부터 9시까지 **제 근무를 대신 해 주실 수 있나요?** 그날 밤에 대규모 재즈 음악회가 있는데 정말 가고 싶거든요.
남	아… **저는 친구들과 주말 휴가를 계획 중인데요.** 제이슨에게 물어보시면 어때요?

어휘 **cover one's shift** 대신 근무하다 **getaway** (단기) 휴가

5 남자가 "저는 친구들과 주말 휴가를 계획 중인데요"라고 말할 때, 그 의도는 무엇인가?
(A) 여자가 자신과 함께하기를 바란다.
(B) 토요일에 일할 수 없다.

해설 **화자의 의도 파악 – 휴가를 계획 중이라는 말의 의미**
여자가 토요일에 대신 근무해 줄 수 있냐고 묻자 남자는 친구들과 주말 휴가를 계획 중이라며 다른 사람에게 물어보라(Why don't you ask Jason?)고 제안했다. 이는 토요일에 여자 대신 근무해 줄 수 없다는 의미이므로, (B)가 정답이다.

Q 6

W-Am	Mathew, I just heard we can't use this room now to practice our sales presentation. Mr. Stevens will be holding interviews at 2 P.M.
M-Cn	Really? Should we find another room or wait until he's finished?
여	매튜, **지금 영업 발표 연습을 하는 데 이 회의실을 쓸 수 없다고 방금 막 들었어요. 스티븐스 씨가 오후 2시에 면접을 진행하실 예정이래요.**
남	정말요? **다른 회의실을 찾아야 할까요,** 아니면 끝날 때까지 기다려야 할까요?

어휘 **hold interviews** 면접을 진행하다

6 여자가 "스티븐스 씨가 오후 2시에 면접을 진행하실 예정이래요"라고 말할 때, 그 의도는 무엇인가?
(A) 회의실이 사용 중일 것이다.
(B) 아직 충원되지 않았다.

어휘 **occupied** 사용되는 중인 **fill a position** 직책을 채우다, 충원하다

해설 **화자의 의도 파악 – 면접이 진행될 거라는 말의 의미**
발표 연습을 하기로 한 방에서 2시에 면접이 진행될 예정이라 사용이 불가능하다(we can't use this room)는 소식을 전한 것이므로, (A)가 정답이다.

1 (A) **2** (B) **3** (B) **4** (B) **5** (B) **6** (B)

Q 1-2

M-Cn Hi, I'm with Spellman Technologies, and **¹**I'm calling to thank you and your company for the great job you did catering for our business luncheon last week.

W-Br Oh, don't thank me. **¹**Your event was planned by my colleague, Nadia. I'm sure she'll be happy to hear that you were pleased.

M-Cn If Nadia's in the office, I'd like to tell her myself.

W-Br Actually, she's out today. But **²**I can put you through to her voice mail so that you can leave her a message.

남 안녕하세요, 저는 스펠만 테크놀로지스 직원입니다. **¹지난주 저희 비즈니스 오찬 때 음식 출장 서비스를 아주 잘 해 주셔서 당신과 당신 회사에 고마움을 전하고자 전화를 드립니다.**

여 아, 저한테 고마워하지 마세요. **¹그 행사는 제 동료인 나디아가 계획했던 겁니다.** 고객님이 만족했다는 이야기를 들으면 나디아가 분명히 좋아할 거예요.

남 나디아가 사무실에 있으면 제가 직접 이야기하고 싶습니다.

여 실은 나디아가 오늘 사무실에 안 나옵니다. 하지만 **²메시지를 남길 수 있도록 그녀의 음성 사서함으로 연결해 드릴 수 있습니다.**

어휘 catering 음식 조달(업) luncheon 오찬
colleague 동료 put through to (전화를) ~에게
연결해 주다

1 여자가 "아, 저한테 고마워하지 마세요"라고 말한 의도는 무엇인가?
(A) 누군가 다른 사람이 그 일을 했다.
(B) 과제가 어렵지 않았다.

해설 **화자의 의도 파악 – 고마워하지 말라는 말의 의미**
남자가 첫 번째 대사에서 행사 서비스에 대한 고마움을 표시하자 이를 사양한 후, 자신이 아닌 동료 나디아(my colleague, Nadia)가 기획한 것이라고 덧붙였다. 따라서 (A)가 정답이다.

2 남자는 다음에 무엇을 하겠는가?
(A) 약속을 잡는다.
(B) 메시지를 남긴다.

해설 **남자가 다음에 할 일**
여자의 마지막 대사에서 남자가 나디아에게 메시지를 남길 수 있도록(so that you can leave her a message) 음성 사서함으로 연결해 주겠다고 했으므로, (B)가 정답이다.

Q 3-4

W-Am Hi Carlo, I was just checking my schedule, and **³**I see I'm working the lunch and dinner shifts all weekend. I worked both Saturday and Sunday last week, too, so I was hoping I could take some time off this weekend.

M-Cn Hmm... I don't know. **³, ⁴**We only have a few servers right now. I've actually scheduled you this week to train two new employees who don't have much experience waiting tables.... But once they're fully trained, I'll be able to give you a weekend off.

W-Am Oh, I see. I'm glad we'll be getting more help.

여 안녕하세요, 카를로. 방금 제 일정을 확인하고 있었는데, **³주말 내내 점심 및 저녁 식사 조로 근무하네요.** 지난주에도 제가 토요일과 일요일에 모두 근무했으니, 이번 주말에는 좀 쉬었으면 좋겠는데요.

남 음… 글쎄요. **³, ⁴현재 접대할 종업원이 몇 명밖에 없어요.** 실은 내가 접대 경력이 많지 않은 신입직원 두 명을 당신이 교육시키도록 이번 주 일정을 잡았어요… 하지만 일단 그 직원들이 교육을 다 받으면 주말 휴가를 드릴 수 있을 거예요.

여 아, 그렇군요. 일손이 더 생긴다니 반갑네요.

어휘 shift (교대) 근무 take some time off 쉬다,
휴가를 내다 sever 접대원 employee 직원 have
experience -ing ~한 경험이 있다 wait tables
식사 시중을 들다, 서빙을 하다 once 일단 ~하면

3 화자들이 근무하는 곳은 어디이겠는가?
(A) 슈퍼마켓
(B) 식당

해설 **화자들의 근무지**
여자의 첫 번째 대사에서 주말 내내 점심 및 저녁 식사 조(lunch and dinner shifts)로 근무한다고 한 것과, 남자의 대사에서 server 등을 언급한 것에서 화자들이 식당에 근무한다고 추론할 수 있다. 따라서 (B)가 정답이다.

4 남자가 "글쎄요"라고 말한 의도는 무엇인가?
(A) 행사 날짜를 잘 알지 못한다.
(B) 여자의 요청을 들어줄 수 없다.

해설 **화자의 의도 파악 – "글쎄요"라는 말의 의미**
이번 주말에 쉬고 싶다는 여자의 말에 남자는 '글쎄요'라고 한 뒤, 현재 종업원이 몇 명밖에 없어서 접대 경력이 많지 않은 신입직원을 여자가 교육시키도록 이번 주 일정을 잡았다(I've actually scheduled you this week to train two new employees)고 했다. 즉, 이번에는 여자가 쉬게끔 해줄 수 없다는 의미이므로, (B)가 정답이다.

Q 5-6

W-Br Hi, Peter, this is Tanya Bryant. You helped me find an apartment last year. **5**I was wondering if your agency could help me find a new one in the same neighborhood.

M-Au Oh—hi, Tanya. I'd be happy to help. You're currently in the Mount Eldon area, aren't you?

W-Br Yes, and I really like it. But I've recently set up my own business, designing jewelry and selling it online, so I'd like to find a two-bedroom apartment. I need to have another room to use as an office.

M-Au **6**I have several apartments I could show you. How's your afternoon?

여 안녕하세요, 피터, 저는 타냐 브라이언트입니다. 작년에 제가 아파트 구하는 걸 도와주셨죠. **5**제가 같은 동네에서 새 아파트를 찾으려고 하는데 당신의 중개소에서 도와줄 수 있는지 궁금해서요.

남 아, 안녕하세요, 타냐. 기꺼이 도와드리죠. 현재 마운트 엘돈 지역에 계시는 게 맞죠?

여 네, 아주 마음에 들어요. 그런데 제가 최근에 보석을 디자인해서 온라인상으로 파는 사업을 시작해서 방이 두 개 있는 아파트를 구하려고요. 사무실로 쓸 방이 하나 더 필요해서요.

남 **6**보여 드릴 수 있는 아파트가 몇 곳 있습니다. 오후 시간 어떻습니까?

어휘 **agency** 중개소, 대행사 **neighborhood** 마을, 동네 **currently** 현재 **set up** ~을 차리다, 설립하다 **jewelry** 보석류

5 여자가 남자에게 전화를 건 이유는 무엇인가?
(A) 선물 몇 개를 주문하기 위해
(B) 새 아파트를 구하기 위해

해설 여자가 전화한 목적
여자의 첫 번째 대사에서 지금 살고 있는 동네에 새 아파트를 찾으려고 하는데 남자의 중개소가 도와줄 수 있는지 궁금하다(I was ~ same neighborhood)고 했으므로, (B)가 정답이다.

6 남자가 "오후 시간 어떻습니까"라고 말하는 이유는?
(A) 프로젝트 완료를 위해 도움을 청하려고
(B) 만날 시간을 제안하기 위해

해설 화자의 의도 파악 – 오후 시간이 어떤지 묻는 이유
남자가 마지막 대사에서 여자에게 보여줄 아파트가 몇 곳 있다 (I have several apartments)고 한 다음 오후 시간이 어떤지(How's your afternoon?) 물어본 것이므로, (B)가 정답이다.

ETS TEST

1 (D)	**2** (B)	**3** (C)	**4** (A)	**5** (B)	**6** (D)
7 (C)	**8** (D)	**9** (B)	**10** (D)	**11** (A)	**12** (C)
13 (A)	**14** (C)	**15** (B)	**16** (A)	**17** (B)	**18** (C)
19 (A)	**20** (C)	**21** (D)	**22** (A)	**23** (C)	**24** (D)

Q 1-3

M-Cn Good morning, Ms. Ishida. **1**Do you have a few minutes to talk?

W-Br My next meeting isn't until three.

M-Cn **1**Thanks. Have you had a chance to look over the store's quarterly sales report?

W-Br No, not yet. Is there a problem?

M-Cn Yes, **2**the High Bar brand of shoes isn't selling well.

W-Br Hmm… **2**this is a problem, since we have a lot of them in stock.

M-Cn Right. **3**We need to look into why they're not as popular as we'd expected.

W-Br **3**I agree—we should survey customers who buy similar shoes. The survey should let us know why people aren't buying the High Bar brand.

남 안녕하세요, 이시다 씨. **1**잠깐 이야기할 시간 되세요?

여 다음 회의는 3시에나 있어요.

남 **1**고마워요. 매장의 분기별 매출 보고서를 검토해 보셨나요?

여 아뇨, 아직이요. 문제가 있나요?

남 네, **2**하이 바 브랜드 신발이 잘 팔리지 않네요.

여 흠… **2**문제네요. 재고가 많거든요.

남 맞아요. **3**우리가 기대했던 것만큼 인기가 없는 이유를 살펴봐야 해요.

여 **3**동의해요—비슷한 신발을 사는 고객들에게 설문 조사를 해야 해요. 조사하면 사람들이 하이 바 브랜드를 사지 않는 이유를 알 수 있을 겁니다.

어휘 **quarterly** 분기의, 분기별 **in stock** 재고가 있는 **expect** 기대하다, 예상하다 **survey** 설문조사를 하다; 설문조사

1 여자가 "다음 회의는 3시에나 있어요"라고 말한 의도는?
(A) 임무에 자원하고 싶다.
(B) 일정이 수정되어야 한다고 생각한다.
(C) 회의실을 사용할 필요가 없다.
(D) 이야기할 시간이 있다.

어휘 **task** 임무, 과업 **revise** 수정하다 **available** 시간이 있는, 이용 가능한

해설 **화자의 의도 – 회의가 3시에나 있다는 말의 의미**

남자가 첫 번째 대사에서 잠깐 이야기할 시간 되는지(Do you have a few minutes to talk?) 묻자 이에 대해 여자가 다음 회의는 3시에나 있으니 시간이 된다는 의미로 말한 것이다. 따라서 (D)가 정답이다.

2 화자들이 논의하는 문제는?
(A) 배송이 지연되었다.
(B) 어떤 제품이 잘 팔리지 않는다.
(C) 일부 직원이 출근하지 않았다.
(D) 일부 상품이 파손되었다.

어휘 delayed 지연된 employee 직원 report to work 출근하다 merchandise 상품 damaged 파손된

해설 **화자들이 논의하는 문제**

남자의 세 번째 대사에서 하이 바 브랜드 신발이 잘 팔리지 않는다(the High Bar brand of shoes isn't selling well)고 했는데, 이에 대해 여자도 문제가 된다(this is a problem)며 동조했다. 따라서 (B)가 정답이다.

3 화자들이 하기로 동의한 것은?
(A) 새로운 납품업체 발굴
(B) 할인 제공
(C) 고객 의견 수렴
(D) 마케팅 담당자와 대화

해설 **세부 사항 – 화자들이 동의한 것**

남자의 네 번째 대사에서 기대했던 것만큼 인기가 없는 이유를 살펴봐야 한다고 했는데, 이에 대해 여자가 동의한다(I agree)며 비슷한 신발을 사는 고객들에게 설문 조사를 해야 한다(we should survey customers who buy similar shoes)고 덧붙였다. 따라서 (C)가 정답이다.

패러프레이징

지문의 **survey customers**
➡ 정답의 **Collect customer feedback**

Q 4-6

W-Am Wow, Eddie. It looks like **⁴you're almost finished scanning all those paper files into the database.** At this rate, the hard copy files for the whole hospital will be digitized by the end of the week.

M-Cn **⁵Thanks for setting up this new scanner—it's made the job go smoothly.** And the paper files are being shredded as we go.

W-Am **⁶So next we'll need to figure out what to do with these empty filing cabinets.** We probably can throw them away.

M-Cn There's a company in town that buys used office furniture.

W-Am Oh, that's right. I'll make a call and schedule a time for the cabinets to be picked up.

여 우와, 에디. **⁴서류철을 전부 스캔해서 데이터베이스로 만드는 작업을 거의 다 끝낸 것 같군요.** 이 속도면 병원 전체의 인쇄 자료가 주말까지는 디지털로 바뀌겠어요.

남 **⁵이 신형 스캐너를 설치해 줘서 고마워요. 그 덕에 작업이 순조로웠어요.** 서류철들은 우리가 작업해 나가며 파쇄하고 있어요.

여 **⁶그럼 다음으로 이 빈 서류 보관함들을 어떻게 할지 생각해 봐야겠군요.** 아마 내다 버릴지도요.

남 시내에 중고 사무용 가구를 매입하는 회사가 있어요.

여 아, 맞아요. 제가 전화해 보관함 수거 일정을 잡을게요.

어휘 scan A into B A를 스캔해 B로 만들다 rate 속도 hard copy 인쇄본, 출력본 whole 전체의 digitize 디지털로 바꾸다 set up ~을 설치하다 shred 잘게 찢다[자르다] figure out ~을 생각해내다 empty 빈 throw away ~을 버리다 used 중고의 pick up ~을 가져가다, 찾아가다

4 남자는 무슨 작업을 하고 있는가?
(A) 문서 스캔
(B) 스프레드시트 수정
(C) 송장 기재
(D) 환자 연락

해설 **세부 사항 – 남자의 업무**

여자의 첫 번째 대사에서 남자에게 서류철을 전부 스캔해서 데이터베이스로 만드는 작업(scanning all those paper files into the database)을 거의 다 끝낸 것 같다고 했으므로, (A)가 정답이다.

패러프레이징

지문의 **paper files** ➡ 정답의 **some documents**

5 남자는 무엇 때문에 여자에게 고마워하는가?
(A) 짐 나르는 것을 도와줘서
(B) 어떤 장비를 설치해줘서
(C) 중요한 서류철을 찾아줘서
(D) 그에게 추천서를 써줘서

해설 **세부 사항 – 남자가 여자에게 고마워하는 이유**

남자의 첫 번째 대사에서 신형 스캐너를 설치해 줘서 고맙다(Thanks for setting up this new scanner)고 했으므로 (B)가 정답이다.

패러프레이징

지문의 **new scanner** ➡ 정답의 **some equipment**

6 남자가 "시내에 중고 사무용 가구를 매입하는 회사가 있어요"라고 말한 이유는 무엇인가?
(A) 예산에 대해 우려를 표명하려고
(B) 로비를 재단장하라고 권하려고
(C) 위치가 편리하다는 점을 강조하려고
(D) 물품을 팔도록 제안하려고

해설 화자의 의도 파악 – 중고 가구를 매입하는 회사가 있다는 말의 의미

여자의 두 번째 대사에서 빈 서류 보관함들을 어떻게 할지 생각 해 봐야겠다며 아마 내다 버릴 것(We probably can throw them away)이라고 하자 남자가 한 말이다. 즉, 보관함들을 버리지 말고 팔자는 제안으로 볼 수 있으므로, (D)가 정답이다.

Q 7-9

M-Au Hi, Helen. **7**How's the cover for the magazine's January issue coming along?

W-Br It's almost done, actually. Since the theme is technology trends, I combined a number of images from some recent technology expos.

M-Au I thought that was a great idea. **8**The cover design looks good overall, but there are a lot of details.

W-Br **8**Why don't I take out some of the images?

M-Au **8**All right—perfect. Once you're finished, we should discuss our next issue. It will be our one-hundredth edition of the magazine. **9**Let's create a special cover and reveal it at our anniversary party in February.

남 안녕하세요, 헬렌. **7**잡지 1월호 표지는 어떻게 되어가죠?

여 사실 거의 다 됐습니다. 주제가 기술 동향이라서 최근 기술박람회에서 찍은 많은 사진들을 조합했어요.

남 멋진 아이디어라고 생각했어요. **8**표지 디자인은 전체적으로 좋아 보이는데, 세부적인 것들이 많네요.

여 **8**사진 일부를 없애면 어때요?

남 **8**좋아요, 완벽해요. 다 마치면 다음 호에 대해 의논해야 합니다. 잡지의 100번째 호가 될 거예요. **9**특별 표지를 만들어 2월에 있을 기념 파티에서 공개합시다.

어휘 cover 표지 come along (일이) 되어 가다
theme 테마 combine 결합하다 technology
expo 기술박람회 overall 전반적으로 detail
세부사항 magazine 잡지 create 만들다
reveal 공개하다 anniversary 기념

7 화자들은 어디서 일하겠는가?
(A) 서점
(B) 미술관
(C) 잡지출판사
(D) 컴퓨터 주변기기 매장

해설 화자들의 근무지

남자가 첫 번째 대사에서 잡지 1월호 표지가 어떻게 되어가 는지(How's the cover for the magazine's January issue coming along?) 진행 상황을 물어보면서 출판과 관련된 대화를 시작하고 있으므로, 화자들이 잡지출판사에서 근무한다고 추론할 수 있다. 따라서 (C)가 정답이다.

8 남자가 "세부적인 것들이 많네요"라고 말한 의도는?
(A) 사진에 감명받았다.
(B) 결정에 대해 추후 설명할 것이다.
(C) 설명을 적어야 한다.
(D) 디자인이 간결해져야 한다.

어휘 impressed 감명받은 explain 설명하다
description 설명 simplify 간결하게 만들다

해설 화자의 의도 – 세부적인 것들이 많다는 말의 의미

남자가 두 번째 대사에서 표지 디자인이 전체적으로 좋아 보이 지만 세부적인 것들이 많다고 평가했는데, 이에 대해 여자가 사진 일부를 없애는(take out some of the images) 방안을 제안하자 남자가 완벽하다(All right—perfect)며 수락했다. 즉, 디자인에 세부적인 요소가 너무 많으니 좀 더 간결해져야 한다는 의견을 전하려 한 말이라고 볼 수 있으므로, (D)가 정답 이다.

9 회사는 2월에 무엇을 축하할 것인가?
(A) 은퇴
(B) 기념일
(C) 지점 개소
(D) 합병 성사

해설 세부 사항 – 회사가 2월에 축하할 일

남자가 마지막 대사에서 특별 표지를 만들어 2월에 있을 기념 파티(our anniversary party in February)에서 공개하자 고 했으므로, 2월에 기념일이 있음을 알 수 있다. 따라서 (B)가 정답이다.

Q 10-12

M-Au Hey Zainab. I've been thinking—our outdoor dining area is available tonight... **10**do you think we could move the Essington Manufacturing dinner outside?

W-Am Well, I just talked to my contact at the company, and **11**there'll be a video presentation along with the speeches. We can't really do that outside.

M-Au I guess that makes sense. The weather's been so nice lately, though!

W-Am Yeah. **12**You know... we could serve the appetizers out on the back terrace.

M-Au That's a good idea! We can easily set up some tables and chairs out there—it doesn't have to be anything formal.

남 이봐요, 제이넙. 오늘밤에 우리의 옥외 식사 공간을 쓸 수 있을지 생각해 봤는데요… **10**당신 생각에는 에싱턴 매뉴 팩처링의 만찬을 바깥으로 옮길 수 있을 것 같아요?

여 글쎄요, 방금 그 회사 담당자와 이야기했는데, **11**동영상 을 상영하고 연설도 할 거예요. 밖에서는 정말 그렇게 할 수가 없어요.

남 맞는 말 같아요. 하지만 요즘 날씨가 너무 좋아요!

여　그렇죠. 저기요… **¹²우리가 전채 요리를 뒤쪽 테라스에서 제공할 수 있을 거예요.**

남　좋은 생각이에요! 거기면 식탁과 의자 몇 개를 쉽게 설치할 수 있죠. 격식을 차려야 하는 건 아니니까요.

10 화자들은 무슨 행사를 논의하고 있는가?

(A) 연례 동창회
(B) 개업식
(C) 제품 출시
(D) 기업 만찬

해설　**화자들이 논의하는 행사**

남자의 첫 번째 대사에서 에싱턴 매뉴팩처링의 만찬을 바깥으로 옮길 수 있을지(we could move the Essington Manufacturing dinner outside) 물으며 행사 관련 대화를 이어가고 있으므로, (D)가 정답이다.

패러프레이징

지문의 **Essington Manufacturing dinner** ➡ 정답의 **company dinner**

11 남자가 "하지만 요즘 날씨가 너무 좋아요!"라고 말한 의도는 무엇인가?

(A) 결정에 실망했다.
(B) 옥외 행사를 계획하기가 꺼려진다.
(C) 휴가를 더 원한다.
(D) 오늘밤 날씨가 바뀌기를 기대한다.

어휘　**reluctant** 꺼리는, 주저하는

해설　**화자의 의도 파악 – 요즘 날씨가 좋다는 말의 의미**

남자의 첫 번째 대사에서 만찬을 바깥에서 하자고 제안했지만, 여자가 동영상을 상영하고 연설도 할 예정이라 밖에서는 할 수가 없다(We can't really do that outside)고 말했다. 남자는 야외에서 행사를 진행하고 싶었는데 못하게 돼서 아쉬움을 나타내며 한 말이므로, (A)가 정답이다.

12 여자는 무엇을 제안하는가?

(A) 만찬 일정 변경
(B) 동영상 장비 옥외 설치
(C) 다른 곳에서 일부 음식 접대
(D) 할인 제공

해설　**여자의 제안 사항**

여자의 첫 번째 대사를 보면 행사는 실내에서 진행된다는 것을 알 수 있는데, 남자가 날씨가 좋다고 하자 그 다음 대사에서 전채 요리를 뒤쪽 테라스에서 제공할 수 있을 거라고(serve the appetizers out on the back terrace) 제안했다. 따라서 (C)가 정답이다.

패러프레이징

지문의 **serve the appetizers out on the back terrace** ➡ 정답의 **Serving some food in a different location**

Q 13-15

M-Cn　We need to do something about the landscapers our company uses. **¹³I just received this month's bill.**

W-Br　**¹³Oh, is it higher than usual?**

M-Cn　**¹³It's almost doubled! You know, ¹⁴I love their work—the entrance to our office looks better than it has in years, but we can't sustain it at this rate.**

W-Br　Well, the business next door did some landscaping recently.

M-Cn　Great. Let me talk to them now. **¹⁵Meanwhile, could you pick up some juice and hot drinks for our ten o'clock meeting?**

W-Br　Sure. I'll run to the grocery store.

남　우리 회사가 이용하는 조경업체에 대해 뭔가 조치를 해야 해요. **¹³방금 이번 달 청구서를 받았거든요.**

여　**¹³아, 평소보다 많이 나왔나요?**

남　**¹³거의 두 배예요! ¹⁴그들의 작업이 마음에 들긴 해요.** 사무실 입구가 지난 몇 년간 더 좋아졌거든요. 하지만 이런 요금으로는 지속할 수 없어요.

여　음, 옆 가게가 최근 조경을 했어요.

남　좋아요. 제가 지금 이야기를 해 볼게요. **¹⁵그동안 10시 회의 때 마실 주스와 따뜻한 음료를 사 오실 수 있나요?**

여　네. 슈퍼마켓에 얼른 다녀올게요.

13 어떤 문제가 논의되는가?

(A) 비용이 올랐다.
(B) 일정이 변경됐다.
(C) 건물이 손상됐다.
(D) 파일이 제자리에 없다.

어휘　**increase** 증가하다　**property** 건물, 부동산　**damaged** 손상된　**misplaced** 잘못 놓여진, 없어진

해설　**논의되는 문제점**

남자가 첫 번째 대사에서 방금 이번 달 청구서를 받았다(I just received this month's bill)고 하자 여자가 평소보다 많이 나왔는지(is it higher than usual?) 되물었다. 이에 대해 남자가 거의 두 배(It's almost doubled)라고 대답하며 비용 문제에 대해 논의하기 시작했으므로, (A)가 정답이다.

패러프레이징

지문의 almost doubled ➡ 정답의 increased

14 여자가 "옆 가게가 최근 조경을 했어요"라고 말한 이유는?
(A) 결정을 비판하려고
(B) 제안을 거절하려고
(C) 제안하려고
(D) 실수에 대해 사과하려고

어휘 criticize 비판하다 decision 결정 refuse
거절하다 offer 제안 suggestion 제안
apologize ~에 대해 사과하다

해설 **화자의 의도 - 옆 가게가 조경을 했다는 말의 의미**
남자가 두 번째 대사에서 지금 조경업체의 작업이 마음에 들지
만 이런 요금으로는 지속할 수 없다(we can't sustain it at
this rate)고 하자 여자가 한 말이다. 즉, 옆 가게에서 최근 이
용한 조경 업체에 대해 알아보자고 제안한 것이므로, (C)가 정
답이다.

15 남자는 여자에게 무엇을 해달라고 요청하는가?
(A) 식당 예약하기
(B) 음료 구입하기
(C) 발표 슬라이드 출력하기
(D) 전화 걸기

어휘 reserve 예약하다 beverage 음료

해설 **남자의 요청 사항**
남자가 마지막 대사에서 10시 회의 때 마실 주스와 따뜻한 음
료를 사 달라(could you pick up some juice and hot
drinks)고 여자에게 요청했으므로, (B)가 정답이다.

패러프레이징

지문의 pick up some juice and hot drinks
➡ 정답의 Buy some beverages

Q 16-18

W-Br Hi Edgar, it 's Xiao-Li from Human
Resources— **16**I just wanted to let you
know that the computer in meeting room
2A is not working.

M-Au Oh, I'm sorry, I can come up right away
and take a look at it.

W-Br **17**Right now? Uh... I'm interviewing
someone in here in five minutes. **17**And I
don't need the computer for that. So, if
you could wait...

M-Au Oh, OK, in that case I'll come up when
you're finished. Is everything else you
need in the room set up?

W-Br Yeah, thanks. For once I'm interviewing
someone who already lives in the area,
so I won't be videoconferencing. **18**It will
be nice to talk to someone in person for
a change.

여 안녕하세요, 에드가. 인사부의 샤오리예요. **16**2A 회의실
의 컴퓨터가 작동하지 않는다는 걸 알려드리려고요.

남 오, 미안해요. 바로 가서 살펴볼게요.

여 **17**지금 바로요? 어… 제가 5분 후에 이곳에서 누굴 면접
할 거예요. **17**그 일에는 컴퓨터가 필요하지 않아요. 그러
니까 기다리실 수 있다면…

남 아, 네. 그러면 당신이 끝마치면 갈게요. 그 방에 필요한
다른 것은 모두 설치되어 있나요?

여 네, 고마워요. 일단 이 지역에 이미 살고 있는 사람과 하
는 면접이라 화상회의는 하지 않을 거예요. **18**직접 만나
이야기하면 기분 전환도 되고 좋을 거예요.

어휘 Human Resources 인사부 work 작동하다
for once 일단 videoconferencing 화상회의
in person 직접, 몸소 for a change 기분 전환도
할 겸

16 여자가 남자에게 전화하는 이유는?
(A) 장비 문제를 보고하려고
(B) 일정을 확인하려고
(C) 직원 정보를 요청하려고
(D) 분실물에 관해 문의하려고

해설 **여자가 전화한 목적**
여자가 첫 번째 대사에서 2A 회의실의 컴퓨터가 작동하지
않는다(the computer in meeting room 2A is not
working)는 걸 알리려고 전화했다고 했으므로, (A)가 정답이
다.

패러프레이징

지문의 let you know that the computer ~ is not
working ➡ 정답의 report an equipment problem

17 여자가 "제가 5분 후에 이곳에서 누굴 면접할 거예요"라고 말
한 의도는 무엇인가?
(A) 급히 도움이 필요하다.
(B) 방해 받고 싶지 않다.
(C) 업무가 마음에 들지 않는다.
(D) 다른 회의에는 참석하지 않을 것이다.

해설 **화자의 의도 파악 - 5분 후에 면접이 있다는 말의 의미**
남자의 첫 번째 대사에서 바로 가서 컴퓨터를 살펴보겠다고 하
자 여자가 5분 후에 이곳에서 면접이 있을 예정이며 그 일에는
컴퓨터가 필요 없다(I don't need the computer for that)
고 덧붙였다. 즉 면접이 예정되어 있으니 지금 오지 않으면
좋겠다는 의미로 한 말이므로, (B)가 정답이다.

18 여자가 말하는 이 면접의 특별한 점은?
(A) 녹화된다.
(B) 주말에 진행된다.
(C) 직접 대면으로 진행된다.
(D) 1시간 넘게 걸린다.

해설 **세부 사항 - 면접의 특별한 점**
여자의 세 번째 대사에서 해당 지역에 이미 살고 있는 사람
과 하는 면접이라고 한 뒤, 직접 만나 이야기하면(talk to
someone in person) 기분 전환도 되고 좋다고 덧붙였다.
따라서 (C)가 정답이다.

지문의 **talk to someone in person**

➡ 정답의 **be conducted face-to-face**

Q 19-21

W-Br Luis, our summer vacation package sales were low in June. **19**Our travel agency's just not reaching out to enough potential customers.

M-Au **20**Well, we'll start running a new advertisement soon. We should see more sales in a few weeks.

W-Br Yeah, but summer's almost over.

M-Au You're right. We really should have more summer vacations booked by now.

W-Br I have an idea. Let's talk to our hotel and transportation vendors about putting together more two- and three-day package tours. That'll attract people who just want a short getaway.

M-Au That could work! **21**I'll start calling our vendors right away and see what they can do.

여 루이스, 6월에는 여름 휴가 패키지 판매가 저조했군요. **19**우리 여행사는 잠재 고객을 충분히 확보하지 못하고 있어요.

남 **20**음, 곧 새로운 광고를 시작할 예정입니다. 몇 주 후에 더 많은 매출을 올릴 수 있을 거예요.

여 네, 그런데 여름이 거의 끝나가요.

남 맞아요. 지금쯤 더 많은 여름 휴가 상품 예약을 받았어야 했어요.

여 좋은 생각이 있어요. 호텔 및 운송 업체와 얘기해서 2~3일 간의 패키지 여행 상품을 더 많이 내놓도록 해 봅시다. 그 상품이 단기 여행을 원하는 사람들을 끌어들일 거예요.

남 그러면 되겠네요! **21**바로 업체에 전화해서 그쪽에서 무엇을 할 수 있는지 알아볼게요.

어휘 **vacation** 휴가 **package** (여행사의) 패키지 여행 **agency** 대행사, 대리점 **reach out to (somebody)** ~에게 접근하다 **potential** 잠재적인 **customer** 손님, 고객 **run a advertisement** 광고를 하다 **transportation** 운송, 교통편 **vendor** 판매 회사, 공급 업체 **attract** 끌어들이다 **getaway** 단기 휴가 **work** 효과가 있다

19 화자들은 어디에서 일하겠는가?

(A) 여행사
(B) 마케팅 회사
(C) 호텔
(D) 텔레비전 방송국

해설 **화자들의 근무지**

여자가 첫 번째 대사에서 자신들의 여행사에서 잠재 고객을 충분히 확보하지 못하고 있다(Our travel agency ~ potential customers)고 했으므로, (A)가 정답이다.

20 여자가 "그런데 여름이 거의 끝나가요"라고 말할 때 무엇을 암시하는가?

(A) 지금 휴가 가기를 원하지 않는다.
(B) 남자는 곧 업무를 끝마칠 것이다.
(C) 광고가 너무 늦게 나올 것이다.
(D) 판매 행사 일정을 재조정해야 한다.

해설 **화자의 의도 파악 – 여름이 끝나간다는 말의 의미**

남자의 첫 번째 대사에서 여름 휴가 패키지 판매가 저조하니 곧 새로운 광고를 시작할 것(we'll start running a new advertisement soon)이라고 하자 여자가 한 말이다. 즉, 여름이 끝나가니 해당 패키지 상품의 새 광고가 나오기엔 너무 늦었다는 의미이므로, (C)가 정답이다.

21 남자는 다음에 무엇을 할 것인가?

(A) 소책자 더 주문하기
(B) 지사 방문하기
(C) 설문 조사 양식 작성하기
(D) 일부 업체에 전화하기

해설 **남자가 다음에 할 일**

남자가 마지막 대사에서 호텔 및 운송업체에 전화해서(I'll start calling our vendors right away) 그쪽에서 무엇을 할 수 있는지 알아보겠다고 했으므로, (D)가 정답이다.

Q 22-24 3인 대화

W-Br Hi Kent and Tracey, **22**you worked here in the sales division for several months before your first performance review, right?

M-Cn Yes, that sounds right.

W-Am It was three months before I had my first evaluation. Why?

W-Br I've already been with the company for three months, **22**but nobody's said anything to me about a performance review yet. **23**I wonder if I should bring it up.

M-Cn Well, there isn't a company policy about this.

W-Am **23**That's right. It's possible that your manager forgot. You know she's been away on business for the last week. **24**She's meeting with some new clients in Singapore.

W-Br Well, as soon as she gets back, I'll ask her about it.

여1 안녕하세요, 켄트, 트레이시. ²²이곳 영업부에서 몇 개월 근무한 후 인사고과를 받으신 것 맞죠?

남 네, 맞는 것 같아요.

여2 저는 3개월 되고 나서 첫 평가를 받았어요. 왜 그러시죠?

여1 제가 입사한 지 벌써 3개월이 됐는데, ²²아무도 인사고과에 관해 이야기하지 않아서요. ²³제가 먼저 말을 꺼내야 하는 건지 모르겠네요.

남 글쎄요, 이것에 관한 회사 방침이 없어요.

여2 ²³맞아요. 상사가 잊어버렸을지도 몰라요. 알다시피 그녀가 지난 한 주간 출장으로 자리를 비웠잖아요. ²⁴싱가포르에서 신규 고객들을 만나고 있어요.

여1 음, 그녀가 돌아오는 대로 물어봐야겠어요.

어휘 **sales division** 영업부 **performance review** 실적 평가, 인사고과 **evaluation** 평가 **bring up** (화제를) 꺼내다 **company policy** 회사 방침[정책] **be away on business** 출장으로 자리를 비우다

---

22 화자들은 주로 무엇에 관해 논의하고 있는가?

(A) 직원 평가
(B) 판매 보고서
(C) 신규 고객
(D) 여행 일정

해설 대화의 주제
여자 1이 첫 번째 대사에서 영업부에서 몇 개월 근무한 후 인사고과(performance review)를 받은 것이 맞는지 물은 후, 자신에게는 아무도 이야기해주지 않았다며 대화를 이어나가고 있다. 따라서 (A)가 정답이다.

패러프레이징
지문의 performance review
➡ 정답의 employee evaluation

23 남자가 "이것에 관한 회사 방침이 없어요"라고 말한 이유는?

(A) 발표를 연기하려고
(B) 여자에게 허가를 내주려고
(C) 설명을 해주려고
(D) 정책 변경을 제안하려고

해설 화자의 의도 파악 – 회사 방침이 없다고 말한 이유
여자 1의 두 번째 대사에서 인사고과에 대해 자신이 먼저 말을 꺼내야 하는 건지 궁금하다(I wonder if I should bring it up)고 하자 남자가 특별한 방침은 없다며 설명을 해 준 것으로, 여자 2도 남자 말이 맞다며 동조했다. 따라서 (C)가 정답이다.

24 상사를 만날 수 없는 이유는?

(A) 회의에서 강연하고 있다.
(B) 신입사원을 교육하고 있다.
(C) 보고서 작성을 마무리하고 있다.
(D) 몇몇 고객을 만나고 있다.

해설 세부 사항 – 상사를 만날 수 없는 이유
여자 2의 두 번째 대사에서 여자 1의 상사가 자리를 비웠다며 싱가포르에서 신규 고객들을 만나고 있다(She's meeting with some new clients)고 했으므로, (D)가 정답이다.

---

❽ 시각 정보 연계 문제

LISTENING PRACTICE　　　본책 p. 139

1 (C)　　**2** (B)　　**3** (D)

Q 1 대화 + 목록

W-Br Will that be all for today? Just the new phone and service upgrade?

M-Au I just have one more question before I buy the phone. Can I pay my bill online? I travel a lot for work, so I'm not always home when the bill comes.

W-Br Yes, you can! You can set up a payment account on our Web site. I also recommend downloading our mobile phone application so you can view the status of your account at any time.

M-Au OK, great... But... I think I changed my mind about the extended warranty. I don't think I really need it. Could you remove that from my bill?

W-Br Of course.

여 오늘은 이게 다인가요? 새 휴대전화 구입과 서비스 업그레이드만 하시는 거죠?

남 휴대전화를 사기 전에 한 가지만 더 질문할게요. 청구서를 온라인으로 납부할 수 있나요? 일 때문에 출장을 많이 다녀서 청구서가 올 때 항상 집에 있지는 않거든요.

여 네, 가능해요! 저희 웹사이트에서 지불 계정을 만드시면 됩니다. 언제든 계정 상태를 보시려면 저희의 휴대전화 애플리케이션을 다운로드하시는 것도 추천합니다.

남 네, 좋군요… 하지만… 보증서 연장에 대해서는 생각을 바꿨어요. 꼭 필요한 것 같지는 않아요. 제 청구서에서 그걸 빼 주실 수 있나요?

여 그럼요.

어휘 **bill** 청구서 **account** 계정, 계좌 **recommend** 추천하다 **status** 상태 **extended** 연장된 **warranty** 보증(서) **remove** 삭제하다, 빼다

항목	가격
휴대전화 케이스	30달러
월 정액제	50달러
보증 기간 연장	**100달러**
휴대전화	200달러
합계	380달러

1 시각 정보에 따르면, 청구서에서 얼마가 감액되겠는가?
(A) 30달러
(B) 50달러
(C) 100달러
(D) 200달러

해설 **시각 정보 연계 – 청구서에서 빠질 금액**
남자의 마지막 대사에서 보증서 연장에 대한 생각을 바꿨다(I changed my mind about the extended warranty)며 청구서에서 빼달라고 요청했는데, 시각 정보를 보면 해당 항목은 100달러이므로, (C)가 정답이다.

Q 2 대화 + 좌석표

> W-Br Hello, Kang-Min?
> M-Cn Yaping? I just parked. I'm <u>walking toward the theater</u> now. Are you inside?
> W-Br Kang-Min, listen. Right before I left work, I told our editor we were seeing this show and she <u>wants us to review</u> it for the magazine. So our seats have been moved from the general area to a section reserved for the media, right <u>in front of the stage</u>.
> M-Cn Really? Wow. Neither one of us usually <u>covers entertainment news</u>.
> W-Br I know, but it'll be an interesting show to review.
>
> 여 여보세요. 강민?
> 남 야핑? 방금 주차했어요. 이제 극장 쪽으로 가고 있어요. 안에 있어요?
> 여 강민, 들어봐요. 내가 퇴근하기 직전에 편집자에게 우리가 이 공연을 본다고 했더니, 잡지에 관람평을 써 주었으면 하더라고요. **그래서 우리 좌석이 일반 구역에서 무대 바로 앞에 있는 언론사 지정 구역으로 옮겨졌어요.**
> 남 그래요? 와. 우리 둘 다 평소에 연예 뉴스는 취재하지 않잖아요.
> 여 알아요. 하지만 비평하기에 흥미로운 공연일 거예요.
>
> 어휘 **theater** 극장 **leave work** 퇴근하다 **editor** 편집자 **review** 관람 후기(를 쓰다), 비평(하다) **magazine** 잡지 **reserved for** ~를 위해 마련된

2 시각 정보에 따르면, 화자들이 앉게 될 위치는 어디인가?
(A) 1구역　　　　(B) 2구역
(C) 3구역　　　　(D) 4구역

해설 **시각 정보 연계 – 화자들이 앉을 위치**
여자의 두 번째 대사에서 좌석이 일반 구역에서 무대 바로 앞

에 있는 언론사 지정 구역(a section reserved for the media, right in front of the stage)으로 옮겨졌다고 했는데, 시각 정보를 보면 언론사는 2구역이므로 (B)가 정답이다.

Q 3 대화 + 쿠폰

> W-Am OK, sir. Your <u>total for these two shirts is forty-five dollars</u>.
> M-Au Oh, wait—I have a discount coupon I want to use <u>while it's still valid</u>... I think I've got it here somewhere... Oh, here it is.
> W-Am OK—thanks... Hmm, it looks like the computer <u>isn't accepting it</u>. Let me take a look...
> M-Au Ah—I see the problem. Is it OK if I go back and <u>browse a bit more to see if there's anything else</u> that I need?
> W-Am Certainly. I can keep these shirts here at the register for you if you'd like.
>
> 여 네, 손님. **이 셔츠 두 벌 합쳐 총 45달러입니다.**
> 남 아, 잠깐만요! 할인 쿠폰이 있는데 아직 유효 기간이 남았을 때 쓰고 싶어요… 여기 어디 둔 것 같은데… 오, 여기 있네요.
> 여 네, 고맙습니다… 음, 컴퓨터에서 쿠폰이 적용이 안 되네요. 제가 한번 볼게요…
> 남 **아, 무슨 문제인지 알겠네요. 돌아가서 또 필요한 게 있는지 좀 더 둘러봐도 될까요?**
> 여 물론이죠. 원하시면 여기 계산대에 이 셔츠들을 보관해 둘게요.
>
> 어휘 **valid** 유효한 **accept** 받다, 수락하다 **browse** 둘러보다 **register** 금전등록기, 계산대

제리 백화점

할인 쿠폰
50달러 이상 의류 구매 시 15달러 할인

유효기간 5월 8일

100123456782010

---

3 시각 정보에 따르면 쿠폰이 거부된 이유는?
(A) 만료되었다.
(B) 다른 매장용이다.
(C) 매니저의 승인을 받아야 한다.
(D) 최소 50달러 이상의 구매품에 해당된다.

해설 **시각 정보 연계 – 쿠폰이 거부된 이유**
여자가 첫 번째 대사에서 셔츠 두 벌을 합쳐 총 45달러(Your total ~ forty-five dollars)라고 하자 남자가 쿠폰을 사용하려고 했는데 할인이 적용이 되지 않았고, 이에 남자가 무엇이 문제인지 알겠다며 다른 물건을 더 사겠다는 의사를 내비쳤다.

시각 정보를 보면 최소 50달러 이상 의류 구매 시(purchase of $50 or more) 15달러 할인이라고 적혀 있으므로, 남자의 구매 금액이 50달러가 되지 않아 쿠폰이 거부되었음을 알 수 있다. 따라서 (D)가 정답이다.

ETS TEST

1 (C)	**2** (B)	**3** (D)	**4** (C)	**5** (A)	**6** (B)
7 (B)	**8** (A)	**9** (B)	**10** (A)	**11** (C)	**12** (B)
13 (C)	**14** (D)	**15** (D)	**16** (A)	**17** (D)	**18** (C)
19 (C)	**20** (A)	**21** (B)	**22** (B)	**23** (B)	**24** (A)

Q 1-3 대화 + 사무실 지도

M-Cn Hi, Noriko. This is Richard in Human Resources. **1**I hope you're enjoying your first day at Walten Legal Group.

W-Br Yes, **1**the lawyers on my team have been very helpful this morning.

M-Cn Good. You need to come to my office today to sign some documents.

W-Br **2**I'm scheduled to get a photo taken for my badge at the security office at eleven o'clock. Can I do that first before filling out the new-hire paperwork?

M-Cn Sure. I'm on the same floor as the security office. **3**My office is next to the kitchen.

남 안녕하세요, 노리코. 인사부서 리차드입니다. **1**월튼 리걸 그룹에서 보내는 첫날이 즐거우시길 바랍니다.

여 네. **1**오늘 아침에 저희 팀 변호사들께서 많이 도와주셨어요.

남 좋습니다. 오늘 서류에 서명하러 제 사무실에 오셔야 합니다.

여 **2**11시 정각에 보안실에서 명찰에 쓸 사진을 찍기로 되어 있어요. 신입사원 서류를 작성하기 전에 그것부터 해도 될까요?

남 물론입니다. 저는 보안실과 같은 층에 있어요. **3**제 사무실은 탕비실 옆입니다.

어휘 document 서류 be scheduled ~하기로 예정되어 있다 security 보안 new-hire 신입사원 paperwork 서류

| 보안실 | 301호 | 302호 | 303호 |

| 로비 | 탕비실 | **3**304호 |

1 화자들은 어디서 일하는가?
(A) 인쇄업체
(B) 호텔
(C) 법률사무소
(D) 은행

해설 **화자들의 근무지**
남자가 첫 번째 대사에서 월튼 리걸 그룹(Walten Legal Group)에서 보내는 여자의 첫날이 즐겁기를 바란다고 했고, 여자도 오늘 아침에 자신의 팀 변호사들(the lawyers on my team)이 많이 도와주었다고 했으므로, 화자들이 법률사무소에서 일한다는 것을 알 수 있다. 따라서 (C)가 정답이다.

2 여자는 11시 정각에 무엇을 해야 하는가?
(A) 관리자 면담
(B) 사진 촬영
(C) 팀 회의 참석
(D) 교육 실시

어휘 attend 참석하다 conduct 수행하다, 실시하다

해설 **세부 사항 – 여자가 11시에 할 일**
여자가 두 번째 대사에서 11시 정각에 보안실에서 명찰에 쓸 사진을 찍기(get a photo taken)로 되어 있다고 했으므로, (B)가 정답이다.

패러프레이징
지문의 get a photo taken
➡ 정답의 Have her picture taken

3 시각 정보에 따르면, 남자의 사무실은 몇 호인가?
(A) 301호
(B) 302호
(C) 303호
(D) 304호

해설 **시각 정보 연계 – 남자의 사무실**
남자가 마지막 대사에서 자신의 사무실이 탕비실 옆에 있다(My office is next to the kitchen)고 했는데, 시각 정보를 보면 탕비실 옆에는 304호가 있으므로, (D)가 정답이다.

Q 4-6 대화 + 일정표

W-Am Minami Medical Group. Can I help you?

M-Au Hi. **4**I'll be traveling overseas next month, so I'm calling to schedule a physical and update my immunizations.

W-Am OK, we have four offices, all with different hours. When can you come in?

M-Au Well, I'd prefer to come in the morning.

W-Am Let's see... only two of our locations have morning hours. The Hillside office has an opening at nine A.M. tomorrow. Or... our other location, the one next to City Hall, has a six A.M. opening next Tuesday.

PART 3 | CHAPTER 01

M-Au I'm headed straight to work after my physical, **5**so I'll take the six A.M. appointment.

W-Am OK, **6**I'm going to e-mail you some paperwork today. Please complete it before your appointment Tuesday.

여 미나미 메디컬 그룹입니다. 무엇을 도와드릴까요?

남 안녕하세요. **4**제가 다음 달에 해외 여행을 갈 예정이라, 신체검사 일정을 잡고 예방 접종도 새로 하려고 전화했습니다.

여 그러시군요. 저희 진료소가 네 군데 있는데 모두 시간이 다릅니다. 언제 오실 수 있나요?

남 음, 오전에 가는 게 좋겠습니다.

여 어디 보자… 오전 진료는 두 군데밖에 없네요. 힐사이드 진료소는 내일 오전 9시에 빈 시간이 있습니다. 아니면… 시청 옆에 있는 다른 진료소는 다음 주 화요일 오전 6시에 비는 시간이 있습니다.

남 신체검사를 받고 바로 출근해야 하니 **5**오전 6시로 예약하겠습니다.

여 좋습니다. **6**제가 오늘 이메일로 서류를 보내드리겠습니다. 화요일 진료를 받기 전에 작성해 주세요.

어휘 medical 의료의, 의학의 travel overseas 해외 여행을 하다 schedule 일정을 잡다 physical 신체검사 immunization 예방 주사[접종] prefer 선호하다 location 장소, 위치 opening 빈 자리[시간] be headed to ~로 향하다[가다] appointment 진료 예약 paperwork 서류 complete 작성하다

미나미 메디컬 그룹
진료소별 진료 시간

5크리크사이드	오전 6시 – 오후 8시
힐사이드	오전 7시 – 오후 5시
린던	오후 12시 – 오후 6시
스토리타운	오후 1시 – 오후 9시

4 남자에게 진료 예약이 필요한 이유는?
(A) 최근에 이사했다.
(B) 새로운 일을 시작했다.
(C) 여행을 갈 예정이다.
(D) 스포츠 행사를 위해 훈련하고 있다.

해설 **세부 사항 – 진료 예약이 필요한 이유**
남자의 첫 번째 대사에서 다음 달에 해외 여행을 갈 예정(I'll be traveling overseas next month)이라, 신체검사 일정을 잡고 예방 접종도 새로 하려고(to schedule a physical and update my immunizations) 전화한다고 했으므로, (C)가 정답이다.

패러프레이징
지문의 traveling overseas
➡ 정답의 going on a trip

---

5 시각 정보에 따르면, 남자의 진료 예약 장소는 어디이겠는가?
(A) 크리크사이드
(B) 힐사이드
(C) 린던
(D) 스토리타운

해설 **시각 정보 연계 – 남자의 진료 예약 장소**
남자의 세 번째 대사에서 신체검사를 받고 바로 출근해야 하니 오전 6시 진료로 하겠다(I'll take the six A.M. appointment)고 했는데, 시각 정보를 보면 오전 6시에 진료를 제공하는 곳은 크리크사이드이므로, (A)가 정답이다.

6 여자는 남자에게 진료 전에 무엇을 하라고 말하는가?
(A) 건강 기록 송부
(B) 서류 작성
(C) 대금 지불
(D) 예약 시간 확인

해설 **여자의 요청 사항**
여자의 마지막 대사에서 오늘 이메일로 서류(some paperwork)를 보낼 테니 화요일 진료를 받기 전에 작성해달라(Please complete it before your appointment)고 했으므로, (B)가 정답이다.

패러프레이징
지문의 complete it (= some paperwork)
➡ 정답의 Fill out some documents

Q 7-9 대화 + 티켓

W-Br Hi, Jim. I hear you're going to the jazz concert on Friday. Can I ask you a favor?

M-Cn Sure, what do you need?

W-Br A few of us from the graphics department are also attending the concert, but we have a meeting until six o'clock on Friday. Since there are no assigned seats, **7**we were wondering if you could save a few places for us.

M-Cn That shouldn't be a problem. I don't have any meetings on Friday afternoon, so **8**I plan to get there when the doors open. How many should I reserve?

W-Br Hmm … I'm not sure yet if Eduardo is joining us. **9**Why don't I send him an e-mail right now, and I'll let you know how many seats to save.

여 안녕하세요, 짐. 금요일에 재즈 콘서트 가신다고 들었어요. 부탁 좀 드려도 될까요?

남 물론입니다. 필요한 거 있으세요?

여 저희 그래픽 부서 직원 몇 명도 그 콘서트에 가는데 금요일 여섯 시까지 회의가 있어요. 지정 좌석이 없으니 **7혹시 저희 자리 몇 군데 맡아 주실 수 있을까 해서요.**

남　문제 없을 거예요. 저는 금요일 오후에 회의가 없어서 **8콘서트장이 문을 열 때 맞춰 갈 계획이거든요.** 몇 자리 맡아 드릴까요?

여　음… 에두아르도가 같이 갈지 아직 확실치 않아서요. **9제가 그에게 바로 이메일을 보내고 나서** 몇 좌석인지 알려 드릴게요.

어휘　favor 부탁, 호의　attend 참석하다　assigned seat 지정석　save a place[seat] 자리를 맡다 reserve 따로 맡아 두다

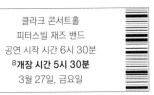

클라크 콘서트홀
피터스빌 재즈 밴드
공연 시작 시간 6시 30분
8개장 시간 5시 30분
3월 27일, 금요일

7 여자는 남자에게 어떤 요청을 하는가?
(A) 공연 녹화
(B) 좌석 몇 개 맡아 주기
(C) 회의 시간 확인
(D) 교통편 마련

해설　**여자의 요청 사항**
여자의 두 번째 대사에서 남자에게 자리 몇 군데 좀 맡아주면 (save a few places for us) 좋겠다고 했으므로 (B)가 정답 이다.

패러프레이징
지문의 save a few places
➡ 정답의 Save some seats

8 시각 정보에 따르면, 남자는 콘서트홀에 언제 도착할 계획인가?
(A) 오후 5시 30분
(B) 오후 6시
(C) 오후 6시 30분
(D) 오후 7시

해설　**시각 정보 연계 – 남자의 도착 시점**
남자의 두 번째 대사에서 콘서트장이 문 여는 시점에 맞춰 갈 것(I plan to get there when the doors open)이라고 했 는데, 시각 정보를 보면 개장 시간이 5시 30분으로 되어 있으 므로, (A)가 정답이다.

9 여자는 다음에 무엇을 할 것인가?
(A) 확인서 인쇄
(B) 이메일 보내기
(C) 구매 승인
(D) 연락처 요청

해설　**여자가 다음에 할 일**
여자가 마지막 대사에서 에두아르도에게 이메일을 보내겠다 (send him an e-mail right now)고 했으므로, (B)가 정답 이다.

Q 10-12 대화 + 스프레드시트

W-Br　**10**How's the new inventory-control software working out? It's been a month since I approved your request to buy it.

M-Au　It's good. **11**The software keeps track of our cleaning equipment, vacuum cleaners, floor polishers, and everything else. You may remember that I got it because some of our equipment got misplaced last year.

W-Br　That's right. So with this new software, each piece of equipment is labeled with a bar code. And it gets scanned into the system each time it's removed and returned?

M-Au　Exactly. I can check a spreadsheet to see the status of all the items that are in use. See— **12**two items are due to be checked in today.

여　**10**새로운 재고 관리 소프트웨어가 어떻게 돌아가고 있어 요? 당신의 구입 요청을 제가 승인한 지 한 달이 됐네요.

남　좋습니다. **11**그 소프트웨어로 청소 장비, 진공청소기, 바 닥 광택기 등을 계속 추적 관리하고 있어요. 작년에 우리 장비 중 일부가 제자리에 없어서 제가 그걸 구입한 걸 기 억하실 거예요.

여　맞아요. 그래서 이 새 소프트웨어로 각각의 장비에 바코 드를 붙이잖아요. 그리고 장비를 꺼내고 반환할 때마다 스캔해서 시스템에 입력하고요?

남　그렇죠. 제가 스프레드시트를 확인해 사용 중인 모든 품 목의 현황을 볼 수 있어요. 보세요. **12**물품 두 개가 오늘 들어올 예정이에요.

어휘　inventory control 재고 관리　work out (일 등이) 되어 가다　approve 승인하다　request 요청 keep track of ~을 계속 추적 관리하다　cleaning equipment 청소 장비　vacuum cleaner 진공청소기　floor polisher 바닥 광택기　misplace 엉뚱한 곳에 두다　item 물품, 품목　in use 사용 중인 be due ~할 예정이다　check in 입고 절차를 밟다

물품 번호	출고일	만료일
232	10월 5일	**12**10월 7일
117	10월 6일	**12**10월 7일
105	10월 8일	10월 9일

10 회사는 최근에 무엇을 구매했는가?
(A) 소프트웨어　　　(B) 트럭
(C) 사무용 가구　　　(D) 보안경

해설　**세부 사항 – 회사가 최근에 구매한 것**
여자의 첫 번째 대사에서 새로운 재고 관리 소프트웨어(new inventory-control software)가 잘 돌아가는지 물어보 며 구입 요청을 승인한 지 한 달이 됐다(It's been a month since I approved your request to buy it)고 했으므로, (A)가 정답이다.

11 화자들은 어떤 업체에 근무하겠는가?
(A) 세탁소
(B) 컴퓨터 판매점
(C) 청소업체
(D) 택배회사

해설 **화자들의 근무지**
남자의 첫 번째 대사에서 소프트웨어로 청소 장비, 진공청소기, 바닥 광택기 등(our cleaning equipment, vacuum cleaners, floor polishers, and everything else)을 계속 추적 관리하고 있다고 했으므로, 화자들이 청소업체에서 근무한다고 추론할 수 있다. 따라서 (C)가 정답이다.

12 시각 정보에 따르면, 대화가 일어나는 때는 언제인가?
(A) 10월 5일
(B) 10월 7일
(C) 10월 8일
(D) 10월 9일

해설 **시각 정보 연계 – 대화가 일어나는 날짜**
남자의 두 번째 대사에서 스프레드시트를 확인해 사용 중인 모든 품목의 현황을 볼 수 있는데, 물품 두 개가 오늘 들어올 예정(two items are due to be checked in today)이라고 했다. 시각 정보를 보면 두 개의 물품 사용이 만료가 되는 날짜가 10월 7일이므로, (B)가 정답이다.

Q 13-15 대화 + 네비게이션 화면

M-Au **13**Anjali, are the business cards for our new landscaping company ready yet?

W-Am **13**I sent the new design to the print shop this morning. The cards will be ready at three thirty.

M-Au Great! **14**Can you pick them up? I have to meet with clients from the pharmaceutical company to discuss what kind of flowers to plant.

W-Am OK, I'll pick them up.

M-Au Thanks. Have you been to that store before?

W-Am No, but I looked up the directions using the navigation application on my mobile phone. See?

M-Au **15**It looks like your app needs to be updated—one of the street names has changed. The last road that you'll turn right on is now called Collins Boulevard.

남 **13**안잘리, 우리의 새 조경업체 명함은 준비됐나요?

여 **13**오늘 아침 인쇄소에 새 디자인을 보냈습니다. 명함은 3시 30분에 준비될 거예요.

남 좋아요! **14**찾으러 가 주실 수 있나요? 저는 어떤 종류의 꽃을 심을지 논의하기 위해 제약회사 고객들을 만나야 하거든요.

여 네, 제가 찾아올게요.

남 고맙습니다. 전에 그 매장에 가 본 적이 있나요?

여 아니요. 하지만 휴대전화의 네비게이션 앱을 이용해서 길 안내를 찾아봤어요. 보실래요?

남 **15**앱을 업데이트해야 할 것 같아요. 도로명 하나가 변경됐거든요. 우회전할 마지막 길은 이제 콜린스 대로라고 불리거든요.

어휘 landscaping 조경 pharmaceutical 제약의 plant 심다 look up ~을 찾아보다 directions 길 안내

13 무엇을 출력해야 하는가?
(A) 홍보 전단
(B) 영역 지도
(C) 명함
(D) 정원 배치도

어휘 promotional 홍보의 flyer 전단 layout 배치

해설 **세부 사항 – 출력할 것**
남자가 첫 번째 대사에서 새 조경업체 명함(business cards for our new landscaping company)은 준비됐는지 물었는데, 이에 대해 여자가 오늘 아침 인쇄소에 새 디자인을 보냈다(I sent the new design to the print shop)고 답했으므로, 출력할 것이 명함임을 알 수 있다. 따라서 (C)가 정답이다.

14 남자는 왜 주문품을 가지러 갈 수 없는가?
(A) 차가 없다.
(B) 휴가이다.
(C) 몸이 좋지 않다.
(D) 고객 회의가 있다.

해설 **세부 사항 – 남자가 주문품을 가지러 갈 수 없는 이유**
남자가 두 번째 대사에서 여자에게 명함을 찾으러 가 달라고 요청한 후, 자신은 제약회사 고객들을 만나야 한다(I have to meet with clients)며 직접 갈 수 없는 이유를 덧붙였다. 따라서 (D)가 정답이다.

패러프레이징
지문의 meet with clients
➡ 정답의 has a client meeting

15 시각 정보에 따르면, 앱에서 어떤 도로명이 업데이트되어야 하는가?
(A) 웨스코트 가
(B) 홀리 가
(C) 톰슨 대로
(D) 메도우 길

해설 **시각 정보 연계 – 업데이트되어야 하는 도로명**

남자가 마지막 대사에서 앱을 업데이트해야 할 것 같다고 한 후, 우회전할 마지막 길이 이제는 콜린스 대로라고 불린다 (The last road that you'll turn right on is now called Collins Boulevard)고 했다. 시각 정보를 보면 우회전할 마지막 길은 메도우 길이므로, (D)가 정답이다.

Q 16-18 대화 + 차트 (바그래프)

> M-Au Hi, Marian. **16**The position for head of the sales department has been vacant for a while. Do you know if anyone's been offered that job?
>
> W-Br Not yet. The job's been listed on our Web site for six weeks. But we haven't received a lot of résumés from people outside the company... at least no one with managerial experience.
>
> M-Au How about looking within our own sales department? Here's the chart of last quarter's sales. **17**This sales representative sold more than anyone else.
>
> W-Br Hmm, maybe doing sales for our company is more important than having experience as a manager. **18**I'll call the personnel director and tell her that we're going to consider internal candidates.
>
> 남 안녕하세요, 매리언. **16**영업부장 자리가 한동안 공석이 잖아요. 그 일을 제의 받은 사람이 있는지 아세요?
>
> 여 아직요. 그 일자리는 6주째 웹사이트에 올라와 있어요. 하지만 회사 외부 사람한테는 이력서를 많이 받지 못했어요… 적어도 관리 경력이 있는 사람이 없네요.
>
> 남 영업부 내부에서 찾아보는 건 어떨까요? 여기 지난 분기 영업 실적표가 있어요. **17**이 영업부원이 어느 누구보다 많이 팔았어요.
>
> 여 음, 어쩌면 우리 회사에서 영업하는 것이 관리자 경력보다 더 중요할 수도 있겠네요. **18**인사부장에게 전화해 내부에서 후보를 고려해 보겠다고 얘기할게요.

어휘 **position** 직위, 자리 **sales department** 영업부 **vacant** 비어 있는, 공석인 **for a while** 한동안 **list** 목록에 올리다 **managerial** 관리의, 경영의 **experience** 경험, 경력 **quarter** 분기 **personnel director** 인사부장 **consider** 고려하다 **internal** 내부의 **candidate** 후보

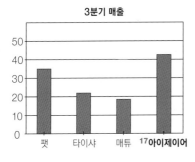

3분기 매출

16 무엇에 관한 대화인가?
(A) 공석
(B) 제품 출시
(C) 봉급 인상
(D) 예산안

해설 **대화의 주제**

남자의 첫 번째 대사에서 영업부장 자리가 한동안 공석(The position for head of the sales department has been vacant for a while)이라고 하며 여자에게 관련 정보를 묻고 있으므로, (A)가 정답이다.

패러프레이징

지문의 **position ~ has been vacant**
➡ 정답의 **job opening**

17 시각 정보에 따르면, 남자는 어떤 사원에 관해 말하고 있는가?
(A) 팻
(B) 타이샤
(C) 매튜
(D) 아이제이어

해설 **시각 정보 연계 – 남자가 언급한 직원**

남자의 두 번째 대사에서 이 영업부원이 어느 누구보다 많이 팔았다(sold more than anyone else)고 했는데, 시각 정보를 보면 매출이 가장 높은 직원은 아이제이어이므로, (D)가 정답이다.

18 여자는 무엇을 하겠다고 말하는가?
(A) 지원서를 철한다.
(B) 웹페이지를 개편한다.
(C) 동료에게 전화한다.
(D) 영업회의 일정을 잡는다.

해설 **여자가 할 일**

여자가 마지막 대사에서 인사부장에게 전화해(I'll call the personnel director) 내부 후보 고려 방안을 이야기하겠다고 했으므로, (C)가 정답이다.

패러프레이징

지문의 **call the personnel director**
➡ 정답의 **Call a colleague**

Q 19-21 대화 + 안내판

> W-Br Don't you have baggage to check in, Javier? **19**You're traveling light for someone headed to a four-day conference.
>
> M-Au **20**I can't stay for the whole conference. I have to get back for an important client meeting. Rescheduling would have been inconvenient for the clients, so I'll be returning right after my presentation tomorrow.
>
> W-Br That's too bad. Hey, we should probably head down to the departure gate. **21**My boarding pass says it's Gate A13.

M-Au Let's check the departure board. Hmm.. Gate A13. There it is. It says our flight's on time. But, we do have time to get a cup of coffee while we're walking over there.

여 부칠 짐 없어요, 하비에? **¹⁹4일간 회의에 가는 사람 치고는 짐이 가볍군요.**

남 **²⁰제가 회의 내내 머물 수가 없어요. 중요한 고객 회의가 있어서 돌아와야 하거든요.** 일정을 변경하면 고객들이 불편해서 내일 발표를 마치는 대로 바로 돌아올 거예요.

여 안됐군요. 이런, 출발 탑승구로 가야 할 것 같아요. **²¹제 탑승권에 A13 탑승구라고 적혀 있네요.**

남 출발 안내판을 확인해 봅시다. 흠… A13 탑승구. 저기 있어요. 우리가 탈 비행기는 정시 출발이군요. 그래도 거기 걸어가는 동안 커피 한 잔 마실 시간은 있어요.

어휘 **baggage** 짐, 수하물 **check in** (짐을) 부치다 **travel light** 짐을 적게 가지고 여행하다 **head to** ~로 향하다 **conference** 회의 **whole** 전체의 **get back** 돌아오다(= return) **reschedule** 일정을 다시 잡다[변경하다] **inconvenient** 불편한 **presentation** 발표 **head down to** ~로 가다[향하다] **departure gate** 출발 탑승구 **boarding pass** 탑승권 **board** 안내판

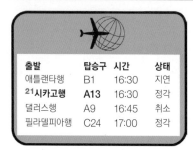

출발	탑승구	시간	상태
애틀랜타행	B1	16:30	지연
²¹시카고행	A13	16:30	정각
댈러스행	A9	16:45	취소
필라델피아행	C24	17:00	정각

19 화자들은 어떤 행사에 가려고 하는가?
(A) 예술 축제
(B) 스포츠 대회
(C) 비즈니스 회의
(D) 시상식

해설 **세부 사항 – 화자들이 가려는 행사**
여자가 첫 번째 대사에서 남자에게 4일간 회의(a four-day conference)에 가는 사람 치고는 짐이 가볍다고 했으므로, (C)가 정답이다.

20 남자가 단시간만 머무는 이유는?
(A) 회의를 하러 돌아와야 해서
(B) 곧 휴가를 가서
(C) 예산이 빠듯해서
(D) 더 늦은 시각의 비행기편을 찾지 못해서

해설 **세부 사항 – 남자가 단시간만 머무는 이유**
남자의 첫 번째 대사에서 회의 내내 머물 수가 없다며 중요한 고객 회의(an important client meeting)가 있어서 돌아와야 한다고 했으므로, (A)가 정답이다.

패러프레이징
지문의 **get back for an important client meeting**
➔ 정답의 **return for a meeting**

21 시각 정보에 따르면, 화자들이 비행기로 갈 도시는?
(A) 애틀랜타
(B) 시카고
(C) 댈러스
(D) 필라델피아

해설 **시각 정보 연계 – 화자들이 갈 도시**
여자가 마지막 대사에서 탑승권에 A13 탑승구라고 적혀 있다(My boarding pass says it's Gate A13)고 했는데, 시각 정보를 보면 A13 탑승구는 시카고 행이므로 (B)가 정답이다.

Q 22-24 대화 + 테이블

M-Cn Hey, Kara. **²²Congratulations on your promotion last week!**

W-Am Thanks! It's nice to be appreciated.

M-Cn Well, you're doing great work! Speaking of that... I see that you launched the online Question and Answer chat group for our new 3-D design software.

W-Am Yes, and people have already started to post some questions. They're grouped into several categories. I'm going to need help responding to some of them though.

M-Cn **²³I know a lot about adding text to designs, and I have time now, so I can answer those questions.**

W-Am Great! After that, I'd like to take the chat group offline so I can fix some technical issues. **²⁴I'll post a notice letting users know that it will be down.**

남 안녕하세요, 카라. **²²지난주에 승진하신 것 축하해요!**

여 감사합니다! 알아주시니 좋네요.

남 훌륭하게 해내고 계시잖아요! 그에 관해 말하자면… 새로운 3D 디자인 소프트웨어를 위한 온라인 질의응답 채팅 그룹을 시작하신 걸 봤어요.

여 네, 사람들이 벌써 질문을 게시하기 시작했어요. 몇 개의 카테고리로 나뉘어요. 하지만 질문에 답변하는 데 도움이 필요할 거예요.

남 **²³디자인에 텍스트 추가하기에 대해서는 제가 많이 알고 있어요. 지금 시간이 있으니 그 질문들에 답변할 수 있겠네요.**

여 좋아요! 그리고 나면 제가 채팅 그룹을 오프라인으로 돌려서 몇 가지 기술적 문제를 해결하고 싶어요. **²⁴닫는다는 것을 사용자들에게 알리는 공지를 띄울게요.**

어휘 **promotion** 승진 **appreciate** 진가를 알아보다, 인정하다 **launch** 시작하다, 출시하다 **post** 게시하다 **respond to** ~에 응하다 **fix** 바로잡다 **technical** 기술적인 **notice** 공고문, 안내문

카테고리	질문 개수
출력	5
²³텍스트 추가	8
크기 변경	2
자	4

22 지난주에 어떤 일이 있었는가?

(A) 회사가 다른 곳으로 이전했다.

(B) 여자가 승진했다.

(C) 선임 담당자가 퇴직했다.

(D) 남자가 포스터를 디자인했다.

어휘 location 장소 retire 은퇴하다, 퇴직하다

해설 세부 사항 – 지난주에 발생한 일

남자가 첫 번째 대사에서 지난주에 승진한 여자에게 축하 (Congratulations on your promotion last week!)를 전했으므로, (B)가 정답이다.

23 시각 정보에 따르면, 남자는 몇 개의 질문에 답변하겠는가?

(A) 5

(B) 8

(C) 2

(D) 4

해설 시각 정보 연계 – 남자가 답할 질문 개수

남자의 세 번째 대사에서 자신이 디자인에 텍스트 추가하기에 대해서는 많이 알고 있다(I know a lot about adding text to designs)며, 지금 시간이 있으니 그 질문들에 답변할 수 있겠다고 했다. 시각 정보를 보면 남자가 답변하기로 한 '텍스트 추가(Adding text)'에 관한 질문은 8개이므로, (B)가 정답이다.

24 여자는 왜 공지를 게시할 것인가?

(A) 사용자들에게 웹사이트를 닫는다는 것을 알리려고

(B) 동료들을 파티에 초대하려고

(C) 공석을 알리려고

(D) 새로운 회사 정책을 설명하려고

어휘 colleague 동료 policy 정책

해설 세부 사항 – 여자가 공지를 게시하는 이유

여자가 마지막 대사에서 온라인 채팅 그룹을 닫는다는 것을 사용자들에게 알리는 공지를 띄우겠다(I'll post a notice ~ that it will be down)고 했으므로, (A)가 정답이다.

패러프레이징

지문의 letting users know ➡ 정답의 tell users

CHAPTER 02	대화 내용별 전략

❾ 일반 업무 및 인사

ETS CHECK-UP
본책 p. 145

1 (A) **2** (C) **3** (B)

Q 1-3

W-Br Well, Daniel, **1**it seems like you have all of the qualifications needed to work in our accounting department. Do you have any questions for me before the end of the interview?

M-Cn Just one. This is a big company, and I know you have some international clients. **2**Would I ever be asked to relocate to another country?

W-Br Probably not. But the position occasionally requires weeklong trips abroad to supervise client accounts. Would that be a problem for you?

M-Cn **3**Not at all, but I'll need to get a new passport—mine expired last year.

여 자, 대니얼, **1**당신은 우리 경리부에서 근무하는 데 필요한 자격을 모두 갖추고 있는 것 같군요. 면접을 끝내기 전에 제게 질문할 게 있나요?

남 한 가지 있습니다. 이 회사는 대기업이고 해외 거래처들이 있는 것으로 압니다. **2**제가 외국으로 전근 요청을 받을 수도 있나요?

여 아마 없을 거예요. 하지만 그 자리에 있으면 거래처 계정을 관리하기 위해 가끔 일주일 해외 출장을 다녀야 해요. 그게 문제가 되나요?

남 **3**전혀 안 됩니다. 하지만 여권을 새로 만들어야 합니다. 작년에 만료되었거든요.

어휘 qualification 자격 (요건) accounting department 경리부 client 고객(사), 거래처 relocate 전근 가다 occasionally 가끔 require 필요하다, 요구하다 weeklong 1주일에 걸친 abroad 해외에, 해외로 supervise 감독하다, 관리하다 account 계정, 거래 expire 만료되다

1 대화의 목적은 무엇인가?

(A) 취업 기회 논의 (B) 부서 이전 제안

(C) 여행 일정 변경 (D) 신입 동료 소개

어휘 propose 제안하다 revise 변경하다 itinerary 여행 일정표

해설 대화의 목적

여자의 첫 번째 대사에서 남자가 경리부에서 근무하는 데 필요한 자격을 모두 갖추고 있다(you have all of the qualifications needed ~ in our accounting department)고 한 뒤 면접을 끝내기 전에 질문이 있는지 물어봤으므로, (A)가 정답이다.

2 남자는 무엇에 관해 문의하는가?
(A) 본사의 위치
(B) 환급 절차
(C) 해외 이주 요구
(D) 근무 시작 날짜

어휘 reimbursement 상환, 환급

해설 세부 사항 – 남자의 문의 사항

남자의 첫 번째 대사에서 외국 전근 요청을 받을 수도 있는지(Would I ever be asked to relocate to another country?) 물었으므로, (C)가 정답이다.

패러프레이징

지문의 asked to relocate to another country
➡ 정답의 requirement to move overseas

3 남자는 자신이 무엇을 해야 한다고 말하는가?
(A) 상사와 이야기한다.
(B) 여권을 갱신한다.
(C) 은행 계좌를 개설한다.
(D) 비행기표를 구입한다.

해설 세부 사항 – 남자가 해야 할 일

남자의 두 번째 대사에서 여권을 새로 만들어야 한다(need to get a new passport)고 했으므로, (B)가 정답이다.

패러프레이징

지문의 need to get a new passport
➡ 정답의 Renew a passport

LISTENING PRACTICE				본책 p. 147
1 (B)	**2** (B)	**3** (B)	**4** (B)	**5** (A) **6** (B)

Q 1-2

M-Au You know, **1**Mary's retiring at the end of the month, so we're going to have to hire a new office assistant fairly quickly. Have you advertised the position yet?

W-Br Yes. In fact, I've already received a lot of résumés, and there are quite a few qualified applicants.

M-Au That's great. **2**If we can get someone before Mary leaves, she can train the new assistant.

남 아시다시피 **1**메리가 이달 말에 퇴직하니 하루속히 새 사무 보조를 고용해야 해요. 구직 광고 냈나요?

여 네, 실은 벌써 이력서가 많이 들어왔는데, 자격을 갖춘 지원자들이 꽤 많습니다.

남 잘됐네요. **2**메리가 그만두기 전에 사람을 뽑을 수 있다면 그녀가 신입 보조 직원을 교육시킬 수 있겠네요.

어휘 retire 은퇴하다, 퇴직하다 office assistant 사무 보조 fairly 꽤 advertise 광고하다 quite a few 꽤 많은, 상당수의 qualified 자격이 있는 applicant 지원자

1 회사는 왜 새 직원을 구하고 있는가?
(A) 새 지점을 열 것이기 때문에
(B) 직원 한 명이 퇴직하기 때문에

해설 세부 사항 – 새 직원을 구하는 이유

남자의 첫 대사에서 메리가 이달 말에 퇴직하니(Mary's retiring at the end of the month) 새 사무 보조를 고용해야 한다고 했으므로, (B)가 정답이다.

2 남자는 메리가 무엇을 하기를 원하는가?
(A) 구인 광고하기
(B) 신입 직원 교육하기

해설 세부 사항 – 남자의 희망 사항

남자의 마지막 대사에서 메리가 그만두기 전에 신입 보조 직원을 뽑으면 메리가 그 사람을 교육시킬 수 있다(If we can get someone before Mary leaves, she can train the new assistant)고 했다. 즉, 남자는 메리가 새 직원을 교육해 주기를 원하고 있으므로, (B)가 정답이다.

패러프레이징

지문의 the new assistant
➡ 정답의 a new staff member

Q 3-4

W-Br Ramon, **3**I'll see you at the client meeting at four o'clock, right?

M-Cn Well, **3**I was hoping to return my rental car today, so I'm not sure I'll have enough time.

W-Br These are important clients. **3**Don't worry about returning the car today. **4**The company will pay for the extra day—you were using it for company business, after all.

M-Cn OK, great. I'd better go prepare for the meeting.

여 라몬, **3**4시에 고객 회의에서 만나는 것 맞죠?

남 글쎄요, **3**제가 임대한 차를 오늘 반납했으면 해서요. 시간이 충분할지 모르겠군요.

여　중요한 고객들이에요. **4오늘 차 반납하는 건 염려하지 마세요. 하루 더 빌린 값은 회사가 지불할 거예요.** 어쨌든 회사 업무용으로 사용하고 있었잖아요.

남　네, 좋아요. 가서 회의 준비를 해야겠어요.

어휘　client meeting 고객 회의　rental car 임대한 자동차, 렌터카　important 중요한　extra 여분의, 추가의　for company business 회사 업무용으로　after all 어쨌든, 아무튼　prepare for ~에 대비[준비]하다

3 여자가 "중요한 고객들이에요"라고 말한 의도는 무엇인가?
(A) 프로젝트를 배정 받아 기쁘다.
(B) 남자가 회의에 참석해야 한다.

어휘　assign 배정하다　attend 참석하다

해설　**화자의 의도 파악 – 중요한 고객들이라는 말의 의미**
남자가 임대한 차를 오늘 반납하고 싶다(I was hoping to return my rental car today)며 회의에 참석할 시간이 있을지 모르겠다고 하자 여자가 중요한 고객이라고 한 후 차 반납은 신경 쓰지 말라고 했다. 즉, 남자가 차 반납 대신 중요한 고객이 오는 회의에 참석해야 한다는 의미이므로, (B)가 정답이다.

4 여자는 회사가 무엇을 할 것이라고 말하는가?
(A) 회의 시간 변경
(B) 비용 지불

해설　**세부 사항 – 회사가 할 일**
여자의 두 번째 대사에서 차량을 하루 더 빌린 값은 회사가 지불할 것(The company will pay for the extra day)이라고 했으므로, (B)가 정답이다.

패러프레이징
지문의 **pay for the extra day**
➜ 정답의 **Pay for an expense**

Q 5-6

W-Br　**5**Scott, your first few articles for the politics section of our newspaper have been excellent. Even though you're relatively new here, I'd like you to cover the mayor's press conference on Thursday.

M-Au　That's the one about education reform in our local schools, right? I heard the mayor's going to make an important announcement. When's the deadline for the article?

W-Br　In order to make the Sunday edition, **6**you'll have to give me your final draft on Friday afternoon. Oh, and I'm going to send one of our staff photographers to take some pictures to go with your piece.

여　**5스콧, 우리 신문 정치면에 실린 당신의 첫 기사 몇 편이 아주 좋았어요.** 당신이 들어온 지 얼마 안 되는 편이긴 하지만, 목요일에 있을 시장 기자회견을 취재해 주면 좋겠어요.

남　지역 학교의 교육 혁신에 관한 기자회견 맞죠? 시장이 중대 발표를 한다고 들었어요. 기사 마감이 언제인가요?

여　일요일 판을 만들려면 **6금요일 오후에 최종 원고를 제게 주어야 합니다.** 아, 그리고 당신의 기사와 어울리는 사진을 찍도록 사진기자 한 명을 보낼 거예요.

어휘　article 기사　relatively 비교적　cover 취재하다, 방송하다　mayor 시장　press conference 기자회견　final draft 최종안, 최종 원고　photographer 사진기자　piece 기사, 글

5 화자들은 어디에서 근무하겠는가?
(A) 신문사　　　　　(B) 지역 학교

해설　**화자들의 근무지**
여자가 첫 대사에서 신문 정치면에 실린 남자의 첫 기사 몇 편(your first few articles for the politics section of our newspaper)이 아주 좋았다고 말했고, 이후에도 기사나 취재 관련 대화를 이어가는 것으로 보아 화자들이 신문사에 근무한다는 것을 알 수 있다. 따라서 (A)가 정답이다.

6 남자는 주어진 일을 언제 완수해야 하는가?
(A) 목요일　　　　　(B) 금요일

해설　**세부 사항 – 업무 마감일**
여자가 마지막 대사에서 남자에게 금요일 오후에 최종 원고를 자신에게 줘야 한다(you'll have to give me your final draft on Friday afternoon)고 했으므로, (B)가 정답이다.

ETS TEST　　　　　　　본책 p. 148

1 (B)	2 (D)	3 (C)	4 (B)	5 (C)	6 (C)
7 (B)	8 (A)	9 (D)	10 (D)	11 (B)	12 (A)
13 (B)	14 (A)	15 (D)	16 (C)	17 (D)	18 (A)
19 (D)	20 (C)	21 (C)			

Q 1-3

M-Au　Hi Marta, **1**I wanted to check in with you about the budget presentation you're giving at this month's division meeting. How's the preparation going? Did all of the department heads submit their expense reports to you?

W-Br　Yes, they did, **2**but some of the reports contained accounting errors. It's taking longer than I expected to check the figures and make the corrections.

M-Au Oh, I'm sorry to hear that. Well, the meeting is on Wednesday. It sounds like you'll need some help to finish the presentation on time. ³I'll assign a colleague to assist you.

W-Br Thank you. I'm sure this will go quickly if you can find someone to help me.

남 안녕하세요, 마타. ¹이번 달 분과 회의에서 할 예산 발표에 관해 확인하고 싶어요. 준비는 잘 되어가나요? 모든 부서장들이 자신들의 지출품의서를 제출했어요?

여 네, 맞아요. ²하지만 일부 품의서에 회계상 오류가 있어요. 수치를 확인하고 수정하는 데 예상보다 시간이 오래 걸리네요.

남 아, 유감이네요. 자, 회의가 수요일입니다. 제때 발표를 마치려면 도움이 필요할 것 같아요. ³도와줄 동료를 배정해 주겠습니다.

여 감사합니다. 도와줄 사람을 찾아 주실 수 있다면 빨리 진행될 겁니다.

어휘 budget 예산 presentation 발표 division 분과, 국 preparation 준비 department 부서 submit 제출하다 expense report 지출품의서 contain ~이 들어있다 accounting 회계 figure 수치 make a correction 고치다, 잘못을 바로잡다 on time 시간을 어기지 않고 assist 돕다 colleague 동료

1 여자는 무엇을 하려고 준비하는가?
(A) 고객 방문하기
(B) 발표하기
(C) 새 부서장 채용하기
(D) 가격 정책 변경하기

어휘 hire 고용하다 revise 수정하다, 변경하다 pricing 가격 책정 policy 정책

해설 세부 사항 – 여자가 준비하는 것
남자가 첫 번째 대사에서 이번 달 분과 회의 때 여자가 할 예정인 예산 발표(the budget presentation you're giving at this month's division meeting)에 관해 확인하고 싶다고 한 후, 준비가 잘 되어가는지(How's the preparation going?) 묻고 있으므로, 여자가 발표 준비를 하고 있음을 알 수 있다. 따라서 (B)가 정답이다.

2 여자가 업무를 끝마치는 데 추가 시간이 드는 이유는?
(A) 일부 이력서가 들어오지 않았다.
(B) 컴퓨터 작동이 안 된다.
(C) 동료가 휴가를 떠났다.
(D) 일부 자료가 부정확하다.

어휘 receive 받다 on vacation 휴가를 얻어 incorrect 부정확한, 틀린

해설 세부 사항 – 업무를 마치는 데 추가 시간이 드는 이유
여자의 첫 번째 대사에서 일부 품의서에 회계상 오류가 있다(some of the reports contained accounting errors)는 문제점을 언급한 후, 수치를 확인하고 수정하는 데 예상보다

시간이 오래 걸린다(It's taking longer than I expected)고 덧붙였다. 따라서 (D)가 정답이다.

패러프레이징
지문의 taking longer than I expected
➡ 질문의 taking extra time
지문의 accounting errors
➡ 정답의 Some data are incorrect

3 남자는 무엇을 하겠다고 말하는가?
(A) 회의 일정 변경하기
(B) 부서 관리자에게 연락하기
(C) 프로젝트에 다른 사람 추가 투입하기
(D) 직무 기술서 준비하기

어휘 reschedule 일정을 변경하다 job description 직무 기술서

해설 남자가 할 일
남자의 두 번째 대사에서 도와줄 동료를 배정하겠다(I'll assign a colleague to assist you)고 했으므로, (C)가 정답이다.

패러프레이징
지문의 assign a colleague
➡ 정답의 Add another person

Q 4-6

W-Am I'll just start by saying that I, and all the leadership here, have been very impressed with you, Prashant. ⁴Your winning the company its largest sales contract ever last month is quite an achievement.

M-Au Thanks a lot. Working here's been a wonderful experience so far.

W-Am ⁵I wanted you to know that a management position is opening up soon in the sales department, and you should really consider applying.

M-Au I'm interested, though I would like to know more about what the job entails.

W-Am Of course. ⁶I'm out on vacation next week, but let's discuss this further when I'm back.

여 프라샨트, 저를 비롯해 이곳의 간부들 모두 당신에 대해 깊은 인상을 받았다는 말을 먼저 할게요. ⁴지난달 회사 역사상 최대 규모의 계약 건을 따낸 것은 상당한 성과입니다.

남 감사합니다. 지금껏 이곳에서 일한 것은 훌륭한 경험이에요.

여 ⁵영업부서 관리 직책에 곧 자리가 난다는 걸 알려주고 싶었어요. 지원하는 걸 꼭 고려해 보세요.

남 관심이 있습니다만, 그 직책에 어떤 일이 수반되는지 더 알고 싶습니다.

여 그래요. **6제가 휴가로 다음 주에 자리를 비우니 돌아와서 더 얘기합시다.**

어휘 leadership 지도부, 경영진 impressed 감명 받은 win A B A에게 B를 얻어 주다, 따내 주다 contract 계약(건) quite + a / an + 명사 상당한 ~, 대단한 ~ achievement 성과, 업적 management position 관리직 consider 고려하다 applying 지원 entail 수반하다 discuss 논의하다 further 심층적으로, 더

4 남자는 최근 무엇을 했는가?
(A) 비서를 채용했다.
(B) 계약을 따냈다.
(C) 자격 과정을 수료했다.
(D) 조사를 실시했다.

어휘 complete 완료하다, 수료하다 certification 자격(과정) conduct 수행하다, 실시하다 research 연구, 조사

해설 **세부 사항 – 남자가 최근에 한 일**
여자의 첫 번째 대사에서 남자가 지난달 회사 역사상 최대 규모의 계약 건을 따낸 것(Your winning the company its largest sales contract ever last month)은 상당한 성과라고 했으므로, (B)가 정답이다.

5 여자는 남자에게 무엇을 고려해 보라고 하는가?
(A) 회의 참석
(B) 교육 준비
(C) 일자리 지원
(D) 정책 검토

어휘 encourage 독려하다 conference 대회의 organize 조직하다 review 검토하다

해설 **여자의 제안 사항**
여자가 두 번째 대사에서 영업부서 관리 직책에 곧 자리가 난다(a management position is opening up soon in the sales department)고 알린 후, 남자에게 지원할 것을 고려해 보라(you should really consider applying)고 했다. 따라서 (C)가 정답이다.

6 여자는 다음 주에 무엇을 할 것인가?
(A) 새로운 프로젝트 시작하기
(B) 다른 사무실로 이동하기
(C) 휴가 가기
(D) TV 출연하기

어휘 appear 출연하다

해설 **여자가 다음 주에 할 일**
여자가 마지막 대사에서 휴가로 다음 주에 자리를 비운다(I'm out on vacation next week)고 했으므로, (C)가 정답이다.

Q 7-9

M-Cn Asako, this is Dennis from Warmson Advertising. **7I'm calling to discuss the television advertisement you want us to create featuring your hotel.** I'd like to arrange a good time for the film crew and me to visit.

W-Am Great. **8Would Wednesday, July 25th be convenient for you? That's the day when my most experienced staff is scheduled to be here,** and I'd like them to appear in the advertisement.

M-Cn I think it's a great idea to include the employees in the ad. **9In fact, I suggest we include interviews with some of them in the advertisement.** I hope they'll be willing to talk on camera when we're there on July 25th.

남 아사코, 웜슨 광고의 데니스입니다. **7호텔의 모습을 담아 제작해 달라고 하신 TV 광고에 대해 논의하고 싶어 전화드렸습니다.** 영화 제작진과 제가 방문하기에 좋은 시간을 잡고 싶은데요.

여 좋아요. **87월 25일 수요일이 편할까요? 가장 노련한 저희 직원들이 여기 오기로 예정된 날이라서요.** 그들이 광고에 등장했으면 좋겠어요.

남 광고에 직원들을 포함시키는 건 좋은 생각인 것 같습니다. **9사실 그들 중 일부와의 인터뷰를 광고에 넣을 것을 제안합니다.** 7월 25일에 저희가 갈 때 그들이 카메라에 대고 이야기해 줬으면 좋겠어요.

어휘 advertisement 광고(= ad) create 만들다 featuring ~를 특별히 다룬 arrange a time 시간을 정하다 convenient 편리한 experienced 숙련된, 능숙한 be schedule to ~할 예정이다 include 포함시키다 in fact 사실 suggest 제안하다 be willing to 흔쾌히 ~하다, ~할 의향이 있다

7 대화는 주로 무엇에 관한 것인가?
(A) 신입 직원 교육
(B) 광고 촬영
(C) 기사 출간
(D) 연극 참석

어휘 publish 출판하다

해설 **대화의 주제**
남자가 첫 번째 대사에서 호텔의 모습을 담아 제작해 달라고 요청 받은 TV 광고에 대해 논의하고 싶어(to discuss the television advertisement you want us to create) 전화했다고 한 후, 광고 촬영 관련 대화를 이어가고 있으므로, (B)가 정답이다.

8 여자가 7월 25일을 제안한 이유는?

(A) 일부 직원들이 시간이 된다.
(B) 국경일을 기념할 예정이다.
(C) 시설이 늦게까지 문을 열 것이다.
(D) 유명 작가가 방문할 것이다.

어휘 available 시간이 되는 national holiday 국경일 celebrate 기념하다 facility 시설 author 작가, 저자

해설 세부 사항 – 여자가 7월 25일을 제안한 이유

여자의 첫 번째 대사에서 방문 날짜를 7월 25일 수요일로 제안하며, 가장 노련한 직원들이 오기로 예정된 날(That's the day when my most experienced staff is scheduled to be here)이라고 덧붙였다. 따라서 (A)가 정답이다.

패러프레이징

지문의 my most experienced staff is scheduled to be here ➡ 정답의 Some employees will be available

9 남자는 7월 25일에 무엇을 하고 싶다고 말하는가?

(A) 견학하기
(B) 현지 상점들 방문하기
(C) 다과 주문하기
(D) 인터뷰하기

어휘 refreshments 다과

해설 세부 사항 – 남자가 7월 25일에 하고 싶은 것

남자가 마지막 대사에서 직원 인터뷰를 광고에 넣을 것을 제안한다(I suggest we include interviews ~ in the advertisement)고 한 후, 7월 25일에 자신들이 가면 직원들이 카메라에 대고 이야기해 줬으면 좋겠다(I hope they'll be willing to talk on camera)고 했다. 따라서 (D)가 정답이다.

Q 10-12

W-Br I'm really impressed by how many talented young scientists we've managed to recruit lately, but **10**I worry that our research group lacks the kind of experience we need for these next projects.

M-Au I've been thinking about that too. We've found some of the brightest up-and-coming chemists in the field, but they need quality, hands-on leadership. **11**We should really add a second manager to the department, someone to focus on training and professional development.

W-Br Now that's an idea. The more support we can offer the new staff, the more productive they'll be. **12**Why don't we go over all the details so we can propose this to the vice president?

여 최근에 우리가 재능 있는 젊은 과학자들을 다수 채용할 수 있어서 정말 뿌듯했습니다만, **10**다음 프로젝트를 위해 저희 연구진에게 필요한 경험이 부족해서 걱정이에요.

남 저도 그 부분에 대해 생각하고 있었어요. 우리가 이 분야에서 가장 똑똑하고 전도 유망한 화학자 몇 명을 구하긴 했지만 그들에겐 우수하고 실무적인 지도부가 필요해요. **11**우리가 매니저를 한 명 더 부서에 꼭 추가해야겠어요. 교육과 전문성 개발에 집중할 사람을요.

여 그것도 생각해 볼 만하네요. 신입 직원들을 더 많이 지원할수록 그들의 생산성은 더 좋아질 겁니다. **12**세부사항을 모두 검토해서 부사장님께 제안하면 어떨까요?

어휘 talented 재능 있는 manage to + 동사원형 겨우[간신히] ~하다 recruit 채용하다 lately 최근에 lack ~이 부족하다 bright 똑똑한 up-and-coming 전도 유망한, 떠오르는 chemist 화학자 field 분야 quality 우수한 hands-on 체험의, 실제로 해 보는 add A to B A를 B에 추가하다 second 두 번째의, 하나 더 focus on ~에 집중하다 productive 생산적인 go over ~을 검토하다 propose 제안하다 vice president 부사장

10 여자는 어떤 문제를 언급하는가?

(A) 연구에서 오류가 발생했다.
(B) 몇몇 프로젝트 마감시한이 지나갔다.
(C) 부서에 자금이 부족하다.
(D) 일부 직원들의 경험이 부족하다.

해설 여자가 언급하는 문제점

여자가 첫 대사에서 새로 과학자들을 채용했지만 다음 프로젝트를 위해 필요한 경험이 부족해서 걱정(I worry that our research group lacks the kind of experience)이라고 했으므로, (D)가 정답이다.

패러프레이징

지문의 lacks the kind of experience ➡ 정답의 inexperienced

11 여자가 "그것도 생각해 볼 만하네요"라고 말할 때 그 의도는 무엇인가?

(A) 좀 더 많은 조언을 받고 싶다.
(B) 남자가 도움이 될 만한 제안을 했다.
(C) 현재의 계획이 너무 복잡하다.
(D) 변화가 적시에 일어나고 있다.

해설 화자의 의도 파악 – 생각해 볼 만하다는 말의 의미

남자가 교육과 전문성 개발에 집중할 사람을(someone to focus on training and professional development) 두 번째 매니저로 부서에 꼭 추가해야겠다고 하자 여자가 한 말이다. 즉, 남자가 도움이 될 만한 제안을 했다는 의미이므로, (B)가 정답이다.

12 화자들은 다음에 무엇을 하겠는가?

(A) 제안 사항에 대한 논의
(B) 승진 제안
(C) 인터뷰 실시
(D) 보고서 읽기

해설 **화자들이 다음에 할 일**

대화 맨 마지막에 여자가 남자에게 세부사항을 모두 검토해서 부사장님에게 제안해 보자(Why don't we go over all the details ~ ?)고 했으므로 (A)가 정답이다.

패러프레이징

지문의 go over all the details ➡ 정답의 Discuss

Q 13-15

> M-Au **13**Suri, you just got back from meeting with the designers of our new spring clothing line, right? I'd like to know what you think of it.
>
> W-Am Well, there's a wash-and-wear jacket that looks great. **14**It's made of a polyester blend, so it'll really last. It would be great for people who travel a lot.
>
> M-Au That could be a great selling point. **15**Why don't we make that the central focus of our advertising campaign?

> 남 **13**수리, 봄 의류 신상품을 만든 디자이너들과 만나고 방금 돌아왔죠? 그 제품군에 관한 당신의 생각을 알고 싶어요.
>
> 여 음, 물세탁이 가능하고 구김이 적은 재킷이 훌륭해 보여요. **14**재질이 폴리에스테르 혼방이라 정말 오래갈 거예요. 여행을 많이 하는 사람들에게 아주 좋을 거예요.
>
> 남 아주 좋은 장점이 될 수 있겠군요. **15**그것을 우리 광고 캠페인의 초점으로 삼아 볼까요?

> 어휘 line 제품군 wash-and-wear 물세탁이 가능하고 구김이 적은 blend 혼방 last 오래 가다 selling point 판매에 유리한 장점 central focus 중점 advertising campaign 광고 캠페인

13 화자들은 어떤 업계에서 근무하겠는가?
(A) 관광 　　　　(B) 패션
(C) 광고 　　　　(D) 출판

해설 **화자들이 근무하는 업계**

남자가 첫 번째 대사에서 여자에게 봄 의류 신상품(our new spring clothing line)을 만든 디자이너들과 만나고 온 게 맞는지 확인한 후, 의류 관련 대화를 이어가고 있다. 따라서 (B)가 정답이다. 참고로, 마지막에 광고를 언급하긴 했지만 이들이 광고 회사에 다니는 것은 아니므로, (C)는 오답이다.

패러프레이징

지문의 our new spring clothing line
➡ 정답의 Fashion

14 여자는 신제품에 관해 무엇이라고 말하는가?
(A) 내구성이 있다.
(B) 비싸지 않다.
(C) 잘 팔린다.
(D) 다시 디자인되고 있다.

어휘 **durable** 튼튼한, 내구성이 있는

해설 **세부 사항 – 여자가 신제품에 관해 언급한 사항**

여자의 첫 번째 대사에서 재질이 폴리에스테르 혼방이라 정말 오래 갈 것(It's made of a polyester blend, so it'll really last)이라고 했으므로 (A)가 정답이다.

패러프레이징

지문의 it'll really last ➡ 정답의 durable

15 남자는 무엇을 제안하는가?
(A) 제품 시험 시작
(B) 안내책자 제작
(C) 기자회견 준비
(D) 특별한 사양 홍보

어휘 **initiate** 시작하다 **promote** 홍보하다

해설 **남자의 제안 사항**

남자의 두 번째 대사에서 내구성을 광고 캠페인의 초점으로 삼아 보자(Why don't we make that the central focus of our advertising campaign?)고 제안했으므로, (D)가 정답이다.

패러프레이징

지문의 make that the central focus of our advertising campaign ➡ 정답의 Promoting a special feature

Q 16-18　3인 대화

> W-Am Thanks for interviewing on such short notice, Mr. McNeilly. **16**I'm Paula Oliveira, Head of Human Resources at Channel 15.
>
> W-Br And I'm Rebecca Horowitz. **16**I produce the nightly newscast.
>
> M-Cn Nice to meet you both.
>
> W-Br We've looked over your résumé, and you seem to be very well qualified for the camera operator position. **17**But we're curious about your availability, since our film crews often go out on assignment with little warning.
>
> M-Cn **17**I understand that I would need to be available on short notice. That's no problem.
>
> W-Am OK, so, why don't we have a look at some of your work? **18**You said you brought a video. Can you show us?
>
> M-Cn **18**Sure, the file's right here on my laptop.

> 여1 그토록 촉박하게 통보 드렸는데도 면접에 응해 주셔서 감사합니다, 맥닐리 씨. **16**저는 채널 15의 인사부장 폴라 올리베이라입니다.

여2 그리고 저는 레베카 호로비츠입니다. **16야간 뉴스 프로**를 **제작합니다.**

남 두 분 모두 뵙게 되어 반갑습니다.

여2 귀하의 이력서를 살펴봤는데, 촬영기사 직에 매우 적합한 자격을 갖추신 것 같습니다. **17하지만 일을 하실 수 있을지 궁금합니다. 저희 촬영진은 예고 없이 취재를 나가는 일이 다반사거든요.**

남 **17촉박하게 통보를 받고 일해야 한다는 걸 알고 있습니다.** 문제없습니다.

여1 좋습니다. 그럼 작업물을 좀 살펴볼까요? **18동영상을 가져오셨다고 하셨죠. 저희에게 보여 주시겠어요?**

남 물론이죠. **18파일이 여기 제 노트북 컴퓨터에 있습니다.**

어휘 short notice 촉박한 통보 human resources 인사부 newscast 뉴스 프로 look over ~을 살펴보다, 훑어보다 résumé 이력서 qualified for ~에 자격을 갖춘 camera operator 촬영기사 position 직위, 자리 availability 가용성, (일정상의) 가능성 film crew 촬영진, 카메라팀 on assignment 임무를 맡아 with little warning 예고 없이

16 면접관들이 근무하는 곳은 어디이겠는가?
(A) 전자제품 매장
(B) 직업소개소
(C) 텔레비전 방송국
(D) 영화관

해설 **면접관들의 근무지**
여자 1이 첫 번째 대사에서 자신이 채널 15의 인사부장 폴라 올리베이라(I'm Paula Oliveira, Head of Human Resources at Channel 15)라고 했고, 뒤이어 여자 2가 자신은 야간 뉴스 프로를 제작한다(I produce the nightly newscast)고 했다. 따라서 이들이 방송국에서 근무한다는 것을 알 수 있으므로, (C)가 정답이다.

패러프레이징
지문의 Channel 15, newscast
➡ 정답의 television station

17 화자들이 논의하는 직무 요건은 무엇인가?
(A) 전문 자격
(B) 적합한 장비 소유
(C) 관리 경험
(D) 융통성 있는 작업 일정

어휘 professionally 전문적으로 certified 자격이 있는 flexible 융통성 있는, 유연한

해설 **세부 사항 – 논의되는 직무 요건**
여자 2의 두 번째 대사에서 남자가 일을 할 수 있을지 궁금하다(we're curious about your availability)고 하며, 촬영진이 예고 없이 취재를 나가는 일이 다반사(since our film crews often go out on assignment with little warning)라고 했으므로, (D)가 정답이다.

패러프레이징
지문의 go out on assignment with little warning
➡ 정답의 flexible schedule

18 남자는 다음에 무엇을 하기로 동의하는가?
(A) 동영상 틀기
(B) 추천서 제시
(C) 시설물 견학
(D) 상사 면담

해설 **세부 사항 – 남자가 하기로 동의한 일**
여자 1의 두 번째 대사에서 남자에게 가져온 영상을 보여 달라(Can you show us?)고 요청하자 남자가 수락했으므로, (A)가 정답이다.

Q 19-21 대화 + 파이 차트

W-Br Hi Joe. It's Anita. **19I just got your report on the feedback from our clients,** and I'd like to know more about one of the charts. Do you have time to talk now?

M-Cn Sure, Anita. Which chart are you interested in?

W-Br The one about how clients found our company. **20The most common method is surprisingly popular!** But it's a rather broad category. Do we have any more information about it?

M-Cn No, unfortunately. You know, this is the first time we've compiled the answers to this survey, and that result was unexpected. **21I'm going to add some sub-categories to the options now.** That will give us better data in the future.

여 안녕하세요, 조. 아니타입니다. **19고객 의견에 관한 당신의 보고서를 받았는데요.** 도표 중 하나에 대해 좀더 알고 싶어서요. 지금 이야기할 시간이 되세요?

남 그럼요, 아니타. 어떤 도표에 관심이 있으신가요?

여 고객들이 우리 회사를 어떻게 알게 되었는지에 관한 도표요. **20가장 흔한 방법이 의외로 굉장히 인기가 있네요!** 하지만 범주가 다소 넓어요. 이에 관한 정보가 더 있을까요?

남 안타깝게도 없습니다. 이 설문 조사의 답변을 집계한 건 처음인데 결과가 예상 밖이에요. **21지금 그 선택사항에 하위 범주를 추가할게요.** 향후 더 나은 자료가 나올 겁니다.

어휘 be interested in ~에 관심이 있다 common 흔한 method 방법 surprisingly 놀랄 만큼, 대단히 rather 약간, 좀 broad 넓은 compile 집계하다, 편찬하다 survey 설문 unexpected 예상 밖의, 뜻밖의 sub-category 하위 범주

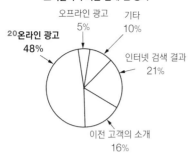

고객들이 우리를 알게 된 방식

- 오프라인 광고 5%
- 기타 10%
- **20온라인 광고 48%**
- 인터넷 검색 결과 21%
- 이전 고객의 소개 16%

19 여자가 남자에게 전화한 이유는?
(A) 작업한 것에 대해 감사를 전하려고
(B) 문서의 실수를 지적하려고
(C) 새로운 마케팅 전략을 제안하려고
(D) 의견에 관한 세부사항을 물어보려고

어휘 point out ~을 지적하다 strategy 전략

해설 **여자가 전화한 목적**
여자가 첫 번째 대사에서 고객 의견에 관한 남자의 보고서를 받았다(I just got your report on the feedback from our clients)고 한 후, 도표 중 하나에 대해 좀 더 알고 싶다(I'd like to know more about one of the charts)며 덧붙였다. 따라서 (D)가 정답이다.

20 시각 정보에 따르면, 여자는 어떤 범주를 언급하는가?
(A) 오프라인 광고
(B) 이전 고객의 소개
(C) 온라인 광고
(D) 기타

어휘 referral 소개, 추천, 위탁 previous 이전의

해설 **시각 정보 연계 – 여자가 언급한 범주**
여자의 두 번째 대사에서 가장 흔한 방법이 의외로 굉장히 인기가 있다(The most common method is surprisingly popular!)며 범주가 다소 넓다(it's a rather broad category)고 했는데, 시각 정보를 보면 온라인 광고의 비율이 48퍼센트로 가장 높다. 따라서 (C)가 정답이다.

21 남자는 무엇을 하겠다고 말하는가?
(A) 자료 다시 확인하기
(B) 더 많은 고객에게 연락하기
(C) 설문지 일부 수정하기
(D) 다른 동료들과 보고서 공유하기

어휘 double-check 다시 확인하다 questionnaire 설문지 coworker 동료

해설 **남자가 할 일**
남자가 마지막 대사에서 지금 설문조사 선택사항에 하위 범주를 추가하겠다(I'm going to add some sub-categories to the options now)고 했으므로, 남자가 설문지를 수정할 것임을 알 수 있다. 따라서 (C)가 정답이다.

패러프레이징
지문의 add some sub-categories to the options
➡ 정답의 Revise part of a questionnaire

---

⑩ 회사 내·외부 행사 및 사무기기·시설

ETS CHECK-UP 본책 p. 151

1 (A) **2** (D) **3** (B)

Q 1-3

W-Am **1**Ki-Soo, I'm having a problem using our restaurant's new ice-cream maker. **2**I noticed that a red light on the side of the machine came on after I poured the ingredients into it. Is that normal?

M-Cn Oh, that light warns you that you haven't put in enough of the ingredients you need. This new machine has a larger capacity and makes bigger batches than we're used to.

W-Am I was just following the recipe that we used with the old machine. **3**Do you have a new recipe with the amounts adjusted for this machine? If you can get that for me, I'll finish making the ice cream right now.

여 **1**기수, 레스토랑의 아이스크림 제조기를 사용하는 데 문제가 있어요. **2**재료를 넣고 나서 기계 측면에 빨간 불이 들어오는 것을 봤어요. 정상인가요?

남 아, 그 불은 필요한 재료를 충분히 넣지 않았다고 경고하는 겁니다. 이 새 기계는 용량이 더 커서 우리가 늘 하던 것보다 한 번에 더 많은 양을 만들어 내요.

여 제가 예전 기계에서 사용했던 제조법을 따라서 하고 있었네요. **3**이 기계에 맞게 용량을 조절한 새 제조법을 갖고 계세요? 그걸 저에게 주시면, 지금 바로 아이스크림 만드는 것을 마무리할게요.

어휘 ingredient 재료, 성분 capacity 용량, 능력 batch 한 회분, 집단 adjust 조정하다, 조절하다

1 화자들은 무엇에 대해 이야기하는가?
(A) 장비 (B) 작업 일정
(C) 고객 불만 (D) 정전

해설 **대화의 주제**
여자가 첫 번째 대사에서 레스토랑의 아이스크림 제조기를 사용하는 데 문제가 있다(I'm having a problem using our restaurant's new ice-cream maker)고 한 후, 자신이 발견한 문제점에 대해 남자에게 문의했다. 이에 대해 남자도 여자의 질문에 답하며 기기에 대한 대화를 이어가고 있으므로, (A)가 정답이다.

패러프레이징
지문의 ice-cream maker ➡ 정답의 equipment

2 여자는 무엇을 알아차렸는가?
(A) 물건이 제자리에 없다.
(B) 주문이 완료되지 않았다.
(C) 동료가 늦었다.
(D) 경고등이 켜졌다.

해설 **세부 사항 – 여자가 알아차린 것**
여자가 첫 번째 대사에서 재료를 넣고 나서 기계 측면에 빨간 불이 들어오는 것을 봤다(I noticed that a red light on the side of the machine came on)고 했으므로, (D)가 정답이다.

패러프레이징
지문의 **a red light ~ came on**
➡ 정답의 **A warning light is on**

3 여자는 남자에게 무엇을 해 달라고 요청하는가?
(A) 제조업체에 연락하기
(B) 최신 제법 제공하기
(C) 기계 끄기
(D) 고객 주문 처리하기

어휘 **manufacturer** 제조업체 **fill an order** 주문을 처리하다

해설 **여자의 요청 사항**
여자가 마지막 대사에서 기계에 맞게 용량을 조절한 새 제조법을 갖고 있는지(Do you have a new recipe ~ for this machine?) 물으며 남자에게 요청하고 있으므로, (B)가 정답이다.

패러프레이징
지문의 **a new recipe with the amounts adjusted**
➡ 정답의 **an updated recipe**

LISTENING PRACTICE　　　본책 p. 153

1 (B)　**2** (B)　**3** (B)　**4** (B)　**5** (A)　**6** (B)

Q 1-2

W-Am Hi, **1**this is Meridith Lansky calling about the menus I ordered for my new restaurant. They arrived in the mail today, and, unfortunately, the phone number is printed incorrectly.

M-Au I'm sorry to hear that, Ms. Lansky. We'll print new copies with the corrected phone number, free of charge. They should be ready for you by the beginning of next week.

W-Am **2**Actually, we're having a grand-opening party this weekend. Could you please rush the order so I get them by Friday?

여 안녕하세요. **1**메레디스 랜스키입니다. 새 식당을 위해 주문한 메뉴 때문에 전화했어요. 오늘 우편으로 도착했는데, 유감스럽게도 전화번호가 잘못 인쇄됐네요.

남 죄송합니다, 랜스키 씨. 수정된 전화번호를 넣어서 무료로 새로 인쇄해 드릴게요. 다음 주 초까지 준비될 겁니다.

여 **2**사실 이번 주문에 개업식이 있어요. 제가 금요일까지 받을 수 있게 주문을 서둘러 보내주실 수 있나요?

어휘 **order** 주문하다; 주문(건) **unfortunately** 유감스럽게도 **incorrectly** 부정확하게 **free of charge** 무료로 **actually** 사실 **grand-opening** 개점, 개장 **rush** 서두르다, 급히 보내다

1 주문한 물품에 어떤 문제가 있는가?
(A) 종이 크기가 잘못됐다.
(B) 전화번호가 잘못됐다.

해설 **주문한 물품의 문제점**
여자가 첫 번째 대사에서 새 식당을 위해 주문한 메뉴 때문에 전화했다고 한 후, 전화번호가 잘못 인쇄됐다(the phone number is printed incorrectly)고 했으므로, (B)가 정답이다.

패러프레이징
지문의 **the phone number is printed incorrectly**
➡ 정답의 **A telephone number is incorrect**

2 여자에 따르면, 이번 주말에 어떤 일이 있을 것인가?
(A) 요리 시연
(B) 개업 기념식

어휘 **demonstration** 시연 **celebration** 기념 행사, 기념

해설 **이번 주말에 있을 일**
여자가 마지막 대사에서 이번 주말에 개업식이 있다(we're having a grand-opening party this weekend)고 했으므로, (B)가 정답이다.

패러프레이징
지문의 **grand-opening party**
➡ 정답의 **opening celebration**

Q 3-4

W-Br Have you seen the e-mail saying that we'll have twenty new summer interns starting next week? **3**Will we have enough places for them to sit and work?

M-Au Hmmm... the computers are already here, but the desks and chairs—I'm not sure when they'll arrive. We'll have to find a temporary solution until the furniture is delivered.

W-Br Well, the interns will be in training for most of the first week. **4**They can probably work in the main conference room until their furniture comes in.

여	다음 주부터 새로운 하계 인턴 스무 명이 올 거라는 이메일 보셨나요? **3그들이 앉아서 일하기에 충분한 자리가 있을까요?**
남	음… 컴퓨터는 이미 왔는데 책상과 의자는 언제 도착할지 잘 모르겠네요. 가구가 도착할 때까지 임시 해결책을 찾아야 할 겁니다.
여	아, 인턴들은 첫 주엔 대부분 교육을 받을 거예요. **4가구가 도착할 때까지 주 회의실에서 일할 수 있습니다.**

어휘 temporary 임시의, 일시적인 furniture 가구 deliver 배달하다 probably 아마 conference room 회의실

3 화자들은 무엇에 관해 이야기하는가?
(A) 직원 수칙
(B) 업무 공간 마련

어휘 arrangements 준비, 마련, 주선

해설 대화의 주제
여자가 첫 번째 대사에서 인턴들이 앉아서 일하기에 충분한 자리가 있을지(Will we have enough places for them to sit and work?)를 묻자 남자가 인턴들이 사용할 컴퓨터 및 가구 이야기를 하며 대화를 이어가고 있다. 따라서 (B)가 정답이다.

4 여자는 무엇을 제안하는가?
(A) 추가 지원자 모집하기
(B) 회의실 이용하기

어휘 recruit 모집하다 additional 추가의 applicant 지원자

해설 여자의 제안 사항
여자가 마지막 대사에서 인턴들이 가구가 도착할 때까지 주 회의실에서 일하면 될 것(They can probably work in the main conference room)이라고 제안했으므로, (B)가 정답이다.

Q 5-6

M-Cn	Martina, **5I'm having trouble finding my daily schedule on the computer** — the calendar software keeps on giving me an error message. I think I'm meeting Ms. Lee at one o'clock, right?
W-Am	Actually, she just called a while ago and asked if you could come at one thirty instead.
M-Cn	Good — pushing it back to one thirty gives me more time to get ready. While I'm out of the office, **6would you mind calling technical support for me?** I'd like to make sure my calendar works again soon!
남	마르티나, **5컴퓨터에서 일일 일정을 찾는 데 애를 먹고 있어요.** 일정 프로그램에서 계속 오류 메시지가 떠요. 제가 1시에 리 씨와 만나기로 한 것 같은데, 맞나요?

여	실은 그녀가 조금 전에 막 전화해서 대신 1시 30분에 와주실 수 있는지 물어보았어요.
남	좋아요. 1시 30분으로 미루면 준비할 여유가 더 있겠네요. 내가 자리 비울 동안 **6기술지원팀에 전화 좀 해 줄래요?** 일정표가 빨리 다시 작동되도록 하고 싶어요!

어휘 have trouble -ing ~하는 데 어려움을 겪다 push back ~을 미루다 technical support 기술 지원 work 작동하다

5 남자가 어려움을 겪고 있는 일은 무엇인가?
(A) 일정 찾기
(B) 암호 변경

어휘 locate 위치를 찾아내다

해설 남자가 겪는 문제
남자가 첫 번째 대사에서 컴퓨터에서 일정을 찾는 데 애를 먹고 있다(I'm having trouble finding my daily schedule on the computer)고 했으므로, (A)가 정답이다.

패러프레이징
지문의 finding my daily schedule
➡ 정답의 Locating a schedule

6 남자는 여자에게 무엇을 해 달라고 요청하는가?
(A) 소프트웨어 프로그램 설치
(B) 기술지원팀에 연락

해설 남자의 요청 사항
남자가 마지막 대사에서 여자에게 기술지원팀에 전화해 달라(would you mind calling technical support for me?)고 부탁했으므로, (B)가 정답이다.

패러프레이징
지문의 calling technical support
➡ 정답의 Contact technical support

ETS TEST
본책 p. 154

1 (C)	2 (D)	3 (B)	4 (A)	5 (C)	6 (B)
7 (B)	8 (A)	9 (C)	10 (B)	11 (C)	12 (A)
13 (A)	14 (C)	15 (C)	16 (D)	17 (A)	18 (B)
19 (D)	20 (B)	21 (C)			

Q 1-3

W-Br	**1Hi, is this the Help Desk?** This is Miranda Shin in Room 252B. **1I'm calling about a problem I'm having with my computer.** I hear a loud whistling sound, like from a fan blowing.
M-Au	OK, let's see if I can help you with that. **2I'd like you to shut the computer off and then turn it back on.**

W-Br Actually, I've done that three times already. Unfortunately, it didn't help.

M-Au All right then. ³I have some time now, so I can come over to your office and try to figure this out.

여 ¹안녕하세요. 업무 지원 센터죠? 저는 252B호실의 미란다 신이에요. ¹컴퓨터에 문제가 생겨서 전화 드려요. 선풍기가 돌아가는 것처럼 윙하고 시끄러운 소리가 나요.

남 네, 제가 도울 수 있는지 살펴보죠. ²컴퓨터를 껐다가 다시 켜보세요.

여 실은 이미 세 번이나 껐다 켰어요. 안타깝게도 소용이 없었어요.

남 좋아요, 그럼. ³제가 지금 시간이 좀 있으니, 당신 사무실로 가서 문제를 해결해 보죠.

어휘 Help Desk 업무 지원 센터, 고객 지원 센터 loud 시끄러운 whistling sound 윙 하는 소리, 휘파람 소리 fan 선풍기 blow 불다, 소리를 내다 shut off ~을 끄다 actually 실은, 실제로 unfortunately 안타깝게도 figure out ~을 해결하다, 파악하다

1 남자는 어느 부서에서 근무하겠는가?
(A) 인사부
(B) 경리부
(C) 기술지원부
(D) 홍보부

해설 **남자의 근무 부서**
여자의 첫 번째 대사에서 업무 지원 센터(Help Desk)인지 확인한 후 컴퓨터 문제(a problem I'm having with my computer)에 관해 문의했으므로, 남자가 기술지원부에 근무한다고 추론할 수 있다. 따라서 (C)가 정답이다.

2 남자는 여자에게 무엇을 하라고 요청하는가?
(A) 회의 참석
(B) 보고서 작성
(C) 사용설명서 확인
(D) 컴퓨터 재부팅

해설 **남자의 요청 사항**
남자의 첫 번째 대사에서 컴퓨터를 껐다가 다시 켜보라(I'd like you to shut the computer off and then turn it back on)고 했으므로, (D)가 정답이다.

패러프레이징
지문의 shut the computer off and then turn it back on ➡ 정답의 Restart a computer

3 남자가 할 수 있다고 말하는 것은?
(A) 추천서 제공
(B) 여자의 사무실 방문
(C) 요청 승인
(D) 프로젝트 팀 선발

어휘 approve 승인하다

해설 **남자의 제안 사항**
남자의 두 번째 대사에서 여자의 사무실로 가서 문제를 해결해 보겠다(I can come over to ~ figure this out)고 했으므로, (B)가 정답이다.

패러프레이징
지문의 come over to your office ➡ 정답의 Visit the woman's office

Q 4-6

W-Am ⁴Tobias, the party to celebrate selling our one thousandth home is at the end of the day, but I'm worried that we won't have enough time to prepare this afternoon. Why don't you go pick up the cake and supplies now?

M-Cn Oh, I'm not sure that's a good idea. The cake has to be refrigerated.

W-Am ⁵Can't you put it in the fridge in the break room?

M-Cn It's a big cake.

W-Am I see. Is there anything you could do now for the party?

M-Cn ⁶Yes, I could hang up the banner and the balloons. I ordered them online, so they're here already.

여 ⁴토바이어스, 1,000호 주택 판매를 기념하는 파티가 오늘 일과 후에 있는데, 오후에 준비할 시간이 충분치 않을 것 같아 걱정이예요. 지금 가서 케이크와 용품들을 가져오는 게 어때요?

남 아, 좋은 생각인지 잘 모르겠네요. 케이크는 냉장 보관해야 하거든요.

여 ⁵휴게실 냉장고에 넣으면 안 돼요?

남 대형 케이크예요.

여 알겠어요. 파티를 위해 지금 해 줄 수 있는 일이 있나요?

남 ⁶네, 현수막과 풍선을 달 수 있어요. 온라인으로 주문했는데 이미 와 있을 겁니다.

어휘 celebrate 기념하다, 축하하다 prepare 준비하다 supplies 용품, 물품 refrigerate 냉장하다 fridge 냉장고 break room 휴게실

4 화자들은 무엇을 축하할 것인가?
(A) 매출 대기록
(B) 업체 합병
(C) 회사 창립기념일
(D) 제품 출시

어휘 milestone 중요한 단계, 획기적 사건 merger 합병 anniversary 기념일 launch 출시

해설 **세부 사항 - 화자들이 축하할 것**
여자가 첫 번째 대사에서 1,000호 주택 판매를 기념하는 파티(the party to celebrate selling our one thousandth home)가 있다고 했으므로, (A)가 정답이다.

패러프레이징

지문의 **the party to celebrate selling our one thousandth home** ➡ 정답의 **A sales milestone**

5 남자가 "대형 케이크예요"라고 말할 때, 그 의도는 무엇인가?
(A) 케이크 가격이 적정하다.
(B) 파티 손님들을 위해 충분한 양이다.
(C) 케이크가 사무실 전기 제품에 맞지 않을 것이다.
(D) 케이크를 실어 나르는 일은 특별한 방법이 필요하다.

어휘 reasonable (가격이) 적정한 appliance 전기 제품 transport 수송하다, 실어 나르다 require 요구하다 arrangements (처리) 방법

해설 **화자의 의도 - 대형 케이크라는 말의 의미**
여자의 두 번째 대사에서 케이크를 휴게실 냉장고에 넣으면 안 되는지(Can't you put it in the fridge in the break room?) 묻자 남자가 한 말이다. 이는 케이크가 커서 냉장고에 들어가지 않을 거라는 의미이므로, (C)가 정답이다.

패러프레이징

지문의 **fridge in the break room**
➡ 정답의 **office appliance**

6 남자는 다음으로 무엇을 하겠다고 제안하는가?
(A) 공지하기
(B) 장식 달기
(C) 주문 변경하기
(D) 제과점 방문하기

어휘 announcement 발표, 공지 decoration 장식

해설 **남자의 제안 사항**
남자가 마지막 대사에서 자신이 현수막과 풍선을 달 수 있다(I could hang up the banner and the balloons)고 제안했으므로, (B)가 정답이다.

패러프레이징

지문의 **hang up the banner and the balloons**
➡ 정답의 **Put up decorations**

Q 7-9

M-Au Hi, I'm calling from Skiller Building Repair Company. **7**I got your message about the damaged wall in your store.

W-Am Yes. The damage was from a leaking water line. The leak's been repaired, but the wall behind the cash register has several cracks.

M-Au We can fix that for you.

W-Am Oh good! **8**But I'd like to avoid closing the store early. Could you do the work in the evening?

M-Au **9**Well, if you don't mind paying a slightly higher rate, I can get a crew in there after your regular hours.

W-Am **9**OK, that'd be fine. Thanks!

남 안녕하세요. 스킬러 빌딩 보수 회사에서 전화 드립니다. **7**점포 내 벽이 손상되었다는 메시지를 받았습니다.

여 네. 수도관 누수로 손상되었어요. 새는 부분은 고쳤지만 현금출납기 뒤쪽 벽에 몇 군데 금이 갔어요.

남 저희가 고칠 수 있습니다.

여 잘됐네요! **8**그런데 가게 문을 일찍 닫고 싶지는 않거든요. 작업을 저녁에 하실 수 있나요?

남 **9**음, 요금을 약간 더 지불해도 괜찮으시다면 정규 영업시간 이후에 작업반을 그곳으로 보내겠습니다.

여 **9**네, 그래도 괜찮아요. 고맙습니다!

어휘 repair 수리, 수선; 수리하다 damaged 손상된 damage 손상, 피해 leak 새다; 새는 부분 water line 송수관, 수도관 cash register 현금출납기 crack 갈라진 금, 틈새 fix 고치다, 수선하다 avoid 피하다 slightly 약간 rate 요금 crew 작업반 regular hours 정규 영업시간

7 화자들은 무슨 문제를 상의하고 있는가?
(A) 정전
(B) 손상된 벽
(C) 망가진 가전제품
(D) 배송 지연

해설 **대화의 주제**
남자가 첫 번째 대사에서 여자의 점포 내 벽이 손상되었다는 메시지를 받았다(I got your message about the damaged wall in your store)고 한 후, 수리 일정 및 비용에 대해 논의했으므로, (B)가 정답이다.

8 여자는 무엇을 피하고 싶어 하는가?
(A) 영업시간 조정
(B) 업소 이전
(C) 장비 구입
(D) 물품 파손

어휘 adjust 조정하다 ruin 파손하다, 망치다

해설 **세부 사항 - 여자가 기피하는 것**
여자의 두 번째 대사에서 가게 문을 일찍 닫고 싶지 않다(I'd like to avoid closing the store early)며 작업을 저녁에 할 수 있는지 물었으므로, (A)가 정답이다.

패러프레이징

지문의 **closing the store early**
➡ 정답의 **Adjusting her store's hours**

9 여자는 무엇을 하는 것에 동의하는가?
(A) 추후 통화
(B) 상품 기부
(C) 용역비 추가 지불
(D) 고객 의견 제공

세부 사항 - 여자가 동의하는 것

남자의 세 번째 대사에서 요금을 약간 더 지불해도 괜찮으면 (if you don't mind paying a slightly higher rate) 정규 영업시간 이후에 작업반을 보내겠다고 하자 여자가 동의(OK, that'd be fine)했으므로, (C)가 정답이다.

패러프레이징

지문의 **paying a slightly higher rate**
➡ 정답의 **Pay more for a service**

Q 10-12 3인 대화

> M-Cn Hi. **10**We're both here for the accounting training. We're looking for room 304. Are we in the right place?
>
> W-Br Yes, you are. What are your names so I can check if you're on the list?
>
> M-Cn I'm Frank Meyers. I registered last month.
>
> M-Au And I'm Jack Krugman. I just found out about the training this morning. **11**I'm worried it might be too late to sign up.
>
> W-Br No, that's fine, Mr. Krugman, but I don't have any extra information packets. Do you two mind sharing one?
>
> M-Cn Sure. And, I was wondering ... are any refreshments provided?
>
> W-Br **12**You'll find coffee, tea, and snacks at the back of the room. We'll be starting the session in about ten minutes.
>
> 남1 안녕하세요. **10**저희 둘은 회계 교육을 받으러 여기 왔습니다. 304 호실을 찾고 있어요. 여기가 맞나요?
>
> 여 네, 맞습니다. 명단 확인을 위해 성함 좀 말씀해 주시겠어요?
>
> 남1 저는 프랭크 마이어스입니다. 지난달에 등록했어요.
>
> 남2 그리고 저는 잭 크루그먼입니다. 저는 오늘 아침에 교육이 있다는 걸 알았어요. **11**등록하기에 너무 늦은 건 아닌지 걱정이네요.
>
> 여 아니에요, 괜찮긴 합니다만 크루그먼 씨, 저한테 여분의 자료집이 없네요. 두 분께서 같이 보셔도 괜찮을까요?
>
> 남1 그럼요, 그리고 궁금한 점이 있는데요, 다과는 제공되나요?
>
> 여 **12**강의실 뒤쪽에 보시면 커피, 차, 간식이 있을 겁니다. 교육은 10분 후쯤 시작합니다.

어휘 accounting 회계 training 교육 register 등록하다 sign up 등록하다 extra 여분의 information packet 자료집 share 같이 쓰다[보다] refreshments 다과 session (특정 활동을 하는) 시간

10 어떤 종류의 행사가 열리고 있는가?
 (A) 언론 공식 발표
 (B) 교육
 (C) 취업 면접
 (D) 고객 만찬

세부 사항 - 행사의 종류

남자 1이 첫 대사에서 남자 2와 함께 회계 교육을 받으러 왔다 (We're both here for the accounting training)고 했으므로, (B)가 정답이다.

11 잭 크루그먼은 왜 걱정하는가?
 (A) 사진이 부착된 신분증을 잊어버려서 안 가져왔다.
 (B) 일정이 겹쳤다.
 (C) 미리 등록하지 않았다.
 (D) 노트북 컴퓨터를 요청하지 않았다.

어휘 identification 신분증 scheduling conflict 일정 겹침 in advance 미리

세부 사항 - 잭 크루그먼이 걱정하는 이유

대화 중반에 남자 2(잭 크루그먼)가 등록하기에 너무 늦은 건 아닌지 걱정(I'm worried it might be too late to sign up)이라고 했으므로, (C)가 정답이다.

패러프레이징

지문의 **sign up** ➡ 정답의 **register**

12 여자는 강의실 뒤쪽에 무엇이 있다고 말하는가?
 (A) 다양한 다과
 (B) 시청각 장비
 (C) 교육 매뉴얼
 (D) 행사 일정표

세부 사항 - 강의실 뒤쪽에 있는 것

여자가 마지막 대사에서 강의실 뒤쪽에 커피, 차, 간식이 있다 (You'll find coffee, tea, and snacks at the back of the room)고 했으므로, (A)가 정답이다.

패러프레이징

지문의 **coffee, tea, and snacks**
➡ 정답의 **A variety of refreshments**

Q 13-15

> W-Br **13**Kumar, I heard that your department is using some new project management software. How's it working out?
>
> M-Au Oh, you mean "Simple Project"? We got it to help everyone stay on track with their tasks. **14**But it keeps crashing! Because of the software's defects, we can't use it for hours at a time.
>
> W-Br That doesn't sound good! Have you been able to figure out what's wrong?
>
> M-Au No—we've spent a lot of time working with the vendor and still haven't been able to pinpoint the problem. **15**But their technician is coming to the office this Thursday. Hopefully he'll be able to fix the issue.

여 **¹³쿠마르, 당신의 부서가 새 프로젝트 관리 소프트웨어를 사용하고 있다고 들었어요. 어때요?**

남 아, "심플 프로젝트"요? 모두가 자신의 업무를 제대로 진행할 수 있도록 도와주려고 들였죠. **¹⁴그런데 계속 고장이 나요! 소프트웨어 결함 때문에 한 번에 몇 시간씩 사용할 수가 없어요.**

여 그거 안됐네요! 무슨 문제인지 알아낼 수 있었나요?

남 아니요. 판매업체와 함께 오랜 시간 동안 작업했는데 아직 문제를 정확히 찾을 수가 없었어요. **¹⁵하지만 기술자가 이번 목요일에 사무실로 올 겁니다.** 문제를 바로잡을 수 있길 바라요.

어휘 department 부서 management 관리 on track 제대로 진행되고 있는 crash 충돌하다, 고장 나다 defect 결함 at a time 한 번에 figure out ~을 알아내다 vendor 판매업자 pinpoint 정확히 찾아내다 technician 기술자 hopefully 바라건대

13 화자들은 어떤 종류의 소프트웨어에 대해 이야기하는가?
(A) 프로젝트 관리
(B) 회계
(C) 전자 출판
(D) 데이터 보호

어휘 publishing 출판 protection 보호

해설 **세부 사항 – 화자들이 논의하는 소프트웨어**
여자가 첫 번째 대사에서 남자의 부서가 새 프로젝트 관리 소프트웨어(some new project management software)를 사용하고 있다고 들었다며 어떤지(How's it working out?) 물었으므로, (A)가 정답이다.

14 남자가 소프트웨어에 불만을 갖는 이유는?
(A) 많은 교육이 필요하다.
(B) 보안 기능이 없다.
(C) 안정적이지 않다.
(D) 비싸다.

어휘 require 요구하다 lack ~이 없다, 부족하다 security 보안 feature 특색, 기능 unreliable 신뢰할 수 없는, 안정적이지 않은

해설 **세부 사항 – 남자가 소프트웨어에 불만을 갖는 이유**
남자의 첫 번째 대사에서 소프트웨어가 계속 고장이 난다(it keeps crashing!)고 한 후, 결함 때문에 한 번에 몇 시간씩 사용할 수가 없다(we can't use it for hours at a time)고 덧붙였다. 따라서 (C)가 정답이다.

패러프레이징
지문의 keeps crashing, can't use it for hours
➡ 정답의 unrealiable

15 목요일에 어떤 일이 있을 것인가?
(A) 시연이 제공될 것이다.
(B) 매출액을 볼 수 있을 것이다.
(C) 기술자가 방문할 것이다.
(D) 사무실이 일찍 닫을 것이다.

어휘 demonstration 시연 offer 제공하다 sales figures 매출액 available 이용 가능한

해설 **목요일에 일어날 일**
남자가 마지막 대사에서 소프트웨어 기술자가 이번 목요일에 사무실로 올 것(their technician is coming to the office this Thursday)이라고 했으므로, (C)가 정답이다.

패러프레이징
지문의 coming to the office ➡ 정답의 make a visit

Q 16-18

W-Am Luis, I tried to book rooms for the whole team to be at the conference in Alesund, **¹⁶but all the hotels in town are full.** We should've made our reservations sooner. **¹⁶Do you think we'll have to cancel everyone's conference registration?**

M-Cn Oh, no! Let me check online first. **¹⁷I know a hotel about twenty miles outside of the city.** I'm sure they'll have enough rooms available for the team.

W-Am Hmmm..., twenty miles? **¹⁸We'll have to rent a van to commute each day, so we may end up going over our travel budget.**

M-Cn Actually, I think we'll be fine. Usually, hotels located outside the city tend to be less expensive. So the money we'll be saving on the rooms can be used to rent the van.

여 루이스, 올레순에서 있을 회의에서 팀 전체가 이용할 방을 예약하려고 했는데요. **¹⁶시내 모든 호텔이 다 찼어요.** 예약을 더 빨리 했어야 해요. **¹⁶모두의 회의 등록을 취소해야 할까요?**

남 아니요! 먼저 온라인으로 확인해 볼게요. **¹⁷시내에서 20마일 정도 떨어진 호텔을 알고 있어요.** 팀이 이용할 수 있을 만큼 충분한 객실이 확실히 있을 겁니다.

여 음… 20마일이요? **¹⁸날마다 통근할 밴을 대여해야 할 테니 출장비 예산을 결국 넘기게 될 거예요.**

남 사실 괜찮을 것 같아요. 보통 시외에 있는 호텔은 덜 비싼 경향이 있잖아요. 그러니 객실에서 아낀 돈으로 밴을 대여하는 데 쓸 수 있어요.

어휘 book 예약하다 conference 회의 reservation 예약 cancel 취소하다 registration 등록 commute 통근하다 end up -ing 결국 ~하게 되다 budget 예산

16 화자들은 주로 어떤 문제에 대해 이야기하는가?
(A) 항공편이 취소됐다.
(B) 표가 매진됐다.
(C) 신용카드가 만료됐다.
(D) 호텔 객실을 구할 수 없다.

어휘 sold out 매진된, 품절된 expire 만료되다

해설 **화자들이 논의하는 문제**
여자가 첫 번째 대사에서 시내 모든 호텔이 다 찼다(all the hotels in town are full)는 문제점을 언급한 후, 모두의 회의 등록을 취소해야 할지 남자의 의견을 묻고 있으므로, (D)가 정답이다.

패러프레이징
지문의 **all the hotels ~ are full**
➡ 정답의 **Hotel rooms are unavailable**

17 남자는 어떤 해결책을 제안하는가?
(A) 다른 지역에 객실 예약하기
(B) 출장 연기하기
(C) 여행사에 전화하기
(D) 대중교통 이용하기

어휘 postpone 연기하다, 미루다 travel agent 여행사
public transportation 대중교통

해설 **세부 사항 – 남자가 제안한 해결책**
남자의 첫 번째 대사에서 시내에서 20마일 정도 떨어진 호텔을 알고 있다고 한 후, 팀이 이용할 수 있을 만큼 충분한 객실이 확실히 있을 것(I'm sure they'll have enough rooms available for the team)이라며 우회적으로 그곳을 예약하자고 제안했다. 따라서 (A)가 정답이다.

패러프레이징
지문의 **a hotel about twenty miles outside of the city** ➡ 정답의 **rooms in another area**

18 여자는 무엇에 대해 걱정하는가?
(A) 회의에 늦게 도착하는 것
(B) 예산을 초과하는 것
(C) 연결 항공편을 놓치는 것
(D) 문서를 분실하는 것

어휘 exceed 초과하다, 넘다 connecting 연결하는

해설 **여자의 걱정거리**
여자의 두 번째 대사에서 시외 호텔을 예약하면 날마다 통근할 밴을 대여해야 한다며 그로 인해 출장비 예산을 결국 넘기게 될 것(so we may end up going over our travel budget)이라는 우려를 나타냈다. 따라서 (B)가 정답이다.

패러프레이징
지문의 **going over our travel budget**
➡ 정답의 **Exceeding a budget**

Q 19-21 대화 + 설명서 페이지

M-Cn **[19]**Thanks for helping me set up the conference room's new monitor.
W-Br No problem! **[19]**It'll be great having a big screen when we host videoconferences in here.

M-Cn Yeah. I tried doing the installation on my own, but it was too confusing.
W-Br I'll see if I can figure it out. Is there an instruction booklet?
M-Cn Yeah; it's right here.
W-Br OK, yes— **[20]**I found the section on installation. **[21]**We may want one more person to help lift the screen, though. It looks heavy, and we don't want to drop it!
M-Cn Good idea. **[21]**I'll go see if someone else is around!

남 **[19]**회의실 새 모니터 설치를 도와주셔서 감사합니다.
여 천만에요! **[19]**여기서 화상 회의를 주최할 때 큰 화면이 있으면 좋을 거예요.
남 네. 제가 혼자 설치해 보려고 했지만 너무 헷갈렸어요.
여 제가 알아낼 수 있는지 볼게요. 사용설명서가 있나요?
남 네. 여기 있습니다.
여 네, 좋아요. **[20]**설치 관련 부분을 찾았어요. 그런데 **[21]**스크린을 들어올리는 걸 도와줄 사람이 한 명 더 있어야 할지도 몰라요. 무거워 보이는데 떨어뜨리면 안 되니까요!
남 좋은 생각이네요. **[21]**누가 있는지 가서 볼게요!

어휘 videoconference 화상 회의 installation 설치
confusing 혼란스러운 instruction 설명 lift 들어올리다

목차	
안전 정보	1쪽
[20]설치	**16쪽**
사용자 제어	25쪽
기술 지원	32쪽

19 대화는 어디서 이뤄지겠는가?
(A) 구내 식당 (B) 컴퓨터실
(C) 복사실 (D) 회의실

해설 **대화 장소**
남자가 첫 번째 대사에서 회의실 새 모니터 설치를 도와주어 감사하다고 하자, 여자가 괜찮다며 여기서 화상 회의를 주최할 때 (when we host videoconferences in here) 큰 화면이 있으면 좋을 거라고 답했다. 따라서 회의실에서 대화가 이뤄지고 있다고 추론할 수 있으므로, (D)가 정답이다.

20 시각 정보에 따르면, 여자는 몇 쪽을 펼칠 것인가?
(A) 1쪽 (B) 16쪽
(C) 25쪽 (D) 32쪽

해설 **시각 정보 연계 – 여자가 펼칠 페이지**
여자의 세 번째 대사에서 설치 관련 부분을 찾았다(I found the section on installation)고 했는데, 시각 정보를 보면 해당 정보는 16쪽에 있으므로, (B)가 정답이다.

21 남자는 다음으로 무엇을 하겠다고 말하는가?

(A) 매장에 가기

(B) 의자들을 재배열하기

(C) 동료 찾아보기

(D) 치수 재기

어휘 rearrange 재배열하다   coworker 동료
measurement 치수

해설 **남자가 다음에 할 일**

여자의 세 번째 대사에서 스크린을 함께 들어올릴 사람이 한 명
더 있어야겠다고 하자 남자가 누가 있는지 가서 보겠다(I'll go
see if someone else is around!)고 했으므로, (C)가 정답이
다.

패러프레이징

지문의 **go see if someone else is around**
➡ 정답의 **Find a coworker**

⑪ 쇼핑/교통/여행

ETS **CHECK-UP**	본책 p. 157

1 (D)   **2** (B)   **3** (A)

Q 1-3 3인 대화

M-Au **1**You'll be in room two-sixteen, Ms.
Hebert. Here's your key. Please let us
know if you need anything else during
your stay.

W-Am **2**Well, I'm meeting a friend at the State
Theater this afternoon. Could you tell me
how to get there?

M-Au I'm not familiar with that theater. Perhaps
our concierge, George, knows where
it is ... George? Ms. Hebert would like
directions to the State Theater.

M-Cn Oh, sure. Let me show you on this map....
So here's our hotel. The State Theater's
about fifteen blocks east. I recommend
you take a taxi, because it's a long walk.

W-Am All right, thanks. **3**Can I keep this map in
case I want to walk back?

M-Cn Of course.

남1 **1**216호실에 묵으실 겁니다, 에베르 씨. 여기 열쇠가 있
습니다. 머무시는 동안 달리 필요하신 게 있으면 저희에
게 알려주십시오.

여 **2**음, 제가 오늘 오후에 스테이트 극장에서 친구를 만나
기로 했어요. 거기까지 어떻게 가야 하는지 알려주시겠
어요?

남1 그 극장은 제가 잘 모릅니다. 아마 저희 접객 담당인 조지
가 어디인지 알 겁니다… 조지? 에베르 씨께서 스테이트
극장까지 가는 길을 알고 싶으시대요.

남2 아, 그러시군요. 이 지도로 알려드리겠습니다… 그러니까
여기가 저희 호텔입니다. 스테이트 극장은 동쪽으로 약
15블록 떨어져 있군요. 걷기에는 먼 길이니 택시를 타실
것을 권해 드립니다.

여 네, 고마워요. **3**걸어서 돌아오고 싶을 때를 대비해서 이
지도를 제가 가져도 될까요?

남2 물론이죠.

어휘 stay 체류   familiar 익숙한, 잘 아는   concierge
(호텔의) 접객 담당자   directions 길   map 지도
recommend 권하다   in case ~한 경우에 대비하여

1 대화 장소는 어디이겠는가?

(A) 공항

(B) 여행사

(C) 사무 빌딩

(D) 호텔

해설 **대화 장소**

남자 1의 첫 번째 대사에서 여자의 방이 216호실(You'll be in
room two-sixteen)이라고 안내하며 머무는 동안 필요한 게
있으면 알려달라고 했으므로, (D)가 정답이다.

2 여자는 오늘 오후에 무엇을 할 것이라고 말하는가?

(A) 갤러리를 방문한다.

(B) 친구를 만난다.

(C) 예약을 변경한다.

(D) 선물을 구입한다.

어휘 purchase 구입하다

해설 **여자가 오후에 할 일**

여자의 첫 번째 대사에서 오늘 오후에 스테이트 극장에서 친구
를 만나기로 했다(I'm meeting a friend)고 했으므로, (B)가
정답이다.

3 여자는 무엇을 지니고 싶어 하는가?

(A) 지도

(B) 카탈로그

(C) 입장권

(D) 달력

해설 **세부 사항 – 여자가 지니고 싶어 하는 것**

여자의 마지막 대사에서 걸어서 돌아오고 싶을 때를 대비해
서 지도를 가져도 되는지(Can I keep this map in case I
want to walk back) 물었으므로, (A)가 정답이다.

LISTENING **PRACTICE**	본책 p. 159

1 (B)   **2** (A)   **3** (B)   **4** (B)   **5** (A)   **6** (B)

Q 1-2

W-Am Excuse me. You work here at the national park, right? This is my first time visiting and I'd like to learn more about the plants and animals here.

M-Au Well, ¹the best way to learn about our park is by taking a tour. There's one that starts in five minutes. It runs for about an hour and a half—do you want to sign up for it?

W-Am ²Thanks, but I won't have time today. I only have an hour before I have to catch the bus back into town. Are there any other resources available?

M-Au Yes, we have some excellent guidebooks in our gift shop. It's right downstairs.

여 실례합니다. 이곳 국립공원에서 일하시죠, 그렇죠? 이번에 처음 방문하는데요. 이곳의 동식물에 대해 더 알고 싶어요.

남 자, ¹저희 공원에 대해 알 수 있는 가장 좋은 방법은 투어를 하시는 겁니다. 5분 후에 시작하는 투어가 있어요. 1시간 반 정도 진행되는데 신청하시겠어요?

여 ²감사하지만 오늘은 시간이 없어요. 시내로 돌아가는 버스를 타기 전까지 딱 한 시간 남았거든요. 이용할 수 있는 다른 자원이 있나요?

남 네. 기념품점에 훌륭한 안내서가 있어요. 바로 아래층에 있습니다.

어휘 national park 국립공원 sign up for ~을 신청하다 resources 자원 available 이용 가능한 guidebook 안내서

1 남자는 5분 후 어떤 일이 있을 것이라고 말하는가?
(A) 기자회견이 시작될 것이다.
(B) 투어가 시작될 것이다.

해설 **5분 후 있을 일**
남자의 첫 번째 대사에서 공원에 대해 알 수 있는 가장 좋은 방법은 투어를 하는 것(by taking a tour)이라고 한 후, 5분 후에 시작하는 투어가 있다(There's one that starts in five minutes)고 했다. 따라서 (B)가 정답이다.

2 여자는 어떤 문제를 언급하는가?
(A) 시간이 한정되어 있다.
(B) 현금이 없다.

해설 **여자가 언급한 문제점**
여자의 두 번째 대사에서 오늘은 시간이 없다(I won't have time today)며 시내로 돌아가는 버스를 타기 전까지 딱 한 시간 남았다(I only have an hour)고 했다. 따라서 (A)가 정답이다.

패러프레이징
지문의 **won't have time, only have an hour**
➡ 정답의 **has limited time**

Q 3-4

W-Am Hi, ³I'm wondering if you carry the Keldec K-10 coffee maker—you know, the one that makes the small, single-serving cups of coffee.

M-Cn We sure do. It's just one hundred and nine dollars, and it comes with a free starter pack of coffee—enough for sixteen cups. ³,⁴We're the only home appliance retailer in the area that offers this. It's a great deal.

W-Am Well, let me take a look around a bit first. Thanks.

여 안녕하세요, ³켈덱 K-10 커피메이커를 취급하시는지 궁금합니다. 아시죠, 소량의 1인용 커피를 제조하는 제품이요.

남 물론 취급합니다. 단돈 109달러이며, 16잔 분량의 커피가 든 무료 스타터팩도 함께 드립니다. ³,⁴저희는 이 지역에서 스타터팩을 제공하는 유일한 가전제품 소매점입니다. 정말 좋은 기회입니다

여 음, 우선은 좀 둘러볼게요. 고맙습니다.

어휘 carry (가게에서) 취급하다 serving (음식의) 1인분 starter pack 스타터팩(초보자를 위한 패키지) home appliance 가전제품

3 화자들은 어디에 있는가?
(A) 커피숍   (B) 가전제품 매장

해설 **대화 장소**
여자가 첫 번째 대사에서 켈덱 K-10 커피메이커를 취급하는지 (carry the Keldec K-10 coffee maker) 묻자, 남자가 그렇다고 한 후 자신들이 스타터팩을 제공하는 유일한 가전제품 소매점(the only home appliance retailer in the area)이라고 했으므로, 화자들이 가전제품 매장에 있다는 것을 알 수 있다. 따라서 (B)가 정답이다.

4 여자가 "우선은 좀 둘러볼게요"라고 말하는 이유는?
(A) 상품을 더 구매하고 싶다.
(B) 구매할지 불확실하다.

해설 **화자의 의도 파악 – 둘러보겠다고 말한 이유**
남자가 제품의 가격과 무료 제공 상품까지 설명했는데 여자가 우선은 둘러보겠다고 한 것이므로, 상품을 구매할지 좀 더 생각해 보겠다는 의미로 볼 수 있다. 따라서 (B)가 정답이다.

Q 5-6

M-Au Excuse me, are you waiting for the 9:15 train to Linton? I'm a bit late, but I really hope I didn't miss it.

W-Br No, you haven't missed it. When it didn't come on time, ⁵I checked to see if the timetable had been changed. But the ticket agent said all the trains on this line are a few minutes behind schedule this morning.

M-Au **6**Oh, good. I should still get to work on time, then. I have to teach a class at the university. My students are giving presentations today, and I don't want to keep them waiting.

남 실례합니다만, 린턴행 9시 15분 기차를 기다리고 계신가요? 제가 좀 늦어서 그러는데, 제발 기차를 놓친 게 아니었으면 좋겠어요.

여 아니요, 놓치지 않으셨어요. 기차가 제시간에 오지 않아, **5**제가 기차 시간표가 변경되었는지 확인해 봤어요. 그런데 매표인 말로는 오늘 오전 이 노선 기차가 전부 몇 분씩 연착된대요.

남 **6**아, 잘됐네요. 그렇다면 제시간에 출근할 수 있겠어요. 대학에서 강의를 해야 하거든요. 제자들이 오늘 발표를 하는데 기다리게 하고 싶지 않아요.

어휘 timetable (기차, 버스 등의 운행) 시간표 ticket agent 매표인 behind schedule 예정보다 늦게 give a presentation 발표하다

---

5 여자는 무엇을 했다고 말하는가?
(A) 시간표를 확인했다.
(B) 발표를 준비했다.

해설 **세부 사항 – 여자가 한 일**
여자의 첫 번째 대사에서 기차 시간표가 변경되었는지 확인했다(I checked to see if the timetable had been changed)고 했으므로 (A)가 정답이다.

패러프레이징
지문의 checked to see if the timetable had been changed ➡ 정답의 Checked a schedule

6 남자가 기뻐한 이유는 무엇인가?
(A) 여전히 표를 구할 수 있어서
(B) 제시간에 도착할 수 있어서

해설 **세부 사항 – 남자가 기뻐하는 이유**
남자는 자신이 탈 기차를 놓친 줄 알았는데, 여자가 해당 노선 기차가 몇 분씩 연착된다는 소식을 알리자 잘됐다면서 제시간에 출근할 수 있겠다(I should still get to work on time, then)고 안도한 것이다. 따라서 (B)가 정답이다.

패러프레이징
지문의 get to work on time
➡ 정답의 arrive on time

ETS TEST
본책 p. 160

1 (B)	**2** (A)	**3** (C)	**4** (B)	**5** (C)	**6** (D)
7 (A)	**8** (B)	**9** (A)	**10** (D)	**11** (B)	**12** (A)
13 (C)	**14** (A)	**15** (D)	**16** (B)	**17** (C)	**18** (C)
19 (D)	**20** (C)	**21** (B)			

Q 1-3

W-Br Welcome back, Jim! How was your time off?

M-Au It was great—**1**I spent most of my time at the beach, swimming.

W-Br Did you have good weather for it?

M-Au The weather was good, **2**but I should have chosen a less popular spot. All those people made it difficult to get around.

W-Br Well, at least you had a break.

M-Au Yep, now it's time to catch up on work!

W-Br Plenty of that for everybody. **3**While you were gone, we got a new client who wants us to create a multimedia advertising campaign. We'd better start thinking of ideas now!

여 돌아온 걸 환영해요, 짐! 휴가는 어땠어요?

남 아주 즐거웠어요. **1**대부분의 시간을 수영도 하며 해변에서 보냈어요.

여 날씨가 좋았어요?

남 날씨는 좋았는데, **2**인기가 덜한 곳을 택할 걸 그랬어요. 사람이 하도 많아 돌아다니기가 힘들었어요.

여 그래도 최소한 쉬기는 했잖아요.

남 맞아요. 이제 밀린 업무를 할 시간이네요!

여 다들 일이 많아요. **3**당신이 없는 동안 신규 고객이 멀티미디어 광고 제작을 의뢰했어요. 이제 아이디어 구상을 시작해야 해요!

어휘 time off 휴가 should have p.p. ~했어야 했다 choose 택하다 popular 인기 있는 spot 장소, 관광지 get around 돌아다니다 catch up on work 밀린 업무를 보충하다[따라잡다] client 고객 advertising campaign 광고 캠페인

1 남자가 휴가 때 한 일은?
(A) 쇼핑 (B) 수영
(C) 등산 (D) 자전거 타기

해설 **세부 사항 – 남자가 휴가 때 한 일**
남자의 첫 번째 대사에서 대부분의 시간을 수영도 하며 해변에서 보냈다(I spent most of my time at the beach, swimming)고 했으므로, (B)가 정답이다.

패러프레이징
지문의 swimming ➡ 정답의 swam

2 자신이 방문한 곳에 관해 남자가 하는 말은?
(A) 사람들로 붐볐다.
(B) 가격이 비쌌다.
(C) 따분했다.
(D) 먼 곳에 있었다.

남자의 두 번째 대사에서 인기가 덜한 곳을 택할 걸 그랬다
(I should have chosen a less popular spot)며 사람
들 때문에 돌아다니기 힘들었다(All those people made
it difficult to get around)고 덧붙였다. 따라서 (A)가 정답
이다.

패러프레이징

지문의 **All those people made it difficult to get
around** ➡ 정답의 **crowded**

3 여자에 따르면 회사가 최근에 한 일은 무엇인가?
(A) 근무시간을 바꿨다.
(B) 프로젝트 하나를 끝냈다.
(C) 신규 고객이 생겼다.
(D) 지점을 열었다.

해설 세부 사항 – 회사가 최근에 한 일

여자의 마지막 대사에서 신규 고객이 생겼다(we got a new
client)며 그들이 멀티미디어 광고 제작을 의뢰했다고 했으므
로, (C)가 정답이다.

Q 4-6

M-Au ⁴I'm calling because I'm looking for
new furniture for the waiting room of
my dental office. I've got a copy of your
spring catalog in front of me, and I'm
interested in the three-piece set on page
fourteen.

W-Br Great! ⁵Have you had a chance to visit
our Web site yet? We have a new online
tool that will allow you to upload a photo
of your waiting room and see what the
furniture will look like in your office.

M-Au I'll definitely do that. But before I do, I'd
like to make sure it will fit in the room. ⁶I
don't see any measurements listed for
the furniture in your catalog.

W-Br Oh, you can see all the dimensions in the
back of the catalog, beginning on page
two thirty-eight.

남 ⁴제 치과 대기실에 놓을 새 가구를 찾고 있어서 전화했습
니다. 귀사의 봄 카탈로그가 지금 저에게 있는데요. 14페
이지의 3개 세트에 관심이 있어요.

여 좋습니다! ⁵저희 웹사이트를 방문해 보셨나요? 대기실 사
진을 올리시고, 사무실에서 가구가 어떻게 보일지 확인할
수 있는 새 온라인 도구가 있거든요.

남 꼭 해 볼게요. 하지만 그 전에, 가구가 방에 들어갈지 확
인하고 싶어요. ⁶카탈로그에서는 가구의 치수가 기재된
부분이 보이지 않네요.

여 아, 카탈로그 뒤 쪽 238페이지에서부터 모든 치수를 확
인하실 수 있습니다.

어휘 **furniture** 가구 **waiting room** 대기실 **definitely**
분명히, 확실히 **fit in** ~에 맞다 **measurement**
치수 **dimensions** 크기, 치수

4 남자는 무엇을 구입하고 싶어 하는가?
(A) 컴퓨터 소프트웨어
(B) 사무실 가구
(C) 치과 장비
(D) 광고 지면

해설 세부 사항 – 남자가 구입하고 싶어 하는 것

남자가 첫 번째 대사에서 자신의 치과 대기실에 놓을 새 가구
(new furniture for the waiting room of my dental
office)를 찾고 있다고 했으므로, (B)가 정답이다.

패러프레이징

지문의 **looking for**
➡ 질문의 **interested in purchasing**

5 여자가 남자에게 웹사이트를 안내한 이유는?
(A) 고객 후기를 쓰도록
(B) 매장 신용카드를 신청할 수 있도록
(C) 새로운 보기 기능을 이용해 보도록
(D) 일련번호를 등록할 수 있도록

어휘 **apply for** ~를 신청하다 **feature** 특색, 기능

해설 세부 사항 – 여자가 웹사이트를 안내한 이유

여자의 첫 번째 대사에서 남자에게 웹사이트를 방문해 본 적이
있는지 물은 후, 대기실 사진을 올리고 사무실에서 가구가 어떻
게 보일지 확인할 수 있는 새 온라인 도구가 있다(We have a
new online tool)고 안내했다. 즉, 웹사이트를 방문해 새 기
능을 이용해 보라고 권한 것이므로, (C)가 정답이다.

패러프레이징

지문의 **a new online tool**
➡ 정답의 **a new viewing feature**

6 남자는 어떤 추가 정보를 요청하는가?
(A) 구매 가능한 색상   (B) 배송일자
(C) 품질 보증 조건   **(D) 제품 치수**

어휘 **delivery** 배달 **warranty** 품질 보증 **terms** 조건

해설 세부 사항 – 남자가 요청하는 추가 정보

남자의 마지막 대사에서 카탈로그에서는 가구의 치수가 보이지
않는다(I don't see any measurements listed for the
furniture in your catalog)며 우회적으로 해당 정보를 요청
하고 있으므로, (D)가 정답이다.

Q 7-9

W-Am Excuse me, ⁷my flight to this airport
arrived late, and that caused me to miss
my connection to Shanghai. Is there a
later flight that I can catch?

M-Cn Let me see ... ⁸Flight Five is leaving for Shanghai in two hours, but it's completely booked. However, sometimes seats become available at the last minute, so you can try to get on that one, but there's no guarantee.

W-Am Okay, Flight Five. Thanks. Which gate should I go to?

M-Cn ⁹Go to E9. Just show the gate agents the ticket from your missed flight. I'm going to call ahead and explain your situation so they know to expect you.

여 실례합니다. ⁷이 공항으로 오는 제 항공편이 늦게 도착해서, 상하이로 가는 연결편을 놓쳤어요. 탈 수 있는 다음 항공편이 있나요?

남 한 번 보겠습니다… ⁸5번 항공편이 두 시간 후에 상하이로 출발하는데 예약이 다 찼네요. 하지만 때때로 마지막에 좌석이 나기도 하니, 해당 항공편을 시도해 보실 수 있습니다만 보장은 안 됩니다.

여 알겠어요, 5번 항공편요. 감사합니다. 어느 게이트로 가야 하죠?

남 ⁹E9로 가십시오. 놓친 항공편의 표를 게이트 직원에게 보여 주세요. 그들이 예상하고 있을 수 있도록 미리 전화해서 상황을 설명해 두겠습니다.

어휘 cause 야기하다 connection 연결 completely 완전히 booked 예약된 guarantee 보장, 확약 ahead 미리 situation 상황

7 여자는 어떤 문제가 있는가?
(A) 연결 항공편을 놓쳤다.
(B) 탑승권 출력이 안 된다.
(C) 탈 항공편이 취소됐다.
(D) 수하물이 분실됐다.

어휘 boarding pass 탑승권 luggage 수하물, 짐

해설 **여자의 문제점**
여자가 첫 번째 대사에서 공항으로 오는 항공편이 늦게 도착해 상하이로 가는 연결편을 놓쳤다(that caused me to miss my connection to Shanghai)는 문제점을 언급했으므로, (A)가 정답이다.

8 남자는 5번 항공편에 대해 뭐라고 말하는가?
(A) 현재 탑승 중이다.
(B) 이미 예약이 다 찼다.
(C) 연료 공급 때문에 지연되고 있다.
(D) 무료 다과를 제공한다.

어휘 delayed 지연된 fueling 연료 공급 refreshments 다과

해설 **세부 사항 – 남자가 5번 항공편에 대해 말한 것**
남자의 첫 번째 대사에서 5번 항공편이 두 시간 후에 상하이로 출발하는데 예약이 다 찼다(Flight Five is ~ completely booked)고 했으므로, (B)가 정답이다.

패러프레이징
지문의 completely booked ➡ 정답의 already full

9 남자는 여자에게 E9 게이트에서 무엇을 하라고 말하는가?
(A) 표 제시하기
(B) 여권 보여주기
(C) 쿠폰 요청하기
(D) 서식 작성하기

어휘 present 제시하다 voucher 쿠폰, 상품권 fill out a form 서식에 기입하다

해설 **세부 사항 – 여자가 E9 게이트에서 할 일**
남자의 마지막 대사에서 놓친 항공편의 표를 E9 게이트 직원에게 보여주라(Just show the gate agents the ticket from your missed flight)고 말했으므로, (A)가 정답이다.

패러프레이징
지문의 show ~ the ticket
➡ 정답의 Present her ticket

Q 10-12

M-Au Excuse me. Could you help me, please? ¹⁰I'm on my way to the railway station for a long trip, and I was wondering if you could suggest a good novel to keep me entertained during my journey.

W-Am Sure. ¹¹How about this one by Min-Soo Kang? Here, take a look at the back cover.

M-Au Hmm… I've never read any of his books before…

W-Am ¹²Well, this one's a real thriller. If you want something that will keep you awake and interested, I think it's your best choice.

M-Au OK, that sounds promising.

남 실례합니다. 좀 도와주시겠어요? ¹⁰장거리 여행을 하러 기차역에 가는 길인데요. 여행 동안 저를 즐겁게 해 줄 좋은 소설을 제안해 주실 수 있나 해서요.

여 물론이죠. ¹¹강민수가 쓴 이 소설은 어때요? 여기 뒷표지 한번 보세요.

남 음… 그의 책은 전에 읽은 적이 없는데요…

여 ¹²있죠, 이 책은 진짜 스릴러물이에요. 정신을 깨워주고 흥미진진하게 만들어 줄 것을 찾으신다면 최고의 선택이 될 겁니다.

남 알겠어요. 느낌이 좋은데요.

어휘 suggest 제안하다 entertain 즐겁게 해 주다 thriller 스릴러, 흥미진진한 영화나 책 awake 깨어 있는 promising 조짐이 좋은, 촉망되는

10 남자는 곧 무엇을 할 것이라고 말하는가?
(A) 기사 작성하기
(B) 행사 참석하기
(C) 연예인 만나기
(D) 기차로 여행하기

어휘 **article** 기사 **attend** 참석하다

해설 **남자가 곧 할 일**

남자가 첫 번째 대사에서 장거리 여행을 하러 기차역에 가는 길 (I'm on my way to the railway station for a long trip)이라고 했으므로, 남자가 곧 기차로 여행할 것임을 알 수 있다. 따라서 (D)가 정답이다.

11 남자가 "그의 책은 전에 읽은 적이 없는데요"라고 말한 이유는?
(A) 선택의 이유를 제공하려고
(B) 추천에 대한 의구심을 표하려고
(C) 질문에 대답할 수 없는 이유를 설명하려고
(D) 프로젝트에 관해 도움을 요청하려고

어휘 **provide** 제공하다 **selection** 선택 **doubt** 의심, 의문 **request** 요청하다 **assistance** 도움

해설 **화자의 의도 – 특정 작가의 책을 읽은 적이 없다는 말의 의미**

여자의 첫 번째 대사에서 강민수가 쓴 소설은 어떨지(How about this one by Min-Soo Kang?) 제안하자 남자가 한 말이다. 여자의 추천을 즉시 받아들이지 않고 해당 작가의 책을 읽은 적이 없다고 하며 의구심을 나타낸 것이라고 볼 수 있으므로, (B)가 정답이다.

12 여자는 책에 대해 뭐라고 말하는가?
(A) 흥미진진하다.
(B) 논픽션이다.
(C) 베스트셀러이다.
(D) 연재물의 일부이다.

해설 **세부 사항 – 여자가 책에 대한 말한 것**

여자의 두 번째 대사에서 진짜 스릴러물(this one's a real thriller)이라며 책의 흥미진진함을 강조했으므로, (A)가 정답이다.

패러프레이징

지문의 **real thriller** ➔ 정답의 **exciting**

Q 13-15

M-Au Hi, Min-Hee. **13**Next month, I'm traveling to London to meet some important clients. Since you were there recently, I was wondering if you have any suggestions about what to see while I'm there.

W-Br Oh, sure. There are lots of different places I can recommend, but it depends on how much time you have. **14**How long will you be in London?

M-Au I'll be there a week, but I'll only have one day that I'm not seeing clients, so I won't have much free time. Can you recommend anything for a short visit?

W-Br **15**In that case, I think you should try a bus tour. It's an excellent way to see all the major landmarks in the city in a short amount of time.

남 안녕하세요, 민희. **13**제가 다음 달에 중요한 고객들을 만나러 런던에 갑니다. 최근에 가 보셨으니, 제가 거기 있는 동안 무엇을 봐야 할지 제안해 주실 수 있나 해서요.

여 아, 물론이죠. 추천할 수 있는 다양한 장소가 많아요. 하지만 시간이 얼마나 있는지에 따라 다르죠. **14**런던에 얼마나 계실 건가요?

남 1주일간 있을 겁니다. 하지만 고객을 만나지 않는 날은 하루밖에 없어서, 자유 시간이 많진 않아요. 단기 방문을 위한 추천을 해 주실 수 있나요?

여 **15**그런 경우에는 버스 투어를 해 보세요. 짧은 시간 안에 도시의 주요 랜드마크를 모두 볼 수 있는 훌륭한 방법이죠.

어휘 **recently** 최근 **suggestion** 제안 **recommend** 추천하다 **depend on** ~에 따라 다르다, ~에 달려있다

13 남자는 다음 달에 런던에서 무엇을 할 것인가?
(A) 회의 참석하기 (B) 본사 방문하기
(C) 고객 만나기 (D) 신입 직원 모집하기

어휘 **corporate** 회사의, 기업의 **headquarters** 본사 **recruit** 모집하다

해설 **남자가 다음 달에 런던에서 할 일**

남자가 첫 번째 대사에서 다음 달에 중요한 고객들을 만나러(to meet some important clients) 런던에 간다고 했으므로, (C)가 정답이다.

14 여자는 남자에게 무엇에 대해 물어보는가?
(A) 체류 기간 (B) 발표 주제
(C) 표 가격 (D) 고객 이름

해설 **세부 사항 – 여자의 문의 사항**

여자의 첫 번째 대사에서 런던에 얼마나 있을 건지(How long will you be in London?) 남자에게 묻고 있으므로, (A)가 정답이다.

패러프레이징

지문의 **How long will you be in London?**
➔ 정답의 **The length of his stay**

15 여자는 무엇을 추천하는가?
(A) 호텔 예약하기
(B) 추가로 현금 가져가기
(C) 박물관 방문하기
(D) 버스 투어하기

어휘 **additional** 추가의

해설 **여자의 추천 사항**

여자가 마지막 대사에서 버스 투어를 해 보라(you should try a bus tour)고 남자에게 추천했으므로, (D)가 정답이다.

패러프레이징

지문의 **try a bus tour** ➔ 정답의 **Taking a bus tour**

Q 16-18

W-Br Hello, you've reached the Metropolitan Hotel. How may I help you?

M-Au Hello. My flight landed at Bryant Airport a few minutes ago, and **16**I was wondering when your next hotel shuttle will arrive at Terminal C?

W-Br Oh... I'm terribly sorry about this, **17**but one of our shuttles has a flat tire, so we're currently repairing it. Another shuttle should be arriving in about 30 minutes.

M-Au OK, I understand. I'll wait for it then. By the way, **18**will your restaurant still be open when I get there? It looks like all of the restaurants are closed here...

W-Br **18**Oh yes, it doesn't close until ten P.M.

여 안녕하세요. 메트로폴리탄 호텔입니다. 어떻게 도와 드릴까요?

남 안녕하세요. 제가 비행기로 몇 분 전에 브라이언트 공항에 착륙했는데, **16**호텔의 다음 셔틀버스가 언제 C 터미널에 도착하는지 궁금해서요?

여 아… 이런 말씀을 드리게 되어 대단히 죄송한데, **17**저희 셔틀버스 한 대가 바퀴에 바람이 빠져서 지금 수리하고 있습니다. 다른 셔틀버스는 약 30분 후에 도착할 겁니다.

남 네, 알겠습니다. 그럼 그 버스를 기다리죠. 그런데 **18**제가 거기에 도착하면 호텔 식당이 아직 영업을 하고 있을까요? 이곳에 있는 식당들은 전부 문을 닫은 것 같군요.

여 **18**아 네, 오후 10시까지 영업합니다.

어휘 reach (특히 전화로) 연락하다 land 착륙하다 terribly 매우, 몹시 have a flat tire 바퀴에 바람이 빠지다 currently 현재, 지금

16 남자가 호텔에 전화하는 이유는?
(A) 객실을 예약하려고
(B) 교통편을 문의하려고
(C) 손님에게 메시지를 남기려고
(D) 청구서를 요청하려고

해설 남자가 전화한 목적

남자의 첫 번째 대사에서 호텔의 다음 셔틀버스가 언제 C 터미널에 도착하는지(when your next hotel shuttle will arrive at Terminal C) 궁금하다고 했으므로, (B)가 정답이다.

패러프레이징

지문의 **was wondering when ~ shuttle will arrive** ➡ 정답의 **ask about transportation**

17 여자는 남자에게 무슨 문제를 설명하는가?
(A) 신용카드가 만료되었다.
(B) 현재 이용할 수 있는 객실이 없다.
(C) 차가 수리되고 있다.
(D) 짐 일부가 분실되었다.

어휘 expire 만료되다 misplace 잘못 두고 찾지 못하다

해설 여자가 설명하는 문제점

여자의 두 번째 대사에서 셔틀버스 한 대가 바퀴에 바람이 빠져서 지금 수리하고 있다(we're currently repairing it)고 했으므로, (C)가 정답이다.

패러프레이징

지문의 **one of our shuttles** ➡ 정답의 **A vehicle**

18 여자에 따르면, 10시까지 문을 여는 곳은?
(A) 야외 수영장   (B) 비즈니스 센터
(C) 식당 시설   (D) 기념품점

해설 세부 사항 - 10시까지 문을 여는 곳

남자의 두 번째 대사에서 호텔에 도착할 때 식당이 아직 영업을 할지(will your restaurant still be open when I get there) 물어보자, 여자가 10시까지 영업한다(it doesn't close until ten P.M.)고 했으므로, (C)가 정답이다.

패러프레이징

지문의 **restaurant** ➡ 정답의 **dining facility**

Q 19-21 대화 + 안내서

M-Cn Hi. I've never been to this tea store. Can you recommend something?

W-Am Sure, what kind of tea do you usually drink?

M-Cn I've only had black tea, **19, 21**but I watched a documentary on the health benefits of green tea, and I'd like to try some.

W-Am Green tea is healthy. We have several options, but I'd recommend a simple one to begin with. We're actually having a promotion on our basic green tea. **20**If you buy some, you'll get a free ceramic teapot.

M-Cn Great. **21**I'd like to buy some. Is it prepared the same as black tea?

W-Am **21**It doesn't have to stay as long in hot water. Here's a guide for you, telling you about it.

남 안녕하세요. 제가 이 차 판매점에 한 번도 와본 적이 없습니다. 뭘 좀 추천해 주시겠어요?

여 물론이죠. 평소에 어떤 종류의 차를 드시나요?

남 홍차만 마셔왔는데, **19, 21**녹차가 건강에 유익하다는 다큐멘터리를 봤더니 녹차를 좀 마셔 보고 싶네요.

여 녹차가 건강에 좋죠. 몇 가지 고르실 수 있지만, 저는 우선 평범한 것부터 추천해 드리고 싶습니다. 실은 저희가 기본 녹차를 판촉하고 있거든요. **20**구입하시면 도자기로 된 찻주전자를 무료로 받으실 수 있습니다.

남 잘됐군요. **21**구입하고 싶습니다. 홍차처럼 우리면 되나요?

여 **21**뜨거운 물에 그만큼 오래 두실 필요는 없습니다. 여기 설명해 주는 안내서가 있습니다.

차 종류	뜨거운 물에 우리는 시간
백차	2분
21녹차	**3분**
홍차	4분
허브차	5분

19 남자가 새로운 차를 마시려고 하는 이유는?
(A) 동료들에게 인기가 있다.
(B) 이 가게에서만 판매한다.
(C) 풍미가 순하다.
(D) 건강에 이롭다.

해설 세부 사항 – 남자가 새로운 차를 마시려는 이유
남자의 두 번째 대사에서 녹차가 건강에 유익하다는 다큐멘
터리를 봐서(I watched a documentary on the health
benefits of green tea) 녹차를 좀 마셔 보고 싶다고 했으므
로, (D)가 정답이다.

20 남자는 구입한 물품과 함께 무엇을 받게 되는가?
(A) 추가 차 견본   (B) 회원 카드
(C) 무료 찻주전자   (D) 상품권

해설 세부 사항 – 남자가 받을 것
여자의 두 번째 대사에서 녹차를 구입하면 도자기로 된 찻주전
자를 무료로 받을 수 있다(If you buy some, you'll get a
free ceramic teapot)고 했으므로, (C)가 정답이다.

21 시각 정보에 따르면, 남자는 뜨거운 물에 차를 얼마나 오래 둬
야 하는가?
(A) 2분   **(B) 3분**
(C) 4분   (D) 5분

해설 시각 정보 연계 – 차를 우리는 시간
남자가 마지막 대사에서 녹차를 구입(I'd like to buy some)
하며 홍차처럼 우리면 되는지 문의하자 여자가 뜨거운 물에 그
만큼 두지는 않아도 된다며 안내서를 보라고 했다. 시각 정보를
보면 녹차를 우리는 시간은 3분이므로, (B)가 정답이다.

⑫ 기타 장소 대화

ETS CHECK-UP   본책 p. 163

1 (C)   **2** (B)   **3** (A)

Q 1-3 부동산 사무 공간 임대 문의

W-Br ¹I'm calling about renting a suite of offices
for my company. We're hiring a lot of new
employees soon, so we'll need to move
somewhere that has enough space to
accommodate 40 staff members in total.

M-Cn I understand. We have a property available
on Ridge Road that could be perfect for
you. It's slightly bigger than the size you're
looking for, in case your company continues
to expand. ²I could give you a tour of the
building tomorrow if you're free.

W-Br Thanks, seeing the space would be great.
³Could I get a copy of the floor plan to
look at before we meet?

M-Cn Sure, give me your e-mail address and I'll
send it to you.

여 ¹저희 회사가 쓸 사무실 임대 건으로 전화 드립니다. 저
희가 곧 신입사원을 많이 채용할 예정이라 도합 40명의
직원들을 충분히 수용할 공간이 있는 곳으로 이사해야 하
거든요.

남 그러시군요. 리지 로에 사용 가능한 부동산이 있는데 귀
사에 딱 맞을 겁니다. 찾으시는 크기보다 약간 더 크긴 하
지만, 회사가 계속 확장될 가능성이 있으니까요. ²내일
한가하시면 제가 건물을 구경시켜 드릴 수 있습니다.

여 고맙습니다. 공간을 볼 수 있다니 잘됐네요. ³우리가 만
나기 전에 제가 살펴볼 수 있게 평면도를 한 부 얻을 수
있을까요?

남 물론이죠. 이메일 주소를 주시면 제가 보내드리겠습니다

1 화자들은 주로 무엇을 논의하는가?
(A) 직무 교육   (B) 회사 정책
(C) 사무 공간   (D) 시장 동향

해설 대화의 주제
여자의 첫 번째 대사에서 회사가 쓸 사무실 임대 건(renting a
suite of offices)으로 전화하고 있다고 했으므로, (C)가 정답
이다.

패러프레이징
지문의 **a suite of offices for my company**
➡ 정답의 **Office space**

2 남자는 무엇을 하자고 제안하는가?
(A) 날짜 변경   **(B) 장소 구경**
(C) 컨설턴트 상담   (D) 설명서 확인

해설 남자의 제안 사항
남자의 첫 번째 대사 후반에 내일 건물 구경(a tour of the
building)을 시켜 줄 수 있다고 했으므로, (B)가 정답이다.

패러프레이징

지문의 give you a tour ➡ 정답의 Going on a tour

3 여자는 무엇을 요청하는가?
(A) 평면도 　　　　　(B) 명함
(C) 비용 견적 　　　　(D) 프로젝트 일정표

해설 **여자의 요청 사항**
여자가 만나기 전에 살펴볼 수 있게 평면도를 한 부(a copy of the floor plan) 얻을 수 있겠냐고 요청했으므로, (A)가 정답이다.

LISTENING **PRACTICE**			본책 p. 165

1 (B) 　**2** (A) 　**3** (B) 　**4** (B) 　**5** (B) 　**6** (A)

Q 1-2

> W-Am Good evening. I'm Kira, and I'll be your server. **1**Tonight we have a special that's not listed on the menu. It's roast chicken, and it's served with mashed potatoes and sautéed wild mushrooms.
>
> M-Au That sounds delicious. But is it possible to have it with rice instead of potatoes?
>
> W-Am Oh, I'm not sure if we can serve it that way. But **2**give me a moment to ask the chef, and I'll let you know.
>
> 여 안녕하세요. 저는 키라라고 하며 고객님의 담당 서버입니다. **1**오늘밤에는 메뉴에 실리지 않은 특별 요리가 준비되어 있는데요. 구운 닭요리로, 으깬 감자와 자연산 버섯 볶음이 함께 제공됩니다.
>
> 남 맛있겠군요. 그런데 감자 대신에 밥으로 주실 수 있나요?
>
> 여 아, 그렇게 제공될 수 있는지는 잘 모르겠네요. 하지만 **2**잠시 시간을 주시면 제가 주방장에게 물어보고 말씀 드리겠습니다.
>
> 어휘 server (식당에서) 서빙하는 사람　roast (오븐이나 불 위에) 구운　mashed 으깬　sautéed 기름에 재빨리 볶은　mushroom 버섯　chef 주방장

1 여자는 손님에게 무엇에 관해 말하고 있는가?
(A) 식사비 할인
(B) 메뉴 외에 추가되는 요리

어휘 addition 추가되는 것, 더해지는 것

해설 **세부 사항 – 여자가 손님에게 말하는 것**
여자가 첫 번째 대사에서 오늘밤에는 메뉴에 실리지 않은 특별 음식(a special that's not listed on the menu)이 있다고 한 뒤 설명을 이어갔으므로, (B)가 정답이다.

패러프레이징

지문의 a special that's not listed on the menu
➡ 정답의 An addition to the menu

---

2 여자는 이후에 무엇을 할 것인가?
(A) 주방장과 상의하기
(B) 더 많은 메뉴 찾기

어휘 consult 상의하다, 참고하다

해설 **여자가 다음에 할 일**
남자가 사이드 메뉴 대체에 대해 문의하자 여자가 마지막 대사에서 주방장에게 물어보고(ask the chef) 알려주겠다고 했으므로, (A)가 정답이다.

패러프레이징

지문의 ask the chef ➡ 정답의 Consult the chef

Q 3-4

> W-Br Good morning. **3**I wonder if the library carries a book I'm looking for. It's called *Financial Matters*. The author is Gary Bork.
>
> M-Au Um… **3**I know we have the book, but our database shows that all our copies are out on loan right now. The Hastings library has one, and we have an inter-library borrowing program with them. **4**If you like, I can have the book sent here for you to borrow.
>
> W-Br Oh, great. Is there a charge for this service?
>
> M-Au Yes, there is. It's a dollar. And it will take two to three days for the book to get here.
>
> 여 안녕하세요. **3**도서관에 제가 찾는 책이 있는지 궁금합니다. 〈재정 문제〉라는 책인데요. 저자는 개리 보크입니다.
>
> 남 음… **3**그 책이 있는 걸로 알고 있는데, 데이터베이스를 보니 현재 전부 대여 중이네요. 헤이스팅스 도서관에 한 권이 있는데, 그곳과 상호 대차 프로그램이 되어 있습니다. **4**원하신다면 해당 도서를 빌리실 수 있도록 여기로 보내 달라고 할 수 있어요.
>
> 여 아, 좋아요. 해당 서비스에 비용이 있나요?
>
> 남 네, 있습니다. 1달러예요. 책이 도착하는 데 2-3일 걸릴 겁니다.
>
> 어휘 carry 취급하다　financial 재정적인, 금융의　author 저자, 작가　loan 대출　inter-library borrowing 상호 대차　charge 요금

3 남자는 누구이겠는가?
(A) 작가
(B) 사서

해설 **남자의 직업**
여자가 첫 번째 대사에서 도서관에 자신이 찾는 책이 있는지(if the library carries a book I'm looking for) 문의했는데, 이에 대해 남자가 데이터베이스를 보니 현재 전부 대여 중(our database shows that all our copies are out on loan right now)이라고 확인해 주었으므로, 남자가 도서관 사서라고 추론할 수 있다. 따라서 (B)가 정답이다.

4 남자는 무엇을 하겠다고 제안하는가?

(A) 양식에 서명하기

(B) 책 구하기

어휘 obtain 얻다, 구하다

해설 **남자의 제안 사항**

남자의 첫 번째 대사에서 여자가 원한다면 타 도서관의 도서를 여기로 보내 달라고 할 수 있다(I can have the book sent here for you to borrow)고 제안했으므로, (B)가 정답이다.

패러프레이징

지문의 have the book sent here

➡ 정답의 Obtain a book

Q 5-6

M-Cn Good morning. I'd like to set up a savings account with your bank.

W-Am Of course. We can open the account today, if you'd like. You'll just have to fill out this form, and then [5]I'll need to see some photo identification.

M-Cn I'm afraid I don't have my driver's license with me. Why don't I take this form home, fill it out there, and [6]come back later this afternoon with my I.D.?

남 안녕하세요. 이 은행에서 예금 계좌를 개설하고 싶습니다.

여 그러시죠. 원하시면 오늘 계좌를 개설해 드릴 수 있습니다. 이 양식을 작성하신 다음에 [5]사진이 부착된 신분증만 제가 확인하면 됩니다.

남 운전면허증이 없네요. 이 양식을 집으로 가져가서 작성한 후 [6]신분증을 가지고 이따 오후에 다시 와도 될까요?

어휘 set up a savings account 예금 계좌를 개설하다 fill out (양식, 서식을) 작성하다 photo identification 사진이 부착된 신분증

5 여자는 어떤 서류를 보여 달라고 요청하는가?

(A) 입출금 내역서

(B) 사진이 부착된 신분증

해설 **여자의 요청 사항**

여자의 첫 번째 대사에서 계좌를 개설하려면 사진이 부착된 신분증 확인이 필요하다(I'll need to see some photo identification)고 했으므로, (B)가 정답이다.

6 남자는 언제 돌아오겠는가?

(A) 오후에　　　　　(B) 며칠 후에

해설 **세부 사항 – 남자가 돌아오는 시점**

남자가 마지막 대사에서 현재 신분증이 없으니 양식을 가지고 집에 가서 작성한 후 신분증을 갖고 오늘 오후에 와도 되는지(come back later this afternoon) 물었다. 따라서 남자가 오후에 돌아올 것임을 알 수 있으므로, (A)가 정답이다.

ETS TEST
본책 p. 166

1 (A)	**2** (C)	**3** (C)	**4** (A)	**5** (C)	**6** (B)
7 (C)	**8** (A)	**9** (B)	**10** (B)	**11** (C)	**12** (D)
13 (C)	**14** (B)	**15** (A)	**16** (C)	**17** (D)	**18** (A)
19 (C)	**20** (C)	**21** (A)			

Q 1-3

W-Am Hello, Mr. Garrett. It's nice to see you again. [1]I see your medical check-up appointment with Dr. Singh was scheduled for 12:15 P.M. [2]Unfortunately, Dr. Singh is running about thirty-five minutes behind today.

M-Au That's too bad. I'm on my lunch break, and I'll never be able to make it back to the office by one if she's running that far behind.

W-Am [2]I apologize for the inconvenience. A couple of her morning appointments lasted longer than expected. Would you like me to reschedule your appointment?

M-Au Um, I think I'd rather wait here and see Dr. Singh today. [3]I can call my manager to let him know I'll be late.

여 안녕하세요, 개럿 씨. 다시 뵙게 되어 반갑습니다. [1]제가 보니 오후 12시 15분에 싱 박사님과 건강 검진 예약이 잡혀 있군요. [2]유감스럽게도, 싱 박사님이 오늘 35분 정도 늦어지고 계세요.

남 곤란하게 됐군요. 제가 점심 때 시간을 냈는데, 선생님이 그렇게 늦어지시면 제가 1시까지 사무실에 돌아갈 수가 없어요.

여 [2]불편하게 해드려서 죄송합니다. 오전 진료 예약 두 건이 예상보다 길어졌어요. 제가 예약 시간을 변경해 드릴까요?

남 음, 여기서 기다렸다 오늘 싱 박사님을 만나는 게 좋을 것 같아요. [3]상사에게 전화해서 늦는다고 하면 돼요.

어휘 medical check-up 건강 검진 appointment 진료 예약 be scheduled for ~로 예정되어 있다 unfortunately 유감스럽게도, 안타깝게도 run behind 늦어지다, 뒤처지다 lunch break 점심 시간 make it back to ~로 돌아가다 apologize for ~ 때문에 사과하다 inconvenience 불편 a couple of 두 개의 last 지속[계속]되다 longer than expected 예상보다 긴 reschedule 일정을 변경하다

1 화자들은 어디에 있는가?

(A) 병원

(B) 여행사

(C) 식당

(D) 약국

해설 대화 장소

여자가 첫 번째 대사에서 남자에게 인사한 후, 싱 박사와 건강 검진 예약을 잡은 것(I see your medical check-up appointment with Dr. Singh)을 확인해 주었으므로, 병원에서 이루어지는 대화임을 알 수 있다. 따라서 (A)가 정답이다.

2 여자가 사과하는 이유는?
(A) 남자의 계정이 폐쇄되었다.
(B) 남자의 청구서가 부정확하다.
(C) 남자가 기다려야 한다.
(D) 남자가 양식을 다시 제출해야 한다.

해설 세부 사항 – 여자가 사과하는 이유

여자가 첫 대사에서 싱 박사의 진료가 35분 정도 늦어지고 있다(Dr. Singh is running about thirty-five minutes behind)고 한 뒤 그 다음 대사에서 사과했으므로, (C)가 정답이다.

패러프레이징

지문의 **running about thirty-five minutes behind**
➡ 정답의 **has to wait**

3 남자는 다음에 무엇을 하겠는가?
(A) 이메일을 전달한다.　　(B) 공항에 간다.
(C) 전화를 건다.　　(D) 신용카드 정보를 제공한다.

해설 남자가 다음에 할 일

남자가 마지막 대사에서 상사에게 전화해서 늦는다고 하면 된다(I can call my manager)고 했으므로, (C)가 정답이다.

패러프레이징

지문의 **call my manager**
➡ 정답의 **Make a telephone call**

Q 4-6

> M-Au Hi, I recently moved here, and ⁴I'd like to apply for a library card. What do I need to do?
>
> W-Br ⁵You'll have to complete this application and then show proof of your current address, such as a lease agreement.
>
> M-Au Hmm ... unfortunately, I don't have the lease agreement with me. I guess I'm going to have to stop by later this week.
>
> W-Br ⁶Well, why don't you fill out the application form today? Then the next time you visit, be sure to bring your proof of address.
>
> 남 안녕하세요. 제가 최근에 이곳으로 이사를 왔는데, ⁴**도서 대출증을 신청하고 싶습니다.** 무엇을 해야 하나요?
>
> 여 ⁵**이 신청서를 작성하신 다음 임대차 계약서 같은 현 주소 증빙 자료를 보여 주셔야 합니다.**
>
> 남 음… 아쉽게도 임대차 계약서를 안 갖고 왔네요. 이번 주 중에 다시 들러야겠네요.
>
> 여 ⁶**그럼, 신청서는 오늘 작성하시겠어요?** 그리고 다음에 방문하실 때 꼭 주소지 증빙 자료를 가져오세요.

어휘 recently 최근에 apply for ~을 신청하다 library card 도서 대출증 complete 작성하다, 기입하다 application 신청서 proof 증빙 자료 current 현재의 lease agreement 임대차 계약서 stop by 들르다 form 양식 be sure to**부정사** 반드시 ~하다 bring 가져오다

4 대화 장소는 어디인가?
(A) 도서관　　(B) 공익 기업 사무실
(C) 구민 회관　　(D) 부동산 중개업소

해설 대화 장소

남자가 첫 번째 대사에서 도서 대출증을 신청하고 싶다(I'd like to apply for a library card)고 했으므로, (A)가 정답이다.

5 남자는 무엇을 제시하라는 요구를 받는가?
(A) 사진 부착 신분증
(B) 신용카드 번호
(C) 주거지 증빙 자료
(D) 영수증

해설 세부 사항 – 남자가 요구 받은 것

여자의 첫 번째 대사에서 현 주소 증빙 자료를 보여 달라(show proof of your current address)고 했으므로, (C)가 정답이다.

패러프레이징

지문의 **your current address** ➡ 정답의 **residence**

6 여자는 오늘 무엇을 하라고 제안하는가?
(A) 다른 지점으로 간다.
(B) 양식을 작성한다.
(C) 정책을 검토한다.
(D) 사본을 만든다.

해설 여자의 제안 사항

여자의 두 번째 대사에서 신청서는 오늘 작성하는 게 어떤지(why don't you fill out the application form today) 제안했으므로, (B)가 정답이다.

패러프레이징

지문의 **fill out the application form**
➡ 정답의 **Completing a form**

Q 7-9 3인 대화

> W-Am Hi, ⁷I have a delivery of vegetables for the restaurant. ⁸Can you sign for it?
>
> M-Au Yuko's the restaurant manager. Oh, here she is now.
>
> W-Br I'm Yuko Fukuda. How can I help you?
>
> W-Am I have a delivery from Overdale Farms— boxes of lettuce, broccoli, and carrots. ⁸,⁹If you'd sign this delivery receipt, I can get started unloading them.

W-Br ⁹Sure—here you go. The refrigerator is right at the end of the hall—please put everything in there. ⁹I'll get someone to assist you.

W-Am Thanks—I appreciate the help.

여1 안녕하세요, ⁷이 식당에 채소 배달 왔어요. ⁸여기 서명해 주시겠어요?

남 유코가 이 식당 매니저예요. 오, 유코가 여기 오네요.

여2 제가 유코 후쿠다예요. 무엇을 도와 드릴까요?

여1 오버데일 농장에서 배달왔는데 상추, 브로콜리, 그리고 당근이에요. ⁸,⁹이 배달 영수증에 서명하시면, 물건들을 내릴게요.

여2 ⁹물론이죠. 여기요. 냉장고는 복도 끝에 바로 있어요. 물건을 모두 냉장고에 넣어주세요. ⁹도와줄 직원을 데려올게요.

여1 감사합니다. 도와주시면 제가 고맙죠.

어휘 **delivery** 배달 **vegetable** 채소 **lettuce** 양상추 **receipt** 영수증 **unload** (짐을) 내리다 **refrigerator** 냉장고 **assist** 돕다 **appreciate** 고마워하다

---

7 식당에 배달되는 것은 무엇인가?
(A) 새 접시
(B) 청소용품
(C) 채소
(D) 빵

해설 **세부 사항 – 식당에 배달되는 것**
여자 1의 첫 번째 대사에서 식당에 채소 배달(a delivery of vegetables)을 왔다고 했으므로, (C)가 정답이다.

8 남자는 왜 "유코가 이 식당 매니저예요"라고 말하는가?
(A) 자신이 문서에 서명할 수 없는 이유를 설명하기 위해
(B) 유코의 최근 승진에 놀람을 표현하기 위해
(C) 나중에 전화할 것을 제안하기 위해
(D) 배달이 지연된 이유를 밝히기 위해

해설 **화자의 의도 파악 – 유코가 식당 매니저라는 말의 의미**
여자 1이 서명해 줄 수 있는지(Can you sign for it?) 물어봤을 때 남자가 한 말로, 식당 매니저인 유코가 서명해야 한다는 의미로 볼 수 있다. 즉, 자신이 서명할 수 없는 이유를 말해준 것이므로, (A)가 정답이다.

9 유코는 직원에게 무엇을 요청할 것인가?
(A) 몇몇 시식 제품 맛보기
(B) 상자 내리는 것 돕기
(C) 몇몇 지시사항 적기
(D) 냉장고 청소하기

해설 **세부 사항 – 유코가 직원에게 요청할 일**
여자 2(유코)의 마지막 대사에서 여자 1이 물건 옮기는 것을 도와줄 직원을 데려오겠다(I'll get someone to assist you)고 했으므로, (B)가 정답이다.

패러프레이징
지문의 **assist** ➡ 정답의 **Help**

Q 10-12

W-Br Hi, Ralph. ¹⁰It's Dana, your tenant at 450 Post Street. I'm calling to ask you about replacing the carpeting in the house's entryway.

M-Au Hi, Dana. Let me see… ¹¹According to my records, I replaced all the carpeting in that house before your family moved in.

W-Br But that was five years ago. ¹¹So you can imagine what kind of shape it's in now. And we're only asking about the entryway.

M-Au OK. I'm not promising anything, but I'll take a look at it. ¹²What would be a good day for me to stop by? I'm usually free in the afternoons.

여 안녕하세요, 랄프. ¹⁰450 포스트 가에 거주하는 세입자 다나입니다. 집 입구 카펫 교체에 관해 여쭤보려고 전화했어요.

남 안녕하세요, 다나. 어디 봅시다… ¹¹제 기록에 따르면 당신의 가족이 이사하기 전에 그 집의 모든 카펫을 교체했는데요.

여 하지만 그건 5년 전이잖아요. ¹¹지금 어떤 모습인지 짐작할 수 있으시겠죠. 그리고 저희는 입구만 요청하는 거고요.

남 알겠습니다. 지금은 약속하지 못하겠지만 한번 살펴보겠습니다. ¹²제가 언제 들르면 좋을까요? 저는 보통 오후에 시간이 됩니다.

어휘 **tenant** 세입자, 임차인 **replace** 교체하다 **entryway** 입구 **according to** ~에 따르면 **record** 기록 **imagine** 짐작하다, 상상하다 **shape** 모양, 모습 **promise** 약속하다

---

10 남자는 누구이겠는가?
(A) 부동산 중개인
(B) 건물주
(C) 건설업자
(D) 정부 조사관

해설 **남자의 직업**
여자가 첫 번째 대사에서 자신을 남자의 세입자(your tenant)라고 소개하고 있으므로, 남자가 건물주라고 추론할 수 있다. 따라서 (B)가 정답이다.

11 여자가 "그건 5년 전이잖아요"라고 말할 때, 그 의도는 무엇인가?
(A) 절차 단계를 기억하지 못한다.
(B) 여자의 가족은 전보다 공간이 더 많이 필요하다.
(C) 특정 구역이 많이 사용되었다.
(D) 일부 기록을 찾기 어려울 수도 있다.

어휘 **process** 과정, 절차 **space** 공간 **extensively** 많이, 광범위하게

해설 화자의 의도 – 그건 5년 전이라는 말의 의미
남자의 첫 번째 대사에서 여자의 가족이 이사하기 전에 그 집의 모든 카펫을 교체해 주었다고 하자 여자가 한 말이다. 이는 지난 5년간의 사용으로 카펫이 많이 낡아 교체 시점이 되었음을 강조하려는 의도라고 볼 수 있으므로, (C)가 정답이다.

12 남자는 무엇에 대해 물어보는가?
(A) 약정 조건
(B) 방 모양
(C) 프로젝트 예산
(D) **현장 방문 일자**

어휘 **terms** 조건 **agreement** 협약 **budget** 예산
site visit 현장 방문

해설 **세부 사항 – 남자의 문의 사항**
남자가 마지막 대사에서 자신이 언제 들리면 좋을지(What would be a good day for me to stop by?) 묻고 있으므로, (D)가 정답이다.

패러프레이징
지문의 **a good day ~ to stop by**
➡ 정답의 **A date for a site visit**

Q 13-15

> W-Br Oh, hello! **13**I was so focused on counting the pills for these medicine bottles that I didn't see you there at the counter. How can I help you?
>
> M-Cn Hi. **14**I just moved to this area last week, so I'm not in your system yet. My name's Samir Farooq. I need to fill a prescription for medication. Here it is.
>
> W-Br Hmm... **15**unfortunately, according to the date printed here, this prescription expired a few days ago. You'll need to ask your doctor for a new one.
>
> 여 아, 안녕하세요! **13**이 약병들에 넣을 알약을 세는 데 너무 집중해서 카운터에 계신 걸 못 봤네요. 어떻게 도와드릴까요?
>
> 남 안녕하세요. **14**제가 지난주에 이 지역으로 이사를 와서 아직 시스템에 올라가 있지 않아요. 제 이름은 사미르 파루크입니다. 처방된 약을 받아야 해요. 여기 있습니다.
>
> 여 음… **15**안타깝게도 여기 인쇄된 날짜에 따르면 이 처방전은 며칠 전에 만료됐어요. 의사에게 새 처방전을 요청해야 할 겁니다.
>
> 어휘 **focused on** ~에 집중한 **count** 세다 **pill** 알약 **medicine** 약 **fill a prescription** 처방전 대로 약을 조제하다, 처방된 약을 받다 **medication** 약물 (치료) **expire** 만료되다

13 여자는 누구이겠는가?
(A) 치과의사
(B) 은행원
(C) **약사**
(D) 보험설계사

해설 **여자의 직업**
여자가 첫 번째 대사에서 자신이 약병들에 넣을 알약을 세는 데 (counting the pills for these medicine bottles) 너무 집중해서 카운터에 있는 남자를 못 봤다고 했는데, 여기서 여자가 약사라고 추론할 수 있다. 따라서 (C)가 정답이다.

14 남자는 지난주에 무엇을 했는가?
(A) 대회에서 우승했다.
(B) **새로운 지역으로 이사했다.**
(C) 신분증을 분실했다.
(D) 유리잔을 샀다.

어휘 **contest** 대회 **identification card** 신분증

해설 **세부 사항 – 남자가 지난주에 한 일**
남자가 첫 번째 대사에서 자신이 지난주에 이 지역으로 이사를 왔다(I just moved to this area last week)고 했으므로, (B)가 정답이다.

패러프레이징
지문의 **moved to this area**
➡ 정답의 **moved to a new place**

15 여자는 어떤 문제를 지적하는가?
(A) **문서의 날짜가 지났다.**
(B) 서명이 누락되었다.
(C) 신용카드 단말기가 고장 났다.
(D) 일부 가격이 잘못됐다.

어휘 **paperwork** 문서, 서류 **outdated** 날짜가 지난
signature 서명 **missing** 누락된, 없어진
machine 기계 **incorrect** 틀린, 잘못된

해설 **여자가 지적한 문제**
여자가 마지막 대사에서 처방전이 며칠 전에 만료되어(this prescription expired a few days ago) 새로 받아야 할 것이라고 했으므로, (A)가 정답이다.

패러프레이징
지문의 **this prescription expired**
➡ 정답의 **Some paperwork is outdated**

Q 16-18

> W-Am Hello. This is Claudia Radinsky, customer service representative at Stratton Bank. **16**I'm following up on a message you left about your new account.

183

M-Au Yes, thanks for calling back. **17**I recently opened a checking account, but the banker I spoke with didn't explain how to access my account online.

W-Am I can help you with that. If you give me your e-mail address, I'll send you instructions on how to do transactions online. Or **18**you can come in tomorrow, and I can show you in person.

M-Au **18**That'd be great. I work in the neighborhood, so stopping by during my lunch hour would be convenient for me. I'll be there at one o'clock.

여 안녕하세요. 저는 스트래튼 은행의 고객 지원 담당 클로디아 래딘스키입니다. **16**고객님께서 신규 계좌에 관해 남기신 메시지를 받고 연락 드립니다.

남 네, 연락 주셔서 고맙습니다. **17**제가 최근에 입출금 계좌를 개설했는데, 저와 이야기한 은행 직원이 온라인으로 계좌에 접속하는 법을 설명해 주지 않았어요.

여 제가 도와드릴 수 있습니다. 이메일 주소를 알려 주시면 온라인 거래 방법 설명서를 보내 드리겠습니다. 아니면 **18**내일 들르실 수 있다면 제가 직접 알려드릴 수 있습니다.

남 **18**그러면 좋겠네요. 제가 근처에서 근무하니 점심시간에 들르면 편할 것 같아요. 1시에 가겠습니다.

어휘 customer service representative 고객 지원 [서비스] 담당자 follow up on ~에 대해 더 알아보다, ~에 대한 후속조치를 취하다 open a checking account 입출금 계좌를 개설하다 explain 설명하다 access 접근[접속]하다, 이용하다 instructions 지시, 설명 transactions 거래, 매매 in person 직접 neighborhood 이웃, 근처 convenient 편리한

16 여자가 남자에게 전화한 이유는?
(A) 이메일 주소를 확인하려고
(B) 약속을 취소하려고
(C) 메시지에 응답하려고
(D) 길 안내를 하려고

해설 여자가 전화한 목적
여자의 첫 번째 대사에서 신규 계좌에 관해 남자가 남긴 메시지를 받고 연락한다(I'm following up on a message you left)고 했으므로, (C)가 정답이다.

패러프레이징
지문의 following up on a message
➡ 정답의 respond to a message

17 남자가 언급한 문제는?
(A) 열쇠를 분실했다.
(B) 비밀번호를 잊어버렸다.
(C) 약속에 제시간에 갈 수 없다.
(D) 어떤 설명을 듣지 못했다.

해설 남자가 언급한 문제점
남자의 첫 번째 대사에서 은행 직원이 온라인으로 계좌에 접속하는 법을 설명해 주지 않았다(the banker ~ didn't explain how to access my account online)고 했으므로, (D)가 정답이다.

패러프레이징
지문의 didn't explain how to access my account
➡ 정답의 did not receive some instructions

18 남자는 내일 무엇을 하겠다고 말하는가?
(A) 은행에 간다.   (B) 고객에게 전화한다.
(C) 재택 근무를 한다.   (D) 동료와 점심을 먹는다.

해설 남자가 내일 할 일
여자의 두 번째 대사에서 내일 은행에 오면 직접 설명해 주겠다고 제안하자 남자가 1시에 가겠다(I'll be there at one o'clock)며 이를 받아들였으므로, (A)가 정답이다.

패러프레이징
지문의 I'll be there ➡ 정답의 Go to the bank

Q 19-21 대화 + 표지판

M-Cn Hello. Welcome to the award-winning Salazar's Southern Diner.

W-Am Thank you! **19**A friend of mine recommended your diner. **20**I'd like to try a meat platter… uh… your barbecue chicken platter. Can you tell me what's included with it?

M-Cn It includes two side dishes. **20**And right now we're offering a discount on our menu items because of the local restaurant festival. All of the details are on the sign behind me.

W-Am Wow, this is a really good deal. I'll take my meal to go.

M-Cn Great. **21**All of our meals also come with a free lemonade or iced tea, so please help yourself to something from the refrigerator while I get your order.

남 안녕하세요. 수상 경력에 빛나는 살라자즈 서던 다이너에 오신 걸 환영합니다.

여 고마워요! **19**제 친구가 이 식당을 추천했어요. **20**미트 플래터를 먹어볼까 하는데요… 어… 바비큐 치킨 플래터로 할게요. 거기에 무엇이 포함되는지 알려 주시겠어요?

남 곁들임 요리가 두 개 포함됩니다. **20**그리고 지금 저희가 지역 식당 축제 때문에 차림표에 있는 품목을 할인해 드리고 있습니다. 자세한 내용은 모두 제 뒤쪽에 있는 표지판에 나와 있습니다.

여 우와, 정말 알차네요. 식사를 포장해서 가져갈게요.

남 좋습니다. **21**모든 식사에 레모네이드나 아이스티가 무료로 나오니 제가 주문을 받는 동안 냉장고에서 꺼내 드시면 됩니다.

어휘   award-winning 상을 받은, 수상 경력이 있는
diner 식당   platter 모둠 요리   include 포함하다
side dish 곁들임 요리   local 지역의, 현지의
a good deal 알찬[좋은, 유리한] 거래
take one's meal to go 식사를 포장해서 가져가다
help oneself to ~을 마음대로[자유로이] 먹다
refrigerator 냉장고

살라즈 서던 다이너
특별 할인

샐러드 ·················· 10퍼센트 할인
수프 ····················· 15퍼센트 할인
20미트 플래터 ········ 20퍼센트 할인
파스타 플래터 ········· 30퍼센트 할인

---

19 여자가 식당에 관해 한 말은 무엇인가?

(A) 예약을 받지 않는다.
(B) 옥외 식사 구역이 있다.
(C) 친구가 추천했다.
(D) 도심에 위치해 있다.

해설 세부 사항 – 여자가 식당에 관해 한 말

여자의 첫 번째 대사에서 친구가 이 식당을 추천했다(A friend of mine recommended your diner)고 했으므로, (C)가 정답이다.

20 시각 정보에 따르면, 여자는 얼마나 할인 받게 되는가?

(A) 10퍼센트   (B) 15퍼센트
(C) 20퍼센트   (D) 30퍼센트

해설 시각 정보 연계 – 여자가 받을 할인율

여자의 첫 번째 대사에서 미트 플래터를 먹겠다(I'd like to try a meat platter)며 바비큐 치킨 플래터를 주문했는데, 시각 정보를 보면 미트 플래터는 20퍼센트 할인 중이므로, (C)가 정답이다.

21 남자는 여자에게 무엇을 하라고 제안하는가?

(A) 음료수 선택
(B) 추가 주문
(C) 환불 요청
(D) 쿠폰 출력

해설 세부사항 관련 문제 – 남자의 제안 사항

남자의 마지막 대사에서 모든 식사에 레모네이드나 아이스티가 무료로 나오니(All of our meals also come with a free lemonade or iced tea) 냉장고에서 꺼내 먹으면 된다(help yourself to something from the refrigerator)고 했으므로, (A)가 정답이다.

패러프레이징

지문의 **a free lemonade or iced tea**
➡ 정답의 **a beverage**
지문의 **help yourself to something from the refrigerator** ➡ 정답의 **Choose**

ETS ACTUAL TEST

본책 p. 176

32 (D)	**33** (C)	**34** (B)	**35** (B)	**36** (C)
37 (A)	**38** (C)	**39** (B)	**40** (A)	**41** (D)
42 (C)	**43** (A)	**44** (C)	**45** (B)	**46** (D)
47 (B)	**48** (A)	**49** (C)	**50** (B)	**51** (A)
52 (D)	**53** (C)	**54** (D)	**55** (B)	**56** (B)
57 (C)	**58** (C)	**59** (A)	**60** (B)	**61** (C)
62 (A)	**63** (D)	**64** (C)	**65** (B)	**66** (A)
67 (C)	**68** (D)	**69** (D)	**70** (B)	

Q 32-34

W-Am Tushar, **32**you received my e-mail about the workshop on Thursday, right? There are still spots left if you want to sign up.

M-Cn It's not a requirement that I attend, is it? **33**I have a doctor's appointment at that time on Thursday. It's just a checkup, so I could reschedule, but…

W-Am Oh, no—the workshop's not mandatory. It's OK if you go to your doctor's visit.

M-Cn Great—will there be other professional development events in the near future?

W-Am We plan to have one a month, so there'll be plenty of opportunities. In fact, **34**would you be interested in being on the committee that organizes them?

M-Cn **34**Sure! I'd be happy to.

여   터셔, **32**목요일 워크숍에 관해 제가 보낸 이메일 받으셨죠, 그렇죠? 신청하고 싶으시면 아직 자리가 남아 있어요.

남   제가 참석하는 것이 필수 요건은 아니죠, 그렇죠? **33**목요일 그 시간에 병원 예약이 있거든요. 그냥 검진이라서 일정을 변경할 수는 있지만…

여   아, 아뇨. 워크숍은 의무사항은 아니에요. 병원을 가야 하면 괜찮습니다.

남   좋아요. 조만간 다른 전문성 개발 행사가 있을 예정인가요?

여   한 달에 한 번 하려고 계획하고 있으니 기회가 많을 겁니다. 그러니 말인데, **34**행사들을 기획하는 위원회에 들어갈 의향이 있으세요?

남   **34**물론이죠! 그러고 싶어요.

어휘   spot 자리   requirement 필요, 요건   attend 참석하다   appointment 약속, 예약   mandatory 의무적인   professional 전문적인, 직업에 관련된   development 개발   in the near future 가까운 장래에   plenty of 많은   opportunity 기회   committee 위원회   organize 준비[기획]하다, 조직하다

32 여자는 남자에게 무엇에 관해 이메일을 보냈는가?
(A) 점검
(B) 고객 주문
(C) 회사 야유회
(D) 워크숍

해설 세부 사항 – 여자가 보낸 이메일의 내용

여자가 첫 번째 대사에서 목요일 워크숍에 관해 자신이 보낸 이메일(my e-mail about the workshop on Thursday)을 받았는지 남자에게 확인하고 있으므로, (D)가 정답이다.

33 남자는 목요일에 어디에 갈 것인가?
(A) 관공서
(B) 자동차 대리점
(C) 병원
(D) 공사장

해설 세부 사항 – 남자가 목요일에 갈 곳

남자의 첫 번째 대사에서 목요일 워크숍 시간에 병원 예약이 있다(I have a doctor's appointment at that time on Thursday)고 했으므로, (C)가 정답이다.

34 남자는 무엇을 하는 데 동의하는가?
(A) 기계 수리하기   (B) 위원회 들어가기
(C) 견학 진행하기   (D) 설문조사 만들기

어휘 create 만들다 survey 설문

해설 세부 사항 – 남자가 동의한 일

여자의 세 번째 대사에서 남자에게 행사들을 기획하는 위원회에 들어갈 의향이 있는지(being on the committee) 물었는데, 이에 대해 남자가 그러고 싶다며 동의를 표했으므로, (B)가 정답이다.

패러프레이징

지문의 being on the committee
➡ 정답의 Join a committee

Q 35-37

M-Cn   You've reached Alaoui Freight Forwarding Company.
W-Br   Hi, ³⁵I'd like to arrange cargo transportation from Springfield, Florida, to Toronto this week. Is that possible?
M-Cn   Sure, what are you transporting?
W-Br   ³⁶A load of oranges and grapefruits I just harvested from my fruit trees here in Florida. They'll need to be refrigerated.
M-Cn   Of course. Our trucks are equipped with that. ³⁷Now, can you please give me the specific destination in Toronto? That way, I can estimate when it'll get there.
W-Br   ³⁷Certainly.

남   알라위 화물 운송 회사입니다.
여   안녕하세요. ³⁵이번 주에 플로리다 스프링필드에서 토론토로 가는 화물 수송을 예약하고 싶은데요. 가능할까요?
남   그럼요. 무엇을 보내시나요?
여   ³⁶이곳 플로리다의 제 과일나무에서 수확한 오렌지와 자몽 한 짐이에요. 냉장해야 할 겁니다.
남   물론입니다. 저희 트럭에 냉장 설비가 갖춰져 있어요. ³⁷자, 토론토의 목적지를 구체적으로 알려 주시겠어요? 그러면 언제 도착할지 추정해 볼 수 있습니다.
여   ³⁷그럼요.

어휘   reach 연락이 닿다 freight 화물 forwarding 운송 arrange 마련하다, 주선하다 cargo 화물 transportation 수송 a load of 한 짐의 harvest 수확하다 refrigerate 냉장하다 be equipped with ~를 갖추고 있다, ~를 장착하다 specific 구체적인, 명확한 destination 목적지 estimate 추정하다

35 전화를 건 목적은?
(A) 수리 일정을 잡으려고
(B) 운송 일정을 잡으려고
(C) 음식 공급 주문을 넣으려고
(D) 항공편을 예약하려고

해설 전화의 목적

여자의 첫 번째 대사에서 이번 주에 플로리다 스프링필드에서 토론토로 가는 화물 수송을 예약하고 싶다(I'd like to arrange cargo transportation ~ this week)고 했으므로, (B)가 정답이다.

패러프레이징

지문의 arrange cargo transportation
➡ 정답의 arrange shipping

36 여자는 누구이겠는가?
(A) 여행사 직원   (B) 트럭 운전사
(C) 농부   (D) 공장 근로자

해설 여자의 직업

여자의 두 번째 대사에서 자신의 과일나무에서 수확한 오렌지와 자몽 한 짐(A load of oranges and grapefruits I just harvested from my fruit trees)을 보낼 예정이라고 했으므로, 여자가 농부라고 추론할 수 있다. 따라서 (C)가 정답이다.

37 여자는 다음으로 어떤 정보를 제공하겠는가?
(A) 주소   (B) 비밀번호
(C) 결제 형식   (D) 회의 시간

해설 세부 사항 – 여자가 다음에 제공할 정보

남자의 세 번째 대사에서 토론토의 목적지를 구체적으로 말해 달라(can you please give me the specific destination in Toronto?)고 요청하자 여자가 알겠다(Certainly)고 했으므로, (A)가 정답이다.

패러프레이징

지문의 the specific destination
➡ 정답의 An address

Q 38-40

W-Br Oh, look Omar, here's a stand selling merchandise. Let's get in line. **38**We probably have a few minutes before the band starts playing.

M-Cn What do you think you'll buy?

W-Br Well, it looks like they're selling T-shirts with a picture of all the band members or a picture of the lead singer. **39**I'd like the one with the lead singer, but I don't like it in green. I wonder if they have it in black.

M-Cn Wait, I hear music coming from inside the stadium. **40**How about we come back later? The vendor will still be here.

여　아. 보세요, 오마르. 여기 물건을 판매하는 가판대가 있어요. 줄을 서죠. **38**밴드가 연주를 시작하기 전에 몇 분 정도 있을 거예요.

남　뭘 사려고요?

여　음, 밴드 전체 단원의 사진이나 리드 보컬 사진이 들어간 티셔츠를 파는 것 같아요. **39**리드 보컬 사진이 있는 걸 사고 싶은데 녹색은 맘에 안 들어요. 검정색이 있는지 궁금하네요.

남　잠시만요. 스타디움 안에서 음악 소리가 들려요. **40**나중에 다시 오면 어때요? 상인은 여전히 이곳에 있을 테니까요.

어휘　stand 가판대, 좌판　merchandise 물품, 상품　probably 아마　stadium 경기장, 공연장　vendor 행상인, 노점상

38 화자들은 어떤 종류의 행사에 참석하고 있겠는가?
(A) 박물관 전시　　(B) 상점 개업식
(C) 음악회　　(D) 운동 경기

해설　세부 사항 – 화자들이 참석하는 행사
여자의 첫 번째 대사에서 밴드가 연주를 시작하기 전에 몇 분 정도 있을 것(We probably have a few minutes before the band starts playing)이라고 했으므로, 화자들이 음악회에 참석하고 있다고 추론할 수 있다. 따라서 (C)가 정답이다.

39 여자는 물건의 어떤 점이 마음에 들지 않는가?
(A) 크기　　(B) 색상
(C) 스타일　　(D) 가격

해설　세부 사항 – 여자가 물건에 대해 좋아하지 않는 점
여자의 두 번째 대사에서 리드 보컬 사진이 있는 티셔츠를 사고 싶은데 녹색인 것이 마음에 안 든다(I don't like it in green)고 했으므로, (B)가 정답이다.

40 남자는 무엇을 할 것을 제안하는가?
(A) 나중에 다시 오기
(B) 친구 초대하기
(C) 현금으로 결제하기
(D) 음식 사기

어휘　invite 초대하다

해설　남자의 제안 사항
남자가 마지막 대사에서 나중에 다시 오면 어떨지(How about we come back later?) 제안했으므로, (A)가 정답이다.

패러프레이징
지문의 come back later ➡ 정답의 Returning later

Q 41-43　3인 대화

W-Br Hi. **41**How can I help you? Do you need a train schedule?

M-Au No, I purchased a train ticket to Madrid through your mobile phone application, but **41, 42**there's a problem: I can't bring up my ticket in the app.

W-Br Don't worry. We can help with that. **41, 43**This is my colleague, Paloma. She can print a new ticket based on your booking information.

W-Am I'm sorry you're having trouble with our app, sir. **43**If I could just have the credit card you used to purchase your ticket, I can pull up the ticket.

여1　안녕하세요. **41**어떻게 도와드릴까요? 열차 시간표가 필요하세요?

남　아니요. 휴대전화 앱을 통해 마드리드행 기차표를 샀는데요. **41, 42**문제가 있어요. 앱에서 표를 띄울 수가 없네요.

여1　걱정 마세요. 저희가 도와드릴 수 있습니다. **41, 43**이쪽은 제 동료 팔로마입니다. 예약 정보에 근거해 표를 새로 출력해 드릴 수 있어요.

여2　앱에 문제가 있으셨다니 죄송합니다. **43**표를 구입하기 위해 사용하셨던 신용카드를 주시면 표를 불러올 수 있습니다.

어휘　purchase 구입하다　bring up (컴퓨터 화면에) 띄우다　colleague 동료　based on ~에 근거하여, 기반하여　booking 예약　pull up (데이터 등을) 가져오다, 불러오다

41 대화는 어디에서 이루어지겠는가?
(A) 휴대전화 매장　　(B) 서점
(C) 컨벤션 센터　　(D) 기차역

해설　대화 장소
여자 1이 첫 번째 대사에서 남자를 응대하며 열차 시간표가 필요한 지(Do you need a train schedule?) 물었고, 남자가 기차표 관련 문제점(I can't bring up my ticket in the app)을 이야기하자 이를 해결해 주고 있다. 따라서 화자들이 기차역에 있다고 추론할 수 있으므로, (D)가 정답이다.

42 남자는 어떤 문제를 언급하는가?
(A) 휴대전화 배터리가 거의 없다.
(B) 전화기를 잃어버렸다.
(C) 표에 접근할 수 없다.
(D) 늦어지고 있다.

어휘 access 접속하다, 접근하다, 이용하다 run late
늦어지다

해설 남자가 언급한 문제점

남자의 첫 번째 대사에서 앱으로 기차표를 샀는데 문제가 있다며 앱에서 표를 불러올 수가 없다(I can't bring up my ticket in the app)고 했다. 따라서 (C)가 정답이다.

패러프레이징

지문의 can't bring up my ticket in the app
➡ 정답의 cannot access a ticket

43 팔로마는 남자에게 무엇을 해 달라고 요청하는가?
(A) 신용카드 제공하기
(B) 확정 이메일 보여주기
(C) 고객 문의 지원 센터에 전화하기
(D) 서식 작성하기

어휘 provide 제공하다 confirmation 확인, 확정
complete 작성하다, 완료하다

해설 팔로마의 요청 사항

여자2(팔로마)의 마지막 대사에서 남자가 표를 구입하기 위해 사용했던 신용카드를 주면(If I could just have the credit card you used) 표를 불러올 수 있다고 했으므로, (A)가 정답이다.

Q 44-46

> W-Am Thanks for joining me on this video conference, Hans. **44**I'd like to talk to you about the consulting work you've been doing here at Overfield Advertising.
>
> M-Au Sure. Is there a new commercial you'd like me to work on?
>
> W-Am Actually, **45**I'd like to offer you a full-time position with the company. You've done excellent work for us, and we believe you'd add a lot of value to the team.
>
> M-Au **45**I really appreciate that, but I live in Berlin.
>
> W-Am **45**You would continue to work remotely.
>
> M-Au In that case, I'd like to hear more about the details of the job.
>
> W-Am Excellent! **46**I'll ask Human Resources to get in touch.

여 화상 회의에 참여해 주셔서 감사합니다, 한스. **44**이곳 오버필드 광고에서 해 오신 자문 업무에 대해 말씀드리고 싶습니다.

남 좋아요. 제가 작업했으면 하시는 새 광고가 있나요?

여 사실 **45**저희 회사의 상근직을 제안하고 싶어요. 저희와 일을 아주 잘 해 주셔서 팀에 크게 기여하실 거라고 확신합니다.

남 **45**정말 감사합니다만, 저는 베를린에 살아요.

여 **45**계속 원격으로 업무를 하시면 됩니다.

남 그렇다면 해당 직책의 세부사항에 대해 더 듣고 싶어요.

여 좋아요! **46**인사부서에 연락을 취해 달라고 요청할게요.

어휘 video conference 화상 회의 consulting 상담, 자문 advertising 광고 commercial 광고 full-time position 상근직 value 가치 appreciate 감사하다 remotely 원격으로 get in touch 연락을 취하다

44 여자는 어떤 종류의 회사에서 일하는가?
(A) 자동차 제조업체
(B) 채용 대행사
(C) 광고회사
(D) TV 방송국

해설 여자가 일하는 업종

여자가 첫 번째 대사에서 이곳 오버필드 광고(here at Overfield Advertising)에서 해 온 남자의 자문 업무에 대해 이야기하고 싶다며 자신이 일하는 곳이 광고회사임을 밝히고 있다. 따라서 (C)가 정답이다.

45 남자가 "저는 베를린에 살아요"라고 말한 이유는?
(A) 여자가 방문하도록 초청하려고
(B) 제의에 대한 반신반의를 나타내려고
(C) 운송 지연에 대해 설명하려고
(D) 주소 변경을 요청하려고

어휘 express 표현하다 uncertainty 반신반의, 불확실성
delay 지연 request 요청하다

해설 화자의 의도 – 베를린에 산다는 말의 의미

여자의 두 번째 대사에서 남자에게 상근직을 제안하고 싶다(I'd like to offer you a full-time position with the company)고 하자 남자가 한 말인데, 이 뒤에 여자가 계속 원격으로 근무하면 된다고 한 것으로 보아 남자의 거주지가 회사와 멀다는 것을 알 수 있다. 즉, 남자 입장에서는 근무지에 제약이 있는데 그런 제안을 받자 의아함을 표현한 것이므로, (B)가 정답이다.

46 여자는 무엇을 하겠다고 말하는가?
(A) 취업지원서 검토하기
(B) 물품 보내기
(C) 제안 승인하기
(D) 인사부서에 연락하기

어휘 job application 취업지원서 approve 승인하다
proposal 제안

해설 여자가 할 일

여자의 마지막 대사에서 인사부서가 연락을 취하도록 요청하겠다(I'll ask Human Resources to get in touch)고 했으므로, (D)가 정답이다.

패러프레이징

지문의 ask Human Resources
➡ 정답의 Contact Human Resources

Q 47-49

W-Br **47**Hassan, we haven't added anything new to our product line recently. I think it may make sense for us to develop some light-blocking curtains.

M-Cn **47**Sure, those would probably sell well.

W-Br Right, **48**I've been tracking search terms that are trending on the Internet, and it comes up a lot.

M-Cn That's not surprising. I keep seeing articles about the importance of a dark environment for sleeping.

W-Br Yeah. **49**So, as long as you agree, I think we should also run this idea by our director of sales, Haru Ito. I'll try to set up a meeting for us next week.

여 **47**핫산, 우리가 최근 제품군에 신제품을 추가하지 않았는데요. 빛 차단 커튼을 개발하는 것이 타당하다고 봐요.
남 **47**그렇죠. 아마 잘 팔릴 거예요.
여 맞아요. **48**인터넷에서 유행하는 검색어를 추적해 보고 있는데, 그게 많이 나와요.
남 놀랄 일도 아니죠. 수면을 위한 어두운 환경의 중요성에 관해 기사들이 계속 보이거든요.
여 네. **49**그러니 당신이 동의한다면 영업부장인 하루 이토 씨께도 이 아이디어를 말씀드리는 게 좋을 것 같아요. 다음 주로 회의를 잡아볼게요.

어휘 recently 최근 make sense 타당하다, 이치에 맞다 develop 개발하다 track 추적하다 search term 검색어 surprising 놀라운 article 기사 environment 환경 run A by B (남의 반응을 알아보기 위해) A를 B에게 보여주다, 말하다

47 화자들은 주로 무엇에 대해 이야기하는가?
(A) 직원 건강 계획 (B) 신제품 아이디어
(C) 마케팅 캠페인 (D) 생산 일정

어휘 employee 직원 initiative 계획 production 생산

해설 **대화의 주제**
여자가 첫 번째 대사에서 최근 제품군에 신제품을 추가하지 않았다(we haven't added anything new ~ recently)며 빛 차단 커튼(light-blocking curtains)을 개발하자고 제안하자, 남자가 동의하며 대화를 이어가고 있다. 따라서 (B)가 정답이다.

48 여자는 무엇에 관한 정보를 추적했다고 말하는가?
(A) 온라인 검색 (B) 고객 평가
(C) 직원 효율성 (D) 월 매출

어휘 rating 평가, 순위 efficiency 효율성

해설 **세부 사항 – 여자가 추적한 정보**
여자의 두 번째 대사에서 인터넷에서 유행하는 검색어를 추적해 보고 있다(I've been tracking search terms that are trending on the Internet)고 했으므로, (A)가 정답이다.

패러프레이징
지문의 search terms ~ on the Internet
➡ 정답의 Online searches

49 화자들은 다음 주에 누구를 만나겠는가?
(A) 의료 전문가 (B) 회계사
(C) 영업부장 (D) 최고경영자

해설 **세부 사항 – 화자들의 다음 주에 만날 사람**
여자가 마지막 대사에서 영업부장(our director of sales)에게도 이 아이디어를 말하는 게 좋을 것 같다며 다음 주로 회의를 잡아보겠다(I'll ~ set up a meeting for us next week)고 했다. 따라서 화자들이 다음 주에 영업부장을 만날 것으로 추론할 수 있으므로, (C)가 정답이다.

Q 50-52 3인 대화

M-Cn Thanks for meeting us here, Luisa. **50**Ravi and I were happy that you called about this building being available for rent. Our engineering firm is in desperate need of more office space.

M-Au That's right. **51**Since we signed a big client last month, we're planning to hire more staff to fulfill the contract.

W-Br Congratulations! Now, **50,52**before I show you the inside, I should tell you that there's one drawback. **52**The lobby's being renovated, and the project is a little behind schedule.

M-Au Hmm. If we decide to lease the space, when's the soonest we could move in?

W-Br According to the owner, in two months.

남1 만나 주셔서 감사합니다, 루이자. **50**라비와 저는 이 건물이 임대 가능하다고 전화해 주셔서 기뻤어요. 저희 엔지니어링 업체는 더 넓은 사무 공간이 절실히 필요하거든요.
남2 맞습니다. **51**지난달 대형 거래처와 계약한 이후, 계약을 이행하기 위해 직원을 더 채용하려고 계획 중입니다.
여 축하합니다! 자, **50,52**내부를 보여 드리기 전에 문제점이 하나 있다는 말씀을 드려야겠어요. **52**로비가 개조 중인데 프로젝트 일정이 예정보다 조금 늦어지고 있어요.
남2 음… 저희가 공간을 임대하기로 결정하면 가장 빨리 입주할 수 있을 때가 언제죠?
여 주인에 따르면 두 달 후예요.

어휘 available 이용 가능한 rent 임대, 임차 in desperate need of ~를 절실히 필요로 하는 sign 계약하다 client 고객사, 거래처 fulfill 이행하다 contract 계약 drawback 문제점, 결점 renovate 개조하다, 보수하다 behind schedule 예정보다 늦은 decide 결정하다 lease 임대하다 according to ~에 따르면

50 여자는 누구이겠는가?
(A) 토목 기사
(B) 부동산 중개인
(C) 재무상담사
(D) 공사 감독관

해설 **여자의 직업**

남자 1이 첫 번째 대사에서 건물 임대가 가능하다고 여자가 전화해주어(you called about this building being available for rent) 기뻤다고 했고, 여자도 남자들에게 내부를 보여주겠다(I show you the inside)고 하는 것으로 보아여자가 부동산 중개인이라고 추론할 수 있다. 따라서 (B)가 정답이다.

51 지난달 남자들의 회사에 어떤 일이 있었는가?
(A) 중요한 계약이 체결됐다.
(B) 해외 지사가 추가됐다.
(C) 기술 업그레이드가 이뤄졌다.
(D) 일부 직원들이 승진했다.

어휘 branch 지사 promotion 승진

해설 **세부 사항 – 지난달 남자들의 회사에 생긴 일**

남자 2의 첫 번째 대사에서 자신들이 지난달 대형 거래처와 계약했다(we signed a big client last month)고 밝혔으므로, (A)가 정답이다.

패러프레이징

지문의 a big client ➡ 정답의 An important contract

52 여자는 어떤 문제를 언급하는가?
(A) 출장이 예산을 초과했다.
(B) 이삿짐 트럭을 이용할 수 없다.
(C) 일부 장비가 훼손됐다.
(D) 개조 일정이 예정보다 늦어지고 있다.

어휘 business trip 출장 budget 예산 equipment 장비 damage 손상시키다, 훼손시키다

해설 **여자가 언급한 문제점**

여자의 첫 번째 대사에서 문제점이 하나 있다(there's one drawback)며 로비가 개조 중인데 프로젝트 일정이 예정보다 조금 늦어지고 있다(The lobby's being renovated, and the project is a little behind schedule)고 했다. 따라서 (D)가 정답이다.

Q 53-55

M-Au Hey, Eun-Hee. How was the session you went to this morning? I wanted to hear that one, but ⁵³I chose the panel discussion about automating manufacturing processes instead, since it's something our company's actively working on.

W-Br I was interested in that one too! ⁵⁴That's the one thing I don't like about this conference. There are too many interesting sessions scheduled for the same time slot.

M-Au I have an idea. ⁵⁵We should exchange notes. That way we'll have the information from both sessions. ⁵⁵What do you think?

W-Br ⁵⁵Yes, let's do that.

남 안녕하세요, 은희. 오늘 아침에 갔던 세션은 어땠나요? 저도 그걸 듣고 싶었는데, ⁵³대신 제조 공정 자동화에 관한 공개 토론회를 선택했어요. 우리 회사가 활발하게 진행하고 있는 사항이라서요.

여 저도 그것에 관심이 있었어요! ⁵⁴이게 이번 회의에서 맘에 안 드는 점이에요. 같은 시간대에 흥미로운 세션들이 너무 많이 잡혀 있거든요.

남 좋은 생각이 있어요. ⁵⁵우리가 필기한 것을 교환하는 거죠. 그렇게 하면 두 세션의 정보를 모두 얻을 수 있게 되니까요. ⁵⁵어떻게 생각해요?

여 ⁵⁵네, 그렇게 하죠.

어휘 session (특정 활동을 위한) 시간, 세션 panel discussion 공개 토론회 automate 자동화하다 manufacturing 제조 process 공정, 절차 exchange 교환하다

53 남자가 특정 공개 토론회에 참석하기로 선택한 이유는?
(A) 매스컴의 관심을 가장 많이 받았다.
(B) 청중의 참가를 요구한다.
(C) 업무와 가장 관련이 있다.
(D) 좋아하는 연사가 진행한다.

어휘 publicity 매스컴의 관심, 주목 require 요구하다 participation 참가 relevant to ~와 관련 있는

해설 **세부 사항 – 남자가 특정 공개 토론회에 참석하기로 한 이유**

남자가 첫 번째 대사에서 제조 공정 자동화에 관한 공개 토론회를 선택했다고 한 후, 회사가 활발하게 진행하고 있는 사항이기 때문(since it's something our company's actively working on)이라며 이유를 덧붙였다. 따라서 (C)가 정답이다.

패러프레이징

지문의 something our company's actively working on ➡ 정답의 the most relevant to his job

54 여자가 회의에 대해 마음에 들어 하지 않는 점은?
(A) 인적 네트워크를 형성할 기회가 없다.
(B) 회의실에 좌석이 너무 없다.
(C) 식사가 불만족스럽다.
(D) 흥미로운 세션들을 놓칠 수밖에 없다.

어휘 opportunity 기회 network 인적 네트워크를 형성하다 unsatisfactory 불만족스러운

해설 **세부 사항 – 여자가 회의에 대해 좋아하지 않는 점**

여자의 첫 번째 대사에서 동 시간대에 흥미로운 세션들이 너무 많이 잡혀 있어(There are ~ interesting sessions scheduled for the same time slot) 하나밖에 참석할 수 없다며 불평했으므로, (D)가 정답이다.

55 화자들은 무엇을 하려고 계획하는가?

(A) 관리자들에게 이메일 보내기

(B) 서로 필기본 공유하기

(C) 회의 주최측에 불만 제기하기

(D) 일과가 끝나고 로비에서 만나기

어휘 complain 불평하다 organizer 주최자

해설 **세부 사항 – 화자들의 계획**

남자의 두 번째 대사에서 필기한 것을 교환하는 게(We should exchange notes) 어떻겠냐고 제안하자 여자가 동의(Yes, let's do that)했으므로, (B)가 정답이다.

패러프레이징

지문의 **We should exchange notes**

➡ 정답의 **Share their notes with each other**

Q 56-58

M-Cn Hi, Zeyneb. **56**Sorry to interrupt you. Do you have a minute?

W-Br Oh. This work isn't urgent.

M-Cn Thanks. **57**As you know, delegates from our client, Elbertson Manufacturing, will be visiting next week, and I'm organizing the schedule for that. First, we'll give our presentation. Then, we'll take them to Max's Steakhouse.

W-Br You reserved the private dining room there, right?

M-Cn I did. But I was wondering—do you think we should walk there?

W-Br That's a bit too far to walk. And the weather is unpredictable this time of year. **58**Better to arrange for a shuttle bus to carry everyone.

남 안녕하세요, 자녭. **56**방해해서 죄송해요. 잠시 시간 돼요?

여 아. 이 일은 급하지는 않아요.

남 고맙습니다. **57**알다시피 고객사 엘버트슨 매뉴팩처링의 대표단이 다음 주에 방문할 예정인데요. 제가 그 일정을 준비하고 있어요. 먼저 우리가 발표를 하고, 그 다음으로 맥스 스테이크하우스로 모셔갈 겁니다.

여 그곳의 전용 식사실을 예약하신 거죠, 그렇죠?

남 네. 하지만 거기로 걸어가야 한다고 생각하시는지 궁금해요.

여 걷기엔 좀 멀죠. 연중 이맘때는 날씨를 예측할 수 없고요. **58**모두를 태워갈 수 있는 셔틀버스를 마련하는 편이 좋겠어요.

어휘 interrupt 방해하다, 중단시키다 urgent 긴급한 delegate 대표(단) organize 준비하다, 조직하다 presentation 발표 reserve 예약하다 private 전용의, 비공개의 unpredictable 예측할 수 없는 arrange 마련하다, 주선하다

56 여자가 "이 일은 급하지는 않아요"라고 말할 때, 그 의도는 무엇인가?

(A) 일찍 퇴근할 계획이다.

(B) 이야기할 시간이 있다.

(C) 업무가 지루하다고 생각한다.

(D) 도움이 필요하지 않다.

어휘 leave work 퇴근하다 available 시간이 있는

해설 **화자의 의도 파악 – 급하지 않다는 말의 의미**

남자가 첫 번째 대사에서 방해해서 미안하다고 한 후 잠시 시간 있는지(Do you have a minute?) 묻자 여자가 한 말이다. 즉, 급하지 않은 일이니 남자와 이야기할 시간이 있다는 의미이므로, (B)가 정답이다.

57 남자는 무엇을 준비하고 있는가?

(A) 시내 관광   (B) 해외여행

(C) 고객 방문   (D) 주말 야유회

해설 **세부 사항 – 남자가 준비하고 있는 것**

남자의 두 번째 대사에서 고객사의 대표단이 다음 주에 방문할 예정(delegates from our client ~ will be visiting next week)이라고 한 후, 자신이 그 일정을 준비하고 있다(I'm organizing the schedule for that)고 했다. 따라서 (C)가 정답이다.

58 여자는 무엇을 할 것을 제안하는가?

(A) 날씨 확인하기

(B) 메뉴 읽어보기

(C) 교통편 예약하기

(D) 기계 옮기기

해설 **여자의 제안 사항**

여자가 마지막 대사에서 모두를 태워갈 수 있는 셔틀버스를 마련하는 편이 좋겠다(Better to arrange for a shuttle bus)고 제안했으므로, (C)가 정답이다.

패러프레이징

지문의 **arrange for a shuttle bus**

➡ 정답의 **Reserving transportation**

Q 59-61

W-Br **59**Ibrahim, you wanted to discuss the men's line of suits in the new spring collection?

M-Au That's right. **60**Management's requested a decrease in the production cost for each suit by fifteen percent. But I'm not sure we can do that. Those suits'll be made of linen, and the price of linen fabric has recently gone up.

W-Br Hmm. Have you spoken with our vendor yet? **61**Maybe we can negotiate a better purchasing price in our contract.

M-Au **61**I have, but they won't go lower.

W-Br Then I think we'll have to find a different vendor.

여 **59**이브라힘, 이번 봄 신상품들 중 남성 정장에 대해 논의하고 싶어 하셨죠?

남 맞아요. **60**경영진이 각 정장의 생산 비용을 15퍼센트 삭감해 달라고 요청했어요. 하지만 할 수 있을지 잘 모르겠어요. 그 정장들은 리넨으로 만들어질 건데요. 리넨 직물의 가격이 최근에 올랐거든요.

여 음… 판매업체와 얘기해 보셨나요? **61**계약상의 구매 가격을 더 낮게 협상해 볼 수 있을 텐데요.

남 **61**해 봤는데 낮추진 않을 거라고 해요.

여 그러면 다른 판매업체를 찾아야 할 것 같아요.

어휘 collection 신상품들 management 경영진 request 요청하다 decrease 감소 production cost 생산 비용 vendor 판매업체 negotiate 협상하다 purchasing 구매 contract 계약

---

59 화자들은 어디서 일하겠는가?

(A) 의류업체 (B) 자동차 공장
(C) 패션 잡지사 (D) 전자제품 회사

해설 **화자들의 근무지**

여자가 첫 번째 대사에서 남성 정장(the men's line of suits)을 언급하며 남자와 논의를 시작했으므로, 화자들이 의류업체에서 일한다고 추론할 수 있다. 따라서 (A)가 정답이다.

60 남자에 따르면, 경영진은 무엇을 하고 싶어 하는가?

(A) 생산 시설 이전하기 (B) 비용 줄이기
(C) 출시일자 옮기기 (D) 제품 가격 올리기

어휘 relocate 이전하다 facility 시설 reduce 줄이다, 낮추다 release 출시, 개봉

해설 **세부 사항 – 경영진이 하고 싶어 하는 일**

남자의 첫 번째 대사에서 경영진이 각 정장의 생산 비용을 삭감해 달라고 요청했다(Management's requested a decrease in the production cost)고 했으므로, (B)가 정답이다.

패러프레이징

지문의 a decrease in the production cost
➜ 정답의 Reduce some costs

61 남자는 이미 어떤 접근법을 시도했는가?

(A) 자문위원 채용하기 (B) 배송 일정 변경하기
(C) 계약 협상하기 (D) 직원들 만나보기

어휘 approach 접근법, 처리 방법

해설 **세부 사항 – 남자가 이미 시도한 접근법**

여자의 두 번째 대사에서 계약상 구매 가격을 더 낮게 협상해보자(we can negotiate a better purchasing price)고 제안했는데, 이에 대해 남자가 본인이 이미 시도해 봤다(I have)며 소용이 없었음을 밝혔다. 따라서 (C)가 정답이다.

Q 62-64 대화 + 그래프

W-Br Hi, William. What did you want to talk to me about?

M-Cn Hi, Ms. Park. **62**It's about the article I'm working on for the technology section of the paper.

W-Br Right—you're reporting on some tech startups in our city. Isn't that nearly complete?

M-Cn Yes, **63**but I'd like to ask for extra time. Instead of submitting it on Friday, can I have until Monday?

W-Br Why's that?

M-Cn Well, **64**I want to interview the CEO of this year's most profitable company, but she won't be able to meet with me until Friday afternoon.

여 안녕하세요, 윌리엄. 저에게 무엇에 관해 얘기하고 싶으셨던 건가요?

남 안녕하세요, 박 씨. **62**신문의 기술란에 들어갈 제가 작성 중인 기사에 관한 거예요.

여 그래요. 우리 시의 신생 기술 업체에 대해 보도하실 거죠. 거의 완성되지 않았어요?

남 네, **63**하지만 추가 시간을 요청하고 싶어요. 금요일에 제출하는 대신 월요일까지 해도 될까요?

여 왜죠?

남 음, **64**올해 수익성이 가장 좋았던 회사의 최고경영자를 인터뷰하고 싶은데 금요일 오후까지는 만날 수가 없어서요.

어휘 article 기사 startup 신생 기업, 스타트업 nearly 거의 complete 완료된 submit 제출하다 profitable 수익성이 있는

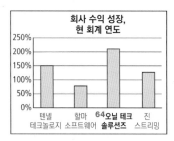

어휘 current 현재의 fiscal year 회계연도

62 남자는 어떤 작업을 하고 있는가?

(A) 뉴스 기사 (B) 기술 설문조사
(C) 광고 캠페인 (D) 채용 전략

어휘 recruitment 채용 strategy 전략

해설 **세부 사항 – 남자가 하고 있는 작업**

남자의 첫 번째 대사에서 자신이 작성 중인 신문 기사(the article I'm working on for ~ the paper)에 대해 여자와 이야기하고 싶다고 했으므로, (A)가 정답이다.

63 남자는 무엇을 요청하는가?

(A) 추가 자금
(B) 하루 동안의 휴가
(C) 다른 임무
(D) 기한 연장

어휘 additional 추가의 funding 자금 assignment 과제, 임무 deadline 기한 extension 연장

해설 **남자의 요청 사항**

남자의 두 번째 대사에서 추가 시간을 요청하고 싶다(I'd like to ask for extra time)고 한 후, 금요일에 제출하는 대신 월요일까지 해도 되는지(Instead of submitting it on Friday, can I have until Monday?) 문의했다. 따라서 (D)가 정답이다.

패러프레이징

지문의 ask for ➡ 질문의 request
지문의 extra time ➡ 정답의 A deadline extension

64 시각 정보에 따르면, 남자는 어떤 회사를 언급하고 있는가?

(A) 텐넬 테크놀로지
(B) 할마 소프트웨어
(C) 오닐 테크 솔루션즈
(D) 진 스트리밍

해설 **시각 정보 연계 – 남자가 언급한 회사**

남자가 마지막 대사에서 올해 수익성이 가장 좋았던 회사의 최고경영자를 인터뷰하고 싶다(I want to interview the CEO of this year's most profitable company)고 했는데, 시각 정보를 보면 수익 성장률이 가장 높은 곳은 오닐 테크 솔루션즈이다. 따라서 (C)가 정답이다.

Q 65-67 대화 + 케이터링 메뉴

M-Au Emiko, **65**could you order some snacks to serve at our marketing team meeting this afternoon?

W-Am Yes. What about something from Jupiter Restaurant? **65**It's close by the building.

M-Au Hmm. **66**That's a busy restaurant. I suspect they won't have time to prepare the food by this afternoon.

W-Am I've placed a same-day order with them before—it's not a problem.

M-Au In that case, I loved their dessert platter we had last time.

W-Am Well, someone complained at the last meeting about not having healthy snacks at our meetings. **67**What do you think about getting the one that has a selection of cheeses and fresh fruit?

M-Au **67**That sounds good—let's do that.

남 에미코, **65**오늘 오후에 마케팅팀 회의에서 제공할 간식을 주문해 주실 수 있나요?

여 네. 주피터 레스토랑 음식은 어때요? **65**건물에서 가까운데요.

남 음. **66**거기는 붐비는 식당이잖아요. 오늘 오후까지 음식을 준비할 시간이 없을 것 같은데요.

여 전에 당일 주문을 넣었던 적이 있어요. 문제없어요.

남 그렇다면 우리가 지난번에 먹은 디저트 모둠이 좋았어요.

여 저, 지난번 회의 때 누군가가 회의에서 건강에 좋은 음식을 주지 않는다고 불평했어요. **67**치즈와 과일이 있는 걸로 하면 어떨까요?

남 **67**그거 좋겠네요. 그렇게 합시다.

어휘 close by ~의 가까이에 suspect 짐작하다, 의심하다 prepare 준비하다 place an order 주문을 넣다 healthy 건강에 좋은

케이터링 메뉴	
디저트 모둠	50달러
채소 모둠	75달러
67과일과 치즈 모둠	**80달러**
칵테일 새우 모둠	95달러

어휘 platter 모둠 요리

65 대화는 어디서 이루어지겠는가?

(A) 음식점
(B) 사무실 건물
(C) 슈퍼마켓
(D) 보관 창고

해설 **대화 장소**

남자가 첫 번째 대사에서 오늘 오후에 마케팅팀 회의(our marketing team meeting this afternoon) 때 제공할 간식을 주문해 달라고 요청하자 여자가 건물에서 가까운(close by the building) 레스토랑을 추천했으므로, 대화가 사무실 건물에서 이뤄진다고 추론할 수 있다. 따라서 (B)가 정답이다.

66 남자가 주피터 레스토랑에서 주문하는 것에 대해 확신하지 못하는 이유는?

(A) 주문에 응할 시간이 없을 수도 있다.
(B) 충분한 음식을 제공하지 않을 수도 있다.
(C) 적정한 가격이 아니다.
(D) 맛있는 음식이 없다.

어휘 fill an order 주문에 응하다 affordable 가격이 알맞은 flavorful 풍미 있는

해설 **세부 사항 – 남자가 주문에 대해 확신하지 못하는 이유**

남자의 두 번째 대사에서 주피터 레스토랑은 붐비는 식당(a busy restaurant)이라며 오늘 오후까지 음식을 준비할 시간이 없을 것 같다(I suspect they won't have time ~ this afternoon)고 덧붙였다. 따라서 (A)가 정답이다.

패러프레이징

지문의 suspect ➡ 질문의 unsure
지문의 won't have time to prepare the food
➡ 정답의 might not have time to fill an order

67 시각 정보에 따르면, 케이터링 주문 비용은 얼마이겠는가?
(A) 50달러
(B) 75달러
(C) 80달러
(D) 95달러

해설 **시각 정보 연계 – 주문 비용**

여자의 세 번째 대사에서 디저트 모둠 대신 치즈와 과일이 있는 것(the one that has a selection of cheeses and fresh fruit)으로 주문하는 게 어떨지 물었고, 이에 대해 남자가 좋다며 그렇게 하자(let's do that)고 했다. 시각 정보를 보면, 과일과 치즈 모둠(Fruit and cheese platter)은 80달러이므로, (C)가 정답이다.

Q 68-70 대화 + 일정표

일정표 6월 12일 수요일	
오전 9시 – 오전 10시	
오전 10시 – 오전 11시	
오전 11시 – 오후 12시	화상 회의
오후 12시 – 오후 1시	
오후 1시 – 오후 2시	미용실에서 이발
69오후 2시 – 오후 3시	
오후 3시 – 오후 4시	영업팀 회의
오후 4시 – 오후 5시	

W-Br This is the dermatology division at Blustin Incorporated. Can I help you?

M-Au Hi. **68**I just saw your ad looking for volunteers to participate in your research study on sun creams. Do you still need people?

W-Br Yes. You'll need to come in anytime on Wednesday for an examination to determine if you're eligible.

M-Au Let me check my schedule. Hmm, **69**I've got a haircut appointment on Wednesday. I could come by right after that.

W-Br OK. **70**And I need you to complete an online questionnaire about your medical history. Can I have your e-mail address so I can send it to you?

M-Au Sure. It's choi@vicmail.com.

여 블러스틴 주식회사 피부과학 부서입니다. 어떻게 도와드릴까요?

남 안녕하세요. **68**선크림 연구에 참여할 자원봉사자를 찾는 광고를 봤어요. 아직 사람이 필요하세요?

여 네. 자격이 되시는지 알아보기 위해 수요일 아무 때나 검사를 받으러 오셔야 할 겁니다.

남 제 일정을 확인해 볼게요. 음… **69**수요일에는 이발 예약이 있어요. 그 후에 바로 갈 수 있습니다.

여 좋습니다. **70**그리고 병력에 관한 온라인 설문을 작성해 주셔야 해요. 설문을 보낼 수 있도록 이메일 주소를 알려 주시겠어요?

남 그럼요. choi@vicmail.com입니다.

어휘 dermatology 피부과(학) division 분과, 부, 국 ad 광고 volunteer 자원봉사자 participate in ~에 참여하다 examination 검사 determine 알아내다, 결정하다 eligible 자격이 있는 appointment 약속, 예약 questionnaire 설문 medical history 병력

68 남자가 전화한 이유는?
(A) 처방약을 주문하려고
(B) 워크숍에 등록하려고
(C) 청구서 발부에 관한 문의를 하려고
(D) 연구 조사에 대해 문의하려고

어휘 prescription 처방전, 처방된 약 register for ~에 등록하다 billing 청구서 발부

해설 **남자가 전화한 목적**

남자의 첫 번째 대사에서 선크림 연구(your research study on sun creams)에 참여할 자원봉사자를 찾는 광고를 봤다고 한 후, 아직 사람이 필요한지(Do you still need people?)를 물었다. 따라서 남자가 회사의 연구 조사에 대해 문의하기 위해 전화했음을 알 수 있으므로, (D)가 정답이다.

69 시각 정보에 따르면, 남자는 언제 블러스틴 주식회사에 갈 계획인가?
(A) 오전 9시 – 오전 10시
(B) 오전 10시 – 오전 11시
(C) 오후 12시 – 오후 1시
(D) 오후 2시 – 오후 3시

해설 **시각 정보 연계 – 남자가 회사에 방문할 시간**

남자의 두 번째 대사에서 수요일에 이발 예약이 있다(I've got a haircut appointment)고 한 후, 그 후에 바로 갈 수 있다(I could come by right after that)고 덧붙였다. 시각 정보를 보면, 이발 예약 직후에 비는 시간은 오후 2시 – 오후 3시이므로, (D)가 정답이다.

70 여자는 무엇을 하겠다고 말하는가?
(A) 관리자와 상의하기
(B) 설문 보내기
(C) 문서 출력하기
(D) 영수증 제공하기

어휘 consult 상담하다, 상의하다 receipt 영수증

해설 **여자가 할 일**

여자의 세 번째 대사에서 남자가 온라인 설문을 작성해야 한다(I need you to complete an online questionnaire)며 설문을 보낼 수 있도록 이메일 주소를 알려 달라(Can I have your e-mail address so I can send it to you?)고 요청했다. 따라서 (B)가 정답이다.

CHAPTER 01 **문제 유형별 전략**

❶ 주제 / 목적 문제

ETS CHECK-UP
본책 p. 185

1 (C) **2** (B)

Q 1 워크숍 발췌

> **M-Au** Today's workshop will focus on public speaking skills. Do you prepare for days for important work presentations, but still fail to make the impression you want to? Well, many people have that problem. Today I'll teach you the simplest ways to project a confident demeanor whenever you speak in front of other people. I'd like everyone to find a partner now. We're going to start with a quick exercise.
>
> **오늘 워크숍은 대중연설 기술에 초점을 맞추겠습니다.** 며칠 동안 중요한 업무 발표회 준비를 하는데도 여전히 원하는 인상을 남기지 못하십니까? 네, 많은 사람이 그런 문제를 겪습니다. 오늘 저는 여러분께 다른 사람들 앞에서 연설할 때마다 자신감 있는 태도를 보여 주는 가장 간단한 방법을 가르쳐 드리려고 합니다. 이제 모두 짝을 지어 보십시오. 간단한 연습으로 시작하겠습니다.
>
> 어휘 **focus on** ~에 초점을 맞추다 **public speaking skills** 대중연설 기술 **prepare for** ~을 준비하다 **work presentation** 업무 발표(회) **fail to부정사** ~하는 데 실패하다 **make an impression** 강한 인상을 남기다 **simplest** 가장 간단한 **project** 명확히 전하다, 보여 주다 **confident** 자신 있는 **demeanor** 태도, 표정 **in front of** ~ 앞에서 **quick exercise** 간단한[짧은] 연습

1 워크숍의 주제는 무엇인가?
(A) 이력서 작성하기
(B) 녹음 소프트웨어 활용하기
(C) 대중 연설 기술 연마하기
(D) 동료들과 교류하기

해설 **워크숍의 주제**
초반부에서 오늘 워크숍은 대중연설 기술에 초점을 맞출 것 (Today's workshop will focus on public speaking skills)이라고 했으므로, (C)가 정답이다.

Q 2 회의 발췌

> **W-Br** Good afternoon. I've called this meeting to let you all know that we've decided to implement a new company dress code here at our electronics store. All sales representatives will now be required to wear black pants and a company shirt that clearly displays our logo. We came to this decision after receiving complaints from customers who said, without a uniform, they couldn't figure out who our store employees were. And they need to be able to identify you if they have any questions or need help. You'll be responsible for providing the black pants, but we'll supply a company shirt. So, we need to know if you'll want a small, medium, or large. I'm going to pass around a sign-up sheet now where you can write down that information.
>
> 안녕하세요. **우리 전자제품 매장에서 회사의 새로운 복장 규정을 시행하기로 결정했다는 사실을 여러분께 알려드리려고 이번 회의를 소집했습니다.** 모든 영업사원들은 검은색 바지와 우리 로고가 선명히 보이는 회사 셔츠를 입어야 합니다. 유니폼이 없으니 누가 우리 매장 직원인지 모르겠다는 고객의 불만사항을 접수한 후 이러한 결정을 내리게 됐습니다. 고객이 문의사항이 있거나 도움이 필요한 경우 여러분을 찾을 수 있어야 하니까요. 여러분은 검은색 바지를 책임지고 준비해야 하지만 회사 셔츠는 저희가 제공할 겁니다. 그러니 여러분이 소, 중, 대 중 무엇을 원하는지 알아야 해요. 해당 정보를 적을 수 있는 신청서를 지금 돌리겠습니다.
>
> 어휘 **decide** 결정하다 **implement** 시행하다 **code** 규정 **sales representative** 영업사원 **be required to** ~하도록 요구되다 **decision** 결정 **complaint** 불평, 불만 **figure out** ~을 알아내다 **employee** 직원 **identify** 찾다, 발견하다 **responsible for** ~에 책임이 있는 **provide** 준비하다 **supply** 공급하다 **sign-up sheet** 참가 신청서

2 회의의 주 목적은?
(A) 업무를 배분하기 위해
(B) 회사 정책을 설명하기 위해
(C) 판매 전략에 대해 논의하기 위해
(D) 고객 감사 행사를 계획하기 위해

어휘 **distribute** 배분하다 **assignment** 할당, 배정 **policy** 정책 **strategy** 전략 **appreciation** 감사

해설 **회의의 목적**
초반부에서 회사의 새로운 복장 규정을 시행하기로 결정했다(we've decided to implement a new company dress code)는 사실을 알리기 위해 회의를 소집했다고 했으므로, (B)가 정답이다.

패러프레이징
지문의 **let you all know** ➡ 정답의 **explain**
지문의 **a new company dress code**
➡ 정답의 **a company policy**

❷ 장소 / 직업 문제

ETS CHECK-UP   본책 p. 187

1 (A)   **2** (A)

Q 1 전화 메시지

> **W-Am** This message is for the manager of the Barryton Hotel. I just wanted to express how disappointed I was during my recent stay. When I was booking hotels, I chose yours because I saw in your brochure that you offered free airport shuttle service. I didn't need a shuttle to go to the hotel, but I did need it for my departure. However, when I asked the clerk for a shuttle to the airport, he said the service was only for arriving guests. I suggest you revise your brochure to be more accurate so other guests don't encounter this situation.
>
> **배리턴 호텔 관리자에게 메시지 남깁니다.** 최근 투숙 기간 중 얼마나 실망스러웠는지 말해 주고 싶습니다. 호텔을 예약할 때, 무료 공항 셔틀 서비스를 제공한다고 안내책자에서 봤기 때문에 이 호텔을 선택했습니다. 호텔로 가는 셔틀은 필요하지 않았지만 떠날 때 탈 셔틀이 필요했거든요. 그런데 제가 직원에게 공항으로 가는 셔틀을 요청하자 도착하는 고객을 위한 서비스만 있다고 하더군요. 안내책자를 더 정확하게 수정해서 다른 손님들이 이러한 상황을 맞지 않도록 해주십사 제안합니다.
>
> ───────
> 어휘 express 나타내다, 표현하다 disappointed 실망스러운 recent 최근의 book 예약하다 brochure 안내책자 departure 출발, 떠남 arrive 도착하다 suggest 제안하다 revise 수정하다, 개정하다 accurate 정확한 encounter 맞닥뜨리다, 직면하다

1 청자는 어디서 일하는가?
   (A) 호텔
   (B) 공항
   (C) 박물관
   (D) 인쇄소

   해설 청자의 근무지
   초반부에서 배리턴 호텔 관리자에게 메시지를 남긴다(This message is for the manager of the Barryton Hotel)고 했으므로, 청자가 호텔에서 일한다는 것을 알 수 있다. 따라서 (A)가 정답이다.

Q 2 설명

> **W-Br** Thank you all for agreeing to participate in this focus group today. My name is Melanie Sanders, and I represent the All Star Tour Bus Company. Today, we're here to determine how the general public feels about our newest advertising campaign. We've selected you because you've all taken several tours with our company before. During the next hour, I'll show you a series of advertisements, and I'd like each of you to share your opinions about them. This discussion will be recorded so I can play back your comments when reporting the findings to the advertising team. Now, let's get started.
>
> 오늘 포커스 그룹에 참가하는 데 동의해 주셔서 모두 감사드립니다. **저는 멜라니 샌더스이고, 올스타 투어 버스 회사를 대표해서 왔습니다.** 오늘은 저희 최신 광고 캠페인에 대해 일반 대중이 어떻게 느끼는지 알아보기 위해 이곳에 왔는데요. 예전에 저희 업체의 투어에 여러 번 오셨던 이유로 여러분을 선정했습니다. 다음 한 시간 동안 일련의 광고들을 보여드리고, 각각에 대한 여러분의 의견을 묻고자 합니다. 광고팀에 결과를 보고할 때 여러분께서 언급한 내용을 재생할 수 있도록 대화가 녹음될 것입니다. 자, 시작하시죠.
>
> ───────
> 어휘 participate in ~에 참가하다 represent 대표하다, 대변하다 determine 알아내다 general public 일반 대중 advertising 광고 select 선택하다 discussion 논의, 토의 record 녹음하다 findings 조사(연구) 결과

2 화자는 어떤 분야에서 일하겠는가?
   (A) 관광   (B) 교육
   (C) 라디오 방송   (D) 정보 기술

   해설 화자가 종사하는 분야
   초반부에서 올스타 투어 버스 회사를 대표해서 왔다(I represent the All Star Tour Bus Company)며 자신을 소개하고 있으므로, 화자가 관광 분야에서 일한다고 추론할 수 있다. 따라서 (A)가 정답이다.

ETS X-FILE   본책 p. 188

1 (B)   **2** (A)   **3** (B)   **4** (A)   **5** (A)   **6** (B)

Q 1

> **M-Au** Hello. This is Pierre Jean from Zenex Pharmaceuticals. We reserved the Royal Hall for a press conference on March 25 at 10 A.M. However, now we would like a bigger hall that can accommodate up to 100 people, as more journalists have decided to attend.

안녕하세요. 저는 제넥스 제약회사의 피에르 장입니다. 3월 25일 오전 10시에 있을 기자회견을 위해 로열 홀을 예약했습니다. 그런데 이제 100명 이상 수용 가능한 더 큰 홀로 했으면 합니다. 기자들이 더 참석하기로 결정해서요.

어휘 pharmaceuticals 제약회사 reserve 예약하다 press conference 기자회견 accommodate 수용하다 attend 참석하다

1 메시지의 주요 목적은?
(A) 회의 참석을 확정하려고
(B) 예약을 변경하려고

패러프레이징

지문의 reserved the Royal Hall, ~ However, now we would like a bigger hall
➡ 정답의 changes to a reservation

Q 2

W-Am Are you looking for a reliable company to keep your building safe? If so, GS Secure Solutions can help. We have been providing security services to a variety of businesses in this area for the past ten years.

건물을 안전하게 지킬 믿을 만한 회사를 찾고 계십니까? 그렇다면 GS 시큐어 솔루션즈가 도와드릴 수 있습니다. 저희는 지난 10년간 지역 내 다양한 업체에 보안 서비스를 제공해 왔습니다.

어휘 reliable 믿을 만한 security 보안 a variety of 다양한

2 무엇을 광고하고 있는가?
(A) 보안업체
(B) 피트니스 센터

패러프레이징

지문의 a reliable company to keep your building safe ➡ 정답의 security company

Q 3

M-Cn Welcome aboard, everyone! Thanks for joining this tour of Bayside Harbor. My name is Harvey Jones, and I'll be your guide today. On this trip, you'll learn about the history of the harbor as well as enjoy some quality time out on the bay.

승선하신 것을 환영합니다, 여러분! 베이사이드 하버 투어를 함께해 주셔서 감사합니다. 저는 하비 존스이며, 오늘 여러분의 가이드입니다. 본 여행에서는 항구의 역사에 대해 알아보고 만에서 알찬 시간도 보내시게 됩니다.

어휘 quality time 알찬 시간

3 청자들은 어디 있겠는가?
(A) 박물관
(B) 배

패러프레이징

지문의 aboard, tour of Bayside Harbor
➡ 정답의 boat

Q 4

W-Br Hello, Marco. This is Stacey from Lafayette Travel. Unfortunately, there are no more seats on direct flights to Toronto for the date and time that you mentioned. But if you leave one day earlier, there are several options available.

안녕하세요, 마르코. 라파예트 트래블의 스테이시입니다. 안타깝게도 말씀하신 날짜와 시간에 토론토행 직항편에는 좌석이 더 이상 없습니다. 하지만 하루 빨리 출발하신다면 이용 가능한 여러 선택지가 있습니다.

어휘 direct flight 직항편 mention 언급하다 available 이용 가능한

4 화자는 누구이겠는가?
(A) 여행사 직원
(B) 호텔 직원

패러프레이징

지문의 Lafayette Travel, flights
➡ 정답의 travel agent

Q 5

M-Au Good morning, everyone, and thank you for the warm welcome. It's my honor to present Erikson Incorporated's latest product at the Digital Innovation Expo today. What I have here in my hand is our new mobile phone, the Aura 11.

안녕하세요, 여러분. 따뜻하게 맞아 주셔서 감사합니다. 오늘 디지털 이노베이션 엑스포에서 에릭슨 주식회사의 최신 제품을 보여드리게 되어 영광입니다. 제가 손에 들고 있는 것은 저희 새 휴대전화 아우라 11입니다.

어휘 present 보여주다, 제시하다 latest 최신의

5 화자는 어떤 업계에서 일하겠는가?
(A) 기술
(B) 행사 기획

패러프레이징

지문의 Digital Innovation Expo, mobile phone
➡ 정답의 Technology

Q 6

> W-Am Before you enter the factory floor today, let me give you a quick reminder. I know you're under pressure to work quickly as we're expanding our popular line of glass display cases, but please be extra careful when using the cutting machine.
>
> 오늘 여러분이 작업 현장으로 들어가시기 전, 빠르게 한 가지 상기시켜 드리겠습니다. 인기가 높은 유리 진열장 제품군을 확장하고 있어 여러분이 빨리 일해야 한다는 압박감을 느끼시는 것을 알고 있습니다. 하지만 **절단기를 사용하실 때** 각별히 유의해 주세요.
>
> 어휘 factory floor (공장의) 작업 현장 reminder 상기시키는 것 under pressure 압박감을 느끼는 expand 확장하다

6 이야기의 청중은 누구인가?
   (A) 배송 운전기사　　　(B) 공장 인부

패러프레이징
지문의 factory floor, cutting machine
➡ 정답의 Factory workers

LISTENING PRACTICE　　본책 p. 189

1 (A)　**2** (A)　**3** (B)　**4** (A)　**5** (A)　**6** (B)

Q 1-2 전화 메시지

> W-Am Hello, this is Natasha Klein. [1]I had dinner at your restaurant last night, and [2]I think I left my mobile phone there. I was sitting in a booth at the back of the dining room, and my purse was on the seat. [2]The phone must have fallen out when I took out my credit card to pay for dinner. Could you please call and let me know if the phone's been found? If so, I could stop by this afternoon to pick it up. You can reach me at my work number—555-0196. Thank you.
>
> 안녕하세요, 저는 나타샤 클라인이라고 합니다. **[1]제가 어제 그 식당에서 저녁을 먹었는데 [2]휴대전화를 두고 온 것 같아요.** 식당 뒤쪽 부스에 앉았는데, 제 핸드백을 의자에 두었습니다. **[2]저녁 식사를 계산하려고 신용카드를 꺼낼 때 떨어진 게 틀림없습니다.** 혹시 제 휴대전화를 발견하셨다면 전화로 알려 주시겠어요? 찾으셨으면, 오늘 오후에 가지러 가려고 합니다. 제 직장 전화번호 555-0196번으로 연락 부탁 드립니다. 감사합니다.
>
> 어휘 purse 지갑, 핸드백 booth (식당의) 칸막이 된 자리 fall out 떨어지다

1 이 메시지는 누구에게 전달하고자 한 것인가?
   (A) 식당 매니저　　　(B) 은행 직원

해설 청자의 직업
초반부에서 청자의 식당에서 저녁을 먹었다(I had dinner at your restaurant last night)고 했으므로, (A)가 정답이다.

2 화자는 무엇에 관해 전화를 걸고 있는가?
   (A) 분실물　　　(B) 새 계좌

해설 전화를 건 용건
초반부에서 식당에 핸드폰을 두고 왔다(I left my mobile phone there)고 한 후, 저녁 식사를 계산하려고 신용카드를 꺼낼 때 휴대전화가 떨어진 게 틀림없다(The phone must have fallen out)며 찾으면 연락을 달라고 요청했다. 즉, 잃어버린 물건을 찾기 위해 전화를 한 것이므로, (A)가 정답이다.

Q 3-4 방송

> M-Au Good morning and thanks for listening to KS Radio's Entrepreneur Hour. [3,4]Today I'll be interviewing Mei Zhou, the owner of Maxi's, a popular coffee shop here in Miami. Using money from a small business start-up grant, Ms. Zhou converted an old warehouse into a stylish café specializing in organically grown coffees imported from all over the world. After a commercial break, we'll talk to Ms. Zhou about the steps she took to secure her small business start-up grant.
>
> 안녕하세요. KS 라디오의 '기업가 시간'을 청취해 주셔서 감사합니다. **[3,4]오늘은 이곳 마이애미의 인기 커피숍인 맥시즈의 소유주 메이 추를 인터뷰할 예정입니다.** 추 씨는 소기업 스타트업 보조금에서 받은 기금을 이용해, 낡은 창고를 전 세계에서 수입한 유기농 재배 커피를 전문으로 하는 멋진 카페로 바꿔 놓았습니다. 광고 후에 추 씨가 소기업 스타트업 보조금을 받기 위해 취한 조치에 대해 이야기하겠습니다.
>
> 어휘 entrepreneur 기업가 grant 보조금 convert 전환하다 warehouse 창고 specialize in ~를 전문으로 하다 organically grown 유기농으로 재배한 import 수입하다 commercial 광고 secure 얻어내다, 획득하다

3 방송의 주 목적은?
   (A) 최근 여행 묘사
   (B) 지역 업체 소유주 인터뷰

   어휘 describe 말하다, 묘사하다

해설 방송의 목적
초반부에서 '이곳 마이애미의 인기 커피숍인 맥시즈의 소유주(the owner of Maxi's, a popular coffee shop here in Miami)를 인터뷰할 예정입니다'라고 한 후, 인터뷰와 관련된 추가 설명을 이어가고 있다. 따라서 (B)가 정답이다.

패러프레이징
지문의 the owner of Maxi's, a popular coffee shop here in Miami
➡ 정답의 a local business owner

4 맥시즈는 어떤 종류의 업체인가?

(A) 커피숍   (B) 음식점 공급업체

해설 **맥시의 업종**

초반부에서 맥시즈(Maxi's)를 마이애미의 인기 커피숍(a popular coffee shop here in Miami)이라고 소개했으므로, (A)가 정답이다.

Q 5-6 안내 방송

W-Br **5**Attention, <u>Tuckman Department Store customers</u>. **6**Stop by the home decorating department to meet <u>renowned interior designer</u>, Midori Nagai. At noon she'll be <u>giving a presentation</u> on her top ten home decorating tips. She will explain ways to decorate on a budget by using items you probably already have around the house. She has included many of these suggestions in her new book, *In Your Home*. And after her presentation, Ms. Nagai will be <u>signing copies of her book</u>. Don't miss today's special event, and thank you for shopping at Tuckman's!

5턱맨 백화점 고객 여러분께 알려 드립니다. **6**실내장식 매장에 들러 유명 실내 장식가인 미도리 나가이 씨를 만나 보세요. 나가이 씨는 정오에 자신이 알고 있는 최고의 실내 장식 비결 10가지에 관해 설명회를 엽니다. 나가이 씨는 고객 여러분이 집에 이미 갖고 있는 물품들을 이용해 한정된 예산으로 장식하는 방법을 알려 드릴 것입니다. 나가이 씨는 〈당신의 가정에서〉라는 새 저서에서도 이런 조언을 많이 담았습니다. 그리고 설명회가 끝난 후 나가이 씨는 책 사인회를 가질 예정입니다. 오늘의 특별 행사를 놓치지 마시길 바라며 턱맨 백화점에서 쇼핑해 주셔서 감사 드립니다!

어휘 **Attention** (안내방송에서) 알립니다 **stop by** 들르다 **decorate** 장식하다 **renowned** 유명한 **interior designer** 실내 장식가, 인테리어 디자이너 **give a presentation** 발표회[설명회]를 열다 **on a budget** 한정된 예산으로 **suggestion** 제안, 조언

5 안내방송이 나오는 장소는 어디이겠는가?

(A) 백화점   (B) 도서관

해설 **안내 방송이 나오는 장소**

초반부에서 '턱맨 백화점 고객 여러분께 알려 드립니다 (Attention Tuckman Department Store customers)'라고 했으므로, (A)가 정답이다.

6 미도리 나가이 씨는 누구인가?

(A) 신문 기자   **(B) 인테리어 디자이너**

해설 **미도리 나가이 씨의 직업**

초반부에서 고객들에게 실내 장식 매장에 들러 유명 실내 장식가인 미도리 나가이 씨를 만나 보라(meet renowned interior designer, Midori Nagai)고 권했으므로, (B)가 정답이다.

ETS TEST
본책 p. 190

1 (B)	**2** (D)	**3** (C)	**4** (A)	**5** (A)	**6** (B)
7 (A)	**8** (B)	**9** (C)	**10** (D)	**11** (C)	**12** (B)
13 (C)	**14** (B)	**15** (D)	**16** (D)	**17** (B)	**18** (D)
19 (B)	**20** (A)	**21** (B)	**22** (B)	**23** (A)	**24** (D)

Q 1-3 전화 메시지

W-Am Hello, this is Keiko Sato, the office manager of Fastree Medical Company. **1**I'm calling about the office space in London that you advertised on your Web site. I e-mailed your rental agency last week to set up an appointment, but no one has contacted me yet. **2**Could you please call me back to let me know if you still have space available? I'd like to set up an appointment to view it. **3**We're planning on opening a location in London in November so we'd like to start looking at office spaces immediately. Thanks.

안녕하세요, 저는 패스트리 의료 회사의 사무실장인 케이코 사토입니다. **1**귀사의 웹사이트에서 광고한 런던 사무실에 관해 전화 드립니다. 제가 지난주에 귀하의 부동산 중개소에 이메일을 보내 약속을 잡으려고 했지만 아직까지 아무도 연락을 주지 않았습니다. **2**지금도 임차 가능한 공간이 있는지 제게 전화로 알려 주시겠습니까? 약속을 잡고 둘러보고 싶습니다. **3**저희가 11월에 런던 지점을 열 계획이라서 바로 사무실을 봤으면 좋겠습니다. 고맙습니다.

어휘 **office space** 사무 공간 **advertise** 광고하다 **rental agency** 임대 업체, 부동산 중개소 **set up an appointment** 약속을 잡다 **available** 이용 가능한 **view** 둘러보다 **immediately** 즉시

1 화자는 어떤 종류의 사업체에 전화하고 있는가?

(A) 법률회사
(B) 부동산 사무실
(C) 사무용품점
(D) 광고대행사

해설 **사업체의 종류**

초반부에서 청자의 웹사이트에 광고된 사무실(office space)과 관련해 전화한다고 한 후, 일전에 청자의 중개소에 이메일을 보내(I e-mailed your rental agency) 약속을 잡으려고 했지만 아직까지 아무도 연락을 주지 않았다고 했다. 이를 통해 화자가 부동산 사무실에 전화했다는 것을 알 수 있으므로, (B)가 정답이다.

2 화자는 왜 전화하고 있는가?

(A) 주소 변경을 알려 주기 위해
(B) 환불을 요청하기 위해
(C) 배송을 확인하기 위해
(D) 약속을 잡기 위해

해설 **전화의 목적**
중반부에서 지금도 이용가능한 사무실이 있는지 알려달라고 한 뒤, 약속을 잡고 둘러보고 싶다(I'd like to set up an appointment to view it)고 했으므로, (D)가 정답이다.

패러프레이징

지문의 **set up an appointment**
➔ 정답의 **make an appointment**

3 화자는 11월에 무슨 일이 있을 것이라고 하는가?
(A) 제품이 광고될 것이다.
(B) 계약이 만료될 것이다.
(C) 사무실이 문을 열 것이다.
(D) 웹사이트가 공개될 것이다.

해설 **11월에 일어날 일**
후반부에서 화자의 회사가 11월에 런던 지점을 열 계획(We're ~ opening a location in London)이라고 했으므로, (C)가 정답이다.

패러프레이징

지문의 **opening a location in London**
➔ 정답의 **An office will open.**

Q 4-6 소개

M-Au **4, 5**Joan McLane, our guest lecturer tonight, began her distinguished work as an economist right here in New York City. **5**She has long been recognized as an expert on Asian economic development. Companies have come to value her thorough understanding of what it takes to do business in Beijing, Tokyo, and Seoul. **6**Recently, Ms. McLane has given expert advice on the Chinese market to one of the largest car manufacturers in the world. We're very fortunate that she can speak to us tonight. On behalf of the Dixon Research Institute, I'm pleased to welcome Joan McLane.

4, 5오늘밤 초청 강사이신 조앤 맥레인은 바로 이곳 뉴욕 시에서 경제학자로서 훌륭한 일을 시작하셨습니다. **5**그녀는 아시아 경제 개발 전문가로서 오랫동안 인정을 받아 왔습니다. 기업체들은 베이징, 도쿄, 그리고 서울에서 사업하기 위해 갖추어야 할 것에 대한 그녀의 포괄적인 지식을 높게 평가하게 되었습니다. **6**최근에 맥레인 씨는 세계에서 가장 큰 자동차 제조업체 중 한 곳에 중국 시장에 대한 전문적인 조언을 해 주셨습니다. 저희는 정말 운이 좋게도 오늘밤 그녀의 연설을 들을 수 있습니다. 딕슨 연구소를 대표해서 조앤 맥레인을 기쁘게 환영해 드립니다.

어휘 **lecturer** 강사 **distinguished** 뛰어난, 훌륭한 **recognize** 인정하다 **expert** 전문가; 전문적인 **value** 높이 평가하다 **thorough** 면밀한, 절대적인, 포괄적인 **understanding** 지식, 이해 **manufacture** 제조업체 **fortunate** 운이 좋은 **on behalf of** ~을 대표해

4 담화의 목적은 무엇인가?
(A) 연사 소개   (B) 제품 홍보
(C) 시상 발표   (D) 여행 설명

해설 **담화의 목적**
담화 전반에서 초청 강사인 조앤 맥레인(Joan McLane, our guest lecturer tonight)의 직업, 업적, 최근 활동 등을 설명하고 있다. 따라서 (A)가 정답이다.

패러프레이징

지문의 **lecturer** ➔ 정답의 **speaker**

5 조앤 맥레인은 어느 분야에서 근무하겠는가?
(A) 경제   (B) 교통
(C) 출판   (D) 의료

해설 **맥레인이 종사하는 분야**
초반부에서 조앤 맥레인은 뉴욕 시에서 경제학자(an economist)로서 훌륭한 일을 시작했으며 아시아 경제 개발 전문가(an expert on Asian economic development)로서 오랫동안 인정 받고 있다고 했으므로, (A)가 정답이다.

6 조앤 맥레인은 최근에 무엇을 했는가?
(A) 책 편집   (B) 회사 자문
(C) 실험   (D) 기관 출범

어휘 **advise** 자문에 응하다 **conduct** 수행하다, 실시하다 **experiment** 실험 **organization** 조직, 기관

해설 **세부 사항 – 맥레인이 최근에 한 일**
중반부에서 최근 맥레인이 자동차 제조업체 중 한 곳에 중국 시장에 대한 전문적인 조언을 해 주었다(Ms. McLane has given expert advice ~ to one of the largest car manufacturers)고 했으므로, (B)가 정답이다.

Q 7-9 회의 발췌

W-Br **7**In today's meeting, I want to discuss how the needs of each of you, as members of my sales team, might be better addressed. **8**Studies have shown that a satisfying work environment leads to more productivity. So, I want to know if you're feeling satisfied with your work environment. Now, there's a performance review coming up. In preparation for this, please think about what changes you'd like to see here in the Sales Department. **9**I'd like each of you to come up with a list that you can share with me when we meet individually next month to go over your job performance.

7오늘 회의에서는 제 영업팀 일원인 여러분 개개인의 요구사항을 어떻게 하면 더 잘 다룰지 논의하고 싶습니다. **8**연구들을 보면 만족스러운 업무 환경이 생산성 증가로 이어집니다. 그래서 여러분이 업무 환경에 만족하는지 여부를 알고자 합니다. 자, 인사 고과가 다가오는데요. 이에 대한 준비로 여러분이 영업부서

에서 어떤 변화를 원하는지에 관해 생각해 보십시오. **9여러분 각자 다음 달 업무 평가를 위해 저와 개별적으로 만날 때 공유할 수 있는 목록을 제시하셨으면 합니다.**

어휘 **needs** 요구 **address** 다루다, 고심하다 **satisfying** 만족스러운 **environment** 환경 **lead to** ~로 이어지다 **productivity** 생산성 **performance review** 업무 평가, 인사 고과 **in preparation for** ~의 준비로 **come up with** ~를 제시하다, 제안하다 **individually** 개별적으로

---

7 화자는 누구이겠는가?

(A) 영업 관리자   (B) 회사 교관
(C) 회장   (D) 인사 관리자

해설 **화자의 직업**

초반부에서 청자들을 가리켜 자신의 영업팀 일원(each of you, as members of my sales team)이라고 칭했으므로, 화자가 영업팀 관리자라고 추론할 수 있다. 따라서 (A)가 정답이다.

8 화자는 주로 무엇에 대해 이야기하는가?

(A) 판매 결과   **(B) 직원 만족도**
(C) 고객 의견   (D) 인증 프로그램

어휘 **certification** 인증, 자격

해설 **담화의 주제**

초반부에서 만족스러운 업무 환경이 생산성 증가로 이어진다고 한 후, 청자들이 업무 환경에 만족하는지 여부(if you're feeling satisfied with your work environment)를 알고 싶다고 덧붙였으므로, 직원의 만족도를 논의하는 담화임을 알 수 있다. 따라서 (B)가 정답이다.

9 화자는 청자들에게 무엇을 하라고 요청하는가?

(A) 세미나 등록하기
(B) 경쟁업체에 대해 조사하기
(C) 목록 작성하기
(D) 소그룹 논의하기

어휘 **research** 조사하다 **competitor** 경쟁업체

해설 **화자의 요청 사항**

후반부에서 자신과 개별적으로 만날 때 공유할 수 있는 목록을 제시했으면 한다(I'd like each of you to come up with a list ~ next month)고 했으므로, (C)가 정답이다.

패러프레이징

지문의 **come up with a list** ➡ 정답의 **Create a list**

Q 10-12 광고

M-Cn **10**Middletown Fitness Club has just opened a new center on Chapman Road. Our grounds have indoor and outdoor facilities for volleyball, tennis, and basketball, plus the biggest rock-climbing wall in the city! We'll be celebrating our opening with a special event

---

this Friday at six o'clock featuring one of the biggest sports stars of our generation. **11**Basketball legend Mike Clark will be here signing autographs. **12**Get here early, because the first fifty people through the door will have their picture taken with Mike. Only the first fifty, so don't be late!

10미들타운 피트니스 클럽이 채프먼 로에 새 센터를 열었습니다. 저희 센터에는 배구, 테니스, 농구를 할 수 있는 실내외 시설이 있으며 아울러 시에서 가장 큰 암벽등반용 벽도 갖추고 있습니다! 이번 주 금요일 6시에 특별 이벤트로 개점 축하행사를 여는데, 특별히 우리 세대 최고의 스포츠 스타 중 한 명이 참석할 예정입니다. **11농구계의 전설인 마이크 클라크 씨가 이곳에서 사인회를 엽니다. 12먼저 문을 통과하는 첫 50명은 마이크와 사진을 찍을 수 있으니 일찍 오시기 바랍니다.** 첫 50명만 해당되니 늦지 마시기 바랍니다!

어휘 **grounds** 장소, 구내 **facility** 시설 **rock-climbing** 암벽등반 **celebrate** 축하하다 **feature** ~을 특징으로 하다, ~를 주연시키다 **generation** 세대 **autograph** (유명인의) 사인

10 어떤 종류의 사업체가 광고되고 있는가?

(A) 식품회사   (B) 사진관
(C) 스포츠용품점   **(D) 피트니스 센터**

해설 **광고되는 사업체 종류**

초반부에서 미들타운 피트니스 클럽이 채프먼 가에 새 센터를 열었다(Middletown Fitness ~ Chapman Road)고 했으므로, (D)가 정답이다.

11 마이크 클라크 씨는 누구인가?

(A) 텔레비전 기자   (B) 유명 영화배우
(C) 프로 운동선수   (D) 시 공무원

해설 **클라크 씨의 신분**

후반부에서 마이크 클라크 씨를 농구계의 전설(Basketball legend Mike Clark)이라고 소개했으므로, 그가 프로 운동선수임을 알 수 있다. 따라서 (C)가 정답이다.

패러프레이징

지문의 **basketball legend**
➡ 정답의 **A professional athlete**

12 화자는 청자들에게 무엇을 권장하는가?

(A) 무료 서비스 이용
(B) 행사장에 일찍 도착
(C) 온라인상에서 가격 비교
(D) 대회 참가

해설 **화자의 권장 사항**

후반부에서 먼저 문을 통과하는 첫 50명은 마이크와 사진을 찍을 수 있으니 일찍 오라(Get here early)고 했으므로, (B)가 정답이다.

패러프레이징

지문의 **Get here early** ➡ 정답의 **Arrive early**

Q 13-15 설명

W-Am Good afternoon—I hope everyone is enjoying their first day on the job. **13**My name is Paurvi Larson, and I'm the information technology trainer here at Mitchell Corporation. This afternoon in the training lab, I'm going to show you how to use the company's sales database. Now, I had hoped to start with a short video that presents an overview of the database, **14**but unfortunately this projector doesn't seem to be working, and we have to wait for a new one. **15**In the meantime, since you need to get identification badges, why don't I lead you to the security office now and we can get that done. Then we can proceed with the training when we get back.

안녕하세요. 모두 업무 첫날을 즐겁게 보내고 계시길 바랍니다. **13**제 이름은 포르비 라슨이고, 이곳 미첼 사의 정보 기술 강사입니다. 교육실에서 보내게 될 오늘 오후에는 여러분께 회사의 영업 데이터베이스 이용법을 알려드릴 예정입니다. 자, 데이터베이스 개요를 보여주는 짧은 동영상으로 시작하려고 했었는데요. **14**안타깝게도 프로젝터가 작동하지 않는 것 같습니다. 새 프로젝터를 기다려야 해요. **15**여러분이 직원 명찰을 받아야 하니, 그동안 제가 여러분을 보안 사무실로 안내해 그 일을 처리하면 어떨까요? 그리고 나서 돌아오면 교육을 계속 진행할 수 있을 겁니다.

어휘 information technology 정보 기술 (IT) corporation 기업, 회사 overview 개요 in the meantime 당분간, 그동안에 identification 신원 확인, 신분 증명 security 보안 proceed with ~를 계속하다, 속행하다

13 담화는 어디서 이뤄지겠는가?
(A) 취업 박람회　　　(B) 영업 발표
(C) 교육 시간　　　(D) 직원 오찬

해설 담화 장소
초반부에서 화자는 자신을 회사의 정보 기술 강사(information technology trainer)라고 소개한 후, 오늘 오후에 교육실에서 회사의 영업 데이터베이스 이용법을 보여줄 예정(in the training lab, I'm going to show you how to use the company's sales database)이라고 했다. 따라서 담화가 교육 장소에서 이루어지고 있음을 추론할 수 있으므로, (C)가 정답이다.

14 화자는 무엇이 고장 났다고 말하는가?
(A) 컴퓨터　　　(B) 프로젝터
(C) 전화기　　　(D) 카메라

해설 세부 사항 - 고장이 난 물건
중반부에서 프로젝터가 작동하지 않는 것 같다(this projector doesn't seem to be working)고 했으므로, (B)가 정답이다.

패러프레이징
지문의 doesn't seem to be working
➡ 질문의 is broken

15 청자들은 다음으로 무엇을 할 것인가?
(A) 사무실로 복귀하기
(B) 자기 소개하기
(C) 데이터 입력하기
(D) 직원 명찰 받기

어휘 input 입력하다 obtain 얻다, 구하다

해설 청자들이 다음에 할 일
후반부에서 청자들이 직원 명찰을 받아야 한다(since you need to get identification badges)고 한 후, 새 프로젝터를 기다리는 동안(In the meantime) 그 일을 처리하면 어떨지(why don't I lead you to the security office now and ~ get that done) 제안했다. 따라서 (D)가 정답이다.

패러프레이징
지문의 get identification badges
➡ 정답의 Obtain identification badges

Q 16-18 방송

M-Au And now, Channel 32 technology news. **16**Earlier this week, a local company, Silver Fitness Incorporated, released a new application that's compatible with most mobile devices. It tracks a user's performance during workouts and designs personalized training sessions for each user. **17**Channel 32's health correspondent recently reviewed the app in the new products section of our Web site. She used it for a month and has some interesting comments you may want to check out. **18**Coming up, an interview with the CEO of Silver Fitness Incorporated, so stay tuned.

자, 32번 채널 기술 뉴스입니다. **16**이번 주에 지역 업체인 실버 피트니스 주식회사가 대부분의 모바일 기기와 호환 가능한 새 어플리케이션을 출시했습니다. 이것은 운동 중 사용자의 활동을 추적하고 각 사용자를 위한 개별 훈련 시간을 고안합니다. **17**32번 채널의 건강 전문 기자가 최근 저희 웹사이트의 신제품 코너에서 해당 앱을 평가했는데요. 한 달간 사용하고 여러분이 확인해 볼 만한 흥미로운 점을 언급했습니다. **18**다음으로 실버 피트니스 주식회사 최고경영자와의 인터뷰가 이어지니, 채널을 고정해 주세요.

어휘 Incorporated 주식 회사 (Inc.) release 출시하다, 공개하다 compatible 호환 가능한 track 추적하다 performance 실행, 활동 workout 운동 personalized 개인 맞춤형의 correspondent 기자 comment 언급, 논평 stay tuned 채널을 그대로 유지하다

16 방송의 중심 내용은?
(A) 보건 박람회
(B) 노트북 컴퓨터
(C) 훈련 워크숍
(D) 모바일 어플리케이션

해설 방송의 주제
초반부에서 실버 피트니스 주식회사가 대부분의 모바일 기기와 호환 가능한 새 어플리케이션을 출시했다(released a new application that's compatible with most mobile devices)고 한 후, 관련 소식을 전하며 해당 회사 CEO와 인터뷰가 이어진다고 했다. 따라서 (D)가 정답이다.

17 화자에 따르면, 청자들은 웹사이트에서 무엇을 볼 수 있는가?
(A) 대회 규칙　　　　(B) 후기
(C) 운전 경로　　　　(D) 설문 조사

해설 세부 사항 – 청자들이 웹사이트에서 볼 수 있는 것
중반부에서 건강 전문 기자가 최근 웹사이트의 신제품 코너에서 해당 앱을 평가했다(reviewed the app in the new products section of our Web site)고 했으므로, 웹사이트에서 기자의 사용 후기를 볼 수 있음을 알 수 있다. 따라서 (B)가 정답이다.

18 청자들은 다음으로 무엇을 듣게 될 것인가?
(A) 스포츠 보도　　　(B) 일기예보
(C) 교통 정보　　　　(D) 인터뷰

해설 청자들이 다음에 듣게 될 것
후반부에서 다음으로 실버 피트니스 주식회사 최고경영자와의 인터뷰가 이어진다(Coming up, an interview with the CEO of Silver Fitness Incorporated)고 했으므로, (D)가 정답이다.

패러프레이징
지문의 **Coming up** ➡ 질문의 **next**

Q 19-21 공지

> **W-Br** **19**Before we open the pharmacy this morning, I need to let you know about some policy changes we're making in an effort to be more environmentally friendly. First of all, we're trying to reduce our plastic waste. So when a customer pays for prescription medication, don't automatically place it in a plastic bag. **20**Instead, ask the customer if he or she wants a bag or can do without one. Also, we used to leave our computers on overnight, but now you should shut them down completely before you leave in the evening. **21**I'll put a sign next to the computers so you don't forget.

19오늘 아침 약국을 열기 전, 환경 친화성을 높이기 위한 노력의 일환으로 진행 중인 정책 변경에 대해 알려드려야 할 것 같습니다. 우선 우리는 플라스틱 쓰레기를 줄이고자 합니다. 따라서 고객이 처방약 비용을 지불할 때 기계적으로 비닐봉지에 넣지 마시기 바랍니다. **20**대신, 고객에게 봉투가 필요한지 아니면 봉투가 없어도 되는지 물어보십시오. 아울러 컴퓨터를 밤새 켜 두곤 했는데, 이제 저녁에 나가실 때 완전히 꺼 주셔야 합니다. **21**컴퓨터 옆에 표지판을 두어 잊어버리지 않도록 할 것입니다.

어휘　pharmacy 약국　policy 정책　in an effort to ~하기 위한 노력으로　environmentally friendly 환경 친화적인　reduce 줄이다　prescription 처방, 처방전　medication 약　automatically 자동으로, 기계적으로　completely 완전히

19 화자는 어디서 일하는가?
(A) 재활용센터
(B) 약국
(C) 주문 제작 간판업체
(D) 컴퓨터 수리점

어휘　custom 주문 제작한

해설 화자의 근무지
초반부에서 오늘 아침 약국을 열기 전(Before we open the pharmacy this morning)에 정책 변경에 대해 알릴 필요가 있다고 했으므로, 화자가 약국에서 근무한다는 것을 알 수 있다. 따라서 (B)가 정답이다.

20 고객에게 무엇을 물어봐야 하는가?
(A) 비닐봉투가 필요한지 여부
(B) 회원 카드가 있는지 여부
(C) 구매 건에 대해 선호하는 결제 방식
(D) 제품이 배송되기 원하는 장소

어휘　prefer 선호하다　purchase 구매, 구입 (건)　deliver 배송하다

해설 세부 사항 – 고객에게 물어봐야 하는 것
중반부에서 고객에게 봉투가 필요한지 아니면 봉투가 없어도 되는지 물어보라(ask the customer if he or she wants a bag or can do without one)고 했으므로, (A)가 정답이다.

패러프레이징
지문의 **if he or she wants a bag or can do without one** ➡ 정답의 **Whether they need a plastic bag**

21 화자는 왜 표지판을 둘 것인가?
(A) 고객에게 비밀번호를 제공하려고
(B) 직원들에게 정책을 상기시키려고
(C) 신제품을 보여주려고
(D) 다가오는 할인판매를 광고하려고

어휘　provide 제공하다　remind 상기시키다　illustrate (실례·삽화 등을 이용하여) 분명히 보여주다　upcoming 다가오는, 곧 있을

후반부에서 컴퓨터 옆에 표지판을 두어 끄는 것을 잊어버리지 않도록 할 것(I'll put a sign next to the computers so you don't forget)이라고 했으므로, (B)가 정답이다.

패러프레이징

지문의 **so you don't forget**
➡ 정답의 **To remind employees**

Q 22-24 회의 발췌

M-Cn Good afternoon, and [22]thank you for arriving a few minutes before your scheduled floor shifts for this quick meeting. [22, 23]I've requested this meeting to let you know that a team of inspectors will be visiting our window and door factory next week. We have an excellent record with factory inspections, [23]but I would like to spend some time now explaining a few things we'll do in preparation for this visit. To begin with, all employees are required to review our health and safety manual every year. I have copies of the recently updated manual here for you. [24]You'll be asked to sign a document on Friday acknowledging that you've read it.

안녕하세요. [22]간단한 회의를 위해 예정된 작업장 근무 시간보다 몇 분 일찍 도착해 주셔서 감사합니다. [22, 23]다음 주에 조사팀이 우리의 창호 공장을 방문한다는 사실을 알려드리려고 이번 회의를 요청했습니다. 우리는 공장 시찰에서 훌륭한 기록을 갖고 있어요. [23]하지만 시간을 내서 이번 방문의 준비로 해야 할 몇 가지 일들을 설명하고자 합니다. 우선 전 직원은 매년 보건 안전 설명서를 검토해야 합니다. 최근 업데이트된 설명서가 여기 있습니다. [24]금요일에는 문서를 읽었음을 확인하는 서명을 해 달라는 요청을 받으실 겁니다.

어휘 **scheduled** 예정된 **floor** 작업장 **request** 요청하다 **inspector** 조사관, 감독관 **in preparation for** ~에 대한 준비로 **to begin with** 우선, 먼저 **acknowledge** 인정하다, 확인[수령]했음을 알리다

22 청자들은 누구인가?
(A) 은행 출납원
(B) 공장 인부
(C) 음식점 서빙 직원
(D) 호텔 시설 관리 직원

해설 청자들의 신분

초반부에서 청자들에게 예정된 작업장 근무 시간(your scheduled floor shifts)보다 일찍 도착해 주어 고맙다고 한 후, '조사팀이 우리의 창호 공장을 방문할 예정(a team of inspectors will be visiting our window and door factory)'이라고 한 것으로 보아 청자들이 공장 근로자임을 알 수 있다. 따라서 (B)가 정답이다.

23 회의의 목적은?
(A) 조사에 대비하려고
(B) 임원을 소개하려고
(C) 신입 직원들을 교육하려고
(D) 업무 일정을 변경하려고

어휘 **executive** 임원, 간부 **revise** 변경하다, 개정하다

해설 회의의 목적

초반부에서 다음 주에 조사팀이 창호 공장을 방문한다는 사실 (a team of inspectors will be visiting our window and door factory)을 알리기 위해 회의를 요청했다고 한 후, 이번 방문의 준비(in preparation for this visit)로 해야 할 몇 가지 일들을 설명하겠다고 했다. 따라서 방문 조사에 대비하기 위한 회의임을 알 수 있으므로, (A)가 정답이다.

패러프레이징

지문의 **in preparation for this visit**
➡ 정답의 **prepare for an inspection**

24 청자들은 금요일에 무엇을 해야 하는가?
(A) 장비 반납하기
(B) 회의에 참석하기
(C) 비밀번호 업데이트하기
(D) 서식에 서명하기

해설 세부 사항 – 청자들이 금요일에 해야 할 일

후반부에서 금요일에 청자들은 문서에 서명을 해 달라는 요청을 받을 것(You'll be asked to sign a document on Friday)이라고 했으므로, (D)가 정답이다.

패러프레이징

지문의 **sign a document** ➡ 정답의 **Sign a form**

❸ 세부 사항 문제

ETS CHECK-UP	본책 p. 193
1 (A) **2** (C)	

Q 1 워크숍 발췌

M-Cn Good morning. I'm Ken Milstead, and today I'll be taking you through the process of creating a program to improve the health of your employees. Healthy employees are happier and miss fewer days of work. I'll start by having each of you take a survey to pinpoint the needs of your particular company, and we'll go from there. And if this all seems overwhelming, remember... your workshop fee includes a visit from one of our consultants to help you implement your program. So, you'll have plenty of support.

안녕하세요. 켄 밀스테드입니다. **오늘 저는 여러분이 직원 건강 증진 프로그램을 만드는 과정을 익히도록 도와드리겠습니다.** 건강한 직원은 더 행복하며 결근 일수도 적습니다. 여러분 개개인의 회사에 필요한 것을 정확히 파악하기 위해 우선 각자 설문지를 작성하는 것부터 시작해서 계속 진행하겠습니다. 만약 이 모든 게 너무 힘들어 보이신다면… 워크숍 회비에 저희 컨설턴트 한 명이 방문해 프로그램 시행을 돕는 비용도 포함되어 있다는 점을 기억하시기 바랍니다. 그러니 많은 도움을 얻게 되실 겁니다.

어휘 **take A through B** A가 B를 익히도록 돕다 **process** 과정 **improve** 증진하다, 개선하다 **miss days of work** 결근하다 **pinpoint** 정확히 파악하다 **particular** 특정한, 개개의 **overwhelming** 압도적인 **fee** 수수료, 회비 **implement** 시행[실시]하다 **plenty of** 많은 **support** 지원, 도움

1 화자는 청자들이 무엇을 하도록 도울 것인가?
(A) 건강 프로그램 수립   (B) 자격 있는 지원자 유치
(C) 급여 오류 정정   (D) 고객 수 증가

어휘 **attract** 유치하다 **qualified** 자격을 갖춘

해설 **세부 사항 – 화자가 도울 일**
초반부에서 화자가 직원들의 건강을 증진하기 위한 프로그램을 만드는 과정(the process of creating a program to improve the health of your employees)을 알려주겠다고 했으므로, (A)가 정답이다.

패러프레이징
지문의 **creating a program to improve the health**
➡ 정답의 **Set up a health program**

Q 2 전화 메시지

W-Br Hello, Mr. Sorrentino, this is Maryam from Corporate Event Solutions. I'm calling about your online inquiry regarding our sound and lighting production services for your upcoming fundraising event. You selected our Gold Star package, but unfortunately, we can't offer it this month because we're in the process of upgrading the equipment for that package. But we can still provide our Basic package. To make up for the inconvenience, if you decide that you still want to use our services, I'll take twenty percent off the fee. I'll be looking forward to hearing from you. Thank you.

안녕하세요, 소렌티노 씨. 코퍼레이트 이벤트 솔루션즈의 메리엄입니다. 귀사에서 다가오는 모금 행사에 쓸 저희 음향 및 조명 제작 서비스와 관련하여 남겨주신 온라인 문의 때문에 전화드립니다. **저희 골드 스타 패키지를 선택하셨습니다만, 해당 패키지 장비를 업그레이드하는 과정 중이라 안타깝게도 이번 달에는 제공할 수 없게 됐습니다.** 하지만 베이직 패키지는 여전히 제공해 드릴 수 있습니다. 불편에 대한 보상으로, 저희 서비스를 이용하기로 결정하실 경우 요금의 20퍼센트를 할인해 드리려고 합니다. 답변 기다리겠습니다. 감사합니다.

어휘 **inquiry** 문의 **regarding** ~에 관해 **production** 제작 **upcoming** 곧 있을, 다가오는 **fundraising** 모금 **be in the process of** ~하는 과정에 있다, 진행 중이다 **equipment** 장비 **make up for** ~를 보상하다 **inconvenience** 불편 **look forward to** ~를 고대하다

2 골드 스타 패키지를 이용할 수 없는 이유는?
(A) 다른 고객이 이미 예약했다.
(B) 소프트웨어가 제대로 작동하지 않는다.
(C) 장비가 교체되고 있다.
(D) 직원이 외지에 있다.

어휘 **unavailable** 이용할 수 없는 **malfunction** 제대로 작동하지 않다, 오작동하다 **replace** 교체하다

해설 **세부 사항 – 골드 스타 패키지를 이용할 수 없는 이유**
중반부에서 청자가 골드 스타 패키지를 선택했다(You selected our Gold Star package)고 언급한 후, 해당 패키지 장비를 업그레이드하는 과정 중(we're in the process of upgrading the equipment for that package)이라 이번 달에는 제공할 수 없게 됐다고 했다. 따라서 (C)가 정답이다.

패러프레이징
지문의 **in the process of upgrading**
➡ 정답의 **being replaced**

❹ 문제점 / 걱정거리 문제

ETS **CHECK-UP**	본책 p. 195
1 (D) **2** (A)	

Q 1 전화 메시지

M-Cn Hi, this is Joonho from Swanson Windows. I'm calling to follow up on your order of a replacement window for your kitchen. As we discussed earlier, the type of windows you currently have in your home are no longer being manufactured. I've found a newer style that might work for you, but I want to make sure you like it before you order it. Since I have your e-mail address, I'm going to send you some pictures and details on the newer style. If you have any questions, my number is 555-0191.

안녕하세요. 스완슨 윈도우즈의 준호입니다. 주방 창문 교체 주문 건에 관한 후속 조치를 하려고 전화 드렸습니다. **앞서 이야기 나눈 대로, 현재 댁에 있는 유리창 종류는 더 이상 제조되지 않고 있어요.** 잘 맞을 것 같은 새로운 스타일을 찾았는데요. 주문 전에 마음에 드시는지 확인하고 싶습니다. 제가 이메일 주소를 갖고 있으니 새 스타일의 사진과 세부사항을 보내드릴게요. 문의사항이 있으시면 555-0191이 제 번호입니다.

follow up on ~에 대한 후속 조치를 하다, ~에 대해 더 알아보다 **replacement** 교체 **currently** 현재 **no longer** 더 이상 ~아닌 **manufacture** 제조하다 **work for** ~에게 잘 맞다, 효과가 있다

1 어떤 문제점이 언급되는가?
  (A) 창문이 깨졌다.
  (B) 기술자가 도착하지 않았다.
  (C) 이메일 주소가 부정확하다.
  (D) 제품을 구할 수 없다.

어휘 **technician** 기술자 **correct** 맞는, 정확한

해설 **언급된 문제점**
초반부에서 현재 청자의 집에 있는 유리창 종류가 더 이상 제조되지 않고 있다(the type of windows ~ are no longer being manufactured)는 문제점을 언급했으므로, (D)가 정답이다.

패러프레이징
지문의 **no longer being manufactured**
➡ 정답의 **not available**

Q 2 회의 발췌

W-Br I called this management meeting to discuss the results of the recent employee satisfaction survey. For the most part, the results are very positive. However, many people noted that our decision-making processes are unclear. So, I'd like to improve how management communicates information—we should make the reasoning behind our decisions clearer. One idea I had was to start a bimonthly newsletter. It'll include updates about any changes the department is planning. Does anyone have time to help with this?

최근 직원 만족 설문 조사의 결과에 대해 논의하고자 본 임원 회의를 소집했습니다. 결과는 대부분 매우 긍정적입니다. **그러나 다수의 사람들이 우리의 의사 결정 과정이 명확하지 않다고 말했어요.** 그래서 경영진이 정보를 소통하는 방식을 개선하고 싶습니다. 결정을 위한 논거를 더 명확하게 해야 해요. 제 아이디어 하나는 격월 소식지를 시작하는 것입니다. 부서가 계획하고 있는 변화의 최신 소식이 포함될 거고요. 도와줄 시간이 있는 분 계십니까?

어휘 **management** 임원, 경영진 **satisfaction** 만족 **positive** 긍정적인 **decision-making** 의사 결정 **reasoning** 논거, 추론 **bimonthly** 격월의 **department** 부서

2 화자는 어떤 문제에 대해 언급하는가?
  (A) 정보가 명확히 전달되지 않는다.
  (B) 자원이 한정되어 있다.
  (C) 제조 과정이 너무 오래 걸린다.
  (D) 프로젝트 인원이 부족하다.

어휘 **convey** 전달하다 **resources** 자원 **limited** 한정된, 제한된 **manufacturing** 제조 **understaffed** 인원이 부족한

해설 **화자가 언급한 문제점**
초반부에서 다수의 사람들이 회사의 의사 결정 과정이 명확하지 않다(our decision-making processes are unclear)고 말했다며 이를 개선하고 싶다고 했으므로, (A)가 정답이다.

패러프레이징
지문의 **our decision-making processes are unclear**
➡ 정답의 **Information is not conveyed clearly.**

ETS X-FILE   본책 p. 196

1 (B)   **2** (A)   **3** (A)   **4** (B)   **5** (A)   **6** (B)

Q 1

W-Br We are sorry to inform you that today's final activity, which was supposed to take place from 5 to 6 P.M., has been delayed by an hour. If you need to leave at six due to prior commitments, please let us know. We will give you a partial refund of the conference registration fee.

오늘 오후 5시부터 6시까지 열리기로 되어 있던 마지막 활동이 한 시간 미뤄졌음을 알리게 되어 죄송합니다. 선약 때문에 가셔야 할 경우, 알려 주십시오. 회의 등록비의 일부를 환불해 드리겠습니다.

어휘 **be supposed to** ~하기로 되어 있다 **take place** 개최되다, 일어나다 **delay** 미루다, 연기하다 **due to** ~때문에 **prior commitment** 선약 **partial** 부분적인 **refund** 환불 **registration fee** 등록비

1 화자는 마지막 행사에 대해 뭐라고 말하는가?
  (A) 다른 건물에서 열릴 예정이다.
  (B) 예정된 것보다 늦게 시작할 것이다.

패러프레이징
지문의 **been delayed by an hour**
➡ 정답의 **begin later than scheduled**

Q 2

M-Cn On our show today, I'll be interviewing Mr. Padma Balani, the author of the best seller *How to Communicate Effectively at Work*. Since the book's release last month, he has been on a tour to meet readers from all over the country.

오늘 프로그램에서는 베스트셀러인 〈일터에서 효과적으로 소통하는 법〉의 작가, 파드마 발라니를 인터뷰할 예정입니다. **지난달 책을 발간한 후** 그는 전국에서 온 독자들을 만나는 투어를 하고 있습니다.

> **어휘** author 작가, 저자 effectively 효과적으로 release 발간

2 발라니 씨는 지난달에 무엇을 했는가?
(A) **책을 출판했다.** (B) TV에 출연했다.

> **어휘** publish 출판하다 appear 출연하다

> **패러프레이징**
> 지문의 **book's release** ➡ 정답의 **published a book**

Q 3

> W-Am Hello, this is Jin-young Lee from Human Resources. I'm calling because there seems to be something wrong with the air conditioner in our office. We turned it on about an hour ago, but it's not cooling the office at all.
>
> 안녕하세요. 인사팀의 이진영입니다. **저희 사무실 에어컨에 뭔가 문제가 있는 것 같아서** 전화했어요. **한 시간 전쯤 에어컨을 틀었는데 사무실이 전혀 시원해지지 않아요.**
>
> **어휘** Human Resources 인사부

3 화자는 어떤 문제를 알리는가?
(A) **장비가 제대로 작동하지 않는다.**
(B) 문서가 없어졌다.

> **패러프레이징**
> 지문의 **something wrong with**
> ➡ 정답의 **malfunctioning**
> 지문의 **air conditioner** ➡ 정답의 **equipment**

Q 4

> M-Au We know you were all disappointed that the premiere of Laura Kelly's film was canceled due to the power outage last night. You'll be happy to hear it has been rescheduled for 7 P.M. this Saturday at the same venue, the Springfield Cinema House.
>
> **어젯밤 정전 때문에 로라 켈리의 영화 개봉이 취소되어** 모두 실망하셨다는 것을 알고 있습니다. **이번 주 토요일 오후 7시, 같은 장소인 스프링필드 시네마 하우스로 일정이 변경되었음을 들으신다면 기뻐하실 겁니다.**
>
> **어휘** disappointed 실망한 premiere 개봉, 초연 due to ~때문에 power outage 정전 reschedule 일정을 변경하다 venue 장소

4 행사가 미뤄진 이유는?
(A) 날씨가 좋지 않았다.
(B) **정전이 있었다.**

> **패러프레이징**
> 지문의 power outage ➡ 정답의 power failure

Q 5

> W-Br We've got a huge project coming up, and we'll need to add more staff to our team to complete it on time. But after speaking with management, I'm concerned that our budget won't allow for the number of people that we want.
>
> 대형 프로젝트가 다가와서, 제시간에 마치기 위해선 팀에 직원을 더 뽑아야 할 것입니다. **하지만 경영진과 얘기해 본 후, 우리가 원하는 인원 수만큼 예산이 허용되지 않을 것 같아 걱정스럽습니다.**
>
> **어휘** complete 완료하다 concerned 걱정하는, 염려하는 budget 예산 allow 허용되다, 참작[감안]하다

5 화자는 무엇을 우려하는가?
(A) **한정된 예산**
(B) 경험이 부족한 직원들

> **패러프레이징**
> 지문의 **our budget won't allow for**
> ➡ 정답의 **limited budget**

Q 6

> M-Cn If you would like to learn more about our lecture series and see the full schedule of upcoming sessions, please visit our Web site, www.victoriastatelibrary. gov.au, where you can also sign up for our newsletter to get regular e-mail updates.
>
> **저희 강의들에 대해 더 자세히 알아보고 다가오는 강의 전체 일정을 보고 싶으시다면, 저희 웹사이트 www.victoriastatelibrary.gov.au를 방문하세요.** 이곳에서 소식지 정기 이메일 업데이트 신청도 가능합니다.
>
> **어휘** lecture 강의 upcoming 다가오는, 곧 있을 sign up for ~를 신청하다 regular 정기적인

6 청자들은 어떻게 더 자세한 정보를 얻을 수 있는가?
(A) 앱을 설치해서
(B) **웹사이트를 방문해서**

> **패러프레이징**
> 지문의 **learn more about**
> ➡ 질문의 **get more information**

Q 1-2 광고

M-Cn Patel Legal Services has been practicing environmental law for over twenty years. We specialize in representing nonprofit organizations that are working to make the world a greener place. ¹With the opening of our new office in Los Angeles, we are now better able to serve our clients on the West Coast who are involved with environmental causes. ²For more information about our practice, check out our full-page newspaper ad in the weekend edition of the *Southern California Times*.

퍼텔 법률 서비스는 20여 년 동안 환경법에 종사하고 있습니다. 저희는 세계를 더 푸르게 만드는 데 힘쓰고 있는 비영리단체들을 대리하는 일을 전문으로 합니다. ¹저희는 현재 로스앤젤레스에 신규 사무소를 개설하여 서부 해안 지역에서 환경 소송을 벌이는 고객들께 더 나은 서비스를 제공할 수 있습니다. ²저희 서비스에 관해 더 알아보시려면 〈서던 캘리포니아 타임스〉의 주말판에 실린 신문 전면광고를 확인해 보십시오.

어휘   legal services 법률회사   practice (의료, 법 관련 일에) 종사하다; 업무, 서비스   environmental law 환경법   specialize in ~을 전문으로 하다   represent 대리하다, 대변하다   nonprofit organization 비영리단체   be involved with ~에 관여하다, 연루되다   environmental cause 환경 소송   full-page ad 전면광고   weekend edition 주말판

1   퍼텔 법률 서비스가 최근에 한 일은 무엇인가?
   (A) 기금 모금행사를 후원했다.
   (B) 신규 사무소를 개설했다.

   해설   세부 사항 – 퍼텔 법률 서비스가 최근에 한 일
   중반부에서 로스앤젤레스에 신규 사무소를 개설하여(With the opening of our new office in Los Angeles) 이제 서부 해안 지역에서 환경 소송을 벌이는 고객에게 더 나은 서비스를 제공할 수 있다고 했으므로, (B)가 정답이다.

   패러프레이징
   지문의 **With the opening of our new office**
   ➡ 정답의 **opened a new office**

2   청자들이 퍼텔 법률 서비스에 관해 더 알아볼 수 있는 곳은?
   (A) 신문   (B) 도서관

   해설   세부 사항 – 퍼텔 법률 서비스에 관해 더 알아볼 수 있는 곳
   지문 후반부에 서비스에 관해 더 알아보려면 〈서던 캘리포니아 타임스〉의 주말판에 실린 신문 전면광고를 확인해 보라(check out our full-page newspaper ad in ~ the *Southern California Times*)고 했으므로, (A)가 정답이다.

Q 3-4 전화 메시지

W-Am Hello. My name is Cynthia Haywood, and I'm the owner of a hair salon on West Main Street. ³I'm planning to have my salon redecorated this summer, and a friend of mine gave me your contact information. She showed me how your designers decorated her boutique last year, and I hope you'll be able to do something similar for me. ⁴My biggest concern is that my salon is very small, and I'd like to find a way to make it appear more spacious. Maybe a brighter paint color would help? If you're interested in accepting the decorating project, please call me at 555-0178 so that we can arrange a time for you to see the salon.

안녕하세요. 저는 신시아 헤이우드입니다. 웨스트 메인 가에 있는 미용실 주인이에요. ³올 여름에 미용실을 다시 장식할 계획인데, 제 친구가 귀사의 연락처를 주었습니다. 작년에 귀사의 디자이너들이 친구의 부티크를 어떻게 장식했는지 보여줬어요. 저도 비슷하게 해 주실 수 있었으면 하는데요. ⁴가장 큰 우려는 제 미용실이 아주 작다는 겁니다. 그래서 더 널찍하게 보일 수 있도록 만들 방법을 찾고 싶어요. 더 밝은 페인트 색상이 도움이 될까요? 이번 장식 프로젝트를 수락하고 싶으시면, 미용실을 보러 오실 시간을 잡을 수 있도록 555-0178로 전화해 주세요.

어휘   decorate 장식하다   similar 유사한, 비슷한   concern 우려   spacious 널찍한   accept 수락하다, 받아주다   arrange 마련하다, 주선하다

3   화자는 이 회사를 어떻게 알았는가?
   (A) 작업 견본을 온라인에서 보았다.
   (B) 친구의 추천을 받았다.

   어휘 recommendation 추천

   해설   세부 사항 – 화자가 회사를 알게 된 방법
   초반부에서 친구가 청자의 연락처를 주었다(a friend of mine gave me your contact information)고 했으므로, (B)가 정답이다.

   패러프레이징
   지문의 **gave me your contact information**
   ➡ 정답의 **got a recommendation from a friend**

4   화자는 무엇에 대해 가장 걱정하는가?
   (A) 공간 규모
   (B) 건물 위치

   해설   화자의 걱정거리
   중반부에서 가장 큰 우려는 자신의 미용실이 아주 작다는 점(My biggest concern is that my salon is very small)이라고 밝혔으므로, (A)가 정답이다.

   패러프레이징
   지문의 **my salon is very small**
   ➡ 정답의 **The size of a space**

Q 5-6 방송

M-Cn And in local business news, Felipe's Books will be closing its doors soon. Felipe Rashad, the owner of the Rose Avenue shop, has announced his plans to retire after almost forty years serving Watertown residents. In an interview with our reporter, **5**Mr. Rashad said that book sales in the region have steadily decreased over the last ten years. However, the location won't be empty for long! **6**Johnny's Antique Shop, which is right next door, will be expanding into the space by the end of the year.

다음은 지역 경제 뉴스인데요, 펠리페 서점이 곧 문을 닫게 되었습니다. 로즈 가에 있는 매장의 소유주인 펠리페 라샤드 씨는 워터타운 주민들을 고객으로 40년 가까이 경영해온 서점의 폐점 계획을 발표했습니다. 저희 기자와 인터뷰에서 **5**라샤드 씨는 이 지역에서 도서 매출이 지난 10년 동안 지속적으로 감소했다고 말했습니다. 그러나 매장이 있던 자리는 오랫동안 비어 있지는 않을 것입니다! **6**바로 옆 상점인 조니스 골동품점이 올해 말 즈음이면 그 자리까지 확장할 계획입니다.

어휘 announce 발표하다 retire 은퇴하다 serve 서비스를 제공하다 resident 주민, 거주자 region 지역 steadily 지속적으로 decrease 감소하다 location 자리, 위치 antique 골동품 expand 확장하다[되다]

5 펠리페 라샤드 씨에게 어떤 문제가 있었는가?
(A) 제한된 주차 공간
(B) 매출 감소

해설 라샤드 씨의 문제점
중반부에서 라샤드 씨가 지역 내 도서 매출이 지난 10년 동안 지속적으로 감소했다(book sales in the region have steadily decreased)고 했으므로, (B)가 정답이다.

6 화자는 조니스 골동품점에 대해 뭐라고 말하는가?
(A) 매장을 확장할 것이다.
(B) 상을 받았다.

해설 세부 사항 – 조니스 골동품점에 대해 말한 것
후반부에서 조니스 골동품점이 올해 말 즈음이면 펠리페 서점 자리까지 확장할 계획(Johnny's Antique Shop ~ will be expanding into the space)이라고 했으므로, (A)가 정답이다.

ETS TEST
본책 p. 198

1 (C)	2 (B)	3 (D)	4 (B)	5 (C)	6 (D)
7 (C)	8 (B)	9 (D)	10 (B)	11 (D)	12 (C)
13 (B)	14 (D)	15 (C)	16 (A)	17 (D)	18 (D)
19 (C)	20 (A)	21 (B)	22 (C)	23 (D)	24 (A)

Q 1-3 공지

M-Cn Hi everyone. **1**I hope you're enjoying the conference. Uhm... before we get started with the next presentation, I have a quick announcement. **2**You should have received a prepaid ticket for the welcome dinner tonight, in your registration packet. But it looks like some of the packets were missing them. So... if you didn't get one, I'll be in the lobby distributing tickets during the break at three o'clock. **3**You just need to present your conference badge in order to receive your ticket. So don't forget it, OK?

안녕하세요, 여러분. **1**즐거운 회의가 되고 있기를 바랍니다. 음… 다음 발표를 시작하기 전에 간단한 공지사항이 있습니다. **2**여러분의 등록 안내서 꾸러미 안에 오늘 저녁 환영 만찬을 위한 선불 입장권을 받으셨어야 하는데요. 꾸러미 일부에 입장권이 없었던 것 같습니다. 그래서… 받지 못하셨다면 제가 3시 정각에 있을 휴식 시간 동안 로비에서 입장권을 나눠드릴 예정입니다. **3**입장권을 받으시려면 회의 명찰만 보여주시면 됩니다. 잊어버리지 마세요, 아셨죠?

어휘 conference 회의 announcement 발표, 알림, 공지 prepaid 선불의 registration packet 등록 안내서 꾸러미 distribute 나눠주다, 배포하다 present 보여주다, 제시하다

1 청자들은 누구이겠는가?
(A) 음악회 연주자
(B) 기술 지원 직원
(C) 회의 참석자
(D) 음식점 서빙 직원

해설 청자들의 신분
초반부에서 즐거운 회의가 되고 있기를 바란다(I hope you're enjoying the conference)고 했으므로, 청자들이 회의 참석자라고 추론할 수 있다. 따라서 (C)가 정답이다.

2 화자는 어떤 문제점을 언급하는가?
(A) 방이 예약되지 않았다.
(B) 입장권 일부가 배포되지 않았다.
(C) 발표자가 자리에 없다.
(D) 마이크가 작동하지 않는다.

어휘 reserve 예약하다 speaker 연사, 발표자 unavailable 부재의, 만날 수 없는

해설 화자가 언급한 문제점
중반부에서 청자들에게 등록 안내서 꾸러미 안에 포함된 선불 입장권을 받았어야 한다고 한 후, 꾸러미 일부에 입장권이 없었던 것 같다(it looks like some of the packets were missing them)며 문제점을 덧붙였다. 따라서 (B)가 정답이다.

패러프레이징
지문의 missing them (= prepaid tickets)
➡ 정답의 tickets were not distributed

3 화자에 따르면, 일부 청자들은 무엇을 해야 하는가?
(A) 영수증 보관하기
(B) 표지판 따라가기
(C) 줄 서서 기다리기
(D) 신분증 보여주기

어휘 **receipt** 영수증 **wait in line** 줄 서서 기다리다
identification 신원 확인, 신분증

해설 **세부 사항 - 청자들이 해야 할 일**
후반부에서 입장권을 받으려면 회의 명찰만 보여주면 된다
(You just need to present your conference badge)
고 했으므로, (D)가 정답이다.

패러프레이징
지문의 **present your conference badge**
➜ 정답의 **Show some identification**

Q 4-6 전화 메시지

W-Am Hi, Greg. It's Carlina calling. **4**Thanks for agreeing to work on the planning committee for this year's travel-management conference. **5**I just e-mailed you a list of potential keynote speakers for the event. Could you go through the list and contact the people whose names I underlined about whether or not they're free for the event? We have three keynote sessions, so we'll need three speakers. **6**I'd really like to have Ruby Weaver as one of the presenters, but I know that she has a very busy schedule and may not be available. Thanks for your help, Greg, and I'll talk to you soon.

안녕하세요, 그레그. 칼리나예요. **4**올해의 관광경영 회의를 위한 기획위원회에서 일하기로 해줘서 고마워요. **5**방금 그 행사에 참여할 가능성이 있는 기조 연사 명단을 이메일로 보냈어요. 명단을 살펴보시고 제가 이름에 밑줄 친 분들에게 연락해서 행사에 시간을 내실 수 있는지 알아봐 주겠어요? 기조 연설 시간이 세 번이라 기조 연사도 세 명이 필요할 거예요. **6**발표자 중 한 명으로 루비 위버를 정말 섭외하고 싶지만, 그녀가 일정이 매우 바빠 시간을 낼 수 없을지도 모른다는 걸 저도 알아요. 도와줘서 고맙고요, 그레그, 곧 연락할게요.

어휘 **agree** ~하기로 하다 **planning committee** 기획위원회 **potential** 잠재적인, 가능성이 있는 **keynote speaker** 기조 연설자 **go through** ~을 살펴보다, 검토하다 **underline** 밑줄을 긋다 **whether or not** ~일지 아닐지 **session** 세션, 시간 **presenter** 발표자

4 청자는 무엇을 하기로 동의했는가?
(A) 행사 연설
(B) 회의 기획 지원
(C) 특별 관광 준비
(D) 강좌 교육

해설 **세부 사항 - 청자가 하기로 동의한 것**
초반부에서 청자에게 관광경영 회의를 위한 기획위원회에서 일하기로 해줘서 고맙다(Thanks for agreeing to work on the planning committee)고 했으므로, (B)가 정답이다.

패러프레이징
지문의 **agreeing to work on the planning committee** ➜ 정답의 **Help plan a conference**

5 화자는 무엇을 이메일로 보냈는가?
(A) 평가서   (B) 세부 의제
(C) 명단   (D) 예산안

해설 **세부 사항 - 화자가 이메일로 보낸 것**
중반부에서 행사에 참여할 가능성이 있는 기조 연사 명단을 이메일로 보냈다(I just e-mailed you a list of potential keynote speakers)고 했으므로, (C)가 정답이다.

패러프레이징
지문의 **a list of potential keynote speakers** ➜ 정답의 **A list of names**

6 화자는 루비 위버에 관해 무슨 말을 하는가?
(A) 교육을 받아야 한다.
(B) 직업을 바꾸었다.
(C) 강연료가 너무 높다.
(D) 시간을 내기 어렵다.

해설 **세부 사항 - 화자가 루비 위버에 대해 한 말**
후반부에서 발표자 중 한 명으로 루비 위버로 섭외하고 싶지만 그녀가 매우 바빠 시간을 낼 수 없을지도 모른다는 것(she has a very busy schedule and may not be available)을 안다고 했으므로, (D)가 정답이다.

패러프레이징
지문의 **may not be available** ➜ 정답의 **availability is limited**

Q 7-9 회의 발췌

M-Au Next on the agenda this morning is this month's sales report about accessories for electronic devices. **7,8**As you may have read, our sales of smartphone cases are not as high as we had hoped. An analysis of the data shows that we aren't successfully reaching our target customer group for this product. Our new line of cases is aimed at customers between the ages of twenty-five and forty, **8**but sales in this age bracket are lower than our projections. For this reason, we will be assembling a team to do further research and generate new ideas for marketing these cases. **9**Charles Han will be leading this new team and will select his team members by the end of the day.

오늘 오전의 다음 안건은 이번 달 전자 기기용 액세서리 판매 보고서입니다. **7,8읽으신 대로, 스마트폰 케이스 판매량이 기대했던 것만큼 높지 않습니다.** 데이터 분석에 따르면 우리가 이 제품의 목표 고객 그룹에 성공적으로 도달하지 못한 것입니다. 케이스 신제품은 25-40세 고객을 목표로 합니다. **8하지만 해당 연령층에서의 판매량이 예상치보다 낮습니다.** 이러한 이유로, 케이스 마케팅을 위한 조사를 더 진행하고 새 아이디어를 내놓을 팀을 조직할 예정입니다. **9찰스 한이 새 팀을 이끌게 되며, 오늘까지 팀원들을 선정할 것입니다.**

> 어휘 agenda 안건 electronic device 전자 기기
> analysis 분석 successfully 성공적으로 reach
> 도달하다 be aimed at ~를 목표로 삼다 age bracket
> 연령층 projection 예상 assemble 집합시키다,
> 조직하다 further 더 이상의 generate 만들어 내다

7 어떤 제품에 대해 논의하는가?
(A) 노트북 컴퓨터
(B) 의료 장비
(C) 스마트폰 케이스
(D) 배터리 충전기

해설 논의되는 제품

초반부에서 스마트폰 케이스 판매량이 기대했던 것만큼 높지 않다(our sales of smartphone cases are not as high as we had hoped)고 한 후, 이어서 관련 상황과 해결 방안을 논의했다. 따라서 (C)가 정답이다.

8 어떤 문제점을 언급하는가?
(A) 부정확한 결과가 보고됐다.
(B) 판매 목표가 달성되지 않았다.
(C) 제조업체가 제품을 회수했다.
(D) 고객들이 가격에 대해 불만을 제기했다.

> 어휘 incorrect 맞지 않는, 부정확한 manufacturer
> 제조업자 recall (특히 하자가 있는 제품을) 회수하다

해설 언급된 문제점

중반부에서 스마트폰 케이스 판매량이 기대만큼 높지 않다고 한 후, 목표 고객층에서의 판매량이 예상치보다 낮다(sales ~ are lower than our projections)는 문제점을 언급했으므로, (B)가 정답이다.

패러프레이징

지문의 sales ~ are lower than our projections
➡ 정답의 Sales targets were not met.

9 화자에 따르면, 찰스 한은 오늘 무엇을 할 것인가?
(A) 발표 준비
(B) 예산 검토
(C) 보고서 분석
(D) 팀 조직

> 어휘 prepare 준비하다 review 검토하다 analyze
> 분석하다

해설 찰스 한이 오늘 할 일

후반부에서 찰스 한이 새 팀을 이끌게 되며, 오늘까지 팀원들을 선정할 것(Charles Han ~ will select his team members by the end of the day)이라고 했으므로, (D)가 정답이다.

패러프레이징

지문의 select his team members
➡ 정답의 Form a team

Q 10-12 방송

W-Br The Department of Transportation announced that the **10Doverville Train Station is almost complete**. After two years of construction, the station will finally open to the public next month. **11In this last stage of the project, artwork will be put up throughout the station as part of a local cultural initiative.** Paintings, photographs, and murals will be displayed on the walls to help make the commuter experience more enjoyable. **12What is unique about this project is that all of the artwork has been created and donated by students attending the art school here in Doverville.**

10도버빌 기차역이 거의 완공되었다고 교통부가 발표했습니다. **102년의 공사 끝에 마침내 다음 달에 역이 대중에게 공개됩니다.** **11이 프로젝트 마지막 단계에서는 지역 문화 운동의 일환으로 역 전체에 미술 작품이 걸릴 예정입니다.** 회화와 사진, 벽화를 벽에 전시해 통근 경험이 더욱 즐겁도록 도울 것입니다. **12이 프로젝트의 독특한 점은 이곳 도버빌에 있는 미술학교에 다니는 학생들이 모든 미술 작품을 창작하고 기증했다는 점입니다.**

> 어휘 Department of Transportation 교통부
> complete 완전한, 완공된 construction 건설, 공사
> the public 일반 대중, 공공 stage 단계 artwork
> 미술 작품 put up ~을 게시하다, 걸다 local 지역의,
> 향토의 cultural initiative 문화 운동[발안] mural 벽화
> commuter 통근자 unique 독특한, 특이한 donate
> 기증[기부]하다 attend (학교를) 다니다

10 화자는 다음 달에 무엇이 공개된다고 말하는가?
(A) 미술관
(B) 기차역
(C) 쇼핑센터
(D) 대학교

해설 세부 사항 – 다음 달에 공개되는 것

초반부에서 도버빌 기차역이 거의 완공되었고(Doverville Train Station is almost complete) 다음 달에 대중에게 공개된다(the station will finally open to the public next month)고 했으므로, (B)가 정답이다.

11 화자에 따르면, 프로젝트의 마지막 단계는 무엇인가?
(A) 주차장 포장　　　(B) 모금 행사 개최
(C) 일부 도로 재개통　(D) 미술 작품 설치

해설　**세부 사항 – 프로젝트의 마지막 단계**
중반부에서 프로젝트 마지막 단계에 지역 문화 운동의 일환으로 역 전체에 미술 작품이 걸릴 예정(artwork will be put up throughout the station)이라고 했으므로, (D)가 정답이다.

패러프레이징
지문의 **artwork will be put up**
➡ 정답의 **artwork will be installed**

12 누가 프로젝트에 기여했는가?
(A) 자선단체　　　(B) 지역 은행
(C) 현지 학생들　(D) 시 공무원들

해설　**세부 사항 – 프로젝트에 기여한 사람**
후반부에서 도버빌에 있는 미술학교 학생들이 모든 미술 작품을 창작하고 기증했다(all of the artwork has been created and donated by students ~ here in Doverville)고 했으므로, (C)가 정답이다.

패러프레이징
지문의 **students attending the art school here**
➡ 정답의 **Local students**

Q 13-15 안내 방송

W-Am **13**Attention, production line staff: As you've noticed, **14**the main conveyor belt is temporarily out of order. The maintenance crew thinks repairs to the belt will take at least a few hours. The production line will be closed until this is complete. In the meantime, we'd like for all production line personnel to report to your manager's office for special assignments. **15**An assembly floor supervisor will call you later tonight about any potential schedule changes for tomorrow's day shift.

13생산 라인 직원들께 알려 드립니다. 보시다시피 **14**주요 컨베이어 벨트가 잠시 고장 났습니다. 보수반이 볼 때 벨트 수리 작업이 적어도 몇 시간은 걸릴 거라고 합니다. 수리가 완료될 때까지 생산 라인은 폐쇄될 예정입니다. 그 사이에 모든 생산 라인 직원은 관리자 사무실에 보고하고 특별 임무를 받기 바랍니다. **15**조립 현장 감독이 이따가 밤에 전화해 내일 주간 근무에 있을지도 모르는 일정 변동에 관해 알려 드리겠습니다.

어휘　**production line** 생산 라인　**notice** 알아채다　**temporarily** 잠시, 임시로　**out of order** 고장 난　**maintenance crew** 보수반　**repairs** 보수 작업　**at least** 적어도, 최소한　**in the meantime** 그 사이에　**personnel** 직원　**report to** ~에 보고하다　**assignment** 임무　**assembly floor** 조립 현장[작업장]　**supervisor** 감독관　**potential** 잠재적인　**day shift** 주간 근무

13 이 안내방송이 나오는 곳은 어디이겠는가?
(A) 건설 현장　　　(B) 공장
(C) 자동차 대리점　(D) 사무용품점

해설　**안내방송이 나오는 장소**
초반부에서 생산 라인 직원들에게 알린다(Attention, production line staff)고 했으므로, (B)가 정답이다.

패러프레이징
지문의 **production line** ➡ 정답의 **factory**

14 화자는 무슨 문제를 언급하는가?
(A) 일부 비품이 사라졌다.
(B) 관리자가 도착하지 않았다.
(C) 악천후가 예상된다.
(D) 일부 설비가 작동하지 않는다.

해설　**화자가 언급한 문제점**
초반부에 주요 컨베이어 벨트가 잠시 고장 났다(the main conveyor belt is temporarily out of order)고 했으므로, (D)가 정답이다.

패러프레이징
지문의 **conveyor belt is temporarily out of order**
➡ 정답의 **equipment is not working**

15 오늘 저녁에 직원들은 무엇에 관한 정보를 얻게 되는가?
(A) 조사 결과
(B) 안전 방침 변경
(C) 작업 일정 변경
(D) 도로 상태

해설　**세부 사항 – 직원들이 저녁에 얻을 정보**
후반부에서 조립 현장 감독이 오늘밤에 전화해 내일 주간 근무에 있을지도 모르는 일정 변동에 관해(about any potential schedule changes for tomorrow's day shift) 알려 주겠다고 했으므로, (C)가 정답이다.

패러프레이징
지문의 **potential schedule changes**
➡ 정답의 **Work schedule updates**

Q 16-18 회의 발췌

M-Cn As you know a lot of staff make use of the coffee facilities in the company kitchens throughout the day. **16**We're thinking about changing coffee providers, and so tomorrow, one of the vendors we're considering will be offering different coffee blends in the lobby. **17**You can go pick up a free cup of any blend you like. We just ask that you give us some feedback to let us know what you think of the coffee. The feedback forms should only take about five minutes to complete, and **18**you can leave your completed form with Jeremy, in office D-12.

여러분도 알다시피 많은 직원이 회사 탕비실에 있는 커피 설비를 하루 종일 사용합니다. **16**우리는 커피 공급업체를 바꿀까 생각 중입니다. 그래서 내일 우리가 검토하고 있는 판매업체 중 한 곳이 로비에서 다양한 혼합 커피를 제공할 예정입니다. **17**여러분이 마음에 드는 커피를 무료로 한 잔 받을 수 있습니다. 여러분이 그 커피를 어떻게 생각하는지 의견을 제공해 주셨으면 합니다. 의견서는 작성하는 데 5분 정도밖에 걸리지 않으며, **18**작성한 양식은 D-12 사무실에 있는 제레미에게 맡기시면 됩니다.

어휘 **make use of** ~을 사용[이용]하다 **facility** 설비, 시설 **provider** 제공업체 **vendor** 판매업체 **consider** 고려하다 **offer** 제공하다 **coffee blend** 혼합 커피 **pick up** ~을 얻다, 획득하다 **feedback form** 의견서

16 화자는 회사가 무엇을 고려하고 있다고 말하는가?
(A) 새로운 판매업체 고용
(B) 점심 시간 연장
(C) 견습 프로그램 마련
(D) 회사 탕비실 재단장

어휘 **extend** 연장하다 **refurbish** 재단장하다

해설 **세부 사항 – 회사의 고려 사항**
초반부에서 커피 공급 업체를 바꿀까 생각 중(We're thinking about changing coffee providers)이라고 했으므로, (A)가 정답이다.

패러프레이징
지문의 **changing coffee providers**
➡ 정답의 **Hiring a new vendor**

17 청자들이 내일 무료로 받을 수 있는 것은 무엇인가?
(A) 머그잔
(B) 티셔츠
(C) 메모장
(D) 음료수

해설 **세부 사항 – 청자들이 무료로 받을 수 있는 것**
중반부에서 내일 회사 로비에 가면 마음에 드는 커피를 무료로 한 잔 받을 수 있다(You can go pick up a free cup of any blend you like)고 했으므로 (D)가 정답이다.

패러프레이징
지문의 **free cup of any blend** ➡ 정답의 **beverage**

18 청자들이 제레미의 사무실을 방문해야 하는 이유는?
(A) 교육 자료를 받으려고
(B) 프로젝트에 등록하려고
(C) 상을 받으려고
(D) 양식을 제출하려고

해설 **세부 사항 – 제레미의 사무실을 방문해야 하는 이유**
후반부에서 작성한 양식은 D-12 사무실에 있는 제레미에게 맡기면 된다(you can leave your completed form with Jeremy, in office D-12)고 했으므로, (D)가 정답이다.

패러프레이징
지문의 **leave your completed form**
➡ 정답의 **submit a form**

Q 19-21 회의 발췌

W-Br Hi, my name is Isabella Lopez, and I'm from the Research and Development department. **19**We've been working on a new electric countertop grill that will be available in stores starting next month. So the sales team leader invited me to come to this meeting to give you an update on the product's features, to help your sales presentations. Like previous models, it cooks food quickly and evenly. **20**However, this appliance is a lot more user-friendly: it has simpler controls and features a small digital screen that shows the temperature of the grill and remaining cooking time. We're confident that the easy-to-use interface will appeal to our target market. **21**The only concern we have is that because it was more expensive to produce than the previous model, its selling price will be higher.

안녕하세요. 저는 연구 개발 부서의 이사벨라 로페즈입니다. **19**저희는 다음 달부터 매장에서 구입 가능한 새로운 조리대용 전기 그릴을 만들어 왔는데요. 그래서 여러분에게 제품 기능에 관한 최신 소식을 전하고 제품 소개 발표를 도와드리라고 영업팀장님께서 저를 이 회의에 초청하셨어요. 이 제품은 이전 모델들처럼 빠르고 고르게 음식을 조리해 줍니다. **20**하지만 이번 기기는 사용하기에 더욱 편리해요. 제어가 더 간편하고 그릴의 온도와 남은 조리 시간을 보여주는 소형 디지털 화면이 포함되거든요. 사용하기 쉬운 인터페이스가 목표 시장을 사로잡을 것이라고 확신합니다. **21**유일한 걱정거리는 이전 모델보다 생산하는 데 돈이 더 들어서 판매가가 높아질 것이라는 점이죠.

어휘 **countertop** 조리대 **available** 이용 가능한, 구할 수 있는 **feature** 특색, 기능; 특별히 포함하다 **sales presentation** 영업 발표, 제품 소개 발표 **previous** 이전의 **evenly** 고르게 **appliance** (가정용) 기기 **user-friendly** 사용하기에 편한, 사용자 친화적인 **control** 제어[조종] 장치 **temperature** 온도 **remaining** 남아 있는 **confident** 확신하는 **appeal to** ~를 매료시키다, ~에게 호소하다 **concern** 걱정거리, 우려 (사항) **produce** 생산하다

19 화자는 어떤 제품에 대해 이야기하는가?
(A) 컴퓨터 프로그램
(B) 주택 난방 시스템
(C) 주방 가전
(D) 공사 도구

해설 **화자가 논의하는 제품**
초반부에서 새로운 조리대용 전기 그릴을 만들어 왔다(We've been working on a new electric countertop grill)고 한 후, 이어서 해당 제품에 대해 설명했다. 따라서 (C)가 정답이다.

패러프레이징
지문의 **a new electric countertop grill**
➡ 정답의 **A kitchen appliance**

20 이 제품은 이전 모델들보다 어떤 점이 더 나은가?
(A) 사용하기가 더 쉽다.
(B) 더 빠르게 작동한다.
(C) 작고 간결한 디자인이다.
(D) 에너지 효율성이 더 높다.

어휘 compact 소형의, 간편한　efficient 효율적인

해설 세부 사항 - 이전 모델들보다 나은 점
중반부에서 이번 기기는 이전 모델들보다 사용하기에 더욱 편리하다(this appliance is a lot more user-friendly)고 했으므로, (A)가 정답이다.

패러프레이징
지문의 a lot more user-friendly
➡ 정답의 easier to use

21 화자는 무엇에 대해 걱정하는가?
(A) 제조가 예정보다 늦어지고 있다.
(B) 제품이 더 비쌀 것이다.
(C) 제품에 기술적 문제가 있다.
(D) 경쟁업체들이 유사한 제품을 출시하고 있다.

어휘 behind schedule 일정보다 뒤처진, 예정보다 늦은
competitor 경쟁 업체　release 출시하다　similar
유사한, 비슷한

해설 화자의 걱정거리
후반부에서 유일한 걱정거리(The only concern)는 이전 모델보다 생산하는 데 돈이 더 들어서 판매가가 높아질 것이라는 점(its selling price will be higher)이라고 했으므로, (B)가 정답이다.

패러프레이징
지문의 its selling price will be higher
➡ 정답의 The product will be more expensive

Q 22-24 설명

M-Au **22**Thank you for allowing me to come and talk to your publishing company today about the newest products we have to offer at Lukovich Paper Supplies. **23**Recently we've developed new high-quality printing paper made entirely from recycled cardboard boxes. The boxes are processed at our recycling facility and transformed into a durable paper that'll work well for book products—both for covers and pages. For a limited time, we're offering a large discount on this paper. We handle both small orders and large bulk purchases. **24**However, you'll need to make a purchase today to receive the discount. I'll pass around a few samples of the paper now so you can feel its texture and quality.

22오늘 제가 이 출판사에 와서 저희 루코빅 페이퍼 서플라이즈에서 제공하는 최신 제품에 관해 이야기할 수 있게 해 주셔서 감사합니다. **23**최근에 저희는 재활용 판지 상자로만 만든 새로운 고품질 인쇄용지를 개발했습니다. 상자는 저희의 재활용 시설에서 가공되어 도서 제품, 즉 표지와 내지 모두에 적합한 튼튼한 종이로 탈바꿈합니다. 한정된 기간 동안 이 종이를 대폭 할인해 드립니다. 저희는 소량 주문과 대량 구매 모두 취급합니다. **24**하지만 할인을 받으려면 오늘 구매하셔야 합니다. 종이의 질감과 품질을 느끼실 수 있도록 지금 종이 견본 몇 장을 나눠 드리겠습니다.

어휘 publishing 출판　develop 개발하다　entirely
전부, ~만으로만　recycled 재활용된　cardboard
판지　process 가공하다, 처리하다　transform 바꾸다,
변신시키다　durable 내구성 있는, 튼튼한　limited 한정된
handle 다루다, 처리하다, 취급하다　bulk purchase 대량
구매　pass around ~을 나눠주다　texture 질감

22 화자는 무엇을 팔려고 하는가?
(A) 포장재
(B) 옷감
(C) 인쇄용지
(D) 재활용 쓰레기통

해설 세부 사항 - 화자가 팔려고 하는 것
초반부에서 출판사를 대상으로 신제품을 소개하며 새로운 고품질 인쇄용지를 개발했다(we've developed new high-quality printing paper)고 했으므로, (C)가 정답이다.

23 화자에 따르면, 제품의 특별한 점은 무엇인가?
(A) 무게가 가볍다.
(B) 방수가 된다.
(C) 색상이 여러 가지이다.
(D) 재활용 소재로 만든다.

어휘 resistant ~에 잘 견디는, ~를 방지하는

해설 세부 사항 - 제품의 특별한 점
초반부에서 재활용 종이 상자만을 이용해(made entirely from recycled cardboard boxes) 새로운 인쇄용지를 개발했다고 했으므로, (D)가 정답이다.

패러프레이징
지문의 made entirely from recycled cardboard boxes ➡ 정답의 made from recycled material

24 청자들이 할인을 받을 수 있는 방법은?
(A) 오늘 구매한다.
(B) 친구를 소개한다.
(C) 대량으로 주문한다.
(D) 숫자 코드를 입력한다.

해설 세부 사항 - 할인을 받을 수 있는 방법
후반부에서 할인을 받으려면 오늘 구매해야 한다(make a purchase today to receive the discount)고 했으므로, (A)가 정답이다.

❺ 다음에 할 일 / 일어날 일 문제

본책 p. 201

ETS CHECK-UP

1 (A) **2** (D)

Q 1 방송

M-Au Welcome to WDN business news. Last night, the ride-sharing company known as Open Travel announced that it was awarded a license to operate here in Jefferson City. As an incentive to recruit new drivers, the company will rent electric cars at a low cost to drivers who don't have their own cars. Explaining their decision to award the license, city officials referenced the need for additional transportation options, given that Jefferson City will be hosting the Woodsen Games in May. Many tourists are expected to flock to the city to watch the athletes compete.

WDN 비즈니스 뉴스입니다. 어젯밤 오픈 트래블이라는 차량 공유 업체가 이곳 제퍼슨 시에서 영업할 수 있는 허가를 취득했다고 발표했습니다. 신입 운전기사들을 모집할 장려책으로, 회사에서는 자가 차량이 없는 기사들에게 저렴한 가격으로 전기차를 대여할 예정입니다. 시 공무원들은 면허 발급 결정을 설명하면서 **제퍼슨 시가 5월에 우드슨 게임즈를 개최한다는 것을 고려했을 때** 추가 교통 수단이 필요하다는 점을 언급했습니다. **선수들이 겨루는 모습을 보기 위해 많은 여행객들이 제퍼슨 시에 모여들 것으로 예상됩니다.**

어휘 ride-sharing 차량 공유 announce 발표하다 award 주다, 수여하다 license 허가증 operate 영업[운영]하다 incentive 장려책 recruit 모집하다 rent 대여하다 electric car 전기차 explain 설명하다 decision 결정 reference 언급하다, 인용하다 additional 추가의 transportation 교통(편) expect 예상하다 flock 모여들다 athlete 운동선수 compete 경기하다, 겨루다

1 5월에 제퍼슨 시에서 어떤 일이 있을 것인가?
(A) **스포츠 행사**
(B) 요리 대회
(C) 영화제
(D) 자동차 전시회

해설 5월에 제퍼슨 시티에 일어날 일

후반부에서 제퍼슨 시가 5월에 우드슨 게임즈를 개최한다(Jefferson City will be hosting the Woodsen Games in May)고 한 후, 선수들이 겨루는 모습을 보기 위해 많은 여행객들이 모여들 것으로 예상된다(Many tourists are expected ~ to watch the athletes compete)고 했다. 따라서 5월에 개최되는 우드슨 게임즈가 스포츠 행사임을 알 수 있으므로, (A)가 정답이다.

Q 2 회의 발췌

W-Am Hello, everybody! Thanks for offering to help plan the president's retirement banquet. Since Ms. Blume has been the president of our company for twenty years, we want to make sure that this celebration is special. As you may know, Ms. Blume really enjoys jazz music, so I'd like a volunteer to book a live band to play some background music during the dinner. If you'd like to be in charge of the music, please see me after the meeting. But right now, I'd like us to decide on the entrée and dessert options for the dinner.

안녕하세요, 여러분! 회장님의 은퇴 연회 기획을 기꺼이 돕기로 해주어 고맙습니다. 블룸 씨는 우리 회사 회장직에 20년간 계셨기 때문에 이번 기념 행사가 특별했으면 합니다. 아시다시피 블룸 씨는 재즈 음악을 정말 좋아하셔서, 저녁 식사 동안 배경 음악을 연주할 라이브 악단 예약을 자원해서 하실 분이 있었으면 해요. 음악을 맡고 싶으시면 회의 후 저에게 와 주세요. **하지만 지금은 저녁 식사의 주 요리 및 후식을 결정했으면 합니다.**

어휘 offer (기꺼이) 해 주겠다고 하다 retirement 은퇴, 퇴임 banquet 연회 celebration 기념 행사, 기념 volunteer 자원 봉사자 book 예약하다 be in charge of ~를 책임지다, 맡다 decide 결정하다 entrée 주 요리

2 청자들은 다음으로 무엇을 할 것인가?
(A) 연설문 초안 작성
(B) 연회장 견학
(C) 수상 후보자 지명
(D) 메뉴 선정

어휘 draft 초안을 작성하다 nominate 지명하다, 추천하다 award candidate 수상 후보자

해설 청자들이 다음에 할 일

후반부에서 지금(right now)은 저녁 식사의 주 요리 및 후식을 결정했으면 한다(I'd like us to decide on ~ the dinner)고 했으므로, 청자들이 메뉴를 결정할 것임을 알 수 있다. 따라서 (D)가 정답이다.

패러프레이징

지문의 decide on the entrée and dessert options
➡ 정답의 Select menu options

❻ 요청 / 제안 사항 문제

본책 p. 203

ETS CHECK-UP

1 (D) **2** (B)

Q 1 전화 메시지

M-Au Hi, this is Masashi from Value Landscaping. I wanted to let you know that we're offering a new lawn care service for our corporate clients that you might be interested in, since your property has quite a lot of large trees. We use a special process to turn leaves into fertilizer for lawns. It provides the grass with the nutrients it needs to stay healthy, and best of all, it's an environmentally friendly alternative for lawn care. Please call me—I'd be happy to stop by your office to explain it in more detail.

안녕하세요. 밸류 조경의 마사시입니다. 저희가 기업 고객을 대상으로 제공하는 새로운 잔디 돌봄 서비스에 관심있어 하실 듯해 알려드리려 합니다. 귀하의 건물에 큰 나무들이 많으니까요. 저희는 특별 공정을 이용해 나뭇잎을 잔디용 비료로 바꿉니다. 잔디가 건강하게 유지되는 데 필요한 영양분을 공급하게 되죠. 무엇보다도 잔디를 돌보는 환경 친화적 대안입니다. **전화 주시면 제가 사무실에 들러 더 자세한 내용을 설명해 드리겠습니다.**

어휘 landscaping 조경 offer 제공하다 corporate 회사의, 기업의 property 부동산, 건물 process 과정, 공정 fertilizer 비료 nutrient 영양소, 영양분 best of all 무엇보다도, 특히 environmentally friendly 환경 친화적인 alternative 대안

1 화자는 무엇을 하겠다고 제안하는가?
(A) 견적서 제공하기　(B) 동료에게 알리기
(C) 주말 동안 일하기　**(D) 고객 방문하기**

어휘 estimate 견적서 notify 알리다 colleague 동료

해설 화자의 제안 사항
후반부에서 청자의 사무실에 들러 더 자세한 내용을 설명해 주겠다(I'd be happy to stop by your office to explain it in more detail)고 제안했으므로, (D)가 정답이다.

패러프레이징
지문의 **stop by your office**
➡ 정답의 **Visit a customer**

Q 2 안내 방송

W-Am On behalf of Freewind Airlines, I'd like to thank you for flying with us today. We'll be landing in Shenzhen in about thirty minutes. I'd like to give you some updated information about one of our connecting flights. For those of you continuing on to Hong Kong, there's a change in the departure gate. That flight will now leave from gate C17. You'll need to catch an airport shuttle bus to reach Terminal C. The shuttle bus stop is located on Level One. Thanks for flying Freewind Airlines.

프리윈드 항공을 대표해 오늘 저희와 함께 비행하시는 여러분께 감사드립니다. 우리는 약 30분 후 선전에 착륙할 예정입니다. 여러분께 연결 항공편 중 하나에 관한 최신 정보를 알려 드리겠습니다. 계속해서 홍콩으로 가시는 분들은 출발 탑승구가 변경되었습니다. 그 항공편은 이제 C17 탑승구에서 출발하게 됩니다. **공항 셔틀버스를 타고 C 터미널로 가셔야 합니다.** 셔틀버스 정류장은 1층에 있습니다. 프리윈드 항공을 이용해 주셔서 감사합니다.

어휘 on behalf of ~를 대표[대신]하여 land 착륙하다 connecting flight 연결 항공편 continue 계속 나아가다 departure 출발 reach ~에 다다르다, 가다 located ~에 위치한

2 청자들은 무엇을 하라고 권고 받는가?
(A) 수화물을 찾는다.
(B) 셔틀버스를 탄다.
(C) 안내 창구를 방문한다.
(D) 비행기 시간표를 확인한다.

해설 청자들이 권고 받은 사항
후반부에서 연결 항공편 탑승구가 변경되었으니 셔틀버스를 타고 C터미널로 가라(You'll need to catch an airport shuttle bus to reach Terminal C)고 했으므로, (B)가 정답이다.

ETS X-FILE　　　　　　본책 p. 204

1 (A)　**2** (B)　**3** (A)　**4** (B)　**5** (B)　**6** (A)

Q 1

M-Au The book you ordered was scheduled to arrive at our store this morning, but the supplier just informed us that it won't get here for another two or three days. I'll send you a text message when it arrives so that you can come by and collect it.

주문하신 책이 오늘 오전 저희 매장에 도착할 예정이었습니다만, 공급업체에서 앞으로 2-3일 이후에나 도착할 거라고 방금 저희에게 알려 왔습니다. **도착하면 들러서 가져가실 수 있도록 문자 메시지를 보내 드리겠습니다.**

어휘 supplier 공급자 come by 잠깐 들르다

1 화자는 자신이 무엇을 할 것이라고 말하는가?
(A) 나중에 알림 보내기
(B) 대체 제품 배송하기

패러프레이징
지문의 **send you a text message**
➡ 정답의 **Send a notification**

Q 2

W-Am Next year, the hospital will add a wing on the west side of the main building. The new wing will feature one hundred private patient rooms and three rehabilitation gyms for inpatients.

내년에 병원에서는 주 건물 서쪽에 부속 건물을 추가로 지을 예정입니다. 신관에는 입원 환자들을 위한 100개의 개인 병실과 3개의 재활 체육관이 포함될 것입니다.

어휘 wing 부속 건물 feature 특별히 포함하다 rehabilitation 재활 inpatient 입원 환자

2 내년에 무슨 일이 있을 것인가?
(A) 지역 교량이 폐쇄될 것이다.
(B) 공사가 이뤄질 것이다.

어휘 construction 건설, 공사

패러프레이징
지문의 add a wing ➡ 정답의 construction

Q 3

M-Cn Before I show you around the museum and assign each of you a task, I'd like to invite you all to our on-site restaurant to enjoy a special lunch. It's on the third floor, so you can either use the stairs or take the elevator next to the information desk.

박물관을 안내하고 업무를 맡기기에 앞서, **여러분 모두를 구내 식당으로 초대해 특별 점심 식사를 함께 즐기고자 합니다.** 3층에 있으니 계단을 이용하시거나 안내 데스크 옆 엘리베이터를 타시면 됩니다.

어휘 assign 배정하다, 맡기다 on-site 구내에

3 청자들은 다음으로 무엇을 하겠는가?
(A) 식사하기   (B) 시연 보기

어휘 demonstration 시연

패러프레이징
지문의 enjoy a special lunch
➡ 정답의 Have a meal

Q 4

W-Br If you wish to participate in the skills development workshop next month, I recommend signing up early, as space is limited to 50 people. After this meeting, I'll send you a link to the online registration page.

다음 달 역량 개발 **워크숍**에 참가하고 싶으시면, 장소가 50인으로 한정되어 있으니 **일찍 신청하실 것을 권해드립니다.** 이 회의 후 여러분께 온라인 등록 페이지 링크를 보내 드리겠습니다.

어휘 participate 참가하다 development 개발 recommend 권장하다 sign up 신청하다 registration 등록

4 화자는 무엇을 권하는가?
(A) 웹페이지를 정기적으로 확인하기
(B) 행사에 미리 등록하기

어휘 regularly 정기적으로, 규칙적으로 in advance 미리

패러프레이징
지문의 workshop ➡ 정답의 event
지문의 signing up early ➡ 정답의 Registering ~ in advance

Q 5

M-Au If you use our carts to carry your groceries to your car, please drop them off at the cart corrals after unloading. There are corrals installed across the parking area, so you'll be able to find one easily. Thanks for your cooperation.

식료품을 차로 나르기 위해 저희 카트를 사용하실 경우, **짐을 내리고 난 후 카트 보관대로 가져다 주십시오.** 주차장 곳곳에 보관대가 설치되어 있으니 쉽게 찾으실 수 있을 겁니다. 협조해 주셔서 감사합니다.

어휘 cart corral 카트 보관대 unload 짐을 내리다 install 설치하다 cooperation 협조

5 청자들은 무엇을 하라는 요청을 받는가?
(A) 고객 설문 작성하기
(B) 카트를 지정된 구역에 두기

어휘 designated 지정된

패러프레이징
지문의 drop them off ➡ 정답의 Leave carts
지문의 cart corrals ➡ 정답의 designated areas

Q 6

W-Am To celebrate the release of our new language learning app, we're giving you the opportunity to use it for a month at no cost. This exceptional offer is only available during May, so visit www.linguas.com today to download the app and begin your free trial!

저희 새로운 언어 학습 앱 출시를 기념하기 위해 여러분에게 한 달간 무료로 사용할 기회를 드리고 있습니다. **이 특별한 혜택은 5월 중에만 이용 가능하니,** 오늘 www.linguas.com을 방문하셔서 앱을 다운로드하시고 무료 체험을 시작해 보세요!

6 화자는 청자들에게 무엇을 하라고 권하는가?

(A) 특별 혜택 이용하기

(B) 다가오는 프로젝트에 기부하기

어휘 take advantage of ~을 이용하다 donate
기부하다 upcoming 다가오는, 곧 있을

패러프레이징

지문의 exceptional offer (= free trial)

➡ 정답의 special offer

지문의 use, begin ➡ 정답의 Take advantage of

LISTENING PRACTICE 본책 p. 205

1 (A) **2** (A) **3** (A) **4** (B) **5** (A) **6** (B)

Q 1-2 공지

W-Am Thanks, everyone, for coming in so early today. We want to make our café's grand opening as smooth as possible. It's going to be a great first day. Thomas, I see that you've already placed flowers on all the tables, so thank you for that. Theresa is handing out the new uniforms—we just got them in, and I think they look good. **1**Please change into them before your shift begins. And I see a few of you already have your hands up, so **2**before I give out your assignments, I'll briefly answer your questions.

오늘 이렇게 일찍 나와주셔서 고맙습니다, 여러분. 우리는 카페 개업식을 되도록 순조롭게 진행하고 싶습니다. 즐거운 첫날이 될 거예요. 토머스, 벌써 모든 테이블에 꽃을 갖다 놓았군요. 고마워요. 테리사가 새 유니폼을 나눠주고 있습니다. 유니폼을 방금 받았는데 보기 좋은 것 같아요. **1**교대 근무를 시작하기 전에 그것으로 갈아입기 바랍니다. 그리고 제가 보니 몇 명이 벌써 손을 들고 있네요. **2**업무를 배분하기 전에 여러분의 질문에 간단히 답변하겠습니다.

어휘 smooth 순조로운 place 놓다 hand out ~을
나눠주다 shift 교대 근무(조) assignment 업무, 과제
briefly 간단하게

1 화자는 청자들에게 무엇을 하라고 요청하는가?

(A) 유니폼 착용

(B) 몇몇 문서 읽기

해설 화자의 요청 사항

중반부에서 테리사가 새 유니폼을 나눠주고 있으니(Theresa is handing out the new uniforms) 교대 근무를 시작하기 전에 갈아입기 바란다(Please change into them before your shift begins)고 했다. 따라서 (A)가 정답이다.

패러프레이징

지문의 change into them (= uniforms)

➡ 정답의 Put on ~ uniforms

2 화자는 다음에 무엇을 할 것인가?

(A) 질문에 답하기

(B) 사원증 배부하기

해설 화자가 다음에 할 일

후반부에서 업무를 배분하기 전에 질문에 간단히 답변하겠다 (I'll briefly answer your questions)고 했으므로, (A)가 정답이다.

Q 3-4 전화 메시지

M-Au Hi, this message is for Jun Tang. This is Hector from Affordable Home Kitchens. You were in our showroom a few days ago looking at a refrigerator that's on sale. I know you wanted some time to think it over, but **3**I'm calling to remind you that the twenty percent discount expires tomorrow. **4**If you do decide to buy it by tomorrow, we can also include a five-year extended warranty. Please let me know by six o'clock tomorrow evening. My number is 555-0191.

안녕하세요. 준 탱 님께 남기는 메시지입니다. 저는 어포더블 홈 키친즈의 헥터입니다. 고객님께서 며칠 전 저희 전시매장에서 할인 판매하는 냉장고를 보셨는데요. 생각해 볼 시간이 필요하셨다는 건 알지만, **3**20퍼센트 할인이 내일 종료된다는 것을 알려 드리고자 연락 드렸습니다. **4**내일까지 그 냉장고를 구입하기로 결정하시면 보증 기간을 5년으로 연장해 드립니다. 내일 저녁 6시까지 알려 주세요. 제 전화번호는 555-0191입니다.

어휘 affordable (가격이) 알맞은, 저렴한 showroom
전시매장 refrigerator 냉장고 on sale 할인 판매 중인
remind 상기시키다, 알려 주다 expire 만료되다 include
포함하다 extended 연장된 warranty 보증(서)

3 화자에 따르면, 내일 무슨 일이 있는가?

(A) 특별 할인 혜택이 종료된다.

(B) 업체가 새 건물로 이사한다.

해설 내일 일어날 일

중반부에서 20퍼센트 할인이 내일 종료된다는 것(the twenty percent discount expires tomorrow)을 알리려고 연락했다고 했으므로, (A)가 정답이다.

패러프레이징

지문의 discount expires

➡ 정답의 special offer will expire

4 화자는 청자에게 어떤 추가 혜택을 제공하는가?

(A) 상품권

(B) 보증 기간 연장

해설 세부 사항 – 청자에게 제공되는 추가 혜택

후반부에서 내일까지 냉장고를 구입하면 보증 기간을 5년으로 연장해 주겠다(we can also include a five-year extended warranty)고 했으므로, (B)가 정답이다.

Q 5-6 방송

W-Am Good morning, Radio 82 listeners. On today's show we'll be joined by Adam Brennan, the lead singer from the rock music group Thunderbear. This group, based right here in Toronto, gained a worldwide following after the release of their debut album, Room for Two, last year. And ⁵next month the group will begin their first European tour. Mr. Brennan will be joining us shortly to talk about the upcoming tour. Until then, ⁶let's listen to one of the hit songs from the group's album.

라디오 82 청취자 여러분, 좋은 아침입니다. 오늘 방송은 록뮤직 그룹 썬더베어의 리드 보컬인 아담 브레넌 씨가 함께해 주시겠습니다. 바로 이곳 토론토 출신인 이 그룹은 작년 〈룸 포 투〉라는 데뷔 앨범 이후 전 세계에서 팬을 확보했습니다. 그리고 ⁵다음 달 이 그룹은 첫 유럽 순회 공연을 시작할 예정입니다. 곧 브레넌 씨가 저희 방송에 나와 다가올 유럽 순회 공연에 대하여 말씀해 주시겠습니다. 그때까지 ⁶이 그룹의 앨범에 수록된 인기곡 중 하나를 들어보도록 하겠습니다.

어휘 lead singer 리드 보컬 based in ~ 출신의, ~에 기반을 둔 gain 얻다 worldwide 전 세계적인 following 추종자[팬들] release 발매 debut album 데뷔 앨범 shortly (시간상으로) 곧 tour 순회 공연; 순방

5 썬더베어 그룹은 다음 달에 무엇을 할 것인가?
(A) 순회 공연 시작
(B) 새 앨범 발매

해설 썬더베어 그룹이 다음 달에 할 일

중반부에서 썬더베어 그룹이 다음 달에 첫 유럽 순회 공연을 시작할 예정(next month the group will begin their first European tour)이라고 했으므로, (A)가 정답이다.

패러프레이징
지문의 begin their first European tour
➡ 정답의 Start a tour

6 청자들은 다음에 무엇을 들을 것인가?
(A) 행사 일정
(B) 노래

해설 청자들이 다음에 들을 것

후반부에서 브레넌 씨가 나올 때까지 그룹의 앨범에 수록된 인기곡 중 한 곡을 들어보자(let's listen to one of the hit songs from the group's album)고 했으므로, (B)가 정답이다.

ETS TEST 본책 p. 206

ETS TEST

1 (D)	2 (B)	3 (D)	4 (B)	5 (C)	6 (A)
7 (A)	8 (B)	9 (D)	10 (D)	11 (C)	12 (A)
13 (A)	14 (D)	15 (B)	16 (D)	17 (C)	18 (D)
19 (C)	20 (D)	21 (B)	22 (D)	23 (C)	24 (C)

Q 1-3 설명

M-Au Hello everyone. ¹Today I'll be demonstrating a security feature that we'll be requiring all staff to use when sending e-mail attachments. This feature will allow only the designated e-mail recipients to open the attachment. Some of you learned how to do this at a previous meeting, ²so please help out your coworkers as we practice. ³Now, if you'll all direct your attention to the front of the room, I will show you how to enable this security feature.

안녕하세요, 여러분. ¹오늘 저는 앞으로 이메일 첨부 파일을 보낼 때 모든 직원에게 요구할 예정인 보안 기능을 시연하려고 합니다. 이 기능은 지정된 이메일 수신자들만 첨부 파일을 열 수 있도록 해 줍니다. 여러분 중에는 이전 회의에서 사용법을 배우신 분들도 있으니 ²실습할 때 동료들을 도와 주시기 바랍니다. ³자 이제, 모두들 방 앞쪽을 주목해 주시면 이 보안 기능을 어떻게 활성화하는지 제가 보여드리겠습니다.

어휘 demonstrate 시연하다, 보여주다 security feature 보안 기능 require 요구하다 attachment 첨부 파일 allow 허용[허락]하다 designate 지정하다 recipient 수신자 previous 예전의 coworker 동료 direct one's attention to ~에 주목하다 front 앞쪽, 전면 enable 가능하게 하다, 활성화하다

1 청자들은 무엇에 관해 배우게 되는가?
(A) 강력한 비밀번호 만들기
(B) 이메일 폴더 정리하기
(C) 사원증 취득하기
(D) 이메일 첨부 파일 보호하기

어휘 identification badge 신분 확인 명찰, 사원증

해설 세부 사항 – 청자들이 배울 내용

초반부에서 앞으로 이메일 첨부 파일을 보낼 때 모든 직원에게 요구할 예정인 보안 기능을 시연하려고 한다(I'll be demonstrating a security feature ~ when sending e-mail attachments)고 했으므로, (D)가 정답이다.

2 화자는 몇몇 청자들에게 무엇을 해 달라고 요청하는가?
(A) 하드웨어를 업그레이드한다.
(B) 동료를 돕는다.
(C) 여러 수신자에게 이메일을 보낸다.
(D) 앞으로 있을 워크숍에 등록한다.

해설 **화자의 요청 사항**

중반부에서 이전 회의 때 보안 기능 사용법을 배운 사람들은 실습할 때 다른 동료들을 도와 달라(please help out your coworkers as we practice)고 했으므로, (B)가 정답이다.

패러프레이징

지문의 **help out your coworkers**
➡ 정답의 **Assist their coworkers**

3 화자는 다음에 무엇을 할 것인가?
(A) 작업 계획표를 나눠준다.
(B) 손님을 소개한다.
(C) 의견을 요청한다.
(D) 절차를 시연한다.

어휘 **distribute** 나눠주다 **work sheet** 작업 계획표
procedure 절차

해설 **화자가 다음에 할 일**

후반부에서 이제 보안 기능을 어떻게 활성화하는지 보여주겠다(Now, ~ I will show you how to enable this security feature)고 했으므로, (D)가 정답이다.

패러프레이징

지문의 **show you how to enable this security feature** ➡ 정답의 **Demonstrate a procedure**

Q 4-6 회의 발췌

W-Br I'm handing out the schedule of your shifts for the upcoming holiday shopping season. **4**Since we're expecting a lot more customers to visit the store over the holidays, we'll be looking to hire some extra people to work here for a few weeks. **5**And we're asking each of you—our employees—to recommend people. If you know someone who might be interested, please inform your manager and tell the person to contact our personnel department. **6**We'll start interviewing for the holiday sales associate positions next Tuesday.

다가오는 휴일 쇼핑 시즌을 위한 여러분의 교대 근무 일정표를 나눠드리겠습니다. **4**휴일 동안 훨씬 많은 고객들이 매장을 방문할 것으로 예상되니, 몇 주간 여기서 일할 사람들을 추가로 채용하고자 합니다. **5**직원 여러분 각자 사람들을 추천해 주실 것을 요청합니다. 관심이 있을 만한 사람을 아신다면 관리자에게 알려주시고, 그 사람에게 저희 인사부서에 연락하라고 말씀해 주세요. **6**다음 주 화요일에 휴일 판매직 면접을 시작할 것입니다.

어휘 **upcoming** 다가오는, 곧 있을 **expect** 예상하다, 기대하다 **recommend** 추천하다 **inform** 알려주다
personnel 인사과 **department** 부서 **sales associate** 영업사원

4 화자는 곧 매장에서 어떤 일이 있을 것으로 예상하는가?
(A) 신상품이 도착할 것이다.
(B) **고객의 수가 증가할 것이다.**
(C) 진열 디자인을 다시 할 것이다.
(D) 결제 절차가 변경될 것이다.

어휘 **merchandise** 상품, 물품 **increase** 증가하다
payment 지불, 결제

해설 **매장에서 일어날 일**

초반부에서 휴일 동안 훨씬 많은 고객들이 매장을 방문할 것으로 예상한다(we're expecting a lot more customers to visit the store over the holidays)고 했으므로, (B)가 정답이다.

패러프레이징

지문의 **a lot more customers to visit the store**
➡ 정답의 **The number of customers will increase**

5 직원들은 무엇을 하라고 권유 받는가?
(A) 자원해서 야근하기   (B) 설명서 읽기
(C) **추천하기**   (D) 무료 견본 나눠주기

어휘 **volunteer** 자원하다

해설 **직원들이 권유 받은 사항**

중반부에서 직원들에게 몇 주간 일할 사람들을 추천해 달라(we're asking each of you—our employees—to recommend people)고 요청했으므로, (C)가 정답이다.

패러프레이징

지문의 **recommend people**
➡ 정답의 **Make some recommendations**

6 화자에 따르면, 다음 주 화요일에 무엇이 시작될 것인가?
(A) **면접**   (B) 매장 운영시간 연장
(C) 개조 프로젝트   (D) 교육 세미나

어휘 **renovation** 개조, 보수

해설 **다음 주 화요일에 시작할 일**

후반부에서 다음 주 화요일에 휴일 판매직 면접을 시작할 것(We'll start interviewing ~ next Tuesday)이라고 했으므로, (A)가 정답이다.

패러프레이징

지문의 **interviewing for the holiday sales associate positions** ➡ 정답의 **Job interviews**

Q 7-9 방송

M-Cn Welcome to *Business Tips and Tricks* on WJNK Radio. On today's show, I'll be talking with Tina Brownstein, the head of the Creative Management Foundation. **7**Her organization helps managers encourage creativity on their teams. **8**She argues that having the right office space is the number one way for managers to promote creativity. Today, she'll explain how decorating your office in just the right way can stimulate the imagination. **We'll only be able to talk to her briefly, so** ⁹I encourage you all to download her e-book, *Creative Workspaces*, to learn more.

WJNK 라디오의 〈비즈니스 비법과 요령〉에 오신 것을 환영합니다. 오늘 방송에서는 티나 브라운스틴 창조경영재단 대표와 이야기를 나눠 보겠습니다. ⁷그녀의 단체는 관리자가 자신의 팀에 창의력을 고취할 수 있도록 돕습니다. ⁸제대로 된 사무 공간이 경영자가 창의성을 증진하는 최고의 방법이라고 그녀는 주장합니다. 오늘, 그녀는 사무실을 올바르게 꾸미는 것이 어떻게 상상력을 자극하는지 설명할 것입니다. 그녀와 이야기할 수 있는 시간이 짧기 때문에 이에 대해 더 알고 싶으신 분들은 ⁹그녀가 쓴 전자책 〈창의적인 업무 공간〉을 다운로드하실 것을 권해 드립니다.

어휘 trick 수법, 기술 management 경영, 관리 foundation 재단 organization 단체, 기관 encourage 장려하다, 권장하다 creativity 창의성 argue 주장하다 the number one way 최고의 방법 promote 증진하다, 촉진하다 explain 설명하다 stimulate 자극하다 imagination 상상력 briefly 짧게

7 브라운스틴 씨의 조언은 누구를 위한 것인가?
(A) 기업의 관리자   (B) 도서 작가
(C) 사무실 접객 담당자   (D) 대학 교수

해설 세부 사항 – 조언의 대상
초반부에서 브라운스틴 씨의 단체는 관리자가 자신의 팀에 창의력을 고취할 수 있도록 돕는다(Her organization helps managers encourage creativity on their teams)고 했으므로, 조언의 대상이 기업 관리자임을 알 수 있다. 따라서 (A)이다.

8 브라운스틴 씨에 따르면, 창의성을 증진하는 가장 좋은 방법은 무엇인가?
(A) 우수한 실적을 포상한다.
(B) 사무 공간을 꾸민다.
(C) 영감을 주는 연사를 초청한다.
(D) 유연 근무 시간제를 허용한다.

어휘 inspirational 영감을 주는 flexible 유연한

해설 세부 사항 – 창의성을 증진하는 가장 좋은 방법
중반부에서 브라운스틴 씨는 제대로 된 사무 공간이 창의성을 증진하는 최고의 방법이라고 생각한다며 사무실을 올바르게 꾸미는 것이 어떻게 상상력을 자극하는지(how decorating your office in just the right way can stimulate the imagination) 설명할 것이라고 했다. 따라서 (B)가 정답이다.

9 화자는 청자들에게 무엇을 하라고 제안하는가?
(A) 워크숍 참가 신청   (B) 사무실 견학
(C) 동영상 시청   (D) 도서 다운로드

해설 화자의 제안 사항
후반부에서 전자책 〈창의적인 업무 공간〉을 다운로드할 것을 모두에게 권한다(I encourage you all to download her e-book, *Creative Workspaces*)고 했으므로, (D)가 정답이다.

Q 10-12 설명

W-Am And finally, ¹⁰it's time to start preparing to close the amusement park for the winter months. Our official closing day is in two weeks. Now, ¹¹our main priority is making sure all of the rides and machinery are covered and secured for the winter. You'll each be assigned to work on a specific ride with two other people. Oh, and you don't have to bring breakfast or lunch with you during this assignment. ¹²As a thank-you for all of your hard work, management has arranged to have your meals catered. Are there any questions?

마지막으로, ¹⁰겨울철 몇 달 동안 놀이공원을 폐장할 준비를 시작할 시기가 되었습니다. 공식 폐장일은 2주 후입니다. 자, ¹¹주된 우선순위는 겨울 동안 반드시 모든 놀이기구와 기계류에 덮개를 덮고 단단히 고정하는 일입니다. 여러분 각자가 다른 두 명과 함께 특정한 놀이기구에서 작업하도록 배정될 것입니다. 아참, 이 업무를 하는 동안 아침이나 점심을 가져오지 않아도 됩니다. ¹²여러분의 노고에 대한 감사의 표시로 경영진이 여러분의 식사를 출장 요리로 준비했습니다. 질문 있나요?

어휘 prepare 준비하다 amusement park 놀이공원 official 공식적인 priority 우선순위 ride 놀이기구 machinery 기계류 secure 단단히 고정하다, 안전하게 보호하다 assign 배정하다 specific 특정한 assignment 과제, 임무 arrange 준비하다, 마련하다 cater (행사에) 음식을 제공하다

10 2주 후에 무슨 일이 있는가?
(A) 입장권 가격이 인상된다.
(B) 건물 개조가 시작된다.
(C) 일부 제품이 할인된다.
(D) 공원이 계절에 맞춰 문을 닫는다.

해설 2주 후에 있어날 일
초반부에서 겨울철 몇 달간 놀이공원을 폐장(close the amusement park for the winter months)할 준비를 해야 하며, 공식 폐장일은 2주 후(Our official closing day is in two weeks)라고 했다. 따라서 (D)가 정답이다.

패러프레이징
지문의 **close ~ for the winter months**
➡ 정답의 **close for the season**

11 청자들은 어떤 일을 해 달라고 요청을 받는가?
(A) 추가 표지판 제작   (B) 신입사원 교육
(C) 설비 덮개 작업   (D) 선반 채우기

해설 청자들이 요청 받은 일

중반부에서 모든 놀이기구와 기계류에 덮개를 덮고 단단히 고정하는 일(all of the rides and machinery are covered and secured)이 가장 중요하다며 업무를 배정했으므로, (C)가 정답이다.

패러프레이징

지문의 **rides and machinery are covered**
➡ 정답의 **Cover some equipment**

12 화자에 따르면, 청자들에게 무엇이 제공될 예정인가?

(A) 식사
(B) 교통
(C) 유니폼
(D) 휴대폰

해설 세부 사항 – 청자들에게 제공될 것

후반부에서 노고에 대한 감사의 표시로 경영진이 식사를 출장 요리로 준비했다(management has arranged to have your meals catered)고 했으므로, (A)가 정답이다.

Q 13-15 발표

> M-Au Thank you for inviting me to speak at this marketing conference. My name is Taro Suzuki, and I'm the director of Textcustomer. **13**We're one of the first companies to use text messages as a direct marketing tool. So what does that mean? Well, first you find customers who agree to sign up to receive promotional messages on their smart devices. You then build a database of subscribers and send out text alerts to loyal customers. And **14**the customers benefit as they're the first to know of upcoming deals or special events. OK, if you'll look at the screen right behind me, **15**I'll show you exactly how this works.
>
> 이 마케팅 컨퍼런스에서 발표할 수 있도록 초대해 주셔서 감사합니다. 제 이름은 타로 스즈키이고, 텍스트커스토머의 이사입니다. **13**저희 회사는 직접 마케팅의 도구로 문자 메시지를 활용한 최초의 기업 중 하나입니다. 이게 무엇을 의미할까요? 음, 먼저 스마트 기기에 홍보 메시지 수신을 동의하는 고객들을 찾습니다. 그리고 난 뒤 구독자 데이터베이스를 구축하고 충성 고객들에게 알림 문자를 보냅니다. 그렇게 하면 **14**그 고객들은 앞으로 있을 할인 행사나 특별 이벤트에 대해 가장 먼저 알게 되는 혜택을 얻는 것이죠. 자, 제 뒤에 있는 화면을 봐 주시면 **15**이것이 정확히 어떻게 운영되는 건지 보여드리겠습니다.
>
> 어휘 **invite** 초대하다 **conference** (대)회의, 학회 **director** 이사 **direct** 직접적인 **toll** 도구 **promotional** 홍보의, 판촉의 **device** 기기 **subscriber** 구독자, 이용자 **alert** 알림 **loyal customer** 충성 고객 **benefit** 혜택을 받다 **deal** 특가 행사[제품] **exactly** 정확히 **work** 운영되다, 작용하다

13 화자는 주로 무엇에 관해 이야기하고 있는가?

(A) 마케팅 기술
(B) 다가오는 소매점 할인 행사
(C) 경력을 쌓을 기회
(D) 신제품군

해설 담화의 주제

초반부에서 화자의 회사가 문자 메시지를 직접 마케팅의 도구로 활용(use text messages as a direct marketing tool)한 최초의 기업 중 하나라고 한 후, 방식에 대한 설명을 이어갔다. 따라서 (A)가 정답이다.

14 화자는 어떤 고객 혜택을 언급하는가?

(A) 향상된 기술 지원
(B) 줄어든 배송 시간
(C) 융통성 있는 지불 방법
(D) **특별 할인 행사 사전 안내**

어휘 **improved** 향상된, 발전된 **reduced** 줄어든

해설 세부 사항 – 고객 혜택

후반부에서 고객들이 앞으로 있을 할인 행사나 특별 이벤트에 대해 가장 먼저 알게 되는 혜택을 얻게 된다(the customers benefit ~ to know of upcoming deals or special events)고 했으므로, (D)가 정답이다.

패러프레이징

지문의 **the first to know of upcoming deals or special events** ➡ 정답의 **Advance notice of special offers**

15 화자는 다음에 무엇을 할 것인가?

(A) 설문지를 작성한다.
(B) **시연한다.**
(C) 정책 변경을 설명한다.
(D) 안내 책자를 나눠준다.

해설 화자가 다음에 할 일

후반부에서 고객들에게 알림 문자로 혜택을 주는 것이 정확히 어떻게 운영되는 건지 보여주겠다(I'll show you exactly how this works)고 했으므로, (B)가 정답이다.

패러프레이징

지문의 **show you exactly how this works**
➡ 정답의 **Give a demonstration**

Q 16-18 전화 메시지

> W-Am Hello David, this is Insook, your manager, **17**calling about an upcoming project. You've been working with our Information Technology Department for a full year now, and we really appreciate the work you've been doing. **16**As you may know, the department has been tasked with replacing all the company's computers with newer models. The work

starts next month, **17and I'd like to offer you the chance to get involved with this company-wide upgrade right from the planning stages. I'm sending you an e-mail with all the details. 18The team will be meeting on Friday, so please let me know if you're available to attend.**

안녕하세요, 데이비드. 당신의 관리자인 인숙입니다. **17다가오는 프로젝트에 관해 전화했어요.** 만 1년간 저희 정보 기술 부서에서 일을 하셨는데요. 그동안 수행한 업무에 대해 정말 감사합니다. **16아시다시피 부서에서 회사 컴퓨터 전체를 새 모델로 교체하는 업무를 맡았어요. 작업은 다음 달에 시작하는데요. 17전사적으로 시행할 업그레이드 작업에 기획 단계부터 바로 참여할 기회를 드리고 싶어요.** 모든 세부사항이 담긴 이메일을 보내겠습니다. **18팀 회의가 금요일에 있을 예정이니 참석 가능한지 여부를 알려주세요.**

어휘 appreciate 감사하다 replace 교체하다 offer 제공하다 get involved with ~에 관여하다, 참여하다 stage 단계 available 시간이 되는 attend 참석하다

16 회사는 다음 달에 무엇을 할 것인가?
(A) 부서 개편
(B) 직원 피드백 결과 공유
(C) 신규 고객과의 업무
(D) 컴퓨터 업그레이드

어휘 reorganize 재편성하다, 재조직하다

해설 회사가 다음 달에 할 일
중반부를 보면 부서에서 회사 컴퓨터 전체를 새 모델로 교체하는 업무(replacing all the company's computers with newer models)를 맡았다고 한 후, 작업은 다음 달에 시작한다(The work starts next month)고 덧붙였다. 따라서 회사가 다음 달에 컴퓨터를 업그레이드한다는 것을 알 수 있으므로, (D)가 정답이다.

패러프레이징
지문의 **replacing all the company's computers with newer models**
➡ 정답의 **Upgrading its computers**

17 화자가 전화한 이유는?
(A) 장비 오작동을 보고하려고
(B) 절차에 관한 피드백을 요청하려고
(C) 업무 기회에 대해 알리려고
(D) 인사고과 일정을 잡으려고

어휘 equipment 장비 malfunction 오작동, 고장 process 과정, 절차 opportunity 기회 performance evaluation 업무 평가, 인사고과

해설 전화의 목적
초반부에서 다가오는 프로젝트(an upcoming project)에 관해 전화했다고 한 후, 중반부에서 전사적으로 진행되는 컴퓨터 업그레이드 작업에 기획 단계부터 바로 참여할 기회를 청자

에게 주고 싶다(I'd like to offer you the chance to get involved with this company-wide upgrade)고 했다. 따라서 업무 참여 기회를 알리는 전화라고 볼 수 있으므로, (C)가 정답이다.

패러프레이징
지문의 **offer you the chance to get involved**
➡ 정답의 **announce a work opportunity**

18 화자는 청자에게 무엇을 해 달라고 요청하는가?
(A) 야근
(B) 고객에게 연락
(C) 보고서 작성
(D) 시간이 되는지 여부 확인

어휘 confirm 확인해 주다, 확정하다

해설 화자의 요청 사항
후반부에서 팀 회의가 금요일에 있을 예정이라고 한 후, 참석 가능한지 여부를 알려 달라(please let me know if you're available to attend)고 요청했으므로, (D)가 정답이다.

패러프레이징
지문의 **let me know if you're available to attend**
➡ 정답의 **Confirm availability**

Q 19-21 회의 발췌

M-Cn **19Our company's upcoming relocation is fast approaching. In June, we'll be moving our paper files to our new headquarters, and I'd like to organize a special team now to prepare the files for the move. 20I want to encourage each of you to consider volunteering to be the leader of this special team.** However, please talk to your manager first, **21since I anticipate this project will require quite a few hours to complete and you'll have to adjust your work schedule accordingly.** Please send me an e-mail by the end of the week if you are interested in this position.

19곧 있을 회사 이전이 빠르게 다가오고 있습니다. 6월에 서류 파일들을 새 본사로 옮길 예정인데요. 이전을 위한 파일 준비를 위해 특별팀을 조직하고자 합니다. **20여러분 모두 이 특별팀의 팀장으로 자원하는 것을 생각해 보시기 바랍니다.** 하지만 먼저 관리자에게 말씀해 주세요. **21이 프로젝트는 완료하는 데 상당한 시간이 걸릴 것으로 예상되고 이에 따라 여러분의 업무 일정을 조정해야 할 테니까요.** 해당 직책에 관심이 있으시면 이번 주까지 저에게 이메일을 보내주세요.

어휘 approach 다가오다 headquarters 본사 organize 조직하다, 준비하다 anticipate 예상하다 require 요구하다 complete 완료하다 adjust 조정하다 accordingly 그에 맞춰, 부응해서

19 6월에 무슨 일이 있을 것인가?
(A) 장비 업그레이드　　(B) 일련의 세미나
(C) 회사 이전　　　　　(D) 은퇴 기념 파티

어휘 retirement 은퇴, 퇴직

해설 **6월에 있을 일**
초반부에서 곧 있을 회사 이전이 빠르게 다가오고 있다 (Our company's upcoming relocation is fast approaching)며 6월에 서류 파일들을 새 본사로 옮길 예정(we'll be moving our paper files to our new headquarters)이라고 했다. 따라서 (C)가 정답이다.

패러프레이징
지문의 Our company's upcoming relocation
➡ 정답의 A company move

20 화자는 무엇을 요청하는가?
(A) 더 넓은 업무 공간
(B) 서류 정리 방식 업데이트
(C) 보안 직원 증원
(D) 직책 자원자들

어휘 increased 증가한, 늘어난　security 보안

해설 **화자의 요청 사항**
중반부에서 특별팀의 팀장으로 자원하는 것을 고려해 보라 (to consider volunteering to be the leader of this special team)고 청자들에게 권했으므로, (D)가 정답이다.

패러프레이징
지문의 volunteering to be the leader of this special team ➡ 정답의 Volunteers for a position

21 화자가 프로젝트에 관해 명시한 것은?
(A) 예산 내에서 완료될 것이다.
(B) 근무 시간에 변경이 필요하다.
(C) 더 많은 연구를 수반할 것이다.
(D) 회장이 검토할 것이다.

어휘 budget 예산　involve 수반하다　research 연구

해설 **세부 사항 – 화자가 프로젝트에 관해 명시한 것**
중반부에서 프로젝트는 완료하는 데 상당한 시간이 걸릴 것으로 예상되며 이에 따라 청자들의 업무 일정도 조정해야 한다(you'll have to adjust your work schedule accordingly)고 했다. 따라서 (B)가 정답이다.

패러프레이징
지문의 have to adjust your work schedule
➡ 정답의 require a change in work hours

Q 22-24 발표

M-Au Thank you for allowing me to speak at your company's facilities meeting. **22**I'm here today to present information about ways we can make your offices more energy efficient.

My company, Energy Consultants, offers a wide range of products that can help you conserve energy. **23**For example, one simple option we recommend is to install motion sensors in meeting rooms and offices. These sensors detect when someone enters or leaves a room and adjust the lights accordingly. This reduces energy use and is an easy way to save money on your electricity bill. **24**I have some brochures here detailing the variety of sensors my company offers. I'll distribute these now, and we can discuss various options.

귀사의 시설 회의에서 연설할 수 있도록 해 주셔서 감사합니다. **22**저는 오늘 여러분 사무실의 에너지 효율성을 높일 수 있는 방법에 대해 정보를 드리고자 여기 왔습니다. 저희 회사인 에너지 컨설턴트는 에너지를 절약하는 데 도움이 될 수 있는 다양한 제품을 제공합니다. **23**예를 들어, 저희가 추천하는 한 가지 간단한 방법은 회의실 및 사무실에 동작 센서를 설치하는 겁니다. 해당 센서는 누군가 회의실에 들어오거나 나갈 때 이를 감지하고, 그에 맞게 조명을 조절합니다. 이는 에너지 사용량을 줄여서 전기세를 절약할 수 있는 쉬운 방법이죠. **24**저희 회사가 제공하는 다양한 센서의 세부사항이 나온 안내책자를 가져왔는데요. 지금 나눠드리고 다양한 방법에 대해 논의해 볼 수 있을 겁니다.

어휘 allow 허락하다　facility 시설　present 제시하다, 보여주다　efficient 효율적인　a wide range of 다양한　conserve 절약하다, 보존하다　recommend 추천하다, 권장하다　install 설치하다　motion sensor 동작 센서　detect 감지하다　adjust 조절하다　reduce 감소시키다　electricity bill 전기요금　distribute 나눠주다, 배포하다　various 다양한

22 화자는 주로 무엇에 대해 이야기하는가?
(A) 기업 재편성　　(B) 제안된 예산
(C) 회사 정책　　　(D) 에너지 효율성

어휘 reorganization 재조직, 재편성　propose 제안하다　policy 정책

해설 **담화의 주제**
초반부에서 사무실의 에너지 효율성을 높일 수 있는 방법에 대한 정보를 주기 위해(to present information about ways we can make your offices more energy efficient) 왔다며 설명을 시작했으므로, (D)가 정답이다.

23 화자는 무엇을 추천하는가?
(A) 직원 추가 채용　(B) 판매업체 교체
(C) 특별 장비 설치　(D) 회의 일정 변경

어휘 additional 추가의　vendor 판매자　reschedule 일정을 변경하다

해설 **화자의 추천 사항**
중반부에서 추천하는 방법 한 가지(one simple option we recommend)가 회의실 및 사무실에 동작 센서를 설치하는 것(to install motion sensors in meeting rooms and offices)이라고 했으므로, (C)가 정답이다.

패러프레이징

지문의 motion sensors
➡ 정답의 special equipment

24 화자는 청자들에게 무엇을 제공하는가?
(A) 설문 결과
(B) 평면도
(C) 제품 안내책자
(D) 직원 편람

해설 **청자들에게 제공하는 것**
후반부에서 다양한 센서의 세부 사항이 나온 안내책자를
가져왔다(I have some brochures here detailing
the variety of sensors)고 한 후, 지금 나눠 주겠다(I'll
distribute these now)고 했으므로, (C)가 정답이다.

패러프레이징
지문의 **distribute** ➡ 질문의 **provide**
지문의 **some brochures here detailing the variety
of sensors** ➡ 정답의 **Product brochures**

❼ 화자의 의도 파악 문제

ETS CHECK-UP
본책 p. 209

1 (B) **2** (C)

Q 1 전화 메시지

M-Au Joanne, I'm calling you to follow up on
this morning's discussion of your finances.
I just want to make sure that you didn't get
the wrong impression from my presentation.
As your financial adviser, I'm amazed at what
you've accomplished already. You started
with one electronics-repair store a year ago,
and now you have three stores in the area.
I couldn't have done that. So don't worry
about a few months of low profits. Instead,
I think you should go to the Entrepreneurs
Convention in Chicago next month. I saw there
are some excellent presentations scheduled
on the topic of managing sales fluctuations.

조앤, 오늘 아침에 논의한 당신의 재정에 관해 더 이야기하려고
전화합니다. 당신이 제 발표에서 잘못된 인상을 받지 않았는지
확인하고 싶어요. 당신의 재정 자문으로서 저는 당신이 이미 이
룩한 일에 놀랄 따름입니다. **당신은 1년 전에 전자제품 수리점
한 개로 시작해 지금은 이 지역에 점포를 세 개나 갖고 있습니
다. 저라면 그렇게 하지 못했을 거예요. 그러니 몇 개월 간의 수
익 저하로 염려하지 말아요.** 대신에, 당신이 다음 달에 시카고에
서 열리는 기업가 대회에 가야 한다고 저는 생각합니다. 매출 변
동 관리를 주제로 훌륭한 발표들이 예정되어 있거든요.

어휘 follow up on ~에 관해 더 알아보다, 후속 조치를
취하다 discussion 논의 finances 재정, 자금 wrong
impression 잘못된 인상 financial adviser 재정 자문
be amazed at ~에 놀라다 accomplish 이룩하다,
성취하다 electronics-repair store 전자제품 수리점
low profits 낮은 수익, 수익 저하 instead 대신에
entrepreneur 기업가 convention 대회 scheduled
예정되어 있는, 일정이 잡혀 있는 fluctuation 변동

1 화자가 "저라면 그렇게 하지 못했을 거예요"라고 말한 이유는
무엇인가?
(A) 감사하려고   (B) 격려하려고
(C) 비난을 피하려고   (D) 실수를 바로잡으려고

어휘 gratitude 감사 encouragement 격려, 고무
avoid 피하다 blame 비난 correct 바로잡다

해설 **화자의 의도 파악 – 나라면 불가능했다는 말의 의미**
중반부에서 청자가 1년 전에 전자제품 수리점 한 개로 시작
해 지금은 점포를 세 개나 갖고 있다는 점을 언급한 뒤 한 말이
다. 즉, 청자가 그렇게 사업을 키워낸 것 자체가 대단하니 몇 개
월간의 수익 저하로 걱정하지 않아도 된다(So don't worry
about ~ low profits)고 한 것이므로, 격려하려는 의도라고
볼 수 있다. 따라서 (B)가 정답이다.

Q 2 전화 메시지

W-Br Hi, Chef Bertrand, this is Shelley calling
from the restaurant kitchen. We just got
today's fresh produce delivery, and I'm a
bit concerned. There are quite a few extra
vegetables here that aren't on our usual order
list, but I don't remember any special events
being scheduled this week, and I don't see any
listed on the calendar. Did you order anything
special? I was going to call the supplier, but
I thought I should check with you first. So,
uh, remember I need to finish the kitchen
inventory this morning... and it's already ten
o'clock. Thanks.

안녕하세요, 버트런드 주방장님. 저는 식당 주방에서 근무하는
셸리입니다. 방금 오늘 쓸 신선한 농산물이 배달되었는데 조금
염려스러운 점이 있습니다. 평상시 저희 주문 목록에는 없는 채
소들이 상당량 추가되었는데, 제 기억으로는 이번 주에 특별한
행사가 잡혀 있지 않고 또 일정표에도 없습니다. **주방장님께서
특별히 주문한 게 있으신가요?** 제가 납품업체에 전화하려 했지
만 먼저 주방장님에게 확인해야 할 것 같아서요. 그래서 음, 제
가 오늘 오전에 주방 재고 조사를 끝내야 한다는 점을 기억해 주
시고요, **지금 벌써 10시네요.** 감사합니다.

어휘 produce 농산물 concerned 염려하는, 걱정하는
quite a few 상당히 많은 usual 평상시의 calendar
일정표 supplier 공급업체, 납품업체 inventory 재고
조사

2 화자가 "제가 오늘 오전에 주방 재고 조사를 끝내야 한다"고 말한 의도는 무엇인가?

(A) 재료가 충분하지 않다.

(B) 아무도 그녀를 도와주겠다고 하지 않았다.

(C) 빠른 응답을 원한다.

(D) 특별 행사가 오늘 오후에 열릴 것이다.

어휘 | **ingredient** 재료 **response** 응답, 대답

해설 | **화자의 의도 파악 – 오전에 재고 조사를 끝내야 한다는 말의 의미**

후반부에서 주방장인 청자에게 특별히 주문한 게 있냐고 물어본 후 한 말이다. 이후 지금이 벌써 10시(it's already ten o'clock)라고 했으므로, 오전이 지나기 전에 속히 청자의 응답을 받고 싶다는 의미라고 볼 수 있다. 따라서 (C)가 정답이다.

ETS X-FILE
본책 p. 210

1 (A) **2** (B) **3** (A) **4** (B) **5** (B) **6** (B)

Q 1

W-Br Your remodeling plan sounds quite intriguing, but I'm currently working on two projects at the same time. I do know a couple of other reliable interior designers that might be available, though. Let me know if you would like their contact information.

귀하의 개조 계획은 꽤 흥미롭습니다만, 저는 현재 동시에 두 개의 프로젝트를 진행하고 있습니다. 하지만 시간이 될 수도 있는 믿을 만한 인테리어 디자이너를 두 명 알고 있어요. 그들의 연락처를 원하시면 알려 주십시오.

어휘 | **intriguing** 아주 흥미로운 **currently** 현재 **at the same time** 동시에 **reliable** 믿을 만한 **available** 시간이 되는

1 화자가 "저는 현재 동시에 두 개의 프로젝트를 진행하고 있습니다"라고 말한 이유는?

(A) 제안을 거절하려고

(B) 지연에 대해 설명하려고

어휘 | **reject** 거절하다 **explain** 설명하다

해설 | **화자의 의도 파악 – 두 프로젝트를 동시에 하고 있다는 말의 의미**

청자의 계획이 흥미롭지만 자신은 두 개의 프로젝트를 동시에 하고 있으니 다른 인테리어 디자이너(other reliable interior designers)를 소개해 주겠다고 제안하고 있다. 즉, 청자가 제안한 프로젝트를 거절하며 자신이 하지 못하는 이유를 말한 것이므로, (A)가 정답이다.

Q 2

M-Cn Starting April second, our company will be running a leadership program. Some of you might think it's intended for those who are in managerial positions, but actually, it's open to everyone.

우리 회사는 4월 2일부터 리더십 프로그램을 진행할 예정입니다. 여러분 중 몇몇은 이것이 관리자급을 대상으로 하는 것이라고 생각하실 수 있지만, 사실은 모두에게 열려 있습니다.

어휘 | **intended for** ~를 대상으로 하는 **managerial** 경영의, 관리의

2 화자가 "모두에게 열려 있습니다"라고 말한 이유는?

(A) 경영진의 결정을 축하하려고

(B) 청자들에게 등록할 것을 권하려고

어휘 | **congratulate** 축하하다 **decision** 결정 **register** 등록하다

해설 | **화자의 의도 파악 – 모두에게 열려있다는 말의 의미**

회사에서 진행하는 리더십 프로그램에 관리자(managerial positions)뿐만 아니라 모두 참여할 수 있다는 것을 알려주고자 한 말이므로, 등록을 권하려는 의도라고 볼 수 있다. 따라서 (B)가 정답이다.

Q 3

W-Am As you know, I did some research this week to find the right contractor for our new project. Hammer Structure's name came up the most often, but I've worked with them before. Let me present some other options.

아시다시피 저는 이번 주에 새 프로젝트에 맞는 도급업체를 찾기 위해 조사를 했습니다. 해머 스트럭처의 이름이 가장 자주 나오기는 했지만 제가 전에 그들과 일해 본 적이 있어요. 다른 선택지를 제시해 드리겠습니다.

어휘 | **contractor** 도급업체 **present** 보여주다, 제시하다

3 화자가 "제가 전에 그들과 일해 본 적이 있어요"라고 말할 때, 그 의도는 무엇인가?

(A) 업체의 성과가 마음에 들지 않았다.

(B) 프로젝트를 관리할 자격이 충분하다.

어휘 | **performance** 성과, 실적 **well-qualified** 자격이 충분한

해설 | **화자의 의도 파악 – 일해 본 적이 있다는 말의 의미**

새 프로젝트의 도급 업체를 정해야 하는 상황에서 특정 업체가 자주 언급되었지만 전에 일해본 적이 있다며 다른 선택지를 제시하겠다(Let me present some other options)고 했다. 이는 이전에 그 업체가 했던 작업이 만족스럽지 않았다는 것을 의미하므로, (A)가 정답이다.

Q 4

M-Au Has everyone got the procedure manuals? Please read them carefully before beginning your tasks. If you have any inquiries about their contents, I'll be in Seminar Room B the rest of the day.

모두 절차 설명서를 받으셨나요? 업무를 시작하기 전 꼼꼼히 읽으십시오. 내용에 관한 질문이 있으시면 제가 오늘 나머지 시간 동안 B 세미나실에 있을 것입니다.

어휘 procedure 절차 inquiry 문의 content 내용

4 화자가 "제가 오늘 나머지 시간 동안 B 세미나실에 있을 것입니다"라고 말한 이유는?
  (A) 청자들에게 일정 변경에 대해 알려주려고
  (B) 청자들에게 질문하려면 어디로 가야 하는지 알려주려고

  해설 **화자의 의도 파악 – 나머지 시간 동안 세미나실에 있을 거라는 말의 의미**
  절차 설명서에 관한 질문이 있으면(If you have any inquiries) 자신한테 오라는 의미에서 나머지 시간 동안 있을 장소를 알려준 것이므로, (B)가 정답이다.

Q 5

W-Br Are you looking for a fun and exciting part-time job? If so, you'll be happy to hear that party-supplies retailer Cybercat is expanding to London! We offer a lively atmosphere and competitive wages.

즐겁고 신나는 아르바이트를 찾고 있나요? 그렇다면 파티용품 소매업체 사이버캣이 런던으로 확장한다는 기쁜 소식이 있습니다! 활기찬 분위기와 경쟁력 있는 급여를 제공합니다.

어휘 supplies 용품, 물품 expand 확장하다 atmosphere 분위기 competitive 경쟁력 있는, 업계 평균 이상의 wage 임금

5 화자가 "사이버캣이 런던으로 확장한다"고 말할 때, 그 의도는 무엇인가?
  (A) 어떤 제품의 인기가 매우 높다.
  (B) 업체에 공석이 있다.

  해설 **화자의 의도 파악 – 런던으로 확장한다는 말의 의미**
  시간제 일자리(part-time job)를 광고하며 업체가 런던으로 확장한다는 소식을 알린 것이므로, 공석이 생겼으니 지원하라는 의미라고 볼 수 있다. 따라서 (B)가 정답이다.

Q 6

M-Cn I've just reviewed the findings of our market survey. About fifty percent of respondents indicated that they had not heard of our brand, nor had they ever purchased our products. We might have to change our marketing strategy.

시장 조사 결과를 막 검토했습니다. 응답자의 50퍼센트 정도가 우리 브랜드를 들어본 적이 없고 제품을 구입한 적도 없다고 명시했습니다. 우리의 마케팅 전략을 바꿔야 할 것입니다.

어휘 findings 결과 respondent 응답자 indicate 보여 주다, 명시하다, 내비치다 purchase 구입하다 strategy 전략

6 화자가 "우리의 마케팅 전략을 바꿔야 할 것입니다"라고 말할 때, 그 의도는 무엇인가?
  (A) 2차 설문 조사를 하고 싶다.
  (B) 결과가 불만족스럽다.

  어휘 conduct 실시하다

  해설 **화자의 의도 파악 – 마케팅 전략을 바꿔야 한다는 말의 의미**
  시장 조사 결과(findings of our market survey)에서 응답자의 50퍼센트 정도가 회사 브랜드를 들어본 적이 없고 제품도 구입한 적이 없다고 한 것을 문제로 인식하고 전략을 바꾸자고 한 것이다. 따라서 (B)가 정답이다.

LISTENING **PRACTICE**   본책 p. 211

1 (B) **2** (B) **3** (B) **4** (A) **5** (B) **6** (A)

Q 1-2 전화 메시지

M-Au Hi, Michelle. It's Cameron. I'm still waiting for the airline to find my luggage and the model of our new juice maker. Given the service I've had so far, **1**I don't expect they'll find either before my presentation on Thursday. And the presentation won't make much of an impression without a prototype. So, at this point, **2**I think the best option is for you to fly out here yourself with the backup model. I know it's a long trip, **2**but I don't think we have any choice.

안녕하세요, 미셸. 캐머런이에요. 저는 아직 항공사가 제 짐과 우리의 신형 주스 제조기 견본을 찾기를 기다리고 있어요. 지금까지 제가 받은 서비스를 감안하면, **1**제가 발표하는 목요일 전에 어느 하나라도 찾을 거라고 기대하지도 않아요. 시제품이 없으면 설명회가 큰 인상을 남기지 못할 거예요. 그래서 제 생각에는 이 시점에 **2**최선의 선택은 당신이 직접 예비 견본을 가지고 이곳으로 날아오는 거예요. 장거리 여행인 걸 저도 알아요. **2**하지만, 선택의 여지가 없는 것 같아요.

어휘 luggage 짐, 수하물 expect 기대하다, 예상하다 impression 인상 prototype 시제품 backup 예비의, 대비의

1 목요일에 예정되어 있는 것은?
(A) 면접
(B) 제품 발표

<u>해설</u> **목요일에 일어날 일**
초반부에서 화자가 목요일에 발표(my presentation on Thursday)가 있다며 시제품(prototype) 없이는 인상을 남길 수 없다고 했다. 따라서 (B)가 정답이다.

2 화자가 "장거리 여행인 걸 저도 알아요"라고 말한 이유는 무엇인가?
(A) 청자에게 좀 쉬라고 조언하려고
(B) 불편함에 대해 사과하려고

<u>해설</u> **화자의 의도 파악 – 장거리 여행인 것을 안다는 말의 의미**
후반부에서 최선의 선택은 청자가 직접 예비 견본을 가지고 이곳으로 날아오는 것이라고 한 후, 장거리 여행인걸 본인도 알지만 어쩔 수 없다(I don't think we have any choice)고 덧붙였다. 즉, 청자에게 무리한 부탁을 하며 미안해 하는 것이므로, (B)가 정답이다.

Q 3-4 전화 메시지

W-Br Hi, Nancy, it's Insook. I'm happy to hear that we'll be working together to <u>create the script for that new hair care commercial</u>. I've seen the other <u>advertisements you've worked on</u>, and I think we'll be a great team. **3**Anyway, I'm just calling about your invitation to meet next week. Thank you for <u>reserving the conference room</u>, but I have a meeting in Chicago. **3, 4**I've heard that the new <u>videoconferencing software works well</u>. I suggest we both <u>try it out before we meet</u>. Looking forward to our meeting.

안녕하세요, 낸시. 인숙입니다. 새로운 헤어 케어 제품 광고 대본을 함께 작성할 거라고 들어서 기뻐요. 작업하신 다른 광고들을 봤는데 우리는 훌륭한 팀이 될 수 있을 것 같아요. **3**어쨌든 다음 주에 만나자는 초대에 관해 전화 드립니다. 회의실을 예약해 주셔서 감사하지만, 제가 시카고에서 회의가 있어요. **3, 4**새로운 화상회의 소프트웨어가 잘 작동한다는 얘기를 들었는데요. 만나기 전에 우리 둘 다 시험해 볼 것을 제안합니다. 회의를 고대하겠습니다.

<u>어휘</u> script 대본 commercial 광고 advertisement 광고 reserve 예약하다 conference room 회의실 videoconferencing 화상 회의 look forward to ~를 고대하다

3 화자가 "제가 시카고에서 회의가 있어요"라고 말할 때, 그 의도는 무엇인가?
(A) 회의 일정을 변경하고 싶다.
(B) 직접 만날 수가 없다.

<u>어휘</u> reschedule 일정을 변경하다 in person 직접

<u>해설</u> **화자의 의도 파악 – 시카고에서 회의가 있다는 말의 의미**
중반부에서 회의실을 예약해준 건 고맙지만 시카고에서 회의가 있다며 새로운 화상회의 소프트웨어(the new videoconferencing software)를 사용해 보자고 제안했다. 즉, 자신이 시카고에 가야 하기 때문에 직접 만날 수 없다는 의미이므로, (B)가 정답이다.

4 화자는 청자에게 무엇을 하라고 권하는가?
(A) 소프트웨어 시험해 보기
(B) 고객들에게 연락하기

<u>해설</u> **화자의 제안 사항**
후반부에서 새로운 화상회의 소프트웨어가 잘 작동한다는 얘기를 들었다(I've heard that the new videoconferencing software works well)고 한 후, 둘 다 시험해 볼 것을 제안한다(I suggest we both try it out)고 했으므로, (A)가 정답이다.

Q 5-6 워크숍 발췌

M-Au Thank you for attending this business-writing workshop. Many people underestimate <u>the value of having good writing skills</u>, but it can be the difference between signing a major account and losing one. When it comes to business writing, **5**it's most important that you're concise. <u>When you remove unnecessary details</u>, your writing is guaranteed to become much clearer. Now, **6**I have a few copies of a writing sample to pass out, but there are more people here than were registered for the workshop… so, um, **6**I'll be right back. When I return, we'll <u>analyze the sample together</u>.

이 비즈니스 작문 워크숍에 참석해 주셔서 감사합니다. 많은 사람이 훌륭한 작문 기술을 갖추는 것의 가치를 과소평가하지만, 그것이 중요한 거래를 성사시키느냐 실패하느냐를 가르는 차이점이 될 수도 있습니다. **5**비즈니스 작문에서는 간결함이 매우 중요합니다. 불필요한 세부사항을 제거할 때 확실히 글쓰기가 훨씬 더 명료해집니다. 자, **6**제가 글쓰기 예시문 몇 부를 나눠 줄텐데, 워크숍에 등록된 것보다 더 많은 인원이 이곳에 있군요… 그래서 말인데, 음, **6**곧 돌아오겠습니다. 돌아와서 예시문을 함께 분석하겠습니다.

<u>어휘</u> underestimate 과소평가하다 value 가치 writing skills 작문 기술 difference 차이점 sign 서명하다, 계약하다 account 거래, 고객 when it comes to ~에 관해서는 concise 간결한 unnecessary 불필요한 details 세부사항 guarantee 보장하다 pass out ~을 나눠주다 analyze 분석하다

5 화자는 무엇이 매우 중요하다고 말하는가?
(A) 의견 수집
(B) 추가 세부사항 제거

해설 세부 사항 – 화자가 중요하다고 말하는 것

중반부에서 비즈니스 작문에서는 간결함이 매우 중요하고 (it's most important that you're concise) 불필요한 세부사항을 제거할 때(When you remove unnecessary details) 확실히 글쓰기가 훨씬 더 명료해진다(your writing is ~ much clearer)고 했다. 따라서 (B)가 정답이다.

패러프레이징

지문의 remove unnecessary details
➡ 정답의 Deleting extra details

6 화자가 "워크숍에 등록된 것보다 더 많은 인원이 이곳에 있군요"라고 말한 의도는 무엇인가?
(A) 문서 복사본이 넉넉하지 않다.
(B) 그가 생각하기에 주제가 흥미롭다.

해설 화자의 의도 파악 – 등록된 것보다 더 많은 인원이 있다는 말의 의미

중반부에서 글쓰기 예시문 몇 부를 나눠 주겠다(I have a few copies of a writing sample to pass out)며 한 말로, 이후 곧 돌아오겠다(I'll be right back)고 덧붙였다. 즉, 예상보다 많은 인원이 와서 예시문 복사본이 부족해 더 가져오겠다는 뜻이므로, (A)가 정답이다.

ETS TEST

본책 p. 212

1 (B)	2 (C)	3 (A)	4 (C)	5 (D)	6 (C)
7 (A)	8 (D)	9 (B)	10 (A)	11 (C)	12 (D)
13 (B)	14 (B)	15 (D)	16 (A)	17 (C)	18 (B)
19 (B)	20 (A)	21 (D)	22 (C)	23 (C)	24 (A)

Q 1-3 회의 발췌

M-Cn I'd like to discuss our plans for the future. Our company has been making and selling yogurt for over twenty years, and we've been very successful. [1,2]However, we've recently experienced a decrease in sales. These days, there are many new products on the market. We need to develop some exciting new yogurt products with interesting flavor combinations to attract new customers. Our research department is already working on it. [3]At our next meeting, they'll have some new flavors for us to try, and they'll want everybody's opinion.

향후 계획에 대해 논의하고 싶습니다. 우리 회사는 20년 이상 요거트를 만들어 판매했고 큰 성공을 거뒀어요. [1,2]하지만 최근 판매량 감소를 겪고 있습니다. 요즘 시장에 많은 신제품이 나와 있어요. 새로운 고객을 끌기 위해 흥미로운 맛이 조합된 멋진 요거트 신제품들을 개발해야 합니다. 연구부서가 이미 작업 중입니다. [3]다음 회의에서 우리가 시식해 볼 수 있는 새로운 맛을 가져와 모두의 의견을 들으려 할 겁니다.

어휘 successful 성공적인 recently 최근 decrease 감소 develop 개발하다 combination 조합 attract 마음을 끌다, 끌어들이다 research 연구 department 부서 flavor 맛 opinion 의견

1 최근 어떤 일이 있었는가?
(A) 비용이 상승했다.
(B) 판매량이 줄었다.
(C) 관리자들이 떠났다.
(D) 새 상점들이 문을 열었다.

어휘 expenses 비용 increase 상승하다, 오르다 decline 줄어들다, 감소하다

해설 세부 사항 – 최근에 발생한 일

초반부에서 최근 판매량 감소를 겪고 있다(we've recently experienced a decrease in sales)고 했으므로, (B)가 정답이다.

패러프레이징

지문의 experienced a decrease in sales
➡ 정답의 sales have declined

2 화자가 "시장에 많은 신제품이 나와 있어요"라고 말할 때, 그 의도는 무엇인가?
(A) 소비자들은 선택 가능한 제품들을 좋아한다.
(B) 직원들이 더 많이 채용되고 있다.
(C) 회사에 여러 경쟁업체가 있다.
(D) 냉장고를 더 많이 주문해야 한다.

어휘 consumer 소비자 selection 선택 가능한 것들의 집합 competitor 경쟁자 refrigerator 냉장고 order 주문하다

해설 화자의 의도 파악 – 시장에 많은 신제품이 있다는 말의 의미

초반부에서 최근 판매량 감소를 겪고 있다(we've recently experienced a decrease in sales)고 한 후 덧붙인 말이다. 시장에 많은 신제품이 있어 판매량이 감소했다는 것은 경쟁업체가 많다는 의미이므로, (C)가 정답이다.

3 청자들은 다음 회의에서 무엇을 받게 될 것인가?
(A) 시식 견본
(B) 일정표
(C) 설명서
(D) 업무 목록

어휘 instruction 설명 assignment 과제, 임무

해설 세부 사항 – 청자들이 다음 회의에서 받을 것

후반부에서 다음 회의 때 연구부서에서 새로운 맛을 가져와 시식해볼 것(At our next meeting, they'll have some new flavors for us to try)이라고 했으므로, (A)가 정답이다.

패러프레이징

지문의 some new flavors for us to try
➡ 정답의 Some samples

Q 4-6 전화 메시지

W-Am Hello, this message is for Zhang Wei. **4**This is Amanda calling from Northland Hospital. **5**Thanks so much for expressing interest in helping out at the hospital's fund-raising banquet next week. We already have a lot of volunteers signed up for this event, **5**but I'd like to keep you on our list for upcoming volunteer opportunities. **6**Would you also mind going on our Web site to fill out a short volunteer application form? This way, we'll have your information on file, and we'll let you know as soon as there are opportunities to get involved in the future. Thanks again, and have a wonderful day.

안녕하세요. 이 메시지는 장 웨이 씨께 보내는 것입니다. **4**저는 노스랜드 병원의 아만다입니다. **5**다음 주에 있을 저희 병원의 기금 마련 연회를 돕는 데 관심을 보여 주셔서 대단히 감사합니다. 이번 행사에는 이미 많은 자원봉사자가 신청했습니다. **5**하지만 저는 귀하를 저희 명단에 올려 앞으로 있을 자원봉사 기회를 드리고 싶습니다. **6**저희 웹사이트에 가서 짤막한 자원봉사 신청 양식을 작성해 주시겠습니까? 그러면 저희가 귀하의 정보를 파일로 보관해 두었다가 향후 봉사 기회가 생기는 대로 귀하께 알려 드리겠습니다. 다시 한 번 감사 드리며, 즐거운 하루 보내시기 바랍니다.

> 어휘 **express interest** 관심을 표명하다[보이다] **fund-raising banquet** 기금 마련 연회 **volunteer** 자원봉사자 **keep ~ on a list** ~를 명단에 올리다 **upcoming** 다가오는, 앞으로 있을 **opportunity** 기회 **application form** 신청서, 지원서 **get involved** 참여하다

4 화자가 근무하는 곳은 어디인가?
(A) 채용 정보 회사 (B) 종이 공급회사
(C) 병원 (D) 대학교

> 해설 **화자의 근무지**
> 초반부에서 화자가 자신을 노스랜드 병원의 아만다(This is Amanda calling from Northland Hospital)라고 소개했으므로, (C)가 정답이다.

5 화자가 "이번 행사에는 이미 많은 자원봉사자가 신청했습니다"라고 말한 이유는?
(A) 부탁을 하려고
(B) 초대장을 보내려고
(C) 행사 기획자를 안심시키려고
(D) 제안을 거절하려고

> 해설 **화자의 의도 파악 – 이미 많은 자원봉사자가 신청했다고 말한 이유**
> 초반부에서 병원의 기금 마련 연회를 돕는 데 관심을 보여 준 것은 고맙지만 이미 많은 자원봉사자가 신청했기 때문에 청자를 명단에 올려 앞으로 있을 자원 봉사 기회를 주고 싶다(I'd like to keep you ~ for upcoming volunteer opportunities)고 했다. 즉, 현재는 도움이 필요 없다는 뜻이므로, (D)가 정답이다.

6 화자는 청자에게 무엇을 하라고 요청하는가?
(A) 등록비 납부 (B) 회의 참석
(C) 온라인 양식 작성 (D) 날짜와 시간 선택

> 해설 **화자의 요청 사항**
> 중반부에서 청자에게 웹사이트에 가서 짤막한 자원봉사 신청 양식을 작성해 달라(Would you ~ fill out a short volunteer application form?)고 했으므로, (C)가 정답이다.

> **패러프레이징**
> 지문의 **Web site** ➡ 정답의 **online**

Q 7-9 회의 발췌

W-Br **7**Hi, everyone, let's begin the weekly call center staff meeting. **8**First of all, I wanted to let you know that I've just hired two additional customer service representatives to help out on the phones. Yes, I know that's not enough. But there isn't much I can do with our budget. Anyway, their first day is next Monday, but before they start, **9**it's important that we revise our training manual. I'm going to assign a section to each one of you. Please go through your section, and if you see anything that has to be corrected, please send me an e-mail with the page number and your comments. I'll review all your suggestions and make a final draft.

7여러분 모두 안녕하세요, 주간 콜센터 직원 회의를 시작합시다. **8**먼저 전화 응대를 도와줄 고객 서비스 직원 두 명을 추가로 고용했다는 점을 알려 드리고자 합니다. 네, 이것으로 충분하지 않다는 점을 압니다. 하지만 저희 예산으로 할 수 있는 게 많지 않습니다. 아무튼 다음 주 월요일이 첫 출근일 인데 그들이 업무를 시작하기 전에 **9**중요한 점은 교육 매뉴얼을 수정해야 한다는 것입니다. 제가 여러분 각자에게 한 가지 항목씩 할당할 것입니다. 해당 항목을 살펴보시고 수정해야 할 사항이 있을 경우, 페이지 번호와 의견을 써서 제게 이메일로 보내 주시기 바랍니다. 제가 모든 제안사항을 검토한 다음 최종안을 만들겠습니다.

> 어휘 **additional** 추가의 **representative** 직원 **budget** 예산 **revise** 수정하다 **assign** 할당하다 **section** 항목 **go through** ~을 살펴보다 **correct** 수정하다 **make a draft** 초안을 작성하다

7 청자들은 누구이겠는가?
(A) 고객 서비스 직원
(B) 소프트웨어 개발자
(C) 기업 변호사
(D) 재정 고문

> 해설 **청자의 신분**
> 도입부에서 청자들에게 주간 콜센터 직원 회의를 시작하자(let's begin the weekly call-center staff meeting)고 했으므로, (A)가 정답이다.

8 화자가 "네, 이것으로 충분하지 않다는 것을 압니다"라고 말한 의도는 무엇인가?

(A) 자신의 실수를 인정한다.

(B) 마감일에 대해 걱정한다.

(C) 청자들이 자원해 주기를 원한다.

(D) 청자들의 염려 사항을 인지하고 있다.

해설 화자의 의도 파악 – 충분하지 않음을 안다는 말의 의미

초반부에서 전화 응대를 도와줄 고객 서비스 직원 두 명을 추가로 고용했다(I've just hired two additional customer service representatives)는 점을 청자들에게 알리고 나서 한 말이다. 즉, 청자들은 두 명이 충분하지 않다고 생각할 것임을 화자도 알고 있다는 의미이므로, (D)가 정답이다.

9 화자는 청자들에게 어떤 업무를 할당하는가?

(A) 우편물 수신자 명단 갱신

(B) 교육용 자료 수정

(C) 신입 직원 멘토링

(D) 소프트웨어 프로그램 사용법 학습

해설 세부 사항 – 할당하는 과제

중반부에서 교육 매뉴얼을 수정해야 한다(revise our training manual)며 청자들에게 한 가지 항목씩 할당할 테니 해당 항목을 살펴보고 수정해야 할 사항은 페이지 번호와 의견을 써서 이메일로 보내 달라고 요청했다. 따라서 (B)가 정답이다.

Q 10-12 전화 메시지

M-Au Hi, Lena. It's Rohan. **10**I've been thinking about the e-mail you sent about the annual festival that we're planning. You suggested extending it by one more day, so more musicians could perform. **11**In previous years, the city council prohibited us from doing that. But, you know, some new members were elected to the council this year. **11**So, let's discuss this idea more. On another note, I thought that the new logo you created for the event looks excellent! **12**Which design program did you use to make it? I'd love to know.

안녕하세요, 레나. 로한입니다. **10**우리가 계획하고 있는 연례 축제와 관련해 보내주신 이메일에 대해 생각해 봤는데요. 더 많은 음악가들이 공연할 수 있도록 하루 더 연장하자고 제안하셨죠. **11**지난 몇 년간은 시 의회가 그렇게 하는 것을 금지했어요. 하지만 아시다시피 올해 새 의원들이 선출됐어요. **11**그러니 이 의견을 더 논의해 보도록 해요. 다른 얘기인데, 행사를 위해 만드신 새 로고가 정말 멋져요! **12**만드는 데 어떤 디자인 프로그램을 사용하셨나요? 알고 싶네요.

어휘 annual 연례의 suggest 제안하다 extend 연장하다 perform 공연하다 previous 이전의 city council 시 의회 prohibit 금지하다 elect 선출하다 on another note 다른 이야기인데

10 화자는 무엇이 계획되고 있다고 말하는가?

(A) 음악 축제　　　(B) 시상식 연회

(C) 개관식　　　(D) 주주총회

해설 세부 사항 – 계획되고 있는 일

초반부에서 현재 함께 기획 중인 연례 축제(the annual festival that we're planning)를 언급하며 음악가들(musicians)의 공연과 관련된 사항을 논의했으므로, (A)가 정답이다.

11 화자가 "올해 새 의원들이 선출됐어요"라고 말할 때, 그 의도는 무엇인가?

(A) 일부 프로그램이 중단될 수 있다.

(B) 일부 직책을 충원해야 한다.

(C) 정책이 바뀔 수 있다.

(D) 회의실이 너무 좁다.

어휘 discontinue 중단하다 fill a position 충원하다, 자리를 채우다 policy 정책

해설 화자의 의도 파악 – 새 의원들이 선출되었다는 말의 의미

중반부에서 지난 몇 년간은 시 의회가 축제 연장을 금지했지만(In previous years, the city council prohibited us from doing that) 올해는 새 의원들이 선출되었으니 조금 더 논의해 보자(let's discuss this idea more)고 했다. 이는 그들이 정책을 바꿀 수도 있다는 의미이므로, (C)가 정답이다.

12 화자는 무엇에 대해 물어보는가?

(A) 계약 세부사항

(B) 전단

(C) 장소

(D) 소프트웨어 프로그램

해설 세부 사항 – 화자가 문의하는 것

후반부에서 로고를 만드는 데 어떤 디자인 프로그램을 사용했는지(Which design program did you use ~ ?) 물었으므로, (D)가 정답이다.

패러프레이징

지문의 design program

➡ 정답의 software program

Q 13-15 전화 메시지

W-Br Hello, David. This is Karen. **13**I'm preparing for our advertising meeting with the clients this afternoon, and I noticed the projector's missing from the fifth-floor conference room. **14**Since we're pitching our new ad campaign to these clients today, we need to have a way to show them the presentation. **15**I thought the other rooms with projectors were taken, but I checked the online scheduler and it looks like the meeting in Room B has been canceled.

안녕하세요, 데이비드. 캐런이에요. **¹³오늘 오후에 있을 고객과의 광고 회의를** 준비하고 있는데요, 5층 회의실에 영사기가 없다는 걸 알게 되었어요. **¹⁴오늘 이 고객들께 새로운 광고 캠페인을 홍보할 거라서 프레젠테이션을 보여 줄 방법이 필요해요.** **¹⁵영사기가 있는 다른 회의실들은 이미 다 예약이 되어 있는 줄 알았는데, 제가 온라인 일정표를 확인해 보니 B 회의실의 회의가 취소된 것 같아요.**

> **어휘** prepare for ~를 준비하다 client 고객, 의뢰인 notice 알아차리다 conference room 회의실 pitch (거래를 하도록) 홍보하다, 권유[설득]하려 하다

13 화자는 어느 부서에서 일할 것 같은가?
(A) 경리부
(B) 광고부
(C) 인사부
(D) 기술 지원부

> **해설 화자의 근무 부서**
> 초반부에서 오늘 오후에 있을 고객과의 광고 회의를 준비하고 있다(I'm preparing for our advertising meeting with the clients)고 했으므로, 화자가 광고부에서 일한다는 것을 알 수 있다. 따라서 (B)가 정답이다.

14 화자는 회의에서 무슨 일이 있을 것이라고 말하는가?
(A) 기업 합병이 승인될 것이다.
(B) 프레젠테이션을 할 것이다.
(C) 새로운 이사가 소개될 것이다.
(D) 임금 인상이 논의될 것이다.

> **어휘** merger 합병 approve 승인하다 board member 이사, 임원 raise 인상

> **해설 회의에서 일어날 일**
> 중반부에서 고객들에게 새로운 광고 캠페인을 홍보할 거라서 프레젠테이션을 보여 줄 방법(a way to show them the presentation)이 필요하다고 했으므로, (B)가 정답이다.

> **패러프레이징**
> 지문의 show them presentation
> ➡ 정답의 A presentation will be given

15 화자가 "B 회의실의 회의가 취소된 것 같아요"라고 말한 이유는 무엇인가?
(A) 그녀가 시간이 있다는 것을 알리기 위해서
(B) 일정표의 오류를 수정하기 위해서
(C) 지연된 것을 사과하기 위해서
(D) 다른 장소를 제안하기 위해서

> **해설 화자의 의도 파악 – 회의가 취소된 것 같다는 말의 의미**
> 원래 사용하려던 회의실에 프로젝터가 없는 상황인데, 후반부에서 온라인 일정표를 확인했더니 프로젝터가 있는 회의실(other rooms with projectors) 중 B 회의실의 회의가 취소된 것 같다고 했다. 즉, B 회의실로 장소를 변경하자고 제안하는 것이므로, (D)가 정답이다.

Q 16-18 회의 발췌

W-Am ¹⁶To be in compliance with the new government regulations, we have to increase the recycled plastics that go into manufacturing our products. Where are we going to get all that used plastic? **¹⁷Our colleague Makoto has secured contracts with the recycling departments of several cities, so we can buy plastic from them.** And because of the new regulations, we'll also have to add some new machines to our production line. **¹⁸We contacted three different vendors for cost estimates, but one is much lower than the others.** So, I think the decision will be a simple one.

> **¹⁶새로운 정부 규정을 준수하기 위해 우리 회사의 제품 생산에 들어가는 재활용 플라스틱의 양을 늘려야만 합니다.** 그 모든 재활용 플라스틱을 어디서 구할까요? **¹⁷우리 동료인 마코토 씨가 몇몇 도시의 재활용 부서와 계약을 따냈고, 그곳들에서 플라스틱을 구매할 수 있게 되었습니다.** 그리고 새 규정으로 인해 우리 생산 라인에 새 기계 몇 대도 추가해야 합니다. **¹⁸서로 다른 업체 세 곳에 연락해 견적을 요청했는데요, 한 곳이 나머지 업체들에 비해 가격이 훨씬 낮습니다.** 그래서 결정하기는 쉬울 것 같습니다.

> **어휘** compliance 준수 government 정부 regulations 규정, 정책 increase 늘리다 recycled 재활용된 manufacture 제조하다, 마늘다 secure 확보하다, 따내다 production 생산 vendor 판매상, 업체 cost estimate 견적서 decision 결정

16 생산 공정에 변화가 생기는 이유는 무엇인가?
(A) 정부 규정 때문에
(B) 공급망의 문제 때문에
(C) 고객의 요청 때문에
(D) 기술 혁신 때문에

> **어휘** supply chain 공급망 demand 수요, 요청 innovation 혁신

> **해설 세부 사항 – 생산 공정 변화의 이유**
> 초반부에서 새로운 정부 규정을 준수하기 위해(To be in compliance with the new government regulations) 회사의 제품 생산에 들어가는 재활용 플라스틱의 양을 늘려야만 한다(we have to increase the recycled plastics that go into manufacturing our products)고 했으므로, (A)가 정답이다.

> **패러프레이징**
> 지문의 increase the recycled plastics
> ➡ 질문의 change
> 지문의 manufacturing our products
> ➡ 질문의 production process
> 지문의 To be in compliance with the new government regulations
> ➡ 정답의 Because of government regulations

17 마코토 씨는 무엇을 했는가?
(A) 사용 설명서를 작성했다.
(B) 교육 강좌를 마쳤다.
(C) 자재 공급을 성사시켰다.
(D) 승진 자격 요건을 충족시켰다.

어휘 **material** 재료, 자재 **requirement** 요건
promotion 승진

해설 **세부 사항 – 마코토 씨가 한 일**
중반부에서 마코토 씨가 몇몇 도시의 재활용 부서와 계약을 따냈고(Makoto has secured contracts with the recycling departments of several cities), 그곳들에서 플라스틱을 구매할 수 있게 되었다(we can buy plastic from them)고 했으므로, (C)가 정답이다.

패러프레이징
지문의 **plastic** ➡ 정답의 **materials**

18 화자가 "결정하기는 쉬울 것 같습니다"라고 말할 때 그 의도는 무엇인가?
(A) 그녀는 프로젝트 결과에 실망했다.
(B) 가장 싼 곳이 선택될 것이다.
(C) 어떤 제품이 잘 팔리지 않았다.
(D) 회사는 해마다 똑같은 결정을 한다.

해설 **화자의 의도 파악 – 결정하기 쉽다는 말의 의미**
후반부에서 견적(cost estimates)을 요청했던 업체 중 한 곳이 나머지 업체들에 비해 가격이 훨씬 낮았다(one is much lower than the others)며 한 말이다. 즉, 고민없이 가격이 가장 낮은 업체를 선택하겠다는 의미이므로, (B)가 정답이다.

Q 19-21 공지

M-Cn Just a quick announcement as you're packing up supplies. **19**It's been wonderful having you all in my Painting for Beginners class these past few weeks! We're going to have a little art show to display the work you've done so far in class. **20**I know many of you are a bit shy about sharing your work. The event will be very small. We just want you to invite your close family and friends. The show'll be Saturday afternoon, the seventeenth, and we'd like to have some refreshments there as well. **21**Please let me know what snacks you'll be able to bring to the event. I'll have a sign-up sheet next week.

여러분이 도구를 챙기는 동안 빠르게 알려드립니다. **19지난 몇 주 동안 여러분 모두 초보자를 위한 그림 강좌를 들어주셔서 정말 좋았어요!** 여러분이 지금까지 수업시간에 그렸던 작품을 전시하는 작은 미술전을 열 예정입니다. **20대부분 자신의 작품을 공유하기 좀 쑥스럽다는 것을 알고 있어요.** 행사는 아주 소규모일 겁니다. 가까운 가족이나 지인을 초대하셨으면 합니다. 전시회는 17일 토요일 오후에 열립니다. 다과도 있었으면 좋겠어요. **21행사에 어떤 간식을 가져오실 수 있는지 알려주세요.** 다음 주에 참가 신청서를 가지고 오겠습니다.

어휘 **announcement** 발표, 알림 **pack up** ~을 꾸리다, 챙기다 **supplies** 용품, 비품 **refreshments** 다과 **as well** 또한, 역시 **sign-up sheet** 참가 신청서

19 청자들은 누구이겠는가?
(A) 미술관 방문객   **(B) 미술 수강생**
(C) 카페 직원   (D) 물감 가게 직원

해설 **청자의 신분**
초반부에서 초보자를 위한 그림 강좌를 들어줘서(having you all in my Painting for Beginners class) 정말 좋았다고 했으므로, 청자들이 미술 수강생이라고 추론할 수 있다. 따라서 (B)가 정답이다.

20 화자가 "행사는 아주 소규모일 겁니다"라고 말할 때, 그 의도는 무엇인가?
(A) 청자들을 안심시키려고
(B) 실망감을 나타내려고
(C) 장소에 대해 묘사하려고
(D) 가격을 협상하려고

어휘 **reassure** 안심시키다 **disappointment** 실망
describe 서술하다, 묘사하다 **negotiate** 협상하다

해설 **화자의 의도 파악 – 행사가 소규모일 거라는 말의 의미**
중반부에서 미술전을 공지하며 한 말로, 대부분 자신의 작품을 공유하기 쑥스러워 하지만(many of you are a bit shy about sharing your work) 행사가 소규모이니 큰 부담을 가질 필요가 없다는 의미이다. 따라서 청자들을 안심시키려는 의도라고 볼 수 있으므로, (A)가 정답이다.

21 청자들은 행사에 무엇을 가져오라고 요청 받았는가?
(A) 청소용품   (B) 입장권
(C) 사진이 부착된 신분증   **(D) 간식**

해설 **세부 사항 – 청자들에게 가져오라고 요청한 것**
후반부에서 행사에 어떤 간식을 가져올 수 있는지 알려 달라(Please let me know what snacks you'll be able to bring to the event)고 요청했으므로, (D)가 정답이다.

Q 22-24 방송

M-Au This is Charlie Swift from Channel 14 News. I'm standing outside Granger Electronics this morning, where **22, 23**hundreds of people have spent hours waiting to buy the new Aria 7D mobile phone—available starting today. **23**Some began waiting in line as early as four A.M. From the look of it, you'd think they were giving the phones away. Now, the Aria 7D is a significant upgrade from previous phone models, but **24**the feature consumers are most excited about is its water-protective coating. The new phone's design ensures that it is still fully functional if it comes in contact with water.

저는 채널 14 뉴스의 찰리 스위프트입니다. 제가 오늘 아침 그 레인저 일렉트로닉스 밖에 서 있는데 이곳에는 **22, 23수백 명이 오늘 출시되는 신형 아리아 7D 휴대폰을 사기 위해 몇 시간째 기다리고 있습니다. 23일부는 새벽 4시부터 줄을 서서 기다렸습니다.** 얼핏 보면 휴대폰을 무료로 나눠 주는 게 아닌가라고 생각할 수도 있습니다. 이번 아리아 7D는 이전 모델을 대폭 업그레이드 시킨 것인데 **24소비자들이 가장 환호하는 기능은 방수 코팅입니다.** 새 휴대폰의 디자인은 휴대폰에 물이 묻더라도 제대로 작동이 되도록 해줍니다.

어휘 **from the look of it** 얼핏 보면 **give away** ~을 거저 주다 **significant** 상당한, 현저한 **feature** 기능 **water-protective** 방수의 **fully** 완전히 **functional** 작동하는 **come in contact with** ~와 접촉하다

---

22 화자에 따르면 오늘 무슨 일이 있는가?
(A) 광고 캠페인이 시작된다.
(B) 상점이 새 지점을 연다.
(C) 상품이 상점에 출시된다.
(D) 재고정리 할인이 시작된다.

해설 오늘 일어날 일
초반부에 수백 명이 오늘 출시되는 신형 아리아 7D 휴대폰을 사기 위해 몇 시간째 기다리고 있다(waiting to buy the new ~ mobile phone)고 했으므로, (C)가 정답이다.

23 화자가 "얼핏 보면 휴대폰을 무료로 나눠 주는 게 아닌가라고 생각할 수 있습니다"라고 말한 의도는 무엇인가?
(A) 상점의 광고에 오해의 소지가 있다.
(B) 몇 가지 상품의 재고가 더 이상 없다.
(C) 상점에서 기다리는 고객들이 많다.
(D) 상점에 저렴한 물건들이 많이 있다.

어휘 **misleading** 오해의 소지가 있는

해설 화자의 의도 파악 – 무료 증정으로 오해할 수도 있다는 말의 의미
초반부에서 수백 명이 오늘 출시되는 신형 아리아 7D 휴대폰을 사기 위해 몇 시간째 기다리고 있으며 일부는 새벽 4시부터 줄을 서서 기다렸다(Some began waiting in line ~ four A.M.)고 한 후 덧붙인 말이다. 즉, 무료로 나눠준다고 오해할 만큼 많은 사람들이 기다리고 있다는 의미이므로, (C)가 정답이다.

24 화자에 따르면 아리아 7D의 어떤 기능이 가장 매력적인가?
(A) 방수   (B) 저렴한 가격
(C) 다채로운 무늬   (D) 날렵한 디자인

해설 세부 사항 – 아리아 7D의 가장 매력적인 기능
후반부에서 소비자들이 가장 환호하는 기능은 방수 코팅(the feature ~ water-protective coating)이라고 했으므로, (A)가 정답이다.

패러프레이징
지문의 **consumers are most excited about**
➡ 질문의 **most attractive**
지문의 **water-protective coating**
➡ 정답의 **water resistance**

---

❽ 시각 정보 연계 문제

LISTENING **PRACTICE**   본책 p. 217

1 (A)   **2** (B)   **3** (A)

Q 1 안내 방송 + 안내판

M-Au Attention, shoppers! The cash registers on the third floor are currently out of order. For purchases, please visit any of our other floors. And while you're here today, be sure to check out our wide selection of mattresses, on sale for 25 percent off for one day only! Not sure which mattress is right for you? Visit one of our computer kiosks to complete a short questionnaire about your sleep preferences and needs. Our sales associates can then suggest the best mattress for you!

쇼핑객 여러분께 알려드립니다! 3층에 있는 금전 등록기가 현재 고장 상태입니다. 구매하시려면 다른 층으로 가시기 바랍니다. **오늘 이곳에 계신 동안, 하루만 25퍼센트 할인하는 다양한 매트리스를 꼭 확인해 보세요!** 어느 매트리스가 적당한지 모르시겠다고요? 저희 컴퓨터 키오스크를 방문하셔서, 수면 관련 선호와 필요에 관해 간단한 설문지를 작성하세요. 판매원이 가장 잘 맞는 매트리스를 제안해 드릴 수 있습니다!

어휘 **attention** 알립니다, 주목하세요 **cash register** 금전 등록기 **currently** 현재 **out of order** 고장난 **purchase** 구입 **kiosk** (무인) 단말기[안내기] **complete a questionnaire** 설문지를 작성하다 **preference** 선호 **sales associate** 영업사원, 판매원 **suggest** 제안하다

층	매장
4	**침구 및 매트리스**
3	주방 및 욕실
2	탁자 및 의자
1	램프 및 조명

1 시각 정보에 따르면, 할인은 몇 층에서 받을 수 있는가?
(A) 4층
(B) 3층
(C) 2층
(D) 1층

해설 시각 정보 연계 – 할인 가능 매장
중반부에서 하루만 25퍼센트 할인하는 다양한 매트리스를 꼭 확인해 보라(check out our wide selection of mattresses, on sale for 25 percent off)고 했는데, 시각 정보를 보면 매트리스는 4층(Floor 4)에 있다. 따라서 (A)가 정답이다.

Q 2 전화 메시지 + 확인서

M-Cn Hi Carly, this is Evan Chase calling about <u>my plane ticket for the conference</u> in Toledo. Thank you for arranging that, but I noticed a problem with the, um, <u>departure airport</u>. Did you know I'm transferring to our Springfield office in June? Because of that I'll need <u>a flight flying out of an airport closer to that office</u>. After you change that, can you forward the confirmation to my personal e-mail address? It's evanchase@mailexchange.com. Thanks.

안녕, 칼리. 에번 체이스예요. 톨레도에서 열리는 회의를 위한 비행기표 건으로 전화 드립니다. 항공권을 준비해 주셔서 감사합니다만, **그게, 출발 공항에 문제가 있더군요. 제가 6월에 스프링필드 지사로 전근간다는 소식을 알고 계셨나요? 그 때문에 그 지사에서 가까운 공항에서 출발하는 항공편이 필요합니다.** 변경한 후에 제 개인 이메일로 확인서를 재전송해 주실래요? evan-chase@mailexchange.com입니다. 고맙습니다.

어휘 conference 회의 arrange 준비하다 notice 알아차리다 departure 출발 transfer 전근가다 forward 전달하다 confirmation 확인서

수신:	chase@firsttierdev.com
제목:	전달: 항공권 확인서
탑승객	에번 체이스
출발 도시	**세인트루이스**
도착 도시	톨레도
좌석번호	22F

2 시각 정보에 따르면, 어떤 항목이 변경될 것인가?
(A) 에번 체이스 **(B) 세인트루이스**
(C) 톨레도 (D) 22F

해설 시각 정보 연계 – 변경 항목
중반부에서 화자는 출발 공항에 문제가 있다(I noticed a problem with the departure airport)며 자신이 6월에 스프링필드 지사로 전근을 가서 그곳에서 가까운 공항에서 출발하는 항공편이 필요하다(I'll need a flight flying out of an airport closer to that office)고 했다. 따라서 항공권 확인서의 출발 도시가 변경되어야 하므로, (B)가 정답이다.

Q 3 관광 / 견학 + 평면도

M-Cn And that concludes the tour of the <u>museum's collection of watercolor paintings</u>. If you'd like to learn more about the exhibit, we have an excellent book in the gift shop. I highly <u>recommend you stop by and get this book</u>, titled *Watercolor Paintings*. Now that we're done with the tour, you're welcome to continue <u>exploring our exhibits on your own</u>. There's a map of the museum at the entrance for your convenience. You won't want to miss the exhibit of Native American pottery in our temporary exhibits gallery. It's the <u>one located next to the entrance of the museum</u>. This exhibit will only be here for two more weeks.

이것으로 미술관의 수채화 소장품 관람을 마칩니다. 전시에 관해 더 알고 싶으시면 기념품 가게에 아주 훌륭한 책이 있습니다. 방문하셔서 〈수채화〉라는 제목의 책을 구입하실 것을 적극 추천합니다. 관람을 마쳤으니 저희 전시회를 각자 자유롭게 둘러보시기 바랍니다. 여러분의 편의를 위해 입구에 미술관 안내도가 있습니다. **저희의 단기 특별 전시실에 마련된 아메리카 원주민 도자기 전시회를 놓치지 마시기 바랍니다. 미술관 입구 옆에 있는 전시실입니다.** 이 전시는 앞으로 2주 더 이곳에서만 진행됩니다.

어휘 conclude 마치다, 결론을 짓다 exhibit 전시(회), 전시품 highly 매우, 적극 recommend 추천하다 explore 탐험하다, 둘러보다 entrance 입구 convenience 편의 temporary 일시적인, 단기의

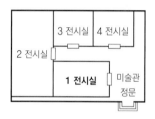

3 시각 정보에 따르면, 아메리카 원주민 도자기 전시회는 어느 방에서 하는가?
(A) 1 전시실 (B) 2 전시실
(C) 3 전시실 (D) 4 전시실

해설 시각 정보 연계 – 아메리카 원주민 도자기 전시회장
특별 전시실에 마련된 아메리카 원주민 도자기 전시회를 놓치지 말라고 하며, 미술관 입구 옆에 있는 전시회(one located next to the entrance of the museum)라고 했다. 시각 정보를 보면 미술관 입구 옆 전시실은 1 전시실이므로 (A)가 정답이다.

ETS TEST
본책 p. 218

1 (A)	**2** (D)	**3** (C)	**4** (A)	**5** (D)	**6** (A)
7 (B)	**8** (C)	**9** (D)	**10** (D)	**11** (A)	**12** (C)
13 (A)	**14** (C)	**15** (D)	**16** (D)	**17** (A)	**18** (C)
19 (A)	**20** (C)	**21** (B)	**22** (B)	**23** (D)	**24** (A)

Q 1-3 회의 발췌 + 설문 결과

W-Br I'd like to begin the staff meeting by sharing some results from the member survey our fitness center recently conducted. These results are important, since, as you know, **[1]our biggest concern is making sure that our current members are satisfied.** Here are the top four answers to the question, "What improvements would you most like to see?" Although most members said they would like a bigger pool, we just don't have the money for that. **[2]However, we can afford to hire a couple of new staff members so we can address the second most popular choice.** **[3]If you know qualified people who might be interested in a position here, please let me know.**

우리 헬스장이 최근에 실시한 회원 설문 결과를 공유하는 것으로 직원회의를 시작하려 합니다. 이 결과가 중요한 이유는 아시다시피 **[1]우리의 최대 관심사가 현재의 회원들을 확실히 만족시키는 것이기 때문입니다.** "어떤 점이 개선되면 가장 좋겠습니까?"라는 질문에 가장 많이 나온 대답 4개가 여기에 있습니다. 대다수 회원들이 수영장이 더 크면 좋겠다고 했지만, 우리에게는 그럴 만한 돈이 없습니다. **[2]하지만 직원을 두어 명 새로 채용해 두 번째로 가장 많이 나온 응답을 처리할 여유는 있습니다.** **[3]이 자리에 관심 있을 만한 자격자들을 알고 있다면 제게 알려 주시기 바랍니다.**

어휘 **result** 결과 **recently** 최근에 **conduct** 실시하다 **concern** 관심사, 걱정거리 **current** 현재의 **satisfied** 만족스러운 **improvement** 개선, 개량 **can afford to** 부사구 ~할 여유가 있다 **address** 다루다, 처리하다 **popular** 인기 있는 **qualified** 자격을 갖춘 **position** 자리, 직위

```
설문 결과
더 큰 수영장 - 40%
더 긴 영업 시간 - 20%
더 좋은 운동 장비 - 10%
[2]다양한 수업 - 30%
```

1 화자에 따르면, 센터의 주요 관심사는 무엇인가?
(A) 현재의 고객 만족시키기 (B) 업계 표준에 맞추기
(C) 운영비 줄이기 (D) 효과적인 광고 제작하기

어휘 **industry** 업계, 산업 **operating expenses** 운영비 **effective** 효과적인

해설 **세부 사항 – 센터의 주요 관심사**
초반부에서 센터의 최대 관심사가 현재의 회원들을 확실히 만족시키는 것(our biggest concern is making sure that our current members are satisfied)이라고 했으므로, (A)가 정답이다.

패러프레이징
지문의 **making sure ~ current members are satisfied** ➡ 정답의 **Satisfying current members**

2 시각 정보에 따르면, 화자가 처리하고 싶어 하는 설문 결과는 무엇인가?
(A) 더 큰 수영장 (B) 더 긴 영업 시간
(C) 더 좋은 운동 장비 **(D) 다양한 수업**

해설 **시각 정보 연계 – 화자가 처리하고 싶어 하는 설문 결과**
중반부에서 두 번째로 가장 많이 나온 응답을 처리할 여유는 있다(we can address the second most popular choice)고 했는데, 시각 정보를 보면 '다양한 수업(Different classes)'이 30퍼센트로 2위를 차지하므로, (D)가 정답이다.

3 화자가 청자들에게 하라고 요청하는 것은?
(A) 안전검사 실시 (B) 자격증 과정 수강
(C) 잠재 직원 소개 (D) 건축 부지 견학

어휘 **inspection** 점검 **certification** 자격(증) **refer** 추천하다 **potential** 잠재적인, 가능성이 있는

해설 **화자의 요청 사항**
후반부에서 헬스장 수업 강사직에 관심이 있을 만한 자격자들을 알고 있다면(If you know qualified people who might be interested in a position here) 말해 달라고 요청했으므로, (C)가 정답이다.

패러프레이징
지문의 **qualified people** ➡ 정답의 **potential employees**

Q 4-6 공지 + 지도

M-Au **[4]Next week marks the start of our office renovation project.** For four months, a construction crew will be working here to update the building. **[5]We're really excited about this because it will support our new initiative to be environmentally friendly.** The changes will help to make the building more energy efficient. Plus, we're installing solar panels on the roof to provide all of our electricity. Now, if you commute by car, **[6]keep in mind that the parking area off Maple Road will not be accessible during the construction.** Please park in one of the other three areas. Thanks for your patience.

[4]다음 주면 우리 사무실의 개보수 작업이 시작됩니다. 넉 달 동안 공사반원들이 이곳에서 건물을 개선하는 작업을 하게 됩니다. **[5]우리가 이 작업에 진심으로 기뻐하는 이유는 우리의 새로운 친환경 계획을 뒷받침할 것이기 때문입니다.** 이 변화 덕에 건물의 에너지 효율이 더 좋아질 것입니다. 게다가, 지붕에 태양광 패널을 설치해 우리가 쓰는 전기를 전량 공급하게 됩니다. 이제, 여러분이 자동차로 출퇴근한다면, **[6]공사 기간 동안 메이플 로드로 통하는 주차장에 진입할 수 없다는 점을 명심하십시오.** 다른 주차장 세 곳 중 하나에 주차하시기 바랍니다. 양해해 주시면 감사하겠습니다.

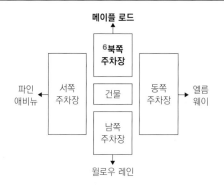

4 다음 주에 어떤 작업이 시작되는가?
(A) 건물 개보수 (B) 주차장 재포장
(C) 도로 표지판 설치 (D) 실외 공간 조경

해설 세부 사항 – 다음 주에 있을 작업
초반부에서 다음 주면 사무실의 개보수 작업이 시작된다 (Next week marks the start of our office renovation project)고 했으므로, (A)가 정답이다.

패러프레이징
지문의 office renovation project
➡ 정답의 building will be renovated

5 화자가 작업에 관해 강조하는 점은?
(A) 사무실 안전이 향상될 것이다.
(B) 추가 자금이 필요할 것이다.
(C) 출퇴근이 더 수월해질 것이다.
(D) 환경 관련 계획을 뒷받침할 것이다.

해설 세부 사항 – 화자가 작업에 관해 강조하는 점
중반부에서 이 작업에 진심으로 기뻐하는 이유는 이것이 회사의 새로운 친환경 계획을 뒷받침할 것(it will support our new initiative to be environmentally friendly)이기 때문이라고 했으므로, (D)가 정답이다.

6 시각 정보에 따르면, 어떤 주차장이 폐쇄될 예정인가?
(A) 북쪽 주차장 (B) 동쪽 주차장
(C) 남쪽 주차장 (D) 서쪽 주차장

해설 시각 정보 연계 – 폐쇄될 주차장
후반부에서 공사 기간 동안 메이플 로드로 통하는 주차장에 진입할 수 없다(the parking area off Maple Road will not be accessible)는 점을 명심하라고 했는데, 시각 정보를 보면 해당 주차장은 북쪽 주차장이므로, (A)가 정답이다.

Q 7-9 전화 메시지 + 일기 예보

> W-Am Hi, it's Rachel. [7]I'm calling with some updates on the logistics for the Fashion Week events that we're organizing. I checked this week's weather forecast, and I've decided to move the designer reception inside. [8]There shouldn't be any storms that day, but it's expected to rain both days before the day of the reception, and I'm worried the ground will still be too wet. Also, [9]since you booked the catering company, could you call to let them know about this change?

> 안녕하세요. 레이첼입니다. [7]우리가 준비하고 있는 패션 위크 행사 진행 계획 관련 몇 가지 새로운 내용이 있어서 전화합니다. 제가 이번 주 일기예보를 확인하고 디자이너 환영회를 실내로 옮기기로 했습니다. [8]그날 폭풍우는 내리지 않겠지만 환영회 전 이틀 동안 비가 올 것으로 예상되어 땅이 너무 젖어 있을 우려가 있거든요. 또한, [9]당신이 출장 음식 서비스업체를 예약했으니 그들에게 전화해서 이 변동 사항을 알려 주시겠어요?

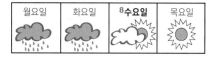

7 화자는 누구이겠는가?
(A) 라디오 아나운서 **(B) 행사 기획자**
(C) 식당 주인 (D) 잡지 편집자

해설 화자의 직업
초반부에서 함께 준비 중인 패션 위크 행사(the Fashion Week events that we're organizing) 진행 계획에 관해 몇 가지 새로운 내용이 있어서 전화했다고 했으므로, 화자가 행사 기획자임을 알 수 있다. 따라서 (B)가 정답이다.

패러프레이징
지문의 events that we're organizing
➡ 정답의 event planner

8 시각 정보에 따르면, 환영회가 열리는 요일은?
(A) 월요일 (B) 화요일
(C) 수요일 (D) 목요일

해설 시각 정보 연계 – 환영회가 열리는 요일
중반부에서 환영회 전 이틀 동안 비가 올 것으로 예상된다(it's expected to rain both days before the day of the reception)고 했는데, 시각 정보를 보면 이틀 연속으로 비가 내린 그 다음날은 수요일이므로, (C)가 정답이다.

9 화자는 청자에게 무엇을 하라고 요청하는가?

(A) 도표를 제출한다.　　(B) 전단지를 수정한다.

(C) 예산을 준비한다.　　**(D) 업체에 연락한다.**

해설　화자의 요청 사항

후반부에서 청자가 출장 음식 서비스업체를 예약했으니(since you booked the catering company), 그들에게 전화해서 이 변동 사항을 알려달라(could you call to let them know about this change)고 요청했으므로, (D)가 정답이다.

패러프레이징

지문의 **call to let them(= catering company) know**

➡ 정답의 **Contact a vendor**

Q 10-12 전화 메시지 + 일정표

M-Au Hi, Eva, it's Liam. **10**I was delighted to hear that we'll be hiring four accountants for our firm. We really need more people to handle all of our new clients' accounts. But we haven't hired anyone new in a while, **11**so I'd like to meet to discuss what the application process will include. I'm looking at my schedule right now, and I have some free time today. **12**Since we'll both be at the staff meeting this afternoon, why don't we meet as soon as that's over? I have time between that meeting and my appointment with a client at three. Let me know if that works for you. Thanks.

안녕하세요, 에바. 리암이에요. **10**우리가 회계사 네 명을 채용할 거라는 소식을 듣고 매우 기뻤어요. 신규 고객들의 거래 건을 모두 처리하려면 사람이 정말 더 필요하거든요. 하지만 우리가 한동안 신규 채용을 하지 않았잖아요. **11**그러니 지원 과정에 무엇을 포함해야 할지 만나서 논의했으면 좋겠어요. 지금 제 일정을 보니 오늘 여유 시간이 좀 있어요. **12**우리 둘 다 오늘 오후에 직원회의에 참석할 테니 회의가 끝나자마자 만나면 어떨까요? 저는 그 회의와 고객을 만나는 3시 약속 사이에 시간이 있어요. 당신도 괜찮은지 알려 주세요. 고마워요.

어휘　**be delighted to**부사어 ~해서 매우 기쁘다　**hire** 채용[고용]하다　**accountant** 회계사　**firm** 회사　**handle** 처리하다, 다루다　**client** 고객　**account** 계정, 거래 건　**in a while** 한동안　**application process** 지원 과정　**include** 포함하다　**appointment** 약속

화요일 일정	
9:00	
10:00	전화 회의
11:00	
정오	
1:00	직원회의
122:00	
3:00	고객 상담
4:00	

10 화자가 근무하는 곳은 어디이겠는가?

(A) 인테리어 디자인 회사

(B) 인력 알선업체

(C) 행사 기획사

(D) 회계 법인

해설　화자의 근무지

초반부에서 회사가 회계사 네 명을 채용할 거라는 소식을 듣고 매우 기뻤다(I was delighted to hear that we'll be hiring four accountants for our firm)며 신규 고객들의 거래 건(our new clients' accounts)을 처리하려면 사람이 더 필요하다고 했다. 따라서 화자가 회계 법인에서 일한다고 추론할 수 있으므로, (D)가 정답이다.

패러프레이징

지문의 **hiring four accountants for our firm**

➡ 정답의 **accounting firm**

11 화자는 청자와 무엇을 의논하고 싶어 하는가?

(A) 채용 과정

(B) 임대료 인상

(C) 사업 예산

(D) 고객 불만

해설　세부 사항 - 청자와 의논하고 싶어 하는 것

중반부에서 지원 과정에 무엇을 포함해야 할지 만나서 논의했으면 좋겠다(I'd like to meet to discuss what the application process will include)고 했으므로, (A)가 정답이다.

패러프레이징

지문의 **application process**

➡ 정답의 **hiring process**

12 시각 정보에 따르면, 화자는 몇 시에 만나고 싶어 하는가?

(A) 9시　　　　　　　(B) 11시

(C) 2시　　　　　　(D) 4시

해설　시각 정보 연계 - 만나고 싶어 하는 시간

후반부에서 화자와 청자 둘 다 오늘 오후에 직원회의에 참석할 테니 회의가 끝나자마자 만나면 어떤지 제안했고(why don't we meet as soon as that's over), 고객을 만나는 3시 약속까지 시간이 있다고 했다. 시각 정보를 보면 직원 회의가 2시에 끝나므로, (C)가 정답이다.

Q 13-15 회의 발췌 + 파이 차트

W-Br Alright everyone, here's the breakdown of this year's video-game market shares. **13**We're still among the top four gaming companies, but we need to pay attention to DTQ's rapid growth—they just surpassed us. **14**We're not that far behind at seventeen percent, but we need to keep up. **15**Our market experts attribute DTQ's expansion to its new business model. DTQ now offers its games for free, with consumers making extra purchases during the game. We think this business approach could also help us attract new users, **15**so in the next quarter we're going to try it out with some of our existing games to see if we can grow beyond our seventeen-percent market share.

좋습니다, 여러분, 이것은 올해 비디오 게임 시장 점유율 세부사항입니다. **13**우리가 여전히 4대 게임업체에 속하지만 우리 회사를 막 앞지른 디티큐 사의 빠른 성장에 주목할 필요가 있습니다. **14**우리는 17퍼센트로 많이 뒤처진 것은 아니지만 따라잡아야 합니다. **15**우리 시장 전문가들은 디티큐 사의 확장 원인을 그 회사의 신규 사업 모델로 보고 있습니다. 디티큐 사는 지금 게임을 무료로 제공하며 소비자들은 게임을 하면서 추가 구매를 합니다. 이런 사업 접근법이 우리에게도 신규 이용자들을 끌어들이는데 도움이 되리라 보이므로 **15**시장 점유율을 17퍼센트 이상으로 끌어올릴 수 있는지 알아보기 위해 다음 분기에 기존 게임 몇 가지로 시험해 보겠습니다.

어휘 breakdown 세부사항, 명세 market share 시장 점유율 pay attention to ~에 주목하다 rapid 빠른 growth 성장 surpass 초과하다, 능가하다 far behind 많이 뒤처진 keep up 따라잡다 attribute A to B A를 B탓으로 돌리다 make a purchase 구입하다 approach 접근 attract 끌어들이다 try out ~을 시험해 보다

시장 점유율

8퍼센트
1417퍼센트
55퍼센트
20퍼센트

☐ 실크뷰 스튜디오스
▨ 디티큐 앤 코
▨ 엔터테이너블
■ 큐브 나인

13 화자는 어떤 업계에서 근무하는가?
(A) 게임 개발
(B) 영화 제작
(C) 뉴스 보도
(D) 실내 디자인

해설 화자의 근무 업종
초반부에서 화자의 회사가 4대 게임업체에 속한다(We're ~ among the top four gaming companies)고 했으므로, (A)가 정답이다.

14 시각 정보에 따르면, 화자는 어느 회사를 다니는가?
(A) 실크뷰 스튜디오스
(B) 디티큐 앤 코
(C) 엔터테이너블
(D) 큐브 나인

해설 시각 정보 연계 – 화자의 회사명
중반부에서 화자 회사의 점유율이 17퍼센트로 디티큐 사에 많이 뒤처진 것은 아니다(We're not that far behind at seventeen percent)라고 했는데, 시각 정보를 보면 17퍼센트 점유율을 나타내는 회사는 엔터테이너블이다. 따라서 (C)가 정답이다.

15 화자에 따르면 회사는 다음 분기에 무엇을 할 것인가?
(A) 부서 구조조정　　　(B) 생산비 축소
(C) 계약 협상　　　　　**(D) 다른 사업 모델 시도**

해설 세부 사항 – 다음 분기 회사의 계획
중반부에서 디티큐 사의 신규 사업 모델(new business model)을 언급한 후, 이 접근법을 다음 분기에 기존 게임 몇 가지로 시험해 보겠다(we're going to try it out with some of our existing games)고 했으므로, (D)가 정답이다.

Q 16-18 회의 발췌 + 바 그래프

M-Au **16**I've been monitoring our new system that's enabled plant employees to contact the specific facilities team they need to reach. **17**You've kept the buildings in our vegetable-processing plant running smoothly. I've been keeping track of our response times to these work orders, and they're all very impressive. **18**Wataru, I know that your team has received a few urgent calls recently about low water pressure in the pipes at the lettuce-washing station. You've done a great job of getting to the site and making repairs quickly.

16연락이 필요한 특정 시설팀에 공장 직원들이 연락할 수 있게 해 주는 신규 시스템을 추적 관찰해 오고 있습니다. **17**여러분은 저희 채소 가공 공장 건물들이 원활히 가동되도록 해 주셨어요. 제가 업무 주문 대응 시간을 기록해 왔는데, 모두 매우 인상적입니다. **18**와타루, 최근 당신의 팀이 상추 세척 구역의 파이프 수압이 낮다는 긴급 전화를 받은 것으로 알고 있어요. 빠르게 현장으로 가서 수리하는 업무를 매우 훌륭히 수행하셨어요.

어휘 enable 가능하게 하다 specific 특정한, 구체적인 facility 시설 reach 연락하다, 연락이 닿다 processing 가공 keep track of ~을 기록하다 response 대응, 응답 impressive 인상적인 urgent 긴급한 pressure 압력

시설 서비스 요청

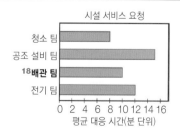

청소 팀
공조 설비 팀
18배관 팀
전기 팀

0　2　4　6　8　10　12　14　16
평균 대응 시간(분 단위)

어휘 HVAC 난방, 환기, 공기 조절(heating, ventilating, and air conditioning)

16 화자의 회사는 어떤 종류의 시스템을 변경했는가?

(A) 데이터 저장
(B) 급여 지급
(C) 수송
(D) 통신

해설 **세부 사항 – 회사가 변경한 시스템의 종류**

초반부에서 특정 시설팀에 공장 직원들이 연락할 수 있게 해 주는 신규 시스템(our new system that's enabled plant employees to contact the specific facilities team)을 추적 관찰하고 있다고 했으므로, 회사가 통신 시스템을 변경했음을 알 수 있다. 따라서 (D)가 정답이다.

패러프레이징

지문의 **new** ➡ 질문의 **change**
지문의 **system that's enabled ~ to contact the specific facilities team** ➡ 정답의 **Communication**

17 청자들은 어디서 일하는가?

(A) 식품 가공 공장
(B) 자동차 공장
(C) 공공 수영장
(D) 고객 서비스 콜센터

해설 **청자들의 근무지**

초반부에서 채소 가공 공장 건물들이 원활히 가동되도록 해 주었다(You've kept the buildings in our vegetable-processing plant running smoothly)며 청자들을 치하했으므로, 이들이 채소 가공 공장에서 일한다는 것을 알 수 있다. 따라서 (A)가 정답이다.

18 시각 정보에 따르면, 와타루가 속한 팀의 평균 대응 시간은?

(A) 8분   (B) 15분
(C) 10분   (D) 12분

해설 **시각 정보 연계 – 특정 팀의 평균 대응 시간**

중반부에서 와타루의 팀이 상추 세척 구역의 파이프 수압이 낮다(low water pressure in the pipes at the lettuce-washing station)는 긴급 전화를 받은 것을 언급했는데, 여기서 와타루의 팀이 배관 팀(Plumbing Team)임을 알 수 있다. 시각 정보를 보면, 배관 팀의 평균 대응 시간(Average Response Time)은 10분이므로, (C)가 정답이다.

패러프레이징

지문의 **pipes** ➡ 시각 정보의 **Plumbing**

Q 19-21 안내 방송 + 광고

W-Am Attention, Franklyn Supermarket shoppers. ¹⁹This weekend Franklyn Supermarket is celebrating its tenth anniversary. To show our appreciation, we'll be having a huge sale at our four locations! ²⁰Here at this shop, you'll get twenty-five percent off all beverages, including juice and soda. But please check

our advertisement—you'll see that each store location has a discount on different items. And ²¹for even more savings, visit our Web site to become a member of our "Loyal Franklyn Shopper" program. There you'll find all the information you need to sign up and start saving!

프랭클린 슈퍼마켓 고객들께 알립니다. ¹⁹**이번 주말 프랭클린 슈퍼마켓이 10주년을 맞습니다.** 감사의 표시로 네 군데 지점에서 대규모 할인 행사를 할 예정입니다. ²⁰**이 점포에서는 주스와 청량음료를 포함해 모든 음료수를 25% 할인해 드립니다.** 광고를 확인해 보면 아시겠지만 각 점포마다 서로 다른 물품을 할인합니다. 그리고 ²¹한층 더 많이 절약하시려면, 저희 웹사이트를 방문해 "프랭클린 고객 보상" 프로그램에 회원으로 가입하십시오. 거기에서 가입에 필요한 모든 정보를 찾고 절약을 시작하실 수 있습니다!

어휘 celebrate 축하하다, 기념하다 anniversary 기념일 appreciation 감사 huge 엄청난 location 지점, 매장 beverage 음료수 including ~을 포함해 advertisement 광고 have a discount on ~을 할인해 주다 item 물품 saving 절약 loyal 충성스러운 sign up 가입하다

프랭클린 슈퍼마켓
이번 주말 25% 할인!

할인 품목	점포 위치
청과물	앨런데일
유제품	클라인버그
²⁰**음료수**	**파인밸리**
제빵제과	야드빌

---

19 프랭클린 슈퍼마켓은 무엇을 축하하는가?

(A) 기념일
(B) 개업식
(C) 국경일
(D) 분기 흑자

해설 **세부 사항 – 슈퍼마켓이 축하하는 것**

초반부에서 이번 주말에 프랭클린 슈퍼마켓이 10주년을 맞는다(Franklyn Supermarket is celebrating its tenth anniversary)고 했으므로, (A)가 정답이다.

20 시각 정보에 따르면, 안내 방송은 어떤 점포에서 나오고 있는가?

(A) 앨런데일
(B) 클라인버그
(C) 파인밸리
(D) 야드빌

해설 **시각 정보 연계 – 안내 방송이 나오는 점포**

중반부에서 이 점포는 주스와 청량음료를 포함해 모든 음료수를 25% 할인해 준다(Here at this shop, you'll get twenty-five percent off all beverages)고 했는데, 시각 정보를 보면 음료수를 할인하는 점포는 파인밸리이므로, (C)가 정답이다.

21 청자들이 웹사이트를 방문해야 하는 이유는?

(A) 이 주의 직원을 투표로 뽑으려고
(B) 회원 프로그램에 가입하려고
(C) 일자리가 있나 확인하려고
(D) 고객 후기를 쓰려고

해설 세부 사항 – 웹사이트를 방문해야 하는 이유

후반부에서 더 많은 할인 혜택을 받으려면 웹사이트를 방문해 "프랭클린 고객 보상" 프로그램의 회원이 되라(become a member of our "Loyal Franklyn Shopper" program)고 했으므로, (B)가 정답이다.

패러프레이징

지문의 become a member of ~ program
➡ 정답의 sign up for a membership program

Q 22-24 회의 발췌 + 평면도

M-Cn Our company's been doing very well. **22**Recently, we signed a long-term contract with an athletic apparel company to do their advertising campaigns. For our first project, the client has specifically asked for something exciting and unique so their new line of jogging suits will really stand out. **23**If you want to work on this campaign, please create a proposal for how you would design the campaign. Next week you can come to my office to present your proposals. Just a reminder, because of the construction on the fourth floor, **24**my office has been temporarily moved to the second floor. It's the corner office across from the conference room.

우리 회사가 아주 잘 나가고 있습니다. **22**최근에 우리는 한 운동복 회사와 장기 계약을 맺고 광고 캠페인을 하기로 했습니다. 우리의 첫 프로젝트로 그 고객사는 자사의 조깅복 신제품군이 정말 돋보이도록 무언가 흥미진진하고 독특한 것을 특별히 요청했습니다. **23**만약 여러분이 이 캠페인 작업을 하고 싶다면, 캠페인을 어떻게 기획할지 제안서를 만들어 주시기 바랍니다. 다음 주에 제 사무실에 와서 제안서를 제출하면 됩니다. 다시 한 번 상기시켜 드리는데, 4층에서 벌이는 공사 때문에 **24**제 사무실을 잠시 2층으로 옮겼습니다. 회의실 맞은편 구석에 있는 사무실입니다.

어휘 do very well 아주 잘하다[잘 나가다] sign a contract 계약을 맺다 long-term 장기간의 athletic apparel 운동복 advertising campaign 광고 캠페인 ask for ~을 요청하다 unique 독특한 stand out 돋보이다, 두드러지다 proposal 제안서 present 제출[제시]하다, 발표하다 just a reminder (잊었을까 봐) 다시 한 번 상기시키자면 construction 건설, 공사 temporarily 임시로

평면도

22 회사는 최근에 무엇을 했는가?

(A) 운동 시합 후원
(B) 사업 계약 체결
(C) 사원 건강 박람회 개최
(D) 제품 사용 후기 발표

해설 세부 사항 – 회사가 최근에 한 일

초반부에서 회사가 한 운동복 회사와 장기 계약을 맺고(we signed a long-term contract with an athletic apparel company) 광고 캠페인을 하기로 했다고 했으므로, (B)가 정답이다.

23 화자는 청자들에게 무엇을 하라고 요청하는가?

(A) 참가자 의견 수집
(B) 추가 근무
(C) 직업 선수들에게 이메일 발송
(D) 기획 아이디어 제출

해설 화자의 요청 사항

중반부에서 만약 청자들이 이 캠페인 작업을 하고 싶다면 어떻게 기획할지 제안서를 만들어 달라(please create a proposal for how you would design the campaign)고 했으므로, (D)가 정답이다.

패러프레이징

지문의 how you would design the campaign
➡ 정답의 design ideas

24 시각 정보에 따르면, 어떤 사무실이 화자의 사무실인가?

(A) 202호 사무실
(B) 203호 사무실
(C) 204호 사무실
(D) 205호 사무실

해설 시각 정보 연계 – 화자 사무실의 위치

후반부에서 화자의 사무실이 회의실 맞은편 구석에 있는 사무실(It's the corner office across from the conference room)이라고 했는데, 시각 정보를 보면 해당 사무실은 202호이므로 (A)가 정답이다.

CHAPTER 02 — 담화 유형별 전략

❾ 전화 메시지

ETS CHECK-UP
본책 p. 223

1 (B) **2** (B) **3** (D)

Q 1-3 녹음 메시지

> W-Br **1**Thank you for calling the law firm of Mitchell, Johnson, and Garcia. Our office is open from eight A.M. to six P.M., Monday through Friday. Legal consultations are available by phone on Saturdays from nine to twelve. **2**Please note that the office will be closed this Monday for the New Year holiday, and we will reopen the following day. **3**If you would like to leave a message, please press two now to be transferred to our automatic recording service.
>
> **1**미첼, 존슨, 가르시아 법률 사무소에 전화 주셔서 감사합니다. 사무실은 월요일부터 금요일까지 오전 8시부터 오후 6시까지 문을 엽니다. 법률 상담은 매주 토요일 9시부터 12시까지 유선으로 이용하실 수 있습니다. **2**이번 주 월요일은 새해 연휴라 사무실이 문을 닫을 예정이며, 익일에 다시 문을 엽니다. **3**메시지를 남기고 싶으실 경우, 2번을 누르시면 자동 녹음 서비스로 연결됩니다.
>
> 어휘 law firm 법률 사무소 consultation 상담, 자문 transfer 이동시키다, 전환하다 automatic 자동의

1 청자는 어떤 유형의 업체에 연락했는가?
(A) 은행
(B) 법률 사무소
(C) 통신업체
(D) 병원

해설 **청자가 연락한 업체**
초반부에서 법률 사무소에 전화준 것(calling the law firm)에 대해 감사를 전했으므로, (B)가 정답이다.

2 화자는 월요일에 무슨 일이 있을 것이라고 말하는가?
(A) 개조가 시작될 것이다.
(B) 공휴일이 지켜질 것이다.
(C) 직원들이 답신 전화를 할 것이다.
(D) 운영 시간이 연장될 것이다.

어휘 renovation 개조, 보수 observe 지키다, 준수하다 extend 연장하다

해설 **월요일에 있을 일**
중반부에서 이번 주 월요일은 새해 연휴라 사무실이 문을 닫을 예정(the office will be closed this Monday for the New Year holiday)이라고 했으므로, (B)가 정답이다.

3 청자는 왜 2번을 눌러야 하는가?
(A) 비서와 이야기하기 위해
(B) 명단을 듣기 위해
(C) 주 메뉴로 돌아가기 위해
(D) 메시지를 남기기 위해

해설 **세부 사항 – 청자가 2번을 눌러야 하는 이유**
후반부에서 메시지를 남기고 싶은 경우(If you would like to leave a message) 지금 2번을 누르라고 했으므로, (D)가 정답이다.

LISTENING PRACTICE
본책 p. 225

1 (B) **2** (B) **3** (A) **4** (A) **5** (B) **6** (B)

Q 1-2 전화 메시지

> W-Br Hello, Emma. This is Valerie from the book group. It's Monday at one-thirty P.M., and **1**I'm calling to let you know that we need to reschedule this week's book group meeting. Rather than meeting on Tuesday, we will be meeting at Monica's house on Thursday at eleven o'clock, our regular time. Just to remind you, we are reading *The Lily in Mayberry Park* by Louise Evanston this week. **2**If you can't make it on the new date, please call Monica so that she will know how many members to expect at the meeting. I hope to see you there. Goodbye.
>
> 안녕하세요, 엠마. 저 독서회의 발레리예요. 지금은 월요일 오후 1시 30분이구요, **1**저희가 이번 주 독서회 모임 일정을 변경해야 한다는 것을 알려 드리려고 전화 드립니다. 화요일 모임 대신 우리 정기 모임 시간인 목요일 11시에 모니카의 집에서 만납니다. 상기시켜 드리자면, 우리는 이번 주에 루이스 에반스톤 작가의 〈메이베리 공원의 백합〉을 읽을 예정입니다. **2**만약 바뀐 날짜에 시간을 낼 수 없으시면, 모니카에게 전화해 주세요. 모임 때 회원이 몇 명이나 올지 모니카가 알아야 하니까요. 거기에서 뵙기를 바랍니다. 안녕히 계세요.
>
> 어휘 book group 독서회 rather than ~하기보다는 차라리 regular 규칙적인, 정기적인 remind 상기시키다 make it (모임 등에) 가다, 참석하다 expect 예상하다, 기다리다

1 전화 메시지의 주요 목적은 무엇인가?
(A) 독서회 모임의 장소를 제안하기 위해서
(B) 회원에게 일정 변경을 알려 주기 위해서

해설 **전화한 목적**
초반부에서 이번 주 독서회 모임 일정을 변경해야 한다(we need to reschedule this week's book group meeting)는 점을 알리기 위해 전화한다고 한 후, 바뀐 일정을 안내해 주었다. 따라서 (B)가 정답이다.

2 만약 회원이 참석할 수 없다면 누구에게 통지해야 하는가?

(A) 발레리　　　　　(B) 모니카

해설　세부 사항 – 회의 불참 시 연락 대상

후반부에서 바뀐 날짜에 참석할 수 없는 경우 모니카에게 전화하라(If you can't make it ~, please call Monica)고 말했으므로, (B)가 정답이다.

패러프레이징

지문의 **can't make it** ➡ 질문의 **is unable to attend**

Q 3-4　전화 메시지 + 안내도

M-Cn Hi Fatima, it's James. Thanks for <u>taking over my delivery route tomorrow morning</u>; I really appreciate it. I wanted to tell you that one of the packages is a computer that's going to the Stewart Office Building on Main Street. [3]Just remember that <u>this kind of package requires a signature confirmation</u>, so it has to be <u>signed for by the person it's addressed to.</u> [4]I don't remember the name of the recipient, but <u>he's in office 204.</u> Thanks again!

안녕하세요, 파티마, 제임스입니다. 내일 아침 저의 배달 구역을 맡아 주셔서 고맙습니다. 정말 감사드려요. 소포 중 하나는 메인 스트리트에 있는 스튜어트 사무용 건물로 배달되는 컴퓨터라는 말씀을 드리고 싶었어요. [3]기억하셔야 할 것은 이런 종류의 물품은 반드시 확인 서명을 받아야 한다는 것입니다. 그래서 수신인으로 명기된 사람에게서 서명을 받으셔야 돼요. [4]수신인 성함은 기억나지 않지만 204호 사무실입니다. 다시 한 번 감사합니다!

어휘　take over ~을 맡아주다　delivery route 배달 구역　appreciate 감사해 하다　package 소포　require 요구하다　signature 서명　confirmation 확인　address 수신인으로 명기하다　recipient 수령인

스튜어트 사무용 건물 안내도	
200	로버트 젠킨스
201	사토시 이토
[4]**204**	**웨이 리**
205	한스 메이어

3 화자는 청자에게 무엇을 하라고 상기시키는가?

(A) 서명을 받으라고

(B) 건물 비밀번호를 입력하라고

해설　청자에게 상기시키는 일

중반부에서 이런 종류의 물품은 반드시 확인 서명을 받아야 한다(this kind of package requires a signature confirmation)는 걸 기억해 달라고 한 후, 수신인으로 명기된 사람에게서 서명을 받아야 한다고 했다. 따라서 (A)가 정답이다.

패러프레이징

지문의 **remember** ➡ 질문의 **remind**

지문의 **requires a signature confirmation** ➡ 성답의 **Get a signature**

4 시각 정보에 따르면, 소포의 수신인은 누구인가?

(A) 웨이 리　　　　(B) 한스 메이어

해설　시각 정보 연계 – 소포 수신인

후반부에서 수신인 이름은 기억나지 않지만 204호 사무실에 있다(he's in office 204)고 했다. 시각 정보를 보면 204호는 웨이 리 씨의 사무실이므로, (A)가 정답이다.

Q 5-6　녹음 메시지

M-Au Hello and thank you for calling Miguel's Arts and Crafts. [5]Because of <u>water damage from a burst pipe</u> we'll be closed for repairs until next week. However, [6]we <u>encourage you to stop by</u> the local Pottersville Winter Festival this Saturday <u>where we'll have a booth.</u> You can find a list of the products we'll be selling at the festival on our Web site. We apologize for the inconvenience and <u>look forward to seeing you at the festival!</u>

안녕하세요. 미구엘 미술 공예점에 전화해 주셔서 감사합니다. [5]**파이프가 터져 침수 피해가 나는 바람에 수리 작업을 위해 다음 주까지 영업을 하지 않습니다.** 하지만 [6]**이번 주 토요일에 지역에서 열리는 포터스빌 겨울 축제에 저희 부스가 마련되니 들러 보실 것을 권합니다.** 축제에서 저희가 팔게 될 제품의 목록을 저희 웹사이트에서 찾으실 수 있습니다. 불편을 끼쳐 드려 죄송하며 축제에서 뵙기를 고대합니다!

어휘　arts and crafts 미술 공예　water damage 침수 피해　burst 터진, 파열된　repairs 수리 작업　encourage 장려하다, 권장하다　stop by 들르다　local 지역의, 현지의　product 제품　apologize for ~ 때문에 사과하다　inconvenience 불편　look forward to ~을 고대하다

5 화자에 따르면, 문제의 원인은 무엇인가?

(A) 컴퓨터 오작동　　(B) 파이프 고장

어휘　malfunction 오작동, 고장

해설　세부 사항 – 문제의 원인

초반부에서 파이프가 터져 침수 피해가 나는 바람에 (Because of water damage from a burst pipe) 수리 작업을 위해 다음 주까지 영업을 하지 않는다고 했으므로, (B)가 정답이다.

패러프레이징

지문의 **burst pipe** ➡ 정답의 **broken pipe**

6 화자는 청자들에게 무엇을 하라고 권장하는가?

(A) 약속을 새로 잡는다.

(B) **지역 행사에 참석한다.**

중반부에서 토요일에 지역에서 열리는 포터스빌 겨울 축제에 공예점의 부스가 마련되니 들러 보라(we encourage you to stop by the local Pottersville Winter Festival)고 했으므로, (B)가 정답이다.

패러프레이징

지문의 **stop by the local ~ Festival**
➡ 정답의 **Attend a local event**

ETS TEST
본책 p. 226

1 (B)	**2** (B)	**3** (D)	**4** (B)	**5** (D)	**6** (A)
7 (A)	**8** (B)	**9** (C)	**10** (B)	**11** (D)	**12** (A)
13 (A)	**14** (B)	**15** (D)	**16** (D)	**17** (C)	**18** (D)
19 (D)	**20** (C)	**21** (B)			

Q 1-3 전화 메시지

W-Br Hi, George. I'm calling to discuss **1, 2**your idea about moving our production to a factory so we can mass-produce our bars of scented soap. While a factory would definitely increase our output, what makes our products great is that everything's done by hand. We can discuss this in person later. But **3**right now, I'm getting ready to go to the national housewares show. It starts tomorrow, and I'll be out of town for the next three days.

안녕하세요, 조지. **1, 2**저희 생산을 공장으로 옮겨 향 비누를 대량 생산할 수 있도록 하는 당신의 의견에 대해 논의하려고 전화했습니다. 분명 공장이 저희 생산량을 늘리긴 하겠지만, 저희 제품을 훌륭하게 하는 것은 모두 수작업으로 이뤄진다는 점입니다. 이 부분에 대해서는 추후 만나서 논의해도 돼요. 하지만 **3**당장은 제가 전국 가정용품 박람회에 갈 채비를 하고 있어요. 내일 시작되니 앞으로 3일간은 이곳에 없을 겁니다.

어휘 discuss 논의하다 production 생산 **mass-produce** 대량 생산하다 scented 향기로운 definitely 분명히, 확실히 output 생산량 in person 직접, 만나서 **houseware** 가정용품

1 화자의 업체는 무엇을 생산하는가?
(A) 도자기
(B) 비누
(C) 사진 액자
(D) 향초

해설 **세부 사항 – 생산 제품**

초반부에 청자의 의견을 언급한 부분에서 화자의 업체가 향 비누(our bars of scented soap)를 생산한다는 것을 알 수 있다. 따라서 (B)가 정답이다.

---

2 화자가 "저희 제품을 훌륭하게 하는 것은 모두 수작업으로 이뤄진다는 점입니다"라고 말하는 이유는 무엇인가?
(A) 제품의 높은 가격을 정당화하려고
(B) 청자의 제안을 거절하려고
(C) 생산 지연에 대해 설명하려고
(D) 인부를 추가로 요청하려고

어휘 justify 정당화하다, 해명하다 reject 거절하다 suggestion 제안 delay 지연, 지체 request 요청하다 additional 추가의

해설 **화자의 의도 파악 – 수작업이라 제품이 우수하다는 말의 의미**

초반부에서 생산을 공장으로 옮겨(moving our production to a factory) 향 비누를 대량 생산할 수 있도록 하자는 청자의 의견을 언급한 후, 자사 제품이 우수한 이유는 모든 것이 수작업으로 이루어져서 그렇다(everything's done by hand)고 했다. 이는 공장에서 대량 생산하자는 청자의 제안에 반대하는 것이므로, (B)가 정답이다.

---

3 화자는 내일 무엇을 하겠다고 말하는가?
(A) 워크숍 주최하기
(B) 고객 문의에 응대하기
(C) 포장 재료 가져오기
(D) 가정용품 박람회 참석하기

어휘 host 주최하다 respond 응답하다 packaging 포장 material 재료, 소재 attend 참석하다

해설 **화자가 내일 할 일**

후반부에서 지금 전국 가정용품 박람회에 갈 채비를 하고 있다(right now, I'm getting ready to go to the national housewares show)고 한 후, 박람회가 내일 시작된다(It starts tomorrow)고 했다. 따라서 (D)가 정답이다.

Q 4-6 전화 메시지

M-Au Hello, Mr. Huang. I'm calling from McKelvey Paper Products. **4**I'd like to apologize for the mistake we made in your stationery order. I discovered that **5**when the order was being filled last week, the wrong product code was entered in our inventory control system. Of course, we will send out your corrected order right away. And to compensate you for the mistake, **6**we'd like to offer you free overnight shipping. If you have any further questions about this order, please call our customer service department.

안녕하세요, 황 씨. 맥켈비 페이퍼 프로덕츠에서 전화드립니다. **4**귀하의 문구류 주문에 실수가 있었던 것에 대해 사과하고 싶습니다. **5**지난주 주문이 처리될 때 저희의 재고 관리 시스템에 잘못된 제품 코드가 입력된 것을 발견했습니다. 물론, 수정된 주문서는 바로 발송해드리겠습니다. 그리고 실수에 대해 보상하기 위해, **6**무료 익일 배송 혜택을 제공하고 싶습니다. 이 주문에 대해 더 궁금한 점이 있으면 고객 서비스 부서에 문의하십시오.

4 화자가 전화하는 이유는?
(A) 수령 일자를 정하기 위해
(B) 오류에 대해 사과하기 위해
(C) 대금 결제에 대해 논의하기 위해
(D) 정책을 설명하기 위해

어휘 pickup 물건을 찾으러 가는 것 explain 설명하다 policy 정책

해설 **전화한 목적**
초반부에서 황 씨의 문구류 주문에 실수가 있었던 것에 대해 사과하고 싶다(I'd like to apologize for the mistake)고 했으므로, (B)가 정답이다.

패러프레이징
담화의 the mistake we made in your stationery order ➡ 정답의 an error

5 화자는 지난주에 무슨 일이 있었다고 말하는가?
(A) 새로운 시설이 개소했다.
(B) 제품이 출시되었다.
(C) 일부 재고품이 분실되었다.
(D) 일부 데이터가 잘못 기록되었다.

어휘 facility 시설 launch 출시하다, 론칭하다 misplace 잘못 두다, 잃어버리다 incorrectly 틀리게, 부정확하게

해설 **세부 사항 – 지난주에 있었던 일**
중반부에서 지난주에 주문이 처리되는 과정에서 재고 관리 시스템에 잘못된 제품 코드가 입력된 것(the wrong product code was entered in our inventory control system)을 발견했다고 했다. 따라서 (D)가 정답이다.

패러프레이징
담화의 the wrong product code was entered ➡ 정답의 Some data was recorded incorrectly

6 회사가 무료로 제공할 것은?
(A) 신속 배송   (B) 자동 청구 제도
(C) 평생 품질 보증서   (D) 온라인 지원

어휘 expedited 더 신속히 처리된 assistance 지원, 도움

해설 **세부 사항 – 무료로 제공할 것**
후반부에서 실수에 대해 보상하는 의미로 익일 배송(overnight shipping)을 무료로 제공해주고 싶다고 했으므로, (A)가 정답이다.

패러프레이징
담화의 overnight shipping
➡ 정답의 Expedited shipping

Q 7-9 전화 메시지

W-Am Hi, I'm calling from Sunrise Walking Tours with regard to your job application. **7**I wanted to let you know that you've been selected to be a tour guide for our city walking tours. Congratulations! **8**We were especially impressed by your work history. Your experience writing for the newspaper about local events will certainly come in handy in this new role. **9**Because the job is physically demanding, we require all new employees to have a physical exam before starting. My assistant will be calling you to set up an appointment.

안녕하세요. 귀하의 입사 지원과 관련해 선라이즈 워킹 투어에서 전화 드립니다. **7저희 도시 도보 투어의 투어 가이드로 선발되었음을 알려드리려고요.** 축하합니다! **8업무 경력에 특히 깊은 인상을 받았습니다.** 지역 행사에 관해 신문에 기고한 경력은 이 새로운 업무에 있어 분명 유용할 겁니다. **9신체적으로 힘든 일이라, 모든 신입사원들에게 업무 시작 전 신체 검사를 받도록 요청하고 있습니다.** 약속을 잡기 위해 제 비서가 전화 드릴 겁니다.

7 청자는 어떤 유형의 일자리를 제안 받았는가?
(A) 투어 가이드
(B) 학교 안내데스크 직원
(C) 개인 트레이너
(D) 식료품점 계산원

해설 **세부 사항 – 청자가 제안 받은 일자리**
초반부에서 도시 도보 투어의 투어 가이드로 선발되었음(you've been selected to be a tour guide for our city walking tours)을 알린다고 했으므로, (A)가 정답이다.

8 화자는 어떤 직무 자격이 특히 인상적이라고 말하는가?
(A) 전문 자격증   **(B) 업무 경력**
(C) 언어 능력   (D) 강력한 추천

어휘 professional 직업의, 전문적인 certification 증명, 증명서 ability 능력 reference 추천서, 추천인

해설 **세부 사항 – 화자가 인상적이라고 언급한 자격**
중반부에서 청자의 업무 경력에 특히 깊은 인상을 받았다(We were especially impressed by your work history)고 했으므로, (B)가 정답이다.

패러프레이징
지문의 work history ➡ 정답의 Work experience

9 화자는 청자가 무엇을 해야 한다고 말하는가?
(A) 유니폼 맞추기
(B) 온라인 설문 조사 작성하기
(C) 신체 검사 받기
(D) 일련의 동영상 시청하기

어휘 be fitted for ~를 맞추다 fill out ~을 작성하다

해설 **청자가 요청 받은 일**
후반부에서 모든 신입사원들에게 업무 시작 전 신체 검사를 받도록 요청하고 있다(we require all new employees to have a physical exam before starting)고 한 후, 청자와 약속을 잡기 위해 비서가 연락할 것이라고 했다. 따라서 (C)가 정답이다.

Q 10-12 녹음 메시지

M-Cn Hello, you've reached the Farlow Theater Box Office. **10**We are very sorry to announce that tickets for tonight's production of *Under the Bridge* are sold out. **11**But don't forget about our special outdoor play this Wednesday evening. *Finding the Way* will be performed out on the square in front of the Farlow Theater. Tickets for our outdoor play cost $20 the night of the show. **12**However, you can save money by buying your tickets in advance. For a detailed schedule and to purchase tickets, please check our Web site at FarlowTheater.com.

안녕하세요. 파로우 극장 매표소입니다. **10**죄송하게도 〈다리 아래서〉의 오늘밤 상연 입장권이 매진되었음을 알려드립니다. **11**하지만 이번 주 수요일 저녁 특별 야외 공연을 잊지 마세요. 파로우 극장 앞 광장에서 〈길을 찾아서〉가 상연될 예정입니다. 야외 공연 입장권은 공연일 밤에는 20달러이지만, **12**미리 구입하시면 돈을 아낄 수 있습니다. 자세한 일정을 알아보시거나 입장권을 구입하시려면 저희 웹사이트 FarlowTheater.com을 확인하세요.

어휘 **box office** 매표소 **announce** 알리다, 발표하다 **production** (영화, 연극 등의) 상연, 연출 **sold out** 매진된, 다 팔린 **perform** 공연하다 **in advance** 미리 **purchase** 구입하다

10 화자가 사과한 이유는?
(A) 상연이 취소됐다.
(B) 입장권을 구할 수 없다.
(C) 일정표가 부정확하다.
(D) 일부 배우들이 교체됐다.

어휘 **unavailable** 손에 넣을 수 없는 **replace** 교체하다

해설 **세부 사항 – 화자가 사과한 이유**
초반부에서 오늘밤 상연 입장권이 매진되었음(tickets for tonight's production ~ are sold out)을 알리게 되어 유감이라고 했으므로, (B)가 정답이다.

패러프레이징
지문의 **sold out** ➡ 정답의 **unavailable**

11 수요일 밤에 무엇이 열릴 것인가?
(A) 춤 대회 | (B) 미술 강좌
(C) 무대 뒤 견학 | **(D) 야외 공연**

해설 **수요일 밤에 일어날 일**
중반부에서 이번 주 수요일 저녁 특별 야외 공연을 잊지 말라(don't forget about our special outdoor play this Wednesday evening)고 했으므로, (D)가 정답이다.

12 화자는 사람들이 어떻게 돈을 아낄 수 있다고 말하는가?
(A) 입장권을 미리 구입해서
(B) 회원이 돼서
(C) 평일에 참석해서
(D) 단체로 참가해서

어휘 **participate in** ~에 참가하다

해설 **세부 사항 – 사람들이 돈을 아낄 수 있는 방법**
후반부에서 표를 미리 구입하면 돈을 아낄 수 있다(you can save money by buying your tickets in advance)고 했으므로, (A)가 정답이다.

패러프레이징
지문의 **buying** ➡ 정답의 **purchasing**

Q 13-15 전화 메시지

M-Cn Hi, **13**this is Jerome Wilson, manager at department store number eight, with a message for the corporate office. I'm calling with feedback on the new sandals we're selling from the Zelton Shoes vendor. **14**After the problems we had in the past with Zelton Shoes—you know, with customers returning the sandals because the straps kept breaking—I know our company was hesitant to carry anything from them again. **14**Well, we've sold quite a few pairs from their new line at the store this month, and none have been returned! So I wanted to let the corporate office know. **15**It'll be interesting to hear how things are going from other store managers at next month's meeting.

안녕하세요. **13**저는 백화점 8번 매장 관리자 제롬 윌슨입니다. 본사에 전달할 메시지가 있어요. 저희가 판매하고 있는 젤턴 슈즈 업체의 신상품 샌들에 대한 피드백이 있습니다. **14**예전에 끈이 계속 끊어져서 고객들이 샌들을 반품하는 문제가 젤턴 슈즈에서 발생한 후, 우리 회사에선 그 업체 물건을 다시 취급하는 것을 주저했죠. **14**음, 이번 달에 매장에서 젤턴 슈즈의 신상품 중 꽤 많은 물량을 판매했는데, 그 중 반품 건은 없었습니다! 그래서 본사에 알리고 싶었어요. **15**다음 달 회의에서 다른 매장 관리자들에게 상황이 어떤지 들어보면 좋을 것 같습니다.

13 화자는 누구인가?

(A) 매장 관리자   (B) 고객 서비스 담당자

(C) 광고 책임자   (D) 회계사

해설 **화자의 직업**

초반부에서 자신을 백화점 8번 매장 관리자(manager at
department store number eight)인 제롬 윌슨이라고 소
개했으므로, (A)가 정답이다.

패러프레이징

지문의 manager at department store number
eight ➡ 정답의 store manager

14 화자가 "그 중 반품 건은 없었습니다"라고 말할 때, 그 의도는
무엇인가?

(A) 직원이 추가로 필요하다.

(B) 제품의 품질이 향상됐다.

(C) 배송 주소가 정확했다.

(D) 일부 피드백 양식은 작성하기에 어렵다.

어휘 additional 추가의 quality 품질 improve
개선되다, 향상되다 complete 완료하다, 작성하다

해설 **화자의 의도 파악 – 반품 건은 없었다는 말의 의미**

예전에 젤턴 슈즈 샌들을 구매했던 고객들이 끈 불량으로 반
품하는 일(customers returning the sandals because
the straps kept breaking)이 잦았지만 이번 달에 판매한
신상품 중 반품 건이 없었다는 것은 불량품이 나오지 않았다는
뜻이다. 이는 젤턴 슈즈의 제품 품질이 향상되었다는 것을 암시
하므로, (B)가 정답이다.

15 화자는 다음 달 회의에서 무엇에 대해 듣고 싶어 하는가?

(A) 회사의 역사   (B) 회사의 재정

(C) 동료의 퇴직   **(D) 관리자들의 경험**

해설 **세부 사항 – 화자가 다음 달 회의에서 듣고 싶어 하는 것**

후반부에서 다음 달 회의에서 다른 매장 관리자들에게 상황
이 어떤지(how things are going from other store
managers) 들어보면 좋을 것 같다고 했으므로, (D)가 정답
이다.

패러프레이징

지문의 how things are going from other store
managers ➡ 정답의 Some managers'
experiences

Q 16-18 녹음 메시지

16어뎁트 케이블 TV 서비스에 전화 주셔서 감사합니다. 일부
고객들의 채널 이용에 문제가 있음을 알고 있습니다. **17**서비스
에 지장이 있었던 점 사과드립니다. 대다수 고객님들의 문제가
해결되었다고 확신합니다만 여전히 채널을 이용할 수 없으시다
면 수화기를 들고 기다려 주십시오. 상담원이 단계적인 설명을
통해 시스템 리셋 방법을 안내해 드리겠습니다. **18**최근 제공 서
비스 및 할인 혜택에 대해 알아보시려면 저희 웹사이트 www.
adeptcable.com을 방문하세요.

16 어떤 유형의 업체에 전화를 걸었는가?

(A) 은행   (B) 전자제품 매장

(C) 배송 서비스   **(D) 케이블 TV 업체**

해설 **전화를 한 업종**

초반부에서 어뎁트 케이블 TV 서비스에 전화주어(calling
Adept Television Cable Services) 고맙다고 했으므로,
(D)가 정답이다.

17 화자는 무엇에 대해 사과하는가?

(A) 틀린 설명   (B) 훼손된 제품

(C) 지장이 있었던 서비스 (D) 사무실 폐점

어휘 incorrect 맞지 않는, 부정확한 damaged 손상된,
훼손된 closure 폐쇄

해설 **세부 사항 – 화자가 사과하는 것**

초반부에서 서비스에 지장이 있었던 점에 대해 사과한다(we
apologize for the interruption to the service)고 했으
므로, (C)가 정답이다.

패러프레이징

지문의 the interruption to the service
➡ 정답의 Interrupted service

18 화자에 따르면, 청자들은 왜 웹사이트를 방문해야 하는가?

(A) 계정 정보를 확인하기 위해

(B) 새 부품을 주문하기 위해

(C) 일정 업데이트를 보기 위해

(D) 새로 제공하는 서비스에 대해 알아보기 위해

어휘 account 계정, 계좌 parts 부품

해설 **세부 사항 – 청자들이 웹사이트를 방문해야 하는 이유**

후반부에서 최근 제공 서비스 및 할인 혜택에 대해 알아보려면
(to find out about all our latest offers and discounts)
웹사이트를 방문하라고 했으므로, (D)가 정답이다.

패러프레이징

지문의 **find out about ~ latest offers**

➡ 정답의 **learn about new offers**

Q 19-21 전화 메시지 + 전단지

> **W-Br** Hello, Kenji. This is Susan. **19**Thanks again for helping me get this summer's exhibition organized. The theme "Creatures of the Sea" should attract a lot of submissions from artists, as well as visitors to **19**the gallery when it opens. The information that you drafted for the flyer looks good, but there's a correction that needs to be made. **20**The gallery owner decided to hold the reception on the day after the exhibit opens instead of waiting until the following week. **21**Please show me the revised version after lunch. We need to send out the flyers to people on our mailing list tomorrow morning.
>
> 안녕하세요, 켄지. 저 수전이에요. **19**제가 이번 여름 전시회 준비하는 것을 도와주셔서 다시 한 번 감사해요. "바다 생물들"이라는 주제로 전시회가 열리면 **19**갤러리에 예술가들의 출품작을 다수 유치하는 것은 물론 방문객을 끌어들일 수 있을 거에요. 당신이 전단지용으로 작성한 정보는 훌륭해 보이지만 한 군데 수정할 게 있어요. **20**갤러리 주인이 전시회 개장 다음 날 축하연을 베풀기로 했거든요. 그 다음 주까지 기다리는 대신에요. **21**점심 식사 후에 저에게 수정본을 보여 주세요. 내일 아침에 이메일 수신자 명단에 있는 사람들에게 전단지를 발송해야 하거든요.
>
> ---
>
> **어휘** exhibition 전시회 organize 조직하다, 준비하다 theme 주제, 테마 creature 생물체 attract 끌어들이다, 유치하다 submission 출품작 correction 수정 decide 결정하다, 결심하다 reception 연회, 축하연 exhibit 전시회 instead of ~ 대신에 revised version 수정본 mailing list 이메일 수신자 명단

바다 생물들

출품 마감일	6월 10일
전시회 날짜	7월 11일 – 9월 15일
20개장 축하연	**7월 17일**
강의	8월 20일

19 화자 어디에서 일하겠는가?

    (A) 우체국

    (B) 출장 요리 업체

    (C) 애완동물 판매점

    (D) 갤러리

해설 화자의 근무지

초반부에서 화자가 청자에게 자신의 여름 전시회 기획을 도와주어(helping me get this summer's exhibition organized) 고맙다고 한 뒤 갤러리(gallery)에서 열리는 전시회 테마를 언급했으므로, (D)가 정답이다.

20 시각 정보에 따르면, 전단지에서 어떤 날짜가 바뀌게 되는가?

    (A) 6월 10일   (B) 7월 11일

    (C) 7월 17일   (D) 9월 15일

해설 시각 정보 연계 – 전단지에서 수정될 날짜

중반부에서 갤러리 주인이 그 다음 주까지 기다리는 대신 전시회 개장 다음 날 축하연을 베풀기(hold the reception on the day after the exhibit opens instead of ~ the following week)로 했다고 했는데, 시각 정보를 보면 원래 축하연 날짜는 7월 17일로 되어 있다. 즉, 이 날짜를 전시회 개장 다음 날인 12일로 바꾸겠다는 말이므로, (C)가 정답이다.

21 화자는 오늘 오후에 무엇을 할 것인가?

    (A) 안내원이 딸린 견학 제공하기

    (B) 문서 검토하기

    (C) 고객을 식당에 모시고가기

    (D) 인쇄소에 자료를 가져가기

해설 화자가 오후에 할 일

후반부에서 점심 식사 후에 전단지 수정본을 보여 달라(Please show me the revised version after lunch)며 내일 아침 발송해야 한다고 했으므로, 오후에 이를 검토할 예정임을 알 수 있다. 따라서 (B)가 정답이다.

패러프레이징

지문의 **show me the revised version**

➡ 정답의 **Review a document**

⑩ 회의 / 업무 관련 공지

ETS CHECK-UP	본책 p. 229
1 (A) **2** (D) **3** (B)	

Q 1-3 회의 발췌

> **W-Br** I wanted to make one final announcement in our sales meeting today. **1**I know many of you want to learn how to deal with clients more effectively, so our company will be offering a workshop on negotiation skills on April 14. If you're interested, please sign up immediately. **2**Registration will close at the end of this week so we can prepare everything. The workshop will be led by Margaret O'Brien, the author of *Strategize and Maximize*. **3**Participants will be asked to read the book in preparation for the event.
>
> 오늘 우리 영업 회의에서 마지막으로 한 가지 더 공지하고 싶습니다. **1**저는 여러분 다수가 고객을 더 효과적으로 다루는 법을 배우고 싶어 한다는 걸 압니다. 그래서 회사가 4월 14일에 협상 기술에 관한 워크숍을 열 예정입니다. 관심 있는 사람들은 즉시 참가 신청을 하시기 바랍니다. **2**만반의 준비를 할 수 있게 이번

주 말에 등록이 마감됩니다. 〈면밀히 계획하고 극대화하라〉의 저자 마거릿 오브라이언이 워크숍을 이끌게 됩니다. **³참가자들은 행사 준비 차원에서 그 책을 읽으라는 요청을 받게 될 것입니다.**

어휘 announcement 발표, 성명   deal with ~을 다루다, 처리하다   client 고객   effectively 효과적으로 negotiation skills 협상 기술   sign up 신청하다, 등록하다   immediately 즉시   registration 등록 author 저자, 작가   strategize 전략을 세우다, 면밀히 계획하다   maximize 극대화하다   participant 참가자 in preparation for ~을 준비하여

1 다가오는 워크숍의 주제는 무엇인가?
(A) 더 효과적으로 협상하는 법
(B) 마케팅 전략을 개발하는 법
(C) 자격을 갖춘 직원을 모집하는 법
(D) 소셜 미디어를 활용하는 법

해설   세부 사항 – 곧 있을 워크숍의 주제
초반부에서 청자들 중 다수가 고객을 더 효과적으로 다루는 법(how to deal with clients more effectively)을 배우고 싶어 한다는 걸 안다며 협상 기술에 관한 워크숍(workshop on negotiation skills)을 열 예정이라고 했다. 따라서 (A)가 정답이다.

2 화자는 등록에 관해 무엇이라고 말하는가?
(A) 직접 가서 해야 한다.
(B) 무료이다.
(C) 워크숍 자료가 포함된다.
(D) 곧 마감될 것이다.

해설   세부 사항 – 화자가 등록에 관해 한 말
중반부에서 회사가 만반의 준비를 할 수 있도록 이번 주 말에 등록이 마감된다(Registration will close at the end of this week)고 했으므로, (D)가 정답이다.

패러프레이징
지문의 close at the end of this week
➡ 정답의 will close soon

3 워크숍 참가자들은 무엇을 하도록 요청 받게 되는가?
(A) 온라인 토론 참여
(B) 독서
(C) 고객 명단 지참
(D) 설문지 작성

해설   참가자들이 요청 받는 일
후반부에서 참가자들은 행사 준비 차원에서 앞서 언급된 책을 읽으라는 요청을 받게 될 것(Participants will be asked to read the book)이라고 했으므로, (B)가 정답이다.

LISTENING PRACTICE   본책 p. 231

1 (B)   **2** (A)   **3** (B)   **4** (B)   **5** (A)   **6** (B)

Q 1-2 공지

W-Am **¹I'm happy to announce that Keyton Advertising will be getting a new printer.** We'll now be able to offer our clients the best possible quality and maintain our commitment to protecting the environment. **²This printer is the latest model and uses soy-based ink, which won't pollute the environment**–and the chemicals we'll need to clean it are safer as well. All employees will be given training on how to use and maintain the new printer on Friday. And to be sure that workers on all shifts will be able to attend, we're holding two training sessions—one in the morning and one in the evening.

¹키톤 광고에 새 프린터가 들어올 예정임을 알리게 되어 기쁩니다. 이제 고객들에게 최상의 품질을 제공하고 환경을 보호하겠다는 우리의 약속을 지킬 수 있게 될 것입니다. **²프린터는 최신 모델이며, 콩으로 만든 잉크를 사용해서 환경을 오염시키지 않습니다.** 청소를 위해 써야 하는 화학 물질 역시 더욱 안전합니다. 금요일에는 전 직원에게 새 프린터 사용 및 유지 방법을 교육할 예정입니다. 모든 근무 시간대의 직원들이 참석할 수 있도록 교육 시간을 오전 한 번, 저녁 한 번으로 2회 열겠습니다.

어휘 offer 제공하다   maintain 지키다, 유지하다 commitment 약속, 전념   protect 보호하다 environment 환경   pollute 오염시키다   chemical 화학 물질   attend 참석하다

1 공지의 목적은?
(A) 안전 절차 설명
(B) 새 프린터 설명

어휘 procedure 절차   describe 말하다, 묘사하다

해설   공지의 목적
초반부에서 키톤 광고에 새 프린터가 들어올 예정임(Keyton Advertising will be getting a new printer)을 알리게 되어 기쁘다고 한 후, 프린터에 대해 자세히 설명했다. 따라서 (B)가 정답이다.

2 화자는 어떤 이점을 언급하는가?
(A) 환경 피해 감소
(B) 출력 용량 증가

어휘 reduce 감소시키다, 줄이다   output 출력 capacity 용량

해설   세부 사항 – 화자가 언급한 이점
중반부에서 프린터가 콩으로 만든 잉크를 사용해서 환경을 오염시키지 않는다(which won't pollute the environment)는 이점을 언급하고 있으므로, (A)가 정답이다.

패러프레이징
지문의 won't pollute the environment
➡ 정답의 Reduced harm to the environment

Q 3-4 회의 발췌

M-Cn So, **3**our gym has been open for almost a month now and we've been relatively successful. Thank you for your hard work. **4**I've been thinking about growing our clientele. We could do cross-marketing, like advertising with another business. There's a café down the street where we can post signs for our gym, and I've already talked to the manager there. She'd be willing to give our clients a discount when they stop by after working out. I like this café because it has lots of online reviews, and they're all very positive.

자, **3**우리 체육관이 문을 연 지 거의 한 달이 됐고 비교적 성공을 거뒀습니다. 여러분의 노고에 감사드립니다. **4**고객을 늘리는 것에 대해 생각해 봤는데요. 다른 업체와 함께 광고를 하는 식으로, 크로스 마케팅을 할 수 있을 겁니다. 길 아래로 우리 체육관 간판을 내걸 수 있는 카페가 있어요. 이미 그곳 관리자에게 이야기해 두었습니다. 우리 고객들이 운동 후 들르면 흔쾌히 할인해 주겠답니다. 온라인 후기가 많은데 모두 무척 긍정적이라서 저는 이 카페가 마음에 듭니다.

어휘 **relatively** 비교적, 상대적으로 **successful** 성공적인 **clientele** 고객 **advertise** 광고하다 **be willing to** 흔쾌히 ~하다 **stop by** 잠깐 들르다 **work out** 운동하다 **positive** 긍정적인

3 화자는 최근 무슨 일이 있었다고 말하는가?
(A) 시상식이 열렸다.
(B) 업체가 문을 열었다.

해설 **세부 사항 – 최근에 발생한 일**
초반부에서 체육관이 문을 연 지 거의 한 달이 됐다(our gym has been open for almost a month now)고 했으므로, (B)가 정답이다.

패러프레이징
지문의 **for almost a month now** ➡ 질문의 **recently**
지문의 **our gym** ➡ 정답의 **A business**

4 회의의 목적은?
(A) 새 규정의 개요를 말하려고
(B) 영업 증대 방법을 논의하려고

어휘 **outline** 개요를 서술하다 **regulation** 규정 **increase** 늘리다 **business** 영업, 거래

해설 **회의의 목적**
초반부에서 고객을 늘리는 것에 대해 생각해 봤다(I've been thinking about growing our clientele)고 한 후, 이를 위한 방안을 설명했다. 따라서 (B)가 정답이다.

패러프레이징
지문의 **growing our clientele**
➡ 정답의 **increasing business**

Q 5-6 회의 발췌

W-Am Good afternoon, everyone. **5**Before we finish off today's staff meeting, I'd like to announce a change to the layout of our grocery store. **6**Many customers have complained about the amount of time they have to wait when making their purchases. Even when every checkout station is open, customers feel they have to wait too long. So, the store owner has agreed to add two more cash registers to our checkout area. They'll be installed on Friday.

안녕하세요, 여러분. **5**오늘 직원 회의를 마치기 전에 우리 식료품점의 배치에 생긴 변화를 알려드리고 싶습니다. **6**많은 손님이 구매할 때 기다리는 시간에 대해 불만을 제기해 왔습니다. 모든 계산대를 사용할 수 있을 때조차 손님들은 너무 오래 기다려야 한다고 느낍니다. 그래서 점주께서 계산대 부근에 금전 등록기를 두 대 더 놓는데 동의하셨습니다. 금요일에 설치될 겁니다.

어휘 **layout** 배치(도), 구조 **complain** 불평하다 **purchase** 구매 **checkout station** 계산대 **agree** ~하기로 하다, 동의하다 **add** 추가하다 **cash register** 금전 등록기, 현금 출납기 **install** 설치하다

5 청자들은 누구겠는가?
(A) 상점 직원 (B) 식당 종업원

해설 **청자들의 직업**
초반부에서 직원 회의(staff meeting)를 마치기 전 '우리 식료품점(our grocery store)'의 배치에 생긴 변화를 알려주고 싶다고 했으므로, 청자들이 식료품점 직원임을 알 수 있다. 따라서 (A)가 정답이다.

6 화자에 따르면, 손님들이 무엇에 불만을 제기해왔는가?
(A) 주차장 부족 **(B) 오랜 대기 시간**

해설 **세부 사항 – 고객들이 불평하는 것**
초반부에서 많은 손님이 구매할 때 기다리는 시간(the amount of time they have to wait when making their purchases)에 대해 불만을 제기해 왔다고 했으므로, (B)가 정답이다.

패러프레이징
지문의 **the amount of time they have to wait**
➡ 정답의 **Long wait times**

ETS **TEST**					본책 p. 232
1 (A)	**2** (D)	**3** (A)	**4** (B)	**5** (A)	**6** (C)
7 (D)	**8** (C)	**9** (B)	**10** (A)	**11** (B)	**12** (C)
13 (A)	**14** (B)	**15** (C)	**16** (D)	**17** (A)	**18** (C)
19 (A)	**20** (C)	**21** (A)			

Q 1-3 회의 발췌

> **M-Cn** [1]Thanks for coming to today's board meeting. From the budget reports, [2]you've seen that business at our hotel has decreased over the past year in spite of our efforts to attract guests. And to complicate the situation, there are plans to build a new hotel across the street. It's clear to me that dramatic steps are needed to attract guests to our hotel, and as members of the board, I need your support. [3]I think our main problem is that our facilities are old and in need of renovations. Now, I'm sure many of you are hesitant to spend a lot of money on improvements, but [3]I believe they're necessary in order to increase business.

[1]오늘 이사회에 와 주셔서 감사합니다. 예산보고서를 통해, [2]고객 유치를 위해 노력했음에도 불구하고 지난해 동안 우리 호텔의 영업 실적이 감소한 것을 아셨을 겁니다. 게다가 설상가상으로 길 건너편에 새로운 호텔이 들어설 계획이 있다는 겁니다. 우리 호텔에 손님을 유치하려면 극적인 조치가 필요한 것이 분명하며, 저는 이사회 임원인 여러분의 지원이 필요합니다. [3]제 생각에 주된 문제는 시설이 낡아서 개조할 필요가 있다는 것입니다. 자, 여러분 중 다수가 개조에 큰돈을 쓰는 것을 주저하신다는 건 잘 알지만, [3]영업 신장을 위해서는 그럴 필요가 있다고 생각합니다.

> 어휘 **board meeting** 이사회 **budget report** 예산 보고서 **decrease** 감소하다 **in spite of** ~에도 불구하고 **effort** 노력 **attract** 유치하다, 끌어들이다 **complicate the situation** 상황을 복잡하게 하다 **dramatic** 극적인 **steps** 조치, 조처 **member of the board** 이사회 임원, 이사 **support** 지원 **facility** 시설 **renovation** 개조, 보수 **hesitant** 망설이는 **improvement** 개선, 개량 **necessary** 필요한

1 청자들은 누구이겠는가?

(A) 이사회 임원들   (B) 뉴스 기자들
(C) 토목공학자들   (D) 진로 상담사들

해설 청자들의 신분

초반부에서 이사회에 와 주어 감사하다(Thanks for coming to today's board meeting)고 했으므로, (A)가 정답이다.

2 화자가 "길 건너편에 새로운 호텔이 들어설 계획이 있다는 겁니다"라고 말한 의도는 무엇인가?

(A) 취업 기회가 더 많아지기를 희망한다.
(B) 건설 소음이 손님들을 괴롭힐까 봐 우려된다.
(C) 지역 관광객이 증가하기를 기대한다.
(D) 업계의 경쟁이 우려된다.

해설 화자의 의도 파악 – 새로운 호텔이 들어설 예정이라는 말의 의미

초반부에서 고객 유치를 위한 노력에도 불구하고 호텔의 영업 실적이 지난해 동안 감소했다(business at our hotel has decreased over the past year)고 했고, 설상가상으로 길 건너편에 새로운 호텔이 들어설 계획이라고 했다. 즉, 이 말은

이미 매출이 감소했는데 새로운 호텔까지 생기면 업계의 경쟁이 우려된다는 뜻이므로, (D)가 정답이다.

3 화자는 무엇을 제안하는가?

(A) 시설 개조   (B) 업체 이전
(C) 광고 개시   (D) 사원복 디자인 변경

해설 화자의 제안 사항

후반부에서 호텔의 주된 문제는 시설이 낡아서 개조할 필요가 있다는 점(I think our main problem is that our facilities are old and in need of renovations)이라고 한 후, 비용이 많이 들더라도 해야 한다고 주장했다. 따라서 (A)가 정답이다.

패러프레이징

지문의 facilities are ~ in need of renovations
➔ 정답의 Renovating a facility

Q 4-6 공지

> **W-Br** Before we end this management meeting, [4]I'd like to tell you about a change to the company's time-off policy. As you know, new employees are only allowed to take a one-week holiday during their first year here. Many of our employees have expressed dissatisfaction with this policy and then left after a few months. This means that the company has had to continuously train new staff. So, [4,5]in order to prevent the new hires from leaving the company, we're offering two weeks off starting next year. [6]Please be sure to let your employees know about this change and remind them of the company policy to let you know in advance the dates they plan to be out of the office.

간부회의를 마치기 전에 [4]저는 여러분께 회사의 휴가 방침 변경에 관해 말씀 드리고 싶습니다. 아시다시피 신입사원들은 근무 첫 해에 1주일만 휴가를 낼 수 있습니다. 직원 중 다수가 이 방침에 불만을 제기하고 몇 개월 뒤 퇴사하는 일이 있어 왔습니다. 그리하여 회사는 지속적으로 신입 직원들을 교육해야만 했습니다. 따라서 [4,5]신규 채용자들이 회사를 떠나는 일을 방지하기 위해 내년부터 2주일 휴가를 제공하겠습니다. [6]직원들에게 이 변경사항을 반드시 알리고 여러분에게 휴가 날짜를 미리 알리도록 한 회사 방침을 상기시켜 주시기 바랍니다.

> 어휘 **management meeting** 간부회의 **time-off policy** 휴가 방침 **new employee** 신입사원 **be allowed to** 부정사 ~하도록 허용되다 **dissatisfaction** 불만 **policy** 방침, 정책 **mean** (결과를) 뜻하다, ~하게 되다 **continuously** 지속해서, 끊임없이 **in order to** 부정사 ~하기 위해[하려고] **prevent + 사람 + from -ing** ~가 ~하지 못하게 하다 **new hire** 신규 채용자 **remind A of B** A에게 B를 상기시키다 **in advance** 미리, 사전에 **out of the office** 사무실을 비운, 휴가를 떠난

4 이 공지의 주제는 무엇인가?
(A) 회사 웹사이트 개편
(B) 신입사원 휴가 연장
(C) 관리자에게 상급 교육 제공
(D) 근무 일정 유연화

해설 공지의 주제

초반부에서 회사의 휴가 방침 변경(a change to the company's time-off policy)에 대해 이야기한다고 했는데, 주된 내용은 신입사원들에게 근무 첫 해에 1주일 휴가를 주던 것(new employees are only allowed to take a one-week holiday)을 내년부터 2주일로 주겠다(we're offering two weeks off starting next year)는 것이다. 즉, 신입사원들의 휴가 연장에 대한 공지이므로, (B)가 정답이다.

5 화자에 따르면, 변화가 생기는 이유는 무엇인가?
(A) 현재 직원들을 유지하려고
(B) 회사 규칙을 따르려고
(C) 소통을 증진하려고
(D) 더 나은 안전절차를 도입하려고

해설 세부 사항 – 변화의 이유

중반부에서 신규 채용자들이 회사를 떠나는 일을 방지하기 위해(in order to prevent the new hires from leaving the company) 내년부터 2주일 휴가를 제공하겠다고 했으므로, (A)가 정답이다.

패러프레이징

지문의 in order to prevent the new hires from leaving the company
➡ 정답의 To retain current employees

6 청자들은 잊지 말고 무엇을 해야 하는가?
(A) 고객 연락 정보 갱신
(B) 부서 안내서 참고
(C) 직원들에게 회사 방침 통지
(D) 비밀번호 자주 변경

해설 청자들이 해야 하는 일

후반부에서 직원들에게 휴가 관련 변경사항을 반드시 알리고 회사 방침에 대해서도 상기시키라(let your employees know about ~ the company policy)고 했으므로, (C)가 정답이다.

패러프레이징

지문의 let your employees know ~ of the company policy ➡ 정답의 Inform their employees of company policies

Q 7-9 회의 발췌

M-Au Good morning. To start today's managers' meeting, **7I have some good news: we have a budget surplus this quarter!** That means our company has some money available to spend on improvements. Personally, I think it's time to consider updating our technology—

specifically our inventory software. As you know, **8our current inventory-tracking program isn't compatible with some of the newer applications we've started using.** But I found one that will work with these newer applications. Of course, that's just one idea… **9I'm interested in hearing your ideas for how we should spend the extra money.** Are there any improvements that you can think of?

좋은 아침입니다. 오늘 관리자 회의를 시작하면서 **7몇 가지 좋은 소식이 있어요. 이번 분기에 예산 흑자가 이뤄졌어요!** 회사에서 개선 사항에 쓸 수 있는 자금이 있다는 뜻이죠. 개인적으로 저는 기술, 특히 재고 소프트웨어의 업데이트를 고려해 볼 시기라고 생각합니다. 알다시피 **8현재 재고 추적 시스템은 우리가 사용하기 시작한 신규 애플리케이션 일부와 호환이 안 됩니다.** 제가 이 신규 애플리케이션과 함께 작동 가능한 시스템을 발견했어요. 물론 하나의 안일 뿐입니다. **9이 추가 예산을 어떻게 쓸지 여러분의 의견을 듣고 싶어요.** 생각하고 있는 개선사항이 있나요?

어휘 budget 예산 surplus 흑자, 과잉 quarter 분기 available 이용 가능한 consider 고려하다 specifically 특히 inventory 재고(관리) tracking 추적 compatible 호환이 되는

7 화자는 무엇에 대해 좋은 소식을 가져왔는가?
(A) 승진　　　　　　(B) 일정
(C) 계약　　　　　　**(D) 예산**

해설 세부 사항 – 좋은 소식

초반부에서 몇 가지 좋은 소식이 있다(I have some good news)고 한 후, 이번 분기에 예산 흑자가 이뤄졌다(we have a budget surplus this quarter)고 알렸으므로, (D)가 정답이다.

8 화자에 따르면, 현재 소프트웨어의 문제점은 무엇인가?
(A) 보안이 잘 안 된다.
(B) 사용법을 배우기가 어렵다.
(C) 다른 애플리케이션과 함께 작동하지 못한다.
(D) 처리 시간이 너무 늦다.

어휘 secure 안전한, 보안이 되는 processing 처리

해설 현재 소프트웨어의 문제점

중반부에서 현재 사용하는 재고 추적 시스템이 신규 애플리케이션 일부와 호환이 안 된다(our current inventory-tracking program isn't compatible with some of the newer applications)는 문제점을 언급했으므로, (C)가 정답이다.

패러프레이징

지문의 isn't compatible with
➡ 정답의 does not work with

9 청자들은 다음으로 무엇을 하겠는가?
(A) 고객 맞이하기　　　**(B) 제안사항 공유하기**
(C) 정책 검토하기　　　(D) 동영상 시청하기

어휘 greet 맞이하다 suggestion 제안

해설 **청자들이 다음에 할 일**

후반부에서 추가 예산을 어떻게 쓸지 청자들의 의견(your ideas for how we should spend the extra money)을 듣고 싶다고 한 후, 생각하고 있는 개선사항이 있는지(Are there any improvements that you can think of?) 물었다. 따라서 화자의 요청에 따라 청자들이 자신의 제안사항을 공유할 것이라고 추론할 수 있으므로, (B)가 정답이다.

패러프레이징

지문의 **your ideas, any improvements**
➡ 정답의 **their suggestions**

Q 10-12 공지

> W-Am Attention everyone. As you know, our store, Jacobs Office Furniture, is getting ready for a storewide sale in a few weeks, so I want to remind you of a few things. **10**For the first time, we will be offering to remove the customers' old furniture, completely free of charge, with any purchase from our store! And remember, **11**there will be a sign-up sheet at the customer service desk for our weekly newsletter. Be sure to remind customers to sign up for it. And finally, **12**some of you have been asking to work extra hours. Well... this will be our biggest sale of the year.

> 여러분, 주목해 주세요. 아시다시피 우리 제이콥스 오피스 퍼니처 상점이 몇 주 후에 있을 전 매장 할인행사를 준비하고 있는 상황이라 여러분께 몇 가지 상기시켜 드리고자 합니다. **10**처음으로 우리 점포에서 뭔지 구매하는 고객들의 낡은 가구를 완전 무료로 치워 줄 예정입니다! 그리고 기억 할 것은 **11**고객 서비스 창구에 주간 소식지를 받아볼 수 있는 신청서가 비치된다는 점입니다. 고객들에게 신청하도록 일깨워 주시기 바랍니다. 그리고 마지막으로, **12**여러분 가운데 초과 근무를 하겠다고 요청하는 분들이 있는데요. 자… 이것은 연중 최대의 할인 행사가 될 겁니다.

> 어휘 **storewide** 매장 전체의 **remove** 치우다, 제거하다 **completely** 완전히 **free of charge** 무료로 **sign-up sheet** 신청서 **customer service desk** 고객 서비스 창구 **newsletter** 소식지 **work extra hours** 특근하다, 시간 외로 근무하다

10 회사는 처음으로 무엇을 제공할 것인가?
(A) 무료 가구 수거   (B) 평생 보증서
(C) 익일 배송   (D) 실내장식 서비스

해설 **세부 사항 – 회사가 처음으로 제공할 것**

초반부에서 처음으로 고객들의 낡은 가구를 완전 무료로 치워 줄 예정(For the first time, we will ~ remove the customers' old furniture, completely free of charge)이라고 했으므로, (A)가 정답이다.

패러프레이징

지문의 **remove ~ old furniture, completely free of charge** ➡ 정답의 **Free furniture removal**

11 고객 서비스 창구에서 무엇을 구할 수 있는가?
(A) 카탈로그   **(B) 신청서**
(C) 직물 견본   (D) 제품 할인권

해설 **세부 사항 – 고객 서비스 창구에서 구할 수 있는 것**

중반부에서 고객 서비스 창구에 주간 소식지를 받아볼 수 있는 신청서가 비치된다(there will be a sign-up sheet ~ for our weekly newsletter)고 했으므로, (B)가 정답이다.

12 화자가 "이것은 연중 최대의 할인 행사가 될 것입니다"라고 말한 의도는 무엇인가?
(A) 텔레비전에 광고가 더 많이 나올 것이다.
(B) 상점의 재고가 확대될 것이다.
(C) 추가 근무를 할 수 있을 것이다.
(D) 몇몇 점포에서 할인행사를 할 것이다.

해설 **화자의 의도 파악 – 최대의 할인 행사가 될 거라는 말의 의미**

후반부에서 청자들 가운데 초과 근무를 하겠다고 요청한 사람들이 있다(some of you have been asking to work extra hours)며 한 말이다. 이는 대규모 행사라서 일이 많을 것이므로 직원들의 요청대로 추가 근무를 할 수 있다는 뜻이다. 따라서 (C)가 정답이다.

Q 13-15 회의 담화

> M-Cn Thanks for coming to this first managers' meeting of the new year. **13**When we last met, Tina asked me to find a computer program specifically for training new assembly line workers. I contacted several software publishers to inquire about their materials, and the one that seems to be the most popular comes from Visor Training Company. They stressed how quickly workers catch on to their jobs after completing the program. **14**They also promise an increase in productivity, which is a benefit we'd like to see, too. **15**So, I'm recommending that we begin using this training program with the five new employees who will join us next week.

> 새해 첫 관리자 회의에 와 주셔서 감사합니다. **13**지난번에 회의 했을 때, 티나가 저에게 특별히 신규 조립 라인 근로자들을 교육 할 컴퓨터 프로그램을 찾아 달라고 요청했죠. 몇몇 소프트웨어 출판사에 연락해 그들의 제품에 대해 문의했는데, 가장 인기 있어 보이는 것은 바이저 트레이닝 컴퍼니에서 나온 것이었습니다. 그들은 근로자들이 프로그램 완료 후 얼마나 빠르게 직무를 이해하게 되는지 강조했어요. **14**또한 생산성 증가를 보장하는데요. 이는 우리가 바라는 이득이기도 하죠. **15**그래서 다음 주에 입사하는 신입사원 5명에게 해당 교육 프로그램 사용을 시작할 것을 추천합니다.

어휘 specifically 특별히 assembly 조립 publisher 출판사 inquire 문의하다 materials 도구, 자료 stress 강조하다 catch on to ~를 이해하다, 알아듣다 complete 완료하다 productivity 생산성 benefit 혜택, 이득 recommend 추천하다, 권장하다

13 담화의 주제는?
(A) 업무 역량을 가르칠 소프트웨어
(B) 원자재 공급업체
(C) 회사 합병 계획
(D) 고장난 기계 수리 지침

어휘 supplier 공급자 raw materials 원자재, 원료 merger 합병 directions 지침, 설명

해설 **담화의 주제**
초반부에서 지난 회의 때 신규 조립 라인 근로자들을 교육할 컴퓨터 프로그램(a computer program specifically for training new assembly line workers)을 찾아 달라고 요청 받았던 것을 언급한 후, 해당 프로그램과 관련된 추가 설명을 이어가고 있다. 따라서 (A)가 정답이다.

패러프레이징
지문의 a computer program ~ for training new assembly line workers
➡ 정답의 Software for teaching work skills

14 화자에 따르면, 회사는 무엇을 기대할 수 있는가?
(A) 회의 시간 변경   (B) 생산성 증가
(C) 대규모 개조   (D) 고객 관계 개선

어휘 extensive 대규모의, 광범위한 improve 향상시키다, 개선하다 relations 관계

해설 **세부 사항 – 회사가 기대할 수 있는 것**
후반부에서 교육용 소프트웨어 출판사인 바이저 트레이닝 컴퍼니에서 생산성 증가를 보장했다(They also promise an increase in productivity)고 하며 이는 회사도 바라는 이득(which is a benefit we'd like to see, too)이라고 덧붙였다. 따라서 (B)가 정답이다.

15 화자는 무엇을 할 것을 추천하는가?
(A) 교재 가격 비교하기
(B) 직원 계약 연장하기
(C) 신입사원들과 프로그램 시작하기
(D) 업무 공간 리모델링하기

어휘 compare 비교하다 extend 연장하다 new recruit 신입사원

해설 **화자의 추천 사항**
후반부에서 신입사원 5명에게 해당 교육 프로그램 사용을 시작하자(I'm recommending that we begin using this training program with the five new employees)고 제안했으므로, (C)가 정답이다.

패러프레이징
지문의 new employees ➡ 정답의 new recruits

Q 16-18 회의 발췌

W-Am Thank you for coming to today's shareholders' meeting. **16**On behalf of everyone here at LeMax Footwear Incorporated, I would like to welcome you, our investors. We'll begin by giving you an update about the status of our new products, since it's your financial support that makes our new products possible. This year, we are very excited to start manufacturing the Bona Terra shoe. **17**This innovative product is made of entirely recycled materials: the sole of the shoe is composed of recycled rubber, and recycled fabric makes up the rest of the shoe. We are the first shoe company to develop this idea, and we're very excited about launching it. **18**The Bona Terra shoe will initially be sold in the Kline chain of department stores before being released at other retailers across the country.

오늘 주주총회에 와 주셔서 감사합니다. **16**이곳 르맥스 풋웨어 주식회사 전원을 대표하여 투자자 여러분을 환영합니다. 신제품 상황에 관한 최신 소식을 전해 드리는 것으로 시작하려 합니다. 저희 신제품을 가능하게 하는 것은 여러분의 재정적 지원이니까요. 올해 보나 테라 신발 제조를 시작하게 되어 매우 기쁩니다. **17**이 혁신적인 제품은 완전히 재활용 자재로만 만들어져 있습니다. 밑창은 재활용 고무로 구성되며, 재활용 직물이 신발의 나머지 부분을 이룹니다. 저희는 이러한 생각을 발전시킨 최초의 신발 회사이며, 이 제품을 출시하게 되어 참 기쁩니다. **18**보나 테라 신발은 처음에 클라인 백화점 체인점에서 판매되다가 전국 다른 소매점까지 출시될 예정입니다.

어휘 shareholder 주주 on behalf of ~를 대표하여 investor 투자자 status 진행 상황 financial 재정적인 manufacture 제조하다 innovative 혁신적인 entirely 완전히, 전부 recycled 재활용된 be composed of ~로 구성되다 make up ~를 이루다 initially 처음에 release 출시하다, 공개하다 retailer 소매점

16 화자는 누구에게 말하고 있는가?
(A) 해외 기자   (B) 영업사원
(C) 제품 디자이너   (D) 회사 투자자

해설 **청자의 신분**
초반부에서 '르맥스 풋웨어 주식회사 전원을 대표하여 투자자 여러분을 환영한다(I would like to welcome you, our investors)'라고 했으므로, 청자들이 회사 투자자임을 알 수 있다. 따라서 (D)가 정답이다.

17 신발의 어떤 점이 특별한가?
(A) 재활용품으로 만들었다.
(B) 다양한 색상이 나온다.
(C) 유명한 디자이너가 만들었다.
(D) 회사가 처음 생산한 제품이다.

어휘 a wide variety of 다양한

해설 **세부 사항 – 신발의 특별한 점**

중반부에서 신발을 소개하며 이 혁신적인 제품은 완전히 재활용 자재로만 만들어져 있다(This innovative product is made of entirely recycled materials)고 했으므로, (A)가 정답이다.

18 화자는 신발이 처음에 어디에서 판매될 것이라고 말하는가?
(A) 스포츠 행사
(B) 카탈로그
(C) 백화점
(D) 운동선수의 웹사이트

해설 **세부 사항 – 신발이 처음에 판매될 장소**

후반부에서 보나 테라 신발은 처음에 클라인 백화점 체인점에서 판매된다(The Bona Terra shoe will initially be sold in the Kline chain of department stores)고 했으므로, (C)가 정답이다.

Q 19-21 공지 담화 + 일정표

M-Au As you know, **19**the renovations to expand our warehouse were completed last week. This expansion has doubled our space for shelving. **20**I'm also excited to report that management has approved our request to replace our aging fleet of forklifts with machines powered by lithium-ion batteries. They do cost more up front. But, since lithium-ion batteries hold more power and recharge faster, **20**that means we'll spend more time working on the warehouse floor and less time waiting for our forklifts to recharge. **21**We'll all have to participate in a full-day operation and safety training session. I'm planning for us to do that the day the forklifts are delivered.

알다시피, **19**우리 창고 확장 개조가 지난주에 완료됐습니다. 이번 확장으로 선반 공간이 두 배로 늘었습니다. **20**또한 낡은 지게차를 리튬 이온 배터리로 작동하는 기계로 교체해 달라는 우리의 요청을 경영진이 승인했다는 사실을 알려드리게 되어 기쁩니다. 초반에는 비용이 더 많이 들겠죠. 하지만 리튬 이온 배터리가 전력량이 더 많고 충전이 더 빨라서, **20**작업장에서 일하는 시간은 늘어나고 지게차 충전을 위해 기다리는 시간은 줄어들게 됩니다. **21**하루 동안 이뤄질 작동 및 안전 교육 시간에 우리 모두 참여해야할 겁니다. 지게차가 배송되는 날 진행하도록 계획 중입니다.

어휘 renovation 개조 expand 확장하다 expansion 확장 double 두 배로 만들다 shelving 선반 approve 승인하다 request 요청 replace 교체하다 aging 오래된 fleet 무리, 세트 forklift 지게차 power 전원을 대다 up front 초반에는 hold 보유하다, 가지고 있다 recharge 재충전되다 participate in ~에 참여하다 operation 작동 deliver 배달하다

예상 배송일자

21지게차 – 6월 15일
선반 – 6월 18일
공조설비 팬 – 6월 23일
안전 거울 – 6월 28일

어휘 HVAC 난방, 환기 공기 조절(heating, ventilating, and air conditioning)

19 화자에 따르면, 지난주에 무슨 일이 있었는가?
(A) 공사 프로젝트가 완료됐다.
(B) 안전 검사가 시행됐다.
(C) 배터리가 교체됐다.
(D) 업무가 다시 배정됐다.

어휘 construction 공사 inspection 검사, 조사 conduct 실시하다, 수행하다 reassign 재배정하다

해설 **세부 사항 – 지난주에 일어난 일**

초반부에서 창고 확장 개조가 지난주에 완료됐다(the renovations to expand our warehouse were completed last week)고 했으므로, (A)가 정답이다.

패러프레이징

지문의 the renovations to expand our warehouse were completed
➡ 정답의 A construction project was finished

20 구매 요청이 승인된 이유는?
(A) 구조를 개선하기 위해
(B) 편의를 개선하기 위해
(C) 시간을 절약하기 위해
(D) 비용을 절감하기 위해

해설 **세부 사항 – 구매 요청이 승인된 이유**

중반부에서 낡은 지게차를 리튬 이온 배터리로 작동하는 기계로 교체해 달라(replace our aging fleet of forklifts with machines powered by lithium-ion batteries)는 요청을 경영진이 승인했다고 한 후, 작업장에서 일하는 시간은 늘어나고 지게차 충전을 위해 기다리는 시간은 줄어들게 된다(we'll spend ~ less time waiting for our forklifts to recharge)는 이점을 덧붙였다. 따라서 시간 절약을 위해 승인된 것이라고 볼 수 있으므로, (C)가 정답이다.

패러프레이징

지문의 spend ~ less time waiting for our forklifts to recharge ➡ 정답의 save time

21 시각 정보에 따르면, 교육은 언제 이뤄질 것인가?
(A) 6월 15일 (B) 6월 18일
(C) 6월 23일 (D) 6월 28일

해설 **시각 정보 연계 – 교육 날짜**

후반부에서 작동 및 안전 교육 시간에 모두 참여해야 한다고 한 후, 지게차가 배송되는 날(the day the forklifts are delivered) 진행하도록 계획 중이라고 했다. 시각 정보를 보면 지게차의 예상 배송일자는 6월 15일이므로, (A)가 정답이다.

⑪ 발표 / 설명 / 소개

1 (A)   **2** (C)   **3** (B)

Q 1-3 설명 담화

M-Cn **1**As training director of the Plainsfield Science Museum, I'm very excited to welcome all of you interns to our team. This is an interactive museum, and my goal is to get you familiar with our exhibits as soon as possible. **2**So this afternoon, you'll each be assigned to a mentor who'll train you to lead the activities at one of the exhibits. Throughout your internship, you'll also have opportunities to interact with our visitors. **3**It might all seem overwhelming right now, but, remember, many of our staff members started off as interns. Now, let's take a tour of the museum…

1저는 플레인스필드 과학 박물관의 교육 책임자로서 수습사원 여러분 모두를 우리 팀에 맞이하게 되어 매우 기쁩니다. 이곳은 쌍방향 박물관이며, 제 목표는 여러분이 되도록 빨리 우리 전시물에 익숙해지도록 하는 것입니다. **2**그래서 오늘 오후, 전시물 중 하나에서 이루어지는 활동을 진행할 수 있게 여러분 각자에게 교육해 줄 조언자가 배정될 것입니다. 또한 수습 기간 내내 여러분은 방문객들과 교류할 기회를 얻게 될 것입니다. **3**지금 당장은 모든 게 몹시 부담스럽겠지만, 우리 직원 다수도 수습사원으로 시작했다는 점 기억하시기 바랍니다. 자, 박물관을 한번 둘러봅시다…

> 어휘 **training director** 교육 책임자 **interactive** 대화형의, 쌍방향의 **goal** 목표 **familiar with** ~에 익숙한, ~을 잘 아는 **exhibit** 전시물 **as soon as possible** 되도록 빨리 **assign** 배정[배당]하다 **activity** 활동 **throughout** ~ 내내 **have an opportunity to** 부정사 ~할 기회가 있다 **interact with** ~와 교류하다 **visitor** 방문객 **overwhelming** 압도적인, 매우 엄청난 **take a tour of** ~을 견학하다

1 담화가 일어나는 장소는 어디인가?
   (A) 과학 박물관   (B) 백화점
   (C) 출판사   (D) 시장 집무실

> 해설 **담화 장소**
> 초반부에서 플레인스필드 과학 박물관의 교육 책임자로서 (As training director of the Plainsfield Science Museum) 청자들을 맞이하게 되어 기쁘다고 했으므로, (A)가 정답이다.

2 청자들은 오후에 무엇을 할 것인가?
   (A) 단합 활동 참가   (B) 다큐멘터리 시청
   (C) 조언자와의 만남   (D) 가입 신청서 작성

> 해설 **청자들이 오후에 할 일**
> 중반부에서 오늘 오후 청자들을 교육해 줄 조언자가 배정될 것 (you'll each be assigned to a mentor ~ at one of the exhibits)이라고 했으므로, (C)가 정답이다.

> **패러프레이징**
> 지문의 **assigned to a mentor**
> ➡ 정답의 **Meet with a mentor**

3 화자가 "우리 직원 다수도 수습사원으로 시작했다"라고 말한 이유는 무엇인가?
   (A) 결정을 설명하려고
   (B) 격려하려고
   (C) 손님을 소개하려고
   (D) 잘못된 추정을 바로잡으려고

> 어휘 **encouragement** 격려 **assumption** 추정

> 해설 **화자의 의도 파악 – 직원 다수가 수습사원으로 시작했다는 말의 의미**
> 후반부에서 청자들에게 지금 당장은 모든 게 부담스럽겠지만(It might all seem overwhelming right now) 박물관 직원 중 다수도 수습사원으로 시작했다는 것을 기억하라고 했다. 이는 수습사원으로서 일련의 과정을 잘 해내고 나면 정직원이 될 수 있다는 말이므로, 청자들을 격려하기 위한 의도라고 볼 수 있다. 따라서 (B)가 정답이다.

LISTENING PRACTICE   본책 p. 237

1 (B)   **2** (B)   **3** (A)   **4** (B)   **5** (B)   **6** (A)

Q 1-2 워크숍 설명

W-Am OK everyone, let's continue with the workshop. **1**We've had a good discussion so far on business presentations. Another important point to consider is the presenter's rate of speech. Some people speak at a faster or slower rate than others. I recommend practicing your speech several times before you present, so that you can monitor your speed. **2**And now, I'm going to play some audio samples so you can see how the speed of a presenter's speech impacts communication.

자, 여러분. 워크숍을 계속 진행하죠. **1**지금까지 업무 발표에 관해 의미 있는 토론을 해 봤는데요. 고려해야 할 또 다른 중요한 사항은 발표자의 발화 속도입니다. 다른 사람들보다 더 빠르거나 더 느린 속도로 말하는 분들이 있죠. 발표에 앞서, 속도를 모니터할 수 있도록 하실 말씀을 여러 번 연습하는 것을 권장합니다. **2**자, 이제 녹음 견본을 틀어드릴 겁니다. 발표자의 발화 속도가 의사 소통에 어떻게 영향을 주는지 확인하실 수 있습니다.

> 어휘 **discussion** 토론, 논의 **consider** 고려하다 **presenter** 발표자 **rate** 속도 **impact** 영향을 주다

1 워크숍의 주제는?

(A) 일터 안전　　　　(B) 업무 발표

해설　워크숍의 주제

초반부에서 지금까지 업무 발표에 관해 의미 있는 토론을 해 봤다(We've had a good discussion so far on business presentations)고 한 후, 추가적인 요점을 설명하고 있다. 따라서 (B)가 정답이다.

2 청자들은 다음으로 무엇을 하겠는가?

(A) 소그룹으로 업무하기　　(B) 녹음 파일 듣기

해설　청자들이 다음에 할 일

후반부에서 이제(now) 녹음 견본을 틀어주겠다(I'm going to play some audio samples)고 했으므로, 청자들이 다음에 녹음 파일을 들 것이라고 추론할 수 있다. 따라서 (B)가 정답이다.

패러프레이징

지문의 audio samples ➡ 정답의 audio files

Q 3-4　제품 발표

M-Au Good morning, everyone. My partner, Rajesh, and I are honored to be presenting our product to your company today. The ride-sharing mobile application that you developed enables people without cars to get around cities easily. [3]Our tablet computer is the perfect partner for your app. [4]When installed in your drivers' cars, it will show your customers advertisements for businesses near their destination. We've prepared some handouts with the details for you to look at. Let me see— Rajesh, the handouts are in your briefcase.

안녕하십니까, 여러분. 저와 제 동업자 라제쉬는 오늘 귀사에 저희 제품을 소개하게 되어 영광입니다. 여러분이 개발한 승차 공유 모바일 애플리케이션 덕분에 차 없는 사람들이 도시를 쉽게 돌아다닐 수 있습니다. [3]저희 태블릿 컴퓨터는 귀사의 애플리케이션과 완벽하게 짝을 이룹니다. [4]운전자들의 자동차에 이것을 설치하면 귀사 고객들에게 목적지 부근에 있는 업체들의 광고가 나타납니다. 여러분께서 보실 수 있게 저희가 자세한 내용을 담은 자료를 준비했습니다. 잠시만요… 라제쉬, 자료가 당신의 서류가방 안에 있군요.

어휘　be honored to ~하게 되어 영광이다　**present** 소개하다　**ride-sharing** 승차 공유　**develop** 개발하다　**enable** ~할 수 있게 하다　**install** 설치하다　**destination** 목적지　**prepare** 준비하다　**handout** 유인물　**briefcase** 서류가방

3 화자는 어떤 업계에서 일하겠는가?

(A) 기술　　　　(B) 회계

해설　화자의 업계

중반부에서 화자 회사의 태블릿 컴퓨터(Our tablet computer)가 청자 회사의 애플리케이션(your app)과 완벽하게 짝을 이룬다고 했으므로, (A)가 정답이다.

4 화자는 태블릿 컴퓨터가 어떤 용도로 쓰일 수 있다고 말하는가?

(A) 원활한 회의　　　　(B) 광고 상영

어휘　facilitate 용이하게 하다, 원활하게 하다

해설　세부 사항 – 태블릿 컴퓨터의 용도

중반부에서 운전자의 자동차에 태블릿 컴퓨터를 설치하면 목적지 부근에 있는 업체들의 광고가 고객들에게 나타난다(show your customers advertisements for businesses near their destination)고 했으므로, (B)가 정답이다.

Q 5-6　인물 소개

W-Am As part of this year's awards banquet, [5]I would like to present the Sportswriter of the Year award to Ms. Linda McKenna. Ms. McKenna is best known for her in-depth personality profiles and for inspiring young journalists. In addition to her popular weekly newspaper column, [5,6]Ms. McKenna is also the author of *Twenty Years of Women in Sports*, which will go on sale in July. Please help me in welcoming Linda McKenna.

금년 시상식 연회의 한 순서로, [5]올해의 스포츠 기자상을 린다 매케너 씨에게 수여하고자 합니다. 매케너 씨는 그녀의 심층 인물 소개 기사와 젊은 기자들에게 영감을 주는 것으로 가장 잘 알려져 있습니다. 인기 있는 주간 신문 칼럼의 기고자일 뿐만 아니라, [5,6]그녀는 〈스포츠계 여성들의 20년〉의 저자이기도 하며 그 책은 7월에 판매될 예정입니다. 저와 함께 린다 매케너 씨를 환영해 주시기 바랍니다.

어휘　banquet 연회　**present** 주다, 증정하다　**be best known for** ~으로 가장 잘 알려져 있다　**in-depth** 깊이 있는, 심층적인　**personality** 인물, 유명인　**inspire** 영감을 주다　**author** 저자　**go on sale** 시판되다, 출시되다

5 린다 매케너 씨는 누구인가?

(A) 라디오 아나운서　　　　(B) 문필가

해설　린다 매케너 씨의 직업

초반부에서 린다 매케너 씨에게 올해의 스포츠 기자상을 수여한다(I would like to present the Sportswriter of the Year award)고 했으며, 이후 책의 저자라고도 했다. 따라서 (B)가 정답이다.

6 7월에 일어날 일은 무엇인가?

(A) 책을 구입할 수 있게 될 것이다.

(B) 콘테스트가 열릴 것이다.

해설　7월에 일어날 일

후반부에서 린다 매케너 씨가 쓴 책이 7월에 판매된다(Ms. McKenna is also the author of *Twenty Years of Women in Sports*, which will go on sale in July)고 했으므로, (A)가 정답이다.

패러프레이징

지문의 go on sale ➡ 정답의 become available

ETS TEST

1 (D)	**2** (A)	**3** (B)	**4** (B)	**5** (A)	**6** (A)
7 (C)	**8** (B)	**9** (D)	**10** (A)	**11** (D)	**12** (C)
13 (C)	**14** (D)	**15** (A)	**16** (A)	**17** (B)	**18** (D)
19 (C)	**20** (D)	**21** (D)			

Q 1-3 승진 발표 (인물 소개)

W-Am **1** I'm delighted to congratulate our colleague, Natalia Petrova, who has been appointed our new editor in chief here at the *Centerville Weekly*. **2** Last year, Natalia was instrumental in developing an online presence for our magazine. As a fun side note, in case you didn't know, Natalia is also a talented author in her own right. **3** In her spare time, she writes mystery novels and has recently had her first one published.

1 우리 동료인 나탈리아 페트로바를 축하하게 되어 기쁩니다. 이곳 〈센터빌 위클리〉의 새 편집장으로 임명되었는데요. **2** 나탈리아는 작년에 우리 잡지가 온라인으로 진출하는 기반을 닦는데 중요한 역할을 했습니다. 재미있는 여담인데요. 모르셨을 수도 있겠지만, 나탈리아는 본인 스스로 재능이 뛰어난 작가입니다. **3** 여가 시간에 추리 소설을 쓰고 최근 첫 소설을 출간했습니다.

어휘 delighted 기뻐하는 colleague 동료 appoint 임명하다 editor in chief 편집장 instrumental 중요한 develop 개발하다, 개척하다 presence 진출 side note 여담 in one's own right 자기 능력으로, 스스로 recently 최근 publish 출판하다

1 화자는 무엇을 발표하는가?
(A) 대회　　　　　　(B) 협력
(C) 퇴직　　　　　　(D) 승진

해설 **발표 주제**
초반부에서 동료인 나탈리아 페트로바를 축하하게 되어 기쁘다(I'm delighted to congratulate our colleague, Natalia Petrova)고 한 후, 그녀가 〈센터빌 위클리〉의 새 편집장으로 임명되었다(who has been appointed our new editor in chief)고 덧붙였다. 따라서 동료의 승진에 대한 발표임을 알 수 있으므로, (D)가 정답이다.

2 화자에 따르면, 나탈리아는 작년에 회사를 위해 무엇을 했는가?
(A) 온라인 진출을 가능하게 했다.
(B) 투자를 두 배로 늘렸다.
(C) 비용을 낮췄다.
(D) 직원을 확대했다.

어휘 investment 투자 expand 확대하다

해설 **세부 사항 – 나탈리아가 작년에 회사를 위해 한 일**
중반부에서 작년(Last year)에 잡지가 온라인으로 진출하는 기반을 닦는 데 나탈리아가 중요한 역할을 했다(Natalia was

instrumental in developing an online presence for our magazine)고 했으므로, (A)가 정답이다.

3 나탈리아는 여가 시간에 무엇을 하는가?
(A) 단편 영화를 만든다.　　**(B) 소설을 쓴다.**
(C) 스포츠를 한다.　　　　(D) 보석을 디자인한다.

해설 **세부 사항 – 나탈리아가 여가 시간에 하는 일**
후반부에서 여가 시간(In her spare time)에 나탈리아가 추리 소설을 쓴다(she writes mystery novels)고 했으므로, (B)가 정답이다.

Q 4-6 제품 발표

M-Au It's an honor to be here at the Technology in Sports Expo. **4** I'm delighted to announce that my company has finalized one of the most anticipated designs of the year, the Smart Helmet. This bicycle helmet uses advanced technology to give cyclists a complete view of their surroundings while they ride. **5** What was especially important to me was for the Smart Helmet to be offered at a low price point. And we succeeded in that—so now many bike riders can afford this great technology. **6** Now if you'll turn your attention to the screens, I'll show you a brief video that will give you a firsthand look at the Smart Helmet in action.

테크놀로지 인 스포츠 엑스포에 오게 되어 영광스럽습니다. **4** 저희 회사가 올해 가장 기대되는 디자인으로 꼽히는 스마트 헬멧을 완성했다는 기쁜 소식을 전합니다. 이 자전거 헬멧은 첨단 기술을 활용해 이용자들이 자전거를 타는 동안 주변 전경을 볼 수 있도록 합니다. **5** 제가 각별히 중요하게 여겼던 점은 스마트 헬멧이 저렴한 가격에 제공되는 것이었습니다. 우리는 그 일에 성공했고 이제는 많은 자전거 이용자들이 이 훌륭한 기술을 누릴 수 있습니다. **6** 이제 스크린으로 주의를 돌려주시면 스마트 헬멧이 작동하는 모습을 직접 보실 수 있는 짧은 영상을 보여드리겠습니다.

어휘 honor 영광 finalize 완성하다 anticipated 예상되는, 기대되는 advanced 고급의, 첨단의 cyclist 사이클리스트, 자전거 이용자 surroundings 주변 (전경) especially 특히 offer 제공하다 succeed 성공하다 afford ~할 여유가[여건이] 되다 attention 주의, 주목 brief 간략한 firsthand 직접하는 look 모습

4 화자의 회사는 어떤 제품을 개발했는가?
(A) 운동 기계　　　　　**(B) 자전거 헬멧**
(C) 공기 주입식 매트리스　(D) 운동용 신발

어휘 inflatable 공기 주입식의

해설 **세부 사항 – 화자의 회사가 개발한 제품**
초반부에서 화자의 회사가 올해 가장 기대되는 디자인으로 꼽히는 스마트 헬멧을 완성했다(my company has finalized ~ the Smart Helmet)고 한 후, 자전거 헬멧(bicycle helmet)이라고 다시 한번 언급했다. 따라서 (B)가 정답이다.

5 화자는 자신에게 무엇이 중요했다고 말하는가?

(A) 가격 적정성   (B) 매력도
(C) 편안함   (D) 내구성

해설 세부 사항 – 화자가 중요하다고 말한 것

중반부에서 화자가 각별히 중요하게 여겼던 점(What was especially important to me)은 스마트 헬멧이 저렴한 가격에 제공되는 것(for the Smart Helmet to be offered at a low price point)이라고 했으므로, (A)가 정답이다.

패러프레이징

지문의 to be offered at a low price point
➔ 정답의 Affordability

6 화자는 다음으로 무엇을 하겠는가?

(A) **동영상 보여주기**   (B) 동료 소개하기
(C) 질문에 답하기   (D) 샘플을 볼 수 있도록 돌리기

어휘 colleague 동료

해설 화자가 다음에 할 일

후반부에서 이제 스마트 헬멧이 작동하는 모습을 직접 볼 수 있는 짧은 영상을 보여주겠다(Now ~ I'll show you a brief video)고 했으므로, (A)가 정답이다.

Q 7-9 워크숍 설명

M-Cn I'm glad to see so many people have signed up for this month's technology workshop. **7**We'll explore the basics of data entry and organization. Before we begin, **8**please make sure the user identification number at your assigned workstation corresponds to your employee identification number. If it doesn't match, please let me know immediately. **9**Also, today's workshop will last about four hours, so you'll need to have the power supply for your laptops handy.

이번 달 기술 워크숍에 이토록 많은 분이 등록한 모습을 보니 기쁩니다. **7**우리는 데이터 입력과 구성의 기초를 살펴볼 예정입니다. 시작하기 전에 **8**여러분의 자리에 있는 사용자 식별 번호가 사원 번호와 일치하는지 확인해 주십시오. 일치하지 않으면 제게 즉시 알려 주시기 바랍니다. **9**또한 오늘 워크숍은 약 4시간 동안 진행될 예정이니, 여러분의 노트북 컴퓨터 전원 공급 장치를 사용할 수 있게 준비해 두셔야 할 겁니다.

어휘 sign up for ~에 등록하다 explore 탐구하다, 살펴보다 data entry 데이터 입력 organization 구성, 조직 user identification number 사용자 식별 번호 assigned 할당된, 지정된 workstation 작업하기 위한 자리, 워크스테이션 correspond to ~와 일치하다(= match) employee identification number 사원 번호 immediately 즉시, 당장 last 지속[계속]되다 power supply 전원 공급 장치 have A handy A를 사용할 수 있게 준비하다

7 워크숍은 주로 무엇에 관한 것인가?

(A) 회사 경비 절감
(B) 해외 시장 확대
(C) **데이터 입력 기술 학습**
(D) 고객과의 관계 개선

해설 워크숍의 주제

초반부에서 데이터 입력과 구성의 기초를 알아보겠다(We'll explore the basics of data entry and organization)고 했으므로, (C)가 정답이다.

패러프레이징

지문의 explore the basics of data entry
➔ 정답의 Learning data entry skills

8 청자들은 먼저 무엇을 하라고 지시 받는가?

(A) 이름표 부착   (B) **식별 번호 확인**
(C) 사용 설명서 개봉   (D) 보안 양식 서명

해설 청자들이 지시 받은 일

중반부에서 시작하기 전에 지정된 자리에 있는 사용자 식별 번호가 사원 번호와 일치하는지 확인해 달라(make sure the user identification number ~ corresponds to your employee identification number)고 했으므로, (B)가 정답이다.

9 화자에 따르면, 청자들은 무엇을 가지고 있어야 하는가?

(A) 식권   (B) 명함
(C) 휴대폰   (D) **전선**

해설 세부 사항 – 청자들이 가지고 있어야 하는 것

후반부에서 워크숍이 약 4시간 동안 진행될 예정이니 노트북 컴퓨터 전원 공급 장치를 사용할 수 있게 준비해 두라(you'll need to have the power supply for your laptops handy)고 했으므로, (D)가 정답이다.

패러프레이징

지문의 power supply ➔ 정답의 power cord

Q 10-12 인물 소개

M-Au **10**Thank you all for taking time out of your busy schedules to come celebrate Anthony Lee's last day at the firm before his retirement. As you probably know, **11**our client numbers have grown significantly because of Anthony's hard work and commitment. His most notable achievement here at the Bowman Company has been securing more business contracts than any other sales representative in the firm's history. We thank you, Anthony, and would like to present you with a small token of our appreciation. **12**So please come on up here to take this beautiful engraved watch. Let's have a big round of applause for Anthony, everyone.

10바쁜 일정 중 시간을 내셔서 앤소니 리의 퇴임 전, 회사에서의 마지막 날을 축하해 주러 오신 여러분 모두 감사합니다. 아시겠지만, **11**앤소니의 노고와 헌신 덕분에 저희 고객 수가 크게 늘어났습니다. 이곳 바우만 컴퍼니에서 앤소니의 가장 중요한 업적은 회사 역사상 다른 어떤 영업사원보다 많은 사업 계약을 따냈다는 것입니다. 앤소니, 감사합니다. 작은 감사의 표시를 드리고 싶습니다. **12**이리 올라오셔서 이름이 새겨진 이 아름다운 시계를 받아주세요. 앤소니에게 큰 박수를 보내주십시오, 여러분.

> 어휘 celebrate 축하하다, 기념하다 firm 회사
> retirement 은퇴 significantly 상당히, 크게
> commitment 헌신, 전념 notable 주목할 만한, 중요한,
> 눈에 띄는 achievement 성취, 업적 secure 획득하다,
> 얻다 contract 계약 token 표시, 징표 appreciation
> 감사 engraved 새겨 넣은 applause 박수

10 어떤 행사가 열리고 있는가?
(A) 은퇴 기념 파티 (B) 모금 연회
(C) 영업 회의 (D) 취업 박람회

해설 개최되고 있는 행사
초반부에서 앤소니 리의 퇴임 전 회사에서의 마지막 날을 축하하기 위해 온(to come celebrate Anthony Lee's last day at the firm) 모두에게 감사를 전하고 있으므로, 퇴임 기념 행사가 열리고 있음을 알 수 있다. 따라서 (A)가 정답이다.

패러프레이징
지문의 to come celebrate Anthony Lee's last day at the firm ➡ 정답의 A retirement party

11 화자에 따르면, 앤소니 리의 가장 큰 업적은 무엇인가?
(A) 자선 재단을 시작했다.
(B) 회사 합병을 감독했다.
(C) 가장 많이 팔리는 제품을 개발했다.
(D) 고객층을 확대했다.

> 어휘 charitable 자선의, 자선을 베푸는 foundation
> 재단 oversee 감독하다 merger 합병

해설 세부 사항 – 앤소니 리의 가장 큰 업적
중반부에서 앤소니 리 덕분에 고객수가 크게 늘었다(our client numbers have grown significantly)며 그의 가장 중요한 업적은 회사 역사상 다른 어떤 영업사원보다 많은 사업 계약을 따냈다는 것(securing more business contracts than any other sales representative)이라고 했다. 따라서 (D)가 정답이다.

패러프레이징
지문의 client numbers have grown, securing ~ business contracts
➡ 정답의 expanded a client base

12 화자는 앤소니 리에게 무엇을 해 달라고 요청하는가?
(A) 연설하기 (B) 위원회 이끌기
(C) 선물 받기 (D) 사진 포즈 잡기

해설 화자의 요청 사항
후반부에서 앤소니 리를 호명하며 올라와서 이름이 새겨진 이 아름다운 시계를 받아달라(please ~ take this beautiful engraved watch)고 요청했으므로, (C)가 정답이다.

패러프레이징
지문의 take this beautiful engraved watch
➡ 정답의 Accept a gift

Q 13-15 설명

> W-Br I'd like to welcome all of you to Dully Manufacturing. **13**During this morning's new-employee orientation, I'll give you some general information about working here. Then, this afternoon, you'll receive specialized assembly training. First, before I forget, **14**we've recently changed a driving regulation on company property. **15**Everybody's now required to drive at or below fifteen kilometers per hour. People like to walk on the roads during their breaks. There has been talk about putting more walking paths around the facility, but nothing's been done yet.
>
> 덜리 매뉴팩처링에 입사한 여러분 모두를 환영합니다. **13**오늘 오전 신입사원 예비 교육에서는 이곳에서 근무하면서 알아야 할 일반적인 정보를 알려드리겠습니다. 그리고 나서, 오늘 오후에는 전문적인 조립 교육을 받게 됩니다. 먼저, 잊기 전에 말씀드리자면, **14**최근 회사 부지 내 운전 규정을 변경했습니다. **15**이제 누구나 시속 15킬로미터 이하로 운전해야 합니다. 사람들이 휴식 시간에 도로에서 산책을 즐기는데요. 시설 주변에 산책로를 더 설치하자는 이야기가 있었지만 아직 아무것도 이루어진 것은 없습니다.

> 어휘 manufacturing 제조업 new employee
> orientation 신입사원 예비 교육 specialized 특화된,
> 전문적인 assembly training 조립 교육 recently
> 최근에 driving regulation 운전 규정 property 소유지,
> 부동산 be required to부정사 ~해야 한다 break 휴식
> 시간 walking path 산책로 facility 시설

13 청자들은 누구인가?
(A) 이사진 (B) 최근 퇴직자
(C) 신입사원 (D) 잠재 투자자

해설 청자들의 신분
초반부에서 오늘 오전의 신입사원 예비 교육(During this morning's new-employee orientation) 시간에는 이곳에서 근무하면서 알아야 할 일반적인 정보를 알려주겠다고 했으므로, 청자들이 신입사원임을 알 수 있다. 따라서 (C)가 정답이다.

14 화자는 최근에 무엇이 바뀌었다고 말하는가?
(A) 수업 시간 (B) 회의 장소
(C) 채용 과정 **(D) 직장 규정**

해설 **세부 사항 – 최근에 변경된 것**

중반부에서 최근에 회사 부지 내 운전 규정을 변경했다(we've recently changed a driving regulation on company property)고 했으므로, (D)가 정답이다.

패러프레이징

지문의 driving regulation on company property
➡ 정답의 **work-site regulation**

15 화자가 "사람들이 휴식 시간에 도로에서 산책을 즐기는데요"라고 말한 의도는 무엇인가?
  (A) 운전자들이 조심해야 한다.
  (B) 특정 시간대에 차량 통행이 금지된다.
  (C) 직장에 차를 타고 갈 수 없다.
  (D) 회사가 직원들에게 신체 활동을 장려한다.

해설 **화자의 의도 파악 – 사람들이 도로에서 산책을 즐긴다는 말의 의미**

후반부에서 이제 구내에서 누구나 시속 15킬로미터 이하로 운전해야 한다(Everybody's now required to drive at or below fifteen kilometers per hour)고 한 후, 사람들이 휴식 시간에 도로에서 산책을 즐긴다고 했다. 이는 운전 시 속도를 줄이고 조심해야 한다는 뜻이므로, (A)가 정답이다.

Q 16-18 소개

M-Au **16**Thanks again for attending this year's award ceremony. And now to conclude, **17**this year's Most Creative Car of the Future award goes to... Pennington Auto—a manufacturer that is planning to revolutionize the car industry. Pennington's car of the future will be able to pick you up at your front door, no matter where you've parked it, by using remote control technology. Yes, you heard me right! **18**And now let's welcome the president of Pennington Auto, Bradley Lipinski, to accept the award. He's going to tell us a little more about this incredible new car.

16올해의 시상식에 참석해 주셔서 다시 한 번 감사드립니다. 이제 마지막으로, **17**올해 가장 창의적인 미래 자동차상의 주인공은, 자동차 산업에 혁신을 일으킬 예정인 페닝턴 오토입니다. 페닝턴의 미래 자동차는 여러분이 어디에 주차했는지에 상관없이 원격 제어 기술을 사용하여 현관까지 여러분을 태우러 갈 수 있을 것입니다. 맞습니다, 들으신 그대로입니다! **18**그러면 이제 수상을 할 페닝턴 오토의 사장인 브래들리 리핀스키 씨를 환영해 주십시오. 그가 우리에게 이 놀라운 신차에 대해 조금 더 이야기해 줄 것입니다.

어휘 **award ceremony** 시상식 **conclude** 마치다, 결론을 내리다 **manufacturer** 제조사 **revolutionize** 혁신을 일으키다 **car industry** 자동차 산업 **pick up** ~을 태우러 가다 **no matter where** 어디서 ~하더라도 **remote control** 원격 조종; 리모컨 **accept an award** 상을 받다 **incredible** 놀라운, 믿기 힘든

16 어떤 종류의 행사가 개최되고 있는가?
  (A) 시상식   (B) 퇴임 파티
  (C) 주주 총회   (D) 개업식

해설 **개최되는 행사의 종류**

초반부에서 청자들에게 올해의 시상식에 참석해 주어 다시 한 번 감사하다(Thanks again for attending this year's award ceremony)고 했으므로, (A)가 정답이다.

17 화자는 어떤 제품을 강조하는가?
  (A) 무선 보안 시스템
  (B) 혁신적인 자동차
  (C) 효율적인 기기
  (D) 발광 키보드

어휘 **wireless** 무선의 **illuminated** 빛나는, 환한

해설 **세부 사항 – 화자가 강조하는 제품**

화자는 올해 가장 창의적인 미래 자동차상의 주인공은 페닝턴 오토이며 자동차 산업에 혁신을 일으킬(a manufacturer that is planning to revolutionize the car industry) 거라 한 후, 이 회사가 앞으로 출시할 자동차(Pennington's car of the future)에 대해 설명했다. 따라서 (B)가 정답이다.

18 브래들리 리핀스키 씨는 누구인가?
  (A) 그래픽 디자이너   (B) 기자
  (C) 영업 이사   (D) 기업 경영자

해설 **브래들리 리핀스키 씨의 직업**

후반부에서 페닝턴 오토의 사장인 브래들리 리핀스키 씨(the president of Pennington Auto, Bradley Lipinski)가 상을 받을 것이라고 했으므로, (D)가 정답이다.

패러프레이징

지문의 the president of Pennington Auto
➡ 정답의 **A corporate executive**

Q 19-21 설명 담화 + 그래프

W-Br I'd like to discuss a procedural change we tried out at our Hoffside warehouse. **19**Throughout last month, they switched the main standard for employee performance from speed to accuracy. Basically, workers were encouraged to take a moment to confirm that they had fulfilled each customer's order correctly. Although this resulted in slightly less total merchandise being shipped each day, they processed far fewer returns and customer complaints. **20**And, as an unanticipated bonus, staff indicated that they enjoy their jobs more now that they aren't so rushed. So, we've decided to implement this change at all our warehouses, starting with yours. **21**As you currently have the lowest accuracy rate, we feel it will make a big difference here.

우리의 호프사이드 창고에서 시험 삼아 해 본 절차 변경에 대해 이야기하고자 합니다. **19지난달, 그들은 인사 고과의 주요 기준을 '속도'에서 '정확성'으로 바꿨습니다.** 기본적으로, 직원들이 고객에게 받은 주문 건을 이행할 때 시간을 들여 정확하게 주문을 받았는지 확인하도록 권했습니다. 매일 출고되는 상품의 양은 약간 적어졌지만 반품과 고객 불만도 훨씬 적어지는 결과를 가져왔습니다. **20그리고 예상치 못한 장점은, 직원들이 스스로 과하게 서두르지 않게 되어 일을 더 즐기고 있다고 한 것입니다.** 그래서 여러분의 창고를 시작으로, 다른 전체 창고들도 이러한 변화를 시행할 예정입니다. **21현재 여러분 창고의 정확도가 가장 낮기 때문에 큰 변화를 가져올 것이라고 생각합니다.**

어휘 **procedural** 절차의 **warehouse** 창고 **switch** 바꾸다 **employee performance** 인사 고과, 직원 성과 **accuracy** 정확성 **basically** 기본적으로 **fulfill** 이행하다 **encourage** 장려하다, 권장하다 **merchandise** 상품 **complaint** 불평 **unanticipated** 예상치 못한, 뜻밖의 **implement** 실행하다

창고에서 정확히 이행된 주문율

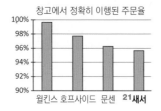

윌킨스 호프사이드 문센 **21새서**

19 회사가 변경하기로 한 것은 무엇인가?
(A) 창고 시설 배치
(B) 배송 추적 소프트웨어
(C) 업무 평가 관행
(D) 온라인 일정 관리 플랫폼

어휘 **layout** 배치 **evaluation** 평가 **practice** 관행

해설 세부 사항 – 회사가 변경하기로 결정한 것
초반부에서 인사 고과의 주요 기준을 '속도'에서 '정확성'으로 바꿨다(they switched the main standard for employee performance from speed to accuracy)고 했으므로, (C)가 정답이다.

패러프레이징
지문의 switched ➡ 질문의 decided to change
지문의 the main standard for employee performance ➡ 정답의 A performance evaluation practice

20 변화에 따른 뜻밖의 효과는 무엇이었는가?
(A) 줄어든 훼손 상품
(B) 상당한 에너지 절약
(C) 줄어든 배송 시간
(D) 상승된 직원 만족도

어휘 **damaged** 손상된, 훼손된 **substantial** 상당한 **reduce** 줄어들다, 감소시키다 **satisfaction** 만족

해설 세부 사항 – 변화에 따른 뜻밖의 효과
중반부에서 예상치 못한 장점은 직원들이 과하게 서두르지 않게 되어 일을 더 즐기고 있다고 한 것(they enjoy their jobs

more now that they aren't so rushed)이라고 했으므로, (D)가 정답이다.

패러프레이징
지문의 an unanticipated bonus
➡ 질문의 an unexpected effect
지문의 they enjoy their jobs more
➡ 정답의 Higher employee satisfaction

21 시각 정보에 따르면, 담화는 어디에서 이뤄지겠는가?
(A) 윌킨스   (B) 호프사이드
(C) 문센   **(D) 새서**

해설 시각 정보 연계 – 담화가 이루어진 곳
후반부에서 청자들의 창고가 현재 가장 낮은 정확도를 보여 주고 있기 때문에(As you currently have the lowest accuracy rate) 큰 변화를 가져올 것이라고 생각한다고 했다. 즉, 정확도가 가장 낮은 창고에서 담화가 이루어지고 있는 것인데, 시각 정보를 보면 정확히 이행된 주문율이 가장 낮은 창고는 새서(Sasser)이므로, (D)가 정답이다.

⑫ 공공장소 안내 방송

<table>
<tr><td>ETS **CHECK-UP**</td><td>본책 p. 241</td></tr>
<tr><td colspan="2">**1** (A)   **2** (D)   **3** (C)</td></tr>
</table>

Q 1-3 공연 안내 방송

M-Cn Good evening everyone, and welcome to this evening's performance of *Clouded Awakening*! **1**I'm Austin Gray, the director of this theater. **2**I'm very excited to tell you that our show has once again sold out, which means we've sold every ticket to every show since opening night. During the intermission, please feel free to buy refreshments out in the lobby, or visit our theater gift shop. **3**All proceeds from this evening's sales will go to support the arts programs at our community high schools, so thank you all in advance! Now, please enjoy the show.

안녕하세요, 여러분. 오늘 저녁 〈클라우디드 어웨이크닝〉 공연에 오신 것을 환영합니다! **1저는 연극 감독 오스틴 그레이입니다. 2저희 공연이 다시 매진됐다고 알려드리게 되어 아주 기쁩니다.** 개막일 밤부터 모든 공연의 입장권을 전부 판매했다는 뜻이죠. 쉬는 시간에는 자유롭게 로비에서 다과를 구입하시거나 극장 기념품점을 방문하세요. **3오늘 저녁 판매 수익금 전액은 지역 고등학교의 예술 프로그램을 지원하는 데 쓰일 것입니다.** 미리 감사드립니다! 자, 즐겁게 관람하세요.

어휘 **performance** 공연 **intermission** (연극, 영화 등의) 중간 휴식 시간 **refreshments** 다과 **proceeds** 수익금 **in advance** 미리

1 화자는 누구인가?
(A) 연극 감독   (B) 관람객
(C) 출연자   (D) 입장권 판매원

해설 화자의 신분
초반부에서 화자가 자신을 연극 감독 오스틴 그레이(I'm Austin Gray, the director of this theater)라고 소개하고 있으므로, (A)가 정답이다.

2 화자는 이 연극의 어떤 점이 특별하다고 말하는가?
(A) 여러 개의 상을 받았다.
(B) 지역 극작가가 썼다.
(C) 유명 배우가 주연을 맡았다.
(D) 모든 공연이 매진됐다.

어휘 playwright 극작가   lead role 주연

해설 세부 사항 – 화자가 언급한 연극의 특별한 점
중반부에서 공연이 다시 매진됐다(our show has once again sold out)고 알리게 되어 매우 기쁘다고 한 후, 개막일 밤부터 모든 공연의 입장권을 전부 판매했다는 뜻(which means we've sold every ticket to every show since opening night)이라고 덧붙였다. 즉, 모든 공연이 매진된 것을 강조한 것이므로, (D)가 정답이다.

패러프레이징
지문의 sold every ticket to every show
➡ 정답의 All shows have sold out

3 오늘 저녁 판매 수익금은 어떻게 쓰일 것인가?
(A) 컴퓨터 구입   (B) 시상식 자금
(C) 학교 프로그램 지원   (D) 극장 보수

어휘 purchase 구입하다   fund 자금을 대다

해설 세부 사항 – 오늘 저녁 판매 수익금의 용도
후반부에서 오늘 저녁 판매 수익금 전액은 지역 고등학교의 예술 프로그램을 지원하는 데(to support the arts programs at our community high schools) 쓰일 것이라고 했으므로, (C)가 정답이다.

LISTENING PRACTICE
본책 p. 243

1 (A)   **2** (B)   **3** (A)   **4** (B)   **5** (A)   **6** (B)

Q 1-2 주민 대상 안내 방송

W-Am The city of Dover would like to inform residents of the <u>following upcoming construction work</u>. **¹**<u>Beginning Monday, August 8, Main Street will be closed for water pipe installation. Automobile traffic will not be allowed</u> on Main Street between Sixteenth Street and Twentieth Street. Pedestrians will be able to access all stores in the area <u>while the work is being</u>

---

completed. We expect to reopen Main Street by August 11. We apologize for any inconvenience this closure may cause. **²**<u>If you have any questions regarding the construction</u> on Main Street, please call the City Planning Office at 555-3701.

도버 시가 다음과 같이 예정된 건설 공사에 대해 주민께 알려 드리고자 합니다. **¹**급수관 설치 공사로 8월 8일 월요일부터 메인 가가 폐쇄됩니다. 16번가와 20번가 사이의 메인 가 구간에서 차량 통행이 금지됩니다. 공사가 진행되는 동안 보행자들은 이 지역의 모든 상점들에 출입할 수 있습니다. 메인 가는 8월 11일경에 재개통될 것으로 예상됩니다. 이 폐쇄 조치로 야기될 수 있는 불편에 대해 사과 드립니다. **²**메인 가 공사에 관해 문의 사항이 있으시면 555-3701번의 도시계획과로 전화 주십시오.

어휘 inform A of B A에게 B에 대해 알리다   resident 주민, 거주자   upcoming 다가오는   water pipe 급수관, 수도관   installation 설치   automobile traffic 차량 운행   allow 허용하다   pedestrian 보행자   access 접근[이용]하다   complete 완성하다   reopen 다시 열다, 재개통하다   apologize for ~에 대해 사과하다   inconvenience 불편   closure (도로·교량 등의) 폐쇄   cause 초래하다   regarding ~에 관하여

1 메인 가는 언제 차량 통행이 차단되는가?
(A) 8월 8일   (B) 8월 11일

해설 세부 사항 – 차량 통행이 차단되는 날짜
초반부에서 8월 8일 월요일부터 급수관 설치 공사로 메인 가가 폐쇄되며(Beginning Monday, August 8, Main Street will be closed) 차량 통행이 금지된다(Automobile traffic will not be allowed)고 했으므로, (A)가 정답이다.

2 사람들은 문의 사항이 있다면 어떻게 해야 하는가?
(A) 이메일을 보낸다.   (B) 전화를 건다.

해설 세부 사항 – 문의하는 방법
후반부에서 메인 가 공사에 관해 문의 사항이 있으면 555-3701번의 도시계획과로 전화하라(If you have any questions ~, please call the City Planning Office at 555-3701)고 했으므로 (B)가 정답이다.

패러프레이징
지문의 call ➡ 정답의 Make a phone call

Q 3-4 선내 안내 방송

W-Am Attention all passengers waiting for the 6:30 P.M. ferry to Saint Marshall's Island. **³**<u>Due to a storm along the coast</u>, this ferry has been canceled. However, the storm is moving quickly, so it should be out of the area **⁴**<u>in time for the last departure of the day</u>. To accommodate all the <u>extra passengers on the last ferry</u>, we'll be opening the upper deck of the boat.

It can get pretty chilly up there, so you'll want to put on a sweater or jacket if you have one with you. Thanks for your patience, and we apologize for any inconvenience.

오후 6시 30분발 세인트 마셜 아일랜드행 여객선을 기다리시는 승객 여러분께 알려 드립니다. **3해안에 폭풍이 불어 해당 선편이 취소되었습니다.** 하지만 폭풍이 빨리 이동하고 있어 **4오늘 마지막 출항 시간에 맞춰 이 지역을 벗어날 것으로 보입니다.** 마지막 선편에 추가로 승객들을 수용하기 위해 저희는 여객선의 상갑판을 개방할 예정입니다. 그 위는 매우 쌀쌀할 수 있으니 스웨터나 재킷이 있으면 착용하셔야 합니다. 인내에 감사드리며, 불편을 끼쳐 드려 죄송합니다.

어휘 passenger 승객 due to ~때문에 storm 폭풍우 coast 해안 ferry 여객선 departure 출발(시간) accommodate 수용하다 deck 갑판 chilly 쌀쌀한 patient 인내 inconvenience 불편함

세인트 마셜 아일랜드 여객선

출발	도착
오전 9:00	오전 9:30
오전 11:00	오전 11:30
오후 6:30	오후 7:00
4오후 8:30	오후 9:00

3 취소 사유는 무엇인가?
(A) 악천후   (B) 기계 결함

해설 세부 사항 – 취소 사유
초반부에 해안에 폭풍이 불어(Due to a storm along the coast) 6시 30분발 여객선이 취소되었다고 했으므로, (A)가 정답이다.

4 시각 정보에 따르면, 여객선은 몇 시에 출발하겠는가?
(A) 오후 6:30   (B) 오후 8:30

해설 시각 정보 연계 – 여객선 출발 시간
폭풍이 마지막 출항 시간에 맞춰(in time for the last departure of the day) 이 지역을 빠져나갈 것이고, 마지막 선편(last ferry)에 추가로 승객들을 수용하기 위해 상갑판을 개방할 예정이라고 했으므로, 청자들이 마지막 여객선을 탈 것임을 알 수 있다. 시각 정보를 보면 마지막 여객선의 출발 시간은 오후 8시 30분이므로, (B)가 정답이다.

Q 5-6 사내 안내 방송

M-Cn Attention, employees. **5This is a reminder that repaving work will be taking place all next week in the west parking area.** Because of the reduced number of available parking spaces, employees are encouraged to share rides for the duration of the repaving project. **6A sign-up sheet for carpooling has been posted in the cafeteria.** If you'd like to arrange

to share a ride, stop by at lunch and add your name and phone number to the list.

직원 여러분께 알려 드립니다. **5서쪽 주차장의 재포장 작업이 다음 주 내내 진행된다는 것을 상기시켜 드리고자 합니다.** 공사 기간 동안 주차 공간이 줄어들기 때문에 직원 여러분께서는 재포장 기간 동안 승용차 함께 타기에 적극 동참해 주시기 바랍니다. **6카풀 신청서가 구내 식당에 게시되어 있습니다.** 카풀 신청을 하실 분들은 점심 시간에 들르셔서 신청서에 성명과 전화번호를 기재하시기 바랍니다.

어휘 repave 다시 포장하다 reduced 감소된, 줄어든 available 이용 가능한 encourage 권고하다, 독려하다 duration 기간 carpool 카풀(승용차 함께 타기) arrange 준비하다, 신청하다

5 다음 주에 무슨 일이 있을 것인가?
(A) 주차장이 재포장될 것이다.
(B) 운영 시간이 연장될 것이다.

해설 다음 주에 일어날 일
초반부에서 다음 주 내내 서쪽 주차장 재포장 작업이 진행된다 (repaving work will be taking place all next week in the west parking area)고 했으므로, (A)가 정답이다.

패러프레이징
지문의 **repaving work will be taking place ~ in the west parking area**
➡ 정답의 **A parking area will be repaved.**

6 참가 신청서는 어디에서 찾을 수 있는가?
(A) 로비   (B) 구내 식당

해설 세부 사항 – 참가 신청서가 있는 장소
후반부에서 카풀 신청서가 구내 식당에 게시되어 있다(A sign-up sheet for carpooling has been posted in the cafeteria)고 했으므로, (B)가 정답이다.

ETS TEST   본책 p. 244

1 (A)	2 (C)	3 (B)	4 (C)	5 (D)	6 (B)
7 (B)	8 (B)	9 (A)	10 (B)	11 (C)	12 (D)
13 (B)	14 (D)	15 (B)	16 (C)	17 (C)	18 (D)
19 (A)	20 (B)	21 (C)			

Q 1-3 공연 안내 방송

M-Au Good evening, ladies and gentlemen. Thank you for attending tonight's performance at Caddo Concert Hall. **1I apologize for the late start; we're having some minor difficulties with the speaker system.** Our sound technician is working on the problem, and we should be able to begin shortly. **2In the meantime, please feel free to visit the lobby, where copies of the band's recent albums are available for purchase. **3**Be sure to take note of the posters near the entrance advertising our other exciting shows this season.

안녕하세요, 신사 숙녀 여러분. 오늘밤 카도 콘서트홀에서 열리는 공연에 와 주셔서 감사합니다. **1시작이 늦어져서 죄송합니다. 스피커 시스템에 작은 문제가 있습니다.** 저희 음향 기술자가 문제를 해결하고 있으니 곧 시작할 수 있을 겁니다. **2그동안 로비에 가시면 밴드의 최신 앨범을 구입하실 수 있습니다. 3이번 시즌의 다른 재미있는 공연을 광고하는 입구 옆 포스터도 꼭 주목해 주세요.**

어휘 attend 참석하다 technician 기술자 shortly 곧 in the meantime 당분간, 그동안에 recent 최근의 advertise 광고하다

1 공연이 지연되는 이유는?
(A) 장비가 제대로 작동하지 않는다.
(B) 악기가 설치되고 있다.
(C) 연주자가 늦어지고 있다.
(D) 극장이 청소되고 있다.

어휘 delayed 지연된 equipment 장비 instrument 악기

해설 **세부 사항 – 공연이 지연되는 이유**
초반부에서 공연 시작이 늦어진 것(the late start)에 대해 사과한 후, 스피커 시스템에 작은 문제가 있다(we're having some minor difficulties with the speaker system)며 지연되고 있는 이유를 덧붙였다. 따라서 (A)가 정답이다.

패러프레이징
지문의 the late start ➡ 질문의 delayed
지문의 having some minor difficulties with the speaker system
➡ 정답의 Some equipment is not working.

2 화자에 따르면, 로비에서 무엇을 구입할 수 있는가?
(A) 식음료 (B) 행사 입장권
(C) 밴드의 음반 (D) 밴드의 사인이 담긴 사진

해설 **세부 사항 – 로비에서 구입할 수 있는 것**
중반부에서 로비에 가면 밴드의 최신 앨범을 구입할 수 있다(visit the lobby, where copies of the band's recent albums are available for purchase)고 했으므로, (C)가 정답이다.

패러프레이징
지문의 are available for purchase
➡ 질문의 can be purchased
지문의 copies of the band's recent albums
➡ 정답의 A band's recordings

3 극장에서 무엇을 광고하고 있는가?
(A) 연기 수업 (B) 다가오는 공연
(C) 가이드 투어 (D) 지역 음식점

어휘 upcoming 다가오는, 곧 있을 local 지역의

해설 **세부 사항 – 극장에서 광고하고 있는 것**
후반부에서 이번 시즌의 다른 재미있는 공연을 광고하는 (advertising our other exciting shows this season) 입구 옆 포스터도 꼭 주목해 달라고 요청했으므로, 극장에서 다가오는 공연도 광고하고 있음을 알 수 있다. 따라서 (B)가 정답이다.

패러프레이징
지문의 our other exciting shows this season
➡ 정답의 Upcoming performances

Q 4-6 기내 안내 방송

W-Br **4**Welcome aboard Flight 672 to Tokyo. We've reached our cruising altitude. We anticipate a smooth flight and expect to arrive on time at eleven A.M. The captain has turned off the seat belt sign, so you're free to move about the cabin. **5**I want to remind you that we now offer in-flight wireless service for a fee. To use it, just go to our Web site and choose In-flight Services. Now sit back and relax. **6**We'll be coming around shortly to take your food and beverage orders.

4도쿄행 672 항공편에 탑승하신 것을 환영합니다. 비행기는 순항 고도에 도달했습니다. 순조로운 비행을 기대하며 오전 11시 정시에 도착할 것으로 예상됩니다. 기장이 좌석벨트 표시등을 껐으니 객실 내 자유롭게 이동하실 수 있습니다. **5이제 유료로 기내 무선 서비스를 제공함을 다시 한번 알려드립니다.** 이용하시려면 저희 웹사이트에서 기내 서비스를 선택하십시오. 이제 편안히 휴식을 취하시기 바랍니다. **6식사 및 음료 주문을 받기 위해 곧 돌아오겠습니다.**

어휘 aboard 탑승한, 승선한 reach 도달하다 cruising altitude 순항 고도 anticipate 기대하다, 예상하다 on time 시간을 어기지 않고 remind 상기시키다 in-flight 기내의 wireless 무선의 for a fee 유료로, 비용을 지불하고 shortly 곧 beverage 음료 order 주문

4 화자는 누구이겠는가?
(A) 버스 운전기사 (B) 투어 가이드
(C) 항공기 승무원 (D) 열차 차장

해설 **화자의 직업**
초반부에서 도쿄행 672 항공편 탑승을 환영한다(Welcome aboard Flight 672 to Tokyo)고 했으므로, 화자가 항공기 승무원이라고 추론할 수 있다. 따라서 (C)가 정답이다.

5 화자는 청자들에게 무엇에 대해 상기시키는가?
(A) 경유지 수 (B) 기상 상태
(C) 수하물 보관 규정 (D) 무선 인터넷 이용 가능성

어휘 condition 상태 regulation 규정 store 보관하다, 저장하다 luggage 수하물, 짐 availability 이용 가능성

해설 **청자들에게 상기시키는 것**

중반부에서 이제 유료로 기내 무선 서비스를 제공한다(we now offer in-flight wireless service for a fee)는 점을 다시 한번 알려주고 싶다고 했으므로, (D)가 정답이다.

6 청자들은 곧 무엇을 하겠는가?
(A) 좌석 선택하기　　　**(B) 음식 주문하기**
(C) 운송 수단에서 나가기　(D) 표 보여주기

해설 **청자들이 곧 할 일**

후반부에서 식사 및 음료 주문을 받기 위해 곧 돌아오겠다(We'll be coming around shortly to take your food and beverage orders)고 했으므로, 청자들이 곧 음식을 주문할 것이라고 추론할 수 있다. 따라서 (B)가 정답이다.

패러프레이징

지문의 **shortly** ➡ 질문의 **soon**

Q 7-9 상점 안내 방송

M-Cn **7**Attention Hamilton Grocery Shoppers! Thank you for shopping with us today. **8**We would appreciate it if you would fill out our customer survey. We have two tables set up for your convenience staffed by our customer service representatives—one in the fruit section and one in front of the bakery. It'll only take a minute, and **8**will help us find out how we can better serve our customers to the best of our abilities. **9**Those who complete the survey will receive a voucher for 5 percent off all your purchases today. Thank you, and have a great day!

7해밀턴 식료품점 고객 여러분께 알립니다! 오늘 저희 상점에서 구매해 주셔서 고맙습니다. **8**고객 설문지를 작성해 주시면 감사하겠습니다. 여러분의 편의를 위해 고객 서비스 담당 직원이 있는 탁자가 두 군데에 마련되어 있습니다. 하나는 과일 코너에 있고 하나는 제빵 코너 앞에 있습니다. 설문지 작성은 잠깐이면 되며, **8**저희가 어떻게 하면 고객님께 최대한 더 나은 서비스를 제공할 수 있는지 파악하는 데 도움이 될 것입니다. **9**설문지를 완성하신 분들께는 오늘 구입하시는 모든 물품을 5% 싸게 사실 수 있는 할인권을 드립니다. 감사 드리며, 즐거운 하루 보내시기 바랍니다!

어휘 **fill out** ~을 작성하다　**customer survey** 고객 설문지　**set up** ~을 설치하다　**for one's convenience** ~의 편의를 위해　**staffed** 직원이 배치된　**customer service representative** 고객 서비스[지원] 담당자　**in front of** ~ 앞에　**take a minute** 잠깐이면 된다　**find out** ~을 알아내다, 파악하다　**to the best of one's abilities** 최대한, 힘닿는 데까지　**voucher** 상품권, 쿠폰

7 안내 방송이 나오는 장소는 어디인가?
(A) 기차역　　　　**(B) 식료품점**
(C) 식당　　　　　(D) 가구점

해설 **안내 방송이 나오는 장소**

초반부에서 해밀턴 식료품점 고객에게 알린다(Attention Hamilton Grocery Shoppers)고 했으므로, (B)가 정답이다.

8 화자가 "설문지 작성은 잠깐이면 된다"라고 말한 이유는 무엇인가?
(A) 오해를 바로잡으려고　**(B) 참여를 장려하려고**
(C) 허락을 구하려고　　　(D) 지연을 해명하려고

해설 **화자의 의도 파악 – 설문지 작성은 잠깐이면 된다는 말의 의미**

초반부에서 고객 설문지를 작성해달라(fill out our customer survey)고 부탁하고 나서 한 말이다. 잠깐 시간을 들여서 작성해 주면 더 나은 서비스를 제공하는 데 도움이 될 것(help us ~ better serve our customers)이라고 했으므로, 참여를 독려하려는 의도라고 볼 수 있다. 따라서 (B)가 정답이다.

9 화자는 고객들에게 무엇을 제공하는가?
(A) 할인 쿠폰　　　(B) 가정 배달
(C) 좌석 업그레이드　(D) 무료 디저트

해설 **세부 사항 – 고객들에게 제공하는 것**

후반부에서 설문지를 완성한 사람들에게는 오늘 구입하는 모든 물품을 5% 싸게 살 수 있는 할인권을 준다(Those who complete the survey will receive a voucher ~ today)고 했으므로, (A)가 정답이다.

패러프레이징

지문의 **a voucher for 5 percent off**
➡ 정답의 **discount coupon**

Q 10-12 주민 대상 공지 방송

W-Am **10, 11**We're still looking for volunteers for the Library Cleanup Day this Saturday, April twenty-first. This is your chance to lend a hand and show your support for the community. If you'd like to help out, meet in front of the main library on Maple Street at eleven A.M. **11**We will be focusing on the outside plantings this year—getting weeds out of the shrubs, trimming back overgrown bushes, and pulling ivy from the bricks. Bring your favorite yard tools and gloves, if you wear them. A few hours of work should make a big difference to the appearance of the library, and the more hands, the sooner it will be finished. **12**As in the past, box lunches for all volunteers have been donated by the Corner Restaurant and we'll hand them out around noon.

10, 114월 21일, 이번 토요일 도서관 청소일을 위한 자원봉사자를 아직 찾고 있습니다. 지역사회를 위해 도움을 주고 여러분의 성원을 보여줄 기회입니다. 도움을 주고 싶으시다면 메이플 가에 있는 주 도서관 앞으로 오전 11시에 모여주세요. **11**올해는 외부 식목에 주안점을 둘 것입니다. 관목의 잡초를 제거하거나 마

구 자란 덤불을 다듬고 벽돌에서 담쟁이를 제거하는 일입니다. 원예 도구와 착용하실 장갑을 가져오세요. 몇 시간의 작업이 도서관의 외관에 큰 변화를 줄 수 있습니다. 일손이 많을수록 금세 끝날 겁니다. ¹²예전처럼 모든 자원봉사자들을 위한 점심 도시락은 코너 레스토랑에서 기부해 주셨습니다. 12시 즘 나눠드리겠습니다.

> 어휘 **lend a hand** 도움을 주다 **planting** (나무 등을) 심은 것 **weed** 잡초 **shrub** 관목 **trim** 다듬다, 손질하다 **overgrown** 마구 자란 **appearance** 외관, 외양 **donate** 기부하다 **hand out** ~을 나눠주다

10 공지 방송의 목적은?
(A) 강좌들을 소개하려고
(B) 자원봉사 기회를 홍보하려고
(C) 주차 규정을 설명하려고
(D) 새 운영시간을 알리려고

> 어휘 **promote** 홍보하다 **opportunity** 기회
> **regulations** 규정 **publicize** 알리다

> 해설 **공지 방송의 목적**
> 초반부에서 도서관 청소일을 위한 자원봉사자를 아직 찾고 있다(We're still looking for volunteers for the Library Cleanup Day)고 했으므로, 자원봉사 기회를 알리기 위한 공지 방송임을 알 수 있다. 따라서 (B)가 정답이다.

11 4월 21일에 무슨 일이 있을 것인가?
(A) 지역사회 박람회가 개최될 것이다.
(B) 주차가 제한될 것이다.
(C) 원예 작업이 이뤄질 것이다.
(D) 책이 배송될 것이다.

> 어휘 **restrict** 제한하다, 통제하다 **gardening** 원예

> 해설 **4월 21일에 일어날 일**
> 초반부에서 4월 21일은 도서관 청소일(the Library Cleanup Day this Saturday, April twenty-first)이라고 했는데, 중반부에서 올해 도서관 청소일에는 외부 식목에 주안점을 둘 것(We will be focusing on the outside plantings this year)이라며 해당 작업을 열거했다. 따라서 (C)가 정답이다.

> 패러프레이징
> 지문의 **the outside plantings**
> ➡ 정답의 **Some gardening work**

12 화자는 무엇을 나눠줄 것이라고 말하는가?
(A) 꽃 (B) 소식지
(C) 티셔츠 **(D) 음식**

> 어휘 **distribute** 나눠주다, 배포하다

> 해설 **세부 사항 – 화자가 나눠줄 것**
> 후반부에서 모든 자원봉사자들을 위한 점심 도시락은 코너 레스토랑에서 받았다(box lunches ~ have been donated by the Corner Restaurant)고 한 후, 12시 즘 나눠주겠다(we'll hand them out around noon)고 했으므로, (D)가 정답이다.

> 패러프레이징
> 지문의 **hand ~ out** ➡ 질문의 **be distributed**
> 지문의 **box lunches** ➡ 정답의 **Some food**

Q 13-15 기차역 안내 방송

> M-Cn ¹³Attention Blackstone Railways passengers! ¹⁴We have just installed a new automated ticketing system. The ticketing machines are located near the main entrance. The touch screens are quick and easy to use when purchasing your train tickets. ¹⁵And, for your convenience, instructions on how to use the system are now available in a variety of languages, including English, Spanish, French, and Mandarin. If you need assistance with the ticketing machines, a Blackstone Railways representative can assist you.
>
> ¹³블랙스톤 철도 승객 여러분께 알려드립니다! ¹⁴저희는 새로운 자동 매표 시스템을 설치했습니다. 매표 기계는 정문 근처에 있습니다. 기차표를 구입하실 때 터치 스크린을 이용하시면 빠르고 쉽습니다. ¹⁵여러분의 편의를 위해 시스템 사용법에 관한 설명은 영어, 스페인어, 프랑스어, 중국어를 비롯해 다양한 언어로 이용할 수 있습니다. 매표 기계에 관한 도움이 필요하시면 블랙스톤 철도 직원이 도와드릴 수 있습니다.

> 어휘 **passenger** 승객 **install** 설치하다 **automated** 자동화된 **convenience** 편의 **instructions** 설명, 지시 **a variety of** 다양한 **assistance** 도움 **representative** 직원

13 안내 방송은 어디서 이뤄지겠는가?
(A) 공항 **(B) 기차역**
(C) 쇼핑센터 (D) 놀이공원

> 해설 **안내 방송 장소**
> 초반부에서 블랙스톤 철도 승객 모두에게 알린다(Attention Blackstone Railways passengers!)고 했으므로, (B)가 정답이다.

14 화자는 무엇을 이용할 수 있다고 말하는가?
(A) 확장된 카페테리아 (B) 개조된 대합실
(C) 무료 인터넷 접속 **(D) 자동 매표 기계**

> 어휘 **complimentary** 무료의

> 해설 **세부 사항 – 화자가 이용할 수 있다고 말한 것**
> 초반부에서 새로운 자동 매표 시스템을 설치했다(We have just installed a new automated ticketing system)고 했으므로, (D)가 정답이다.

> 패러프레이징
> 지문의 **have just installed** ➡ 질문의 **now available**
> 지문의 **a new automated ticketing system**
> ➡ 정답의 **Automated ticketing machines**

15 사용자 설명서에 관해 언급된 사항은 무엇인가?

(A) 웹사이트에서 이용 가능하다.

(B) 다양한 언어로 제공된다.

(C) 표마다 적혀 있다.

(D) 상품 포장 안에서 볼 수 있다.

어휘 merchandise 상품, 물품 packaging 포장

해설 세부 사항 – 사용자 설명에 관해 언급된 것

중반부에서 시스템 사용법에 관한 설명은 다양한 언어로 이용할 수 있다(instructions on how to use the system are now available in a variety of languages)고 했으므로, (B)가 정답이다.

패러프레이징

지문의 instructions on how to use the system

➡ 질문의 user instructions

지문의 available in a variety of languages

➡ 정답의 offered in different languages

Q 16-18 공연 안내 방송

> **W-Br** Ladies and gentlemen, thank you for attending this evening's performance of the dramatic masterpiece, *A House Without Walls.* **16**Please remember that the use of recording devices of any kind is strictly prohibited. **17**Before we begin the show, a quick reminder about our theater renovation fund—we only need to raise two thousand dollars to reach our goal. Please read the back page of your programs for more information. Now, sit back and enjoy the show. **18**And after the performance, we invite you to join us in the lobby for drinks and snacks with the cast. Thank you.
>
> 신사 숙녀 여러분, 오늘 저녁 명작 연극인 〈벽이 없는 집〉 공연에 와 주셔서 감사합니다. **16**모든 종류의 녹음 기기 사용은 엄격히 금지됨을 명심해 주십시오. **17**공연을 시작하기 전, 저희 극장 개조 기금에 대해 간단히 다시 알려드립니다. 목표에 도달하려면 2천 달러만 더 모금하면 됩니다. 더 자세한 정보는 프로그램 뒷면을 읽어주세요. 자, 편안히 앉아서 공연을 즐기십시오. **18**공연이 끝나면 로비에서 출연진과 함께 음료와 간식을 드시기 바랍니다. 감사합니다.
>
> **어휘** attend 참석하다 performance 공연 dramatic 연극의 masterpiece 걸작, 명작 device 기기 strictly prohibited 엄격히 금지된 renovation 개조, 보수 fund 기금 raise 모으다 cast 출연진

16 화자는 무엇이 금지된다고 말하는가?

(A) 흡연

(B) 무대 올라가기

(C) 녹음하기

(D) 말하기

해설 세부 사항 – 화자가 언급한 금지 사항

초반부에서 모든 종류의 녹음 기기 사용은 엄격히 금지됨(the use of recording devices of any kind is strictly prohibited)을 명심해 달라고 상기시켰으므로, (C)가 정답이다.

패러프레이징

지문의 the use of recording devices of any kind

➡ 정답의 Making recordings

17 화자가 "목표에 도달하려면 2천 달러만 더 모금하면 됩니다"라고 말한 이유는?

(A) 중단에 대해 사과하려고

(B) 실수를 바로잡으려고

(C) 기부를 요청하려고

(D) 지연에 대해 설명하려고

어휘 interrupt 중단하다, 방해하다

해설 화자의 의도 파악 – 2천 달러만 더 모으면 된다는 말의 의미

중반부에서 극장 개조 기금에 대해 간단히 다시 알려겠다(a quick reminder about our theater renovation fund)며 한 말이다. 이는 필요한 모금액을 언급해 기부를 독려하려는 의도라고 볼 수 있으므로, (C)가 정답이다.

18 청자들은 로비에서 무엇을 볼 수 있는가?

(A) 코트를 넣는 옷장 (B) 프로그램

(C) 입장권 판매대 **(D) 다과**

해설 세부 사항 – 청자들이 로비에서 볼 수 있는 것

후반부에서 공연 후에 출연진과 함께 로비에서 음료와 간식을 즐기자(join us in the lobby for drinks and snacks with the cast)며 청자들을 초청했다. 따라서 (D)가 정답이다.

패러프레이징

지문의 drinks and snacks

➡ 정답의 Some refreshments

Q 19-21 버스 터미널 안내 방송 + 표

> **M-Au** Attention, passengers. **19**The following is an important announcement for passengers on the ten-thirty bus to Webster. The Webster bus will not be leaving from the scheduled platform. **20**There's a vehicle currently at the announced platform that cannot move due to engine trouble. We apologize for this inconvenience. **21**Please board your bus at Platform E instead—let me repeat: Your bus will now be departing from platform E. The information will appear on our information screens in a few minutes. Thank you.
>
> 승객 여러분들께 알립니다. **19**다음은 10시 30분 웹스터행 버스 승객 여러분께 드리는 중요 공지입니다. 웹스터행 버스가 예정

된 승강장에서 출발하지 못할 것입니다. **²⁰현재 해당 승강장에 엔진 문제로 인해 이동할 수 없는 차량이 있습니다.** 불편을 드려 죄송합니다. **²¹버스는 대신 E 승강장에서 탑승해 주십시오.** 다시 한번 말씀 드립니다. 버스가 E 승강장에서 출발할 예정입니다. 본 정보는 몇 분 후 안내 화면에 뜰 것입니다. 감사합니다.

> **어휘** passenger 승객 scheduled 예정된 vehicle 차량 currently 현재 inconvenience 불편 board 탑승하다 appear 나타나다 information screen 안내 화면

출발		
목적지	**시간**	**승강장**
¹⁹웹스터	오전 10시 30분	B
버지스	오전 10시 37분	C
패터튼	오전 10시 44분	A
코디 스프링스	오전 10시 52분	F

19 시각 정보에 따르면, 공지는 어떤 승강장에 관한 것인가?
(A) B 승강장 (B) C 승강장
(C) A 승강장 (D) F 승강장

> **어휘** concern ~에 관한 것이다

해설 **시각 정보 연계 – 관련 승강장**
초반에서 10시 30분 웹스터행 버스 승객들을 위한 중요한 공지(The following is an important announcement for passengers on the ten-thirty bus to Webster)라고 했는데, 시각 정보를 보면 해당 버스는 B 승강장에서 출발하므로, (A)가 정답이다.

20 무엇 때문에 문제가 생겼는가?
(A) 궂은 날씨 **(B) 차량 고장**
(C) 일정 관리 실수 (D) 교통 체증

해설 **세부 사항 – 문제의 원인**
중반에서 현재 웹스터행 버스 승강장에 엔진 문제로 인해 이동할 수 없는 차량이 있다(There's a vehicle ~ that cannot move due to engine trouble)며 승강장이 변경되는 원인을 밝혔으므로, (B)가 정답이다.

패러프레이징
지문의 a vehicle ~ that cannot move due to engine trouble ➡ 정답의 A vehicle malfunction

21 탑승객들은 무엇을 하라고 요청 받았는가?
(A) 화면 업데이트 기다리기
(B) 매표 직원에게 이야기하기
(C) 다른 승강장 이용하기
(D) 문 근처에 줄 서기

해설 **탑승객들이 요청 받은 사항**
중반부에서 버스는 원래 승강장 대신 E 승강장에서 탑승해 달라(Please board your bus at Platform E instead)고 요청했으므로, (C)가 정답이다. 참고로, 해당 정보가 안내 화면에 나타날 거라고 하긴 했지만 업데이트를 기다리라고 요청한 것은 아니므로, (A)는 정답이 될 수 없다.

패러프레이징

지문의 board your bus at Platform E instead
➡ 정답의 Use a different platform

⑬ 광고

ETS CHECK-UP	본책 p. 247
1 (C) **2** (D) **3** (A)	

Q 1-3 업체 및 제품 광고

M-Au **¹Here at Otto's Computers we offer great quality at affordable prices. ¹We've just received a large shipment of new R8 Pro computers. With the various models we offer, you're certain to find an R8 Pro to suit your needs. ²Don't wait though. We expect them to sell out quickly! Everyone loves Otto's low prices. And remember, ³Otto's doesn't just sell computers, we also repair them. Bring yours in if it needs fixing. ²Come to our store today!**

¹오토 컴퓨터에서는 훌륭한 품질을 적정한 가격에 제공합니다. **¹저희가 방금 막 새로운 R8 프로 컴퓨터를 대량으로 입고했습니다.** 저희가 제공하는 다양한 모델을 보시면 분명 R8 프로가 귀하의 요구사항에 적합하다는 사실을 알게 되실 겁니다. **²하지만 기다리지는 마세요. 빠르게 매진될 것으로 예상합니다!** 모두가 오토의 저렴한 가격을 좋아하니까요. **³오토에서는 단순히 컴퓨터 판매만 하는 것이 아니라 수리도 해 드린다는 사실을 기억해 주세요.** 컴퓨터를 수리해야 하면 가져오십시오. **²오늘 저희 매장을 방문하세요!**

> **어휘** affordable (가격이) 적당한, 적정한 shipment 수송품 various 다양한 offer 제공하다 certain 확실한 suit one's needs 요구에 적합하다 sell out 매진되다, 다 팔리다 repair 수리하다

1 매장에서 어떤 종류의 제품을 판매하는가?
(A) 의류 (B) 수공구
(C) 컴퓨터 (D) 책

해설 **세부 사항 – 매장에서 파는 제품**
초반부에 나온 상호명이 오토 컴퓨터(Otto's Computers)이며, 새로운 컴퓨터를 대량으로 입고했다(We've just received a large shipment of new ~ computers)고 했다. 따라서 컴퓨터를 판매한다는 것을 알 수 있으므로, (C)가 정답이다.

2 화자는 왜 오늘 방문하라고 제안하는가?
(A) 물품이 배송될 것으로 예상된다.
(B) 폐업한다.
(C) 할인이 곧 끝난다.
(D) 제품이 빠르게 매진될 것이다.

어휘 **expect** 예상하다, 기대하다

해설 **세부 사항 – 오늘 방문하라고 제안하는 이유**

중반부에서 신제품이 빨리 매진될 것 같으니(We expect them to sell out quickly) 기다리지 말라(Don't wait)고 한 후, 마지막에 오늘 방문하라고 제안했다. 따라서 (D)가 정답이다.

3 매장은 어떤 추가 서비스를 제공하는가?

(A) 수리   (B) 국제 운송
(C) 선물 포장   (D) 결제 연기 옵션

어휘 **additional** 추가의 **delay** 연기하다, 지연시키다
payment 지불, 결제

해설 **세부 사항 – 매장에서 제공하는 추가 서비스**

후반부에서 오토에서는 단순히 컴퓨터 판매만 하는 것이 아니라 수리도 해준다(Otto's doesn't just sell computers, we also repair them)고 했으므로, (A)가 정답이다.

LISTENING **PRACTICE**   본책 p. 249

1 (B) **2** (A) **3** (A) **4** (B) **5** (B) **6** (B)

Q 1-2 시설 광고

> **W-Br** Are you planning a special event? [1]The Gatestown Event Hall is the best place in town to celebrate weddings, birthdays—any special occasion. [2]Our facility features spacious dining rooms and party halls that can be easily arranged for gatherings of all sizes. We have reception rooms that are just right for small groups, while our largest hall will accommodate up to 300 people. Catering is available on-site, and for a limited time, we're offering discounts off all catering orders. So make your reservation now! Call 555-0100 today.
>
> 특별한 행사를 계획하고 계십니까? [1]게이츠타운 이벤트 홀은 이 지역에서 결혼식과 생일 잔치 등 특별한 행사를 기념하기 위한 최고의 장소입니다. [2]저희 시설은 어떤 규모의 행사도 수월하게 준비할 수 있는 널찍한 식당과 파티장을 갖추고 있습니다. 소규모 인원에만 적합한 연회실도 있으며 최대 300명까지 수용할 수 있는 가장 큰 홀도 준비되어 있습니다. 현장에서 바로 음식 제공이 가능하며 한시적으로 모든 음식 서비스를 할인 가격에 제공해 드리고 있습니다. 지금 예약하세요! 오늘 555-0100으로 전화 주세요.

어휘 **celebrate** 축하하다 **occasion** 일, 행사 **facillity** 시설 **feature** ~가 특징이다, 갖추다 **arrange** 마련하다, 준비하다 **reception** 연회 **accommodate** 수용하다 **available** 이용 가능한 **on-site** 현장의; 현장에서 **limited** 제한된 **catering** 음식 공급(업) **reservation** 예약

---

1 무엇이 광고되고 있는가?
(A) 파티용품 가게   (B) 이벤트 홀

해설 **광고 대상**

초반부에서 게이츠타운 이벤트 홀이 행사를 위한 최적의 장소(The Gatestown Event Hall is the best place in town to celebrate ~ any special occasion)라고 한 뒤, 해당 시설에 대해 광고하고 있다. 따라서 (B)가 정답이다.

2 이 시설에 대해 언급되고 있는 것은 무엇인가?
(A) 여러 규모의 단체를 수용할 수 있다.
(B) 최근에 확장되었다.

해설 **세부 사항 – 시설에 관해 언급된 것**

중반부에서 어떤 규모의 행사도 수월하게 준비할 수 있는 넓은 공간을 갖추고 있다(Our facility features spacious dining rooms ~ for gatherings of all sizes)고 했으므로, (A)가 정답이다.

패러프레이징

지문의 be easily arranged for gatherings of all sizes ➡ 정답의 accommodate many group sizes

Q 3-4 서비스 광고

> **W-Am** When you sign up for a maintenance contract with Peterson's Heating and Cooling, you get more than a repair service. You get peace of mind from knowing your heating and cooling systems will be maintained correctly. [3]We're unique in the area, as the oldest heating and cooling contractor—serving our clients for the past 30 years. So, what are you waiting for? Call Peterson's today and put your worries behind you. [4]The first fifty callers will receive a complimentary furnace inspection!
>
> 피터슨스 히팅 앤 쿨링과 정비 계약을 맺으시면 수리 서비스 이상의 것을 얻게 됩니다. 냉난방 시스템이 제대로 유지보수 될 것임을 알기 때문에 안심할 수 있습니다. [3]저희는 이 지역에서 가장 오래된 냉난방 시공사로서 유일무이하며, 지난 30년 동안 고객들에게 서비스를 제공해 왔습니다. 무엇을 기다리십니까? 오늘 피터슨스에 전화하시고 근심을 잊어버리세요. [4]먼저 전화하는 50분은 무료로 보일러 점검을 받으실 수 있습니다.

어휘 **maintenance contract** 정비 계약 **repair** 수리 **correctly** 정확하게, 제대로 **unique** 특별한, 독특한 **contractor** 시공사 **serve** 서비스를 제공하다 **client** 고객, 의뢰인 **receive** 받다 **complimentary** 무료의 **furnace** 보일러, 용광로 **inspection** 점검

3 광고에 따르면, 피터슨스의 특별한 점은 무엇인가?
(A) 30년 동안 영업해왔다.
(B) 잡지에 특집으로 실린 적이 있다.

어휘 **be in business** 영업하다 **feature** (잡지, 신문 등에) 싣다, 포함하다

해설 세부 사항 – 피터슨즈의 특별한 점

중반부에서 피터슨즈가 이 지역의 가장 오래된 냉난방 시공사로서 유일무이하며, 지난 30년 동안 고객들에게 서비스를 제공해 왔다(serving our clients for the past 30 years)고 했으므로, (A)가 정답이다.

패러프레이징

지문의 serving our clients ➡ 정답의 be in business

4 먼저 전화하는 50명에게 무엇이 제공되는가?

(A) 제품 할인　　　　(B) 무료 서비스

해설 세부 사항 – 피터슨즈의 특별한 점

후반부에 먼저 전화하는 50명은 무료로 보일러 점검(a complimentary furnace inspection)을 받을 수 있다고 했으므로, (B)가 정답이다.

Q 5-6 업체 광고

M-Cn **5**Do you wish you could fix your leaky roof or repaint your living room, but don't know where to start? Garcia's Home Center can help. Every Saturday morning, we offer free instruction on everything from building a shed to tiling your bathroom. **6**This Saturday's workshop will focus on laying carpet in your home. Come and learn about buying the right carpeting and using the best tools. Anyone who attends the workshop will also receive a comprehensive folder full of information— our step-by-step guides are sure to make your project a success. So stop by the store to register today!

5새는 지붕을 고치고 거실을 다시 칠하고 싶지만 어디서 시작해야 할지 모르시겠다고요? 가르시아 홈 센터가 도와 드리겠습니다. 매주 토요일 아침 저희는 창고를 짓는 것부터 화장실 타일을 까는 것까지 무료로 강의를 제공합니다. **6**이번 토요일에는 집에 카펫을 까는 내용을 중점적으로 다룰 겁니다. 오셔서 올바른 카펫을 사는 것과 가장 좋은 도구를 사용하는 것에 대해서 배우십시오. 워크숍에 참석하는 분은 누구나 정보가 가득한 종합 폴더를 받으실 수 있습니다. 저희의 단계별 설명이 여러분의 프로젝트를 분명히 성공하게 만들어 드릴 겁니다. 그러니 오늘 상점에 잠깐 들러 등록하시기 바랍니다!

어휘 shed 창고, 보관실　tile 타일; 타일을 깔다　tool 연장
comprehensive 종합적인, 포괄적인　step-by-step
점차적으로

5 어떤 종류의 사업체가 광고되고 있는가?

(A) 인테리어 디자인 회사　(B) 주택 수리점

해설 광고 대상

초반부에서 새는 지붕을 고치거나 거실을 다시 칠하고 싶으면 가르시아 홈 센터가 도와준다(Do you wish you could fix your leaky roof ~ Garcia's Home Center can help)고 했으므로, 주택 수리점 광고임을 알 수 있다. 따라서 (B)가 정답이다.

6 토요일 워크숍의 주제는 무엇인가?

(A) 장식 스타일 고르기

(B) 카펫 깔기

해설 세부 사항 – 토요일 워크숍의 주제

중반부에서 이번 주 토요일 워크숍은 카펫 까는 것에 중점을 둔다(This Saturday's workshop will focus on laying carpet in your home)고 했으므로, (B)가 정답이다.

패러프레이징

지문의 laying carpet ➡ 정답의 Installing carpet

ETS TEST　　　　　본책 p. 250

1 (D)	**2** (A)	**3** (B)	**4** (D)	**5** (B)	**6** (C)
7 (B)	**8** (D)	**9** (C)	**10** (A)	**11** (D)	**12** (C)
13 (C)	**14** (D)	**15** (A)	**16** (C)	**17** (B)	**18** (D)
19 (A)	**20** (D)	**21** (B)			

Q 1-3 구인 광고

M-Cn **1**Are you looking for a rewarding career? Consider becoming a sales associate at Carmen Furniture. **2**We've recently renovated our showroom to make room for even more inventory, and we're looking for outgoing and motivated individuals to join our growing team. **3**If you're interested in learning more about our sales positions, please visit our Web site at CarmenFurniture.com and click on the Careers link. We look forward to hearing from you!

1보람 있는 일을 찾고 있나요? 카르멘 가구의 영업 사원이 되는 것을 고려해 보세요. **2**최근 진열실을 개조해 훨씬 더 많은 재고를 둘 공간을 만들었습니다. 성장하고 있는 저희 팀에 합류할 사교적이고 의욕 넘치는 분들을 찾습니다. **3**저희 영업직에 대해 더 알고 싶으시다면 웹사이트 CarmenFurniture.com을 방문하셔서 커리어 링크를 클릭하세요. 여러분의 연락을 기다립니다!

어휘 rewarding 보람 있는　sales associate 영업 사원　recently 최근　renovate 개조하다, 보수하다
showroom 진열실, 전시실　inventory 재고, 물품 목록
outgoing 외향적인, 사교적인　motivated 의욕이 있는
individual 개인　look forward to ~를 고대하다

1 무엇을 광고하는가?

(A) 행사 장소

(B) 청소 서비스

(C) 계절 판매

(D) 취업 기회

해설 광고 대상

초반부에서 보람 있는 일을 찾고 있는지(Are you looking for a rewarding career?) 물으며 주의를 환기시킨 후, 카르멘 가구의 영업 사원이 되는 것을 고려해 보라(Consider becoming a sales associate at Carmen Furniture)고 제안했다. 따라서 취업 기회에 대한 광고임을 알 수 있으므로, (D)가 정답이다.

2 화자는 전시실에 대해 뭐라고 언급하는가?
(A) 개조됐다.
(B) 대중교통과 가깝다.
(C) 인근에 주차장이 있다.
(D) 최근 이전했다.

어휘 public transportation 대중교통 nearby 인근에

해설 **세부 사항 – 화자가 전시실에 대해 언급한 것**
초반부에서 최근 전시실을 개조해 훨씬 더 많은 재고를 둘 공간을 만들었다(We've recently renovated our showroom ~ for even more inventory)고 했으므로, (A)가 정답이다.

3 청자들은 어떻게 더 많은 정보를 얻을 수 있는가?
(A) 전시관에 가서
(B) 웹사이트를 방문해서
(C) 고객 서비스에 전화해서
(D) 이메일을 보내서

해설 **세부 사항 – 더 많은 정보를 얻는 방법**
후반부에서 영업직에 대해 더 알고 싶다면 웹사이트를 방문하라(If you're interested in learning more about our sales positions, please visit our Web site)고 조언했으므로, (B)가 정답이다.

패러프레이징
지문의 learning more
➡ 질문의 get more information

Q 4-6 업체 광고

W-Am [4]This weekend, come and celebrate the grand opening of Lexi's Waterfront Restaurant and Grill at Stoneford Bay. You'll enjoy the same mouthwatering dishes and excellent service as at [4]our Lexi's Downtown Restaurant—your favorite for the last ten years. [5]We specialize in dishes made from the finest fish caught right here in the bay. Whether you're having a business lunch or a family buffet, Lexi's Waterfront Restaurant and Grill is the ideal location. [6]Tell us you heard this ad and you'll get a dessert of your choice at no extra charge.

[4]이번 주말, 스톤포드 베이에 있는 렉시 워터프론트 레스토랑 앤 그릴 개업식에 오셔서 축하해 주세요. 지난 10년간 여러분이 사랑해 주신 렉시 다운타운 레스토랑과 똑같이 군침 도는 요리와 훌륭한 서비스를 즐기실 수 있습니다. [5]저희는 이곳 만에서 갓 잡은 최상급 생선으로 만든 요리 전문입니다. 점심 회식이나 가족 뷔페를 하신다면 렉시 워터프론트 레스토랑 앤 그릴이 이상적인 장소입니다. [6]본 광고를 들었다고 말씀해 주시면 추가 비용 없이 선택하신 디저트를 드실 수 있습니다.

어휘 celebrate 축하하다 mouthwatering 군침을 돌게 하는 specialize in ~를 전문으로 하다 ideal 이상적인 at no charge 무료로

4 음식점이 기념 행사를 하는 이유는?
(A) 주방장이 상을 받았다.
(B) 서비스가 호평을 받았다.
(C) 10,000명의 고객에게 서비스를 제공했다.
(D) 새 지점을 연다.

어휘 win an award 상을 받다 favorably reviewed 호평을 받은

해설 **세부 사항 – 음식점이 기념 행사를 하는 이유**
초반부에 렉시 워터프론트 레스토랑 앤 그릴 개업식에 와서 축하해 달라(come and celebrate the grand opening of Lexi's Waterfront Restaurant and Grill)고 했는데, 그 다음 문장에서 10년간 운영해 온 렉시 다운타운 레스토랑을 언급한 것으로 보아, 새 지점을 여는 것임을 알 수 있다. 따라서 (D)가 정답이다.

패러프레이징
지문의 the grand opening
➡ 정답의 opening a new location

5 음식점은 무엇을 전문으로 하는가?
(A) 스테이크
(B) 해산물
(C) 매운 요리
(D) 파스타 요리

해설 **세부 사항 – 음식점이 전문으로 하는 것**
중반부에서 최상급 생선으로 만든 요리를 전문으로 한다(We specialize in dishes made from the finest fish)고 했으므로, (B)가 정답이다.

패러프레이징
지문의 the finest fish ➡ 정답의 Seafood

6 고객은 광고를 언급할 경우 무엇을 받는가?
(A) 20퍼센트 할인
(B) 요리 강좌
(C) 무료 후식
(D) 쿠폰

해설 **세부 사항 – 광고를 언급할 경우 고객이 받는 것**
후반부에서 본 광고를 들었다고 말하면 추가 비용 없이 디저트를 받을 수 있다(you'll get a dessert of your choice at no extra charge)고 했으므로, (C)가 정답이다.

패러프레이징
지문의 Tell us you heard this ad
➡ 질문의 they mention the advertisement
지문의 a dessert of your choice at no extra charge ➡ 정답의 A free dessert

Q 7-9 제품 광고

M-Cn **7**Do you have a hard time making informed budget decisions regarding your small business? Is it difficult to track your company's profits and losses? **8**FS Tracker Pro is an easy-to-use software program especially designed to help small business owners record income, expenditures, and other important accounting information. You can then create customized reports to share with your clients or financial advisors. **9**Call us today at 555-0132. One of our experienced representatives will gladly arrange an office visit to show you just how easy the FS Tracker Pro is to use. We're sure you'll be impressed!

7귀하의 중소기업과 관련해 현명한 예산 결정을 하기가 힘드십니까? 귀사의 손익을 추적하기가 어렵습니까? **8**FS 트랙커 프로는 사용하기 쉬운 소프트웨어 프로그램으로 특히 중소기업 소유주를 도와 수입과 지출, 기타 중요한 회계 정보를 기록할 수 있게 설계되었습니다. 기록 후에는 맞춤형 보고서를 제작해 고객이나 재정 자문과 공유할 수 있습니다. **9**오늘 555-0132번으로 전화하십시오. 저희의 노련한 담당 직원 한 명이 기꺼이 사무실 방문 약속을 잡고 FS 트랙커 프로가 얼마나 사용하기 쉬운지 보여 드리겠습니다. 틀림없이 강한 인상을 받으실 겁니다!

> 어휘 make an informed decision 현명한[잘 알고] 결정을 내리다 budget 예산 track 추적하다 profits and losses 수익과 손실, 손익 easy-to-use 사용하기 쉬운 designed to부정사 ~하도록 설계된[고안된] income 수입 expenditure 지출, 비용 accounting information 회계 정보 customized 맞춤형의 financial advisor 재정 자문 experienced 경험 많은, 노련한 representative 직원 gladly 기꺼이 arrange 약속을 잡다 impressed 강한 인상을 받은, 감동 받은

7 누구를 위한 광고이겠는가?
(A) 금융 뉴스 기자
(B) 중소기업 소유주
(C) 업무 비서
(D) 은행원

해설 광고의 타겟
초반부에서 '귀하의 중소기업과 관련해 현명한 예산 결정을 하기가 힘드십니까(Do you have a hard time making informed budget decisions regarding your small business?)'라고 물었으므로, 중소기업 소유주를 대상으로 한 광고임을 알 수 있다. 따라서 (B)가 정답이다.

8 무엇을 설명하고 있는가?
(A) 교육용 동영상
(B) 노트북 컴퓨터
(C) 보안 시스템
(D) 소프트웨어 프로그램

해설 세부 사항 – 설명되고 있는 것
중반부에서 FS 트랙커 프로는 사용하기 쉬운 소프트웨어 프로그램(FS Tracker Pro is an easy-to-use software program)이라고 한 후 기능을 설명했으므로, (D)가 정답이다.

9 청자들에게 무엇을 하라고 권장하는가?
(A) 새로운 전자기기 구입
(B) 저축예금 계좌 개설
(C) 전화 통화
(D) 사용 후기 열람

해설 청자들이 권장 받은 사항
후반부에서 오늘 555-0132번으로 전화해서(Call us today at 555-0132) 방문 약속 일정을 잡아보라고 권했으므로, (C)가 정답이다.

패러프레이징
지문의 Call us ➡ 정답의 Make a phone call

Q 10-12 시설 광고

W-Br Looking for an exciting summer activity close to home? Come down to Red Rock Caverns, the oldest national park in the region! **10**This summer, we're offering a new attraction—natural water slides. These are areas inside our caves where you can slide down smooth rock, all the way to a natural pool at the bottom. **11**To make sure each visitor has a safe and enjoyable experience, we limit our groups to six visitors per guide. A convenient parking area is located by the welcome center. Entrance fees can be paid there as well. **12**And you can save up to twenty percent when you become a member of the Society of National Parks and Forests.

댁에서 가까운 곳에서 하는 신나는 여름 활동을 찾고 계신가요? 이 지역에서 가장 오래된 국립공원인 레드 록 캐번스로 오세요! **10**올 여름, 저희가 새로운 명소인 천연 물 미끄럼틀을 선보입니다. 동굴 안에서 매끄러운 바위를 타고 바닥에 있는 천연 수영장까지 쭉 미끄러져 내려갈 수 있는 구역들입니다. **11**저희는 방문객 한 분 한 분이 안전하고 즐거운 경험을 하실 수 있도록 단체 방문객의 규모를 안내원당 여섯 명으로 제한하고 있습니다. 편리한 주차장이 관광안내소 옆에 마련되어 있습니다. 그곳에서 입장료도 내실 수 있습니다. **12**그리고 국립공원 및 산림협회 회원이 되시면 최대 20퍼센트까지 비용을 절약하실 수 있습니다.

> 어휘 cavern 큰 동굴 national park 국립공원 attraction 명소, 관광지 water slide 물 미끄럼틀 cave 동굴 slide down 미끄러져 내려가다 all the way 줄곧, 쭉 limit A to B A를 B로 제한하다 convenient 편리한 parking area 주차장 welcome center 관광안내소 entrance fee 입장료 up to 최대 ~까지 society 협회 forest 숲, 산림

10 어떤 새로운 명소가 방문객들에게 개방되는가?

(A) 물 미끄럼틀   (B) 고대 동굴 미술

(C) 등산로   (D) 전망대

해설   세부 사항 – 방문객들에게 개방되는 새로운 명소

초반부에서 올 여름 새로운 명물인 천연 물 미끄럼틀을 선보인다(we're offering a new attraction—natural water slides)고 했으므로, (A)가 정답이다.

11 화자는 어떤 안전 조치를 언급하는가?

(A) 더 많은 등산로 안내 표지

(B) 높은 난간

(C) 오솔길 조명

(D) 작은 단체 규모

해설   세부 사항 – 화자가 언급하는 안전 조치

중반부에서 방문객들이 안전하고 즐거운 경험을 할 수 있도록 단체 방문객의 규모를 안내원당 여섯 명으로 제한한다(we limit our groups to six visitors per guide)고 했으므로, (D)가 정답이다.

패러프레이징

지문의 limit our groups to six visitors

➡ 정답의 Small group sizes

12 방문객들은 어떻게 할인을 받을 수 있는가?

(A) 할인권을 제시해서

(B) 일찍 도착해서

(C) 협회에 가입해서

(D) 온라인으로 예약해서

어휘   present 제시하다   association 협회

해설   세부 사항 – 할인 받는 방법

후반부에서 국립공원 및 산림협회 회원이 되면(when you become a member of the Society of National Parks and Forests) 최대 20퍼센트까지 비용을 절약할 수 있다(you can save up to twenty percent)고 했으므로, (C)가 정답이다.

패러프레이징

지문의 become a member of the Society

➡ 정답의 joining an association

지문의 save up to twenty percent

➡ 질문의 receive a discount

Q 13-15 시설 광고

M-Cn Tired of your long commute? Looking for affordable housing near your office? You're in luck! **13**Hopecrest Apartment Complex is located just outside of the city, in a quiet but convenient neighborhood. **14**With the new Hopecrest train stop scheduled to open next month, you'll be sure to have a quick and easy commute. You'll enjoy express service into the city center on the blue commuter line. So hurry—these apartments will fill up quickly! **15**Not sure if you can make a long-term commitment? No problem! We're offering short, month-by-month leases. Call us at 555-0190 to schedule your visit now.

긴 통근길이 지겨우신가요? 사무실 근처에 가격이 적당한 집을 찾고 계신가요? 운이 좋으시군요! **13**호프크레스트 아파트 단지는 시 바로 외곽, 조용하지만 편리한 지역에 있습니다. **14**다음 달 새로 문을 열 예정인 호프크레스트 기차역이 있어 빠르고 쉽게 통근할 수 있을 겁니다. 파란색 통근선으로 도심까지 급행 서비스를 이용할 수 있습니다. 그러니 서두르세요. 이 아파트는 빨리 채워질 테니까요! **15**장기 계약을 할 수 있을지 잘 모르시겠다고요? 괜찮습니다! 저희는 단기 월간 임대차 계약을 제공합니다. 방문 일정을 잡으시려면 지금 555-0190으로 전화 주세요.

어휘   commute 통근(길)   affordable (가격이) 적당한   convenient 편리한   neighborhood 지역, 인근   fill up 채워지다   long-term 장기적인   commitment 약속, 계약   lease 임대차 계약

13 무엇이 광고되고 있는가?

(A) 주택 수리 서비스

(B) 월간 통근권

(C) 아파트 단지

(D) 사무용품 매장

해설   광고 대상

초반부에서 호프크레스트 아파트 단지가 조용하지만 편리한 지역에 있다(Hopecrest Apartment Complex is located ~ in a quiet but convenient neighborhood)고 한 후, 해당 아파트 단지와 관련된 설명을 이어가고 있다. 따라서 (C)가 정답이다.

14 화자는 다음 달에 무슨 일이 있을 것이라고 말하는가?

(A) 도시 공원이 개조될 것이다.

(B) 지점이 이전할 것이다.

(C) 버스 노선이 변경될 것이다.

(D) 기차역이 문을 열 것이다.

어휘   branch 지사, 분점

해설   다음 달에 있을 일

중반부에서 다음 달 새로 문을 열 예정인 호프크레스트 기차역이 있어(With the new Hopecrest train stop scheduled to open next month) 빠르고 쉽게 통근할 수 있을 것이라고 했으므로, (D)가 정답이다.

15 화자는 어떤 특별 혜택을 언급하는가?

(A) 단기 계약

(B) 품질 보증 기간 연장

(C) 휴일 요금

(D) 무료 교통편

어휘   contract 계약   extend 연장하다   warranty 품질 보증서   transportation 교통편

해설 **세부 사항 - 화자가 언급한 특별 혜택**

후반부에서 단기 월간 임대차 계약을 제공한다(We're offering short, month-by-month leases)고 별도로 언급하고 있으므로, (A)가 정답이다.

패러프레이징

지문의 **short, month-by-month leases**
➡ 정답의 **Short-term contracts**

Q 16-18 제품 광고

> **W-Br** Are you one of the thousands of people who buy lunch from food trucks in our city? Well now there's a mobile phone application to help you do that! Simply download the "Lunch-on-the-go" mobile application, and it will display the food trucks in your area on a map in real time. **16**Once you select the food truck you want, you can place your order through the app and pick it up when it's ready! **17**Our customers say they love the app because it saves time. No more waiting in lines! **18**And starting next month "Lunch-on-the-go" users will earn points at their favorite food trucks that can be redeemed for meals. Download "Lunch-on-the-go" today!
>
> 우리 시의 음식 트럭에서 점심 식사를 구입하는 수천 명 중 한 분이십니까? 그렇다면 식사 구입을 도울 휴대전화 앱이 있습니다! '런치 온더고' 모바일 앱을 다운로드하면, 계시는 지역 내 음식 트럭이 지도에 실시간으로 표시됩니다. **16**원하시는 음식 트럭을 선택하면 앱을 통해 주문을 넣고, 준비가 됐을 때 찾을 수 있어요! **17**고객들은 시간이 절약되어 앱이 너무 좋다고 이야기합니다. 더 이상 줄 서서 기다리지 않아도 됩니다! **18**다음 달부터 '런치 온더고' 사용자들은 좋아하는 음식 트럭에서 식사로 바꿀 수 있는 포인트를 얻습니다. 오늘 '런치 온더고'를 다운로드하세요!
>
> 어휘 **display** 보여주다 **in real time** 실시간으로 **place an order** 주문을 넣다 **pick up** 찾아가다 **wait in lines** 줄 서서 기다리다 **earn** 얻다, 벌다 **redeem** 현금(상품)으로 바꾸다

16 휴대전화 앱은 무엇을 위한 것인가?
(A) 영화표 구입하기
(B) 은행 거래 완료하기
(C) 음식 주문하기
(D) 운전 경로 알기

어휘 **complete** 완료하다 **transaction** 거래, 처리 **driving directions** 운전 경로

해설 **세부 사항 - 휴대전화 앱의 용도**

중반부에서 원하는 음식 트럭을 선택하면 앱을 통해 주문을 넣고(you can place your order through the app) 준비가 됐을 때 찾을 수 있다고 했으므로, (C)가 정답이다.

17 고객들은 휴대전화 앱의 어떤 점이 좋다고 말하는가?
(A) 의견을 전달할 수 있다.
(B) 시간을 아껴준다.
(C) 다양한 선택지를 제공한다.
(D) 무료로 사용한다.

어휘 **provide** 제공하다 **a variety of** 다양한

해설 **세부 사항 - 고객들이 휴대전화 앱에 대해 좋다고 말한 것**

중반부에서 고객들은 시간이 절약되어 앱이 너무 좋다고 이야기한다(Our customers say they love the app because it saves time)고 했으므로, (B)가 정답이다.

18 화자에 따르면, 다음 달 휴대전화 앱에 무엇이 추가되는가?
(A) 주차 정보
(B) 소셜미디어 연결 링크
(C) 배달 서비스
(D) 보상 포인트 프로그램

해설 **세부 사항 - 휴대전화 앱에 추가될 것**

후반부에서 다음 달부터 앱 사용자들은 좋아하는 음식 트럭에서 식사로 바꿀 수 있는 포인트를 얻는다("Lunch-on-the-go" users will earn points ~ that can be redeemed for meals)고 했으므로, (D)가 정답이다.

패러프레이징

지문의 **earn points ~ that can be redeemed for meals** ➡ 정답의 **A reward point program**

Q 19-21 제품 광고 + 카탈로그 페이지

> **M-Au** For the past decade, Selby has been the top name in coffee brewing technology. **19**Our single-serving coffee makers are the fastest in the market. And from this month, we're offering a new model. The Selby Mini is just five inches wide, making it perfect for homes and offices with minimal countertop space. **20**To celebrate its launch, we are offering a special deal. **20, 21**Any customer who orders a Selby Mini by August thirty-first will get a free travel mug. Made of stainless steel, it will keep your drink fresh on the go. Don't miss this limited-time offer from Selby, the coffee masters.
>
> 셀비는 지난 10년간 커피 추출 기술 분야의 일인자였습니다. **19**저희 1인용 커피메이커는 시장에서 가장 빠른 속도를 지닌 제품입니다. 이번 달부터, 저희는 신모델을 선보입니다. 셀비 미니는 너비가 5인치에 불과해 조리대 공간이 아주 작은 가정이나 사무실에 완벽합니다. **20**출시를 기념하고자 특별 혜택을 제공합니다. **20, 21**8월 31일까지 셀비 미니를 주문하시는 모든 고객은 무료 여행용 머그를 받으실 수 있습니다. 스테인리스 스틸로 만들어진 머그로 음료를 신선하게 가지고 다닐 수 있습니다. 커피의 명가 셀비에서 제공하는 한시적 혜택을 놓치지 마세요.

어휘 **decade** 10년 **single-serving** 1인용의, 1인분의 **minimal** 최소의, 아주 작은 **celebrate** 기념하다 **launch** 출시 **special deal** 특별 혜택 **on the go** 돌아다니는 동안 **limited-time** 한시적인 **offer** 혜택, 할인

세척 용액 15달러
²¹여행용 머그 20달러
물 교체 필터 25달러
캡슐 홀더 30달러

19 화자가 셀비 커피메이커에 대해 강조한 것은?
(A) 추출 속도 　　(B) 비교적 낮은 가격
(C) 편의성 　　(D) 멋진 디자인

어휘 **relatively** 상대적으로, 비교적으로

해설 **세부 사항 – 셀비 커피메이커에 대해 강조한 것**
초반부에서 셀비의 1인용 커피메이커가 시장에서 가장 빠른 속도를 지닌 제품(Our single-serving coffee makers are the fastest in the market)이라며 추출 속도를 강조하고 있으므로, (A)가 정답이다.

20 청자들은 어떻게 특별 혜택을 받을 수 있는가?
(A) 정기 주문을 해서
(B) 쿠폰 코드를 이용해서
(C) 개업 기념식에 참석해서
(D) 신제품을 구입해서

어휘 **take advantage of** ~를 이용하다, 혜택을 받다
　　 purchase 구입하다

해설 **세부 사항 – 특별 혜택을 받을 수 있는 방법**
중반부에서 특별 혜택을 제공한다(we are offering a special deal)고 한 후, 8월 31일까지 셀비 미니를 주문하는 모든 고객은 무료 여행용 머그를 받을 수 있다(Any customer who orders a Selby Mini ~ will get a free travel mug)고 했다. 따라서 (D)가 정답이다.

패러프레이징
지문의 **orders a Selby Mini**
➡ 정답의 **purchasing a new product**

21 시각 정보에 따르면, 제공되는 무료 제품의 정가는 얼마인가?
(A) 15달러 　　(B) 20달러
(C) 25달러 　　(D) 30달러

해설 **시각 정보 연계 – 무료 제품의 정가**
중반부에서 셀비 미니를 주문하는 모든 고객은 무료 여행용 머그를 받을 수 있다(Any customer who orders a Selby Mini ~ will get a free travel mug)고 했는데, 시각 정보를 보면 여행용 머그(Travel Mug)는 20달러이므로, (B)가 정답이다.

---

⑭ 방송

ETS CHECK-UP 　　　　　본책 p. 253

1 (B) 　**2** (C) 　**3** (D)

Q 1-3 건강 뉴스

W-Br ¹This is Fatima Ali on your local radio station with the Health News report. BioHealth Medical Institute announced today that ²they are conducting additional research on the effect that playing video games has on short-term memory in people fifty and older. ²They're inviting adults over the age of fifty to volunteer their time over a three-month period. With me in the studio is Dr. Fred Chang. ³I'll be asking him more about the study in a minute after we come back from a commercial break.

¹여러분의 지역 라디오 방송국에서 건강 뉴스를 전해 드리는 파티마 알리입니다. 바이오헬스 의학 연구소는 오늘 비디오 게임이 50세 이상인 사람들의 단기 기억력에 미치는 영향에 관한 ²추가 연구를 진행한다고 발표했습니다. ²연구소는 자원해서 3개월 동안 시간을 낼 수 있는 50세 이상의 성인을 모집하고 있습니다. 저와 함께 스튜디오에 프레드 챙 박사께서 나와 계십니다. ³잠시 광고를 들으신 후 제가 박사님께 연구에 관해 더 자세히 질문해 보겠습니다.

어휘 **radio station** 라디오 방송국 **institute** 기관, 연구소 **announce** 발표하다 **conduct** 수행하다, 실시하다 **additional** 추가의 **research** 연구 **effect** 효과 **memory** 기억력 **invite** 초청하다 **study** 연구 **commercial break** 광고 (시간)

1 파티마 알리는 누구인가?
(A) 의학 연구자
(B) 라디오 쇼 진행자
(C) 기억력 전문가
(D) 비디오 게임 설계자

해설 **파티마 알리의 직업**
초반부에서 화자가 지역 라디오 방송국(on your local radio station)에서 건강 뉴스를 전하는 파티마 알리라고 자신을 소개했으므로, (B)가 정답이다.

2 청자들은 무엇을 하라고 권유받는가?
(A) 구직 신청
(B) 대회 참가
(C) 연구 참여
(D) 새로운 게임 체험

해설 **청자들이 권유받은 사항**
중반부에서 바이오헬스 의학 연구소가 비디오 게임이 50세 이상인 사람들의 단기 기억력에 미치는 영향에 관한 추가 연구(additional research)를 진행할 것이고, 자원해서 3개월

동안 시간을 낼 수 있는 50세 이상의 성인을 모집하고 있다 (They're inviting adults ~ to volunteer their time)고 했다. 따라서 (C)가 정답이다.

패러프레이징

지문의 volunteer their time
➡ 정답의 Take part in a study

3 화자는 잠깐 쉰 후 무엇을 할 것인가?
(A) 특별 공지 발표
(B) 지역 뉴스 보도
(C) 질문에 대한 대답
(D) 초대손님 인터뷰

해설 화자가 쉬는 시간 후 할 일

후반부에 잠시 광고를 들은 후 프래드 챙 박사에게 연구에 관해 더 자세히 질문해 보겠다(I'll be asking him more about the study)고 했으므로, (D)가 정답이다.

패러프레이징

지문의 I'll be asking him more about the study
➡ 정답의 Interview a guest

LISTENING PRACTICE 본책 p. 255

1 (A) **2** (B) **3** (B) **4** (B) **5** (B) **6** (B)

Q 1-2 교통 방송

M-Cn Thank you for listening to WDKT103 Radio. **1**In the eight o'clock hour, we'll be bringing you an exclusive interview with city council president Frank Walters. But first, here's the traffic report for the metropolitan area. Most major roadways are clear in the city center. However, there are delays in the area around the Riverdale Bridge due to repair work on the bridge. Remember, for the most up-to-date traffic conditions, **2**be sure to download the WDKT app on your mobile device.

WDKT 103 라디오를 청취해 주셔서 고맙습니다. **18시 정각에 여러분께 프랭크 월터스 시의회 의장과의 독점 인터뷰를 전해 드리겠습니다.** 그런데 먼저 대도시권의 교통 소식입니다. 도심지에서는 대부분의 주요 도로가 한산합니다. 하지만 교량 보수 작업 때문에 리버데일 다리 주변 지역에서는 정체가 되고 있습니다. 최신 교통 상황을 원하시면 **2휴대용 기기에 WDKT 앱을 꼭 다운로드받으시기 바랍니다.**

어휘 exclusive 독점적인 city council 시의회 metropolitan area 대도시권 roadway 도로 clear (도로가) 차 없이 한산한 delay 지연, 지체 due to ~ 때문에 repair work 보수 작업 up-to-date 최근의, 최신의 app 앱(application) mobile device 휴대용 기기

---

1 청자들은 8시에 무엇을 듣겠는가?
(A) 지역 공무원과의 인터뷰
(B) 곧 있을 행사들에 대한 세부사항

해설 세부 사항 – 8시에 청취할 것

초반부에서 8시 정각에 프랭크 월터스 시의회 의장과의 독점 인터뷰를 전해 주겠다(In the eight o'clock hour, ~ an exclusive interview with city council president Frank Walters)고 했으므로, (A)가 정답이다.

패러프레이징

지문의 city council president
➡ 정답의 a local official

2 화자는 청자들에게 무엇을 상기시키는가?
(A) 방송국에 전화해 질문하기
(B) 모바일 앱 받기

해설 청자들에게 상기시키는 사항

마지막에 최신 교통 상황을 원하면 휴대용 기기에 WDKT 앱을 꼭 다운로드받으라(download the WDKT app on your mobile device)고 했으므로, (B)가 정답이다.

패러프레이징

지문의 download the WDKT app on your mobile device ➡ 정답의 Get a mobile app

---

Q 3-4 연예 뉴스

W-Br And for today's entertainment news... Renowned film company, Dougherty Films, recently announced they'll be shooting a movie right here in Brayville. **3**In fact, the crew is looking to lease a furnished apartment to film some of their main scenes in. In the movie, the apartment that is chosen will be owned by the award-winning actor Santiago Diaz's character. Now, **4** if it were someone else, you might not be as enthusiastic to let a film crew into your home for several weeks. But this is Santiago Diaz we're talking about. To have your apartment considered for the film, fill out an application on the Dougherty Films Web site.

이어서 오늘의 연예가 소식입니다. 유명한 영화사인 도허티 필름스는 최근에 바로 이곳 브레이빌에서 영화를 촬영한다고 발표했습니다. **3실제로, 스태프들이 몇 가지 주요 장면을 찍기 위해 가구가 비치된 아파트를 임차하려고 합니다.** 선정된 아파트는 수상 경력이 있는 배우인 산티아고 디아즈 씨의 영화 속 배역이 소유하게 됩니다. 자, **4다른 사람이라면 몇 주 동안 영화 스태프를 집에 들이는 게 탐탁스럽지 않겠죠.** 하지만 저희가 이야기 하고 있는 사람은 다름 아닌 산티아고 디아즈 씨입니다. 여러분의 아파트가 이 영화에 나올 수 있는지 평가 받으시려면 도허티 필름스 웹사이트에서 신청서를 작성하시기 바랍니다.

어휘 entertainment 연예 renowned 유명한 shoot 촬영하다 look to부정사 ~하려고 하다 lease 임차하다 furnished 가구가 비치된 award-winning 수상 경력이 있는 character 등장인물, 배역 enthusiastic 열성적인 consider (선정 대상으로) 고려하다

3 도허티 필름스는 무엇을 찾고 있는가?
(A) 주연 배우
(B) 영화 촬영지

해설 **세부 사항 – 도허티 필름스가 찾고 있는 것**
초반부에서 도허티 필름스 스태프들이 몇 가지 주요 장면을 찍기 위해 가구가 비치된 아파트를 임차하려고 한다(the crew is looking to lease a furnished apartment)고 했으므로, (B)가 정답이다.

패러프레이징
지문의 **a furnished apartment to film some of their main scenes in** ➡ 정답의 **A filming location**

4 화자가 "하지만 저희가 이야기하고 있는 사람은 다름 아닌 산티아고 디아즈 씨입니다"라고 말할 때 무엇을 암시하는가?
(A) 화자는 산티아고 디아즈 씨에 대해 한 번도 들어본 적이 없다.
(B) 산티아고 디아즈 씨는 매우 유명하다.

해설 **화자의 의도 파악 – 다름 아닌 산티아고 디아즈 씨라는 말의 의미**
중반부에서 산티아고 디아즈가 아닌 다른 배우가 아파트를 사용한다면 몇 주 동안 영화 스태프를 집에 들이는 게 탐탁스럽지 않을 것(if it were someone else, you might not be as enthusiastic ~ for several weeks)이라고 한 다음에 한 말이다. 즉, 산티아고 디아즈 씨는 청자들이 자신의 집을 내줄 정도로 유명하다는 뜻이므로, (B)가 정답이다.

Q 5-6 일기 예보

M-Au This is Jeff Johnson at Radio 2SY, Sydney's number-one music and information station. **5**And now, the latest news on the weather. It will continue to be extremely hot and humid today and air quality remains poor. Because of these unhealthy conditions, **6**medical professionals recommend that everyone stay inside as much as possible until this heat wave breaks. I'll have another weather update in an hour. Next up is Marc Hernandez, who will be reviewing the movies opening this weekend.

시드니 최고의 음악과 정보가 있는 라디오 방송 2SY의 제프 존슨입니다. **5**이제, 최신 기상 뉴스를 전해 드립니다. 오늘은 계속해서 매우 덥고 습한 가운데 공기가 좋지 않을 것으로 예상됩니다. 건강상 좋지 않은 날씨 조건이므로 **6**의료 전문가들은 폭염이 가라앉을 때까지는 가능한 한 실내에 머무를 것을 권합니다. 새로운 기상 뉴스는 한 시간 후에 전해 드리겠습니다. 다음은 마크 에르난데스 씨가 이번 주말에 개봉될 영화들을 소개해 드리겠습니다.

어휘 extremely 매우 humid 습한 air quality 공기 질 remain ~한 상태로 계속되다 unhealthy 건강에 좋지 않은 medical professional 의료 전문가 recommend 권고하다, 추천하다 heat wave 폭염 review 평론하다

5 이 방송의 주제는 무엇인가?
(A) 비즈니스 뉴스
(B) 날씨

해설 **방송의 주제**
초반부에서 최신 기상 뉴스를 전하겠다(And now, the latest news on the weather)고 했으므로, (B)가 정답이다.

6 방송에서는 어떤 권고를 하고 있는가?
(A) 새로운 가게 방문하기
(B) 실내에 머무르기

해설 **방송에서 권고하는 것**
중반부에서 의료 전문가가 폭염이 가라앉을 때까지 실내에 머무르라고 권한다(everyone stay inside as much as possible until this heat wave breaks)고 했으므로, (B)가 정답이다.

패러프레이징
지문의 **stay inside** ➡ 정답의 **Remaining indoors**

ETS TEST
본책 p. 256

1 (C)	2 (A)	3 (B)	4 (D)	5 (B)	6 (A)
7 (A)	8 (D)	9 (D)	10 (D)	11 (C)	12 (B)
13 (D)	14 (B)	15 (C)	16 (C)	17 (D)	18 (B)
19 (A)	20 (C)	21 (B)			

Q 1-3 지역 뉴스

M-Cn Good evening. I'm Ravi Krishnan with a news update. **1**Today the city council approved funding to put lights on the very popular Ashwood Forest Trail. The trail, which is used by walkers and bikers, currently closes at sunset. **2**The decision to approve the funding was likely influenced by a group of community members who attended last month's council meeting. They delivered a presentation directly to council members about the need for this lighting. According to the council president, **3**the next step is to hire a contractor for the project. The council is sorting through bids now and will announce a selection next week.

안녕하세요. 라비 크리슈난입니다. 뉴스를 전해드립니다. **1**오늘 시의회가 인기 만점의 애쉬우드 숲길에 조명을 설치할 자금을 승인했습니다. 걷거나 자전거를 타는 사람들이 이용하는 이 숲길은 현재 일몰 시에는 폐쇄하고 있습니다. **2**기금 승인 결정은

지난달 의회 회의에 참석한 지역사회 일원들에게 영향을 받은 듯합니다. 이들은 조명의 필요성에 대해 의회 의원들에게 직접 발표를 했습니다. 의장에 따르면 ³다음 단계는 프로젝트 도급업체 고용입니다. 의회는 입찰 건물을 상세히 살펴보고 있으며 다음 주 선정업체를 발표할 예정입니다.

어휘 approve 승인하다 funding 자금 currently 현재 decision 결정 influence 영향을 주다 attend 참석하다 presentation 발표 directly 직접 according to ~에 따르면 contractor 계약자, 도급업자 sort through ~을 자세히 살펴보다

1 시의회는 무엇을 위한 자금을 승인했는가?
(A) 지역사회를 위한 재활용 서비스
(B) 시의 추가 버스 노선
(C) 숲길 조명
(D) 학교 건설

어휘 recycling 재활용 additional 추가의 construction 건설, 공사

해설 **세부 사항 – 시의회가 승인한 자금의 용도**
초반부에서 시의회가 인기 만점의 애쉬우드 숲길에 조명을 설치할 자금을 승인했다(the city council approved funding to put lights on the ~ Ashwood Forest Trail)고 했으므로, (C)가 정답이다.

패러프레이징
지문의 put lights on the ~ Ashwood Forest Trail
➡ 정답의 Lighting along a trail

2 화자에 따르면 지역사회 일원들은 지난달에 무엇을 했는가?
(A) 회의에서 발표를 했다.
(B) 모금 행사를 개최했다.
(C) 주민들의 서명을 받았다.
(D) 설문지를 작성했다.

어휘 fund-raising 모금 collect 모으다, 수집하다 signature 서명 questionnaire 설문지

해설 **세부 사항 – 지역사회 일원들이 지난달에 한 일**
중반부에서 지난달 의회 회의에 참석한 지역사회 일원들이 조명의 필요성에 대해 의회 의원들에게 직접 발표를 했다(delivered a presentation ~ about the need for this lighting)고 했으므로, (A)가 정답이다.

패러프레이징
지문의 delivered a presentation
➡ 정답의 gave a presentation

3 시의회는 다음 주에 무엇을 할 것인가?
(A) 휴식 (B) 고용 결정
(C) 지역 업체 방문 (D) 새로운 회의 장소 물색

해설 **시의회가 다음 주에 할 일**
후반부에서 프로젝트 다음 단계는 도급업체 고용(the next step is to hire a contractor for the project)이라고 한 후, 의회가 다음 주에 선정업체를 발표할 예정(The council ~

will announce a selection next week)이라고 했다. 따라서 (B)가 정답이다.

패러프레이징
지문의 announce a selection
➡ 정답의 Make a hiring decision

Q 4-6 라디오 프로그램

M-Au Hello, and welcome to this edition of Modern World, the radio program about the latest innovations in engineering and technology. Today we're talking about windmills. Windmills are more and more popular as a source of energy, ⁴and environmental engineers like our next guest, Lucy Harper, have been working on updating the old-fashioned windmill design. ⁵Ms. Harper's wind-capturing mechanism recently won Best Invention of the Year award. ⁶If you'd like to see it, a scale model of the mechanism is currently on display at the Museum of Technology here in Philadelphia. Ms. Harper, welcome to the show.

안녕하세요. 공학과 기술의 최신 혁신에 관한 라디오 프로그램, 모던 월드 이번 회에 오신 것을 환영합니다. 오늘 저희는 풍차에 관해 얘기할 겁니다. 풍차는 에너지원으로 점점 더 인기를 끌고 있는데요. ⁴다음 게스트인 루시 하퍼 같은 환경 공학자들은 구식 풍차 설계를 최신식으로 만드는 작업을 하고 있습니다. ⁵하퍼 씨의 바람을 포착하는 기제는 최근 올해의 최고 혁신상을 받았죠. ⁶보고 싶으시다면 해당 구조의 축척 모형이 현재 이곳 필라델피아의 기술 박물관에 전시되어 있습니다. 하퍼 씨, 환영합니다.

어휘 edition (방송물의 특정) 회, (출간물의 특정) 호 latest 최근의 innovation 혁신 windmill 풍차 environmental 환경의 old-fashioned 구식의 mechanism 기제, 구조, 원리 recently 최근 award 상 scale model 축척 모형 currently 현재 on display 진열 중인, 전시 중인

4 루시 하퍼는 누구인가?
(A) 공상과학 소설 작가
(B) 박물관 관장
(C) TV 기상 예보관
(D) 환경 공학자

해설 **루시 하퍼의 직업**
중반부에서 루시 하퍼 같은 환경 공학자들(environmental engineers like our next guest, Lucy Harper)이 구식 풍차 설계를 최신식으로 만드는 작업을 하고 있다고 했으므로, 루시 하퍼가 환경 공학자라는 것을 알 수 있다. 따라서 (D)가 정답이다.

5 루시 하퍼는 최근 무엇을 받았는가?
(A) 승진 (B) 상
(C) 초대 (D) 학위

해설 **세부 사항 – 루시 하퍼가 최근에 받은 것**
중반부에서 하퍼 씨의 바람을 포착하는 기제가 최근 올해의 최고 혁신상을 받았다(Ms. Harper's wind-capturing mechanism recently won Best Invention of the Year award)고 했으므로, (B)가 정답이다.

6 화자는 무엇이 진열 중이라고 말하는가?
(A) 설계 모형   (B) 희귀 원고
(C) 순회 전람회   (D) 대회 트로피

어휘 **rare** 희귀한 **manuscript** 원고, 필사본 **exhibit** 전람회 **competition** 대회

해설 **세부 사항 – 화자가 진열 중이라고 말한 것**
후반부에서 해당 구조의 축척 모형이 현재 기술 박물관에 전시되어 있다(a scale model of the mechanism is currently on display at the Museum of Technology)고 했으므로, (A)가 정답이다.

패러프레이징
지문의 **a scale model of the mechanism**
➡ 정답의 **A design model**

Q 7-9 지역 뉴스

W-Br Hi, I'm Mary Ying with your local news here on WSQ radio. **7**City officials have announced that the Monroe city baseball fields will be reopening this Saturday—just in time for the first game of the summer season. The fields have been closed for the past two months in order to repair the drainage systems. **8**The project was delayed by heavy rains in the early spring. Local baseball organizers are pleased that the fields will be ready in time for the summer season. **9**All residents of Monroe are invited to celebrate the reopening with a community picnic from noon to three P.M. this Sunday afternoon.

안녕하세요. WSQ 라디오로 지역 소식을 전해 드리는 메리 잉입니다. **7**먼로 시립 야구장이 이번 주 토요일에 다시 문을 열 예정이라고 시 공무원들이 발표했습니다. 여름 시즌 첫 경기 일정에 딱 맞춘 것인데요. 야구장은 배수 시스템을 수리하기 위해 지난 2개월 동안 문을 닫았습니다. **8**이른 봄에 내린 폭우로 이 작업이 지연되었습니다. 지역의 야구 경기 주최자들은 구장이 여름 시즌에 맞춰 준비되는 것을 기뻐하고 있습니다. **9**먼로 시의 모든 주민들께서는 이번 주 일요일 정오부터 오후 3시까지 열리는 지역 주민 소풍 행사에 오셔서 재개장을 축하해 주시기 바랍니다.

어휘 **city official** 시 공무원[관계자] **baseball field** 야구장 **reopen** 다시 문을 열다, 재개장하다 **in time for** ~ 시간에 맞춰 **heavy rain** 폭우 **organizer** 주최자[조직자] **resident** 주민 **celebrate** 축하하다, 기념하다 **community** 지역 사회[주민]

7 화자는 무엇이 다시 열린다고 말하는가?
(A) 운동 경기장
(B) 시청 사무실
(C) 쇼핑몰
(D) 보행자 육교

해설 **세부 사항 – 다시 열리는 것**
초반부에서 먼로 시립 야구장이 이번 주 토요일에 다시 문을 열 예정(the Monroe city baseball fields will be reopening this Saturday)이라고 했으므로, (A)가 정답이다.

패러프레이징
지문의 **Monroe city baseball fields**
➡ 정답의 **Some sports fields**

8 수리가 지연된 원인은 무엇인가?
(A) 디자인 변경
(B) 물자 부족
(C) 예산 삭감
(D) 악천후

해설 **세부 사항 – 수리가 지연된 원인**
중반부에서 폭우로 수리 작업이 지연되었다(The project was delayed by heavy rains)고 했으므로, (D)가 정답이다.

패러프레이징
지문의 **heavy rains** ➡ 정답의 **Bad weather**

9 화자에 따르면, 일요일에 어떤 종류의 행사가 있는가?
(A) 선거
(B) 퍼레이드
(C) 유명인사 출연
(D) 지역사회 소풍

해설 **세부 사항 – 일요일에 있을 행사의 종류**
후반부에서 이번 주 일요일 정오부터 열릴 주민 소풍 행사에 와서 재개장을 축하해 달라(to celebrate the reopening with a community picnic ~ this Sunday afternoon)고 당부했으므로, (D)가 정답이다.

Q 10-12 쇼핑 채널 방송

M-Cn Welcome to the WKK shopping channel. Each week we present the latest products at the lowest prices. **10**Our featured product this week is a self-watering planter. It is built with a water container at the bottom that can store water. **11**Here to show us how to use this planter is Ms. Laurel Russell. You may know her from her popular television show *Grow It!* and her many best-selling books about gardening. But first, **12**don't forget that if you are one of the first twenty-five callers to buy this product, we'll ship it to you at no cost. Now Ms. Russell, can you show our viewers exactly how these planters work?

WKK 쇼핑 채널에 오신 것을 환영합니다. 저희는 매주 최신 상품을 최저가에 제공합니다. **¹⁰이번 주 특선 상품은 자가 급수 화분입니다.** 이 화분의 바닥에 물을 저장할 수 있는 물통이 장착되어 있습니다. **¹¹이 화분의 사용법을 보여 주시기 위해 여기 로렐 러셀 씨가 나오셨습니다.** 인기 텔레비전 쇼 〈기르세요!〉와 정원 가꾸기에 관한 여러 베스트셀러를 통해 알고 계실 겁니다. 하지만 우선, **¹²전화로 이 제품을 구매하시는 선착순 스물다섯 분께 저희가 무료로 배송해 드린다는 사실을 잊지 마시기 바랍니다.** 자 러셀 씨, 시청자들께 이 화분들이 정확히 어떻게 작동하는지 보여주시겠습니까?

어휘 **present** 제공하다, 제시하다 **latest product** 최신 상품 **at the lowest price** 최저가에 **featured product** 특선 상품 **self-watering planter** 자가 급수 화분 **be built with** ~이 장착되어 있다 **water container** 물통 **at the bottom of** ~의 바닥에 **store** 저장하다 **popular** 인기 있는 **gardening** 정원[텃밭] 가꾸기 **caller** 전화 거는 사람 **ship** 배송하다 **at no cost** 무료로 **viewer** 시청자 **exactly** 정확히 **work** 작동하다

10 무슨 상품이 방송에 나오고 있는가?
(A) 정원용 도구 세트
(B) 꽃꽂이
(C) 자기계발서
(D) 화분

해설 세부 사항 – 방송에 나오는 상품
초반부에서 이번 주 특선 상품은 자가 급수 화분(Our featured product this week is a self-watering planter)이라고 했으므로, (D)가 정답이다.

패러프레이징
지문의 **self-watering planter**
➡ 정답의 **plant container**

11 러셀 씨는 무엇을 할 예정인가?
(A) 책을 발췌해 읽는다.
(B) 짧은 동영상을 보여준다.
(C) 제품 사용법을 시연한다.
(D) 시청자들의 질문에 대답한다.

해설 세부 사항 – 러셀 씨가 할 일
중반부에서 화분의 사용법을 보여 주기 위해 로렐 러셀 씨가 나왔다(Here to show us how to use this planter is Ms. Laurel Russell)고 했으므로, (C)가 정답이다.

패러프레이징
지문의 **show us how to use this planter**
➡ 정답의 **Demonstrate the use of a product**

12 먼저 전화하는 스물다섯 명에게 무엇이 제공되는가?
(A) 쇼 관람권
(B) 주문품 무료 배송
(C) 클럽 회원권
(D) 잡지 구독권

해설 세부 사항 – 먼저 전화하는 25명에게 제공되는 것
후반부에서 전화로 이 제품을 구매하는 선착순 스물다섯 명에게 무료로 배송해준다(we'll ship it to you at no cost)고 했으므로, (B)가 정답이다.

패러프레이징
지문의 **ship it to you at no cost**
➡ 정답의 **Free shipping**

Q 13-15 연예 뉴스

W-Am Welcome back to *Radio Nine News*. This is Sofia Ochoa, the city arts reporter. **¹³Recently there's been a lot of attention focused on the Wilson Dance Company after they released a series of videos on the Internet that quickly became popular. ¹⁴These videos, which showed members of the company dancing in the Metropolitan Sculpture Garden, were part of the company's plan to promote an upcoming series of performances at Peterson Hall.** And has it worked? Well, tickets for the first three shows have sold out. If you want to see the Wilson Dance Company live, **¹⁵I recommend that you buy tickets as soon as possible.**

〈라디오 나인 뉴스〉에 다시 오신 것을 환영합니다. 저는 시 예술 담당 기자 소피아 오초아입니다. **¹³최근 윌슨 무용단이 인터넷에 일련의 동영상을 올려 빠르게 인기를 얻은 후 그들에게 많은 관심이 쏠렸습니다. ¹⁴이 동영상은 무용단원들이 메트로폴리탄 조각정원에서 춤추는 모습을 보여 주는데, 피터슨 홀에서 곧 있을 일련의 공연을 알리는 홍보 계획의 일환이었습니다.** 과연 효과가 있었을까요? 네, 처음 세 차례 공연의 관람권이 매진되었습니다. 윌슨 무용단을 실제로 보시고 싶다면 **¹⁵가능한 한 빨리 관람권을 구입하시라고 권해 드립니다.**

어휘 **attention** 주목, 관심 **focused on** ~에 집중된[쏠린] **release** 발표하다, 출시하다 **sculpture** 조각 **be part of** ~의 일환이다 **promote** 홍보하다, 판촉하다 **upcoming** 곧 있을 **performance** 공연, 연주 **work** 효과가 있다 **sell out** 매진되다 **recommend** 추천하다, 권장하다

13 윌슨 무용단은 최근에 무슨 일을 했는가?
(A) 해외 순회공연을 했다.
(B) 공연자를 몇 명 더 늘렸다.
(C) 새로운 광고 회사를 고용했다.
(D) 동영상 몇 편을 제작했다.

해설 세부 사항 – 윌슨 무용단이 최근에 한 일
지문 초반부에 최근 윌슨 무용단이 인터넷에 일련의 동영상을 공개해(they released a series of videos on the Internet) 빠르게 인기를 얻었다고 했으므로 (D)가 정답이다.

패러프레이징
지문의 **released a series of videos**
➡ 정답의 **made some videos**

14 화자가 "처음 세 차례 공연의 관람권이 매진되었습니다"라고 말한 의도는 무엇인가?

(A) 의견이 놀랍다.

(B) 홍보가 성공적이었다.

(C) 변경할 수 없다.

(D) 공연자는 걱정하지 않아도 된다.

해설 화자의 의도 파악 – 공연이 매진되었다는 말의 의미

중반부에서 인터넷에 올라간 동영상이 피터슨 홀에서 있을 공연을 알리는 홍보 계획의 일환이었다(These videos ~ to promote an upcoming series of performances at Peterson Hall)고 하며 과연 효과가 있었을지 자문한 후(And has it worked?) 세 차례 공연이 매진되었다고 답한 것이다. 즉, 홍보가 성공적이었다는 의미이므로, (B)가 정답이다.

15 청자들은 무엇을 하도록 권유 받는가?

(A) 미술관 방문   (B) 수업 등록

(C) 구매   (D) 일정 참조

해설 청자들이 권유 받는 것

마지막에 윌슨 무용단을 실제로 보고 싶다면 가능한 한 빨리 관람권을 구입하는 걸 권한다(I recommend that you buy tickets as soon as possible)고 했으므로, (C)가 정답이다.

패러프레이징

지문의 **buy tickets** ➡ 정답의 **Make a purchase**

Q 16-18 행사 뉴스

M-Cn You're listening to station 97.3, the number-one jazz station in Falls City. **16**And now an update on our annual jazz music competition. **17**The event will still take place on May fifth, but it will no longer be held at Belford Theater. Due to increased interest, the event has been moved to Villa Park. If you're a jazz musician and would like to compete, please register by the end of the week. Registration details are on our Web site. There is a cost to register, but the winning musician will receive a free recording session at a professional recording studio. **18**Remember, only musicians who have completed the online registration form will be eligible to participate. So visit www.fallscityjazz.com to register today!

폴스 시티 최고의 재즈 방송국, 97.3을 듣고 계십니다. **16**연례 재즈 음악 경연대회 소식을 전해드릴게요. **17**행사는 5월 5일에 그대로 개최되지만, 더 이상 벨포드 극장에서 열리지 않습니다. 관심이 높아져서 빌라 파크로 옮겨졌습니다. 여러분이 재즈 음악가이고 대회 참가를 원하신다면 이번 주까지 신청해 주세요. 신청 세부사항은 저희 웹사이트에 나와 있습니다. 신청비가 있긴 하지만, 우승한 음악가는 전문 녹음 스튜디오에서의 무료 녹음 시간을 얻게 됩니다. **18**온라인 신청서를 작성한 음악가만 참석할 자격이 있다는 점을 기억하세요. 오늘 www.fallscity-jazz.com을 방문해 신청하세요!

어휘 competition 대회, 시합 take place 개최되다 no longer 더 이상 ~아닌 due to ~때문에 register 등록하다 professional 전문적인 eligible 자격이 있는, 대상이 되는 participate 참가하다

16 어떤 유형의 행사를 알리고 있는가?

(A) 영화제

(B) 일련의 강좌

(C) 음악 경연대회

(D) 순회 연주

해설 공지하고 있는 행사

초반부에서 연례 재즈 음악 경연대회 소식을 전하겠다(now an update on our annual jazz music competition)고 했으므로, (C)가 정답이다.

17 화자에 따르면, 무엇이 변경됐는가?

(A) 시작 시간

(B) 신청비

(C) 연령 제한

(D) 행사 장소

해설 세부 사항 – 변경사항

초반부에서 행사가 더 이상 벨포드 극장에서 열리지 않는다 (it will no longer be held at Belford Theater)고 한 후, 관심이 높아져서 빌라 파크로 옮겨졌다(Due to increased interest, the event has been moved to Villa Park)며 변경 장소를 안내했다. 따라서 (D)가 정답이다.

18 화자에 따르면, 관심 있는 청자들은 무엇을 해야 하는가?

(A) 제안서 제출

(B) 온라인으로 신청

(C) 입장권 예매

(D) 설문 작성

어휘 submit 제출하다 proposal 제안 reserve 예약하다 complete a survey 설문을 작성하다

해설 세부 사항 – 관심 있는 청자들이 해야 할 일

후반부에서 온라인 신청서를 작성한 음악가만 대회에 참석할 자격이 있다는 점(only musicians who have completed the online registration form will be eligible to participate)을 명심하라고 했으므로, 관심 있는 청자들은 온라인으로 신청해야 한다는 것을 알 수 있다. 따라서 (B)가 정답이다.

패러프레이징

지문의 **completed the online registration form** ➡ 정답의 **Register online**

Q 19-21 지역 경제 뉴스 + 그래프

W-Br And now for the regional business news. **19**The amount of rain our area had in spring was typical for that time of year, so farmers were able to successfully plant their crops. **20**However, the unusually large amount of rain that we had over the summer caused a problem because it damaged the growing plants. This in turn has lowered the crop yields now being harvested. **21**Analysts say that, due to this lower supply, consumers should expect an increase in prices for many locally grown products.

이제 지역 경제 뉴스입니다. **19**이번 봄 우리 지역에 내린 비의 양은 이맘때 일반적인 수준이어서, 농부들은 작물을 성공적으로 심을 수 있었습니다. **20**하지만 여름 동안 이례적으로 많이 내린 비가 자라는 작물에게 피해를 입혀 문제를 일으켰습니다. 이는 결국 지금 추수 중인 곡물의 수확량을 줄였습니다. **21**분석가들의 말에 따르면, 이렇게 줄어든 공급 때문에 소비자들은 지역에서 재배한 많은 생산물의 가격 상승을 보게 될 거라고 합니다.

어휘 **regional** 지역의 **typical** 전형적인, 일반적인, 보통의 **successfully** 성공적으로 **unusually** 이례적으로, 대단히 **damage** 손상을 주다, 피해를 입히다 **in turn** 결국, 이로 인해 **lower** 낮추다; 낮아진 **crop yield** 곡물 수확량 **harvest** 수확하다 **analyst** 분석가 **due to** ~때문에 **supply** 공급 **expect** 예상하다, 기대하다 **increase** 상승, 증가 **locally grown** 현지(지역)에서 기른

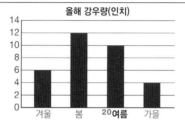

올해 강우량(인치)

19 방송은 주로 어떤 업계에 관한 것인가?
(A) 농업　　　　　(B) 관광
(C) 건설　　　　　(D) 수송

해설 **방송에서 다루는 업계**
초반부에서 이번 봄 비의 양이 이맘때 일반적인 수준이어서 농부들은 작물을 성공적으로 심을 수 있었다(farmers were able to successfully plant their crops)고 한 후, 강우량과 농작물에 대한 설명을 이어가고 있다. 따라서 (A)가 정답이다.

20 시각 정보에 따르면, 어떤 수치의 계절성 강우량이 이례적인가?
(A) 6인치　　　　(B) 12인치
(C) 10인치　　　(D) 4인치

해설 **시각 정보 연계 - 이례적인 강우량**
중반부에서 여름 동안 이례적으로 많이 내린 비(the unusually large amount of rain that we had over the summer)가 자라는 작물에게 피해를 입혀 문제를 일으켰다고 했다. 시각 정보를 보면 여름의 강우량은 10인치이므로, (C)가 정답이다.

21 화자에 따르면, 소비자들은 무엇을 예상할 수 있는가?
(A) 교통 정체
(B) 가격 인상
(C) 재산 피해
(D) 단전

어휘 **delay** 지연, 지체 **property** 재산 **disruption** 중단, 붕괴

해설 **세부 사항 - 소비자들이 예상할 수 있는 것**
후반부에서 줄어든 공급 때문에 소비자들이 지역에서 재배한 많은 생산물의 가격 상승을 보게 될 것(consumers should expect an increase in prices for many locally grown products)이라고 했으므로, (B)가 정답이다.

패러프레이징
지문의 **an increase in prices**
➡ 정답의 **Higher prices**

ⓖ 관광 / 견학

ETS CHECK-UP　　　본책 p. 259

1 (D)　　**2** (C)　　**3** (D)

Q 1-3 자연보호구역 견학

M-Cn **1**So, this is the end of the official tour of the Shady Meadows Nature Reserve. For those of you who would like to stay, we're now going to have a little **2**competition. Here's how it's going to work. I'll give you a list of trees and a map of the park's grounds. **2**Whoever can correctly identify the tree at each location marked on the map will win a dinner for two at the park's restaurant. **3**Just make sure you don't step on any of the protected wildflowers while you're exploring. I hope you'll all decide to participate.

1자, 이것으로 섀디 메도우 자연보호구역의 공식 투어가 끝났습니다. 계속 머물고 싶은 분들은, 저희가 지금 작은 **2**대회를 열 겁니다. 어떻게 진행되는지 알려드리겠습니다. 제가 여러분께 나무 목록과 공원 구내 지도를 드릴 것입니다. **2**지도에 표시된 각 위치에서 나무를 정확히 알아보시는 분은 누구나 공원 식당의 2인 저녁 식사권을 받으시게 됩니다. **3**답하시는 동안 보호 야생화를 밟지 않도록 하십시오. 여러분 모두 참가하기로 결정하시길 바랍니다.

어휘 **official** 공식적인 **nature reserve** 자연보호구역 **competition** 대회 **grounds** 구내 **correctly** 정확하게 **identify** 알아보다, 파악하다, 찾다 **explore** 답사하다, 탐험하다

1 어떤 행사가 끝나가는가?
(A) 지역 공동체 야유회　　(B) 원예 시연
(C) 운동 경기　　　　　　**(D) 자연 투어**

해설 **종료되는 행사**
초반부에서 섀디 메도우 자연보호구역의 공식 투어가 끝난다(this is the end of the official tour of the Shady Meadows Nature Reserve)고 했으므로, (D)가 정답이다.

2 대회 참가자들은 무엇을 해야 하는가?
(A) 경주하기
(B) 특별 요리 준비하기
(C) 나무를 정확히 식별하기
(D) 그림 그리기

해설 **세부 사항 – 대회 참가자들이 해야 할 일**
초반부에 대회(competition)을 언급한 후, 중반부에서 지도에 표시된 각 위치에서 나무를 정확히 알아보는 사람은 누구나(Whoever can correctly identify the tree at each location marked on the map) 공원 식당의 2인 저녁 식사권을 받는다고 했다. 따라서 (C)가 정답이다.

3 청자들은 무엇에 대해 주의를 받는가?
(A) 물을 충분히 마시는 것
(B) 소음을 내는 것
(C) 쓰레기를 두고 오는 것
(D) 식물을 밟는 것

어휘 caution 주의를 주다 trash 쓰레기

해설 **세부 사항 – 청자들이 주의받은 사항**
후반부에서 답사하는 동안 보호 야생화를 밟지 않도록 하라(you don't step on any of the protected wildflowers while you're exploring)고 청자들에게 주의를 주고 있으므로, (D)가 정답이다.

패러프레이징
지문의 make sure ➡ 질문의 cautioned
지문의 step on any of the protected wildflowers ➡ 정답의 Walking on plants

---

LISTENING PRACTICE 본책 p. 261

1 (A) **2** (B) **3** (B) **4** (B) **5** (A) **6** (B)

Q 1-2 민속촌 관광

W-Am Welcome to Mountain Creek Historical Village. My name is Jane, and I'll be your guide for the next hour. During this tour I will show you <u>the homes and shops of the first residents of the village</u>. As you may know, this town has been here for nearly one hundred and twenty years. **1**The historical society purchased the property three years ago and <u>renovated it to appear exactly as it did in the past</u>. **2**If you'd like to learn more about the history of this fascinating area, <u>I'd like to recommend the book</u>, *Beautiful Mountain Creek*. It is available in the gift shop, which will be the last stop on our tour today.

마운틴 크릭 전통 마을에 오신 것을 환영합니다. 제 이름은 제인이고 앞으로 한 시간 동안 여러분의 가이드가 될 것입니다. 투어

하시는 동안 이 마을의 최초 거주자들의 집과 상점을 보여 드리겠습니다. 아시는 분들도 계시겠지만, 이 마을이 이곳에 형성된 지 거의 120년째입니다. **1**역사 협회가 3년 전에 부지를 매입했고 과거의 모습 그대로 개축했습니다. **2**이 매혹적인 마을의 역사에 대해 더 자세히 알고 싶다면, 〈뷰티풀 마운틴 크릭〉 책을 권하고 싶습니다. 선물 가게에서 그 책의 구입이 가능한데, 그곳이 오늘 투어의 마지막 코스입니다.

어휘 historical 역사적인, 전통의 resident 주민, 거주자 society 협회, 학회 purchase 구입하다 property 부동산, 부지 renovate 개조하다, 보수하다 appear ~처럼 보이다 exactly 정확히, 그대로 fascinating 매혹적인 recommend 추천하다 available 이용 가능한, 판매 중인

1 화자는 마을에 대해 무엇이라고 말하는가?
(A) 최근에 개축되었다.
(B) 백 개가 넘는 상점이 있다.

해설 **세부 사항 – 화자가 마을에 대해 한 말**
중반부에서 역사 협회가 3년 전 부지를 매입해서 과거의 모습 그대로 개축했다(renovated it to appear exactly as ~ the past)고 했으므로, (A)가 정답이다.

2 담화에 따르면, 선물 가게에서 무엇이 구입 가능한가?
(A) 마을 지도
(B) 그 지역에 대한 책

해설 **세부 사항 – 선물 가게에서 구입 가능한 것**
후반부에서 마을의 역사에 대해 더 자세히 알고 싶다면 〈뷰티풀 마운티 크릭〉 책을 권하고 싶다며 선물 가게에서 구입 가능하다(available in the gift shop)고 덧붙였다. 따라서 (B)가 정답이다.

Q 3-4 미술관 관람

M-Cn **3**Welcome to the Sakamoto Art Museum. Our tour today will last about thirty minutes, and it will focus on the <u>museum's collection from the Ancient Near East</u>. These works cover thousands of years and a large geographic territory, so we will catch <u>only a glimpse of this ancient world</u>. After the tour, be sure to visit the museum gift shop, where you can find posters of some of the pieces in the collection. The gift shop is across from the ticket desks. Now let's get started, since we have a lot to see in only half an hour. **4**Let's <u>look first at the large piece of pottery</u> that stands in the center of the room.

3사카모토 미술관에 오신 것을 환영합니다. 오늘 견학은 약 30분간 지속될 예정이며 미술관의 고대 근동 소장품에 중점을 둘 것입니다. 해당 작품들은 수천 년의 시간과 광활한 지리적 영토를 다루고 있어서, 우리는 이 고대 세계를 살짝 들여다 보기만 할 것입니다. 견학 후 미술관 기념품점을 꼭 방문하세요. 소장품 중 일부 작품의 포스터를 보실 수 있을 겁니다. 기념품점은 매표 데스크 건너편에 있습니다. 자, 시작하죠. 겨우 30분 동안 볼 것이 많으니까요. **4**전시실 한가운데 서 있는 커다란 도자기부터 먼저 보시죠.

어휘 collection 소장품 Ancient Near East 고대 근동 geographic 지리적인 territory 영토 catch a glimpse of ~를 언뜻 보다, 살짝 보다 pottery 도자기

3 화자는 어디에 있겠는가?

(A) 도자기 공방   (B) 미술관

해설 **담화 장소**

초반부에서 사카모토 미술관에 온 것을 환영한다(Welcome to the Sakamoto Art Museum)며 견학을 시작했으므로, (B)가 정답이다.

4 견학 참여자들은 다음으로 무엇을 하겠는가?

(A) 매표를 위해 줄 서기   (B) 미술품 보기

어휘 line up for ~를 위해 줄을 서다

해설 **견학 참여자들이 다음에 할 일**

후반부에서 커다란 도자기부터 먼저 보자(Let's look first at the large piece of pottery)고 제안했으므로, 견학 참가자들이 다음에 미술품을 볼 것이라고 추론할 수 있다. 따라서 (B)가 정답이다.

패러프레이징

지문의 **the large piece of pottery**
➡ 정답의 **art work**

Q 5-6 공장 견학

W-Am **5**Welcome to Bartlett Rubber Surfaces. On today's tour, I'll show you how we turn used tires into new rubber surfaces. Our surfaces are long-lasting and used in playgrounds and sports fields. **5**Let me explain the basics before we go in, because it's going to be loud in the factory. First we'll see the cleaning station, which washes and prepares the old tires for their new use. From there, we'll watch the grinding machine cut the tires into small pieces. We'll end the tour in the distribution center, which packages the finished product. **6**The distribution center is a lot less noisy, so I'll be able to answer any questions that you might have while we're there.

5바틀릿 고무 바닥재 공장에 오신 여러분을 환영합니다. 오늘 견학에서는 폐타이어를 고무바닥재로 재탄생시키는 과정을 보여 드리겠습니다. 저희 바닥재는 수명이 길어서 놀이터와 스포츠 경기장에 사용됩니다. **5**공장 안으로 들어가기 전에 먼저 기본적인 사항을 설명해 드리겠습니다. 공장 안은 매우 시끄럽기 때문입니다. 먼저 세척장을 견학하겠습니다. 폐타이어를 재사용하기 위해 세척하고 준비하는 곳입니다. 거기에서 나와 타이어를 작은 조각으로 자르는 파쇄기를 보겠습니다. 마지막으로 완제품을 포장하는 물류 센터에서 견학을 마칩니다. **6**물류 센터는 덜 시끄러운 편이니 그곳에서 여러분께서 궁금하신 문의 사항에 답변해 드리겠습니다.

어휘 rubber surface 고무 바닥재 used 중고의 long-lasting 오래가는 playground 놀이터 explain 설명하다 loud 소리가 큰, 시끄러운 prepare 준비하다 grinding machine 파쇄기 distribution center 물류 센터 package 포장하다; 소포 noisy 시끄러운

5 화자는 누구이겠는가?

(A) 공장 직원   (B) 자동차 정비공

해설 **화자의 직업**

초반부에서 청자들을 환영하며 견학 중 보게 될 것 말해준 후, 공장 안이 시끄러우니(because it's going to be loud in the factory) 들어가기 전에 기본적인 사항을 설명해 주겠다(Let me explain the basics)고 했다. 따라서 화자가 공장 견학을 안내하는 직원이라고 추론할 수 있으므로, (A)가 정답이다.

6 물류 센터에서 질문에 대해 답변해 줄 수 있는 이유는 무엇인가?

(A) 로비에서 가깝다.   (B) 그곳이 조용하다.

해설 **세부 사항 – 물류 센터에서 답변하는 이유**

후반부에서 물류 센터가 덜 시끄러운 편이니 그곳에서 문의 사항에 답변하겠다(The distribution center is a lot less noisy, so I'll be able to answer any questions ~ there)고 했으므로, (B)가 정답이다.

패러프레이징

지문의 **a lot less noisy** ➡ 정답의 **quiet**

ETS TEST

본책 p. 262

1 (A)	**2** (C)	**3** (D)	**4** (C)	**5** (D)	**6** (C)
7 (D)	**8** (C)	**9** (A)	**10** (A)	**11** (C)	**12** (B)
13 (A)	**14** (D)	**15** (C)	**16** (B)	**17** (A)	**18** (C)
19 (B)	**20** (B)	**21** (C)			

Q 1-3 공장 견학

M-Cn Let's stop our tour here for a moment. **1**So far in today's tour of the Icy Ice Cream Factory we've seen how the separate ingredients are prepared and then blended together to make a cream base. **2**In this room, you can see how we add the flavors to the basic mixture. For example, the large machine right in front of you is adding strawberries to the base. See how it blends everything together? Now, for the next step in our factory tour, **3**we'll move on to the freezer room. That's where the mixture is cooled and mixed with air to get just the right temperature and texture of ice cream that people love. Please follow me, and **3**I'll show you how this is done.

여기서 잠시 견학을 멈추겠습니다. **¹지금까지 오늘의 아이시 아이스크림 공장 견학에서는 각각의 재료들이 어떻게 준비되고 함께 혼합되어 크림의 기본 재료가 되는지 보셨습니다. ²이 방에서는 기본 혼합물에 어떻게 맛을 추가하는지를 볼 수 있습니다.** 예를 들어, 여러분 바로 앞에 있는 대형 기계가 딸기를 기본 재료에 넣고 있습니다. 이 기계가 모든 것을 어떻게 혼합하는지 보셨죠? 저희 공장 견학의 다음 단계를 위해 **³이제 냉동실로 이동할 것입니다.** 그곳에서 혼합물이 냉각되고 공기와 섞여 사람들이 좋아하는 아이스크림의 적절한 온도와 식감을 얻게 됩니다. 저를 따라오시면 **³이 과정이 어떻게 진행되는지 보여 드리겠습니다.**

> 어휘 **separate** 각각의, 분리된 **ingredient** 재료 **blend** 섞다 **flavor** 맛 **mixture** 혼합물 **add** 더하다 **freezer** 냉각 **temperature** 온도 **texture** 질감, 식감

1 담화는 어디에서 일어나는가?
(A) 공장　　　　　(B) 식당
(C) 식료품점　　　(D) 과수원

해설 담화 장소
초반부에서 아이스크림 공장 견학(today's tour of the Icy Ice Cream Factory) 중 잠시 멈추고 화자가 설명 중인 것을 알 수 있으므로, (A)가 정답이다.

2 무엇이 시연되고 있는가?
(A) 손님을 앉힐 장소
(B) 제품을 전시할 장소
(C) 맛을 추가하는 방법
(D) 과일을 따는 방법

해설 세부 사항 – 시연 되고 있는 것
중반부에 들어간 방에서 기본 혼합물에 맛을 추가하는 방법(how we add the flavors to the basic mixture)을 볼 수 있다며 청자들 바로 앞에 있는 기계가 기본 재료에 딸기를 넣고 있다고 했다. 따라서 (C)가 정답이다.

3 화자는 다음에 무엇에 대해 이야기할 것인가?
(A) 보관 방법
(B) 계절 상품
(C) 인사 기법
(D) 냉각 방법

해설 다음에 화자가 이야기할 것
후반부에서 혼합물이 냉각되는 냉동실(freezer room)로 이동해 냉각 과정(the mixture is cooled)이 어떻게 진행되는지 보여 주겠다고 했다. 따라서 화자가 냉각 방법에 대해 이야기할 것임을 알 수 있으므로, (D)가 정답이다.

Q 4-6 박물관 견학

W-Br **⁴Thank you for attending the opening of our new exhibit at the Argona Music Museum.** This exhibit features some of the oldest musical instruments from Western Europe. Before we go in, **⁵I will pass out some audio players.** This device will allow you to listen to recordings of the sound each instrument makes. Also, if you're interested, **⁶at three o'clock, our staff will be giving a concert of traditional music using replicas of some of the instruments you'll see.**

⁴아르고나 음악 박물관에서 열리는 저희 신규 전시회 개막식에 참석해 주셔서 감사합니다. 이번 전시회에는 서유럽에서 가장 오래된 악기들 중 몇 점이 전시됩니다. 들어가기 전에 **⁵제가 오디오 플레이어를 나눠 드릴 겁니다.** 이 장치가 있으면 녹음된 각각의 악기 소리를 들으실 수 있습니다. 또한 관심이 있으시면 **⁶3시에 저희 직원들이 여러분이 관람할 악기 몇 개의 복제품으로 전통음악 연주회를 열 예정입니다.**

> 어휘 **attend** 참석하다 **exhibit** 전시회 **music museum** 음악 박물관 **feature** ~을 특별히 포함하다[다루다], 선보이다 **musical instrument** 악기 **pass out** ~을 배부하다, 나눠 주다 **device** 장치, 기구 **allow** 허락하다, 허용하다 **give a concert** 연주회를 열다 **traditional music** 전통음악 **replica** 복제품

4 담화의 목적은 무엇인가?
(A) 기부 요청
(B) 미술 도서 홍보
(C) 전시회 소개
(D) 보수 작업 논의

해설 담화의 목적
초반부에서 아르고나 음악 박물관에서 열리는 신규 전시회 개막식(the opening of our new exhibit at the Argona Music Museum)에 참석해줘서 감사하다고 한 후, 해당 전시회에 대해 소개하고 있다. 따라서 (C)가 정답이다.

5 화자는 무엇을 나누어 줄 것인가?
(A) 입장권
(B) 활동 목록
(C) 박물관 안내도
(D) 오디오 장치

해설 세부 사항 – 화자가 나누어 줄 것
중반부에서 안으로 들어가기 전에 오디오 플레이어를 나눠 주겠다(I will pass out some audio players)고 했으므로, (D)가 정답이다.

패러프레이징
지문의 **pass out** ◉ 질문의 **distribute**
지문의 **audio players** ◉ 정답의 **Audio devices**

6 화자에 따르면, 무엇이 3시에 시작되는가?
(A) 경매　　　　　(B) 강의
(C) 연주회　　　(D) 환영회

해설 세부 사항 – 3시에 시작되는 것
후반부에서 3시에 직원들이 악기 몇 개의 복제품으로 전통음악 연주회를 열 예정(our staff will be giving a concert of traditional music)이라고 했으므로, (C)가 정답이다.

Q 7-9 공장 견학

M-Au Welcome to Thornton Company, everyone. **7**During today's tour, you'll see how we make the high-quality acoustic guitars that are preferred by famous musicians such as Carlos Salazar. On the production floor, our craftspeople will demonstrate every step of the process, from cutting the wood pieces to attaching the strings. **8**Now, some of the steps involve sensitive equipment, which is why we don't allow children or teenagers under the age of sixteen on the tour. **9**So, we ask that you take care not to make contact with any machinery as we move around the production floor. All right, let's get started.

손톤 컴퍼니에 오신 것을 환영합니다. **7**오늘 견학 동안, 카를로스 살라자르 같은 유명 음악인들이 선호하는 고품질 어쿠스틱 기타를 어떻게 만드는지 보실 겁니다. 생산 작업장에서는 저희 장인들이 나무 조각 자르기부터 현 붙이기까지 모든 공정 단계를 시연해 드릴 것입니다. **8**자, 일부 단계에는 민감한 장비가 포함되어 있습니다. 그래서 저희가 견학 시 16세 미만 어린이와 청소년을 받지 않는 것이고요. **9**그러니 생산 작업장을 도는 동안 어떤 기계도 만지지 않도록 조심해 주십사 요청드립니다. 좋아요, 시작하죠.

어휘 **prefer** 선호하다 **such as** ~와 같은 **production floor** 생산 작업장 **craftspeople** 장인 **demonstrate** 시연하다, 보여주다 **attach** 붙이다 **involve** 수반하다 **sensitive** 민감한 **equipment** 장비 **make contact with** ~와 접촉하다

7 견학은 어디서 이뤄지고 있겠는가?
(A) 녹음실　　　　　(B) 연주회장
(C) 음악가의 집　　　**(D) 악기 공장**

해설 **견학 장소**
초반부에서 오늘 견학 동안 고품질 어쿠스틱 기타를 어떻게 만드는지 볼 것(During today's tour, you'll see how we make the high-quality acoustic guitars)이라고 했으므로, 견학이 악기 공장에서 이뤄지고 있다고 추론할 수 있다. 따라서 (D)가 정답이다.

패러프레이징
지문의 **acoustic guitars**
➡ 정답의 **musical instrument**

8 화자는 견학에 대해 뭐라고 언급하는가?
(A) 특정 공간 출입이 포함되지 않는다.
(B) 특정 시간까지 종료되어야 한다.
(C) 참가자들은 특정 연령 이상이어야 한다.
(D) 견학 단체가 특정 규모로 제한된다.

어휘 **include** 포함하다 **certain** 어떤, 특정한 **participant** 참가자 **be limited to** ~로 제한되다

해설 **세부 사항 – 화자가 견학에 대해 말한 것**
중반부에서 일부 제작 단계에는 민감한 장비가 포함되어 있다고 한 후, 그로 인해 견학 시 16세 미만 어린이와 청소년을 받

지 않는다(we don't allow children or teenagers under the age of sixteen on the tour)며 연령 제한을 언급했다. 따라서 (C)가 정답이다.

패러프레이징
지문의 **the age of sixteen** ➡ 정답의 **a certain age**

9 청자들은 어떤 행동을 피해야 하는가?
(A) 장비를 만지는 것
(B) 큰 소음을 내는 것
(C) 소지품을 두고 가는 것
(D) 서로 떨어지는 것

어휘 **avoid** 피하다 **belongings** 소지품 **separated from** ~에서 분리된, 떨어진

해설 **세부 사항 – 청자들이 피해야 할 행동**
후반부에서 생산 작업장을 도는 동안 어떤 기계도 만지지 않도록 주의하라(take care not to make contact with any machinery)고 청자들에게 요청했으므로, (A)가 정답이다.

패러프레이징
지문의 **make contact with any machinery**
➡ 정답의 **Touching some equipment**

Q 10-12 공원 관광

M-Cn **10**Welcome to Creek State Park. I'm Jack Lester, and I'll be your guide on today's nature walk. Our tour takes about an hour, with stops along the way to learn more about the many plants that live along the trail. Part of the route has wooden walkways to help us pass through areas where the ground is very wet. **11**Please remember to remain on these marked walkways throughout the tour to avoid damaging the delicate plants that grow in these wet places. **12**Before we start, let me give you this booklet, which contains illustrations and facts about the plants we'll see in the park during the walk.

10크릭 주립공원에 오신 것을 환영합니다. 저는 잭 레스터이고, 오늘 자연 산책에서 여러분의 가이드를 맡을 예정입니다. 투어는 중간에 산책길을 따라 서식하는 많은 식물들에 대해 알아보기 위해 몇 번 멈추면서 약 한 시간 정도 소요됩니다. 경로 일부는 목재 통로가 있어 땅이 매우 축축한 지역을 지나가는 데 도움을 줍니다. **11**이 습지에 사는 여린 식물들을 훼손하지 않도록 투어 내내 표시된 통로에 머물러야 한다는 점을 기억해 주십시오. **12**시작에 앞서, 안내책자를 드리겠습니다. 여기에는 우리가 산책 동안 공원에서 보게 될 식물에 관한 삽화와 설명이 나와 있습니다.

어휘 **along the way** 도중에, 그 과정에서 **trail** 오솔길, 산길 **walkway** 통로, 보도 **pass through** ~을 지나가다, 빠져나가다 **remain** (떠나지 않고) 남다 **damage** 훼손하다, 손상시키다 **delicate** 연약한, 여린 **booklet** 안내책자 **contain** 들어 있다 **illustration** 삽화

10 투어는 어디서 이뤄지는가?

(A) 자연공원　　　　　(B) 미술관

(C) 수족관　　　　　　(D) 대학교

해설　**관광 장소**

초반부에서 크릭 주립공원에 온 것을 환영한다(Welcome to Creek State Park)고 한 후, 자신이 오늘 자연 산책에서 가이드를 맡을 예정(I'll be your guide on today's nature walk)이라고 했다. 따라서 (A)가 정답이다.

11 화자는 청자들에게 무엇을 하라고 상기시키는가?

(A) 소지품 확인하기

(B) 편안한 신발 착용하기

(C) 표시된 지역에 머무르기

(D) 영수증 보관하기

어휘　receipt 영수증

해설　**청자들에게 상기시키는 사항**

중반부에서 투어 내내 표시된 통로에 머물러야 한다는 점을 기억해 달라(Please remember to remain on these marked walkways)고 요청했으므로, (C)가 정답이다.

패러프레이징

지문의 remember ➡ 질문의 remind

지문의 remain on these marked walkways

➡ 정답의 Stay in marked areas

12 청자들은 무엇을 받을 것인가?

(A) 지도　　　　　　(B) 안내책자

(C) 이름표　　　　　(D) 헤드셋

해설　**세부 사항 – 청자들이 받을 것**

후반부에서 청자들에게 안내책자를 나눠 주겠다(let me give you this booklet)고 했으므로, (B)가 정답이다.

Q 13-15 공장 견학

W-Am Welcome to the Samlo Chocolate Factory. **13**Samlo is distinguished for being the first manufacturing plant to begin operations in the city, and the plant is still operating in the original building. Since it is quite noisy on the production floor, information for that part of the tour will be delivered as an audio recording. **14**You will each receive your own pair of headphones before we enter that section of the building, so that you can adjust the volume as you wish. **15**Also, I ask that you stay with the group at all times when we're in the plant. OK, are there any questions before we get started?

샘로 초콜릿 공장에 오신 것을 환영합니다. **13**샘로는 이 도시에서 가동을 시작한 최초의 제조 공장으로 유명하며, 공장은 지금도 원래 건물에서 가동 중입니다. 생산 작업장이 꽤 시끄러우니, 견학의 해당 부분에 관한 정보는 음향 녹음으로 전달될 것입니다. **14**건물의 해당 구역에 들어가기 전, 여러분은 원하는 대로

음량을 조정할 수 있도록 각자 헤드폰을 받게 됩니다. **15**아울러 공장에 있는 동안에는 항상 단체와 함께 있어 주시기를 요청합니다. 자, 시작하기 전에 질문 있으십니까?

어휘　distinguished 유명한　manufacturing plant 제조 공장　operation 운영, 영업, 가동　original 원래의　deliver 배달하다, 넘겨주다　receive 받다　adjust 조정하다　at all times 항상

13 화자에 따르면, 공장은 어떤 점에서 특별한가?

(A) 도시에서 최초였다.

(B) 지역 내에서 가장 크다.

(C) 최근 업데이트했다.

(D) 하루 24시간 가동한다.

어휘　distinctive 독특한, 특별한　recently 최근

해설　**세부 사항 – 공장의 특별한 점**

초반부에서 샘로는 이 도시에서 가동을 시작한 최초의 제조 공장으로 유명하다(Samlo is ~ the first manufacturing plant to begin operations in the city)고 강조했으므로, (A)가 정답이다.

패러프레이징

지문의 distinguished ➡ 질문의 distinctive

14 방문자들에게 무엇이 배부될 것인가?

(A) 제품 견본

(B) 견학 일정표

(C) 평면도

(D) 헤드폰

해설　**방문자들에게 배부될 것**

중반부에서 청자들 각자 헤드폰을 받게 된다(You will each receive your own pair of headphones)고 했으므로, (D)가 정답이다.

패러프레이징

지문의 receive ➡ 질문의 be distributed

15 방문자들은 무엇을 해 달라고 요청받았는가?

(A) 조용히 말하기

(B) 설문 작성하기

(C) 단체와 함께 있기

(D) 방호복 입기

어휘　remain ~한 채로 있다　protective 보호용의, 보호하는

해설　**방문자들이 요청 받은 사항**

후반부에서 공장에 있는 동안에는 항상 단체와 함께 있어 달라(stay with the group at all times when we're in the plant)고 요청했으므로, (C)가 정답이다.

패러프레이징

지문의 stay with the group

➡ 정답의 Remain with the group

Q 16-18 도시 관광

W-Am All right, everyone. We've reached the next stop on our city tour. If you look out the bus window to your left, **16**you'll see the Edner Theater, where we'll be attending an orchestra performance at two o'clock. But we've arrived a bit early, **17**so you have plenty of time to visit some shops in the area and still get back by two. There's a historic bookstore at the end of the street, and next to that is the Hartford Sweet Shop. Even though it's not well-known, Hartford Sweet Shop's ice cream is delicious. OK, **18**I'm going to give you your tickets now. That way, we can meet in the theater.

자, 여러분. 도시 관광의 다음 경유지에 도착했습니다. 왼쪽으로 버스 창문을 내다보시면 **16**에드너 극장이 보이는데, 그곳에서 2시에 오케스트라 연주를 관람하시겠습니다. 그러나 우리가 약간 일찍 도착해서 **17**시간이 많으니 이 지역의 상점들을 방문하셔도 여전히 2시까지 돌아오실 수 있습니다. 거리 끝에는 유서 깊은 서점이 있으며, 그 옆에는 하트퍼드 스위트 숍이 있습니다. 유명하지는 않지만 하트퍼드 스위트 숍의 아이스크림은 맛이 좋습니다. **18**자, 이제 여러분께 입장권을 나눠 드리겠습니다. 그러면 우리가 극장에서 만날 수 있습니다.

어휘 **reach** 도달하다, 이르다 **look out** ~을 내다보다 **theater** 극장 **performance** 공연, 연주 **have plenty of time** 시간이 많다 **get back** 돌아오다 **historic** 역사적인, 유서 깊은 **well-known** 유명한 **delicious** 맛있는

16 청자들은 2시에 무엇을 할 것인가?
(A) 박물관에 간다.
(B) 공연을 관람한다.
(C) 점심을 먹는다.
(D) 버스를 탄다.

해설 **청자들이 2시에 할 일**
초반부에 2시에 오케스트라 연주를 관람한다(we'll be attending an orchestra performance at two o'clock)고 했으므로, (B)가 정답이다.

17 화자가 "하트퍼드 스위트 숍의 아이스크림은 맛이 좋습니다"라고 말한 이유는?
(A) 청자들에게 그곳으로 가라고 추천하려고
(B) 청자들에게 어떤 회사가 유명한 이유를 알려주려고
(C) 왜 고객 수가 늘었는지 설명하려고
(D) 업체 두 곳을 비교하려고

해설 **화자의 의도 파악 – 특정 가게의 아이스크림은 맛이 좋다는 말의 의미**
중반부에서 지역의 상점들을 방문할(visit some shops in the area) 시간이 충분하다고 한 뒤, 유서 깊은 서점과 하트퍼드 스위트 숍을 언급하며 한 말이다. 즉, 서점과 아이스크림 가게에 가보라고 추천하고 있는 것이므로, (A)가 정답이다.

18 화자는 다음에 무엇을 할 것이라고 말하는가?
(A) 안내서 확인 (B) 예약하기
(C) 입장권 배부 (D) 주차장 물색

해설 **화자가 다음에 할 일**
후반부에서 이제 입장권을 나눠주겠다(I'm going to give you your tickets now)고 했으므로, (C)가 정답이다.

패러프레이징
지문의 **give you your tickets now**
➡ 정답의 **Hand out some tickets**

Q 19-21 공장 견학 + 차트

M-Cn Welcome to the Jansen Factory. This factory was founded by the Jansen family nearly 70 years ago, and **19**we're proud to say that it's still family-owned and operated. Today, I'll be showing you our process for taking raw materials and turning them into brake components for the automobile industry. The area we're currently standing in is where these raw materials, primarily metals, are prepared. **20**These materials will be transformed into usable parts by our milling machines, which are in the next area that we'll visit. The milling machines are operated by highly-skilled technicians. Let's go there now, and **21**I'll introduce you to Stefan Schmidt. He'll show you how they work.

얀센 공장에 오신 것을 환영합니다. 본 공장은 거의 70년 전, 얀센 가족에 의해 창립됐으며, **19**여전히 가족 소유 및 경영 회사라는 점을 자랑스럽게 말씀드립니다. 오늘 여러분께 자동차 업계를 위해 원자재를 브레이크 부품으로 만드는 저희 공정을 보여드릴 예정입니다. 현재 우리가 서 있는 이곳은 이러한 원자재, 주로 금속이 준비되는 장소입니다. **20**이 소재들은 저희 공작기에 의해 사용 가능한 부품으로 변모할 것입니다. 공작기는 방문할 다음 구역에 있습니다. 고도로 숙련된 기술자들이 공작기를 작동합니다. 지금 가 보시죠. **21**그럼 스테판 슈미트를 여러분께 소개하겠습니다. 그가 기계들이 어떻게 작동하는지 보여드릴 것입니다.

어휘 **found** 설립하다 **nearly** 거의 **process** 과정, 절차 **raw materials** 원자재, 재료, 소재 **component** 부품 **industry** 산업 **currently** 현재 **primarily** 주로 **transform** 변형시키다, 완전히 바꿔 놓다 **part** 부품 **milling machine** 공작기, 절삭기 **highly-skilled** 고도로 숙련된 **technician** 기술자

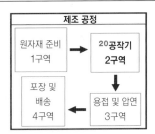

제조 공정	
원자재 준비 1구역 →	**20**공작기 2구역
포장 및 배송 4구역 ←	용접 및 압연 3구역 ←

19 화자에 따르면, 회사는 무엇을 자랑스러워하는가?

(A) 현지 생산된 재료를 사용한다.

(B) 가족 경영 업체이다.

(C) 우수상을 받았다.

(D) 자동차 업계에 납품하는 가장 큰 업체이다.

어휘 locally-sourced 현지 생산된 award for excellence 우수상 supplier 공급자

해설 **세부 사항 – 회사가 자랑스러워하는 것**

초반부에서 여전히 가족 소유 및 경영 회사라는 점을 자랑스럽게 여긴다(we're proud to say that it's still family-owned and operated)고 했으므로, (B)가 정답이다.

패러프레이징

지문의 family-owned and operated

➡ 정답의 a family-run operation

20 시각 정보에 따르면, 청자들은 다음으로 어떤 구역에 갈 것인가?

(A) 1구역 **(B) 2구역**

(C) 3구역 (D) 4구역

해설 **시각 정보 연계 – 다음으로 갈 구역**

중반부에서 앞서 언급한 소재들이 공작기에 의해 사용 가능한 부품으로 변모할 것이라고 한 후, 공작기는 방문할 다음 구역에 있다(our milling machines which are in the next area that we'll visit)고 했다. 시각 정보를 보면, 공작기(Milling Machines)는 2구역에 있으므로, (B)가 정답이다.

21 스테판 슈미트는 누구이겠는가?

(A) 회사 임원 (B) 고객

(C) 기술자 (D) 영업사원

해설 **스테판 슈미트의 신분**

후반부에서 스테판 슈미트를 소개하겠다(I'll introduce you to Stefan Schmidt)고 한 후, 그가 기계들이 어떻게 작동하는지 보여줄 것(He'll show you how they work)이라고 했다. 따라서 스테판 슈미트가 공장에 근무하는 기술자라고 추론할 수 있으므로, (C)가 정답이다.

ETS **ACTUAL TEST** 본책 p. 272

71 (A)	**72** (B)	**73** (C)	**74** (D)	**75** (A)
76 (C)	**77** (C)	**78** (A)	**79** (B)	**80** (B)
81 (A)	**82** (B)	**83** (B)	**84** (D)	**85** (A)
86 (A)	**87** (C)	**88** (B)	**89** (A)	**90** (D)
91 (D)	**92** (A)	**93** (A)	**94** (C)	**95** (A)
96 (B)	**97** (C)	**98** (D)	**99** (A)	**100** (C)

Q 71-73 광고

M-Au Would you like a better way to keep track of your runs, bike rides, and walks? **71**Then it's time for you to own the Zenith 10 fitness tracker watch. The Zenith 10 fits right on your

---

wrist, so you can easily take it with you everywhere you go. **72**And changes have been made to ensure that the Zenith is the most accurate fitness tracker available on the market. Best of all, **73**if you order a second watch, you'll get it for 50 percent off!

달리기, 자전거 타기, 걷기 등을 기록하는 더 좋은 방법을 원하세요? **71**그렇다면 제니스 10 피트니스 추적기 시계를 가져야 할 때입니다. 제니스 10은 손목에 잘 맞아서 가는 곳 어디나 쉽게 차고 갈 수 있습니다. **72**아울러 변화를 줘서 제니스가 시중에서 구할 수 있는 가장 정확한 피트니스 추적기가 되도록 했습니다. 무엇보다도, **73**두 번째 시계를 주문하시면 50퍼센트 할인된 가격으로 사실 수 있습니다!

어휘 keep track of ~를 기록하다 tracker 추적자, 추적기 fit right 잘 맞다 accurate 정확한 available 구할 수 있는, 이용 가능한 best of all 무엇보다도

71 어떤 제품이 광고되고 있는가?

(A) 피트니스 시계 (B) 태블릿 컴퓨터

(C) 휴대전화 (D) 디지털 카메라

해설 **광고 대상**

초반부에서 제니스 10 피트니스 추적기 시계를 가져야 할 때(it's time for you to own the Zenith 10 fitness tracker watch)라고 한 후, 해당 제품에 대한 설명을 이어가고 있다. 따라서 (A)가 정답이다.

72 화자는 모델이 어떻게 변화되었다고 말하는가?

(A) 사용하기 편하다. **(B) 더 정확하다.**

(C) 화면이 더 크다. (D) 이제 주문 제작할 수 있다.

어휘 user-friendly 사용자 친화적인, 사용하기 편한 customizable 주문에 따라 만들 수 있는

해설 **세부 사항 – 모델에 생긴 변화**

중반부에서 변화를 줘서 제니스가 시중에서 구할 수 있는 가장 정확한 피트니스 추적기가 되도록 했다(the Zenith is the most accurate fitness tracker available on the market)고 했으므로, (B)가 정답이다.

패러프레이징

지문의 changes have been made to

➡ 질문의 has changed

73 화자에 따르면, 청자들은 어떻게 할인을 받을 수 있는가?

(A) 제품을 친구에게 추천해서

(B) 할인 코드를 사용해서

(C) 두 번째 제품을 구입해서

(D) 소셜미디어에 사진을 게시해서

어휘 recommend 추천하다, 권장하다 purchase 구입하다 post 게시하다

해설 **세부 사항 – 할인받는 방법**

후반부에서 두 번째 시계를 주문하면(if you order a second watch) 50퍼센트 할인 가격으로 살 수 있다(you'll get it for 50 percent off)고 했으므로, (C)가 정답이다.

패러프레이징

지문의 **get it for 50 percent off**
➡ 질문의 **receive a discount**
지문의 **order a second watch**
➡ 정답의 **purchasing a second item**

Q 74-76 발표 담화

W-Br Hello, everyone. **74**I'm excited to welcome you to our grand opening celebration. **75**We started this company, Elvak Ceramics, to offer unique handcrafted tiling that reflects the different artistic visions of our talented staff. Adding Elvak tiles to surfaces in a home or business will help to make it stand out as truly special. Everything is produced here in the studio to ensure the highest quality. **76**We'll demonstrate our production methods soon, but before we do, I invite you to enjoy some refreshments on the patio.

안녕하세요, 여러분. **74**저희 개점식에 여러분을 모시게 되어 기쁩니다. **75**저희는 재능 있는 직원들의 다양한 예술적 시각을 반영해 만든 독특한 수공예품 타일을 제공하기 위해 이 회사, 엘바크 세라믹스를 시작했습니다. 엘바크 타일을 집이나 회사 외관에 더하면 매우 특별하게 눈에 띄도록 도와줍니다. 모든 것이 이곳 스튜디오에서 생산되어 최상의 품질을 보장합니다. **76**곧 생산 방식을 시연해 드릴 예정입니다만, 그 전에 여러분이 테라스에서 다과를 즐길 수 있도록 초대하겠습니다.

어휘 grand opening 개점, 개장 celebration 기념 행사 handcrafted 수공예품의 reflect 반영하다 different 다양한 artistic 예술적인 vision 시각, 공상 talented 재능 있는 surface 표면, 외관 stand out 눈에 띄다, 두드러지다 demonstrate 시연하다 production 생산 refreshments 다과

74 어떤 행사가 열리고 있는가?
(A) 창립 기념 행사　　(B) 직원 회의
(C) 회사 야유회　　　**(D) 개점식**

해설 개최되고 있는 행사
초반부에서 개점식에 청자들을 맞이하게 되어 기쁘다(I'm excited to welcome you to our grand opening celebration)고 했으므로, (D)가 정답이다.

75 업체는 무엇을 생산하는가?
(A) 타일　　　　　(B) 아트 프린트
(C) 안경　　　　　　(D) 페인트

해설 세부 사항 - 업체의 생산 제품
초반부에서 재능 있는 직원들의 다양한 예술적 시각을 반영해 만든 독특한 수공예품 타일(unique handcrafted tiling that reflects the different artistic visions of our talented staff)을 제공하기 위해 이 회사를 시작했다고 했으므로, 업체가 타일을 생산한다는 것을 알 수 있다. 따라서 (A)가 정답이다.

76 청자들은 다음으로 무엇을 하겠는가?
(A) 동영상 시청하기　　(B) 테라스 가구 옮기기
(C) 간식 먹기　　　　(D) 견본 보기

어휘 furniture 가구

해설 청자들이 다음에 할 일
후반부에서 곧 생산 방식을 시연할 예정이라고 한 후, 그 전에 청자들이 테라스에서 다과를 즐길 수 있도록 초대하겠다(before we do, I invite you to enjoy some refreshments on the patio)고 했다. 따라서 청자들이 다음에 다과를 즐길 것으로 추론할 수 있으므로, (C)가 정답이다.

패러프레이징

지문의 **enjoy some refreshments**
➡ 정답의 **Eat some snacks**

Q 77-79 전화 메시지

M-Au Hi, Megumi. It's Youssef. **77**I'm calling about the machines at your cookie factory. As scheduled, I've serviced them today, so they should all be running smoothly. **78**I do have one recommendation, though. You should consider replacing the cookie dough mixer with a newer model. I noticed that it appears to be overheating. **79**Also, I've e-mailed you an itemized invoice for the work I did today. If you have any questions, feel free to contact me.

안녕하세요, 메구미. 유세프입니다. **77**쿠키 공장 기계에 대해 전화 드려요. 예정된 대로 오늘 정비를 해서 모두 원활히 작동할 겁니다. 그런데 한 가지 권장사항이 있습니다. **78**쿠키 반죽 혼합기를 새 모델로 교체하는 걸 고려해 보셔야겠어요. 과열되는 듯한 것을 알 수 있었거든요. **79**아울러 오늘 한 작업에 대해 항목별로 작성한 청구서를 이메일로 보내 드렸습니다. 질문이 있으시면 언제든 연락 주십시오.

어휘 as scheduled 예정된 대로 service 정비하다, 점검하다 recommendation 권장(사항) replace 교체하다 notice 알아차리다 appear ~인 것 같다 overheat 과열되다 itemized 항목별로 작성된 invoice 청구서, 송장

77 화자는 누구이겠는가?
(A) 배송 운전기사　　(B) 영업사원
(C) 수리공　　　　(D) 생산 관리자

해설 화자의 직업
초반부에서 쿠키 공장 기계에 대해 전화한다고 한 후, 자신이 정비를 했으니 모두 원활히 작동할 것(I've serviced them today, so they should all be running smoothly)이라고 덧붙였다. 따라서 화자가 수리공임을 알 수 있으므로, (C)가 정답이다.

78 화자는 청자에게 무엇을 하라고 권하는가?
(A) 새 기계 구입하기　　(B) 일정표 확인하기
(C) 회사 로고 업데이트하기 (D) 보관 공간 확장하기

어휘 **expand** 확장시키다 **storage** 보관, 저장

해설 **화자의 제안 사항**

중반부에서 한 가지 권장사항이 있다고 한 후, 쿠키 반죽 혼합기를 새 모델로 교체하는 걸 고려해 보라(You should consider replacing the cookie dough mixer with a newer model)고 했다. 따라서 (A)가 정답이다.

패러프레이징

지문의 **replacing the cookie dough mixer with a newer model** ➡ 정답의 **Buy a new machine**

79 화자는 청자에게 무엇을 이메일로 보냈다고 말하는가?
(A) 프로젝트 일정표 　(B) 항목별 청구서
(C) 포커스 그룹 결과 　(D) 예산 정보

어휘 **timeline** 일정표 **result** 결과 **budget** 예산

해설 **세부 사항 - 화자가 청자에게 이메일로 보낸 것**

후반부에서 작업에 대해 항목별로 작성한 청구서를 이메일로 보냈다(I've e-mailed you an itemized invoice for the work)고 했으므로, (B)가 정답이다.

Q 80-82 설명

M-Cn **80**We have 48 boxes of vegetables to prepare today before customers start coming in around noon to pick them up. Each box should look like the sample one on display. **81**Don't worry about adding the lettuce yet because I want to put it into bags first. For now, focus on the other vegetables, like the potatoes, squashes, and beets. They've already been washed, but if you see any that still have chunks of dirt on them, please spray them down. Yes, **82**having to take items over to be cleaned is inconvenient, but I doubt that will happen often.

80오늘 고객들이 정오쯤 가지러 오기 전에 준비할 채소 48상자가 있습니다. 각 상자는 진열된 견본품처럼 보여야 합니다. **81**양상추를 추가하는 일은 아직 걱정 마세요. 봉투에 먼저 넣고 싶으니까요. 지금은 감자, 호박, 비트 같은 다른 채소에 집중하세요. 이미 세척됐지만 여전히 흙덩어리가 있는 채소를 보시면 물을 뿌려 털어내 주세요. 네, **82**씻으려고 물품을 골라내야 하는 게 불편하긴 하지만 그런 일이 자주 있지는 않을 겁니다.

어휘 **prepare** 준비하다 **on display** 진열된, 전시된
focus on ~에 집중하다 **squash** 호박 **chunk** 덩어리
inconvenient 불편한 **doubt** 의심하다, ~하지 않을 거라고 생각하다

80 정오쯤 어떤 일이 있을 것인가?
(A) 일부 직원들이 채소 수확을 돕기 위해 도착할 것이다.
(B) 고객들이 주문한 물품을 가져갈 것이다.
(C) 회사가 견본을 나눠줄 것이다.
(D) 새 선반이 배송될 것이다.

어휘 **harvest** 수확하다 **hand out** ~을 나눠주다, 배포하다 **shelving** 선반

해설 **정오쯤 일어날 일**

초반부에서 채소 48상자를 준비해야 한다며 고객들이 정오쯤 가지러 오기 시작할 것(customers start coming in around noon to pick them up)이라고 했으므로, (B)가 정답이다.

81 화자는 왜 양상추 포장을 미루라고 말하는가?
(A) 봉투에 넣고 싶어 한다.
(B) 신선하게 유지되기를 바란다.
(C) 가격을 확정해야 한다.
(D) 무게를 달아야 한다.

어휘 **confirm** 확정하다 **weigh** 무게를 달다

해설 **세부 사항 - 양상추 포장을 미루라고 한 이유**

중반부에서 양상추를 추가하는 일은 아직 걱정 말라(Don't worry about adding the lettuce yet)고 한 후, 봉투에 먼저 넣고 싶기 때문(because I want to put it into bags first)이라고 덧붙였다. 따라서 (A)가 정답이다.

패러프레이징

지문의 **Don't worry about adding the lettuce yet** ➡ 질문의 **wait to pack the lettuce**

82 화자가 "그런 일이 자주 있지는 않을 겁니다"라고 말한 이유는?
(A) 정책에 대해 이의를 제기하려고
(B) 안심시키는 말을 하려고
(C) 기기에 투자하는 것을 정당화하려고
(D) 일정이 변경된 이유를 설명하려고

어휘 **policy** 정책 **reassurance** 안심시키는 말, 행동
justify 정당화하다 **invest** 투자하다 **appliance** 기기 **revise** 변경하다

해설 **화자의 의도 파악 - 그런 일이 자주 있지는 않을 거라는 말의 의미**

후반부에서 씻으려고 물품을 골라내야 하는 게 불편하긴 하지만(having to take items over to be cleaned is inconvenient)고 그런 일이 자주 있지는 않을 거라고 했다. 즉, 번거로운 일이 많이 발생하지는 않을 거라는 의미이므로, 청자들을 안심시키려는 의도라고 볼 수 있다. 따라서 (B)가 정답이다.

Q 83-85 워크숍 담화

W-Am **84**We're so happy to have you with us for this book conservation workshop. **83, 84**We're going to spend the majority of our time in the library's rare book section, where I'll teach you the basics of book restoration. Repairing bindings and cleaning pages ensures that books remain in good condition for many years. You'll be able to use the skills you learn today at home to repair your own books when they become damaged. However, **85**before we go downstairs, I'll show you around so you can see the many resources our library has to offer.

84이번 도서 보존 워크숍에 여러분을 모시게 되어 정말 기쁩니다. **83,84**대부분의 시간을 도서관의 희귀 도서 구역에서 보낼 예정이고, 여기서 여러분께 도서 복원의 기초를 알려드릴 겁니다. 표지 수선과 페이지 청소는 도서가 수 년간 좋은 상태를 유지하게끔 합니다. 오늘 배우는 기술은 집에서 여러분의 책이 손상됐을 때 수선하는 데 활용할 수 있을 겁니다. 그렇지만 **85**아래층으로 내려가기 전, 여러분께서 우리 도서관이 제공하는 많은 자원들을 보실 수 있도록 안내하겠습니다.

어휘 conservation 보존, 보호 majority 대다수 rare 드문, 희귀한 restoration 복원, 복구 binding (제본용) 표지 remain ~한 채로 있다, 유지하다 damage 손상시키다, 훼손하다 resources 자원 offer 제공하다

83 화자는 어디서 일하겠는가?
(A) 박물관 　　　　　(B) 도서관
(C) 출판사 　　　　　(D) 서점

해설 화자의 근무지
초반부에서 워크숍 대부분의 시간을 도서관의 희귀 도서 구역에서 보낼 예정(We're going to spend the majority of our time in the library's rare book section)이라고 한 후, 거기에서 자신이 도서 복원의 기초를 알려주겠다(I'll teach you the basics of book restoration)고 했다. 따라서 화자가 도서관에서 일한다고 추론할 수 있으므로, (B)가 정답이다.

84 워크숍의 주제는?
(A) 기록 보관소 정리하기
(B) 특별 행사 계획하기
(C) 골동품 판매하기
(D) 고서 복원하기

어휘 organize 정리하다, 체계화하다 archive 기록 보관소 antique 골동품

해설 워크숍의 주제
초반부에서 도서 보존 워크숍(book conservation workshop)에 청자들을 맞이하게 되어 기쁘다고 한 후, 도서관의 희귀 도서 구역에서 도서 복원의 기초를 알려주겠다(I'll teach you the basics of book restoration)고 했다. 따라서 희귀 고서 복원에 대한 워크숍임을 알 수 있으므로, (D)가 정답이다.

85 청자들은 다음으로 무엇을 하겠는가?
(A) 견학하기
(B) 설문지 작성하기
(C) 재료값 지불하기
(D) 토론 그룹 형성하기

어휘 complete 기입하다, 작성하다 questionnaire 설문지 materials 재료 form 형성하다

해설 청자들이 다음에 할 일
후반부에서 아래층으로 내려가기 전에(before we go downstairs) 도서관이 제공하는 많은 자원들을 볼 수 있도록 안내하겠다(I'll show you around ~ many resources our library has to offer)고 했으므로, 청자들이 다음에 도서관을 견학할 것이라고 추론할 수 있다. 따라서 (A)가 정답이다.

패러프레이징
지문의 show you around so you can see
➡ 정답의 Take a tour

Q 86-88 설명 담화

W-Br Hello, everyone! **86**Welcome to the casting call for The Dreamscape Path. I'm the casting director, Nicola Jones, and **86**I'm so excited to see people here to audition for the role of the film's lead character. **87**As each person enters the audition room, our staff member Martina will take a picture with a digital camera so that we'll have that for our records. As we advertised, **88**we have only 50 audition slots today. And I do want to note that there are more people here than we expected.

안녕하세요, 여러분! **86**드림스케이프 패스의 오디션에 오신 것을 환영합니다. 저는 배역 담당 책임자인 니콜라 존스입니다. **86**영화 주연 역할을 위한 오디션에서 여러분을 뵙게 되어 무척 기쁩니다. **87**각자 오디션 방에 들어오실 때 저희 직원 마티나가 디지털 카메라로 사진을 찍어서 기록을 위해 남길 수 있도록 하겠습니다. 광고한 대로, **88**오늘은 50명의 오디션 자리만 있습니다. 그런데 알려드릴 게 있는데요, 예상했던 것보다 많은 분들이 이곳에 오셨습니다.

어휘 casting call 오디션 lead character 주연 record 기록 advertise 광고하다 expect 기대하다, 예상하다

86 청자들은 누구이겠는가?
(A) 배우 　　　　　(B) 음악가
(C) 무용가 　　　　　(D) 패션모델

해설 청자들의 직업
초반부에서 오디션에 온 것을 환영한다(Welcome to the casting call)고 한 후, 영화 주연 오디션에서 청자들을 만나게 되어(to see people here to audition for ~ the film's lead character) 기쁘다고 덧붙였으므로, 청자들이 배우라고 추론할 수 있다. 따라서 (A)가 정답이다.

87 화자는 마티나가 무엇을 할 것이라고 말하는가?
(A) 서식 걷기 　　　　(B) 시연 제공하기
(C) 사진 촬영하기 　(D) 음향 시스템 설치하기

어휘 collect 모으다 demonstration 시연 set up ~을 설치하다

해설 세부 사항 - 마티나가 할 일
중반부에서 각자 오디션 방에 들어올 때 직원인 마티나가 디지털 카메라로 사진을 찍을 것(our staff member Martina will take a picture with a digital camera)이라고 했으므로, (C)가 정답이다.

패러프레이징
지문의 take a picture ➡ 정답의 Take photographs

88 화자가 "예상했던 것보다 많은 분들이 이곳에 오셨습니다"라고 말할 때, 그 의도는 무엇인가?
(A) 음식을 더 많이 주문해야 한다.
(B) 모두가 참가할 수 있는 것은 아니다.
(C) 더 큰 공간이 필요하다.
(D) 절차가 예상보다 오래 걸릴 것이다.

어휘 participate 참가하다 process 과정, 절차

해설 **화자의 의도 파악 – 예상보다 많은 인원이 왔다는 말의 의미**
후반부에서 50명의 오디션 자리만 있다(we have only 50 audition slots today)고 공지한 뒤 한 말이다. 이는 예상보다 많은 사람들이 모여 모두가 오디션에 참가하지 못할 수도 있음을 알리려는 의도라고 볼 수 있으므로, (B)가 정답이다.

Q 89-91 광고

M-Cn **89**Do you farm more than 1,000 acres of land? Are you looking for ways to increase your profits? Greendale Consulting can help. Often, the best financial move for farmers is to grow different crops. But making the switch can seem overwhelming—researching market trends, evaluating growing conditions— **90**there are many considerations in deciding on the right crops for you. Hiring Greendale is the smartest decision you can make. Our experts are with you through every step of the process. **91**If you'd like us to send you a brochure with more information, please follow the steps on our Web site.

891,000 에이커가 넘는 땅을 경작하시나요? 수익을 증가시킬 방법을 찾고 계십니까? 그린데일 컨설팅이 도와드릴 수 있습니다. 종종, 농부들에게 금전적으로 가장 도움이 되는 조치는 다른 작물을 재배하는 것입니다. 하지만 변화를 주는 건 너무 엄청난 일처럼 보일 수 있죠. 시장 동향을 조사하고 생장 조건을 평가하는 등, **90**당신에게 꼭 맞는 작물을 결정하는 데 많은 고려사항이 있습니다. 그린데일을 고용하는 것이 당신이 내릴 수 있는 가장 현명한 결정일 겁니다. 저희 전문가들이 과정상의 전 단계를 함께합니다. **91**더 자세한 정보가 있는 안내책자를 보내 드리기를 원하시면 웹사이트에서 순서대로 따라해 주세요.

어휘 profit 수익, 수입 financial 재무의, 금융의 crop 작물 make the switch 변경하다 overwhelming 압도적인, 너무 엄청난 research 조사하다, 연구하다 evaluate 평가하다 consideration 고려사항 decision 결정 expert 전문가 brochure 안내책자

89 농부들은 해당 업체를 이용해서 어떤 이득을 얻을 수 있는가?
(A) 수익을 늘릴 수 있다.
(B) 정부 대출의 자격을 얻을 수 있다.
(C) 시간을 아낄 수 있다.
(D) 공공 기반 시설을 개선할 수 있다.

어휘 qualify for ~의 자격을 얻다 loan 대출 improve 개선하다 infrastructure 공공 기반 시설

해설 **세부 사항 – 농부들이 얻을 수 있는 이익**
초반부에서 1,000에이커가 넘는 땅을 경작하는 농부들을 대상으로 수익을 증가시킬 방법을 찾고 있는지(Are you looking for ways to increase your profits?) 물어보며 그린데일 컨설팅이 도와줄 수 있다(Greendale Consulting can help)고 했다. 따라서 (A)가 정답이다.

90 업체는 무엇에 관한 조언을 제공하는가?
(A) 새 장비 구입
(B) 비정규직 근로자 고용
(C) 친환경적 관행 활용
(D) 재배할 작물 선택

어휘 temporary worker 비정규직 근로자 eco-friendly 환경 친화적인 practice 관행, 관례

해설 **세부 사항 – 업체가 제공하는 조언**
중반부에서 꼭 맞는 작물을 결정할 때 많은 고려사항이 있다(there are many considerations in deciding on the right crops for you)고 한 후, 그린데일을 고용하는 것이 청자가 내릴 수 있는 가장 현명한 결정(Hiring Greendale is the smartest decision you can make)이라고 강조했다. 따라서 업체가 재배할 작물을 결정하는 데 조언을 제공한다는 것을 알 수 있으므로, (D)가 정답이다.

패러프레이징
지문의 deciding on the right crops
➡ 정답의 Choosing crops to grow

91 화자에 따르면, 청자들은 웹사이트에서 무엇을 할 수 있는가?
(A) 우편 주소 찾기
(B) 고객 후기 보기
(C) 할인 쿠폰 받기
(D) 안내책자 요청하기

어휘 access 접근하다, 이용하다 request 요청하다

해설 **세부 사항 – 청자들이 웹사이트에서 할 수 있는 것**
후반부에서 더 자세한 정보가 있는 안내책자를 보내 주길 원하면(If you'd like us to send you a brochure with more information) 웹사이트에서 순서대로 따라해 달라(please follow the steps on our Web site)고 했으므로, (D)가 정답이다.

Q 92-94 전화 메시지

M-Au Hi, Dolores. **92**Congratulations on the promotion to senior account manager. Since you'll be taking over the Johnson account, I'll need to give you my documentation. There's a detailed history of all our e-mails and meeting notes. I also created a folder with all the presentations and reports I've presented to the client. **93**I know it may seem a bit overwhelming. I've been working with this client for three years. **94**I suggest you wait until next week to get started because I'll be adding a few things to that folder in the next few days. Let me know if you have any questions.

안녕하세요, 돌로레스. **⁹²선임 거래처 관리자로 승진되신 것을 축하합니다.** 존슨 사 거래 계약을 인계 받으실 예정이시니 제가 문서 자료를 드려야 할 거예요. 저희의 모든 이메일과 회의 메모의 상세한 이력이 있습니다. 제가 고객사에 제시한 모든 발표 자료와 보고서가 담긴 폴더도 만들었어요. **⁹³너무 많아 보일 수도 있어요. 저는 이 고객을 3년간 맡았으니까요.** **⁹⁴다음 주까지 기다리셨다가 시작하실 것을 제안해요.** 제가 앞으로 며칠간 해당 폴더에 몇 가지 더 추가할 예정이니까요. 질문이 있으시면 알려 주세요.

어휘 | promotion 승진 **account** 고객(사), 거래처, 거래 계약 **take over** ~을 인계받다 **documentation** 문서 자료, 서류 **detailed** 상세한 **presentation** 발표 **overwhelming** 압도적인, 너무나 엄청난 **suggest** 제안하다

92 화자가 청자에게 축하를 건넨 이유는?
(A) 승진했다.
(B) 입사 기념일을 축하했다.
(C) 상을 받았다.
(D) 회의에서 기조연설자였다.

어휘 | celebrate 축하하다, 기념하다 **anniversary** 기념일 **award** 상 **keynote speaker** 기조연설자

해설 | **세부 사항 - 청자에게 축하를 건넨 이유**
초반부에서 선임 거래처 관리자로 승진된 것을 축하한다(Congratulations on the promotion to senior account manager)고 했으므로, (A)가 정답이다.

93 화자가 "저는 이 고객을 3년간 맡았으니까요"라고 말한 이유는 무엇인가?
(A) 직책을 떠나는 것에 대한 유감을 표하려고
(B) 서류가 왜 그렇게 많은지 설명하려고
(C) 고객과의 좋은 관계를 강조하려고
(D) 일정표에 대한 오해를 밝히려고

어휘 | regret 후회, 유감 **emphasize** 강조하다 **relationship** 관계 **clarify** 밝히다 **misunderstanding** 오해

해설 | **화자의 의도 파악 - 3년간 고객을 맡았다는 말의 의미**
중반부에서 인계 받을 서류가 너무 많아 보일 수도 있다(I know it may seem a bit overwhelming)며 한 말이다. 이는 3년간 거래한 고객사라서 서류가 많을 수 밖에 없음을 설명하려는 의도라고 볼 수 있으므로, (B)가 정답이다.

94 화자가 청자에게 자료 검토를 기다리라고 제안한 이유는?
(A) 오류를 바로잡고 싶어서
(B) 관리자의 서명이 필요해서
(C) 폴더가 완성되지 않아서
(D) 폴더가 아직 비밀번호로 보호되지 않아서

어휘 | correct 바로잡다 **supervisor** 감독관, 관리자 **incomplete** 불완전한, 미완성의

해설 | **세부 사항 - 청자에게 자료 검토를 기다리라고 제안한 이유**
후반부에서 청자에게 다음 주까지 기다렸다가 시작할 것을 제안한 후, 앞으로 며칠간 자신이 해당 폴더에 몇 가지 더 추가할

예정이기 때문(because I'll be adding a few things to that folder in the next few days)이라고 덧붙였다. 이는 폴더가 아직 완성되지 않았다는 의미이므로, (C)가 정답이다.

패러프레이징
지문의 I'll be adding a few things to that folder ➔ 정답의 The folder is incomplete

Q 95-97 회의 발췌 + 평가 요약본

W-Am Hello, everyone. Thanks for joining this marketing meeting. **⁹⁵We've just concluded the first round of focus group tests for our new line of hiking boots.** But before we look at that—some of you were concerned that we'd priced the boots too high. **⁹⁶However, other high-quality boots on the market are comparable in price, so I think what we have is fine.** OK, now here's a summary of the focus group ratings. **⁹⁷Take a look at this category with four stars!** That's thanks to Anya who recommended that we switch to using split-grain leather for the boots.

여러분, 안녕하세요. 마케팅 회의에 참석해 주셔서 감사합니다. **⁹⁵새 등산화를 위한 포커스 그룹 테스트 1차를 마쳤습니다.** 하지만 이를 살펴보기 전에—여러분 중 일부는 등산화 가격을 너무 높게 책정했다는 우려를 하셨죠. **⁹⁶그러나 시중에 나와 있는 다른 고품질 등산화도 비슷한 가격이므로, 우리가 정한 가격도 괜찮다고 생각해요.** 자, 여기 포커스 그룹 평가의 요약이 있습니다. **⁹⁷별점 4개를 받은 이 카테고리를 보십시오! 내피 가죽을 등산화에 사용하도록 바꾸자고 추천한 애냐 덕분입니다.**

어휘 | conclude 끝내다, 마치다 **concerned** 걱정하는, 우려하는 **comparable** 비슷한, 비교할 만한 **summary** 요약 **rating** 등급, 평가 **recommend** 추천하다, 권장하다 **switch** 전환하다, 바꾸다 **split-grain leather** 내피 가죽

범주	평가
내구성	★★★★★
내수성	★★
⁹⁷무게	★★★★
외관	★★★

95 화자는 어떤 유형의 제품에 대해 이야기하는가?
(A) 신발
(B) 가구
(C) 수하물
(D) 겉옷

해설 | **화자가 논의하는 제품 유형**
초반부에서 새 등산화를 위한 포커스 그룹 테스트 1차를 마쳤다(We've just concluded the ~ focus group tests for our new line of hiking boots)고 했으므로, (A)가 정답이다.

패러프레이징
지문의 hiking boots ➔ 정답의 Footwear

96 화자가 가격을 바꾸지 말자고 제안한 이유는?

(A) 사용된 재료가 비싸다.

(B) 유사한 제품들도 같은 가격이다.

(C) 최근에 이미 가격이 올랐다.

(D) 고객들이 현재 가격에 만족한다.

어휘 material 재료　similar 비슷한, 유사한　recently 최근　current 현재의

해설　세부 사항 – 화자가 가격을 바꾸지 말자고 제안한 이유

중반부에서 새 등산화와 시중에 나와 있는 다른 고품질 등산화가 가격 면에서 비슷하다(other high-quality boots on the market are comparable in price)고 한 후, 이를 근거로 현재의 가격도 괜찮다(what we have is fine)는 의견을 제시했다. 따라서 (B)가 정답이다.

패러프레이징

지문의 other high-quality boots on the market are comparable in price

➡ 정답의 Similar products have the same price

97 시각 정보에 따르면, 애냐의 아이디어는 어떤 범주에 영향을 주었는가?

(A) 내구성　　　(B) 내수성

(C) 무게　　　　(D) 외관

해설　시각 정보 연계 – 애냐의 아이디어가 영향을 준 범주

후반부에서 별점 4개를 받은 카테고리를 보라고 한 후, 내피 가죽을 등산화에 사용하도록 바꾸자고 추천한 애냐 덕분(That's thanks to Anya who recommended ~ using split-grain leather for the boots)이라고 덧붙였다. 시각 정보를 보면, 별점 4개를 받은 범주는 무게(Weight)이므로, (C)가 정답이다.

패러프레이징

지문의 thanks to ➡ 질문의 have an impact

Q 98-100 전화 메시지 + 웹 페이지

M-Cn This is Axel, calling from Adventure Travel Excursions. I got your message about wanting to stay two days longer in Jakarta, and **98**I was able to change the return flight with the airline. And they didn't even charge you for changing your ticket. Now, I'm wondering about the hotel. I can't extend your reservation at the Gladstone because they're booked solid, so **99**did you need me to find you a new hotel for the additional days? I can do that. **100**But I know the reason you're going to Jakarta is to visit relatives, so maybe you're going to be at a family member's house for those extra days? Let me know. Thanks.

어드벤처 트래블 익스커션의 악셀입니다. 자카르타에서 이틀 더 머물고 싶으시다는 메시지를 받았는데요. **98**항공사에서 귀국 항공편을 변경할 수 있었습니다. 심지어 항공권을 변경하는 데 따른 비용도 부과하지 않았습니다. 이제 호텔에 대해서 궁금한데

요. 글래드스톤의 예약이 다 차서 예약을 연장할 수가 없어요. **99**추가 일정을 위한 새 호텔을 찾아드려야 할까요? 그렇게 해 드릴 수 있습니다. **100**하지만 자카르타를 가시는 이유가 친지 방문이시니, 추가 일정 동안에는 가족 분 댁에서 계실 예정일 수도 있겠네요? 알려주십시오. 감사합니다.

어휘 excursion 여행　charge 비용을 청구하다 extend 연장하다　reservation 예약　booked solid 예약이 다 된　additional 추가의　relative 친척

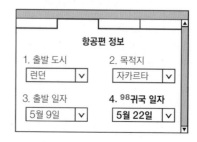

항공편 정보

1. 출발 도시	2. 목적지
런던 ⌄	자카르타 ⌄

3. 출발 일자	4. **98**귀국 일자
5월 9일 ⌄	5월 22일 ⌄

98 시각 정보에 따르면, 화자는 어떤 부분을 변경했는가?

(A) 1　　　　　　(B) 2

(C) 3　　　　　　(D) 4

해설　시각 정보 연계 – 변경된 부분

초반부에서 화자는 청자 요청에 따라 귀국 항공편을 변경할 수 있었다(I was able to change the return flight with the airline)고 했는데, 시각 정보를 보면 귀국 항공편은 4번 귀국 일자와 연관이 있으므로, (D)가 정답이다.

99 화자는 무엇을 하겠다고 제안하는가?

(A) 호텔 찾아보기

(B) 영수증 이메일로 보내기

(C) 식당 예약하기

(D) 공항 셔틀편 마련하기

어휘 receipt 영수증　arrange 마련하다, 주선하다

해설　화자의 제안 사항

중반부에서 추가 일정을 위한 새 호텔을 찾아야 할지(did you need me to find you a new hotel for the additional days?)를 물은 후, 자신이 그렇게 해 줄 수 있다(I can do that)고 제안했으므로, (A)가 정답이다.

100 청자가 자카르타에 가는 이유는?

(A) 고객을 만나러

(B) 무역박람회에 참석하러

(C) **가족을 방문하러**

(D) 물품을 구입하러

어휘 attend 참석하다　trade show 무역박람회

해설　세부 사항 – 청자가 자카르타에 가는 이유

후반부에서 청자가 자카르타를 가는 이유가 친지 방문(the reason you're going to Jakarta is to visit relatives)이라고 언급했으므로, (C)가 정답이다.

패러프레이징

지문의 visit relatives ➡ 정답의 visit family

ETS FINAL TEST

Am 미국 발음 Br 영국 발음 Au 호주 발음 Cn 캐나다 발음

1 (C)	**2** (B)	**3** (C)	**4** (A)	**5** (B)
6 (D)	**7** (C)	**8** (B)	**9** (C)	**10** (B)
11 (A)	**12** (A)	**13** (A)	**14** (B)	**15** (C)
16 (B)	**17** (A)	**18** (C)	**19** (A)	**20** (C)
21 (B)	**22** (C)	**23** (C)	**24** (B)	**25** (A)
26 (B)	**27** (A)	**28** (B)	**29** (B)	**30** (A)
31 (B)	**32** (A)	**33** (B)	**34** (A)	**35** (A)
36 (D)	**37** (B)	**38** (A)	**39** (D)	**40** (B)
41 (C)	**42** (C)	**43** (A)	**44** (C)	**45** (A)
46 (B)	**47** (B)	**48** (C)	**49** (D)	**50** (B)
51 (D)	**52** (C)	**53** (B)	**54** (A)	**55** (D)
56 (B)	**57** (A)	**58** (C)	**59** (A)	**60** (B)
61 (D)	**62** (D)	**63** (B)	**64** (C)	**65** (B)
66 (C)	**67** (B)	**68** (B)	**69** (C)	**70** (D)
71 (D)	**72** (A)	**73** (B)	**74** (B)	**75** (D)
76 (C)	**77** (A)	**78** (A)	**79** (C)	**80** (B)
81 (C)	**82** (D)	**83** (B)	**84** (C)	**85** (D)
86 (A)	**87** (D)	**88** (B)	**89** (C)	**90** (B)
91 (D)	**92** (D)	**93** (A)	**94** (C)	**95** (B)
96 (A)	**97** (B)	**98** (A)	**99** (C)	**100** (C)

PART 1

본책 p. 278

1

▶ W-Am

(A) She's wiping a windshield.
(B) She's putting a mobile phone in her pocket.
(C) She's leaning against the back of a car.
(D) She's closing a car window.

(A) 여자가 앞유리를 닦고 있다.
(B) 여자가 휴대전화를 주머니에 넣고 있다.
(C) 여자가 차 뒤쪽에 기대어 있다.
(D) 여자가 차창을 닫고 있다.

어휘 **windshield** (자동차의) 앞유리 **lean against** ~에 기대다

해설 **1인 등장 사진 – 주차장**
(A) **동작 오답:** 여자가 앞유리를 닦고 있는(wiping a windshield) 모습이 아니므로 오답이다.
(B) **동작 오답:** 여자가 휴대전화를 주머니에 넣고 있는 (putting a mobile phone in her pocket) 모습이 아니므로 오답이다.
(C) **정답:** 여자가 차 뒤쪽에 기대어 있는(leaning against the back of a car) 모습을 적절히 묘사하고 있으므로 정답이다.
(D) **동작 오답:** 여자가 차창을 닫고 있는(closing a car window) 모습이 아니므로 오답이다.

2

▶ W-Br

(A) Some of the diners are removing napkins from a dispenser.
(B) Some of the diners are wearing glasses.
(C) One of the diners is eating a salad.
(D) One of the restaurant staff is arranging a vase of flowers.

(A) 식사하는 사람들 중 몇 명이 통에서 냅킨을 꺼내고 있다.
(B) 식사하는 사람들 중 몇 명이 안경을 쓰고 있다.
(C) 식사하는 사람들 중 한 명이 샐러드를 먹고 있다.
(D) 음식점 직원 중 한 명이 꽃꽂이를 하고 있다.

어휘 **remove** 꺼내다 **dispenser** (내용물을 빼서 쓸 수 있는) 통, 용기 **arrange** 정리[정돈]하다

해설 **2인 이상 등장 사진 – 식당**
(A) **개별 동작 오답:** 식사하는 사람들 중 누구도 통에서 냅킨을 꺼내고 있지(removing napkins from a dispenser) 않으므로 오답이다.
(B) **정답:** 식사하는 사람들 중 몇 명이 안경을 쓰고 있는 (wearing glasses) 상태를 적절히 묘사하고 있으므로 정답이다.
(C) **사진에 없는 사물 언급 오답／동작 오답:** 사진에 샐러드 (a salad)가 보이지 않으며, 사람들 중 누구도 먹고 있지 (eating) 않으므로 오답이다.
(D) **사진에 없는 사람 언급 오답:** 사진에 꽃꽂이를 하고 있는(arranging a vase of flowers) 음식점 직원(the restaurant staff)이 보이지 않으므로 오답이다.

3

▶ M-Au

(A) Some women are folding their jackets.
(B) Some women are vacuuming a carpet.
(C) A door has been propped open.
(D) An umbrella has been left in a lobby.

(A) 여자들이 상의를 개키고 있다.
(B) 여자들이 진공청소기로 카펫을 청소하고 있다.
(C) 문이 받쳐 열려 있다.
(D) 우산이 로비에 남겨져 있다.

어휘 **vacuum** 진공청소기로 청소하다 **prop** 받치다, 괴다

해설 **2인 이상 등장 사진 – 로비**

(A) **공통 동작 오답:** 여자들이 상의를 개키고 있는(folding their jackets) 모습이 아니므로 오답이다.
(B) **공통 동작 오답:** 여자들이 진공 청소기로 카펫을 청소하고 있는(vacuuming a carpet) 모습이 아니므로 오답이다.
(C) **정답:** 문이 상단의 도어 오프너에 의해 받쳐 열려 있는(propped open) 상태를 적절히 묘사하고 있으므로 정답이다.
(D) **사진에 없는 사물 언급 오답:** 사진에 우산(An umbrella)이 보이지 않으므로 오답이다.

4

▶ M-Cn

(A) They're trimming a bush.
(B) They're lifting a tree branch.
(C) They're planting some seeds.
(D) They're watering the grass.

(A) 사람들이 덤불을 다듬고 있다.
(B) 사람들이 나뭇가지를 들어올리고 있다.
(C) 사람들이 씨앗을 심고 있다.
(D) 사람들이 잔디에 물을 주고 있다.

어휘 **trim** 손질하다, 다듬다 **lift** 들어올리다 **plant** 심다

해설 **2인 이상 등장 사진 – 정원**

(A) **정답:** 사람들이 덤불을 다듬고 있는(trimming a bush) 모습을 적절히 묘사하고 있으므로 정답이다.

(B) **공통 동작 오답:** 사람들이 나뭇가지를 들어올리고 있는(lifting a tree branch) 모습이 아니므로 오답이다.
(C) **사진에 없는 사물 언급 오답/동작 오답:** 사진에 씨앗(some seeds)이 보이지 않으며, 사람들이 심고 있는(planting) 모습도 아니므로 오답이다.
(D) **공통 동작 오답:** 사람들이 잔디에 물을 주고 있는(watering the grass) 모습이 아니므로 오답이다.

5

▶ W-Am

(A) One of the people is writing on a folder.
(B) One of the people is using a stepladder.
(C) One of the people is sipping from a mug.
(D) One of the people is moving some crates.

(A) 사람들 중 한 명이 폴더에 글씨를 쓰고 있다.
(B) 사람들 중 한 명이 발판사다리를 사용하고 있다.
(C) 사람들 중 한 명이 컵에서 음료를 마시고 있다.
(D) 사람들 중 한 명이 상자들을 옮기고 있다.

어휘 **stepladder** 발판사다리 **sip** (음료를) 조금씩 마시다 **crate** 상자

해설 **2인 이상 등장 사진 – 비품실**

(A) **개별 동작 오답:** 사람들 중 누구도 폴더에 글씨를 쓰고 있지(writing on a folder) 않으므로 오답이다.
(B) **정답:** 사람들 중 한 명이 발판사다리를 사용하고 있는(using a stepladder) 모습을 적절히 묘사하고 있으므로 정답이다.
(C) **개별 동작 오답:** 사람들 중 누구도 컵에서 음료를 마시고 있지(sipping from a mug) 않으므로 오답이다.
(D) **개별 동작 오답:** 사람들 중 누구도 상자를 옮기고 있지(moving some crates) 않으므로 오답이다.

6

▶ M-Cn

(A) Some packaging is scattered on the floor.
(B) Some shopping carts are lined up in the middle of an aisle.

(C) A store sign has been placed next to a rack.

(D) A full shopping cart is beside some shelves.

(A) 포장재가 바닥에 흩어져 있다.

(B) 쇼핑 카트들이 통로 가운데 일렬로 세워져 있다.

(C) 상점 간판이 선반 옆에 위치해 있다.

(D) 가득 찬 쇼핑 카트가 선반들 옆에 있다.

어휘   scatter 흩뿌리다   place 놓다, 두다   rack 선반 beside 옆에

해설   사물 사진 – 상점

(A) 상태 오답: 포장재가 바닥에 흩어져 있는(scattered on the floor) 상태가 아니므로 오답이다.

(B) 수량 묘사 오답: 통로에 있는 쇼핑 카트는 여러 대가 아니라 한 대로, 일렬로 세워져 있는(lined up) 상태가 될 수 없으므로 오답이다.

(C) 사진에 없는 사물 언급 오답: 사진에 상점 간판(A store sign)이 보이지 않으므로 오답이다.

(D) 정답: 가득 찬 쇼핑 카트(A full shopping cart)가 선반들 옆에 있는(beside some shelves) 상태를 적절히 묘사하고 있으므로 정답이다.

PART 2

본책 p. 282

7   W-Am   Where's the new printer located?

    W-Br   (A) I can't find my copy of the business plan.

      (B) Black-and-white images.

      (C) Right across the hall.

새 프린터는 어디 있나요?

(A) 사업 계획서 사본을 찾을 수가 없어요.

(B) 흑백 사진이요.

(C) 복도 바로 건너편요.

어휘   be located 위치해 있다

해설   새 프린터의 위치를 묻는 Where 의문문

(A) 연상 어휘 오답: 질문의 printer에서 연상 가능한 copy를 이용한 오답이다.

(B) 연상 어휘 오답: 질문의 printer에서 연상 가능한 Black-and-white images를 이용한 오답이다.

(C) 정답: 새 프린터가 있는 곳을 묻는 질문에 복도 바로 건너편(Right across the hall)이라며 위치를 알려주고 있으므로 정답이다.

8   M-Cn   Who will contact the client?

    W-Br   (A) A phone bill.

      (B) I'll call her.

      (C) On the second floor.

누가 고객에게 연락할 건가요?

(A) 전화요금 고지서요.

(B) 제가 그녀에게 전화할게요.

(C) 2층요.

어휘   contact 연락하다

해설   연락할 사람을 묻는 Who 의문문

(A) 연상 어휘 오답: 질문의 contact에서 연상 가능한 phone을 이용한 오답이다.

(B) 정답: 고객에게 연락할 사람을 묻는 질문에 자신이 전화하겠다(I'll call her)며 자원하고 있으므로 정답이다.

(C) 관련 없는 오답: 위치를 묻는 Where 의문문에 적합한 대답이다.

9   W-Am   When is the parade starting?

    W-Br   (A) The café across the street.

      (B) No, I left it at home.

      (C) At two o'clock.

퍼레이드는 언제 시작하나요?

(A) 길 건너편 카페요.

(B) 아니요. 집에 뒀어요.

(C) 2시 정각요.

해설   시작 시점을 묻는 When 의문문

(A) 관련 없는 오답: 장소를 묻는 Where 의문문에 적합한 대답이다.

(B) Yes/No 대답 불가 오답: 정보를 묻는 의문사 의문문에는 Yes/No로 대답할 수 없다.

(C) 정답: 퍼레이드의 시작 시점을 묻는 질문에 2시 정각(At two o'clock)이라며 구체적인 시간을 알려주고 있으므로 정답이다.

10   M-Cn   Will you need to take time off for your dentist appointment?

    W-Am   (A) Quite a useful machine.

      (B) No, it's scheduled for after work.

      (C) OK, the walkway is clear.

치과 예약 때문에 휴가를 쓰셔야 해요?

(A) 꽤 유용한 기계예요.

(B) 아니요. 퇴근 후로 예정되어 있어요.

(C) 그러죠, 통로는 치워져 있어요.

어휘   take time off 휴가를 내다   appointment 약속 scheduled 예정된   walkway 통로

해설   미래 사실을 확인하는 조동사 의문문(Will)

(A) 관련 없는 오답: 휴가를 써야 하는지 확인하는 질문에 기기를 평가하는 대답은 맥락에 맞지 않다.

(B) 정답: 치과 예약 때문에 휴가를 써야 하는지 확인하는 질문에 No라고 부정한 후, 예약이 퇴근 후로 예정되어 있다(it's scheduled for after work)며 덧붙이고 있으므로 정답이다.

(C) 관련 없는 오답: 요청이나 제안에 적합한 대답이다.

11   W-Br   How do I submit a maintenance request?

    M-Au   (A) Through the Web site.

      (B) Yes, I can.

      (C) I take the train.

유지보수 요청서는 어떻게 제출해요?

(A) 웹사이트를 통해서요.

(B) 네, 할 수 있어요.

(C) 저는 기차를 타요.

어휘 submit 제출하다 maintenance 유지보수
request 요청

해설 제출 방법을 묻는 How 의문문

(A) 정답: 유지보수 요청서를 제출하는 방법을 묻는 질문에 웹사이트를 통해서(Through the Web site) 하면 된다며 경로를 알려주고 있으므로 정답이다.

(B) Yes/No 대답 불가 오답: 정보를 묻는 의문사 의문문에는 Yes/No로 대답할 수 없다.

(C) 연상 어휘 오답: 질문의 How를 교통 수단을 묻는 의문사로 잘못 이해할 경우 연상 가능한 train을 이용한 오답이다.

12 M-Au Which concert performance are you going to attend?

M-Cn (A) The one featuring the Austrian choir.

(B) Several sheets of music.

(C) It's going well so far.

어떤 음악회 공연에 참석할 예정이죠?

(A) 오스트리아 성가대가 나오는 거요.

(B) 악보 여러 장이요.

(C) 지금까지는 잘 진행되고 있어요.

어휘 performance 공연 attend 참석하다 feature
특별히 포함하다 choir 성가대, 합창단

해설 참석 예정인 공연을 묻는 Which 의문문

(A) 정답: 참석 예정인 음악회 공연을 묻는 질문에 오스트리아 성가대가 나오는 것(The one featuring the Austrian choir)이라며 구체적으로 특정하고 있으므로 정답이다.

(B) 연상 어휘 오답: 질문의 concert performance에서 연상 가능한 sheets of music을 이용한 오답이다.

(C) 다의어 오답: 질문의 going을 다른 의미로 반복 사용한 오답으로, 질문에서는 '~할 예정인'이라는 뜻이지만, 보기에서는 '진행되는, 되어가는'이라는 의미이다.

13 W-Am When should I send the next newsletter?

M-Cn (A) As soon as it's finished.

(B) In the folder on my desk.

(C) Yes, please update your address.

다음 소식지는 언제 보내야 할까요?

(A) 마무리되는 대로요.

(B) 제 책상 위 폴더에요.

(C) 네, 주소를 갱신해 주세요.

어휘 newsletter 소식지 as soon as ~하자마자

해설 발송 시점을 묻는 When 의문문

(A) 정답: 다음 소식지의 발송 시점을 묻는 질문에 마무리되는 대로(As soon as it's finished) 보내자고 대답하고 있으므로 정답이다.

(B) 관련 없는 오답: 보관 장소를 묻는 Where 의문문에 적합한 대답이다.

(C) Yes/No 대답 불가 오답: 정보를 묻는 의문사 의문문에는 Yes/No로 대답할 수 없다.

14 W-Br How many participants have registered for our summer pottery classes?

M-Au (A) Have you painted the vase yet?

(B) Seventeen people have signed up.

(C) The winters are very cold here.

우리 여름 도예 강좌에 참가자가 몇 명이나 등록했어요?

(A) 꽃병을 벌써 칠했나요?

(B) 17명이 신청했어요.

(C) 이곳은 겨울이 무척 추워요.

어휘 participant 참가자 register 등록하다 pottery
도자기, 도예 sign up 신청하다

해설 참가자 수를 묻는 How many 의문문

(A) 연상 어휘 오답: 질문의 pottery class에서 연상 가능한 상황(painted the vase)을 이용한 오답이다.

(B) 정답: 여름 도예 강좌에 등록한 참가자 수를 묻는 질문에 17명이 신청했다(Seventeen people have signed up)며 구체적인 숫자로 답하고 있으므로 정답이다.

(C) 연상 어휘 오답: 질문의 summer에서 연상 가능한 winters를 이용한 오답이다.

15 W-Am Could you recommend someone who can fix the roof?

M-Cn (A) We don't sell patio chairs.

(B) Oh, let me fix that label.

(C) Sure, I know just the person.

지붕 수리를 할 수 있는 사람을 추천해 주실래요?

(A) 저희는 테라스 의자를 판매하지 않습니다.

(B) 아, 제가 상표를 고정시킬게요.

(C) 물론이죠. 딱 맞는 사람을 알고 있어요.

어휘 recommend 추천하다 fix 고정시키다, 박다,
수리하다

해설 부탁·요청 의문문

(A) 연상 어휘 오답: 질문의 roof에서 연상 가능한 patio를 이용한 오답이다.

(B) 다의어 오답: 질문의 fix를 다른 의미로 반복 사용한 오답으로, 질문에서는 '고치다'라는 뜻이지만, 보기에서는 '고정시키다'라는 의미이다.

(C) 정답: 지붕을 수리할 수 있는 사람을 추천해 달라는 요청에 Sure로 수락한 후, 딱 맞는 사람을 알고 있다(I know just the person)며 덧붙이고 있으므로 정답이다.

16 W-Br Why is this motion-sensor light more expensive?

W-Am (A) Four or five, at least.

(B) Because it comes with a solar-powered battery.

(C) It's only a short flight.

이 동작센서등은 왜 더 비싼 거죠?
(A) 적어도 네댓 개요.
(B) 태양열 전지가 딸려 있어서요.
(C) 짧은 비행일 뿐이예요.

어휘 motion-sensor 동작 센서 solar-powered
태양열의

해설 비싼 이유를 묻는 Why 의문문
(A) **관련 없는 오답:** 개수를 묻는 How many 의문문에 적합
한 대답이다.
(B) **정답:** 동작센서등이 비싼 이유를 묻는 질문에 태양열 전
지가 딸려 있기 때문(Because it comes with a
solar-powered battery)이라며 구체적인 이유를 밝히
고 있으므로 정답이다.
(C) **유사 발음 오답:** 질문의 light와 부분적으로 발음이 유사한
flight를 이용한 오답이다.

17 M-Cn Should we go to the game, or watch it
on TV?
M-Au **(A) Let's watch it at my house.**
(B) At noon, I think.
(C) That's for DXY Industries.

경기를 보러 가야 할까요, 아니면 TV로 봐야 할까요?
(A) 우리 집에서 봅시다.
(B) 정오일 것 같은데요.
(C) DXY 인터스트리즈를 위한 겁니다.

어휘 industry 산업, 업계

해설 상대방의 선택을 묻는 선택 의문문
(A) **정답:** 경기를 보러 직접 갈지 아니면 TV로 시청할지 묻
는 질문에 자신의 집에서 보자(Let's watch it at my
house)고 제안하며 후자를 선택하고 있으므로 정답이다.
(B) **관련 없는 오답:** 게임 시작 시간을 묻는 When 의문문에
적합한 대답이다.
(C) **관련 없는 오답:** 정체나 용도를 묻는 What 의문문에 적합
한 대답이다.

18 W-Am We have to check out of the hotel
tomorrow by ten, don't we?
W-Br (A) We usually pay by credit card.
(B) For several hours a day.
(C) I'll call and ask the front desk.

내일 10시까지 호텔 체크아웃을 해야 하죠, 그렇죠?
(A) 우리는 보통 신용카드로 결제해요.
(B) 하루에 몇 시간 동안이요.
(C) 제가 프론트 데스크에 전화해서 물어볼게요.

어휘 usually 보통

해설 사실을 확인하는 부가 의문문
(A) **관련 없는 오답:** 결제 방식을 묻는 How 의문문에 적합한
대답이다.
(B) **관련 없는 오답:** 기간을 묻는 How long / How many
hours 의문문에 적합한 대답이다.
(C) **정답:** 호텔 체크아웃 시간을 확인하는 질문에 프론트 데스
크에 전화해서 물어보겠다(I'll call and ask the front

desk)며 우회적으로 자신도 잘 모른다는 것을 나타내고
있으므로 가장 적절한 응답이다.

19 M-Cn Don't you want to hire someone from
outside the company?
W-Br **(A) No, I'd like to promote a current
employee.**
(B) Please return the library books.
(C) Yes, my car does need new tires.

회사 외부에서 누군가를 채용하고 싶지 않으세요?
(A) 아니요. 현 직원을 승진시키고 싶은데요.
(B) 도서관 책들을 반납해 주세요.
(C) 네. 제 차에 새 타이어가 필요해요.

어휘 promote 승진시키다 current 현재의

해설 의향을 확인하는 부정 의문문
(A) **정답:** 회사 외부에서 누군가를 채용할 의향이 있는지 확인
하는 질문에 No라고 부정한 후, 현 직원을 승진시키고 싶
다(I'd like to promote a current employee)고 덧붙
이고 있으므로 정답이다.
(B) **관련 없는 오답:** 외부 인력 채용 여부를 묻는 질문에 책을
반납해 달라는 부탁은 맥락에 맞지 않다.
(C) **유사 발음 오답:** 질문의 hire와 부분적으로 발음이 유사한
tires를 이용한 오답이다.

20 W-Br We really need more feedback about
this project.
M-Cn (A) A signed contract.
(B) I'll order more supplies.
(C) OK, who should we contact?

이 프로젝트에 관한 의견이 더 많이 필요해요.
(A) 날인된 계약서요.
(B) 제가 용품을 더 주문할게요.
(C) 좋아요. 누구에게 연락해야 하죠?

어휘 contract 계약 order 주문하다

해설 의견 제시 평서문
(A) **연상 어휘 오답:** 평서문의 project에서 연상 가능한
contract를 이용한 오답이다.
(B) **단어 반복 오답:** 평서문의 more를 반복 사용한 오답이다.
(C) **정답:** 프로젝트에 관한 의견이 더 많이 필요하다는 말
에 OK라고 동조한 후, 누구에게 연락해야 하는지(who
should we contact?) 되물으며 상대방에게 조언을 요
청하고 있으므로 정답이다.

21 M-Au Do you prefer working with a laptop or
desktop?
W-Br (A) It's updating right now.
(B) Either one is fine with me.
(C) That's quite expensive, you know.

노트북 컴퓨터로 일하는 것을 선호하세요, 아니면 데스
크톱을 선호하세요?
(A) 지금 갱신 중입니다.
(B) 저는 어느 쪽이든 괜찮아요.
(C) 꽤 비싸군요.

어휘 **prefer** 선호하다 **either** (둘 중) 어느 하나

해설 **상대방의 선택을 묻는 선택 의문문**

(A) **연상 어휘 오답:** 질문의 a laptop or desktop에서 연상 가능한 updating을 이용한 오답이다.

(B) **정답:** 노트북 컴퓨터와 데스크톱 컴퓨터 중 어느 것으로 일하는 것을 선호하는지 묻는 질문에 어느 쪽이든 괜찮다 (Either one is fine)고 말하고 있으므로 가장 적절한 응답이다.

(C) **연상 어휘 오답:** 노트북 컴퓨터와 데스크톱 컴퓨터의 가격 측면에서 연상 가능한 표현(That's quite expensive)을 이용한 오답이다.

22 W-Am I like the changes you made to the product advertisement.

M-Cn (A) The products are in the warehouse.
(B) No—at nine this morning, not ten.
(C) Actually, it was Nadia's idea.

당신이 제품 광고를 변경한 내용이 마음에 들어요.
(A) 제품들은 창고에 있어요.
(B) 아니요. 오늘 아침 10시가 아니라 9시에요.
(C) 실은 나디아의 아이디어였어요.

어휘 **advertisement** 광고 **warehouse** 창고
actually 실은

해설 **감상·평가의 평서문**

(A) **단어 반복 오답:** 평서문의 product를 복수형 products 로 반복 사용한 오답이다.

(B) **관련 없는 오답:** 시간을 확인하는 질문에 적합한 대답이다.

(C) **정답:** 수정 내용이 마음에 든다는 칭찬의 말에 실은 나디아 의 아이디어였다(Actually, it was Nadia's idea)고 밝 히며 상대방이 잘못 알고 있는 사실을 정정해 주고 있으므 로 가장 적절한 응답이다.

23 W-Am Pardon me, where can I find camera accessories?

M-Au (A) It takes beautiful pictures.
(B) Eight years ago.
(C) The store's directory is on the wall.

실례지만, 카메라 부대용품은 어디 있죠?
(A) 사진이 아름답게 나옵니다.
(B) 8년 전에요.
(C) 매장 안내도가 벽에 붙어 있어요.

어휘 **pardon me** 실례합니다 **accessory** 부대용품,
액세서리 **directory** 안내도

해설 **위치를 묻는 Where 의문문**

(A) **연상 어휘 오답:** 질문의 camera에서 연상 가능한 pictures를 이용한 오답이다.

(B) **관련 없는 오답:** 시점을 묻는 When 의문문에 적합한 대 답이다.

(C) **정답:** 카메라 부대용품의 위치를 묻는 질문에 매장 안내도 가 벽에 붙어 있다(The store's directory is on the wall)며 관련 정보를 얻을 수 있는 방법을 제시하고 있으 므로 가장 적절한 응답이다.

24 M-Au When can we prepare for our presentation?

W-Am (A) No, we don't need a projector.
(B) I have meetings all day.
(C) Because the room is too small.

우리 발표 준비는 언제 할 수 있을까요?
(A) 아니요. 우리에겐 프로젝터가 필요하지 않아요.
(B) 저는 하루 종일 회의가 있어요.
(C) 방이 너무 작아서요.

어휘 **prepare** 준비하다 **presentation** 발표

해설 **준비 시점을 묻는 When 의문문**

(A) **Yes/No 대답 불가 오답 및 연상 어휘 오답:** 질문의 presentation에서 연상 가능한 projector를 이용한 오 답으로, 정보를 묻는 의문사 의문문에는 Yes/No로 대답 할 수 없다.

(B) **정답:** 발표 준비를 할 수 있는 시점을 묻는 질문에 하루 종 일 회의가 있다(I have meetings all day)며 우회적으 로 준비할 시간이 없음을 나타내고 있으므로 가장 적절한 응답이다.

(C) **관련 없는 오답:** 이유를 묻는 Why 의문문에 적합한 대답 이다.

25 W-Br Weren't you going to borrow this book from the library instead of buying it?

M-Cn (A) Well, it was half off.
(B) Thanks, I enjoyed it.
(C) Only a few more pages.

이 책은 사는 대신 도서관에서 빌리려고 하지 않았나요?
(A) 음, 반값이었어요.
(B) 감사합니다. 즐거웠어요.
(C) 몇 장만 더요.

어휘 **instead of** ~대신 **half-off** 반값의

해설 **사실을 확인하는 부정 의문문**

(A) **정답:** 책을 사는 대신 도서관에서 빌리려고 하지 않았냐는 질문에 반값이었다(it was half off)며 구매한 이유를 설 명하고 있으므로 가장 적절한 응답이다.

(B) **연상 어휘 오답:** 질문의 book에서 연상 가능한 표현(I enjoyed it)을 이용한 오답이다.

(C) **연상 어휘 오답:** 질문의 book에서 연상 가능한 pages를 이용한 오답이다.

26 M-Au Have you chosen a research assistant for your project?

M-Cn (A) Because they're not qualified.
(B) Are you interested in the position?
(C) Between 30 and 40 pages.

프로젝트 연구 보조를 뽑으셨나요?
(A) 그들은 자격이 안 됐거든요.
(B) 그 자리에 관심 있으세요?
(C) 30-40 페이지요.

어휘 **qualified** 자격이 있는 **position** 자리, 일자리, 직위

해설 **완료 상태를 확인하는 조동사 의문문 (Have)**
(A) 관련 없는 오답: 탈락 이유를 묻는 Why 의문문에 적합한 대답이다.
(B) 정답: 프로젝트 연구 보조를 뽑았는지 확인하는 질문에 그 자리에 관심 있는지(Are you interested in the position?) 되물으며 지원 의사를 파악하고 있으므로 가장 적절한 응답이다.
(C) 관련 없는 오답: 페이지 수를 묻는 How many 의문문에 적합한 대답이다.

27 M-Cn Should we have lunch in the company cafeteria or go into town?
W-Br (A) Our client's arriving soon.
(B) Could I have a glass of water?
(C) A very large dinner usually.

회사 구내 식당에서 점심을 먹을까요, 아니면 시내로 나갈까요?
(A) 우리 고객이 곧 도착해요.
(B) 물 한 잔 마실 수 있나요?
(C) 보통 아주 성대한 저녁식사예요.

어휘 arrive 도착하다

해설 **상대방의 선택을 묻는 선택 의문문**
(A) 정답: 점심을 회사 구내 식당에서 먹을지 아니면 시내로 나갈지를 묻는 질문에 고객이 곧 도착한다(Our client's arriving soon)며 느긋하게 식사할 시간이 없음을 드러내고 있으므로 가장 적절한 응답이다.
(B) 연상 어휘 오답: 질문의 lunch와 cafeteria에서 연상 가능한 주문 표현(Could I have ~?)을 이용한 오답이다.
(C) 연상 어휘 오답: 질문의 lunch에서 연상 가능한 dinner를 이용한 오답이다.

28 M-Au Who can facilitate the upcoming focus group?
W-Am (A) Try adjusting the camera setting.
(B) Not enough participants signed up.
(C) She visited our other facility.

다가오는 포커스 그룹 회의는 누가 진행할 수 있어요?
(A) 카메라 설정을 한번 조정해 보세요.
(B) 신청한 참가자가 충분치 않아요.
(C) 그녀는 우리의 다른 시설을 방문했어요.

어휘 facilitate 진행되게 돕다, 가능하게 하다 upcoming 다가오는, 곧 있을 adjust 조정하다 facility 시설

해설 **진행할 사람을 묻는 Who 의문문**
(A) 연상 어휘 오답: 질문의 focus를 '(렌즈의) 초점'이라는 의미로 잘못 이해할 경우 연상 가능한 상황(adjusting the camera setting)을 이용한 오답이다.
(B) 정답: 다가오는 포커스 그룹 회의 진행자를 묻는 질문에 신청한 참가자가 충분치 않다(Not enough participants)며 개최 자체가 불가능할 수도 있음을 암시하고 있으므로 가장 적절한 응답이다.

(C) 파생어 오답 및 인칭 오류 오답: 질문의 facilitate와 파생어 관계인 facility를 이용한 오답으로, 질문에 She가 가리킬만한 대상도 없다.

29 W-Br Do you have a mobile phone charger?
M-Cn (A) A company credit card.
(B) Satomi's using it.
(C) It's a large amount.

휴대전화 충전기 있어요?
(A) 회사 신용카드요.
(B) 사토미가 쓰고 있어요.
(C) 많은 양이에요.

어휘 charger 충전기 large amount 다량의

해설 **사실을 확인하는 조동사 의문문 (Do)**
(A) 연상 어휘 오답: 질문의 charger를 '청구하다'라는 의미의 charge로 잘못 들을 경우 연상 가능한 credit card를 이용한 오답이다.
(B) 정답: 휴대전화 충전기가 있는지를 확인하는 질문에 사토미가 쓰고 있다(Satomi's using it)고 밝히며 우회적으로 부정하고 있으므로 정답이다.
(C) 유사 발음 오답: 질문의 charger와 부분적으로 발음이 유사한 large amount를 이용한 오답이다.

30 W-Br Which train goes to Chesterville?
W-Am (A) I'm headed to that platform now.
(B) It goes 70 miles per hour.
(C) Sorry, I don't have any.

어떤 기차가 체스터빌로 갑니까?
(A) 제가 지금 그 승강장으로 가요.
(B) 시속 70마일로 갑니다.
(C) 죄송하지만 저에게는 하나도 없어요.

어휘 be headed 향하다

해설 **체스터빌로 가는 기차를 묻는 Which 의문문**
(A) 정답: 체스터빌로 가는 기차를 묻는 질문에 자신이 지금 그 승강장으로 간다(I'm headed to that platform now)며 우회적으로 상대방에게 함께 갈 것을 제안하고 있으므로 가장 적절한 응답이다.
(B) 단어 반복 오답: 질문의 goes를 반복 사용한 오답으로, 속도를 묻는 How fast 질문에 적합한 대답이다.
(C) 관련 없는 오답: 부탁·요청문에 적합한 대답이다.

31 W-Am Excuse me, but we ordered dinner 30 minutes ago.
M-Cn (A) I counted all the napkins.
(B) We are short-staffed in the kitchen tonight.
(C) He grew several different vegetables.

저기요, 저희가 30분 전에 저녁식사를 주문했는데요.
(A) 제가 냅킨을 전부 셌어요.
(B) 오늘 저녁 주방에 일손이 부족해요.
(C) 그는 여러 가지 다양한 채소를 길러요.

어휘 **count** 세다 **short-staffed** 일손이 부족한
several 여러 가지 **different** 다양한

해설 **상황 설명의 평서문**
(A) **연상 어휘 오답:** 평서문의 30(thirty)에서 연상 가능한 counted를 이용한 오답이다.
(B) **정답:** 30분 전에 식사를 주문했다는 말에 오늘 주방에 일손이 부족하다(We are short-staffed in the kitchen)며 식사가 늦어지는 이유를 설명하고 있으므로 가장 적절한 응답이다.
(C) **연상 어휘 오답 및 인칭 오류 오답:** 평서문의 dinner에서 연상 가능한 vegetables를 이용한 오답으로, 평서문에 He가 가리킬만한 대상도 없다.

PART 3

본책 p. 283

Q 32-34

W-Am Hi, Carlos? This is Aisha Hamam. **32**I work at an event-planning company in Lakeville.

M-Cn Hi, Aisha. What can I do for you?

W-Am Well, a friend told me about your jazz band, and I was wondering if you'd be interested in a gig this Saturday.

M-Cn It's great that word's getting out about us, but Saturday? That's really short notice!

W-Am The musician I'd booked just canceled. I'm desperate—**33**I'll pay you twenty percent over the rate listed on your Web site.

M-Cn Twenty percent more? In that case, I'm in. **34**I just need to make sure the other members of my band are available. Can I call you back in a half hour?

W-Am Sure.

여 안녕하세요, 카를로스? 아이샤 하맘입니다. **32**저는 레이크빌에 있는 행사 기획업체에서 일해요.

남 안녕하세요, 아이샤. 어떻게 도와드릴까요?

여 음, 친구가 당신의 재즈 밴드에 대해 이야기해줬는데요. 이번 주 토요일 공연 생각이 있으신지 궁금해서요.

남 저희에 대한 소문이 난 것은 기쁩니다만, 토요일이요? 너무 촉박하네요!

여 저희가 예약했던 음악가가 방금 취소를 했어요. 정말 절실해요. **33**웹사이트에 나온 금액보다 20퍼센트 더 드릴게요.

남 20퍼센트 더요? 그렇다면 참가할게요. **34**다만 저희 밴드의 다른 단원들이 시간이 되는지 확인해야 해요. 30분 후에 다시 전화해도 될까요?

여 물론이죠.

어휘 **gig** 공연, 출연 **short notice** 촉박한 통보 **book** 예약하다 **cancel** 취소하다 **desperate** 간절히 필요로 하는 **rate** 요금 **available** 시간이 되는

32 Who is the woman?
(A) An event planner
(B) A music producer
(C) A radio host
(D) A film director

여자는 누구인가?
(A) 행사 기획자
(B) 음악 프로듀서
(C) 라디오 진행자
(D) 영화감독

해설 **여자의 직업**
여자가 첫 번째 대사에서 레이크빌에 있는 행사 기획업체에서 일한다(I work at an event-planning company in Lakeville)고 자신을 소개했으므로, (A)가 정답이다.

33 What incentive does the woman offer?
(A) Celebrity endorsement
(B) Higher pay
(C) A flexible work schedule
(D) Access to a recording studio

여자는 어떤 장려책을 제공하는가?
(A) 유명인 광고
(B) 더 높은 급여
(C) 유연한 업무 일정
(D) 녹음 스튜디오 이용

어휘 **incentive** 장려책 **celebrity endorsement** 유명인 광고 **flexible** 유연한

해설 **세부 사항 – 여자가 제공하는 장려책**
여자의 세 번째 대사에서 웹사이트에 나온 금액보다 20퍼센트 더 지급하겠다(I'll pay you twenty percent over the rate listed on your Web site)고 제안했으므로, (B)가 정답이다.

패러프레이징
지문의 **pay you twenty percent over the rate**
➡ 정답의 **Higher pay**

34 What will the man most likely do next?
(A) Call his bandmates
(B) Pack his equipment
(C) Practice for an audition
(D) Finish writing a song

남자는 다음에 무엇을 하겠는가?
(A) 밴드 단원들에게 전화한다.
(B) 장비를 꾸린다.
(C) 오디션을 위해 연습한다.
(D) 곡 만들기를 마무리한다.

어휘 equipment 장비 practice 연습하다

해설 **남자가 다음에 할 일**
남자의 세 번째 대사에서 밴드의 다른 단원들이 시간이 되는지 확인해야 한다(I just need to make sure the other members of my band are available)고 한 후, 30분 후에 다시 전화해도 될지(Can I call you back in a half hour?) 되물었다. 따라서 남자가 곧이어 밴드의 단원들에게 연락할 것이라고 추론할 수 있으므로, (A)가 정답이다.

패러프레이징
지문의 **the other members of my band**
⮕ 정답의 **his bandmates**

Q 35-37

M-Au Good morning, Ms. Suzuki. I'm ready for work. ³⁵Which baggage carousel will I be working on today?

W-Am Hi, Mustafa. ³⁵This morning you'll be unloading baggage from domestic flights, which will be carousel four.

M-Au OK. And I know I'll be operating the forklift this afternoon.

W-Am Right. ³⁶It's the holiday season, so the airplanes are carrying a lot of extra cargo right now. We'll need extra forklifts moving cargo so that we can stay on schedule.

M-Au OK, ³⁷I'll make sure I get ear protection and a safety vest out of the lockers for that.

남 안녕하세요, 스즈키 씨. 일할 준비가 됐습니다. ³⁵오늘은 어떤 수하물 컨베이어 벨트에서 작업하죠?

여 안녕하세요, 무스타파. ³⁵오늘 오전엔 국내선 항공편의 수하물을 내리실 겁니다. 4번 컨베이어 벨트예요.

남 알겠습니다. 오늘 오후엔 지게차를 작동시키는 걸로 알고 있는데요.

여 맞아요. ³⁶휴가 시즌이라 현재 항공기들이 초과 화물을 많이 운반하고 있어요. 일정에 맞출 수 있도록 화물을 운반할 지게차가 추가로 필요할 겁니다.

남 네. ³⁷사물함에서 방음 보호구와 안전 조끼를 꼭 가져올게요.

어휘 baggage carousel 수하물 컨베이어 벨트 unload (짐을) 내리다 domestic 국내의 forklift 지게차 cargo 화물 stay on schedule 일정에 맞추다 protection 보호 vest 조끼

35 Where do the speakers most likely work?
(A) At an airport
(B) At a bus station
(C) At a luggage store
(D) At a shipping warehouse

화자들은 어디에서 일하겠는가?
(A) 공항
(B) 버스 정류장
(C) 여행가방 매장
(D) 선적 창고

해설 **화자들의 근무지**
남자가 첫 번째 대사에서 오늘은 어떤 수하물 컨베이어 벨트에서 작업하는지(Which baggage carousel will I be working on today?) 묻자 여자가 오늘 오전엔 국내선 항공편의 수하물을 내리면 된다(you'll be unloading baggage from domestic flights)며 4번 컨베이어 벨트라고 알려주었다. 따라서 화자들이 공항에서 일한다고 추론할 수 있으므로, (A)가 정답이다.

36 What does the woman say is causing extra work?
(A) Bad weather
(B) A scheduled inspection
(C) Untrained employees
(D) The holiday season

여자는 무엇 때문에 추가 업무가 생긴다고 말하는가?
(A) 악천후
(B) 예정된 점검
(C) 교육을 받지 않은 직원들
(D) 휴가 시즌

어휘 inspection 점검 untrained 정식 교육을 받지 않은

해설 **세부 사항 – 여자가 언급한 추가 업무의 원인**
여자의 두 번째 대사에서 휴가 시즌(the holiday season)이라 현재 항공기들이 초과 화물을 많이 운반하고 있다(so the airplanes are carrying a lot of extra cargo right now)며 일정에 맞출 수 있도록 화물을 운반할 지게차가 추가로 필요하다(We'll need extra forklifts moving cargo)고 했다. 따라서 (D)가 정답이다.

37 What does the man say he will locate before starting a task?
(A) Packaging supplies
(B) Safety equipment
(C) An office key
(D) A customer list

남자는 업무 시작 전 무엇을 찾겠다고 말하는가?
(A) 포장용품
(B) 안전 장비
(C) 사무실 열쇠
(D) 고객 명단

어휘 locate ~의 정확한 위치를 찾아내다 packaging 포장 equipment 장비

해설 **세부 사항 – 남자가 업무 시작 전 찾겠다고 말한 것**
남자가 마지막 대사에서 방음 보호구와 안전 조끼를 꼭 가져오겠다(I'll ~ get ear protection and a safety vest)고 했으므로, (B)가 정답이다.

패러프레이징

지문의 **get** ➡ 질문의 **locate**
지문의 **ear protection and a safety vest**
➡ 정답의 **Safety equipment**

Q 38-40 3인 대화

M-Au	Thanks for meeting with Jung-Soo and me today, Priyanka. We'd like your company to quickly make a prototype for us. **38**The concern is a tight deliverable deadline—we've promised to show the model to our investors in two weeks.
W-Br	I understand. What's the new product?
M-Cn	**39**You know we develop cycling equipment. And now, we'd like to start selling a new kind of customized bicycle seat.
M-Au	Right, we hope it'll be more comfortable for our customers.
W-Br	OK. I can create the prototype using a 3D printer. **40**Do you have the specifications? If so, I'll start today.

남1 오늘 정수와 저를 만나 주셔서 감사합니다, 프리얀카. 귀사에서 저희에게 시제품을 빠르게 만들어 주셨으면 좋겠어요. **38납품 기한이 촉박한 것이 걱정입니다.** 저희 투자자들에게 2주 후 모델을 보여주기로 약속했거든요.
여 알겠습니다. 신제품은 어떤 건가요?
남2 **39저희가 사이클 장비를 개발하잖아요.** 이제 새로운 맞춤형 자전거 안장 판매를 시작하려고 해요.
남1 맞습니다. 고객들에게 더욱 편안했으면 좋겠어요.
여 네. 3D 프린터를 이용해 시제품을 만들 수 있습니다. **40제품 사양이 있나요?** 그렇다면 오늘 시작하겠습니다.

어휘 **prototype** 원형, 시제품 **concern** 우려, 걱정거리 **deliverable deadline** 납품 기한 **investor** 투자자 **develop** 개발하다 **equipment** 장비 **customized** 개개인의 요구에 맞춘 **specifications** 사양

38 What are the men concerned about?
(A) Meeting a deadline
(B) Fixing a product defect
(C) Increasing sales targets
(D) Expanding their customer base

남자들은 무엇에 대해 염려하는가?
(A) 기한을 맞추는 것
(B) 제품 결함을 고치는 것
(C) 매출 목표를 늘리는 것
(D) 고객층을 확대하는 것

어휘 **meet a deadline** 기한을 맞추다 **defect** 결함 **expand** 확대하다 **customer base** 고객층

해설 **남자들의 걱정거리**

남자 1이 첫 번째 대사에서 납품 기한이 촉박한 것이 걱정(The concern is a tight deliverable deadline)이라고 했으므로, (A)가 정답이다.

패러프레이징

지문의 **a tight deliverable deadline**
➡ 정답의 **Meeting a deadline**

39 What types of products do the men sell?
(A) Children's toys
(B) Computer monitors
(C) Office chairs
(D) Bicycle accessories

남자들은 어떤 종류의 제품을 판매하는가?
(A) 아동용 인형
(B) 컴퓨터 모니터
(C) 사무용 의자
(D) 자전거 부대용품

해설 **세부 사항 – 남자들이 판매하는 제품**

남자 2의 첫 번째 대사에서 자신들이 사이클 장비를 개발한다(we develop cycling equipment)고 한 후, 이제 새로운 맞춤형 자전거 안장 판매를 시작하려고 한다(we'd like to start selling a ~ customized bicycle seat)고 했다. 따라서 (D)가 정답이다.

패러프레이징

지문의 **cycling equipment, bicycle seat**
➡ 정답의 **Bicycle accessories**

40 What does the woman ask the men to provide?
(A) Business references
(B) Product specifications
(C) Employee qualifications
(D) Customer survey results

여자는 남자들에게 무엇을 제공해 달라고 요청하는가?
(A) 업체 추천서
(B) 제품 사양
(C) 직원 자격증
(D) 고객 설문조사 결과

어휘 **reference** 추천(서) **qualification** 자격, 자격증

해설 **여자가 요청한 것**

여자가 마지막 대사에서 제품 사양이 있는지(Do you have the specifications?) 물으며 우회적으로 제공해 달라고 요청하고 있으므로, (B)가 정답이다.

Q 41-43

M-Au Hello. **41**Are you ready to order or do you need more time to look over the menu?

W-Am I think I'm ready. **42**I read about this place in a magazine and I'm glad I could finally make it here. **43**I don't see it listed, but I'm hoping to have your famous lobster bisque.

M-Au Oh, it's a seasonal item.

W-Am Ah, I see. Well, I'll take the catfish then. That looks good, too.

M-Au Excellent choice.

남 안녕하세요. **41**주문할 준비가 되셨나요? 아니면 메뉴를 더 살펴볼 시간이 필요하세요?

여 준비된 것 같아요. **42**잡지에서 이곳에 관해 읽었는데 결국 오게 돼서 기뻐요. **43**적혀 있지는 않지만 유명한 바닷가재 비스크를 먹고 싶은데요.

남 아, 그건 계절 메뉴예요.

여 아, 알겠어요. 음, 그럼 저는 메기 요리를 먹을게요. 그것도 맛있어 보여요.

남 잘 선택하셨습니다.

어휘 **look over** ~을 살펴 보다 **magazine** 잡지 **make it** 가다 **listed** 목록에 적혀 있는 **bisque** 비스크 (갑각류나 조개류로 만든 수프) **seasonal** 계절의

---

41 Where most likely are the speakers?
(A) At a supermarket
(B) At a clothing store
(C) At a restaurant
(D) At a home-goods store

화자들은 어디에 있겠는가?
(A) 슈퍼마켓
(B) 옷가게
(C) 음식점
(D) 가정용품점

해설 **대화 장소**
남자가 첫 번째 대사에서 주문할 준비가 됐는지 아니면 메뉴를 더 살펴볼 시간이 필요한지(Are you ready to order or ~ look over the menu?) 여자에게 묻고 있으므로, 화자들이 음식점에 있다고 추론할 수 있다. 따라서 (C)가 정답이다.

42 How did the woman learn about the business?
(A) From a flyer
(B) From a colleague
(C) From a magazine
(D) From a television commercial

여자는 어떻게 이 업체에 대해 알게 됐는가?
(A) 전단지
(B) 동료
(C) 잡지
(D) TV 광고

해설 **세부 사항 – 여자가 업체에 대해 알게 된 방법**
여자의 첫 번째 대사에서 잡지에서 이곳에 관해 읽었다(I read about this place in a magazine)고 했으므로, (C)가 정답이다.

43 Why does the man say, "it's a seasonal item"?
(A) To indicate why an item is unavailable
(B) To explain where an item is located
(C) To justify an item's high price
(D) To recommend an item

남자가 "그건 계절 메뉴예요"라고 말한 이유는 무엇인가?
(A) 상품을 이용할 수 없는 이유를 말하려고
(B) 상품이 어디에 있는지 설명하려고
(C) 상품의 높은 가격이 타당함을 말하려고
(D) 상품을 추천하려고

어휘 **indicate** 나타내다, 내비치다 **justify** 정당화하다, 타당함을 보여주다 **recommend** 추천하다, 권장하다

해설 **화자의 의도 파악 – 계절 메뉴라는 말의 의미**
여자의 첫 번째 대사에서 메뉴에 적혀 있지는 않지만 유명한 바닷가재 비스크를 먹고 싶다(I don't see it listed, but I'm hoping to have your famous lobster bisque)고 하자 남자가 한 말이다. 즉, 해당 요리가 계절 메뉴라서 현재는 제공되지 않는다는 것을 설명한 것이므로, (A)가 정답이다.

Q 44-46

W-Br David, I just got off the phone with another frustrated client. The confirmation e-mail she received was for the wrong date! **44**If we keep having these scheduling errors, nobody will book our banquet hall for their events.

M-Cn Wow. This is our third scheduling error this month. What's causing the problem?

W-Br It's the new OptiBook software we started using to manage our event bookings. **45**The software's calendar feature doesn't always work properly.

M-Cn Should we call OptiBook customer care?

W-Br I've tried that before. At this point, we're better off adopting a new software program for our bookings.

M-Cn OK, **46**I'll look into other available options.

여 데이비드, 불만이 있는 또 다른 고객과의 통화를 방금 마쳤어요. 고객이 받은 확인 이메일에 날짜가 틀렸어요! **44**이런 일정 관리 오류를 계속 일으키면 아무도 행사를 위해 우리 연회장을 예약하지 않을 겁니다.

남 와! 이번 달 들어 세 번째 일정 관리 오류네요. 무엇이 문제를 일으키는 거죠?

여	행사 관리 예약을 위해 사용하기 시작한 새 옵티북 소프트웨어예요. ⁴⁵**소프트웨어 일정표 기능이 항상 제대로 작동하지는 않더라고요.**
남	옵티북 고객센터에 전화해야 할까요?
여	전에 해 봤는데요. 이 시점에서는 예약을 위해 새 소프트웨어 프로그램을 쓰는 편이 나아요.
남	알겠어요. ⁴⁶**이용 가능한 다른 것이 있는지 살펴볼게요.**

어휘 frustrated 좌절감을 느끼는, 불만스러워하는
confirmation 확인, 확정 book 예약하다
banquet hall 연회장 manage 관리하다
feature 기능 properly 제대로 be better off
-ing ~하는 것이 더 낫다 adopt 쓰다, 채택하다
available 이용 가능한

44 Where do the speakers work?
(A) At a mobile phone store
(B) At a recording studio
(C) At an event venue
(D) At an investment bank

화자들은 어디에서 근무하는가?
(A) 휴대전화 매장
(B) 녹음 스튜디오
(C) 행사장
(D) 투자 은행

어휘 venue 장소 investment 투자

해설 **화자들의 근무지**

여자가 첫 번째 대사에서 일정 관리 오류가 계속 생기면 아무도 행사를 위해 우리 연회장을 예약하지 않을 것(nobody will book our banquet hall for their events)이라고 했으므로, 화자들이 행사장에서 근무한다는 것을 알 수 있다. 따라서 (C)가 정답이다.

패러프레이징

지문의 **our banquet hall for their events**
➡ 정답의 **an event venue**

45 What does the woman say is causing a problem?
(A) Some software is malfunctioning.
(B) A payment was not received.
(C) A banquet hall is not big enough.
(D) Some schedules were not distributed.

여자는 무엇이 문제를 일으킨다고 말하는가?
(A) 소프트웨어가 제대로 작동하지 않는다.
(B) 대금을 지불 받지 못했다.
(C) 연회장 크기가 충분치 않다.
(D) 일정표가 배포되지 않았다.

어휘 malfunction 제대로 작동하지 않다 distribute
나눠주다, 배포하다

해설 **세부 사항 – 여자가 언급한 문제의 원인**

여자의 두 번째 대사에서 새 소프트웨어의 일정표 기능이 항상 제대로 작동하지는 않는다(The software's calendar feature doesn't always work properly)며 문제의 원인을 언급했으므로, (A)가 정답이다.

패러프레이징

지문의 **doesn't always work properly**
➡ 정답의 **is malfunctioning**

46 What does the man say he will do?
(A) Issue a payment refund
(B) Investigate some alternatives
(C) Talk to a colleague
(D) Return a product

남자는 무엇을 하겠다고 말하는가?
(A) 대금을 환불해 준다.
(B) **대안을 살펴본다.**
(C) 동료에게 이야기한다.
(D) 제품을 반품한다.

어휘 issue a refund 환불해 주다 investigate 살피다,
조사하다 alternative 대안 colleague 동료

해설 **남자가 할 일**

여자의 마지막 대사에서 다른 소프트웨어를 사용하는 게 낫겠다고 하자 남자가 이용 가능한 다른 것이 있는지 살펴보겠다(I'll look into other available options)고 했으므로, (B)가 정답이다.

패러프레이징

지문의 **look into other available options**
➡ 정답의 **Investigate some alternatives**

Q 47-49 3인 대화

W-Am	Hi, Gerhard. ⁴⁷Barbara and I were just finishing the script for the next episode of the television show *Office Times*.
M-Cn	Oh, I wanted to talk to you both about making some changes to the lead character's wardrobe.
W-Br	What did you have in mind?
M-Cn	Well, ⁴⁸in the plot, he's been promoted in his job, so he probably should dress in a more sophisticated way.
W-Am	That makes sense. Can you design a more tailored suit for him?
M-Cn	Sure, I can probably have that ready for next week. ⁴⁹I won't need to do a fitting with the actor, since I already have his measurements on file.

여1 안녕하세요, 게르하르트. **47바바라와 저는 텔레비전 프로그램 〈오피스 타임즈〉의 다음 화 대본을 마무리하고 있어요.**

남 아, 두 분 모두에게 주인공 의상 변경사항에 대해 이야기하고 싶었어요.

여2 뭘 생각해 두셨는데요?

남 자, **48그 이야기 속에서 그는 승진을 하죠. 그러니 더 세련된 방식으로 옷을 입어야 할 겁니다.**

여1 그렇네요. 그에게 더 잘 맞는 정장을 디자인해 주실 수 있나요?

남 물론이죠. 다음 주에 준비될 거예요. **49배우와 가봉을 하지는 않아도 될 겁니다. 이미 그의 치수를 갖고 있으니까요.**

어휘 **script** 대본 **lead character** 주연 **wardrobe** 옷, 옷장 **plot** 이야기, 줄거리 **be promoted** 승진하다 **sophisticated** 세련된, 교양 있는 **tailored** 잘 맞도록 만든 **measurements** 치수 **on file** (기록상) 보관되어 있는

47 Where does the conversation most likely take place?
(A) At a department store
(B) At a television studio
(C) At a fashion school
(D) At a textile factory

대화는 어디에서 이루어지겠는가?
(A) 백화점
(B) TV 스튜디오
(C) 의상 학교
(D) 직물 공장

해설 **대화 장소**
여자 1이 첫 번째 대사에서 텔레비전 프로그램의 다음 화 대본을 마무리하고 있다(Barbara and I were just finishing the script for ~ the television show)고 했고, 남자는 배우의 의상에 대해 의견을 냈다. 따라서 대화가 TV 스튜디오에서 이뤄진다고 추론할 수 있으므로, (B)가 정답이다.

48 What does the man suggest?
(A) Setting up a display
(B) Offering a class
(C) Changing a clothing design
(D) Training a new employee

남자는 무엇을 제안하는가?
(A) 진열대 설치
(B) 강의 제공
(C) 의상 디자인 변경
(D) 신입 직원 교육

어휘 **set up** ~을 설치하다 **offer** 제공하다

해설 **남자의 제안 사항**
남자의 두 번째 대사에서 주인공이 승진을 했으니 더 세련된 방식으로 옷을 입어야 한다(he probably should dress in a more sophisticated way)며 주인공의 의상 변경을 제안했

다. 따라서 (C)가 정답이다.

패러프레이징
지문의 **dress in a more sophisticated way**
➡ 정답의 **Changing a clothing design**

49 What does the man say he has on file?
(A) Some application forms
(B) Some sample photos
(C) Some expense reports
(D) Some measurements

남자는 무엇을 갖고 있다고 말하는가?
(A) 지원서
(B) 견본 사진
(C) 지출품의서
(D) 치수

어휘 **application form** 지원서 **expense report** 지출품의서

해설 **세부 사항 – 남자가 갖고 있다고 말한 것**
남자가 마지막 대사에서 이미 배우의 치수를 갖고 있다(I already have his measurements on file)고 했으므로, (D)가 정답이다.

Q 50-52

M-Au Tenson Coworking Space, how can I help you?

W-Am Hi, I understand you provide temporary office space for people who don't work in a regular office?

M-Au That's right. **50We provide shared office space, high-speed Internet, and other equipment for a monthly membership fee.** It's perfect if you sometimes need a work space but don't want the expense of maintaining an office.

W-Am That sounds like just what I need. **51However, I'm concerned about how loud it could get with so many people working in one area.**

M-Au Actually, with our premium membership, you'd have access to a private office. **52You can see all our membership options if you go to our Web site.**

남 텐슨 코워킹 스페이스입니다. 어떻게 도와드릴까요?

여 안녕하세요. 정규 사무실에서 일하지 않는 사람들을 위해 임시 사무 공간을 제공하시는 걸로 알고 있는데요.

남 맞습니다. **50월 회비를 받고 공유 사무 공간과 초고속 인터넷, 기타 장비를 제공합니다.** 가끔 업무 공간이 필요하지만 사무실 유지 비용을 원치 않으신다면 완벽한 방법이죠.

여 저에게 꼭 필요한 것 같네요. **51그런데 한 공간에서 그렇게 많은 사람들이 일하니 얼마나 시끄러울지 걱정돼요.**

남 사실, 저희 프리미엄 회원권으로는 전용 사무실을 이용하실 수 있어요. **52저희 웹사이트를 방문하시면 모든 회원제 종류를 보실 수 있습니다.**

어휘 temporary 임시의, 일시적인 regular 정규의, 보통의 equipment 장비, 기기 expense 비용 maintain 유지하다 be concerned about ~에 대해 우려하다 actually 사실 have access to ~를 이용할 수 있다, ~에 접근할 수 있다

50 What service does the man's business provide?
(A) Industrial equipment cleaning
(B) Shared office space
(C) Property inspections
(D) Corporate training

남자의 회사는 어떤 서비스를 제공하는가?
(A) 산업 장비 청소
(B) 공유 사무 공간
(C) 건물 점검
(D) 기업 교육

어휘 industrial 산업의 property 건물, 부동산 inspection 점검 corporate 기업의, 회사의

해설 세부 사항 – 남자의 회사가 제공하는 서비스
남자의 두 번째 대사에서 월 회비를 받고 공유 사무 공간과 초고속 인터넷, 기타 장비를 제공한다(We provide shared office space ~ for a monthly membership fee)며 회사의 서비스를 안내했으므로, (B)가 정답이다.

51 What does the woman say she is concerned about?
(A) Payment schedules
(B) Parking availability
(C) Internet speed
(D) Noise levels

여자는 무엇이 염려된다고 말하는가?
(A) 지불 일정
(B) 주차 이용 가능 여부
(C) 인터넷 속도
(D) 소음 정도

해설 여자의 걱정거리
여자의 두 번째 대사에서 한 공간에서 많은 사람들이 일하니 얼마나 시끄러울지 걱정된다(I'm concerned about how loud it could get)고 했으므로, (D)가 정답이다.

52 Why does the man suggest that the woman visit a Web site?
(A) To receive a discount
(B) To get driving directions
(C) To view membership information
(D) To read customer reviews

남자는 왜 여자에게 웹사이트 방문을 제안하는가?
(A) 할인을 받으라고
(B) 주행 안내를 받으라고
(C) 회원제 정보를 보라고
(D) 고객 후기를 읽으라고

어휘 directions 안내, 설명 review 후기

해설 세부 사항 – 여자에게 웹사이트 방문을 제안한 이유
남자가 마지막 대사에서 웹사이트를 방문하면 모든 회원권을 볼 수 있다(You can see all our membership options if you go to our Web site)고 했으므로, (C)가 정답이다.

패러프레이징
지문의 see all our membership options
➡ 정답의 view membership information

Q 53-55

M-Au Hi Adriana. **53**I'm glad you've joined the data team! How's it going so far?

W-Br Great! **53**I'm learning how to use the data analytics software.

M-Au **54**I've just put together a new online training course for the software to replace the written materials. I'll send you the link.

W-Br Thanks, that would be helpful.

M-Au There's also a new project coming up for the Rockville client. **55**We'd like to assign you to the project.

W-Br Oh. I don't complete my training until next week.

M-Au You'd be an assistant, not the lead analyst.

남 안녕하세요, 아드리아나. **53데이터팀에 합류하셔서 기뻐요.** 지금까지 어때요?

여 좋아요! **53데이터 분석 소프트웨어 사용법을 배우는 중이에요.**

남 **54문서 자료를 대체하려고 소프트웨어용 신규 온라인 교육을 준비했어요.** 링크를 보내드릴게요.

여 감사합니다. 유용할 것 같아요.

남 록빌 고객사를 위한 신규 프로젝트도 있는데요. **55당신을 그 프로젝트에 배정하고 싶어요.**

여 아, 다음 주나 되어야 교육이 완료될 텐데요.

남 선임 분석가가 아닌 보조로 들어갈 겁니다.

어휘 analytics 분석 replace 교체하다, 대체하다 materials 자료 assign 배치하다, 배정하다

53 What department do the speakers work in?
(A) Human resources
(B) Data analysis
(C) Accounting
(D) Production

화자들은 어떤 부서에서 근무하는가?

(A) 인사

(B) 데이터 분석

(C) 회계

(D) 생산

해설 화자들의 근무 부서

남자의 첫 번째 대사에서 여자가 데이터 팀에 합류해서 기쁘다(I'm glad you've joined the data team!)고 했고, 그 다음 대사에서 여자가 데이터 분석 소프트웨어 사용법을 배우는 중(I'm learning how to use the data analytics software)이라고 했으므로, 화자들이 데이터 분석 부서에서 근무한다는 것을 알 수 있다. 따라서 (B)가 정답이다.

54 What does the man say he will send?

(A) A link to a Web site

(B) An invitation to a meeting

(C) A registration form

(D) An expense report

남자는 무엇을 보내겠다고 말하는가?

(A) 웹사이트 링크

(B) 회의 초대장

(C) 신청서

(D) 지출품의서

해설 세부 사항 – 남자가 보내겠다고 말한 것

남자의 두 번째 대사에서 소프트웨어에 대한 신규 온라인 교육을 준비했다며 링크를 보내주겠다(I'll send you the link)고 제안했다. 따라서 (A)가 정답이다.

패러프레이징

지문의 online training course

➡ 정답의 Web site

55 What does the woman imply when she says, "I don't complete my training until next week"?

(A) She can adjust a schedule.

(B) She is behind on some work.

(C) She thinks a training is too long.

(D) She is unsure about an assignment.

여자가 "다음 주나 되어야 교육이 완료될 텐데요"라고 말한 의도는 무엇인가?

(A) 일정을 조정할 수 있다.

(B) 업무가 밀려 있다.

(C) 교육이 너무 오래 걸린다고 생각한다.

(D) 임무에 대해 확신이 없다.

어휘 adjust 조정하다 behind 뒤떨어진, 뒤쳐진 unsure 확신할 수 없는 assignment 임무, 과제

해설 화자의 의도 파악 – 다음 주나 되어야 교육을 완료한다는 말의 의미

남자의 세 번째 대사에서 여자를 프로젝트에 배정하고 싶다(We'd like to assign you to the project)고 하자 여자가 한 말이다. 즉, 아직 교육을 완료하지 못해 프로젝트를 제대로 할 수 있을지 확신이 없다는 의미이므로, (D)가 정답이다.

Q 56-58

M-Cn Hi, Maria. I wanted to talk to you about the packaging changes that are taking place at the company. **56**As you know, our candy bars will eventually be wrapped in paper instead of plastic.

W-Br Right. I checked with the manufacturing department to see if the paper wrappers are compatible with our current packaging machines. **57**I was worried we would need to get all new machines, but it turns out we only have to replace some of the parts.

M-Cn That's great news. I'm hoping we can implement these changes soon. **58**Unfortunately for now, we're still negotiating the contract with the vendor that's going to be supplying the paper for our machines.

남 안녕하세요, 마리아. 회사에서 일어나고 있는 포장재 변경에 대해 이야기해 드리고 싶어요. **56**아시다시피, 우리 캔디 바를 결국 비닐 대신 종이로 싸게 될 겁니다.

여 맞아요. 종이 포장지가 현재 포장 기계와 호환되는지 제조 부서에 확인해 봤어요. **57**새로운 기계를 다 들여야 할까봐 걱정했는데, 부품 일부만 교체하면 된답니다.

남 좋은 소식이네요. 변경사항을 곧 시행할 수 있길 바랍니다. **58**안타깝게도 지금은 우리 기계용 종이를 공급할 예정인 판매업체와 아직 계약 협상 중입니다.

어휘 take place 일어나다 eventually 결국 manufacturing 제조 department 부서 compatible 호환이 되는, 양립 가능한 current 현재의 replace 교체하다 implement 시행하다 negotiate 협상하다 contract 계약 vendor 판매업체

56 Where do the speakers most likely work?

(A) At a paper factory

(B) At a candy company

(C) At a publishing company

(D) At an advertising firm

화자들은 어디에서 근무하겠는가?

(A) 종이 공장

(B) 캔디 회사

(C) 출판사

(D) 광고 회사

해설 **화자들의 근무지**

남자가 첫 번째 대사에서 회사 제품인 캔디 바를 비닐 대신 종이로 싸게 될 것(our candy bars will eventually be wrapped in paper instead of plastic)이라며 논의를 시작했으므로, 화자들이 캔디 회사에 근무한다고 추론할 수 있다. 따라서 (B)가 정답이다.

57 What was the woman concerned about?
(A) Whether some equipment will have to be replaced
(B) Where a new office will be located
(C) How much some materials will cost
(D) How many employees are available

여자는 무엇에 대해 염려했는가?
(A) 장비를 교체해야 하는지 여부
(B) 새 사무실의 위치
(C) 재료 비용
(D) 시간이 되는 직원의 수

어휘 **be located** 위치해 있다 **available** 시간이 되는

해설 **여자의 걱정거리**

여자의 첫 번째 대사에서 새로운 기계를 다 들여야 할까봐 걱정했다(I was worried we would need to get all new machines)고 했으므로, (A)가 정답이다.

패러프레이징

지문의 **worried** ➡ 질문의 **concerned**
지문의 **get all new machines** ➡ 정답의 some equipment will have to be replaced

58 What is causing a delay?
(A) Limited supplies
(B) A mechanical issue
(C) A contract negotiation
(D) Bad weather

무엇이 지연을 발생시키는가?
(A) 제한된 공급
(B) 기계 관련 문제
(C) 계약 협상
(D) 악천후

어휘 **limited** 제한된, 한정된 **mechanical** 기계와 관련된

해설 **세부 사항 – 지연이 발생한 원인**

남자가 마지막 대사에서 변경사항이 곧 시행되길 바라지만 납품을 해줄 종이 판매업체와 아직 계약 협상 중(we're still negotiating the contract with the vendor)이라고 했으므로, 이로 인해 시행이 지연되고 있음을 알 수 있다. 따라서 (C)가 정답이다.

패러프레이징

지문의 **negotiating the contract with the vendor** ➡ 정답의 **A contract negotiation**

Q 59-61

W-Br Hello, you've reached Khan Flight Training Institute.

M-Au Hi, **59**I'm interested in getting my private pilot's license. It takes about three months, right?

W-Br **60**We're one of the few places that offers an accelerated program. Once you've passed a knowledge test, the flight component is eight hours a day for two weeks. It's an unusually demanding schedule, but our students are then well prepared for the flight test.

M-Au Perfect. And I see in your online catalog that you accept payments in installments.

W-Br That's right. However, before you do anything, you'll need to be checked by a doctor and submit an approved medical certificate. **61**If you need me to, I can refer you to a local physician.

여 안녕하세요. 칸 항공 교육 연구소입니다.
남 안녕하세요. **59**자가용 비행기 조종사 자격증을 따고 싶어서요. 3개월 정도 걸리죠, 맞죠?
여 **60**저희는 속성 프로그램을 제공하는 몇 안 되는 곳 중 하나입니다. 필기 시험을 통과하시면 비행 부분이 하루 8시간씩 2주간 있어요. 무척 힘든 일정입니다만, 그렇게 하면 저희 학생들이 항공 시험에 잘 대비할 수 있죠.
남 좋습니다. 온라인 카탈로그에서 할부 결제가 된다고 봤는데요.
여 맞아요. 하지만 무언가를 하시기 전에 의사에게 검진을 받고 승인된 진단서를 제출하셔야 합니다. **61**필요하시면 제가 지역 의사에게 연결해 드릴 수 있어요.

어휘 **reach** (특히 전화로) 연락하다 **license** 자격증, 면허증 **accelerated** 가속화된, 속성의 **knowledge test** (운전 면허증 등의) 필기 시험 **component** 요소, 부분 **unusually** 몹시, 대단히 **demanding** 힘든, 요구가 많은 **prepared** 준비가 된 **payment in installments** 분할 납부 **submit** 제출하다 **approved** 승인된, 인가된 **medical certificate** 진단서 **physician** 의사, 내과 의사

59 What would the man like to become?
(A) A private pilot
(B) An air traffic controller
(C) A flight attendant
(D) An airplane mechanic

남자는 무엇이 되고 싶어 하는가?
(A) 자가용 비행기 조종사
(B) 항공 관제사
(C) 항공기 승무원
(D) 항공기 정비사